J. Frohschammer

Über die Genesis der Menschheit und deren geistige Entwicklung

in Religion, Sittlichkeit und Sprache

J. Frohschammer

Über die Genesis der Menschheit und deren geistige Entwicklung in Religion, Sittlichkeit und Sprache

ISBN/EAN: 9783741184208

Hergestellt in Europa, USA, Kanada, Australien, Japan

Cover: Foto ©ninafisch / pixelio.de

Manufactured and distributed by brebook publishing software (www.brebook.com)

J. Frohschammer

Über die Genesis der Menschheit und deren geistige Entwicklung in Religion, Sittlichkeit und Sprache

UEBER DIE

GENESIS DER MENSCHHEIT

UND DEREN

GEISTIGE ENTWICKLUNG

in

RELIGION, SITTLICHKEIT UND SPRACHE.

VON

J. FROHSCHAMMER

PROFESSOR DER PHILOSOPHIE IN MÜNCHEN.

MÜNCHEN 1883.
ADOLF ACKERMANN.
HOFBUCHHANDLUNG, MAXIMILIANSSTRASSE 2.

Vorrede.

Im vorliegenden Werke wird der Versuch gemacht, die Phantasie, in ihrer objectiven und subjectiven Bedeutung, nun auch als Grundprincip der geschichtlichen Entwicklung der Menschheit zu erkennen und darzustellen, wie sie zuvor (im ersten Werke) als Grundprincip des Weltprocesses resp. des Naturprocesses und der Genesis der Menschen-Natur sowie der Bethätigung des subjectiven menschlichen Geistes betrachtet worden ist. Es ist also das Gebiet der Geschichte der Menschheit, auf welchem die Untersuchung und Darstellung sich bewegt. Doch ist nicht eine eingehende, erschöpfende Behandlung beabsichtigt und gegeben, sondern es handelt sich zunächst nur darum, in Kürze mit möglichster Klarheit zu zeigen, wie sich unser Grundprincip bei der Erklärung des Ursprungs und der Entwicklung der wichtigsten Erscheinungen im geistigen Leben der Menschheit, der Religion, Sittlichkeit und Sprache[1]), wie wir glauben, bewährt

---

[1]) Wenn nur von der „geistigen Entwicklung in Religion, Sittlichkeit und Sprache" hier die Rede ist, so ist selbstverständlich damit

und zu einem besseren Verständniss derselben führt, als bisher erzielt werden konnte. Dass der objectiven, realwirkenden Phantasie dabei eine so grosse Rolle zufällt, mag auf den ersten Blick wundernehmen, wird sich aber hoffentlich bei näherer Untersuchung als vollständig gerechtfertigt und als lichtbringend für das Verständniss bewähren. Es mag für die denkende Weltbetrachtung insbesondere nicht unwillkommen sein, wenn der Generationsmacht auch in der Menschengeschichte eine höhere Bedeutung vindicirt werden kann, als ihr, wo nicht allgemein, doch gewöhnlich zugetheilt wird; insofern nämlich gezeigt wird, dass sie nicht bloss für thierisches Gebahren, für sinnliches Dasein und sinnliches Geniessen gut genug ist, sondern von ihr auch das geistige Leben der Menschheit nach allen Beziehungen in Anfang und Fortsetzung sowie in eigenthümlicher Gestaltung bedingt sei. Vielleicht werden Manche bei genauerer Betrachtung dieser Verhältnisse sich noch mit der Aufstellung der Phantasie als Grundprincip des

---

nicht gemeint, als ob in diesen allein die geistige Entwicklung der Menschheit sich vollzöge, und nicht vielmehr auch in Wissenschaft, Kunst und socialer und politischer Bildung. Es handelt sich hier hauptsächlich um die primitive geistige Entwicklung, und diese vollzieht sich hauptsächlich in Religion, Sittlichkeit und Sprache, die ja auch die Fundamente alles weiteren Lebens und Wirkens der Menschheit bleiben. Von der Wissenschaft resp. der Bedeutung der Phantasie in derselben war übrigens schon in dem Werke „Die Phantasie als Grundprincip des Weltprocesses" die Rede. Die Bedeutung der Phantasie für die Kunst findet in den zahlreichen Aesthetiken eingehende Erörterungen; in ihrer Wirkung aber für das sociale und politische Leben wird sie noch besondere Untersuchung erfahren, sowie auch für das pädagogische Gebiet die ohnehin nahe liegende, durchgreifende Bedeutung und Wichtigkeit derselben ihre Darstellung und Würdigung finden wird.

Weltprocesses, insbesondere mit dem Geltendmachen der objectiven Phantasie befreunden können, die sich bisher spröde oder ablehnend dagegen verhalten zu müssen glaubten. Es war ja gerade die „objective Phantasie," der man vielfach keine Anerkennung gewähren zu können glaubte, da die Bezeichnung „Phantasie" nun einmal nur der bekannten subjectiven Seelenpotenz gebühre und es dabei auch sein Bewenden haben müsse für alle Zukunft wie bisher. Es möge gestattet sein, hier gerade diesen Punkt mit einigen Bemerkungen zu beleuchten. Auch die, welche sich gegen die Erweiterung des Begriffes „Phantasie" sträuben, und sich insbesondere gegen die Annahme einer objectiven, realwirkenden Phantasie ablehnend verhalten, anerkennen wenigstens die subjective Phantasie, und zwar nicht bloss als Fähigkeit, willkürliche oder unwillkürliche sog. Phantasien, Fictionen oder Chimären zu bilden, sondern auch als die bildende, gewissermassen schöpferische oder zeugende Potenz für das geistige Wirken und für Schaffung von Kunstwerken der Architektur, Plastik und Malerei, wie der Ton- und Dichtkunst. Die Aesthetiken geben ja davon hinreichend Zeugniss. Wenn nun in der Menschennatur eine solche Fähigkeit vorhanden ist und wirkt, woher mag sie denn wohl in dieselbe, in die Seele oder den Geist gekommen sein? Wurde sie wie ein fremdartiges Zauberwesen in die menschliche Natur von irgend einer übernatürlichen Macht versetzt, oder dem Körper oder Geiste des Menschen wie eine fremdartige Kraft eingefügt? Solches wird man doch wohl nicht annehmen, sondern man wird behaupten müssen, dass diese geistig schaffende Potenz in der Menschennatur von daher stamme, woher diese selbst komme, sei diess nun ein übernatürlicher Schöpfer oder der Naturprocess. Will man bei wissenschaftlicher Erklärung bleiben, so wird man annehmen müssen, dass der Menschengeist mit der Phantasie aus dem allgemeinen Naturprocess als höchstes Resultat unendlichen Geschehens hervorgegangen sei. Dann muss man aber auch behaupten, dass in der Natur selbst ein dem Geiste mit seiner Phantasie gewissermassen gleichartiges Wesen und Wirken stattfinden müsse, woraus derselbe hervorging. Und geht man den Spuren hievon nach, so ist doch zunächst selbstverständlich an die Generation zu denken, aus welcher die Menschennatur mit Geist und Phantasie hervorgeht; und diese menschliche Generationspotenz steht durchaus in Verwandtschaft mit der Erzeugungsmacht der Natur überhaupt. Diese steht also in causaler Beziehung zu der menschlichen Natur mit ihrer subjectiven schaffenden Geistesfähigkeit, der subjectiven Phantasie. Soll es nun unberechtigt sein, die schaffende (reale) Potenz der Natur, aus welcher die subjective Phantasie nothwendig hervorgeht als aus ihrer wirkenden oder schaffenden Ursache, ihrerseits nun selbst als Phantasie, als objective, realwirkende Phantasie zu bezeichnen? Die Ursachen bestimmen wir sonst allenthalben ihrem Wesen nach, so weit möglich nach der Wirkung, und haben das Recht, dieselbe auch darnach zu benennen, um ihr den adäquatesten Namen zu geben. Am wenigsten können oder sollten diesen ganzen Gedankengang jene zurückweisen, welche dem mechanistischen Materialismus gegenüber ein bildendes, organisches Princip, sowie ein objectiv wirkendes Lebensprincip und objective Vernunft annehmen, da hiemit ohnehin die Sache schon zugegeben oder angenommen ist und es sich nur noch um den Namen handelt. Wir glauben aber, dass gerade durch die Bezeichnung „Phantasie" am besten Wesen und Wirkungsweise des allgemeinen, in der Natur wirkenden Princips ausgedrückt werden kann und dadurch am meisten ein unmittelbares Verständniss desselben schon durch die Bezeichnung gewährt ist.

Durch dieses so bestimmte allgemeine Princip gewinnt die Philosophie auch einen Ausgangspunkt, der unmittelbar in der eigenen Erfahrung schon gegeben und bekannt ist und näher erkannt werden kann. Wird von einem allgemeinen Begriff ausgegangen, so ist dieser nicht etwas unmittelbar Gegebenes oder Bekanntes wie die eigene Seelenfähigkeit des Bildens oder inneren Gestaltens, die Phantasie, sondern ist schon ein künstliches Produkt des Geistes, das meistens nicht unmittelbar verstanden wird, und worüber selbst noch gestritten werden kann. Wird dagegen ein äusseres Sachliches als allgemeines Weltprincip angenommen z. B. Atome oder Aether oder Monaden, so wird damit ein Erklärungsprincip aufgestellt, das nicht unmittelbar erfahrbar, vielmehr aller Erfahrung unzugänglich ist, und nur als Hypothese, sowohl seiner Existenz als seiner Beschaffenheit nach, betrachtet werden kann. Atome hat Niemand jemals gesehen oder überhaupt sinnlich wahrgenommen, sie sind nur gedacht und hypothetisch als Erklärungsgrund für die Vorgänge in der Natur angenommen; können zudem nur für äusserliche Vorgänge einigermassen zur Verdeutlichung des Geschehons dienen, nicht aber organische Formbildungen, und noch weniger psychische Functionen erklären. Aehnlich verhält es sich mit Monaden, die ebenfalls als solche unwahrnehmbar sind. Und wenn sie auch mehr geeignet erscheinen, das Entstehen des psychischen Lebens zu erklären, so können sie doch ohne ein einigendes Band oder bildendes Princip nicht zu organisirten Bildungen und in verwandtschaftliche Verhältnisse zusammen treten für sich und aus sich allein, wenn sie nicht selbst als secundäre Bildungen, sondern als primäre, so zu sagen absolute Setzung aufgefasst werden. Es hat diess schon früher Erörterungen gefunden in der Schrift: Monaden und Weltphantasie, und im folgenden Werke wird, wie zu hoffen, klar werden, von welch' grosser Wichtigkeit es für die Erklärung des Ursprungs und der Fortbildung des geistigen Lebens der Menschheit sei, ein einheitliches, schaffendes, Vielheit setzendes Princip geltend zu machen, wie die Phantasie es ist. Mit dem Aether endlich verhält es sich nicht anders. Schon seine Existenz ist hypothetisch gesetzt und ebenso seine Beschaffenheit; dass es vollends einen Seelen-Aether gebe, ist nur eine neue, uncontrolirbare Hypothese; und wiederum Hypothese ist, dass dieser Seelen-Aether nicht bloss ein Substrat für geistige Kraft und Function, sondern zugleich wirksame, bildende Kraft sei, wie die Phantasie, die dann allein von ihr erkennbar wäre, während man vom vermeintlichen Aether an sich nichts erführe.

Vielfach ist die Frage entstanden, ob „die Phantasie als Grundprincip des Weltprocesses" mit Gott selbst als identisch zu betrachten sei, oder als davon verschieden. Ich habe nun schon in dem Vorworte des grundlegenden Werkes bemerkt, dass ich dieses eigentlich metaphysische Problem (metaphysisch im engeren Sinne genommen) in diesem Werke, das es mit dem weltimmanenten Processe in Natur und Geschichte zu thun hat, nicht in Betracht ziehe, sondern dasselbe einer allenfallsigen späteren Untersuchung vorbehalte. Die Aufgabe, welche diesem Werke gestellt ist, kann auch ohne jene theologisch-metaphysische Untersuchung gelöst werden, da es sich nur darum handelt, die Bildungen wie Thätigkeiten, welche die Natur und Geschichte zeigen, in ihrem Wesen, sowie in ihrer Entwicklung und Erscheinung aus Einem Grundprincip zu erklären. Wie die physikalische Wissenschaft ihre Aufgabe, die mechanischen Vorgänge oder Wirkungen der verschiedensten, complicirtesten Art aus der mechanischen Grundkraft zu erklären, verfolgen und erfüllen kann, ohne nach dem Woher und dem eigentlichen (metaphysischen) Wesen dieser Grundkraft selbst zu fragen, oder es zu erkennen, so mag sich das organische Bilden, das psychische Leben und die geistige Thätigkeit und Bildung aus Einem Grundprincip erklären lassen, ohne dass man zuvor die Frage nach dem Woher und dem eigentlichen Ansich oder Grundwesen dieses Princips zu lösen braucht. Im Gegentheil ist es doch natürlich, dass man erst die Sache selbst in ihrer Erscheinung und Wirkungsweise möglichst genau erforsche und erkenne, ehe man nach dem letzten Grund und Wesen derselben zu forschen vermag. Wird die „Phantasie" als eine im Grunde genommen „mystische Macht" bezeichnet, so mag man diess thun, aber sie ist dessbalb nicht mehr eine mystische Macht, als die physikalische, mechanisch wirkende Kraft diess ist, aus deren Wirkungen gleichwohl die Forschung sowohl eine wissenschaftliche Erkenntniss, als eine vielfache praktische Anwendung gewinnt. — Will man indess die Weltphantasie durchaus in Verhältniss zum Göttlichen setzen, so kann man wohl sagen, dass dieselbe als Grundprincip das Göttliche sei, nicht in seinem Ansich oder seiner Absolutheit, sondern in seiner Erscheinung und Wirkung in der Natur, in seiner Offenbarung in der Geschichte; — also in seiner Bethätigung in den Schranken des Endlichen, Relativen, wodurch auch die Möglichkeit des Unvollkommenen, Unidealen, Unvernünftigen und Verderblichen bedingt ist. Die Gottheit in ihrem Sein und Wesen an sich bestimmen zu wollen, bescheidet sich diess Werk; — und wenn man vielfach so bereit ist, von der Welt selbst nur die Erscheinung für erkennbar zu erklären, nicht das „An sich", so wird man sich in Bezug auf die Gottheit doch wohl auch, wo nicht für immer, so doch vorläufig damit begnügen können. Die Phantasie aber ist als bildende, schaffende Potenz eine göttliche Kraft, kann von der Gottheit selbst nicht losgetrennt werden, wie überhaupt die Schöpfung nicht, insofern sie als Ausdruck der Kraft und Wirksamkeit derselben aufgefasst wird; und auch die rational, gesetzmässig wirkenden mechanischen Kräfte bekunden ja ihre Macht und Wirksamkeit. Die Ideen insbesondere können als das Hereinleuchten der ewigen göttlichen Herrlichkeit in dieses unvollkommene Dasein betrachtet werden, welche Verklärung, Vervollkommnung und Beglückung wirken, und welche der Phantasie es ermöglichen, dem Bewusstsein des Göttlichen immer höhere, reinere Gestaltungen zu geben. Selbst aber, wer es sich durchaus nicht nehmen lässt, von der Natur und Menschengeschichte aus und durch menschliches Denken auch über das absolute Wesen und Leben Gottes Bestimmungen zu geben, wird doch zugestehen müssen, dass man von der Wirkung auf die Ursache nur dann mit Sicherheit schliessen könne, wenn man die Wirkung selbst zuvor möglichst genau erforscht und erkannt hat, denn aus unerkannter Wirkung kann man doch nicht Wesen und Beschaffenheit der Ursache bestimmen wollen! Also ist zuerst Wesen und Wirkensweise der Welt selbst in Natur und Geschichte möglichst genau zu erforschen, und zwar nicht bloss nach den Erscheinungen, sondern vor Allem auch in Bezug auf die wirkenden Ursachen, insbesondere in Bezug auf das Grundprincip, ehe man an die höchste metaphysische Aufgabe gehen kann. Eben diese Erforschung aber ist es, die wir uns zur Aufgabe gestellt haben.

Noch sollen hier einige Bemerkungen über zwei Schriften Platz finden, die sich speciell und eingehend mit meinem grundlegenden Werke: Die Phantasie als Grundprincip des Weltprocesses" beschäftigen. Die eine ist von Dr. M. Glossner[1]), die andere von Lic. Dr. Friedr. Kirchner.[2]) Was nun die Schrift von Glossner betrifft, so ist sie vom katholisch-kirchlichen Stand-

---

[1]) Der moderne Idealismus nach seinen metaphysischen und erkenntnisstheoretischen Beziehungen, sowie sein Verhältniss zum Materialismus mit besonderer Berücksichtigung der neuesten Phase desselben von Dr. Glossner. Münster, 1880. Theissing. IV u. 119 S.

[2]) Ueber das Grundprincip des Weltprocesses mit besonderer Berücksichtigung J. Frohschammer's von Lic. Dr. Friedrich Kirchner. Köthen, Schettler 1882. II u. 292 S.

punkt aus geschrieben, vertritt also vollständig die sog. scholastische Philosophie und insbesondere die des Thomas von Aquin, die ja jetzt vom Papste als die kirchlich-officielle erklärt worden ist. Da ist es selbstverständlich, dass Alles und Jedes in meinem Werke angefeindet und verworfen wird, was nicht mit der gerühmten scholastischen Doctrin übereinstimmt. Es ist dabei, wie üblich, viel vom Subjectismus der modernen Philosophie die Rede, während dagegen der objective Charakter der scholastischen (aristotelischen) Philosophie hervorgehoben und gerühmt wird. Ich habe diese Behauptung zu würdigen schon andern Orts Gelegenheit genommen (Ueber die Principien der Aristotelischen Philosophie und die Bedeutung der Phantasie in derselben. 1881. S. 125—143); hier möge nur noch Folgendes bemerkt werden: Wenn diese Scholastiker unter Objectivität der philosophischen Forschung und Erkenntniss wirklich diess verständen, dass das Denken sich nach dem Objecte zu richten habe und dieses im Bewusstsein nachbilden müsse, dann würden wir diess gerne zugeben und in dieser Beziehung ganz mit ihnen einverstanden sein. Aber dem ist nicht so. Diese kirchlichen Scholastiker dürfen ihr Denken gar nicht mit den Objecten in Uebereinstimmung setzen und darnach die Wahrheit bestimmen, wenn diese der kirchlichen Tradition nicht gemäss ist und der kirchlichen Auctorität missfällt. Sie müssen also ihre Vernunft gefangen nehmen, unterwerfen und sie zwingen, so zu denken, wie es kirchlich geboten ist. Sie müssen ihre Philosophie mit dem Willen bilden, nicht mit der Vernunft. Ihre Philosophie ist also vollständig subjectivistisch, und zwar in doppeltem

Sinne; zunächst, weil ihre Resultate durch den Willen, nicht durch die Vernunft und deren wirkliche Erkenntniss festgestellt werden; dann, weil nicht das Erkenntnissobject bestimmt, was als Wahrheit behauptet wird, sondern der Wille, die subjective Feststellung und Entscheidung der Auctorität. Daher durften die klarsten objectiven Erkenntnisse der Naturwissenschaft z. B. in der Astronomie und ebenso in der Geschichte und Philosophie nicht anerkannt und als Wahrheit behauptet werden, weil es die kirchliche Autorität verbot oder noch verbietet. Damit ist ebenso die menschliche Vernunft in ihrem Rechte und in ihrer Pflicht verletzt und unterdrückt, wie die Erkenntniss der Wahrheit verhindert und die Forschung nach ihr corrumpirt wird. Die Wahrheit aber ist nicht bloss ein Object und ein intellectueller Act, sondern ist selbst eine Idee, die durch das Streben nach Uebereinstimmung des Denkens mit dem Gegenstande realisirt wird. Und keine Macht der Erde hat das Recht, die Realisirung dieser Idee der Wahrheit zu hemmen! So steht es mit der gerühmten Objectivität der kirchlich-scholastischen Philosophie! Und es ist in der That seltsam, wie viel diese modernen kirchlichen Scholastiker über den subjectivistischen Splitter im Auge der modernen Philosophie zu sagen wissen, während sie den zweifach subjectivistischen Balken im eigenen Auge gar nicht wahrzunehmen scheinen oder geflissentlich unbeachtet lassen! Sich mit den Vertretern dieser unfreien, zu Magddiensten verpflichteten Philosophie in Erörterungen einzulassen, ist nutzlos, da sie auch die klarsten, gewichtigsten Gründe nicht gelten lassen, nicht anerkennen dürfen, und daher nicht anerkennen wollen, da ihr Intellect dabei vom Willen geleitet d. h. unterdrückt, in das Joch des Gehorsams gebracht werden muss — bei Vermeidung kirchlicher Strafen. — Fr. Kirchner's Werk hat sich die Aufgabe gestellt, das Verhältniss meines philosophischen Grundprincips zu den verschiedenen, in der Geschichte der Philosophie auftretenden Principien zu untersuchen; insbesondere aber den Spuren nachzugehen, welche sich von der Phantasie als Grundprincip in den Systemen der Vergangenheit finden, sowie die Uebereinstimmung mit meiner Auffassung oder die Abweichung davon bemerklich zu machen und kritisch zu beleuchten. Ist der H. Verfasser auch nicht in jeder Beziehung mit meinem Systeme einverstanden, so ist doch seine mit grosser historisch-philosophischer Gelehrsamkeit ausgeführte Darstellung wohl geeignet, das Verständniss meines Werkes zu fördern, manche Vorurtheile gegen dasselbe zu zerstören und eine gerechtere Würdigung des neuen philosophischen Grundprincips anzubahnen. Ich bin daher demselben zu besonderem Dank verpflichtet, und ergreife gerne die Gelegenheit, diesen hier kund zu geben.

München im Oktober 1882.

Der Verfasser.

Inhalt.

	Seite
Vorrede	III—XIV
Einleitung	1—4
I. Die Genesis des Menschengeschlechtes durch den Naturprocess und der Grundfactor der menschlichen Entwicklung	5—30
1. Die Genesis des Menschengeschlechtes im Naturprocess durch die objective Phantasie	6—20
2. Die subjective, freiwirkende Phantasie als Grundbedingung des geistigen, geschichtlichen Lebens der Menschheit	21—30
II. Die objective und subjective Phantasie bei Beginn und Fortgang der primitiven Entwicklung der Menschheit	31—66
1. Die objective Phantasie als Grund der geistigen und idealen Entwicklung der Menschheit	32—46
2. Die subjective Phantasiethätigkeit bei der primitiven theoretischen Weltauffassung und praktischen Thätigkeit	46—56
3. Die Bedeutung der objectiven und subjectiven Phantasie in ethnologischer Beziehung. Genesis der Racen und Völker	56—66
III. Ursprung, Entwicklung und Wesen der Religion	67—381
1. Ueber den Ursprung der Religion	68—98
2. Entwicklung der Religion. Die Religionen	98—351
Einleitung	98—106
a) Der Fetischismus	106—124
b) Die chinesische Religion	124—143
c) Die semitischen Religionen	143—198
Einleitung. Allgemeines	143—145
1. Die phönizisch-babylonische Religion	145—157
Alt-Arabische Religion	157—159

Inhalt.

II. Die jüdische Religion	160—190
III. Der Muhammedanismus	190—198
d) Die ägyptische Religion	198—212
e) Die Religionen der Indogermanen	212—324
(Die arischen Religionen.)	
Einleitung. Allgemeines	212—224
I. Die persische Religion	224—237
II. Die indische Religion	237—262
III. Der Buddhismus	262—279
IV. Die germanische Religion	279—296
V. Die hellenische Religion	296—314
VI. Die römische Religion	314—324
f) Die christliche Religion	324—351
3. Das Wesen der Religion und die Bedeutung der Phantasie in derselben. (Religion der Zukunft)	352—381
IV. Die Sittlichkeit in Ursprung, Entwicklung und Wesen	382—454
Einleitung	382—391
1. Ursprung des sittlichen Lebens im Menschengeschlechte	391—404
2. Höhere Entwicklung der Sittlichkeit und deren Verhältniss zur Religion	404—412
3. Das Princip und Wesen der selbstständigen Sittlichkeit und Ethik	412—454
Einleitung	412—417
a) Das Gute als Princip und Wesen der Sittlichkeit	417—435
b) Tugend und Tugenden	436—442
c) Die Phantasie im ethischen Entwicklungsprocess der Menschheit	443—445
d) Das sittlich Böse	446—454
V. Ueber Ursprung und Entwicklung der Sprache	455—525
Einleitung	455—463
1. Der Ursprung der Sprache	463—494
a) Verschiedene Ansichten oder Hypothesen über den Ursprung der Sprache	464—481
b) Entstehung der Sprache durch Phantasiebethätigung	481—494
2. Die Entwicklung der Sprache	495—509
3. Die Sprache und das logische Denken	509—525

Einleitung.

Im ersten, grundlegenden Werke unserer Darstellung der philosophischen Weltauffassung, welche die Phantasie als Grundprincip des Weltprocesses geltend macht, wurde zuerst zu zeigen versucht, dass die Phantasie als subjective oder individuelle Einbildungskraft sich als eigentliches Factotum nicht blos in ästhetischer, sondern auch in intellectueller und selbst auch in moralischer Beziehung bethätige, insoferne nur durch sie die sog. psychischen Vermögen ihre Functionen üben und der ganze psychische Organismus sein Leben und freie Bewegung erhalte. Dann wurde aber auch dargethan, dass in der Natur selbst, insbesondere in den organischen und lebendigen Wesen eine der subjectiven Phantasie analoge Macht oder reale Bildungspotenz thätig sei, die wir als objective, realwirkende Phantasie bezeichnet haben. Eine Macht, deren Spuren sich schon in der unorganischen Natur verrathen, die aber insbesondere all' die unendliche Fülle und Mannichfaltigkeit der Pflanzen und Thiere im Zusammenwirken mit den mannichfaltigen Naturverhältnissen producire; derart, dass man von ihr gewissermassen sagen kann, was Aristoteles von dem Nus in den beiden Formen als thätiger

---

[1]) Die Phantasie als Grundprincip des Weltprocesses, von J. Frohschammer, München, 1877.

Frohschammer: Genesis und geist. Entwicklung der Menschheit. 1

und leidender Verstand behauptet, dass er die Fähigkeit sei, einerseits Alles zu machen, andererseits Alles zu werden.[1]) — Aber auch die Menschennatur selbst mit all' ihren Kräften und insbesondere die subjective Phantasie in derselben ward aus der Gestaltungsmacht der objectiven Phantasie oder Generations- und Fortbildungs-Potenz abgeleitet, insoferne der individuelle Menschengeist selbst aus dieser hervorgeht, dann die subjective Phantasie als eigenthümliche Fähigkeit alle übrigen Geistesvermögen durchdringt und alle zur Einheit des psychischen Organismus verbindet. Wir haben mit der Darstellung dieser Genesis des individuellen Menschengeistes den Versuch verbunden, die besonderen geistigen Kräfte in ihrer Differenzirung aus der objectiven Phantasie in der Wechselwirkung mit der frei gewordenen subjectiven abzuleiten und in ihrer weiteren Ausbildung durch diese zu erkennen und darzustellen.

In der folgenden Untersuchung aber handelt es sich um den Beginn, die erste Phase und den Fortschritt der geschichtlichen Entwicklung des Menschengeschlechtes, d. h. um den Versuch, zu erweisen, wie auch dieser geschichtliche Process wesentlich durch die Phantasie als sein eigentliches Princip begonnen und fortgeführt ward. Und zwar durch die subjective individuelle, alle Kräfte des subjectiven Geistes in Erregung und Wirksamkeit setzende Phantasie, — natürlich in vielfacher Wechselwirkung mit der objectiven Phantasie (Lebensprincip) in der individuellen Menschennatur und auch jener, die das gestaltende Princip in dem Naturprocesse selbst ist. Der Gegenstand der Untersuchung ist insofern derselbe, wie der im ersten Buche des grundlegenden Werkes,[2]) nämlich die Rolle, welche die

---

[1]) S. m. Schr. «Ueber die Principien der Aristotelischen Philosophie und die Bedeutung der Phantasie in derselben», München. 1881. S. 76 ff.
[2]) Die Phantasie als Grundprincip. S. 21—218.

Phantasie bei der Thätigkeit des subjectiven Menschengeistes spielt; nur aber handelt es sich nicht blos um den einzelnen Menschengeist und seine Functionen, sondern um die Menschheit und die bewusste, selbstthätige historische Entwicklung derselben. Dabei müssen wir auf die Genesis der Menschheit, insoferne sie durch den Naturprocess und in ihm sich vollzieht, selbst zurückkommen, wie sie stattgefunden hat bis zu dem Zustande des Menschengeschlechtes und bis zu dem Momente in dessen Dasein, wo die eigentliche historische Entwicklung und die Arbeit der Weltgeschichte beginnen konnte, wenn auch ein genauer Anfangspunkt sich keineswegs bestimmen lässt. Daran hat sich die Untersuchung darüber zu schliessen, wodurch der Beginn der geschichtlichen Thätigkeit der Menschheit bedingt oder ermöglicht war, oder in wie fern gerade die subjectiv und frei gewordene Phantasie dieselbe herbeiführte, und demnach als Ursache zu betrachten ist, dass es überhaupt zu einer Menschengeschichte kam und das Menschengeschlecht nicht in der psychischen Gebundenheit verharrte wie sie bei den Thier-Arten, selbst den höheren herrscht und jede weitere psychische oder geistige Entwicklung hindert. Hierauf ist diese erste geschichtliche Bethätigung der Menschen selbst in's Auge zu fassen und nachzuweisen, wie und wodurch die objective und insbesondere die subjective Phantasie sich dabei bethätigte und die Formen und Eigenthümlichkeiten des primitiven psychischen und historischen Lebens der Menschheit bestimmte. Den Hauptmitteln und Erscheinungsformen des beginnenden historischen (geistigen) Lebens: den religiösen Vorstellungen und Cultusacten, sowie den ethischen Gefühlen und Thätigkeitsweisen wird dabei eine besondere Untersuchung zu widmen sein, so dass Ursprung und Wesen von beiden eingehend zu erörtern ist. Endlich muss nicht minder auch dem Hauptmittel der intellectuellen Erhebung und Ausbildung, der Sprache, ihrem Ursprung und Wesen nach die gleiche Beachtung zu Theil werden.

Demgemäss wird unsere folgende Untersuchung und Darstellung sich in fünf Hauptabschnitte gliedern, wovon der erste in Anknüpfung an das grundlegende Werk von der Genesis des Menschengeschlechtes durch den Naturprocess und von der Grundbedingung des Beginnes der geschichtlichen Entwicklung desselben zu handeln hat, während der zweite diesen Beginn und die Organe oder Mittel desselben selbst sowie die ersten Formen oder Erscheinungen davon darzustellen sucht. Der dritte ist dem Ursprung, den Factoren und Formen des religiösen Lebens der Menschheit gewidmet, der vierte der ethischen Entwicklung und der letzte dem Ursprung und Wesen der Sprache und deren Bedeutung für die intellectuelle Thätigkeit im geistigen, historischen Processe der Menschheit.

I.
Die Genesis des Menschengeschlechtes durch den Naturprocess und der Grundfactor der geschichtlichen Entwicklung.

Schon im zweiten und dritten Buche der grundlegenden Untersuchung über die «Phantasie als Grundprincip des Weltprocesses» war jene Entwicklung des Menschengeschlechtes Gegenstand der Untersuchung, welche stattfinden musste, ehe die eigentlich geschichtliche, menschlich-bewusste Thätigkeit und Entwicklung beginnen konnte. Man kann diesen Werdeprocess der Menschennatur als Genesis der Menschheit oder als Uebergang des Menschengeschlechtes in Menschheit d. h. vom noch unentwickelten Sein und thierischen Gebahren in bewusstes menschliches Leben und Wirken bezeichnen. Derselbe ist indess von der geschichtlichen Entwicklung nicht strenge zu scheiden, insofern auch die Geschichte im Allgemeinen um der fortschreitenden Bildung willen noch als beständiges Werden, als Genesis bezeichnet werden kann. Wir haben hier in Kürze einen Rückblick auf diese Naturentwicklung (im Unterschied, theilweise selbst Gegensatz zur geschichtlichen Entwicklung) zu werfen. Dieselbe ist der Ausbildung des individuellen Menschen im Mutterschoosse bis zur Geburt einigermassen analog und findet ihren Abschluss dann, wenn der Mensch im Stande ist, sich mit einer gewissen psychischen Selbständigkeit den Naturdingen gegenüber zu stellen, eine Deutung der Natur für das Bewusstsein zu beginnen, dieser gemäss das Verhalten einzurichten und das Handeln zu bestimmen — anstatt gleich den Thieren nur dem natürlichen Triebe und Instinkte zu folgen zur Erhaltung und Förderung des Lebens und physischen Daseins. Wir haben als die Grundbedingung dieser beginnenden Erhebung über das blose Naturdasein und das blos thierische Leben und Wirken die freigewordene subjective Phantasie gleichfalls schon früher kennen gelernt, haben aber hier die Thatsache und die Art dieser Bethätigung der subjectiven Phantasie näher zu bestimmen.

1.
Die Genesis des Menschengeschlechtes im Naturprocess durch objective Phantasie.

1. Dass die Menschen nicht gleich als vollendete, als physisch und psychisch ausgebildete, fix und fertige Wesen von göttlicher Macht in's Dasein gesetzt wurden ist für wissenschaftliche Betrachtung der Welt kaum noch irgend einem Zweifel unterworfen, so dunkel und schwer erkennbar auch immerhin anderseits die Art und Weise sein mag, wie diese allmähliche Menschwerdung im Laufe des Natur. processes auf der Erde stattgefunden habe. Auf dem positiven Glaubensstandpunkte und von theologischer Seite pflegt man allerdings noch immer sich gegen die Anerkennung dieser Thatsache zu sträuben und will so gut als möglich die alte Ueberlieferung von einer directen göttlichen Schöpfung eines fertig in's Dasein tretenden Menschen oder Menschen-Paares festhalten. Allein in der Wissenschaft ist dieses Bemühen vergeblich; denn von allen Seiten zeigen sich Gründe, die dagegen sprechen — noch abgesehen von dem Wunder-Acte selbst, der dabei voraus-

gesetzt wird. Schon die nicht mehr bestreitbare allmähliche Gestaltung der Natur selbst deutet darauf hin, dass auch die Menschennatur von diesem Naturprocess in ihrem Entstehen und ihrer Ausbildung irgendwie bedingt sein müsse; wenigstens dann, wenn dieselbe nicht als ganz blind und zwecklos aufgefasst, sondern als gesetz- und zweckmässig betrachtet wird, — bestimmt der werdenden Menschennatur als ihrem höchsten Ziele zu dienen, nach einem bestimmten vernünftigen oder göttlichen Gesetze. Die embryonale Entwicklung des menschlichen Individuums nach geistigem wie leiblichen Wesen deutet diess ja ebenfalls an und beurkundet ein Gesetz, dem alles Irdische unterworfen ist, so vollkommen es auch am Schlusse der natürlichen Ausgestaltung sein mag.

Selbst in der Geschichte der Menschheit erweist sich dieses Gesetz der natürlichen Entwicklung und des allmähligen Werdens als unverbrüchlich, — wie diess z. B. bezüglich der Ausbreitung und Wirksamkeit des Christenthums selbst die gläubigsten Vertreter der Uebernatürlichkeit und directen göttlichen Gründung nicht läugnen können. Müssen sie nun, durch die geschichtliche Thatsächlichkeit gezwungen, trotz alles Glaubens an Uebernatürlichkeit, zugeben, dass eine Nothwendigkeit natürlichen Wirkens und eine Gesetzlichkeit allmähligen Werdens herrsche, so ist keine Berechtigung mehr da, angesichts der natürlichen oder naturhistorischen Thatsächlichkeit dieses Werden und allmählige Entwickeln bezüglich der Menschheit in Abrede zu stellen, trotz alles Glaubens an eine übernatürliche Schöpfung des Menschen. Und natürliche oder naturhistorische Thatsachen hat die neuere Forschung in Fülle aufgefunden, welche das allmähliche Entstehen der Menschennatur bezeugen gegenüber der früheren Annahme, dass dieselbe fix und fertig in's Dasein gesetzt worden sei. Die Geologie erkennt eine allmählige Gestaltung der Erde und insbesondere der oberen Erdschichten und der Erdoberfläche; die Paläontologie gibt uns Kunde von den zurückgelassenen Spuren primitiver und früherer pflanzlicher und thierischer Organismen und zeigt durch Ueberreste derselben, dass eine allmählige Veränderung theils durch Aussterben theils durch Umbildung und Neugestaltung stattgefunden habe im Laufe langer Entwicklungsperioden; die prähistorischen und ethnologischen Forschungen weisen nicht minder bei dem Menschengeschlechte eine Abstufung bezüglich der Vollkommenheit in physischer und psychischer Beziehung nach in der Weise, dass die niedersten Racen des Menschengeschlechtes den höchsten, menschenähnlichsten Thieren sich angenähert zeigen. Nicht minder finden sich Andeutungen, dass die frühesten Menschen in physischer wie psychischer Beziehung mit den noch jetzt lebenden unentwickelten Menschen und Völkerschaften Aehnlichkeit hatten, wenn sie auch allerdings ihnen nicht vollständig gleichen, insoferne das noch Unentwickelte, Normale mit dem in der Entwicklung Aufgehaltenen und anormal Gewordenen zwar Aehnlichkeit besitzt, aber ihm nicht gleich zu setzen ist. — Auch die sprachlichen Forschungen, insbesondere diejenigen, welche die Sprachen vergleichen und deren Entwicklung und Hervorgang aus einander sowie deren Umgestaltung zu erkennen streben, weisen auf einen langen allmähligen Entwicklungsprocess hin, der vom Einfacheren, Ursprünglichen ausging und zu immer Complicirterem führte. Ein Process, dem offenbar eine analoge Entwicklung der Menschheit selbst in geistiger, insbesondere intellectueller Beziehung entspricht. — Die psychische Entwicklung der Menschheit fordert nicht minder die Allmähligkeit, das lange Ringen mit den Verhältnissen der Natur und die gegenseitige Anregung zur Bethätigung der eigenen Kräfte, die ja nur durch Thätigkeit sich selbst gewinnen und für höheren Dienst brauchbar worden. In keinem Falle ist es als psychologisch möglich anzuerkennen, dass in geistiger Beziehung ein Mensch plötzlich, ohne Selbstbethätigung, ausgebildet, geistig vollkommen fertig in's Dasein gesetzt werde. Bezüglich der Willenskraft und Willens-Vollkommenheit ist diess ohnehin selbstverständlich, da die Selbstthätigkeit, die Selbstständigkeit und Selbstbewährung, worin die Vollkommenheit des Willens besteht, nicht unmittelbar mitgetheilt oder geschenkt werden kann, sondern werden, d. h. errungen werden muss eben durch Bethätigung des Willens selbst. Aber auch die intellectuelle Bildung oder klare Erkenntniss des Selbst und der Welt kann nicht plötzlich dem Geiste eingegossen oder zugleich mit ihm geschaffen werden. Schon die einzelnen sinnlichen Dinge können nur allmählig durch die Sinne nach ihren Formen, Eigenschaften und Wirkungen wahrgenommen werden, — wozu ja eben die Sinne gebildet sind; noch weniger aber sind allgemeine Wahrheiten resp. Erkenntnisse plötzlich ohne Vermittlung und Selbstthätigkeit mitzutheilen. Solche Erkenntnisse sind für den menschlichen Geist ohne Sprache nicht möglich, die Sprache selbst aber mit ihrem richtigen Gebrauche kann nur allmählig errungen, muss gelernt werden. Denn wenn allenfalls auch die Worte unmittelbar mitgetheilt oder mitgeschaffen werden könnten, so müsste doch der Sinn, das Verständniss der Worte und deren richtige Anwendung auf die entsprechenden Dinge und Verhältnisse gelernt, durch Erfahrung und also durch Selbstthätigkeit allmählig errungen werden. Die blos mitgetheilten, mitgeschaffenen Worte wären für sich ohne Sinn und Bedeutung. — Endlich selbst vom metaphysischen oder rational-theologischen Gesichtspunkt aus ist angesichts des Zustandes der Welt und des thatsächlichen Verlaufes der Geschichte der Menschheit die Annahme zurückzuweisen dass die Menschheit in einem physisch und psychisch schon fertigen oder gar vollkommenen Zustand ohne Werdeprocess in's Dasein gesetzt worden sei durch freie göttliche

Schöpferthätigkeit. Wäre dergleichen je möglich gewesen, ohne das Gesetz aller Endlichkeit, des allmähligen, zeitlichen Werdens zu erfüllen, so müsste es auch später möglich gewesen sein und auch jetzt noch für möglich gelten; und da früge sich, warum, wenn der göttliche Schöpfer solche Vollkommenheit plötzlich, unvermittelt herstellen kann, er es nicht wirklich thue, und allen Wesen oder wenigstens den Menschen wunderbarer Weise einen vollkommenen Zustand in leiblicher und geistiger Beziehung verleihe und volle Glückseligkeit gewähre! Nach der der Gottheit sonst zugeschriebenen Vollkommenheit müsste sie diess vollbringen oder gewähren, wenn es von ihr allein abhinge. Dass es nun aber doch nicht geschieht, führte von je manche denkende Menschen zur Leugnung der Gottheit selbst; weil, wenn ein Gott existirte, er die Menschheit nicht in solch geistiger und leiblicher Vorkommenheit und in solchem Elend würde verharren lassen. Wer aber zu solcher Leugnung trotz der so grossen Unvollkommenheit der Welt überhaupt und der Menschheit insbesondere sich nicht verstehen will, dem bleibt nur übrig, anzunehmen, dass ein allgemeines Gesetz, eine unverbrüchliche Norm des Daseins die zeitliche Entwicklung der Wesen und die Selbstbethätigung derselben fordere, und demnach ihre Unvollkommenheit und selbst ihre Vorkommenheit und ihr Elend nicht zu vermeiden sei. Darnach folgt dann von selbst, dass auch die Menschheit in ihrem Werden diesem Gesetz unterworfen gewesen sei, wie es das Individuum in seinem Entstehen noch jetzt ist, und dem selbst die für eine übernatürliche und direct göttliche Stiftung gehaltene historische Erscheinung wie das Christenthum sich nicht als enthoben erweist, wie wir schon früher angedeutet haben.

2. Ist es der neueren wissenschaftlichen Forschung gemäss unvermeidlich, einen allmählich verlaufenden Werdeprocess auch für die Menschennatur und das Menschen-

geschlecht anzunehmen, so ist bei dieser Gewissheit des
Dass dagegen das Wie noch in tiefes Dunkel gehüllt.
Da alle unmittelbare Erfahrung oder directe Beobachtung
hiebei unmöglich ist, so ist die Forschung auf Analogieen
und Andeutungen des ganzen gesetzmässigen Naturlaufes
angewiesen. Der Descendenzlehre gemäss, in Verbindung
mit der Wirksamkeit des allgemeinen Bildungsprincipes
oder der objectiven Phantasie, ist anzunehmen, dass auch
die Menschennatur durch dieses allgemeine Princip mit
seinen beiden Hauptmomenten, dem teleologischen und
plastischen, ursprünglich gebildet und auf Realisirung
idealer Ziele angelegt worden sei, wie diess von der Natur
überhaupt gilt, wenn auch in unbestimmterer, weniger
concentrirter Weise als bei der Menschennatur. Die Fortbildung geschah noch in unbewusster, objectiver Weise
durch die Generationspotenz, welcher das Erhaltungs- wie
das Entwicklungsgesetz innewohnen und in welche die
durch die Verhältnisse hervorgerufenen Fertigkeiten und Ge-
wöhnungen aufgenommen und dadurch fortgesetzt wurden.
Die Stadien dieses phylogenetischen Bildungsprocesses der
Menschheit lassen sich einigermassen erkennen in dem
ontogenetischen, embryonalen Entwicklungsprocesse des
Individuums, der insofern ein Analogon, oder mehr noch
als dieses darbietet für die Entwicklungsstufen der Menschennatur selbst bis zu dem Stadium, wo das eigentlich geschichtliche Leben des menschlichen Geschlechtes beginnen
konnte. Indess ist auch der grosse Unterschied nicht zu
übersehen, der zwischen dem phylogenetischen und dem
ontogenetischen Bildungsprocesse stattfindet. Der Embryo
geht durch alle Stadien der Entwicklung hindurch, indem
er durch Vererbung die Tendenz zur Ausbildung eines
Individuums dieser bestimmten Art schon in sich hat und
deren Richtung und Bildung erfährt. Das menschliche
Individuum erleidet im Mutterschoosse von Anfang an
manche Metamorphose, die uns abentheuerlich und selbst

abstossend erscheinen; aber das Ziel ist durch die Natur der Eltern, durch das Gattungswesen, wie es in derselben Realisirung und Specialisirung gefunden hat mittelst der Generationspotenz — vorgezeichnet und das entstehende Individuum erreicht unentwegt die menschliche Natur mit einem bestimmten, eigenartigen Charakter. Und es fängt sein selbstständiges, individuelles Leben als in seiner Art fertiges Wesen an mit leiblichen und geistigen Kräften, ja Fertigkeiten, die es nur anzuwenden braucht, um sich weiter zu entwickeln. Bei dem Werdeprocess der Menschheit im Allgemeinen, oder der menschlichen Natur, ist es nicht so; sie ist nicht mit gleichen Kräften, Fähigkeiten und Organen in's Dasein gesetzt am Anfang, wie das Kind bei der Geburt, sondern ihr Anfang ist vielmehr zu vergleichen mit dem Anfangsstadium des Embryo; aber selbst bei diesem Vergleich noch mit einem grossen Unterschied. Der Embryo nämlich enthält ausser dem Stoff und Gesetz der Entwicklung auch noch ein Erbe in sich verborgen, das ihm von den Eltern und von dem ganzen Entwicklungsgang und Ausbildungsprocess des Menschengeschlechtes selbst zukommt, so dass, wie man wohl nicht mit Unrecht behaupten kann, seine Ausbildung bis zur Geburt eine individuelle, abbreviirte Wiederholung des ganzen Bildungsprocesses der vorgeschichtlichen Menschen-Natur und zum Theil selbst auch des geschichtlichen Bildungsganges darstellt. Anders aber verhält es sich mit dem ursprünglichen Keim oder dem Anfangsstadium der Menschheit selbst. In ihm wirkt wohl das Weltprincip schon in concentrirterer Form als in den übrigen Wesen der Erde mit teleologischer Tendenz und idealem Ziel, aber es ist ihm noch nichts Errungenes als Erbstück immanent, das sich nur zu entwickeln brauchte. Man kann sagen, dass in ihm oder durch ihn die allgemeine Rationalität des Daseins, die zuerst in der Empfindung sich selbst findet oder wahrnimmt, nach bestimmter Ausbildung, nach Lebendigkeit und individuellem Bewusstsein rang, indem sie zu diesem Behufe, in Wechselwirkung mit dem objectiven Vernunftdasein und ·Wirken, sich Organe schuf zur individuellen Wahrnehmung, ja Gestaltung und Umgestaltung desselben in individuellen empfindenden, dann bewussten und wollenden Wesen. Wir haben der ganzen Natur d. h. der in ihr sich offenbarenden und waltenden Vernunft (Rationalität und Idealität in sich schliessend) die Aufgabe und Tendenz zuzuerkennen, dass sie in der Menschenbildung und Menschwerdung nach Realisirung, nach Offenbarung und Selbsterkenntniss der Vernunft und nach Bewusstsein der Wahrheit, wie nach Realisirung des Guten und Schönen gestrebt habe und strebe. Diess wird Niemand leugnen können, der überhaupt diesem ganzen Weltdasein Gesetzmässigkeit und Vernunft zugesteht und nicht für blosses Spiel des Zufalles oder blinder Nothwendigkeit hält, und der hinwiederum im Menschengeiste mit seinem Streben nach Wahrheit in Forschung und Wissenschaft ein vernünftiges, gesetzmässiges Wesen erblickt, nicht ein blosses Spielzeug des Zufalls oder eine bedeutungslose Maschine der Nothwendigkeit. Menschliche Vernunft ist nicht da, weil sie zufällig geworden ist, sondern weil sie objectiv, real im Dasein grundgelegt, wirkende Ursache und Zweck der ganzen Entwicklung ist und zur Offenbarung vor sich selber strebt. Würde man das Gehirn und den Verstand des Menschen rein nur als Werke eines ziellosen Zufalles auffassen, so könnte auch auf die Thätigkeit davon kein Vertrauen gesetzt werden, wäre ein sicheres, bedeutungsvolles Wissen nicht anzunehmen, sondern ebenfalls nur zufälliges, haltloses Meinen, dass allenfalls auch wieder vollständig durch neue Zufälligkeiten sich ändern könnte. Wahrheit wäre nur Bezeichnung flüchtiger Erscheinung und fundamentlosen Denkens und Aussagens, Güte und Gerechtigkeit nicht auf rationaler und idealer Grundlage beruhend und selbst auch das ästhetische Gefühl wäre ohne tieferen Grund nur jetzt so goworden, um rasch sich wieder zu ändern oder auch nur durch Zufall länger zu beharren. Nimmt man also nicht an, dass die Vernunft des Menschen aus objektiver Vernunft, aus gesetzmässigem Wirken der Natur hervorgegangen sei, so wird sie selbst bedeutungslos und nach allen Beziehungen unzuverlässig, so zwar, dass selbst die Bestimmungen und Aussagen über ihre eigene Natur und die des Weltall's, als über ein Gebiet und Produkt des Zufalls oder der Nothwendigkeit keine Bedeutung mehr haben.[1] — Dass dem ganzen Dasein Gesetzmässigkeit und Vernunft zu Grunde liegt, ist dadurch erwiesen, dass im menschlichen Geiste sichere, rationale Erkenntniss zur Thatsache geworden ist und Sicherheit, Zuverlässigkeit in Anspruch nehmen kann. Dasselbe gilt auch von dem teleologischen Moment, von dem das Naturgeschehen und alle Naturbildungen durchwaltet sind. Im bewussten Geistesleben ist das höchste und einzig bedeutungsvolle Denken und Wirken das, welchem Zweckmässigkeit zukommt, das von Zielen geleitet wird. Dadurch nur wird das Wollen und Handeln auch ein vernünftiges, förderliches. Das klarste Merkmal gesunder Vernünftigkeit im Denken und Handeln besteht nach allgemeiner Uebereinstimmung darin, dass der Mensch bei seiner Thätigkeit weiss was er wolle und anstrebe, nicht ziellos und bliudlings wirke und dem Zufall sich überlasse. Was nun in solcher Weise im höchsten, be-

---

[1] Schopenhauer lässt den blinden und dummen Willen, den er als Princip und Wesen der Welt betrachtet, das Gehirn und den Intellect bilden und zwar eigentlich nur, um seine eigene Blindheit und Dummheit zu erkennen sammt der Werthlosigkeit des ganzen Daseins. Aber selbst dies ist unmöglich. Wenn Grund und Wesen der Welt vernunftlos ist, so kann einer Vernunft, selbst wenn sie bei solchem Weltgrund und -Wesen entstehen könnte, keine Bedeutung zukommen und kein Vertrauen gewährt werden. — auch insoferne nicht, als sie die Welt für schlecht und vernunftlos erklärt!

1. durch objective Phantasie.

wussten Gebiete des Daseins, im vernünftigen Geistesleben und Wirken zur Geltung kommt, kann nicht im Grunde des Daseins vollständig fehlen, und kann noch weniger auf dem Gegentheil, dem Zufall, oder der Vernunftlosigkeit ruhen. Will man nicht alle Bedeutung menschlicher Erkenntniss und menschlichen Wollens preisgeben, so bleibt nichts übrig, als daran festzuhalten, dass im menschlichen Geiste das zur subjectiven Erkenntniss kommt, was objectiv dem Weltdasein und dem Weltgrunde an Vernunft immanent ist, und dass der vernünftige menschliche Geist selbst aus einem vernünftigen Principe des Weltprocesses hervorgegangen, nicht aber Werk blinden, zwecklosen Geschehens sei. Gleiches beweisst auch schon die Thatsache der Empfindung.

Wie ursprünglich die Menschennatur auch begonnen haben mag, ob als besonderer Keim und Stamm oder sogar als deren mehrere wesensgleiche neben dem Stamme oder den Stämmen, aus denen die Thierwelt mit all ihren Arten hervorging; oder ob als gemeinschaftlicher Stamm mit der Thierwelt oder einem Theil derselben, der sich wie Nebenwerk abzweigte, kann unentschieden bleiben. Jedenfalls aber ist anzunehmen, dass in diesem ursprünglichen Keime oder dieser concentrirten und concreten Form und ursprünglichen Verkörperung des Weltprincips das Streben nach subjectiver, bewusster Vernunft, d. h. nach Selbstoffenbarung, begonnen habe, dass das Weltdasein selbst in der Menschheit einer höheren Offenbarung und Vernunfterlösung zustrebte als in der Natur im Allgemeinen. Angeboren konnte, wie schon bemerkt, dem ursprünglichen Menschenkeime allerdings noch nichts Bestimmtes sein als das Streben nach der Menschheit selbst, das dem Weltprincip, der Weltphantasie zunächst im Allgemeinen immanent war. Aber derselbe war durch diese (der realen Möglichkeit nach), so zu sagen, in die Gesetzmässigkeit und objective Vernunft des Daseins hineingeboren, um mittelst der subjectiv werdenden Phantasie dieselbe sich allmählich immer mehr anzueignen, in sein eigenes subjectives Wesen als subjective Rationalität und Idealität zu verwandeln und zum rationalen Selbst zu gestalten. Ein Wesen, das sich dann als solches auch durch Generation fortzusetzen vermag;[1]) so zwar, dass in der That die Grundzüge der Rationalität und Idealität dem Geiste des Menschen (der Menschheit) immer mehr angeboren werden und gewissermassen einen Besitz a priori bilden — wenn auch vor der Selbstentwicklung des Individuums nur der Potenz nach. — Diese Selbstgewinnung der weltimmanenten Vernunft im Menschen-Geiste und die weitere Entwicklung derselben in der menschlichen Geschichte ruht auf breiter, allerdings auch dunkler Grundlage, auf welcher sie sich in unendlichen Zeiträumen aufgebaut hat. Ein Moment der psychischen Fähigkeit des Menschen nach dem andern tritt auf durch die Bethätigung des Weltprincipes, das seine Natur zugleich darin realisirt und offenbart. — Nach der vorherrschend nur äusseren Gestaltung und plastischen Bethätigung besonders im Pflanzenreiche, wird das teleologische Moment desselben innerlich und bethätigt sich in dumpfer Empfindung in einer unendlichen Anzahl niederster Lebewesen, die nur in verworrenem Empfinden und Tasten die nöthige Orientirung für ihr Dasein gewinnen, — gleichwohl aber schon der Aussenwelt, als einem Anderen ein eigenes Inneres entgegenbringen. Mit der Entstehung und Ausbildung der Sinne hat dieses Streben nach Selbstoffenbarung und Subjectivirung der Natur eine neue Stufe erreicht, um endlich in dem Menschenwesen zum eigentlichen Bewusstsein zu kommen, die eigene Rationalität im Geiste zu erfahren und nach selbstthätiger Ideerealisirung zu streben.

---

[1]) Vgl. Phantasie als Grundprincip etc. S. 478 ff. und: Monaden und Weltphantasie. S. 60 ff.

1. durch objective Phantasie.

Allerdings erscheint es unbegreiflich, räthselhaft, unwahrscheinlich, dass ein so unendlicher Process der Natur, der mit so unvollkommenen Wesen beginnt und so wenig Beziehung zur höheren geistigen Natur und Thätigkeit des Menschen zu haben scheint, nöthig gewesen sein soll, um darauf die Selbstoffenbarung der waltenden Vernunft zu gründen. Vielmehr scheint diess Alles in gar keiner Beziehung zum vernünftigen Wesen des Geistes zu stehen; und Jahrtausende hindurch ward in der That auch angenommen, dass diese Natur mit ihren Gebilden einen schroffen Gegensatz zum menschlichen Geiste bilde und ihn vielmehr hemme, störe, ja in unglückseliger Gefangenschaft halte. Indess die Einheit vernünftiger Auffassung der Welt und des Menschen fordert, anzunehmen, dass eine Wechselbeziehung stattfinde, dass der grosse Naturprocess bis zum Auftreten des Menschen auf der Erde für diesen, auch seinem vernünftigen Geiste nach, etwas geleistet habe und wohl auch nach ewigen Gesetzen leisten musste. Es lässt sich diese Annahme als Postulat nicht vermeiden, woferne man nicht auf Vernünftigkeit des ganzen Daseins verzichten und zu der schon erwähnten Ansicht sich bekennen will, dass die Natur und das Menschenwesen ein Gebiet und Werk baarer Unvernunft und zufälligen Wirkens blinder Kräfte sei. Auch die rein theistische Weltauffassung kann diese Annahme nicht vermeiden, da, wenn nicht eine bestimmte Nothwendigkeit oder ein unvermeidliches Gesetz des räumlich-zeitlichen Seins diesen Verlauf der Natur zum Behufe der Gewinnung und Offenbarung des rationalen Geistes und idealen Bewusstseins in Erkenntniss der Wahrheit, im Wollen des Guten und Fühlen des Schönen nothwendig wäre, — dieser ganze schwere Naturprocess mit unendlichen Gestaltungen und Zerstörungen schwerlich unnützer Weise vom göttlichen Schöpfer wäre in's Dasein gerufen und angeordnet worden. Angeordnet unnützer Weise, wenn zuletzt doch ganz selbstständig und davon abgesehen der vernünftige Geist apart zu schaffen und in dieses scheinbar so wüste, ihn hemmende Naturgetriebe hineinzuversetzen war. Da wir das Wesen der Natur mit ihren Stoffen und Kräften und insbesondere Wesen und Bedeutung des Nervensystems noch so wenig kennen, so darf es nicht wundernehmen, dass wir die Bedeutung und Leistung der physischen Natur für die psychische und für das ganze geistige Leben noch so wenig begreifen und uns dieses unendliche Naturgeschehen als unnützer oder oftmals geradezu für die höheren geistigen Zwecke des Menschendaseins schädlicher Kraftaufwand erscheint. Es verhält sich nicht anders mit der individuellen Natur des Menschen bezüglich des Verhältnisses zwischen Geist und Körper. Was dieser mit seinem Nervensystem für geistige Entwicklung und Function leiste, ist nicht zu begreifen und zu bestimmen; er scheint allenthalben für geistige Thätigkeit mehr ein Hinderniss sein zu müssen bei dieser — wenigstens in der Erscheinung — gänzlichen Verschiedenheit, ja Entgegensetzung von Materiellem und Geistigen. Indess können wir gleichwohl das Dass der Wechselwirkung von beiden nicht in Abrede stellen und müssen uns zur Annahme verstehen, dass das organische System des Körpers, insbesondere dessen Nervensystem für den Geist und seine Functionen, auch die höchsten, etwas leiste, wenigstens die Grundbedingung seiner irdischen Thätigkeit sei, und dass hinwiederum auch der Geist die Körperbildung, die körperliche Belebung und Function bedinge und in irgend einer Weise etwas dafür leiste — wenn wir auch das Wie und Warum zu bestimmen nicht im Stande sind.

So haben wir Grund anzunehmen, dass der grosse Naturprocess, wie ihn die Erde zeigt, die Bedeutung habe, der Realisirung und Offenbarung der Vernunft (im weitesten Sinne alles Rationale und Ideale in sich fassend)

1. durch objective Phantasie.

zu dienen, schon im Allgemeinen durch gesetz- und zweckmässiges Bilden oder Schaffen mittelst der synthetischen Macht des Grundprincips, der Weltphantasie, insbesondere aber durch Bildung und Fortentwicklung des menschlichen Geistes bis zu der Stufe, auf welcher er sich über die Natur allmählich erheben und das geschichtliche Leben über dem natürlichen Dasein beginnen konnte. Wir haben die Genesis des Menschengeistes durch objective und subjective Phantasie schon anderorts[1]) darzustellen versucht, — insbesondere wie der psychische Organismus sich bildet und dieser sich differenzirt in die sog. Seelenvermögen mit dem Ich-Bewusstsein als dem Centrum und festen, identisch in der Zeit verharrenden geistigen Lebensquell. Auch der Geist selbst ist ja dem allmähligen Werden unterworfen — wie bei dem Individuum, so noch mehr bei der Gattung. Der Verstand entsteht, wie wir zu zeigen versuchten, durch die synthetische Macht der Phantasie, die an sich schon eine Potenz der Verallgemeinung in sich enthält, welche sich in der Association der Vorstellungen zeigt; dann aber die beharrenden Formen und Gesetze dem Lebensprincipe, der Seele einbildet und dieser dadurch Abstractionsfähigkeit, sowie die Macht des selbstständigen Urtheilens und Schliesens verleiht, d. h. der Seele die wesentlichen Eigenschaften des höheren (bewussten) Intellects vermittelt. Das rationale Wesen des Daseins ist dadurch im menschlichen Geiste oder vielmehr als menschlicher Geist concret und lebendig geworden und kann sich hinwiederum im Denken zur Allgemeinheit erschliessen.
— Ebenso verhält es sich mit dem Willen. Auch er ist nicht ursprünglich, sondern abgeleitet und allmählich geworden, durch das Studium des Trieblebens und blossen Begehrens hindurchgehend bis die complicirte Bewegungsmacht nicht mehr durch blos wirkende (treibende) Ur-

---

[1]) Die Phantasie als Grundprincip des Weltprocesses. 2. und 3. Buch, Und: Monaden und Weltphantasie. S. 25—82.

sachen bestimmt wird, sondern durch Zwecke oder Vorstellungen. Es geht also diese Seelenfähigkeit hauptsächlich aus dem teleologischen Moment des Lebensprincips, der Phantasie hervor, wie der Verstand vorherrschend aus der synthetischen, bildenden Macht desselben sich ausbildete und den Instinct zum Durchgangsstadium hatte. Verbunden erscheint beides in der zweckmässigen Wirksamkeit, die sich aus Vorstellung und Urtheil constituirt, wodurch die Thätigkeit zur Erreichung des Zieles geleitet wird. Diese Thätigkeit bildet dann den Uebergang zu der höchsten Stufe der geistigen Bethätigung, zur Erkenntniss und Realisirung der Ideen, die allerdings ebenfalls schon in der teleologisch-plastischen Potenz der Phantasie begründet ist und sich im Gefühle zuerst in unbestimmter, dunkler Weise offenbart. — Diess Alles ist indess eine geistige Thätigkeit, wie sie im eigentlichen Sinne erst in der geschichtlichen Zeit der Menschheit stattfindet, d. h. in der Zeit oder auf der Bildungsstufe, auf welcher das blosse Naturdasein bereits, wenn auch zuerst nur in geringem Maasse überschritten ist und die Lebensführung des Menschen schon durch Vorstellungen und Gedanken bestimmt wird, die nicht aus dem Triebleben selbst hervorgehen, sondern theils aus den Sinnen, theils aus subjectiver Phantasie und Denkthätigkeit stammend, im Bewusstsein ihren Sitz haben und von da aus das Wollen und Wirken bestimmen. Es ist aber nun die Frage, wodurch es zu diesem höheren Dasein, zu diesem Beginne des geschichtlichen Lebens und Wirkens bei dem Menschengeschlechte kommen konnte, wodurch das Stadium des blos thierischen Lebens und Wirkens überschritten zu werden vermochte, in dem alle übrigen Lebewesen der Erde befangen bleiben? Wir versuchen, diese Frage im Folgenden zu beantworten.

2.
Die subjective, freiwirkende Phantasie als Grundbedingung des geschichtlichen Lebens.

Ist das Menschengeschlecht nicht gleich von Anfang an fertig in's Dasein getreten, sondern musste sich dasselbe erst durch mehrere Stufen unvollkommenen, unentwickelten oder unfertigen Daseins hindurchbilden, bis die eigentliche Menschennatur, insbesondere nach ihrer psychischen Seite sich bethätigen konnte, — so musste eine Periode, und aller Wahrscheinlichkeit nach eine lange, vorausgehen, in welcher die künftige, historisch wirkende Menschennatur sich noch gleichsam in einem untermenschlichen Sein und Wirken befand. Das Princip dieser vor- oder untermenschlichen Existenz und Entwicklung war, unsern bisherigen Erörterungen zufolge, die objective Phantasie (wie im Dasein und der Entwicklung des menschlichen Embryo), mit allenfallsigen Anfängen der Thätigkeit der subjectiven, wie diess ja auch im thierischen Dasein der Fall ist. Wollen wir uns den Zustand und die Bethätigung der Menschennatur in dieser Entwicklungsperiode vorstellig machen, so lässt uns hier die Analogie mit der Entwicklung des menschlichen Individuums im Mutterschoosse und mit der ersten hülflosen Kindheit durchaus im Stiche, und wir haben mehr an ein thierähnliches Leben und Wirken des Menschengeschlechtes in diesem Stadium zu denken. Denn bei solch' einem passiven Verhalten und in solch' hülflosen Zustand, wie jetzt dem werdenden Menschen und dem Kinde sie eigen sind, hätte die Menschennatur sich nicht erhalten und noch weniger fortbilden können — bei der Unmöglichkeit, sich die nöthige Nahrung zu erringen und vor so vielen Gefahren zu schützen. Die Menschen, oder die Wesen, welche das Durchgangsstadium zum künftigen eigentlichen Menschengeschlecht bildeten, mussten also mit der Fähigkeit ausgestattet sein, sich selbst zu erhalten, obwohl sie noch nicht zu eigentlich psychischer. menschlich bewusster Thätigkeit. zu bewusster, freier Verständigkeit und Willensbethätigung gekommen waren; Eigenschaften, welche jetzt den Menschen, auch den ungebildetsten vor den Thieren auszeichnen und ihn befähigen sich über die natürliche körperliche Kraft und Begabung hinaus durch künstliche Mittel, Werkzeuge und Waffen das Dasein zu ermöglichen, zu schützen und fortzusetzen. Wir haben uns also die Individuen des Menschenstammes in diesem Entwicklungsstadium zu denken als ausgerüstet nicht blos mit grosser Bedürfnisslosigkeit und Ausdauer in Zeiten und Umständen der Gefahren und Entbehrungen, sondern auch mit bestimmten Trieben, und mehr noch mit Instincten begabt, dieselben zum Behufe der Selbsterhaltung und Fortpflanzung zu befriedigen. Der Instinct setzt eine Gebundenheit der Intelligenz voraus, wie der an den Instinct gewiesene Trieb eine Gebundenheit des Begehrens (Wollens). Je mehr sie also noch vom Instinct geleitet waren, desto tiefer stund noch ihre selbstthätige Intelligenz — wie sich diess nicht undeutlich an den Thieren wahrnehmen lässt; und ebenso war der vom Instinct befriedigte, aber auch daran gebundene Trieb noch am weitesten vom selbstständigen Wollen entfernt. Sollte also ein Zustand eigentlicher Intelligenz und Willensthätigkeit und des damit verbundenen höheren Bewusstseins erreicht werden, so musste die Bindung durch Trieb und Instinct überwunden werden und an die Stelle von beiden eine freiere, bewusste Geistesthätigkeit treten — wodurch der untermenschliche Zustand verlassen werden und das eigentlich menschliche (oder geistige, geschichtliche) Dasein des Menschengeschlechtes beginnen konnte.

Die Frage ist nun, wodurch, durch welche Kraft und Thätigkeit konnte dieser von Trieb und Instinct beherrschte, geleitete, aber auch gebundene Zustand überwunden und das eigentliche menschliche Stadium errungen werden?

2. durch subjective Phantasie.

Dass diess ein Werk des Zufalls gewesen sei, können wir wiederum, ohne auf eine Erklärung überhaupt zu verzichten, oder dieselbe, sowie alles Denken, bedeutungslos zu machen, nicht annehmen; dass es dagegen nur durch eine den Thieren nicht oder nicht in gleichem Maasse zukommende, eigenthümliche Seelenpotenz möglich war, ist unschwer zu erkennen, denn irgend eine körperliche Kraft oder Fähigkeit ist dem Menschen nicht eigen, die ihn so entschieden über das blos thierische Leben hinaufzuheben vermochte. So kann diess z. B. nicht von besseren Sinnen kommen, (in denen übrigens immerhin auch das seelische Moment sich entschieden bethätigt), — denn manche Thiere übertreffen an Sinneskräften den Menschen, ohne dass sie dadurch über den thierischen Zustand hinauszukommen vermöchten. Man könnte geneigt sein, etwa stärkere Empfindungsfähigkeit, höheres Bewusstsein, stärkere Willenskraft, intensiveres Gedächtniss oder insbesondere höheren Verstand als Ursachen zu betrachten, die dem Menschengeschlechte ermöglichten die Stufe des untermenschlichen Daseins zu überschreiten und das geschichtliche, geistige Leben zu beginnen. Allein all' diese psychischen Fähigkeiten sind keine ursprünglichen, sondern selbst abgeleitete und in ihrer Vollkommenheit selbst bedingter Art. Sie sind bei den Thieren noch in unvollkommenen, gebundenen Zustand und es ist eben die Frage, wodurch, durch welche psychische Potenz sie frei und damit höherer Thätigkeit fähig geworden sind, so dass sie nun unter ganz gleichen Verhältnissen der Natur, bei den nämlichen Einwirkungen in anderer, freierer Weise sich kund geben und bethätigen als bei den Thieren. Die psychische Potenz, welche diese Befreiung und Erhöhung aller lebendigen oder psychischen Kräfte aus der Natur-Gebundenheit soll erwirken können, muss selbst natürlich-frei sein oder ein Moment der Freiheit in sich haben; sie muss selbstständig sein in dieser freien Wirksamkeit, nicht von Anderem dazu erst Befähigung oder Anlass, etwa durch Bewusstsein, Erkenntniss oder Willenskraft bedürfen, und muss unmittelbar auf alle anderen, noch gebundenen psychischen Kräfte wirken können. — All' diese Eigenschaften nun besitzt jene Seelenfähigkeit, die wir als subjective Phantasie bezeichnen. Sie ist ursprünglich, insoferne sie direct aus dem allgemeinen Weltprincip, der objectiven, real wirkenden Phantasie stammt oder diese selbst ist in subjectiver Erscheinung und Thätigkeit und als die bewirkende und zusammenhaltende Macht für den psychischen Organismus mit seinen differenten psychischen Fähigkeiten sich erweist. Sie hat ferner ein Moment der Freiheit, der Willkür in sich und kann insofern auch den von ihr angeregten, oder bestimmten übrigen Seelenkräften eine freiere Thätigkeit ermöglichen und sie über die instinctive Gebundenheit erheben. Schon die objective Phantasie selbst ist ja, wie früher schon bemerkt worden[1]), nicht ohne ein Moment der Freiheit oder Willkür, die sich in der unendlichen Mannichfaltigkeit und oft bizarren Eigenart der organischen und lebendigen Gebilde der Natur verräth. Die subjective (individuelle) Phantasie erscheint als ein eigengearteter Theil dieses objectiven Weltprincips und ist in der Menschennatur insbesondere in concentrirterer, daher in höher potenzirter Weise wirksam als in den übrigen lebendigen Wesen, so dass dieselbe gerade durch diese intensivere Theilnahme an dem Weltprincipe zu höherer Bildung des eigenen individuellen Daseins und Wirkens befähigt ist. Diese subjective (wie die objective, als Lebensprincip wirkende) Phantasie bedarf zu ihrer Wirksamkeit auch nicht der bewussten, klaren Erkenntniss und Willensthätigkeit, — wie diess schon im Kindesalter sich zeigt, in welchem Verstand und Wille noch ungebildet und der Geist an Kenntnissen noch leer

---

[1]) Die Phantasie als Grundprincip des Weltprocesses II. Buch.

2. durch subjektive Phantasie.

ist und doch die Phantasie in hervorragender Weise sich thätig erweist, ja fast die einzige psychische Thätigkeit bekundet, die nicht durch körperliche Triebe und Bedürfnisse veranlasst ist. Ebenso zeigt sich diese Phantasie selbst im bewusstlosen Zustand thätig, wie die Träume beweisen und manche abnorme Zustände von Bewusstlosigkeit, in welchen die Phantasie ein oft sehr auffallendes Spiel zu treiben vermag. — Diese psychische Fähigkeit und deren Thätigkeit also wird es wohl gewesen sein, die im Entwicklungsprocesse der menschlichen Natur, — weil sie in dieser concentrirter war und also eine grössere Kraft des allgemeinen Weltprincips in sich schloss, sich energischer bethätigte — den in Trieb und Instinct gebundenen Zustand der objectiven Phantasie-Producte durchbrach und die freie Entfaltung und selbstständigere Thätigkeit der übrigen psychischen Kräfte des Geistes, ja selbst deren eigentliche höhere Existenzform ermöglichte. Durch sie wurde Verstandes- und Willensthätigkeit im eigentlichen Sinne erst möglich, und ihre freie Entfaltung brachte auch das Bewusstsein aus dem noch dumpfen Versunkensein in die Natur zu höherer Freiheit und Klarheit, die wiederum auf alle anderen Geisteskräfte erhebend zurückwirken konnte; sogar auch erhöhte, erweiterte und freiere Thätigkeit der Phantasie selber zur Folge hatte. Wenn öfter behauptet wird, dass es durch die Sprache dem Menschengeschlechte gelungen sei, sich über die Thierwelt zu erheben und ein geschichtliches Bewusstsein auszubilden, von dem die Thiere durch eine unübersteigbare Schranke getrennt sind, — so ist dabei übersehen, dass die Möglichkeit und die Bildung der Sprache bei dem Menschen (im Unterschied von den Thieren) selbst einer Erklärung bedarf, und dass eben die Fähigkeit zu dieser Sprachbildung den wesentlichen Unterschied zwischen Mensch und Thier bildet. Die Möglichkeit aber zur Sprachbildung ist bei dem Menschen nicht blos gegeben in den Sprachorganen, denn solche fehlen auch manchen Thieren nicht, ohne dass sie der Sprachbildung fähig sind, — sondern die Fähigkeit ist wesentlich in der Seele begründet. Und die Art des Ursprungs und das Wesen der Sprache zeigen, wie wir später sehen werden, dass es gerade die productive (nicht bloss die reproductive) Einbildungkraft ist, durch deren höhere und freiere Thätigkeit in Verbindung mit klarerem Bewusstsein und beginnender Verstandesfunction die Sprache entstanden ist und sich fortgebildet hat.[1])

Wir müssen also wohl annehmen, dass die Erhebung des menschlichen Entwicklungsstammes auf die Stufe des eigentlichen Menschseins, dass also die eigentliche Menschwerdung dann stattgefunden habe, als die Einbildungskraft ihr freieres Spiel zu beginnen vermochte und insoferne eine willkürliche psychische Thätigkeit begann — etwa in der Weise, wie sie jetzt im Kindesalter sich geltend macht. Das kindliche Alter ist durchaus von der Phantasie beherrscht und hat vorherrschend nur für Phantasiespiele Sinn und Neigung. Auch die Wilden, (wie sogar auch noch das ungebildete Volk bei civilisirten Nationen) sind ebenfalls von der Einbildungskraft beherrscht und geleitet, nicht von festen Gesetzen und Grundsätzen. Daher jenes unstäte, unzuverlässige Verhalten, jenes Bestimmtwerden vom Augenblick, das ihnen eigenthümlich ist. Allerdings findet sich daneben auch wieder eine grosse Stetigkeit oder Unbeweglichkeit in ihren Meinungen, in ihrem Thun und Lassen. Sie pflegen auf's

---

[1]) Dasselbe gilt vom sog. Zeitsinn, in welchem man ebenfalls das unterscheidende Merkmal zwischen Mensch und Thier finden wollte. Für's Erste fehlt es auch den Thieren nicht ganz au Zeitsinn, und dann ist der Zeitsinn, das Bewusstsein zeitlichen Verlaufes und eine gewisse Messung desselben selbst nur möglich durch die bildende, synthetische Macht der Einbildungskraft in Verbindung mit dem beharrenden Centrum des psychischen Organismus, dem identisch bleibenden Selbstbewusstsein.

Aeusserste conservativ zu sein in Bezug auf ihren Aberglauben, ihre Sitten und Gebräuche, so dass sie trotz ihrer kindischen Unstätigkeit doch wieder im Ganzen vom Herkömmlichen, wie in einen festen Rahmen eingeschlossen sind. Diess dürfte darin seinen Grund haben, dass neben der leicht beweglichen Einbildungskraft die übrigen geistigen Fähigkeiten noch wenig gebraucht werden und daher unausgebildet bleiben, so dass keine individuelle Selbstständigkeit errungen wird, und daher auch das historisch Gewordene, (Gewohnte, herkömmlich Gewordene (historisch objectivirte allgemeine Einbildung) wieder bei ihnen in eine Art instinctiver Natur-Gebundenheit überzugehen pflegt und Stabilität erzeugt. Daher wird die historische Entwicklungsfähigkeit mehr oder minder gefährdet, öfters sogar vollständig aufgehoben, wenigstens für die Stämme oder Völker, als solche, wenn auch die Individuen in das historische Bildungsgebiet eingefügt werden können.

Die subjective, freithätige (um reale Naturnothwendigkeit- und Gesetzmässigkeit gleichsam unbekümmerte) Phantasie ist in der Menschennatur wohl nicht plötzlich aufgetreten, wenigstens nicht plötzlich entstanden, sondern ist gleich der leiblichen Gestaltung allmählich geworden. Aber wir dürfen annehmen, dass stets und vom Anfang an diese Potenz in der Entwicklung des Menschenwesens sich stärker bethätigte, als in den Thieren, in welchen sie allerdings auch nicht gänzlich fehlt, und dass daher in den Individuen des Menschenstammes die physische und psychische (instinctive) Gebundenheit nie so erstarken konnte wie in den Thieren, die trotz aller sonstigen Modifikationen die Schranken des thierischen Wesens nicht überschreiten können. Die grössere Macht der Phantasie in der Menschennatur, d. h. die stärkere Concentration des Weltprincips, wirkte demnach schon vom Anfang an in doppelter Weise: nämlich sowohl negativ als positiv.

I. Genesis des Menschengeschlechtes

Negativ, insofern sie gänzliche Bindung in blos organischer, äusserlicher Naturform oder innerem, psychischen Instinct und Trieb verhinderte; positiv, insoferne sie alsbald, wenn auch anfangs nur in schwachen Versuchen, freie oder selbstständige Bethätigung ermöglichte und dadurch die Fortentwicklung anbahnte und aufrecht erhielt. Auch darin ist die Menschennatur nicht ganz verschieden von den organischen und thierischen Bildungen überhaupt; denn auch in dieser ist es eben die Phantasie, allerdings die objective — mit Anfängen der subjectiven, welche die Bildung und Forterhaltung und selbst auch Fortentwicklung wirkt. Indem aber in der Menschennatur die subjective Phantasie freier, selbstständiger hervortrat und wirksam wurde, erhielt damit die Seele selbst, der psychische Organismus[1]) einen höheren, selbständigeren Charakter und differenzirte sich schärfer in die einzelnen Geistesthätigkeiten, die allenthalben spontaner und abstracter zu wirken vermochten. Durch das erhöhte Vorstellungsvermögen (Einbildungskraft) ward es möglich, Ziele, Zwecke zum Motiv der Thätigkeit zu setzen und ihnen nachzustreben; dadurch hörte der Mensch auf, von blos wirkenden Ursachen und in so fern vorherrschend nur mechanisch bestimmt zu werden, wie diess selbst noch in Trieb und Instinct geschieht. Diese Bestimmungsweise wird dadurch mehr und mehr in die zweite, untergeordnete Stufe zurückgedrängt und erscheint nur als ein Mittel — der höheren Zweckthätigkeit gegenüber.[2])
— Dass das Bewusstsein (Selbstbewusstsein) eine Erhöhung erfährt durch die stärkere subjective Phantasie in der

---

[1]) Vgl. über diesen: Die Phantasie als Grundprincip etc. S. 404 ff. und Monaden und Weltphantasie. S. 48 ff.

[2]) Schon in der Nachahmungsfähigkeit gibt sich übrigens die Befreiung von blos wirkenden, treibenden Ursachen (causae efficientes) kund, denn das Nachgeahmte wirkt nur als Ziel, als causa finalis, nicht als causa efficiens.

2. durch subjective Phantasie. 29

Menschennatur, ist selbstverständlich. Da dasselbe aus der Empfindung ursprünglich hervorgeht, so wird stärkere Empfindungsfähigkeit auch ein stärkeres Bewusstsein begründen; die Empfindungsfähigkeit selbst aber ist ursprünglich durch das teleologisch-plastische Moment der Phantasie bedingt, deren Stärke und Freiheit also auch im höherem Stadium als der letzte Grund der Höhe und Selbständigkeit des Bewusstseins und Selbstbewusstseins betrachtet werden kann. — Dass nicht minder der Verstand und der Wille in ihrer Entstehung und in ihrer Function durch objective und subjective Phantasie bedingt seien, wurde schon anderwärts eingehend dargestellt, so dass hier nur darauf zu verweisen ist[1]).

All' diese höheren, freieren Geistesthätigkeiten wurden also bei der Menschennatur dadurch möglich, dass die subjective Phantasie frei wurde, in ihrer Thätigkeit über den leiblichen Organismus gleichsam hinauswuchs, damit vor Allem die Enge des thierischen Bewusstsein's durchbrach und erweiterte und allen psychischen Kräften höhere Thätigkeit ermöglichte. Denn die Seele konnte dadurch gleichsam sich selbst dem Körper abgewinnen, sich bis zu einem gewissen Grade selbstständig machen und nun von diesem subjectiven, psychischen, nicht mehr von dem blos körperlichen Standpunkt aus die Dinge auffassen, die Vorstellungen von ihnen geistig und abstract verbinden und trennen und Gedanken daraus und darüber bilden. Diesen entsprechen dann höhere Gefühle, die dem Körperlichen fremd sind, sowie selbstständige, nicht im Körper, sondern im psychischen Organismus und seinem Bewusstseinsinhalt entstammenden Willensacte. Die subjective, freigewordene Phantasie setzt übrigens damit nur fort, was die allgemeine, objective Weltphantasie schon anfäng-

---

[1]) Die Phantasie als Grundprincip etc. S. 478 ff. und Monaden und Weltphantasie. S. 57 ff.

lich, wenn auch nur in unvollkommenen, dunklen Wirkungen vollbrachte, z. B. in den niedrigsten thierischen Wesen, in denen nur ein dumpfes Daseinsgefühl anzunehmen ist und schwachen Reizen mehr oder weniger mechanisch genaue Reflexbewegungen antworten. Immerhin ist schon dabei der blos materielle Daseinszustand überwunden, ist die Materie schon zu blossem Mittel herabgesetzt und erscheint die äussere Form und selbst die Spur vom innern Princip schon als das Wesentliche, Beharrende gegenüber den wechselnden Stoffen. Das Wesen und die Macht des Weltprincips zeigt sich schon in dieser noch dunklen Offenbarung und es gibt sich schon hierin kund, dass es von Anfang an auf psychische Innerlichkeit, auf Individualisirung des Formprincips abgesehen war; also ein Process der Entwicklung eingeleitet wurde, der endlich im menschlichen Geiste, in der Persönlichkeit (Mikrokosmus) ein Ziel erreicht hat, von dem eine neue Entwicklung, die historische, ausging, für welche die Natur mit ihren Bildungen nur noch den Schauplatz und die Mittel bildet.

II.
Die objective und subjective Phantasie bei Beginn und Fortgang der primitiven Entwicklung des geschichtlichen Lebens.[1)]

Wir haben als Grundbedingung oder Factor zum Beginn der geschichtlichen Entwicklung der Menschheit die Phantasie bezeichnet. Wir sind bei dieser Aufstellung theils von der Betrachtung des Wesens und der Wirksamkeit der Phantasie selbst geleitet, theils von der thatsächlichen Wahrnehmung, dass die geistige Entwicklung des Kindes mit besonders lebhafter, freier, oder vielmehr willkürlicher Phantasiethätigkeit beginnt. Wir haben dadurch Berechtigung erlangt, auch für die Kindheit des Menschengeschlechtes ein Vorherrschen der Phantasie anzunehmen und derselben eine ähnliche Rolle oder Bedeutung zuzuschreiben, wie ihr bei der geistigen Entwicklung des Kindes zukommt.

Nun aber haben wir die Aufgabe, zu untersuchen, in welcher Weise die Phantasie, die objective sowohl als

---

[1)] Material für die Erforschung des primitiven Zustandes der Menschheit findet sich in den Werken von Lubbock, Tylor, Bastian, auch Herb. Spencer u. A. Ein geistreich und anregend geschriebenes Werk ist O. Caspari's «Urgeschichte der Menschheit.» 2 Bde. Leipzig. Brockhaus. Ausserdem: A. de Quatrefages «Das Menschengeschlecht. (Internat. Bibl. Leipz. Brockhaus).

die subjective sich thatsächlich bei dem Beginn und in den ersten Stadien psychischer Entwicklung und historischer Bethätigung des Menschengeschlechtes als Grundfactor bewährt und welche Leistungen beiden im Besonderen hiebei zuzuschreiben sind.

1.
Die objective Phantasie als Grund der geistigen und idealen Entwicklung der Menschheit.

Die objective oder real wirkende Phantasie bethätigt ihre bildende oder schaffende Macht in der Natur als Generationspotenz, durch welche das Gattungswesen sich in Individuen entfaltet, und wodurch die Arten sich theils identisch fortpflanzen, theils auch modificiren oder umgestalten. Gerade dieser Generationspotenz kommt nun bei der Menschheit eine fundamentale Bedeutung zu für den Beginn und die primitive geistige Entwicklung der Menschen; und zwar insbesondere auch in Bezug auf ideale Bildung und Vervollkommnung. Sie wird nämlich Grund und Quell solch' höherer historischer Bildung bei dem Menschengeschlechte dadurch, dass durch sie ein Verhältniss unter Individuen geschaffen wird, in welchem sich alle höheren psychischen Kräfte und Anlagen angeregt finden zur Bethätigung und Bildung. Diess ist das Familienverhältniss. Indem die objective Phantasie durch den Geschlechtsgegensatz und die Erzeugung sich in die Familie gleichsam erschliesst, ist durch sie die Anstalt gegründet, in welcher sich der menschliche Geist die erste Bildung geben konnte, ja gleichsam ein psychischer Mutterschoos, in welchem sich die psychischen Kräfte von den geringsten Anfängen aus stärken und entwickeln können. Das Familienverhältniss ist die Stätte, in welcher gleichsam die psychische Geburt, und also die Wiedergeburt des Menschen stattfindet von Anfang an. Und sie bleibt diess auch im Verlaufe der menschlichen Geschichte, insofern immer wieder der in so ganz hülflosem Zustande geborene Mensch nicht sich selbst oder der Natur überlassen werden kann, sondern eben um dieser Hülflosigkeit willen sogleich in ein geistiges Gebiet, in das Gebiet liebevoller Sorgfalt, künstlicher Fürsehung, rationeller Einwirkung aufgenommen werden muss und eben dadurch sogleich nach der Geburt nicht blos körperliche Erhaltung sondern auch psychische Anregung und Förderung findet.

Schon für Bildung des Gemüthes ist das Familienverhältniss die ursprüngliche Veranlassung, der geeignetste Impuls. Die Gefühle der Zuneigung, Liebe, Hingebung, dann auch der Ergebung und Ehrfurcht finden hier ihre Weckung und Bildung. Damit ist die erste Anregung zur Bethätigung idealen Sinnes gegeben und ist das spätere klare Bewusstsein der Ideen und deren freie, selbstthätige Realisirung angebahnt. In dem von der objectiven Phantasie begründeten Verhältniss der Familie wird also zuerst im irdischen Dasein Existenz und Wesen eines Idealen neben dem blos Realen oder Wirklichen aus der Verborgenheit des Daseins zur Offenbarung gebracht, zuerst gefühlt, dann zum bestimmten Bewusstsein erhoben und für praktisches Verhalten bestimmend. Und so sehr liegt diess in der Natur dieses Verhältnisses, dass selbst in der Thierwelt, insbesondere in der höheren schon Spuren und Anfänge eines der ethischen Gesinnung und Thätigkeit analogen Verhaltens sich zeigen, insofern insbesondere bei den Alten gegenüber den Jungen schon grosse Zuneigung, Ergebenheit, ja wohl Liebe sich findet. Und zwar so, dass bei der Sorge für sie nicht blos höhere Intelligenz und Muth als sonst sich kund geben, sondern auch eine gewisse Selbstbeherrschung, Entsagung, ja Aufopferung für jene, also eine Bezwingung der Selbstsucht, ein Verzichten sogar auf eigenes Wohlsein zu Gunsten Anderer und im Dienste der Gattung — allerdings noch beschränkt auf das durch objective Phantasie oder Generationspotenz innerhalb der

der Art gesetzte Verhältniss von Erzeugern und Erzeugten. Mehr und entschiedener tritt diess hervor bei dem menschlichen Familienverhältniss. In und mit der Gefühlsbildung beginnt und entwickelt sich zugleich die ethische Bildung, sowohl bei den Eltern als bei den Kindern. Das Verhältniss beider zu einander bestimmt sich ohne äusseren Zwang, ohne Nöthigung durch Furcht und Schrecken, vielmehr durch inneren Zug und Drang, der nicht blos wie eine Pflicht, sondern wie ein Glück und Verlangen empfunden wird. Als Glück und Verlangen sich gegenseitig zu fördern, zu nähren, zu schützen, zu erfreuen, hinwiederum zu gehorchen, sich hinzugeben, zu wirken, auch wenn es sogar auf Kosten des eigenen Wohlseins, mit grosser Anstrengung und Gefahr zu geschehen hat. Es ist also gerade das Haupthinderniss aller ethischen Gesinnung und sittlicher Willensthätigkeit, die Selbstsucht, die in der Familie am ehesten und entschiedensten durch das von der objectiven Phantasie geschaffene Verhältniss überwunden werden kann. Das Pflichtgefühl insbesondere wächst aus diesem Verhältniss der objectiven Phantasie zuerst hervor; ein Gefühl, das nicht aus innerem egoistischen Trieb entsteht für körperliche oder seelische Förderung, sondern aus Gefühls- und Bewusstseins-Arten, die sich auf Wesen, Willen und Verhalten eines Anderen beziehen; woraus dann die bestimmenden Motive für das Verhalten gewonnen werden, das nur in einer Gemeinschaft sich realisiren kann. Dass hiebei auch die subjective Phantasie der Einzelnen sich wirksam erweist, ist unschwer zu erkennen; denn das durch die objective Phantasie geschaffene Verhältniss muss eben in die subjective aufgenommen werden, das ganze Verhältniss bildet in dieser gleichsam eine Einheit, aus welcher heraus die ethische Bethätigung, wenn auch nicht mit klarem Bewusstsein und noch naturalistisch mehr oder weniger getrübt, zu erfolgen pflegt.

Oder man könnte sagen: das aus der Einheit der objectiven Phantasie oder Generationspotenz hervorgegangene, in eine Vielheit sich gliedernde Familienverhältniss geht durch die subjective Phantasie der Glieder wieder in die Einheit der objectiven Phantasie zurück (oder bleibt auf dieser ruhen), und durch diese steht das ganze Verhältniss in Verbindung und Harmonie mit der allgemeinen Einheit des schaffenden Weltprincips.

Ohne dieses durch die objective Phantasie begründete Wesensverhältniss der menschlichen Individuen wäre nicht abzusehen, wie es zur Bildung des Gemüthes und zum Beginn der ethischen Entwicklung hätte kommen können. Bewusste moralische Einwirkung, d. h. Erziehung war nicht möglich, da noch Niemand da war, der selbst erzogen worden. Auch Beispiele der Nachahmung gab es noch nicht und noch weniger sittliche Gesetze und Grundsätze, nach denen die Menschen sich hätten richten können. Und wären solche Gesetze ihnen auch etwa von höheren Wesen verkündet worden, so hätten sie dieselben sicher nicht verstanden und noch weniger Motive zu sittlichem Handeln aus ihnen gemacht, da diese Motive für die Menschen nur aus dem Gefühle kommen, und zwar um so mehr, je weniger gebildet sie sind. — Jetzt allerdings ist ethische Bildung auch ohne und ausser der Familie möglich, nachdem das ethische Bewusstsein und Leben der Menschheit bereits ein so grosses historisches Dasein gewonnen, der Einzelne in dasselbe hineinversetzt ist und daraus schöpfen kann sowohl in Bezug auf Belehrung als auch bezüglich der Motive. Ursprünglich aber war diess nicht möglich, denn das ethische Verhältniss und Gesetz für die Menschen war noch nicht entdeckt und noch weniger verstanden. Da wirkte nun die Natur selbst durch die objective Phantasie, indem sie dieses natürliche, durch Generation bewirkte Verhältniss schuf, aus dem naturgemäss zuerst Anregung und Bildung des Gemüthes und

3*

ethisches Verhalten wenigstens den Gliedern der Familie gegenüber hervorgehen konnte, ja musste. Das Weltprincip, die Weltphantasie zeigt damit zugleich, dass in ihr ausser der Schaffenspotenz auch ideale, höhere Momente schon ursprünglich und ganz naturgemäss verborgen seien, die nach Erfüllung der Zeiten d. h. wenn die allgemeine Entwicklung die entsprechende Stufe erreicht hat, zur Offenbarung kommen. Spuren davon finden sich daher, wie schon bemerkt, auch in der Thierwelt und zwar ebenfalls gerade in dem Verhältniss, das durch die Generationspotenz oder die objective Phantasie begründet wird, in dem Verhältniss der Alten zu den Jungen. Und dass in der Menscheit sittliche Gesinnung und Bethätigung diesen so natürlichen Ursprung thatsächlich genommen, zeigt in deutlichster Weise auch die Menschengeschichte und Völkerkunde. Die sittliche Gesinnung und Verpflichtung erstreckte sich für die primitiven Menschen offenbar nur auf die Familienglieder und dann auf die Stammesgenossen, während die Fremden darin ursprünglich nicht eingeschlossen waren, bis eine Erweiterung des Gesichtskreises und eine Erhöhung der Bildung stattfand. Bei wilden Völkern oder Stämmen gilt diess noch jetzt, da nur die Mitglieder des gleichen Stammes gewöhnlich gegen einander freundlich gesinnt sind und sich demgemäss gegen einander verhalten, während sie gegen Glieder anderer Stämme sich als Feinde benehmen, sie also als ausgeschlossen betrachten aus dem Gebiete ethischer Gesinnung und Handlung, oder sogar deren Verfolgung und Vernichtung als ethische Bewährung oder Pflichterfüllung (gegen den eigenen Stamm) ansehen. In ähnlicher Weise, wie die Bekenner fanatischer, intoleranter Religionen das Gebot der Nächstenliebe nur auf die eigenen orthodoxen Glaubensgenossen erstrecken und sich nur diesen gegenüber sittlich verpflichtet fühlen, während sie alle Andersgläubigen mehr oder minder je nach Umständen davon ausschliessen oder sogar die Verfolgung

1. durch objective Phantasie. 37

und Vernichtung derselben als Pflichterfüllung und sittliches Verdienst betrachten. Auch sonst finden sich in der menschlichen Denk- und Auffassungsweise bezüglich der sittlichen Verpflichtung im Verhalten gegen andere Wesen noch Spuren, dass dieselbe wesentlich durch die schaffende Potenz, durch die eigenthümliche Artung und Vervollkommnung der dabei thätigen objectiven Phantasie bedingt sei. Die Menschen fühlen gegen die Thiere keine ähnliche Verpflichtung wie gegen Ihres-Gleichen, und sie fühlen solche um so weniger, je unähnlicher die Thiere ihrer eigenen Natur sind, je verschiedenartiger das Gattungswesen, aus dem sie hervorgegangen, vom Gattungswesen der Thiere ist, denen sie sich gegenüber finden. Und wenn der tiefere Grund erforscht wird, warum die Menschen, wie verschieden sie auch sonst seien, gegen einander die gleiche sittliche Verpflichtung haben, so kann wesentlich nur auf die gleiche Natur, das gleiche Wesen hingewiesen werden, das allen eigen ist. Diese Gleichheit ist aber bedingt durch das gleiche Gattungswesen, die gleiche Generationsmacht, die durch die gleiche immanente Idee der zu schaffenden Wesen bestimmt ist. Denn würde man diese gleiche Verpflichtung der Menschen gegen Menschen von einem äusseren, wenn auch höheren Gebot ableiten, so müsste doch dieses auch wieder, wenn es rational sein sollte, eine Begründung haben, die vernünftiger Weise nur aus der Natur der Menschen selbst geschöpft sein könnte. Gegen Thiere gleiche Verpflichtungen den Menschen aufzuerlegen, wie gegen Ihresgleichen, oder sogar höhere, gilt als eine Abnormität, als irrational, und um so mehr, je niedriger die Thiere sind. Und wo diess in der That vorkommt, liegen besondere ökonomische Verhältnisse oder religiöse Anschauungen bezüglich der Thiere zu Grunde, verbunden mit Verkommenheit des geistigen Lebens überhaupt.

So ist das Familienverhältniss, begründet durch objective Phantasie, wie sie sich im menschlichen Gattungswesen Realisirung gegeben hat, die Quelle des ethischen Lebens der Menschheit. Sie vermittelt dadurch den Naturprocess mit dem der historischen Thätigkeit und Entwicklung derselben und lässt schon in jenem ein ideales Moment erkennen, das in der Menschennatur zur eigentlichen Offenbarung kommt. Indess ist die objective Phantasie als menschliche Generationspotenz oder lebendiges Gattungswesen nicht blos in der Familie im eigentlichen Sinne ideal wirksam, indem sie ein ethisches Verhältniss begründet, sondern auch schon das eigenthümliche Verhältniss, das der Geschlechtsgegensatz in Verbindung mit dem sympathischen Zuge beider Geschlechter begründet, enthält den Anfang davon. Das Verhältniss, das sich auf Grund dieses Gegensatzes innerhalb der Einen Schaffenspotenz der menschlichen Gattung bildet, ist durchaus, wie roh und äusserlich es auch vielfach erscheinen mag, doch schon von einem ethischen Moment, einer ethischen Macht, wenn auch nur zeitweise durchdrungen. In Folge der Zuneigung und, in besseren Naturen, wirklicher Liebe, findet mehr oder minder entschieden oder dauernd eine Bändigung wilder Selbstsucht, opferfreudige Hingebung, Verlangen nach Beglückung eines andern gleichartigen Wesens, allenfalls auch Entsagung zu diesem Behufe und jedenfalls höchste Thätigkeit zum Schutze, zur Vertheidigung und Erhaltung nicht blos des eigenen Lebens und Wohlseins, sondern eines Andern statt. Und hierin eben zeigen sich die Anfänge eines sittlichen Verhaltens, wie unvollkommen, von Naturtrieben getrübt dieses auch noch erscheinen mag.

Diese durch allbekannte Thatsachen bezeugte tiefe ethische Bedeutung der objectiven Phantasie gibt, scheint uns, in hohem Grade Zeugniss für die Annahme, die wir vertreten, dass die Phantasie das bildende, schaffende Princip des Weltprocesses also insbesondere des Naturprocesses und dessen Ueberganges zum geschichtlichen sei, und aus einem einheitlichen Principe die Vielheit der Individuen wie der Arten auch des Menschengeschlechtes und seiner Geschichte hervorgeht. Ein Zeugniss also gegenüber dem Atomismus und Monadologismus, welche als Grundwesen des Daseins eine unendliche Menge entweder blos äusserlich seiender Atome oder innerlich lebensfähiger Einheiten, Monaden annehmen und das ganze vielgestaltige Dasein mit der unendlichen Fülle der individuellen Wesen aus blossen Combinationen, Verbindungen und Trennungen dieser wesentlich unveränderlichen Einheiten ableiten wollen. Die lebendigen Wesen, insbesondere auch die menschlichen Individuen sind da in sich geschlossene, von einander ganz unabhängige und insofern einander ganz fremde Einheiten, die zwar als gleichwesentlich angenommen werden, aber einander doch wieder nichts angehen und höchstens durch ein äusserliches Bedürfniss oder durch ein ihnen äusserlich auferlegtes Gesetz auf einander angewiesen werden. Das Verhältniss der Zeugung und Abstammung ist dabei ein rein äusserliches, hat nur die Bedeutung, eine schon für sich daseiende Monade oder Wesenseinheit mit einer Summe unlebendiger Monaden oder Atome in Verbindung zu bringen, sie gleichsam mit einem neuen Kleide zu umhüllen, damit sie mit diesem auf der Weltbühne eine zeitlang ihre Rolle spiele. Das Eltern- und Kindes-Verhältniss hat da keine weitere Bedeutung, weil es nur als ein ganz äusserliches, als ein blosses Umkleidungsverhältniss aufgefasst werden kann, das mit dem psychischen Wesen oder dem substantiellen Sein des Einzelnen nichts zu schaffen hat. Diess anzunehmen erscheint uns aber durchaus unstatthaft; wäre es nicht mehr als diess, so wäre doch unmöglich zu erklären, wie gerade dieses Verhältniss, das durch die Generationspotenz bedingt ist oder davon geschaffen wird, einen so entscheidenden Einfluss üben könnte, dass gerade aus ihm alle geistige Entwicklung der Einzelnen und der Menschheit hervorkeimt und selbst die höchste, ideale Bildung davon ihren Ausgang nimmt. Denn würde dieses Verhältniss sich blos auf äusserliche Umkleidung mit materiellem Stoffe oder mit einem thierischen Leibe beziehen, so wäre auch nicht abzusehen, warum die menschlichen Individuen, die an sich als durchaus selbstständig und einander fremd betrachtet werden, sich dadurch verwandt und einander verpflichtet fühlen sollen, — wesentlich und ideal, während sie nur äusserlich in Beziehung zu einander kommen sollen in der Zeugung und Abstammung.[1]

Wir bemerkten eben: Alle geistige Bildung, das ganze geistige, historische Leben der Menschheit entspringe aus dem Verhältniss, das durch die objective Phantasie, insoferne sie Generationsmacht ist, begründet wird. Das ethische Leben in Gemüth, in Gesinnung und Verhalten bildet allerdings dabei den Anfang und das eigentliche Fundament — wie es auch das Ziel der ganzen geistigen, geschichtlichen Entwicklung ist. Aber auch die übrigen Bethätigungen des geistigen Wesens der Menschheit, die in der Geschichte derselben sich zeigen und eine mächtige Rolle spielen, gingen ursprünglich aus dem Familienverhältniss hervor, und sind also wesentlich durch die objective Phantasie grundgelegt. So vor Allem die Religion, der religiöse Cultus. Und zwar ist dieses Verhältniss der Quell des religiösen Lebens eben dadurch, dass es dem ethischen Leben den Ursprung gibt; denn aus dem Leben, wie es in der Familie beginnt und sich gestaltet, erwuchs der religiöse Cultus. Liebe, Verehrung, Ehrfurcht, Scheu und Furcht sind Gefühle, die in der Familie entstehen insbesondere gegenüber dem Oberhaupte, dem Schützer und Vorsorger derselben, und diese Gefühle tragen sich über auch auf das Unsichtbare, zunächst auf

---

[1] Vgl. Monaden und Weltphantasie. S. 89 ff.

den unsichtbar gewordenen, verehrten und gefürchteten, fürsorgenden und strafenden Herrn nach seinem Tode. Ist diess auch noch nicht eigentliche Religion, so ist es doch die Vorbereitung dazu und bildet den Uebergang vom Bewusstsein des diesseitigen Daseins zum Glauben an ein jenseitiges; und mit den Anfängen der Religion ist zugleich eine Form des Glaubens an Fortdauer über den Tod hinaus, an Unsterblichkeit gegeben. Damit tragen sich dann alle Gefühle aus der Familie auf das unsichtbare Wesen über, und das ethische Pflichtgefühl, das aus dem Familienverhältniss herauswächst, verwandelt sich in ein religiöses Pflichtgefühl, in ein Abhängigkeitsgefühl und in Verpflichtung gegen höhere, unsichtbare Wesen. — Doch wir haben hier den Zusammenhang des Ethischen und Religiösen im Anbeginn der geschichtlichen oder geistigen Entwicklung der Menschheit nur anzudeuten; wir werden in der Folge die Religion selbst eingehend als historische Erscheinung nach Grund und Wesen zu untersuchen haben. Hier sei vorläufig nur noch die Bemerkung beigefügt, dass uns der Ursprung des religiösen Bewusstseins und Pflichtgefühls nicht wundernehmen darf, wenn wir bedenken, dass die höchste Form religiösen Bewusstseins und Glaubens, als welche wir die christliche bezeichnen können, gerade darin besteht, dass alle phantastisch-abentheuerlichen und metaphysisch allgemeinen, sowie die starr gesetzlichen Formen des Religionswesens (wieder) verlassen und das Verhältniss zwischen Gott und Menschen nach Art des Familienverhältnisses, des Vaters zu den Kindern und dieser zu jenem aufgefasst und darnach die religiösen Gefühle erweckt, die religiösen Pflichten auferlegt wurden. Und stets war das ethische Verhältniss, wie es in der Familie entstanden, auch im religiösen Gebiete das Hauptgegengewicht gegen die vollständige Umwandlung der Religion in ein der sittlichen Idee entfremdetes, oft geradezu widersprechendes Zauberwesen — wovon später eingehend die Rede sein wird. Im Christenthum ist übrigens das Geschlechts- und Familienverhältniss sogar auch speculativ verwendet worden in der theoretischen und dogmatischen Bestimmung des immanenten göttlichen Lebensprocesses in der Trinitätslehre, insofern Vater und Sohn als Personen im Einen göttlichen Wesen unterschieden werden, also ein Verhältniss angenommen wird, das durch Generation entsteht, demnach ein Analogon bildet zu der objectiven, real wirkenden Weltphantasie, — während nach derselben kirchlichen Spekulation die dritte Person, der göttliche Geist, nicht durch Erzeugung, sondern durch Hervorgang seine persönliche Subsistenz erhält und also in Analogie steht zu der aus dem psychischen Wesen (Organismus) sich erhebenden und frei wirkenden subjectiven Phantasie. Jedenfalls eine hohe Verfeinerung und Veredlung der in manchen Religionen herrschenden Auffassung der Gottheit als der der Natur immanenten Zeugungskraft selber, deren Cultus sich vielfach in den gröbsten geschlechtlichen Ausschweifungen vollzog und zur Entartung und zum Missbrauch des Generationsverhältnisses führte!

Aber auch sogar die intellectuelle Bildung des Menschen nahm von der Familie ihren Ausgang, und zwar nicht blos weil die Menschen eben überhaupt aus der Familie hervorgehen und in ihr zuerst geeinigt sind, bis sie selbstständig werden, sondern um der eigenthümlichen Natur des Familienverhältnisses willen. Wir dürfen nämlich annehmen, dass die der Menschennatur eigenthümliche Sprachanlage gerade durch das Verhältniss der Familienglieder zu einander am meisten sowie am frühesten Anregung und Bethätigung erfuhr. Ehe die Menschen noch bestimmte Kenntnisse, Erfahrungen oder gar Grundsätze hatten, wurden sie zur Anwendung ihrer intellectuellen Kräfte und zur Kundgebung durch Gebährden und insbesondere Laute, hauptsächlich vom Gefühle bestimmt. Die Glieder der Familie nun sind am meisten und frühesten durch ihr Verhältniss zu einander zu Gefühlen angeregt und empfinden am meisten das Bedürfniss ihr Inneres gegenseitig kund zu geben, wie es von der Mutter dem Kinde gegenüber geschieht durch Ton und Färbung der Stimme, selbst wenn dieses noch kein Wort dem deutlichen Sinne nach zu verstehen vermag. Aus den Gefühls-Erregungen aber, nicht aus klarem Denken wird wohl die Sprache ursprünglich ihren Ausgang genommen haben, da das Denken selbst erst durch Worte und Begriffe sich allmählich zur Klarheit und Bestimmtheit emporarbeitet — dadurch allerdings auch hinwiederum die Sprache zu bestimmten Worten und Wortfügungen ausbildend. Da also die intellectuelle Bildung hauptsächlich durch die Sprache bedingt ist, die Sprache aber wiederum da am frühesten versucht wird und sich ausbildet, wo am meisten Drang zu gegenseitiger Mittheilung besteht, in der Familie, bei den Familiengliedern, so darf man wohl behaupten, dass auch für die intellectuelle Bildung gerade die Familie das geeignetste Organ war, und dass demnach die objective Phantasie, aus welcher die Familie hervorgeht, auch die Grundlage oder der Ausgangspunkt der intellectuellen Bildung der Menschheit ursprünglich gewesen sei. Diess braucht indess hier nur vorläufig angedeutet zu werden, da über Ursprung und Wesen der Sprache ebenfalls noch eingehender und im Besonderen die Rede sein wird.

Endlich selbst die ästhetische Bildung, die so allgemein nur als Sache des Gefühls und der subjectiven Phantasie aufgefasst zu werden pflegt, beruht auf objectiver Phantasie, resp. auf einem durch diese gesetzten Verhältniss. Es ist aber nicht so sehr die Familie, aus welcher die Anregung zu ästhetischem Gefühl und Bewusstsein stammt, als vielmehr der Geschlechtsgegensatz selbst, in welchem die objective Phantasie als Generationspotenz

II. Die primitive Entwicklung der Menschheit

und Gattungswesen sich differenzirt hat, — aus welchem am meisten insbesondere das Gefühl für das Schöne Anregung und Entwicklung gefunden hat. Denn wie rohsinnlich und ungebildet immer die Menschen noch sein mochten, die Erscheinung des Schönen, insbesondere wenn verbunden mit dem Reiz des Geschlechtsgegensatzes, wird nicht durchaus ohne Eindruck auf das Gemüth und Vorstellungsvermögen geblieben sein, und wird also das ästhetische Gefühl zuerst erregt haben. Sind doch selbst manche Thiere, insbesondere Vögel, nicht ganz ohne Empfänglichkeit für ästhetische Kundgebungen, für Schönheit des Gefieders oder Gesanges; um so weniger dürfen wir dem primitiven Menschen den Sinn hiefür gänzlich absprechen! Allerdings zeigen manche wilde Völkerstämme kaum Spuren eines wirklich idealen ästhetischen Sinnes, und Schönheit und Erhabenheit und alle anderen Eigenschaften des Aesthetischen sind für sie kaum vorhanden. Indess sind sie gleichwohl nicht ganz unempfänglich für Verzierung, für Schmuck ihres Leibes und suchen dieselben künstlich zu erzielen, wenn auch nach richtigem ästhetischen Urtheil dadurch nur Vorzerrung und Verunstaltung herbeigeführt wird. Immerhin gibt sich darin noch eine Spur ästhetischen Sinnes kund, wenn er auch ganz corrupt und verkehrt erscheint. Und zwar überragen hiedurch auch die verkommensten Menschen die Thiere, die es nur allenfalls zur Reinigung ihres Körpers bringen, aber nicht zu einer künstlichen, absichtlichen Schmückung und Umgestaltung der äusseren Erscheinung. Man kann sagen: der richtige Sinn für das wirklich Aesthetische, für das Schöne etc. ging bei ihnen unter durch den erwachenden, aber irre gehenden künstlerischen Drang, selbstständig Schönes zu schaffen. Sie haben das Gefühl für das wirklich Schöne, das aus der objectiven, bildenden Phantasie hervorgeht verloren und folgen nur der haltlos strebenden subjectiven, in Abentheuerlichkeit und in das

Groteske sich verlierenden Phantasie. Ein Verlauf, der bei den Wilden nicht so sehr wunder nehmen darf, da selbst bei gebildeten Völkern Analoges vorzukommen pflegt, insoferne über dem jeweilig herrschenden, nicht selten sehr unästhetischen, geschmacklosen Modegeschmack der wirklich ästhetische Sinn für das wahrhaft Schöne, insbesondere für die natürliche Schönheit verloren zu gehen pflegt. Insoferne aber auch die künstliche Schmückung sich hauptsächlich auf den Geschlechts-Gegensatz bezieht, wie, abgesehen von Gefühlen und Strebungen der Individuen, schon aus den Gebräuchen hervorgeht, da gerade bei Mannbarwerden und Verheirathung die meisten Verunstaltungen vorgenommen werden, — so geht auch dieses Streben aus der objectiven Phantasie hervor; denn durch sie ist dieser Gegensatz der Geschlechter gesetzt und ist neben dem eigentlich geschlechtlichen Triebe ihnen auch noch das ideale Moment des Sinnes für die Schönheit beigegeben. Und sie schmückt auch in der That ihre Bildungen Pflanzen wie Thiere am meisten gerade dann, wenn sie im Dienste des schaffenden Momentes, das ihr inne wohnt, ja ihr Wesen ausmacht, sich bethätigen — worauf wir schon früher aufmerksam gemacht haben.[1])

Durch diese Erörterungen über die objective Phantasie möchte also wohl dargethan sein: für's Erste, dass sie sich als Grundlage oder reales Grundprincip aller geistigen Bildung der Menschheit erweist, insofern durch sie Verhältnisse unter den Menschen geschaffen werden, durch welche die geistige und historische Entwicklung beginnen konnte; dann aber, dass auch dieser objectiven Phantasie schon ein ideales Moment innewohnt, das sich eben in den Verhältnissen, die sie unter den Menschen schafft, wie schon im Geschlechtsgegensatz selbst, insbesondere

---

[1]) Phantasie als Grundprincip. S. 250 ff. Zur Irreleitung des ästhetischen Sinnes hat übrigens auch die Entartung der Religion hauptsächlich beigetragen.

in den Familienverhältnissen kund gibt und zur Realisirung bringt in weit höherem Grade, als es durch irgend etwas Anderes in der Natur geschieht.

2.
Die subjective Phantasiethätigkeit bei der primitiven theoretischen Weltauffassung und praktischen Thätigkeit.

Wir haben schon oben die subjective Phantasie in ihrer Bedeutung für den Beginn und die erste Phase der geistigen Bildung der Menschheit in's Auge gefasst, aber doch in anderer Beziehung als es jetzt zu geschehen hat. Dort war von der Wirkung der im Subjecte frei gewordenen Phantasie die Rede, die sie auf die übrigen psychischen Kräfte und deren Thätigkeit und somit auf das ganze immanente Seelenleben ausübte und sie insgesammt zu höherer, freierer Thätigkeit und weiterer Entwicklung befähigte; hier aber handelt es sich um die Bethätigung der subjectiven Phantasie der Aussenwelt gegenüber, resp. deren Auffassung, Deutung und Bearbeitung oder Verwerthung. Da nämlich die ganze Natur ein unendliches Gebiet von Causal-Verhältnissen ist, so muss auch der menschliche Geist von diesem Causalnexus durchdrungen sein und in seiner Thätigkeit diese seine Natur und Art bewähren, also in seinem Bewusstsein Causal-Verhältnisse vorstellen und denken. Das Bedürfniss der Causal-Erklärung ist ihm daher ein immanentes, sein Wesen selbst constituirendes, sowie das Bedürfniss oder der Drang in seiner Thätigkeit sich als wirkende Ursache geltend zu machen. Diesen Drang nach Erkenntniss der Ursachen zu befriedigen, dazu fehlte aber dem primitiven Menschen noch alle Möglichkeit d. h. alle Vorbedingung, da sowohl die Erfahrung, insbesondere die genaue Beobachtung der Dinge noch mangelte, als auch der Verstand zur Erforschung und Beurtheilung derselben noch zu unent-

2. durch subjective Phantasie. 47

wickelt und zu ungeübt war. Darum wurde das Verlangen nach Causal-Erklärung und Deutung der Dinge und Verhältnisse durch jene Fähigkeit befriedigt, die von Anfang an wirksam zu sein vermag, ohne erst einer langen Ausbildung zu bedürfen, weil sie eben eine ursprüngliche, ja die eigentliche Urkraft alles Geschehens oder Bildens ist — die Phantasie, und zwar hier als freie, subjektive. Sie erklärt die Dinge nicht nach langer Beobachtung der objectiven Verhältnisse, sondern nach sich und in sich, trägt ihre Art und Thätigkeit auf die Dinge selbst über und bildet oder fingirt nach sich oder nach der nächsten engen Erfahrung Ursachen für Wirkungen, die in ihrem Causalzusammenhang nicht offen daliegen. So entsteht eine Weltauffassung und Erklärung, die grossentheils rein subjectiver Art ist, die von der subjectiven Phantasie im Bewusstsein frei oder nach zufälligen Eindrücken aufgebaut wird ohne mit den realen Verhältnissen und den Bildungen der objectiven Phantasie übereinzustimmen. So entstand neben vielen richtigen theoretischen Ansichten über die Natur, wenigstens in ihren naheliegenden constanten Wirkungen, auch ein ganzer Complex fictiver Erklärungen über die Dinge und deren Verhältnisse zu einander.

Selbst bei der praktischen Thätigkeit, bei der Auffindung und Anwendung der geeigneten Mittel zur Erhaltung des Lebens, zum Schutze vor Gefahren und zur Förderung des Wohlseins zeigte diese Eigenthümlichkeit der primitiven Menschheit sich in vielfacher Weise. Durch die subjective (frei oder selbstständig wirkende) Phantasie waren sie zwar im Stande, sich Werkzeuge und Waffen zu erfinden, um sich nicht blos gleich den Thieren mit den Organen des Körpers selbst zum Angriff und zum Schutz zu begnügen, aber sie gingen doch auch alsbald eben durch die willkürliche Phantasiethätigkeit darüber hinaus, oder fingirten sich für praktische Zwecke, zur

Hülfe in ihrem Lebenskampfe Mächte oder Mittel, die nicht unmittelbar sichtbar oder überhaupt wahrnehmbar waren und doch auf die Sichtbarkeit sollten einwirken können, — also gewissermassen übernatürliche Mächte. Wir werden darauf in der Folge zurückkommen müssen, wenn Ursprung und Wesen der Religion und des religiösen Cultus zu untersuchen sein wird; hier handelt es sich darum, zu bestimmen, in welcher Weise in praktischer Beziehung die subjective Phantasie dem primitiven Menschen förderlich war zur Erhaltung und Förderung des Daseins. Wie schon bemerkt, fand diese Förderung durch die subjective Phantasie hauptsächlich dadurch statt, dass sie den Menschen befähigte, Werkzeuge und Waffen zu erfinden und zu gebrauchen, wodurch er den Thieren überlegen wurde, die auf ihre von der Natur gegebenen körperlichen Organe angewiesen blieben. Dass es zu dieser Erfindung und Geschicklichkeit im Gebrauche derselben kam bei den Menschen, war allerdings auch schon in ihrer körperlichen Organisation grundgelegt. Abgesehen von der entsprechenden Beschaffenheit des Gehirns und Nervensystems, war es besonders die Fähigkeit aufrechten Ganges, wodurch die Hände frei verfügbar wurden, und war es die passende Einrichtung dieser selbst, die ihn dazu befähigten. Ferner auch Trieb und Instinct, diese Vortheile auszunützen, waren sicher von Natur aus vorhanden. Aber zur Erfindung von Werkzeugen selbst genügte diess nicht, denn instinctiv kann wohl der Gebrauch angeborner Schutzmittel oder Waffen sein, aber die Erfindung, die Anfertigung selbst, ist nicht Sache des Instincts; dazu bedurfte es einer freieren psychischen und physischen Thätigkeit, wie sie eben durch die subjective Phantasie möglich ist. Es war nämlich dazu eine teleologische Thätigkeit erforderlich, bei welcher das Ziel bestimmt vorgestellt werden muss, das man erreichen will und demgemäss auch die Mittel (Thätigkeiten und Werkzeuge) eingerichtet

2. durch subjective Phantasie. 49

und angewendet werden müssen. Soll durch ein Werkzeug oder eine Waffe ein bestimmtes Ziel erreicht werden, so ist sogar eine doppelte Vorstellung vor der Thätigkeit, oder diese begleitend nothwendig; es muss nämlich auch die Art des Werkzeuges im Verhältniss zu dem mit ihm zu erreichenden Zweck vorgestellt werden. Diess Alles ist nur möglich dadurch, dass die Vorstellungskraft oder subjective Phantasie ungebunden, beweglich, selbstthätig und auch gewissermassen productiv ist. Man könnte geneigt sein, anzunehmen, dass dergleichen teleologische Wirksamkeit bei Planung und Ausführung zu gewissen Diensten oder Zwecken Sache des Verstandes sei, nicht der Phantasie. Allein dem Verstande, so weit er dabei überhaupt thätig ist, kommt nur eine untergeordnete, gleichsam dienende Rolle zu, in Bezug nämlich auf Abwägung und Anwendung der geeigneten Mittel zur Ausführung des Planes oder Erreichung des Zieles. Diese hat er zu erwägen, zu beurtheilen, allenfalls auch allgemeine Regeln darüber aufzustellen und abstracte Formeln zu gewinnen; aber er ist dabei allenthalben bestimmt durch das was beabsichtigt wird oder erreicht werden soll; wie ja überhaupt der Verstand in seiner Thätigkeit vom Erfahrungsmaterial oder von traditionellen Prämissen abhängig, nicht aber ein schöpferisches Vermögen ist.[1]

Wie die einzelnen nothwendigen Werkzeuge, Geräthschaften u. s. w. oder nützliche, zweckmässige Verfahrensweisen und Fertigkeiten entdeckt wurden, ist hier nicht im Einzelnen zu untersuchen. Sicher hat auch der Zufall dabei Manches gethan, dem freilich die Fähigkeit entgegen kommen musste, ihn zu ergreifen und auszunützen — was die Thiere nicht vermögen. Die erste Entdeckung wird wohl grösstentheils bei den primitiven Menschen nicht absichtlich vor oder ausser der praktischen

---

[1] Die Phantasie als Grundprincip. S. 82 ff.

Thätigkeit gemacht worden sein, sondern durch unmittelbar in der Thätigkeit und Erfahrung geweckte oder erwachende Reflexion, die das Gegebene oder Gewordene erfasste und die Gedanken oder Experimente daran weiter spann, — da die Gedanken bei geistig Ungeübten sich überhaupt nur am Aeusseren, an den Dingen und Verhältnissen fortspinnen, nicht selbstständig und abstract fortgebildet werden können. Dabei machte sich sicher bald auch der in der Menschennatur verborgene, ideale oder näher, ästhetische Sinn geltend und Anfänge einer künstlerischen Thätigkeit mochten daraus hervorgehen, so dass, was durch Klugheit gegenüber der Noth des Lebens entstund, nun so gestaltet wurde, dass auch die höheren, edleren Seelenkräfte davon eine Befriedigung und Bildung fanden. Und es scheint uns nicht mit Unrecht bemerkt worden zu sein, dass es von Anfang an nicht blos die Noth des Lebens war, die den Menschen erfinderisch machte, sondern auch ein höheres Streben, Begeisterung für Ideales; dass der Schimmer des Ideals schon in die Jugend der Menschheit hereingeleuchtet und zu künstlerischem, wenn auch praktisch zwecklosem Gestalten angeregt habe.[1])

Auch ein eigentlich theoretisches Verhalten der Welt gegenüber dürfen wir daher wohl bei den primitiven Menschen in diesem Stadium des Entwicklungsprocesses annehmen, d. h. ein Verlangen und Streben die Natur und ihre besonderen Erscheinungen zu deuten, als Ursachen und Wirkungen zu begreifen. Aber allerdings von einer rein theoretischen oder gar abstracten Erklärung konnte noch keine Rede sein, da die Noth des Lebens, der beständige Kampf um's Dasein immer wieder die praktische Beziehung in den Vordergrund bringen musste. Wie geartet diese theoretischen Weltauffassungs-Versuche sein mochten,

---

[1]) L. Geiger. Zur Entwicklungs-Geschichte der Menschheit. Vorträge. S. 119.

2. durch subjective Phantasie.

lässt sich leicht ermessen, wenn man nur in Erwägung zieht, wie beschränkt der geistige Horizont dieser Menschen noch war, wie enge ihr Bewusstsein, wie gering ihre Erfahrung und wie ungeübt ihre geistigen Kräfte, da sie von der weiten Welt dem Raume nach nur sehr wenig wussten[1]) und der Zeit nach noch ohne Vergangenheit, ohne historische Tradition waren, da das geschichtliche Bewusstsein eben erst beginnen sollte. Es konnte diese Welterklärung nur durch jene Geistesfähigkeit beginnen, die thätig zu sein vermochte auch ohne besondere Ausbildung, welche die Lücken der Erfahrung selbstthätig auszufüllen suchte durch Fictionen oder Umgestaltungen — die subjective Phantasie nämlich. Dabei ist selbstverständlich, dass sich diese Deutungsversuche mehr auf das Auffallende, Ungewöhnliche, als auf das gemein Deutliche, Gewohnte richteten, oder auf das, was zwar allgemein und gewissermassen tagtäglich vorkommt, dennoch aber ungewöhnlich bleibt oder keiner abstumpfenden Gewohnheit unterliegt, sondern immer neu erregt, weil es als erstaunlich, räthselhaft, schreckhaft zu wirken fortfährt. Von dieser Art sind besonders abnorme physische und psychische Erscheinungen, wie nervöse Krankheiten, Träume, Tod und Verwesung. Diese Erscheinungen insondere, weil unmittelbar an der menschlichen Natur selbst

---

[1]) Das Universum als solches und die grossen Gegenstände desselben, Sonne, Mond, Sterne, ferner Gebirge u. s. w. haben wohl ursprünglich nicht hervorragend die psychische Thätigkeit des Menschen beeinflusst; denn theils waren sie in ihrem wahren Grössenverhältniss zu wenig bekannt, theils in ihrem Erscheinen zu gewohnt. Dass sie aber gar keinen Einfluss geübt haben sollen (wie O. Caspari will: „Urgeschichte der Menschheit") ist indess doch unwahrscheinlich; man wird sie insofern ebenfalls beachtet haben vom Anfang an d. h. seit Erwachen des menschlichen Bewusstseins, — als sie irgend einen besonderen Einfluss auf das individuell-menschliche Dasein übten und insoferne sie geeignet waren den Causal-Sinn zu Deutungen (durch Phantasie) anzuregen.

4*

vorkommend, werden wohl zuerst und hauptsächlich, sobald nur das menschliche Bewusstsein klar genug war, zu Erklärungen oder Ansichten darüber angeregt und insbesondere zu phantastischen Auffassungen, zu Deutungen durch blosse Phantasiegebilde Veranlassung gegeben haben. So alltäglich diess Alles war, so gewöhnte man sich doch nicht daran, wurde wenigstens durch Gewohnheit nicht so sehr dagegen abgestumpft, dass man nicht nach Erklärungen darüber Verlangen empfunden und solche versucht haben sollte. Gerade diese Erscheinungen geben aber am meisten Veranlassung zu Causal-Erklärungen durch blosse Phantasiegebilde, da sie einerseits so auffallend oder seltsam erscheinen, und andererseits so unerklärlich sind, dass sie noch jetzt der Wissenschaft ungelöste Probleme darbieten. Der Maassstab individuellen Wesens und subjectiver Thätigkeit ward allenthalben bei der Erklärung angelegt und insoferne grossentheils anthropomorphisch erklärt. Die Träume erschienen daher wie Wirklichkeit, nur etwa in einem andern Daseinsgebiete als in wachem Zustand, oder kamen dem Menschen vor, wie durch ein besonderes Wesen in ihm veranlasst, da er von eigenthümlichen körperlichen Zuständen oder Nerventhätigkeiten noch keine Kenntniss hatte. Daher wurden auch die Krankheiten geheimnissvollen Ursachen zugeschrieben, die man sich aber durch Phantasie als menschenähnliche Wesen dachte — wenigstens ihrer Wirksamkeit nach. Ebenso ward der Tod gedeutet. Da man sich die Vernichtung des Lebens nicht wohl denken konnte, so lag es nahe, anzunehmen, dass nur ein zeitweiliges Verlassen des Leibes durch die Seele stattfinde, die wieder zurückkommen könne, — da man auch sonst aus Schlaf und todähnlichen Zuständen ein Wiederzurückkehren zum Leben wahrnahm und die Natur überhaupt Fälle von Verschwinden und Wiedererscheinen in grosser Anzahl, (wie z. B. Wolken, Rauch, Wasser, Feuer u. s. w.) auch dem wenig sorgsam

Beobachtenden darbietet. Dass auch schon freie Personifikationen in Bezug auf sonstige, nicht direct das Individuum selbst angehende Naturvorgänge stattfanden in dieser primitiven Zeit, dürfte kaum in Abrede zu stellen sein, besonders wenn man erwägt, dass diese primitiven Menschen keineswegs eigentliche Wilde waren (ihrem psychischen Wesen nach), sondern wohl der freieren, unbefangenen Kindesnatur näher stunden, und also zu Phantasiespielen verschiedener Art Neigung besassen; eine Neigung, die noch nicht, wie bei verkommenen Wilden durch Herkommen, durch Gewohnheit und Wahngebilde verschiedener Art gebunden und in ihrer Thätigkeit gehemmt oder missleitet war. Unwissenheit, Unkenntniss, zugleich aber Erkenntnisstrieb und Schaffensdrang führte sie zu ihren Deutungen durch Phantasie-Gebilde, da eine andere ihnen noch nicht möglich war. Und sie suchten wenigstens durch Irrthum oder durch Wahngebilde ihren Wissensdrang zu befriedigen und ihrem Gemüthe mit seinen Erregungen irgend einen geistigen Halt zu gewähren. Es war der ideale Drang (zunächst nach Erkenntniss und Wahrheit) und das Streben, diesen zu befriedigen, was zum Irrthume, zu Wahnvorstellungen führte, denen die Thiere nicht ausgesetzt sind, weil sie eben kein ideales Verlangen haben.

Für die intellectuelle Fortbildung und Alles was damit zusammenhängt, die Vervollkommnung des menschlichen Daseins auch in äusserlicher Beziehung, war die freiwirkende subjective Phantasie von der höchsten Wichtigkeit, ja das eigentlich treibende, den Fortschritt ermöglichende oder veranlassende Moment. Durch sie ward für das Bewusstsein auch die Vorstellung des Zeitverlaufes, die Vorstellung der Vergangenheit und der Zukunft möglich. Durch beides regt die Phantasie zur Vervollkommnung, zum Hinausgehen über den gegenwärtigen Zustand in der Menschenwelt, in der Geschichte unaufhörlich an. Da nämlich, wie schon öfters hervorgehoben ward, in der Phantasie nebst der freien, gestaltenden synthetischen Macht auch ein ideales Moment verborgen ist und sich geltend macht, so pflegt das Vergangene in der Erinnerung erhöht, veredelt, idealisirt zu werden, sowohl in Bezug auf allgemeine Zustände, als in Bezug auf Personen, die in der Geschichte irgend eine hervorragende Rolle gespielt haben. Sie werden verherrlicht, idealisirt, apotheosirt, wodurch ihre Lehren und Thaten eine hohe Auctorität erhalten und dadurch gerade auf die kommenden Geschlechter bildend und erhebend einzuwirken vermögen, — abgesehen noch davon, dass sie auch als Vorbilder und Beispiele der Nachahmung hohen Einfluss gewinnen. Sie sind in der Wirklichkeit nicht vollständig das gewesen, was die idealisirende, verklärende Phantasie der späteren Menschen aus ihnen gebildet hat, aber da sie für die Phantasie und das Bewusstsein das sind, was sie durch Idealisirung wurden, so ist die Wirkung dieselbe. Sie geht eigentlich von der subjectiven Phantasiethätigkeit der Menschheit, oder einzelner Menschen und Völker aus, und die subjective Phantasie erweist sich also in dieser Beziehung als die bedeutendste, vielfach förderlichste Macht in der menschlichen Geschichte. Dasselbe ist in Bezug auf frühere allgemeine Verhältnisse und Zustände der Fall. Auch sie werden von der späteren Phantasie idealisirt, als vollendet, paradiesisch vorgestellt. Da nun die Menschen die Neigung haben, sich an das Alte, das historisch einmal Gewordene zu halten, und das festzuhalten, was einmal war, so kann jene verklärende Illusion bezüglich der Vergangenheit (wenn sie nicht geradezu durch Selbstsucht und niedrige Interessen corrumpirt wird) für spätere Geschlechter immerhin auch förderlich werden, da sie nicht die wirkliche, sondern eine verklärte Vergangenheit sich als Muster der Nachahmung denken. Dasselbe gilt bezüglich der Zukunft, deren Vorstellung ebenfalls durch die subjective (gewissermassen schaffende) Phantasie ermöglicht ist. Auch in Bezug auf sie macht sich das ideale Moment ihrer bildenden Kraft geltend und zeigt in Bezug auf menschliche Verhältnisse Wünsche und Strebungen Ziele als zu verwirklichende, die eine besondere Vollkommenheit und Beglückung versprechen. Auch hiebei sind Illusionen im Spiele, schon in so ferne als die Güter und Zustände, wenn sie wirklich erreicht sind, die Vollkommenheit und Beglückung nicht gewähren, die sie, noch unerreicht, versprochen; mehr noch aber dadurch, dass die vorgestellten Ziele oder Ideale grösstentheils nicht so zu erreichen sind, wie sie vorgestellt werden. Aber auch diese Illusionen sind für das menschliche Streben und den Fortschritt förderlich und kommen der Menschheit zu Gute. Ja aus diesen beiden Vorstellungsarten oder vorgestellten Idealen und ihrer Erstrebung setzt sich hauptsächlich der historische Process zusammen, indem die Einen Menschen oder Partheien in der Vergangenheit, die andern in der Zukunft ihr Ideal erblicken, das sie zu verwirklichen streben. Die Letzteren dringen auf Fortschreiten, Aenderung, Umbildung des Bestehenden, damit es der Idee gemässer werde, die Anderen halten zurück und erwirken wenigstens, dass die historische Continuität nicht ganz abgebrochen und mit dem Unbrauchbaren am historisch Gewordenen nicht auch die wirklichen Errungenschaften über Bord geworfen werden. Diess gilt schon für die historische Zeit, mehr noch mussten (unbestimmte) Vorstellungen der Vergangenheit und Zukunft wirksam sein in der primitiven Zeit der Menschheit, wo Geschichte der Vergangenheit und verstandesmässige Berechnung der Zukunft noch nicht möglich war und nur die subjective Phantasie in Bezug auf beide sich bethätigen konnte.

Auch in Beziehung auf religiöse, ethische und ästhetische Bildung ist, wie die objective Phantasie so auch die freie subjective Phantasiethätigkeit von höchster Bedeutung.

Bezüglich der ästhetischen Fortbildung kann ohnehin kein Zweifel sein; die Bedeutung derselben für religiöse und ethische Bildung, sowie für Entstehung und Fortbildung der Sprache wird in der Folge zu eingehender Erörterung kommen. Hier mögen vorläufig nur ein paar Bemerkungen Platz finden über das Verhältniss der subjectiven Phantasiethätigkeit zur Wirksamkeit objectiver Phantasie. Wir haben die objective Phantasie, insoferne sie schaffende oder zeugende Potenz ist, als Grundfactor auch für ethische und religiöse Bildung aufgefasst, da durch sie eben das Verhältniss gegründet ward, in welchem zuerst hauptsächlich durch Gemüths-Erregung, durch sympathische Gefühle diese Bildung ihren Anfang nehmen konnte. Durch die subjective Phantasie aber findet auch in dieser Beziehung eine Fortbildung und Erhöhung statt, insofern durch sie der anfangs vorherrschende Naturcharakter dieses Verhältnisses, der ja theilweise auch bei den Thieren herrscht, überwunden, die Naturgebundenheit mehr und mehr beseitigt und eine freiere, geistigere Grundlage dafür geschaffen ward. Freilich, wie wir sehen werden, nicht ohne auch das edlere, eigentlich ethische Moment, das hier dem Naturverhältniss zu Grunde liegt und sich in ihm offenbart, vielfach zu schädigen und an die Stelle dieser ächten natürlichen Grundlage eine künstliche, verschrobene zu setzen, durch welche die wahre natürliche Sittlichkeit vielfach beeinträchtigt, ja wohl auch geradezu aufgehoben wurde. Die Betrachtung des Ursprunges und der Entwicklung der Religion wird uns diess zeigen.

3.

Die Bedeutung der objectiven Phantasie in ethnologischer Beziehung. Genesis der Racen und Völker.

An das Problem bezüglich der Entstehung des Menschen, der Menschennatur überhaupt, schliesst sich das ebenfalls sehr schwierige und vielverhandelte Problem der

3. Objective Phantasie und Racenbildung.

Entstehung der Racen. Zunächst entsteht die Frage, ob die Racen schon ursprünglich, mit der Menschenentstehung selbst, getrennt von einander entstanden seien, ohne aus einem einheitlichen Urstamm oder Einer einheitlichen Wurzel hervorzugehen — so dass die Gleichartigkeit derselben, so weit sie überhaupt stattfinden mag, nur in der Idee d. h. durch modificirende Realisirung der gleichen Idee zu erklären wäre; oder ob diese Racen, so viel oder so wenig ihrer sein mögen, aus Einem Stamme oder Einer Wurzel hervorkamen. Und wenn diess Letztere der Fall, so ist wieder die Frage, ob sie aus einem von der ganzen Thierwelt getrennten Stamm hervorgingen, oder mit dieser aus dem gleichen Stamme hervorwuchsen, so dass die Thier-Arten nur als Nebenzweige dieses Stammes anzusehen wären. Und auch wenn der Stamm einmal specifisch menschlich geworden ist, entweder vom Anfang an oder im Laufe der Entwicklung auf einer bestimmten Stufe, so entsteht wieder die Frage, ob die Racen aus dieser Einheit nach einander und auseinander als Stufen der Entwicklungsreihe hervorgingen, so dass die Eine als höhere immer auf der vorhergehenden als der niederen steht, oder ob sie durch Differenzirung gleichzeitig oder wenigstens unabhängig von einander aus Einem Urstamm hervorgingen, sei es in Folge innerer Gesetze der Entwicklung oder äusserer Verhältnisse oder beider zugleich.

Es fehlt für jede dieser Möglichkeiten oder Hypothesen nicht an mannichfachen Gründen, während für keine ein ganz sicherer, unumstösslicher Beweis geführt werden kann, da für empirische Forschung das thatsächliche Geschehen in dieser Hinsicht durch unzugängliche Vergangenheit verhüllt ist. Es bleibt nur übrig bezüglich der Einheit und Verschiedenheit die Eigenart und Thätigkeitsweise des wirkenden Princips selbst in's Auge zu fassen und von da aus zu versuchen, den Realisirungsprocess der Idee der Menschheit zu erklären. Doch mögen zuvor hier noch kurz die Gründe angeführt und gewürdigt werden, welche für die verschiedenen, eben namhaft gemachten Hypothesen vorgebracht zu werden pflegen. — Für einheitlichen Ursprung oder für Abstammung aller Racen aus einheitlichem Stamme spricht allerdings schon gewissermassen in negativer oder indirecter Weise die Unbestimmtheit bezüglich der Zahl und Eigenart derselben; denn in dieser Beziehung herrscht durchaus keine Uebereinstimmung und wird eine solche auch kaum je zu erreichen sein. Die Ansichten schwanken zwischen drei bis zwanzig oder noch mehr Racen als anzunehmender. Es ist also keine feste, bestimmte Abgränzung vorhanden, in Folge deren sich bestimmte Grundstämme und separate Ursprünge annehmen liessen mitten in diesem Gewirre von Modifikationen der menschlichen Natur. Dagegen aber erweist sich diese Menschennatur doch als eine einheitliche, wesentlich gleiche trotz aller Gradunterschiede, und auch in den niedersten Formen durch wesentliche Merkmale in körperlicher und jedenfalls in psychischer Beziehung von der Thierwelt getrennt: getrennt schon durch Fähigkeit der Sprache, und wenigstens einiger selbstständigen Reflexion, in Folge deren sie sich Werkzeuge schaffen und selbst Versuche machen, sich irgendwie umzugestalten oder zu verzieren. — Dagegen fehlt es auch nicht an Gründen für Annahme einer Vielheit im Ursprunge. Insbesondere kommt hier die Thatsache in Betracht, dass seit Menschengedenken unter keinerlei klimatischen und historischen Verhältnissen eine Umwandlung oder irgend wesentliche Veränderung von Menschen einer bestimmten Race stattgefunden hat. Weder Europäer im tropischen Negerklima, noch Neger in den Wohnstätten anderer Racen haben im Laufe von Jahrhunderten irgend eine wesentliche Veränderung erfahren; so dass also die Racen als streng in sich, in ihrer Eigenart befestigt erscheinen, und

3. Objective Phantasie und Racenbildung.

insofern nicht auf Gemeinschaftlichkeit oder Einheit des Ursprungs hinweisen, ausser etwa, dass sie alle als Ein Geschlecht, (genus) mit Gleichwesentlichkeit sich besonders dadurch erweisen, dass die Individuen verschiedener Racen fruchtbar sind, zusammen sich fortzupflanzen vermögen. — Eine Vereinigung beider Annahmen erscheint indess als möglich dadurch, dass wir die Einheit in die Idee der Menschheit und in das schaffende Princip verlegen, die Vielheit dagegen in die Realisirung dieser Idee durch das schaffende Princip unter verschiedenen Verhältnissen, welche Modifikationen veranlassen. — Was die Frage betrifft, ob die Racen successive entstanden seien und die Verschiedenheit der Zeit oder Stufe der Entwicklung den Unterschied begründete, oder ob abgesehen von aller Zeitfolge die Verschiedenheit der Räumlichkeit, der räumlichen Verhältnisse denselben veranlasste, so spricht auch hier Manches für jede von beiden Annahmen. Für successive Entstehung der Racen aus demselben Stamme in bestimmten Zeitdistanzen wäre schon das allgemeine Gesetz allmählicher Entwicklung anzuführen; dann auch der Umstand, dass die tiefsten Racen sich unverkennbar an die thierischen Bildungen der höheren Art, insbesondere der Affen anschliessen. Für die andere Hypothese aber spricht, dass die Racen in bestimmten Räumlichkeiten, Gegenden, Klimaten u. s. w. vorkommen und keine sich als später entstanden den andern gegenüber nachweisen lässt. Auch diese beiden Annahmen lassen sich wohl in Verbindung und Ausgleichung bringen auf dieselbe Weise wie die beiden vorigen.

2. Wie nun mögen die Racen und wodurch im Werdeprocess der Menschheit entstanden sein, seien deren viele oder nur wenige anzunehmen? Durch bewusste geistige Thätigkeit wohl nicht und überhaupt nicht in der Entwicklungszeit, die wir schon als eine historische bezeichnen können. Mit Recht wohl hat

R. Wallace[1]) darauf hingewiesen, dass die Racen-Unterschiede nicht zu entstehen vermochten, nachdem einmal die Menschen zu eigentlich geistiger Thätigkeit gekommen und der Reflexion und, bewusster, zweckmässiger Thätigkeit fähig, sich auf künstliche Weise vor den Natureinflüssen und Naturgewalten schützen, sich denselben anbequemen konnten, anstatt umgekehrt sich nach denselben, ihren Veränderungen folgend, umgestalten zu müssen, wie diess bei den Thieren der Fall war und noch ist bei Entstehung und Umgestaltung der Arten. Es geschah diess dadurch, dass die Menschen sich durch Kleidung, durch Werkzeuge und Waffen sowie durch Feuer in ihrem Dasein zu schützen und zu erhalten vermochten. Ihre körperliche Beschaffenheit blieb in dem Maasse unverändert trotz aller Naturveränderungen, als diess mehr und mehr geschehen konnte. Je mehr also der Geist thätig sein, den Naturverhältnissen Rechnung tragen und alles schroff Eingreifende abwehren konnte, desto weniger bedurfte es einer körperlichen Accomodation, und desto weniger war an eine Umänderung zu denken, wie sie die Racen-Entstehung erfordern musste. Demnach ist wohl die Annahme berechtigt, dass die Racenbildung oder die Umwandlung des einheitlichen Menschenstammes in verschiedene, eigengeartete Zweige, wenn eine solche im Laufe des Entwicklungsprocesses der Menschheit stattgefunden hat, (die Verschiedenheit also nicht uranfänglich ist, unmittelbar mit der Entstehung der Menschen selbst verbunden), — geschehen sei vor der eigentlichen Menschwerdung oder vor dem Beginne des geistigen Lebens der Menschheit.[2]) Die Racen-Bildung fand demnach wohl

---

[1]) Beiträge zur Theorie der natürlichen Zuchtwahl. Uebers. 1870.
[2]) Als möglich muss aber auch zugelassen werden, dass die Racen-Verschiedenheit schon gleich anfänglich eintrat; denn wenn bei der Entwicklung des Menschengeschlechtes die Naturverhältnisse so mächtigen Einfluss übten, so konnten sie gleichen auch im Entstehen üben.

3. Objective Phantasie und Racenbildung.

statt zu der Zeit oder auf der Stufe der Entwicklung der Menschen-Natur, auf welcher noch die objective Phantasie, wo nicht ausschliesslich, so doch vorherrschend in diesem Processe sich bethätigte, und diese war dann wohl Träger und selbst wirksamer Factor bei der Umwandlung, in Wechselwirkung mit den eigenthümlichen Naturverhältnissen. Die objective, zum allgemeinen Gattungswesen des Menschengeschlechtes concentrirte Phantasie musste dabei unter allen Umständen eine Rolle, und zwar die Hauptrolle spielen; denn nur in ihr ist die Macht der Anpassung der körperlichen Organisation gegeben, durch sie wird die nöthige Abänderung möglich und durch sie hinwiederum geschieht auch die Vererbung in der Generation, so dass Aenderung und Beharren oder Identität zugleich von ihr bedingt sind. Diess entspricht ja auch der Descendenz-Lehre durchaus, selbst in der Darwin'schen Form als Transmutations-Hypothese. Denn auch Darwin geht von Urorganismen aus, also von Gebilden der objectiven Phantasie, die schon belebt sind, demnach eine innere Fähigkeit der Bewegung, Anpassung und Umbildung besitzen. Durch diese Fähigkeit, im Zusammenwirken mit äussern Verhältnissen und Einflüssen findet nach ihm die Entstehung, Umbildung und Fortentwicklung der Arten statt. Wir dürfen daher wohl annehmen, dass in diesem noch unbewussten Gebiete objectiver oder realer Wirkung des Weltprincips, also durch objective Phantasie auch die Bildung der Racen stattgefunden habe und dieselbe noch in die Zeit oder Entwicklungsstufe vor der eigentlichen Menschwerdung falle. Hauptsächlich eine eigenthümliche Einwirkung äusserer Verhältnisse auf das Reproductionssystem wird wohl den Anfang dazu gebildet haben, und durch Absonderung von anderen und langzeitige Isolirung mögen die angebahnten Eigenthümlichkeiten fortentwickelt und durch eigenartige Beschäftigung, Gewohnheit und Nöthigung befestigt worden sein. Erwägt man, welch' wichtigen

Einfluss die subjective Phantasie und heftige Erregungen der Mutter auf deren leiblichen Organismus und durch diesen auf den in ihrem Schoosse sich entwickelnden Embryo haben, — wie so viele Berichte zu verbürgen scheinen, — so kann es nicht als unwahrscheinlich oder gar als unmöglich gelten, dass auch besondere Naturverhältnisse oder Ereignisse auf das Reproductionssystem beider Geschlechter und durch den mütterlichen Organismus auf den sich bildenden Embryo grossen Einfluss übten. Diess um so mehr, als in frühesten, vorgeschichtlichen Zeiten auch die menschliche Natur noch mehr den Einwirkungen zugänglich war als später, als er schon theils in seiner Eigenart mehr befestigt war, theils auch sich, wie bemerkt, gegen Einflüsse von aussen künstlich zu schützen wusste. Wie sehr die Verhältnisse auf das Reproductionssystem einwirken können, bezeugt auch der Umstand, dass wilde Stämme bei ihrer Berührung mit den civilisirten Völkern hauptsächlich dadurch dem Verkommen anheimfallen, dass sie ihre Fruchtbarkeit verlieren, die Fähigkeit einbüssen, sich fortzupflanzen, — wie diess z. B. von den Neu-Caledoniern berichtet wird. Und ebenso deutet diess auch an die erhöhte Fruchtbarkeit nach Kriegen und grossen Epidemien, — wobei allerdings die Einwirkung dieser Verhältnisse auf das Generationsystem oder die objective Phantasie ihren Weg durch die subjective Phantasie hindurch nimmt, deren Erlahmung oder Aufschwung hinwiederum lähmend oder erhebend auf die Wirksamkeit der Reproductionsmacht einzuwirken vermag.

3. Innerhalb der Racen finden sich, wie bekannt, die verschiedenen Völker differenzirt mit ihren so entschiedenen physischen wie psychischen Eigenthümlichkeiten, Begabungen, Leistungen und Schicksalen, wie sowohl das Alterthum, als die neuere Zeit sie zeigt. So gleich dem Wesen nach die Racen, die Völker und die Individuen derselben sind, so sind sie doch so eigengeartet, dass jedes derselben,

3. Objective Phantasie und Racenbildung.

das zu einiger Macht oder längerer Dauer gekommen ist, eine eigenthümliche Richtung darstellt und einen eigenthümlichen Beitrag für die Geschichte der Menschheit, für menschliche Fortbildung, also für Offenbarung oder Realisirung der im Dasein überhaupt und in der Menschennatur insbesondere verborgenen Kräfte und realen und idealen Anlagen geliefert hat. So schon die Perser und Inder, mehr noch die Juden, Griechen, Römer und Germanen. Die Einen haben mehr die ethischen Anlagen der Menschennatur betont und für Realisirung der ethischen Idee ihre Weltauffassung und ihre sociale und politische Organisation gestaltet, andere mehr die religiösen Anlagen kultivirt und die Idee der Gottheit für das Menschendasein besonders geltend gemacht. Den Hellenen ward die besondere Pflege der Künste und Wissenschaften als Aufgabe beschieden, wie den Römern die äussere Rechtsgestaltung. Ebenso erfüllt unter den neueren Culturvölkern jedes nach seiner besonderen Begabung und Neigung eine besondere Aufgabe und fördert dadurch die menschliche Entwicklung in einer bestimmten Beziehung. Wer nun in dieser Gliederung der Menschheit in eigengeartete Völker mit besonderen Gaben und Neigungen auch nicht eine directe Einwirkung einer göttlichen Vorsehung anzunehmen vermag, der wird doch zugeben müssen, dass sie ein Ausdruck der die Welt und Menschheit durchwaltenden Vernunft sei, die auch im Aeusserlichen und durch das Aeusserliche ebenso, wie durch innere Kraft und durch Gesetz wirkt. Es ist ein teleologisches, aber allerdings nicht streng nothwendiges und mechanisches Zusammenwirken für die Realisirung der vollen Idee der Menschheit, wie im Organismus die Differenzierung der Organe und Glieder für höhere, harmonische Entwicklung nach bestimmten Gesetzen stattfindet. Wie aber die Verschiedenheit der Racen wohl hauptsächlich für Existenz und Wirksamkeit der körperlichen Natur in bestimmten

64 II. Die primitive Entwicklung der Menschheit.

Naturverhältnissen befähigt, so bezieht sich die eigenartige Begabung der Völker vorherrschend, wenn auch nicht ausschliesslich auf geistige Thätigkeiten und Leistungen und offenbarte sich besonders in eigenthümlicher Gemüthsart und subjectiver Phantasiethätigkeit, — daher sie besonders in Sitten, Lebensgebräuchen und in der Kunst am auffallendsten hervortritt. Was den Ursprung der Völker mit ihren eigenartigen Sprachen betrifft, so wird sie wohl in einer der Racenbildung analogen Weise stattgefunden haben, nur auf einer vollkommneren Entwicklungsstufe des Menschengeschlechtes oder der Racen; aber wenn auch gleichfalls in der objectiven Phantasie begründet und in ihr sich fortbildend und erhaltend, doch auch unter bestimmter Betheiligung der subjectiven Phantasie. Das Land, das bewohnt wurde, die Schicksale, die das historische Leben und Wirken mitbestimmten, werden auf die subjective Phantasie, die stets beweglicher bleibt als die objective d. h. die Reproductionsmacht, — eingewirkt haben. Von dieser erfolgte dann wohl die Zurückwirkung auf das Nervensystem und insbesondere auf das Generations- oder Gattungswesen der Menschen. Wie mächtig insbesondere auch das Land und seine Gestaltung auf die Menschen-Natur und ihre besondere Artung einwirken, lässt sich unschwer ermessen, wenn man die Eigenart der Gebirgsbewohner in Gemüthsart, Sitte, Sprache u. s. w. betrachtet in Vergleich mit den Bewohnern weiter Ebenen und Niederungen. Bei beiden scheint sich der Charakter der landschaftlichen Umgebung, in welcher sie leben und wirken, in die Seele einzuprägen und auch auf körperliche Functionen zurückzuwirken. Insbesondere die Sprache der Gebirgsbewohner scheint durch die Schärfe, womit die Consonanten ausgesprochen werden, die ragenden Kanten und Schroffen der Berge unbewusst nachzuahmen, während in der breiten Aussprache der Bewohner der Niederungen wiederum der

Charakter des Landes sich abspiegelt. Aehnliche Uebereinstimmung mit der Landschaft zeigt sich auch in der Gemüthsart derselben. Und je schärfer ausgesprochen der Charakter des Landes ist, um so mehr prägt er sich der subjectiven Phantasie in der Jugend ein und lässt das Land gleichsam in Eins verschmelzen mit dem Leben und der Seele, so dass Menschen aus Gegenden mit sehr ausgeprägtem Charakter lange Entfernung von der Heimat kaum zu ertragen vermögen und vor Sehnsucht darnach einem krankhaften Zustand und selbst dem Tode verfallen. — Angesichts solcher Thatsachen vom Einfluss des Wohnortes auf den Menschen ist es nicht unberechtigt, bei Bildung der Völker demselben eine wirksame Rolle zuzuschreiben und besonders die eigenthümliche Artung der Phantasie der Völker davon herzuleiten, die sich im ganzen Volksleben zum Ausdruck zu bringen pflegt und auch Richtung und Eigenart der höheren geistigen Thätigkeit zu bestimmen vermag. — Was den Einfluss der geschichtlichen Schicksale auf die Volksart betrifft, so wird derselbe sich besonders in der Gemüthsart und in der Verstandesthätigkeit kund geben und zur Geltung bringen.

Für die Berechtigung zu unserer Annahme, dass die objective, reale Phantasie oder das Gattungswesen sowohl, als die freie, bewegliche subjective Phantasie, die gleichsam das belebende, sowie das einigende Princip ist des psychischen Organismus in der Menschennatur — die Quellen oder Hauptfactoren für die Entstehung der Racen und Völker seien — haben wir demgemäss sowohl eine positive als negative Begründung. Die positive besteht für uns in dem allgemeinen Charakter der Phantasie als dem äusserlich und innerlich gestaltenden Weltprincip überhaupt, und in der besonderen, activen und passiven Bethätigungsweise sowohl der objectiven als der subjectiven Phantasie. Die negative Begründung aber können wir darin erblicken, dass eine andere Ursache der Entstehung

II. Die primitive Entwicklung der Menschheit.

der Racen und Völker in der Menschheit sich bis jetzt nicht hat nachweisen lassen. Wollte man aber das Problem kurzweg damit lösen, dass man die Racen in ihrer Eigenart gleich im Entstehen schon als solche auftreten, gleichsam aus verschiedenem Boden unter verschiedenen Naturverhältnissen hervorwachsen liesse, so wäre diess eben eine weder durch ein allgemeines Princip, noch durch sichere Thatsachen zu begründende Hypothese, und könnte ausserdem doch nur für die Bildung der Racen, nicht aber für die der Völker geltend gemacht werden. Für die Entstehung dieser müssten wir doch wieder nach einem genügenden Grund suchen und könnten ihn kaum anderswo finden als in dem, was ja das eigentlich bildende, aus- und umgestaltende Princip in der Menschennatur ist: in der objectiven und subjectiven Phantasie und ihrer Bethätigung in Wechselwirkung mit gegebenen natürlichen und historischen Verhältnissen.

III.
Ueber Ursprung, Entwicklung und Wesen der Religion.

Unter den Formen und Mitteln, in welchen und durch welche das Menschengeschlecht sich über das blosse Natur-Dasein oder das blos thierische Leben erhob, sich der Natur gegenüber stellte und das eigentlich psychische und historische Leben begann, ragt besonders die Religion, der religiöse Cultus und Glaube hervor. Ihr haben wir daher eine eingehendere Untersuchung zu widmen, um so mehr, als die Religion in der Geschichte der Menschheit, im Leben der Völker und der Individuen nicht blos am Anfang und in der ersten Zeit der menschlichen Entwicklung eine grosse, entscheidende Rolle gespielt hat, sondern durch alle Zeiten und Verhältnisse hindurch als bestimmende Hauptmacht sich bewährte und noch jetzt als solche sich geltend zu machen fortfährt. Unsere Untersuchung wird sich auf Ursprung, historische Entwicklung und Wesen der Religion zu erstrecken haben; und zwar in dieser Ordnung desshalb, weil diese geschichtliche Erscheinung in den ersten Anfängen einen noch dunklen, problematischen Charakter zeigt und das wahre Wesen erst aus dem Verlaufe der Entwicklung offenbar wird und erkannt werden kann, während andere Bethätigungsweisen der höheren menschlichen Natur z. B. das ethische Bewusstsein und Leben vom Beginne an eine klarer erkennbare Natur zeigen und daher bei ihnen allenfalls auch sogleich von einer Bestimmung des Wesens ausgegangen werden kann.

1.
Ueber den Ursprung der Religion.

1. Die Religion oder vielmehr die Religionen leiten ihren Ursprung allenthalben von einer göttlichen oder wenigstens übernatürlichen Wirksamkeit oder Offenbarung her, sei diese als directe oder als indirekte d. h. durch göttlich beauftragte oder inspirirte Mittels-Personen oder übernatürlich begabte Dinge gedacht. Selbst die niedersten Religions- und Cultusformen gründen sich auf eine solche vermeintliche Offenbarung; denn das verehren sie eben als göttlich, was sich ihnen als auffallend, aussergewöhnlich, übernatürlich, und also in ihrem Sinne göttlich ankündigt oder zu bewähren scheint. Zugleich stellt sich allenthalben der eigenthümliche Widerspruch ein, dass das, was sich offenbart, also kundgibt oder enthüllt, auch wiederum als Geheimniss, als räthselhafte, zauberische und verborgene Macht betrachtet wird. Es ist diess vom Standpunkte der Religion aus angesehen nur als naturoder sachgemäss zu betrachten; denn da die Religion allenthalben auf Glauben beruht, auf Auctoritäts-Glauben, und sogar um so mehr, je vollkommener oder systematischer sie zur Positivität ausgebildet ist, so muss diese Auctorität, der man Glauben schenkt, als eine göttliche (in directem oder indirectem Sinne) genommen werden. Denn man kann Aufschlüsse über Göttliches nur von einer göttlichen Auctorität gläubig und vertrauensvoll als richtig hinnehmen — ohne eigene Forschung und Erkenntniss. Will die Menschheit irgend eine sichere Wahrheit

besitzen, ohne sie durch eigene Erkenntnissthätigkeit errungen zu haben, so kann sie eben nur von einer höheren Macht stammen, und Wahrheit bezüglich des Göttlichen nur von der Gottheit selbst kommen. Darin zeigt sich ein logisches Verfahren selbst bei ungebildeten Menschen, wenn auch gleichwohl diese Meinung bei der grossen Verschiedenheit, ja Gegensätzlichkeit der Religionen nothwendig als auf Täuschung beruhend betrachtet werden muss und nur das tiefere Fundament davon als der Wahrheit entsprechend gelten kann. Die Wahrheit nämlich, die hier allenfalls zu Grunde liegt, kann nur die sein, dass allerdings in der menschlichen Natur die Befähigung und das Bedürfniss der Religion oder des Gottesbewusstseins, und dessen, was sich hieran knüpft, grundgelegt sein muss. — worin man auch schon eine Art göttlicher Offenbarung erblicken kann, insofern der gegebenen Befähigung zum Gottesbewusstsein die göttliche Tendenz zu Grunde liegend gedacht werden muss, sich erkennen zu lassen.

Eine Anlage oder Befähigung zur Religion ist allerdings in der menschlichen Natur anzunehmen als Wurzel oder Keim dazu, während dieselbe in der thierischen Natur fehlt. Ohne sie könnte das Gottesbewusstsein und die Religion überhaupt nur als zufällige Einbildung oder als beliebiges Spiel der Phantasie oder auch als ein künstlich erfundenes Produkt der Verstandesthätigkeit oder Berechnung aufgefasst werden, — wie man diess auf einem bereits überwundenen Standpunkt früher gethan hat. Da wäre aber, abgesehen davon, dass diese Annahme geschichtlich unbezeugt oder geradezu widersprochen ist, — nicht erklärbar, wie die Religion im Gemüthe des Menschen so tief begründet, wie religiöse Stimmung möglich wäre und selbst durch blosse Tonweisen hervorgebracht werden könnte ohne Worte und bestimmten theoretischen Bewusstseinsinhalt — gleich den ästhetischen Gefühlen. Ausserdem: Wäre die Religion nicht blos mehr oder minder in ihren äusseren, historischen Erscheinungen, sondern ihrem Wesen nach blos Illusion und Wahn, aus Furcht, Unwissenheit und subjectivem Phantasiespiel hervorgegangen, während sie sich doch als höchste Macht in der Menschheit und als unentbehrlich bei Glück und Unglück erweist, — so erschiene das ganze menschliche Dasein als ein irrationales Produkt der Natur, dessen übrige geistige Manifestationen dann ebenfalls kein Vertrauen mehr verdienten.

— Wenn indess eine Anlage oder Befähigung dieser Art auch in der menschlichen Natur anzunehmen ist, so lässt sich gleichwohl der Ursprung der Religion nicht ohne weiteres so erklären, als ob dieselbe daraus einfach hervorgewachsen wäre in einer ganz natürlichen, regelmässigen Entwicklung. Diese hat jedenfalls ganz eigenthümliche Stadien und Metamorphosen durchgemacht, der Vervollkommnung und der Entartung mannigfach unterworfen, und insbesondere in den ersten Anfängen von der Art, dass noch kaum vollständig zu erkennen ist, was daraus endgültig werden soll und was als das eigentliche Wesen davon betrachtet werden kann. In ähnlicher Weise, wie ja auch der vollkommenste Organismus, der menschliche, vor der Geburt, in der Zeit der primitiven Entwicklung, allerlei sehr problematisch erscheinende Metamorphosen zu überwinden hat, ehe er zur bestimmten, deutlichen, vollkommenen Menschennatur sich durchgerungen hat zur Geburtsreife, und nun kein Zweifel mehr über seine Eigenart möglich ist. Auch die Religion ist in ähnlicher Weise durch Metamorphosen hindurchgegangen und nicht durch ein unmittelbares, directes Aufkeimen oder Aufblühen der religiösen Anlage entstanden oder fertig geworden. Schon die gewöhnlichsten Erscheinungen des religiösen Cultus wären bei solcher Annahme unerklärlich, z. B. die blutigen Opfer, die der Gottheit gebracht wurden, das Wohlgefallen dieser an Speisen und dem Wohlgeruche derselben und vieles Andere. Ausser-

1. Ursprung der Religion.

dem: Weder mit Hülfe des Verstandes noch mit freier Thätigkeit der subjectiven Phantasie hätte diese Entfaltung ohne weiteres geschehen können. Der Verstand der primitiven Menschen (ähnlich dem der Kinder und Wilden), bei denen der Ursprung der Religion zu suchen ist, war noch so wenig ausgebildet und reflexionsmächtig, dass er selbst die äussere Natur, obwohl sie durch alle Sinne auf ihn eindrang, nur wenig zu erkennen vermochte über den Bereich der nächsten sinnlichen Bedürfnisse zur Erhaltung und Förderung des Lebens hinaus. Daher war noch weniger von ihm zu erwarten, dass er etwa abstracte Gedanken sich gebildet haben sollte über eine übersinnliche Welt, über eine geheimnissvolle göttliche Macht hinter den Erscheinungen, die manchmal sich kundgebe, in das Geschehen der Natur eingreife und zum Menschen selbst in bestimmter Beziehung stehe. Selbst Symbole für Göttliches konnte er noch nicht in Phantasiethätigkeit bilden, da dazu schon ein Gefühl und Bewusstsein des Göttlichen in der Tiefe der Seele nöthig gewesenwäre, — was die primitiven, unentwickelten Menschen nicht besitzen konnten. Die Religion begann vielmehr, wie es dem noch unentwickelten Menschengeiste entsprechend war, sicher mit concreten Vorstellungen und Verehrungs-Handlungen, wie sie im Grunde bei der ungebildeten Menge noch jetzt vorherrschen, obwohl auf dem allgemeinen Grund eines Systems beruhend. Doch aber darf auch nicht behauptet werden, dieselbe habe mit rein subjectiven, willkürlichen Phantasiebethätigungen in der Weise begonnen, dass beliebig einzelne Dinge von besonderer, auffallender Art für übernatürlich, göttlich erklärt und verehrt wurden — wie diess etwa bei den Fetischdienern mit ihren Zauberwesen der Fall ist. Auch mit Fetischismus hat das Gottesbewusstsein und der religiöse Cultus nicht begonnen; denn es hätte auch dabei das Bewusstsein des Göttlichen, Uebernatürlichen oder Zaubermächtigen schon vorhanden sein müssen, um in den Fetischen die Realität oder Macht desselben zu vermuthen oder anzunehmen. Einen Vorgang dieser Art, der allerdings stattfund und noch bei vielen Völkerstämmen stattfindet, musste eine gewisse logische Vermittlung vorausgehen, welche, auf dem Bedürfniss der Causalerklärung beruhend, zur Annahme geheimnissvoller Kräfte gelangte, aus welcher das religiöse Bewusstsein und der Cultus hervorwuchs — wie im Folgenden zu zeigen sein wird. Endlich auch nicht mit Vergötterung der Natur im Grossen und ihrer grossen Erscheinungen und Kräfte, des Himmels, der Erde, der Sonne, des Feuers u. s. w. begann die Religion. Das primitive religiöse Bewusstsein war nicht durch Wahrnehmung und Gefühl des Unendlichen, Erhabenen hervorgerufen oder bestimmt, wie Max Müller und Andere diess annahmen.[1] Diess geschah wohl einmal im Laufe der religiösen Entwicklung, aber in einem viel späteren Stadium derselben, da hiebei schon eine viel grössere geistige Entwicklung vorausgesetzt werden muss, als bei den primitiven Menschen vorhanden sein konnte. Das Bewusstsein von diesen war noch viel zu enge, ihr Gesichtskreis selbst in Bezug auf das äusserliche, in die Sinne fallende Dasein noch viel zu beschränkt, als dass sie der Vorstellung oder des Gefühls des Unendlichen, oder Erhabenen fähig gewesen wären. Unmittelbar geschaut kann das Unendliche ohnehin nicht werden, sondern es kommt nur zum Bewusst-

---

[1] Max Müller: Vorlesungen über den Ursprung und die Entwicklung der Religion. Strassburg 1880. (Erste Vorlesung.) Jch selbst habe bereits in meiner „Einleitung in die Philosophie und Grundriss der Methaphysik" (München 1868 S. 358 ff.) eine ähnliche Ansicht geltend gemacht. Indess nicht der Ursprung und der primitive Zustand der Religion ist so zu denken, sondern nur ein späteres Stadium in der Entwicklung der Religion, denn es ist dabei schon ein höherer Bildungsstand der Menschen erforderlich, als er bei den ersten Anfängen des religiösen Cultus vorausgesetzt werden kann.

sein, wenn die Phantasiethätigkeit sich an die Sinneswahrnehmung anschliesst und über diese hinaus die Vorstellungen noch erweitert und diese zuletzt gewissermassen unabgeschlossen lässt. Dazu waren die primitiven Menschen noch gar nicht befähigt, sie hatten keine Vorstellung, keine Ahnung von der Grösse und Entfernung der Himmelskörper und der eigentlichen Grossartigkeit der Naturgewalten; sie massen und beurtheilten sie nach ihren kleinen Lebensverhältnissen und hatten Interesse für dieselben hauptsächlich nur insoferne sie mit ihrem Dasein und in ihrem Kampf um das Leben in Beziehung stunden. Ebenso wenig konnte daher auch mit Vergötterung des Lebendigen, insbesondere der gewaltigen Thiere, der religiöse Cultus seinen Anfang nehmen. Denn mit diesen waren sie zu unmittelbar und direct in beständigem Kampf begriffen, mussten sie zu sehr als natürliche Mächte behandeln und bekämpfen, als dass eine höhere Auffassung oder der Glaube an übernatürliche Kräfte in ihnen direct hätte entstehen können. Wenn später gleichwohl die Thierverehrung eine grosse Verbreitung und Herrschaft gewann, so geschah diess wohl auf einem Umwege und ist nur als eine Modification der Religion zu betrachten, nicht als ihr Ursprung.

2. Wie wir uns den Ursprung der Religion oder wenigstens die Grundlage denken, auf welcher sie entstanden ist, haben wir schon im Früheren angedeutet. Es ist die objective Phantasie, welche ein Verhältniss schafft, aus dem nicht blos das ethische Bewusstsein und Leben, sondern auch die Religion, wenn nicht ihren Ursprung, so doch die erste und bedeutendste Anregung ihres Entstehens erhielt — das Geschlechts- und Familien-Verhältniss nämlich. Hier werden zuerst edlere Gefühle erregt und findet die Selbstsucht eine Ermässigung und selbst hochgradige Bezwingung aus Sympathie, Neigung und Liebe zu Anderen, und die Anfänge von Gefühl und

III. Die Religion.

Erfüllung der Pflicht gegen Andere, sowie mannichfache Tugenden bilden sich wie von selbst. Dadurch wird die Seele des Menschen in der Weise gebildet, dass sie auch des religiösen Verhältnisses in edlerer Form fähig ist — wie ebenfalls früher schon angedeutet wurde. Denn das Verhältniss der Kinder zu den Eltern ist das edelste, entsprechendste Vorbild des religiösen Verhältnisses der Menschen zur Gottheit, wie diess z. B. schon im Judenthum, besonders aber im Christenthum zur Geltung kam. Und noch immer dient das Verhältniss zwischen Kind und Vater dazu, schon der frühen Jugend das Dasein und Wirken Gottes, sowie das Verhältniss desselben zu den Menschen deutlich zu machen. Wir haben daher allen Grund zu der Annahme, dass auch ursprünglich das religiöse Bewusstsein des Menschen zum Theil aus dem Geschlechtsverhältniss, insbesondere aber aus dem Boden der Familie ihren Hauptinhalt und ihre nähere Bestimmtheit gefunden habe. Diess ist auch dadurch historisch angedeutet, dass selbst in der Entwicklungsperiode des religiösen Bewusstseins, in welcher schon die grossen Naturformen oder Ereignisse Vergötterung fanden und Gegenstand der Lobpreisung und Verehrung waren, sich doch in der Bezeichnung des Hauptgottes, des „Himmels", sich auch die nähere Bestimmung als „Vater" erhalten hat und derselbe daher Himmel-Vater (Dyaus-pitar, Zeus pater, Jupiter etc.) genannt wird.[1])

Indess unmittelbar wurde das Familien-Verhältniss nicht zu einem religiösen, wurde nicht zur Bestimmung eines Verhältnisses des Menschen zur Gottheit verwendet, sondern es geschah dies wohl auf einem Umwege, durch Vermittlungen hindurch, und zwar hauptsächlich durch Vermittlung einer Form des Glaubens an Unsterb-

---
[1]) S. Max Müller. Vorlesungen über den Ursprung und die Entstehung der Religion, S. 317 ff. Und: Einleitung in die vergleichende Religionswissenschaft. Strassburg. 2. Aufl. 1876 S. 155 ff.

lichkeit des Menschen. Die Verehrung nämlich, die hauptsächlich dem Oberhaupte der Familie auf einem bestimmten Stadium des Menschwerdungsprozesses gezollt wurde, hörte mit dem Tode desselben nicht auf, sondern trug sich auch noch auf den Verstorbenen über. Es ist dem menschlichen Gefühle und Bewusstsein noch jetzt schwer fassbar und kaum glaublich, dass Menschen, besonders bedeutende und theuere Personen, die eben noch lebten und denken, sprechen und wirken konnten, nun auf einmal vollständig zu sein und zu wirken sollten aufgehört haben. Dieses Gefühl musste um so mehr Gewicht haben, da die Verstorbenen auch in Träumen wie lebend zu erscheinen pflegen; und musste doppelt den primitiven Menschen gegenüber sich geltend machen, sobald ihr Bewusstsein so weit entwickelt und licht war, dass sie einigermassen reflectiren und ihren Gefühlen einige Beschwichtigung bei solchen Todesfällen dadurch gewähren konnten. Sie dachten sich das verehrte oder auch gefürchtete Oberhaupt noch fortlebend und fortwirkend mit ähnlichen Strebungen, Neigungen und Bedürfnissen wie früher; daher brachten sie ihm, dem wenigstens theilweise (der Seele nach) unwahrnehmbar Gewordenen, noch ähnliche Verehrung dar, wie dem früher sichtbar Wirkenden, suchten ähnliche Bedürfnisse desselben zu befriedigen, wie bei seinen eigentlichen Lebzeiten. Das von ihm noch Sichtbare, der leblose Leib wurde daher aufbewahrt, da man der Meinung war, dass sein Geist zeitweise oder vollständig in denselben zurückkehre. Derselbe wurde daher vor der Zerstörung so viel als möglich geschützt, insbesondere auch vor wilden Thieren durch feste, sichere Grabhügel, die daher der besondere Ort der Verehrung oder der Darbringung der Opfer waren. Es wird daher kaum unrichtig sein, wenn Grabhügel als die ersten Altäre bezeichnet werden, oder genauer vielleicht: als Vorläufer der Altäre, da aus diesem Cultus der Todten oder der Ahnen der höhere Cultus unsichtbarer göttlicher Mächte hervorging.¹) Später änderte sich vielfach die Auffassung des Todes, wie der Unsterblichkeit, Da nämlich die Erfahrung lehrte, dass die Leichname nicht wieder belebt wurden, sondern vielmehr der Zerstörung anheimfielen, kam man vielfach zu der Ueberzeugung, dass dieselben nicht zu erhalten, sondern vielmehr der Seele des Todten nachzusenden seien in das Jenseits nebst andern Dingen, die zu seinen Bedürfnissen gehörten. Die Leichname wurden daher mit allerlei Zugaben an Menschen und Dingen verbrannt, wodurch das Wesen davon dem Geiste im Jenseits von der Flamme zugeführt werden sollte. Das Ursprüngliche aber war dieser Glaube und diese religiöse Uebung nicht, sondern vielmehr die andere, eigentlich entgegengesetzte Ueberzeugung, dass die Leiber erhalten werden müssten, damit die Seelen zurückkehren und sich ihrer wieder bedienen könnten. Und in manchen Religionen hat diese Meinung auch in späteren Zeiten noch nachhaltig in den religiösen Bräuchen fortgewirkt und die grossen Veranstaltungen zur Erhaltung der Leichname hervorgerufen. So mögen die noch vorhandenen Steingräber oder Grabhügel zum Schutze der Leichen diesem Glauben den Ursprung verdanken, sowie andererseits die Sitte der Einbalsamirung und Mumisirung derselben zum Behufe der Erhaltung z. B. im alten Aegypten daraus hervorgegangen sein mag. Diese Ansicht von der Fortdauer der Verstorbenen, von der Wiederkehr ihrer Seelen in die Leiber, in der primitiven Menschheit hervorzurufen, war die ganze Lage und Bewusstseinsbeschaffenheit derselben angethan.²) Denn zu dem

¹) Dass z. B. in der kath. Kirche zu jedem Altare noch Gebeine von Todten (Reliquien) erforderlich sind, kann allenfalls noch ein Ueberrest aus dem religiösen Cultus der Urzeit des Menschengeschlechtes sein; freilich mit entsprechender Modifikation.

²) Vergl. hierüber: Herbert Spencer: die Principien der Sociologie, übersetzt v. B. Vetter, I. Bd. Stuttgart 1877.

schon erwähnten Sträuben des Gefühls, sich die verehrten und geliebten oder auch gefürchteten Verstorbenen nun auf einmal ganz vernichtet, ganz nichtseiend zu denken, kam die vielfache Erfahrung, dass Verschwundenes wieder zur Erscheinung kommt, und dass das Bewusstlose, Todt-Scheinende wieder lebendig wird. Diess Letztere kommt ja in der gewöhnlichsten Erfahrung und tagtäglich vor, da der Schlafende, der Bewusstlose, Ohnmächtige wieder zum Wachen, zum Bewusstsein, zum Denken und Wollen kommt. Der Tod konnte als ähnlicher Zustand, nur von längerer Dauer betrachtet werden, während dessen auch die Seele, das Lebendige, Bewusste, Thätige in ihm nicht als vernichtet erscheinen konnte, sondern nur für zeitweilig abwesend erachtet wurde. Eine Abwesenheit, die zuerst wohl nur als eine irdische betrachtet, etwa in einem freien Umherschweifen gesucht wurde, später aber zu einer eigentlichen Unsterblichkeit d. h. zu Fortdauer, Leben und Wirken in einer anderen Daseins-Sphäre erhöht oder erweitert wurde. — So konnte die Religion, wenn nicht ihren Ursprung, so doch ihre erste Anregung erhalten durch das Familienverhältniss, und also ihren Ausgang von der Bethätigung der objectiven Phantasie nehmen oder wenigstens darin ihre erste Grundlage haben. Das Familienverhältniss erweiterte sich allmählig zum Stammesverhältniss und die Verehrung und Huldigung für das Familienoberhaupt erweiterte sich zu gleichem Verhalten gegen das Stammesoberhaupt. Auch die Verehrung oder Ehrfurcht, Furcht und Unterwerfung diesem gegenüber endigte mit dem Tode nicht, — wenigstens nicht den bedeutendsten, einflussreichsten Persönlichkeiten gegenüber, sondern dauerte noch über ihren Tod hinaus fort, so dass der Ahnenkultus in den Heroenkultus überging. Auch dieser war noch nicht eigentlich Religion, wenn er auch die grösste Aehnlichkeit damit hatte und sich damit vielfach verband und mischte. Dabei brachte dieser aus dem Familienverhältniss erwachsende Cultus zwar ein Moment für die Ausbildung des religiösen Bewusstseins und Lebens mit sich, das ethische nämlich, das auch dem göttlichen Wesen gegenüber Geltung haben sollte, — aber das andere Moment der Religion, das in Bälde ein so grosses Uebergewicht gewann, das Moment des Geheimnissvollen, Zauberischen, Uebernatürlichen kam hauptsächlich aus der Bethätigung der subjectiven Phantasie. Kam aus der Befriedigung des Dranges nach Causalerklärung dunkler, räthselhafter Naturerscheinungen mittelst der freien subjectiven Phantasiethätigkeit der primitiven Menschen unter Einwirkung des Glaubens an die noch fortdauernden und fortwirkenden Seelen der Verstorbenen.

3. Ohne ein geheimnissvolles Moment war ja auch schon der Todten- und Ahnencultus nicht ganz, insoferne aus ihm eben der Glaube an Geister und ihr dunkles Walten und Wirken hervorging und das Streben, ihr günstiges Wirken zu erlangen und das ungünstige, feindselige abzuwehren. Aber die eigentliche Verzauberung der Natur für das menschliche Bewusstsein, die Auffassung derselben als eines Gebietes von lauter dunklen, geheimnissvollen, magischen Mächten und Wirkungen trat nach dem Erwachen des eigentlich menschlichen Bewusstseins und dem Freiwerden d. h. Entstehen der subjectiven Phantasie des Menschen ein. Und zwar dadurch, dass einerseits das Bedürfniss der Erklärung mancher Naturerscheinungen erwachte, nicht blos um praktischer Zwecke willen, sondern auch schon in theoretischem Interesse, um die Welt zu deuten, und um das Verlangen nach Erkenntniss der Ursachen zu befriedigen, während doch andererseits diese Ursachen noch nicht empirisch und noch weniger wissenschaftlich erkannt werden konnten. Da fand das rationale Denkgesetz, welches für den Gedanken einen bestimmten Grund (ratio) verlangt, um ihn zu denken, und dem in der realen Wirklichkeit das allgemein waltende Causalgesetz

entspricht — dieses rationale Denkgesetz fand Befriedigung oder glaubte solche zu finden durch die subjective Phantasiethätigkeit. Diese nahm Ursachen an nach Bild und Gleichniss des menschlichen Geistes und seiner Thätigkeit selbst, schöpfte also die ursächliche Erklärung aus sich, anstatt sie der realen Thatsächlichkeit zu entnehmen. Dadurch ward für das menschliche Bewusstsein, für das Vorstellungsleben oder den Glauben der Menschen eine innere Welt geschaffen, die in Grund und Wesen sehr verschieden war von der thatsächlichen Natur und Geschichte, und eben nur durch Fiction und für das Glauben bestund. Und damit erst ward also im menschlichen Bewusstsein der Natur eine Uebernatur, dem Sichtbaren ein Unsichtbares, dem Gewöhnlichen, Deutlichen ein Ungewöhnliches, Dunkles, Räthselhaftes beigefügt, zum Gegenstand des Glaubens und der Gemüths-Erregungen, insbesondere der Scheu, der Furcht, des Schreckens gemacht. In Folge davon entstund das Verlangen, diese geheimnissvollen Mächte in irgend einer Weise zu gewinnen oder sich vor ihrer Macht und Anfeindung zu schützen. Bei der geringen Kenntniss der Natur und bei dem Unvermögen irgend abstract oder das Allgemeinere zu denken, stellte man sich dieselben nach Art des menschlichen Geistes vor, anthropomophosirte dieselben und suchte sie auch gleich Menschen, die Wünsche hegen und von Leidenschaften bewegt werden, zu behandeln durch die Art des Cultus, den man für sie anordnete. Diess hauptsächlich war der Beginn des religiösen Cultus nach seiner magischen, mysteriösen Seite, aus dem hauptsächlich der höhere, abstractere Glaube mit seinen näheren Bestimmungen des Göttlichen hervorging, sowie die Zauberhandlungen des religiösen Cultus sich ausbildeten. Fetischdienst war auch dies noch nicht, da das Göttliche oder das Geheimnissvolle, Unbekannte mehr dem Subjecte, resp. seiner Phantasiethätigkeit selbst entstammte und auf Naturdinge und Verhältnisse nur be-

III. Die Religion.

zogen, d. h. als unsichtbare Ursache hinter den Wirkungen gedacht oder fingirt wurde, nicht aber Naturdinge als objective selbst vergöttlicht oder mit übernatürlichen Kräften ausgestattet wurden, wie es bei dem Fetischismus der Fall war und ist. Dass diess so geschah, können wir unschwer begreiflich finden, wenn wir die Lage des primitiven Menschen in's Auge fassen, in welcher er sich der Natur und ihren Kräften und Verhältnissen gegenüber befand. Die meisten der gewöhnlichen Vorkommnisse zwar störten ihn in seinem natürlichen Verhalten, im Gebrauche seiner natürlichen Kräfte nicht, sondern förderten denselben, wie es bei den Thieren der Fall ist. Aber es kamen, nachdem sein Bewusstsein und Denken schon einigermassen erwacht und entwickelt war, ungewöhnliche Erscheinungen an seine Sinne, vor denen sein noch schwach ausgebildeter Verstand gleichsam stille stund, d. h. den Dienst versagte; oder es kamen Schicksale an ihn, die zwar nicht ungewöhnlich der Erscheinung nach sind, aber doch stets wieder unerklärlich dem Wesen nach sich zeigen, und die daher jeder abstumpfenden Gewohnheit trotzen und immer neu das Interesse anregen oder das Gemüth in Aufregung bringen, wie diess z. B. insbesondere mit Krankheit und Tod der Fall ist. Tägliche Erfahrungen von ungewöhnlichen Vorgängen gaben der subjectiven Phantasie reichliche Anregung und, wie es schien, Berechtigung zu ihren Bildungen bezüglich der ursächlichen Verhältnisse der Dinge. Von solcher Art war die sich von selbst aufdrängende Wahrnehmung, dass Dinge völlige Umänderungen erfahren, Metamorphosen erleiden können.[1]) Das Feste kann sich in Flüssiges, dieses wieder in jenes verwandeln, das Kleine wird gross und umgekehrt. Der kleine Same wird zur grossen Pflanze u. s. f. Nicht minder

[1]) S. Herbert Spencer: die Principien der Sociologie, übers. v. Vetter S. 94 ff.

lag die Wahrnehmung nahe, dass Dinge sichtbar werden und wieder verschwinden können; so die Wolken, die sich bilden und wieder verschwinden, der Blitz der plötzlich erscheint und ebenso plötzlich wieder verschwunden ist. Endlich konnte man auch zu entdecken glauben, dass Dinge, die unsichtbar, an sich unwahrnehmbar sind, dennoch als Ursachen sich bethätigen und grosse Wirkungen hervorbringen können, wie diess z. B. von der atmosphärischen Luft in den Winden und Stürmen geschieht und noch wichtiger und auffallender bei dem Athem, der das Lebendigsein bedingt. Nicht minder musste das Echo, diese Wiederholung eines Rufes, ohne dass eine Ursache sichtbar wäre oder aufgefunden werden könnte, zu der Meinung führen, dass unsichtbare (geistige) Mächte sich offenbaren und wirken können. Man hat hiebei zu bedenken, dass diess Alles nur unbegränzte, unbestimmte Erfahrungen oder Wahrnehmungen waren, also niemand sagen oder bestimmen konnte, wie weit die Möglichkeit oder auch nur Thatsächlichkeit von all' diesem ging, — um zu ermessen, welch' reicher Spielraum für Bildungen, Fictionen der Phantasie gegeben waren und wie leicht ein ganz willkürlicher, fictiver Aufbau einer eigengearteten Phantasiewelt im menschlichen Bewusstsein werden musste.

So angeregt und indem sie vor sich hatten die so aufgefasste Natur mit ihren unbestimmten, scheinbar willkürlichen Verwandlungen und ihren Wirkungen ohne sichtbare Ursachen, betrieb also die Phantasie der noch kindlich unwissenden Menschen die Erklärung der auffallenden und für das Menschendasein wichtigen Erscheinungen. Zu diesen gehörten selbstverständlich vor Allem die Krankheiten und der Tod selbst. Woher die Krankheiten stammen, die allmählich oder plötzlich den eben noch gesunden Menschen befallen, war, abgesehen von geschlagenen Wunden oder sonstigen äusseren Beschädigungen, den primitiven Menschen ganz verborgen, ganz unbegreiflich, räthselhaft. Sie nahmen daher geheime Kräfte als Ursachen an und stellten sich diese zugleich anthropomorphisch d. h. nach Art der Menschen wirksam vor. Vorzüglich anregend zu solcher Deutung mussten Krankheiten wirken, welche das Nervensystem betrafen und sich in auffallenden Erscheinungen kund gaben. Manche von diesen mussten ihrer Eigenart nach besonders geeignet sein, den Glauben an feindliche Mächte hervorzurufen, die den Leib des Menschen schädigen oder geradezu in Besitz nehmen. Ist ja jetzt noch und selbst bei civilisirten Völkern die Meinung sehr verbreitet und wird sehr hartnäckig festgehalten, dass es eine Besessenheit durch böse Geister gebe, und dass gewisse Zustände nicht körperliche (oder psychische) Krankheiten seien, sondern übernatürliche Wirkungen, verursacht durch geistige feindliche Wesen. Diese Wahnvorstellung ist von uralter Zeit her so fest eingewurzelt, dass sie der besseren Belehrung grossen Widerstand zu leisten vermag, und dass selbst die zahlreichen Fälle, in denen einfache physische, materielle Arzneimittel den Teufel austrieben, kaum eine Erschütterung derselben hervorzubringen vermögen. — Als ein besonderer Erweis, dass es feindselige Wesen gebe, die gewöhnlich unsichtbar existirend, in bestimmten Fällen das Leben des Menschen zu beeinträchtigen suchen, konnte auch das Alpdrücken gelten, das ja ebenfalls eine Deutung bezüglich seiner Causalität erfuhr, sobald einmal das Bewusstsein und damit das Denken einigermassen erwacht war. Die feindliche Macht scheint hier sehr deutlich wahrgenommen zu werden in ihrem Bestreben, das leibliche Leben zu gefährden, und es ist nicht zu verwundern, dass Menschen, welche dieses leibliche Leben und den Naturzusammenhang, die Wechselwirkung der Dinge noch nicht im mindesten kannten, für solche Vorfälle Ursachen an-

1. Ursprung der Religion.

nahmen, welche nach Art menschlicher Wesen in ihrem Streben und Wirken gedacht wurden.

Dass auch die Träume und alles, was damit an seltsamen Vorkommnissen und Erscheinungen in Verbindung steht, einen mächtigen Einfluss auf die Bildung der Weltanschauung der primitiven Menschen ausgeübt haben, ist selbstverständlich; haben dieselben doch auch in späteren Zeiten und durch alle Jahrhunderte hindurch bei allen Völkern, den gebildeten wie den ungebildeten, den höchsten Einfluss geübt, und insbesondere im religiösen Gebiete eine grosse Rolle gespielt. Schon zur Entstehung des Unsterblichkeitsglaubens haben sie ja sicher hauptsächlich mitgewirkt. Wenn so eben Verstorbene im Traume noch als lebend erscheinen, als sprechend, handelnd wie Lebende wahrgenommen werden, und zwar nicht etwa als blosse Erinnerungsbilder, sondern mit der Lebhaftigkeit sinnlicher Anschauung, so konnte wohl in den noch ganz ungebildeten Menschen die Meinung entstehen, dass dieselben wirklich noch leben, sei es in dieser oder in einer andern Welt, aus welcher sie in diese wieder zeitweilig hereinzukommen vermögen. Galt doch der Traum bei manchen Völkern für den eigentlichen, normalen oder sogar für einen höheren Daseinszustand, als das wache Bewusstsein und Wirken des Menschen. Auch noch in späteren Zeiten wurden die Träume allenthalben für Wirkungen von Geistern, Dämonen, Göttern gehalten. Und selbst jetzt und sogar bei Gebildeten fehlt es nicht an solchen, welche das was im Traume oder in traumähnlichen Zuständen geleistet wird, für höher, bedeutungsvoller erachten als das im wachen Zustand Geleistete, weil sie meinen, dass im Traume oder traumwachen Zustande die Seele freier, selbstständiger wirken könne als im wachen Leben. So konnte bei den primitiven Menschen wohl die Meinung entstehen, dass die verstorbenen Personen, die im Traume sich zeigten noch wirklich fortleben und der Träumende entweder ins Jenseits schaut und sie wahrnimmt, oder jene selbst zu ihm kommen und sich ihm kund geben. — Für die eigene Seele oder die eigene Natur des Träumenden konnte aus den Traumverhältnissen der Schluss gezogen werden, entweder dass sie in einer Doppelwelt zu leben vermöge, oder dass diese eigene Natur selbst einen Dualismus in sich enthalte, die Seele daher auch vollständig auf bestimmte Zeit vom Leibe sich trennen, umherschweifen und wieder zu demselben zurückkehren könne, und demnach auch ganz ohne denselben zu existiren vermöge. So konnte durch solche ungewöhnliche Zustände und Erscheinungen zwar der Glaube an ein Jenseits und an Fortdauer der Seelen, sowie an Existenz von Geistern in demselben entstehen oder sich befestigen; andererseits aber ward dadurch auch die natürliche Erkenntniss gehindert oder gestört und die Ausbildung der Ueberzeugung von einem bestimmten, gesetzmässigen Verlauf des Naturgeschehenen verzögert, theilweise für lange Zeit unmöglich gemacht.

Eine ähnliche Wirkung mussten Wahrnehmungen von solchen Dingen oder Verhältnissen hervorbringen, welche ein Doppelwesen in der menschlichen Natur zu beurkunden schienen.[1]) Von solcher Art war z. B. die Wahrnehmung des Schattens gegenüber dem Lichte und das Erscheinen des Spiegelbildes im Wasser oder auf leuchtenden Flächen. Man geht allerdings sicher zu weit, wenn man den ganzen Geisterglauben und die Religion selbst aus der Wahrnehmung und irrthümlichen Deutung des Schattens und der Spieglung ableiten will, da jedenfalls in der Menschennatur eine besondere höhere Fähigkeit und ein Bedürfniss oder eine Neigung zu solcher Deutung anzunehmen ist; denn auch die Thiere sehen den Schatten und die Spiegelung ihrer Gestalten, ohne

---

[1]) S. Herbert Spencer, Die Principien der Sociologie übers. v. B. Vetter. S. 143 ff.

dass sie zu Geisterglauben und Religion zu kommen vermögen. Aber in Verbindung mit der höheren Geistesfähigkeit, in Folge höheren Bewusstseins und durch freie Einbildungsthätigkeit der subjectiven Phantasie konnte auch die Deutung des Schattens und der Spiegelbilder zur eigenthümlichen Weltanschauung der Urmenschheit nicht wenig beitragen. Vom wahren Wesen des Schattens, sowie von dem der Spiegelbilder, die alle Eigenthümlichkeiten der Gestalten und sogar Gebärden, Mienen, Grimassen nachahmten sowie von der wirklichen Ursache von beiden hatten die primitiven Menschen nicht den mindesten Begriff. Beides musste ihnen sehr seltsam und räthselhaft erscheinen, und es kann nicht wundernehmen, wenn sie beide für wirkliche Wesenheiten und für ihre eigenen und für Anderer Doppelgänger hielten. Dass dieselben bald erscheinen oder da sind, bald wieder nicht, konnte dann nur zu weiteren Wahnvorstellungen verleiten; zu der Annahme nämlich, dass sie bald aus einer unsichtbaren Welt hervorkommen, bald wieder dahin zurückgehen; oder dass sie aus dem Leibe selbst entstammen, und bald aus ihm hervortreten, bald wieder sich in ihn zurückziehen. Aus beiden Deutungen ergab sich sowohl der Dualismus in der menschlichen Natur, als auch der Dualismus von zwei Welten, der gewöhnlichen und einer ungewöhnlichen, gleichsam jenseitigen, nicht unmittelbar erfahrbaren. Eine Welt, die nur als (reale) Möglichkeit, als fingirter oder gedachter Ort im Bewusstsein fungirte, in den man diese sonst unerklärlichen Wesen oder scheinbaren Existenzen zurückkehren liess aus dem Gebiete der Erscheinungen. Es sei übrigens nochmal daran erinnert, dass auf diese Erscheinungen und ihren Einfluss auf die Bildung der Weltauffassung der ursprünglichen Menschen nicht übermässig viel Werth gelegt werden darf. Denn allerdings konnten sie von bedeutendem Einfluss sein bei empfänglichen Naturen, aber sie konnten auch ziemlich stumpfsinnig be-

III. Die Religion.

trachtet werden und gleichgültig lassen; diess um so
leichter, da dieselben nicht plötzlich auftraten, nachdem
das Menschenbewusstsein im eigentlichen Sinne erreicht
war, sondern schon in der vorhergehenden Entwicklungsperiode
sich gezeigt haben mussten und wahrgenommen
werden konnten. Demnach musste schon die
Gewohnheit des Wahrnehmens von früher her die Lebhaftigkeit
und die Aufregung des Eindrucks dieser ohnehin
mehr theoretisch als praktisch bedeutsamen Erscheinung
abschwächen.

Aehnliches gilt vom Feuer und der künstlichen Hervorbringung
desselben in Beziehung auf das religiöse Bewusstsein
und den Cultus, der sich daran knüpfte. Man
hat in neuerer Zeit gerade dieser Natur-Macht und Erscheinung
und insbesondere der Erfindung oder Hervorbringung
desselben durch Menschenhand einen ausserordentlichen
Einfluss nicht blos auf das gewöhnliche
menschliche Dasein und Wirken, sondern insbesondere
auf die religiöse Weltauffassung und den Cultus zugeschrieben,
ja ihr geradezu eine epochemachende Bedeutung
in letzterer Beziehung zuerkannt. Sicher nun war das
Feuer eine Naturerscheinung, die den grössten Eindruck
auf die primitiven Menschen machen musste. Dieses
plötzliche Hervortreten desselben aus dem Dunklen, aus
der Verborgenheit, dieses mächtige Umsichgreifen, dieses
Verzehren und gleichsam Verschlingen der Dinge, gefolgt
dann von dem ebenso räthselhaften Verschwinden desselben,
konnte die Einbildungskraft mächtig erregen, —
obwohl freilich das öftere Gewahrwerden und die Gewohnheit
auch hier abschwächend wirken musste Eine geheimnissvolle,
im Dunkeln verborgene und gewissermassen
magische und göttliche Macht oder Wesenheit konnte man
immerhin darin erblicken. Und wenn es nun irgendwie
gelang, diese Erscheinung und Macht selbstthätig oder
künstlich hervorzubringen, so konnte man darin wohl eine

energische religiöse Bethätigung, einen Cultusakt erblicken, durch den diese geheimnissvolle, göttliche Kraft gleichsam willkürlich in Erscheinung und Wirksamkeit gerufen, gleichsam genöthigt wurde, aus der Verborgenheit zur Offenbarung hervorzukommen und zu wirken. Und es lag nicht ferne, dieser so erscheinenden göttlichen Macht oder Wesenheit die Gaben als Opfer zum Verzehren hinzugeben, also Brandopfer im religiösen Cultus einzuführen und zu glauben, dass die Gottheit d. h. ein geheimnissvolles, übernatürliches, sonst unwahrnehmbares Wesen in der Flamme und durch sie dieselben verzehre und in ihr Wesen aufnehme oder in ein Jenseits überführe. Eben dadurch mochte man wohl auch zur Leichenverbrennung gekommen sein, durch welche der Seele im Jenseits der Leib nachgesandt oder wieder zur Verfügung gestellt zu werden schien. Es ist daher auch nicht geradezu unwahrscheinlich, dass das Feuer zuerst nur für Cultushandlungen künstlich hervorgebracht wurde, ja diese Hervorbringung selbst eine Cultushandlung, ein priesterlicher Act war, durch den die Gottheit oder die an sich verborgene höhere Macht gleichsam genöthigt wurde, aus ihrer Verborgenheit herauszutreten in die Offenbarung und wirksam zu werden. So dass dann später dieser Cultusact gleichsam säcularisirt, und das Feuer, das zuerst nur zum Verbrennen oder Kochen der Opfergaben diente, auch für gewöhnliche Speisebereitung verwendet wurde. Der Umstand, dass von den frühesten Zeiten an der Herd des Hauses für eine heilige Stätte gehalten wurde, geheiligt durch das Feuer, deutet darauf hin. Mit voller Sicherheit indess lässt sich diess doch nicht behaupten und es ist wohl möglich, dass das Feuer gleichzeitig in heiligen und profanen Gebrauch kam, aber auf diesen letzteren doch auch der heilige Schimmer von jenem hinüberstrahlte. Dass die primitiven Menschen gar kein Bedürfniss des Feuers zum Kochen der Speisen oder zum Er-

III. Die Religion.

wärmen hatten, wie behauptet worden, kann doch kaum allgemein gelten, sondern nur so lange, als die Menschen in Gegenden wohnten, die genügend solche Nahrung boten, welche keine besondere Zubereitung bedurfte, um brauchbar zu sein, und die zugleich ein Klima besassen, das kein Bedürfniss nach künstlicher Erwärmung veranlasste. Sobald aber dieses Gebiet überschritten wurde, musste dieses Doppelbedürfniss sich bald geltend machen, und die Menschen werden dabei als hinreichend entwickelt vorausgesetzt, dass sie das zufällig entstandene oder auf irgend eine Weise verursachte oder hervorgebrachte Feuer nach seinen Eigenschaften bald zu würdigen und zu verwerthen verstunden.

Wie dem sei, jedenfalls ist das Feuer Gegenstand religiöser Betrachtung und Verehrung, und insbesondere das künstliche Hervorrufen des Feuers eine Cultushandlung der primitiven Menschheit gewesen — wie sich diess schon nach der Natur der Sache selbst erwarten lässt, und wie auch die geschichtlichen Traditionen und noch übliche, aus unvordenklichem Alterthum stammende Cultus-Gebräuche anzeigen. Das künstliche Feuermachen selbst, also das Hervorrufen dieser geheimnissvollen, zauberhaften oder göttlichen Erscheinung und Wirksamkeit geschah von Anfang an wohl nicht anders als durch Reiben zweier Hölzer, deren Kraft und Wirkung in dieser Beziehung irgend einmal zufällig entdeckt worden sein mochte. Wie noch der Brauch bei wilden Völkern zeigt, geschieht die Reibung dieser Hölzer dadurch, dass das Eine als Unterlage dient, in dessen Vertiefung das andere mit der Spitze durch heftige Drehung eingebohrt wird, so dass durch die schnelle Reibung Wärme und zuletzt Flamme verursacht werden kann. Auch dieses Vorganges, durch welchen magische Wirkung ausgeübt, göttliche Kraft in Erregung versetzt und zur Offenbarung gebracht werden sollte, bemächtigte sich die subjective Phantasie, um darnach wieder andere räthselhafte, geheimnissvolle Vorgänge zu erklären. So insbesondere den Generationsvorgang und die Zeugung neuer lebendiger Wesen. Das Leben oder Lebensprincip ward als warmer Hauch oder Odem betrachtet, also als feuerähnlich aufgefasst, und demgemäss erblickte man auch in der Generation einen Vorgang, der dem künstlichen Hervorrufen des Feuers, dem Feuer-Reiben glich, und dem daher auch eine dem religiösen Cultus nahe liegende Bedeutung zugeschrieben werden konnte. — Auch für kosmologische Deutung ward das Feuer-Reiben wohl verwendet, insoferne man in anthropomorphischer Erklärungsweise das Hervorbringen der grossen Himmels-Lichter sich so dachte, wie die Menschen das Feuer bei ihrem Cultus künstlich hervorbrachten. Die Schöpfung der Sonne und Gestirne mochte daher vielfach als göttliche Feuerreibung aufgefasst werden, — obwohl solche Auffassung nicht auf niederster Stufe möglich war, sondern schon höher entwickelte Denkkraft und Phantasiethätigkeit voraussetzt.

So ward in Ermanglung richtiger natürlicher Erklärung der Natur und ihrer Verhältnisse und Wirkungen das Verlangen nach Causal-Erkenntniss bei den primitiven Menschen durch Phantasie-Erklärungen, durch Bildungen oder Fictionen der subjectiven Phantasie befriedigt und die Naturkräfte und Vorgänge nach dem Bild und Gleichniss der menschlichen Thätigkeit aufgefasst und gedeutet. Eine Ueberwindung des blos thierischen Naturseins fand damit allerdings statt, eine Erhebung über das blosse Naturleben und über die psychische Gebundenheit der Thiere: aber da die angenommenen Ursachen der erscheinenden Wirkungen verborgen waren, und regellos, willkürlich, zauberhaft oder wunderbar wirkend gedacht wurden, so ward dadurch der menschliche Geist, indem er von der Naturmacht sich befreite, sogleich mit seinem Bewusstsein in eine Uebernatur versetzt, gleichsam in ein Zauberreich entrückt, in welchem er doch auch seine geistigen Kräfte wiederum nicht eigentlich frei und natürlich gebrauchen konnte. Man möchte sagen: bei diesem Uebergange aus dem gebundenen Naturdasein in das freie, subjective Geistesleben und Wirken habe sich der menschliche Geist gleichsam in ein Zaubernetz oder in ein Gewebe von Wahn-Vorstellungen resp. Zaubermächten oder Geistern eingesponnen, wie die Raupe sich in ein Gespinnst bei dem Uebergang zum Schmetterlings-Stadium, einhüllt, um innerhalb desselben, gleichsam abgeschlossen vom directen Einfluss der Aussenwelt wie in einem Mutterschoosse die Metamorphose zu vollziehen. Dieses Einspinnen in Phantasiegebilde scheint nöthig gewesen zu sein, um den Geist zu voller Selbstständigkeit und zu freier Thätigkeit zu befähigen. Jedenfalls ist derselbe dadurch über die Sphäre des blossen Naturdaseins und -Wirkens erhoben und vor gänzlichem Rückfall gesichert, selbst da wo keine weitere geistige Entwicklung stattfand, da jedenfalls die Gefühle und Affecte: Ehrfurcht, Furcht, Schrecken u. s. w. vor einer geheimnissvollen, magischen, gefährlichen Macht denselben in einem geistig, wenn auch phantastisch geschaffenen Gebiete erhielt. Auch die eigentlich geistige, die intellectuelle Thätigkeit des Geistes und damit auch die Willensthätigkeit, ward dadurch ermöglicht. Die Phantasie schuf durch ihre Bildungen zuerst so zu sagen Prämissen, an welche die selbstständige, freie und abstracte Erkenntnissthätigkeit anknüpfen und in logischen Operationen Gedankenbildungen hervorbringen konnte. So entstund das abstracte und deductive Denken und Wissen, in welchem hauptsächlich dem blossen Naturgeschehen gegenüber die geistige Welt, das geistige Gebiet der Menschheit und ihrer Geschichte sich aufbaut. Das erste Denken allerdings kann nur an den Dingen selbst verlaufen, muss von diesen angeregt und geleitet sein, wie sich an Kindern und ungebildeten Menschen zeigt; aber mit diesem allein kann sich der Geist noch nicht über die Natur erheben, nicht allgemeine Wahrheiten oder abstracte Begriffe gewinnen, aus denen die geistige Welt aufgebaut ist. Dazu bedarf es des selbstständigen Bildungsvermögens der Phantasie und der (selbstständigen) abstracten Verstandesthätigkeit. Die blosse Induction führt nicht zu allgemeinen Erkenntnissen von Anfang an; sie vermag diess erst, wenn durch Abstraction und Deduction der Geist zu höherer, selbstständiger, verallgemeinernder Thätigkeit gekräftigt und befähigt ist. Die Geschichte der wissenschaftlichen Forschung zeigt daher auch, dass immer ein neuer Aufschwung der inductiven Forschung durch eine Periode deductiver und abstrahirender, selbstständig construirender Erkenntnissthätigkeit bedingt ist, und also beide sich gegenseitig bedingen und fördern, da die Abstraction und Deduction die Kraft des Geistes schärft und vermehrt, die Induction neuen Inhalt der Erkenntniss gibt. — Soll denn also der Weg zur Erkenntniss der Wahrheit durch Unwahrheit, durch Täuschung und Wahngebilde gehen, soll die Kraft des Geistes zur Erkenntniss selbst nur durch Irrthum und Täuschungen gewonnen werden können; ja soll die Menschheit als solche sich über die Thierwelt nur durch Wahnvorstellungen erheben und den Charakter der Menschheit gewinnen können? In der That ist es so, wie die Erfahrung bezeugt im Grossen und auch die Entwicklungsweise der Kindes-Natur im Einzelnen. Es scheint diess nun einmal das Schicksal des menschlichen Geistes sein zu müssen, und wir werden uns darüber weniger wundern, wenn wir bedenken, dass der menschliche Geist als endlicher stets unvollkommen anfängt, seine Entwicklungsstadien hat, wie die Kinder beweisen, und für jedes Stadium einer besonderen Nahrung und Bildung bedarf, wie sie seiner Natur angemessen ist. Die Wahrheit der Erkenntniss ist zwar objectiv bedingt durch den Erkenntnissgegenstand, aber die Wahrheit des erkennenden Geistes selbst ist auch von seiner eigenen normalen und producirenden Thätigkeit abhängig, die inhaltlich noch nicht sogleich vollkommen sein, den ganzen objectiven Sachverhalt in sich haben oder aufnehmen kann[1]), — wie die Pflanze in den niederen Stadien der Entwicklung unvollkommene Formen produzirt, aber um endlich die vollkommneren zu erreichen. Die ganze Naturentwicklung beginnt mit unvollkommenen und insofern mit unwahreren Formen, um allmählich die vollkommneren zu gewinnen, und geht durch viele Versuche und Studien in einem schweren Entwicklungsgange hindurch, in welchem die monströsen, abenteuerlichen Gestaltungen, wie es scheint, immer mehr überwunden und beseitigt werden sollen. Bei dem Menschengeiste und im geschichtlichen Dasein geschieht Aehnliches. Die frühesten, unvollkommensten Bildungen des Geistes erscheinen als nothwendige Stadien der Entwicklung, die aber immermehr überwunden und beseitigt werden sollen, um die wahre Gestaltung und den wahren Inhalt des geistigen Lebens zu erreichen. Und insofern sind auch die früheren Gestaltungen oder Fictionen eine Wahrheit, nicht an sich, aber für den Geist resp. für seine Bildung und Selbstgewinnung, die aber zu überwinden oder vielmehr wahr (berechtigt) zu machen sind dadurch, dass sie als Mittel dienen, höhere Stufen zu erreichen.

4. Mit dieser Art von Causal-Erklärung mittelst der subjectiven Phantasie, durch welche die Existenz von Zaubermächten oder übernatürlichen, magischen Kräften im Bewusstsein der Menschen gesetzt wurde, war allerdings der Beginn der Religion und des Cultus gegeben und ein Moment gesetzt, das auch dauernd sich erhielt, ja zum Theil Alleinherrschaft erlangte oder jedenfalls übermächtig wurde, insoferne das Zauberwesen in der

---
[1]) S. m. W.: Das Recht der eigenen Ueberzeugung Leipz. 1869.

Religion grossentheils das Uebergewicht über die anderen, edleren Momente behauptete. Allein das eigentliche, volle, Wesen der Religion ward damit noch nicht errungen. Indem man unsichtbare Kräfte oder Mächte fingirte für nützliche und schädliche Wirkungen in der Sichtbarkeit, gewann man zwar die feste Ueberzeugung von der Existenz höherer Mächte und von einer Welt, wo sie existirten oder sich verborgen hielten, aber ihr Wesen war nicht als ideal erkannt, sondern nur als mysteriös, und zaubermächtig in nützlichem oder schädlichem Wirken, dem auch nur durch die gewöhnlichen, gemeinen Mittel der Bestechung beizukommen war, oder durch einen Gegenzauber. Daher konnte auch, abgesehen von dem Ursprung dieser ganzen Auffassung und Cultusart aus Fiction und Täuschung, die Wirkung dieser Religionsart keine ideal erhöhende, keine intellectuell, ethisch und ästhetisch bildende sein. War also auch diese Phantasiethätigkeit, nicht ohne Wichtigkeit, ja sogar nicht ohne Nothwendigkeit, insoferne dadurch die Möglichkeit und selbst Thatsächlichkeit übersinnlicher, realer Existenzen zur Ueberzeugung wurde, so musste doch noch das andere höhere Moment hinzukommen, das ideale, die höhere Bethätigung der ethischen, ästhetischen und intellectuellen Kräfte. Dadurch erst wurde die Religion zu einem Organ für Wahrheit, Sittlichkeit und höhere ästhetische Bildung erhoben und es möglich gemacht, dass aus ihr im Laufe der Geschichte die höchsten, edelsten Gesinnungen und Handlungen und das eifrigste Streben nach Erkenntniss der Wahrheit hervorging. Denn aus einem Gebiete blosser Fiction, Täuschung und Zauberei konnte diess Alles doch kaum, wie durch Umwandlung dieses Grundes in das Gegentheil hervorgehen, sondern musste aus gleichartiger Wurzel im Geiste entspringen, oder aus dem idealen Momente der Phantasie, das ja schon in Erinnerung und Hoffnung sich allenthalben selbst unwillkührlich geltend macht. Als

Mittel aber im angedeuteten Sinne können allerdings auch Fictionen und Illusionen der subjectiven, willkürlichen Phantasiethätigkeit dienen, um für die idealen Bildungen oder Abstractionen Existenz und Lebendigkeit vorstellbar zu machen, oder sie als Subjecte zu zeigen, denen göttliche Prädikate zugeschrieben werden können. Während nämlich für die geistigen oder übernatürlichen Wesen der bisher erörterten Art die Existenz sicher steht für das noch unvollkommene Bewusstsein, fehlt ihnen, wie bemerkt, die Idealität oder Vollkommenheit; dagegen umgekehrt, für die idealen Bildungen des Geistes ist zwar die Vollkommenheit gedacht oder postulirt, aber die reale Existenz davon ist weniger sicher gestellt für das Bewusstsein. Indem dort eine unvollkommene Realität als existirendes göttliches Wesen geglaubt wird, pflegt hier ein vollkommenes Wesen nur als gedachtes angenommen zu werden, während dessen reale Existenz keinen Glauben findet oder dem Zweifel begegnet.

Diese ideale Weiterbildung der Religion geschah zwar auch hauptsächlich durch subjective Phantasiethätigkeit, aber in Verbindung mit der Entwicklung aller übrigen Geisteskräfte, der intellectuellen, ethischen und ästhetischen, durch welche die Enge des Bewusstseins der Urmenschheit allmählich überwunden, sowie klarere Einsicht in die Dinge und höhere Gesichtspunkte errungen wurden. Die Naturgegenstände im Grossen wurden als Symbole oder als Erscheinungen und Wirkungen, also Offenbarungen des Göttlichen aufgefasst, und insbesondere, wie schon früher bemerkt wurde, das ethische Verhältniss der Familienglieder zu einander zur Bestimmung der Gottheit und ihres Verhältnisses zu den Menschen verwendet. Der ideale Sinn der Menschen, wenigstens der bedeutenderen ward geweckt, und aus ihm heraus hauptsächlich wurden die idealen und zuhöchst die absoluten Prädikate für Bestimmung des Göttlichen geschöpft, wenn auch zur

Verdeutlichung oder Symbolisirung noch die Naturgegenstände verwendet wurden. Mit Recht ist betont worden, dass es sich bei Bestimmung von Ursprung und Wesen der Religion vor Allem darum handle, zu wissen, woher das Prädikat „göttlich" selbst komme, das bestimmten grossen oder kleinen Naturgegenständen beigelegt wird.[1]) Es stammt offenbar nicht aus der äusseren Natur, sondern aus der Tiefe des Menschengeistes selbst, und wird daher um so vollkommener, je mehr dieser selbst durch Bethätigung all' seiner Kräfte sich entwickelt und dadurch sich gleichsam vor sich selber offenbart. Die göttlichen Prädikate, die den Naturgegenständen beigelegt werden, potenziren oder verselbstständigen sich durch den geistigen Prozess allmählich zu geistigen Wesenheiten, die an sich bestehen als Subjecte, für deren nähere Bestimmung dann umgekehrt die Naturgegenstände mit ihren Kräften und die geistigen Eigenschaften des Menschen zu Prädikaten werden, um für das menschliche Bewusstsein nähere Bestimmungen des Göttlichen zu geben. Hiemit nähert sich die intellectuelle Fortbildung des Inhalts der Religion wieder dem Geistigen oder vielmehr Geisterhaften und Magischen des Anfangs, dessen Cultus ohnehin auch grossentheils auf die göttlichen Mächte der höheren Vorstellung übertragen wird.

Das Magische der ursprünglichen Religion ward also nicht vollständig aufgehoben durch die Forbildung des religiösen Bewusstseins mittelst der frei (religiös-ästhetisch) wirkenden Phantasie, doch aber gemässigt und veredelt. War es ja doch vom Anfang an nicht alles ethischen Charakters und Einflusses entblösst, da die Ehrfurcht und noch mehr Furcht und Schrecken vor den gespensterhaften Mächten schon einigermassen Selbstsucht und

---

[1]) S. Max Müller. Vorlesungen über den Ursprung und die Entwicklung der Religion mit besonderer Rücksicht auf die Religionen des alten Indiens. Strassburg 1880. S. 138. 145. 190. 290. 313—314.

Leidenschaft der vom Instincte nicht mehr streng gebundenen Menschen mässigte, und in Schranken hielt wenigstens dadurch, dass gewisse Enthaltungen auferlegt wurden und gewisse Opfer gebracht werden mussten, — wodurch das höhere Pflichtgefühl wenigstens angeregt, gewissermassen ein kategorischer Imperativ angedeutet ward. Wie die objective Phantasie (das Weltprincip) das ideale Moment, das sie in sich birgt, darin offenbart, dass sie in das ethische Verhältniss der Familie und in das Bewusstsein sowie in Bethätigung in ethischer Gemüthserregung oder Gesinnung und Handlung sich erschliesst, so gibt sich das ideale Moment in der subjectiven Phantasie darin kund, dass sich dieselbe in ethische und ästhetische, und ebenso auch in religiöse Gefühle und ideale Anschauungen entwickelt. Es ist kein Grund da, das religiöse Bewusstsein und Leben von diesem idealen Gebiete auszuschliessen, da doch die ideale Natur des Menschen (im Unterschiede vom Thierleben) von Anfang an sich bereits ethisch, ästhetisch und selbst intellectuell, wenn auch in geringerem Maasse bethätigt. Allerdings ist das Gespenstische und äusserlich Naturalistische im religiösen Gebiete zuerst vorherrschend, aber das Ethische und selbst Aesthetische entwickelt sich bestimmter und klarer, ist überhaupt weniger problematisch als das Religiöse. Und das Gottesbewusstsein ist in seiner Vollkommenheit allenthalben abhängig von der Entwicklung des Erkenntnissvermögens und der übrigen geistigen Kräfte, so dass die Ausbildung der Ideen des Wahren, Schönen und insbesondere des Guten durchaus die Vervollkommnung der Religion, insbesondere des Gottesbewusstseins bedingen, — nicht umgekehrt. Denn das Gottesbewusstsein an sich kann nicht fortgebildet werden, wenn nicht die geistigen Kräfte überhaupt fortgebildet worden sind, weil das Gottesbewusstsein und Alles was sich dogmatisch damit verbindet, stets wie ein Absolutes, Unveränderliches, unbedingt

2. Entwicklung der Religion. 97

Richtiges und Gültiges im menschlichen Bewusstsein sich festsetzt und von der religiösen Auctorität als solches aufrecht erhalten wird.

Wir lassen also zwar die Religion, wie nicht mit dem sogenannten Fetischismus, so auch nicht mit sogenanntem Symbolismus beginnen, sondern mit Deutung der ursächlichen Verhältnisse der Natur- und Lebens-Erscheinungen durch die Eindildungskraft (statt durch Verstandesforschung). Aber von Anfang an konnte auch das ideale Moment der subjectiven Phantasie nicht ganz unwirksam bleiben auch in religiöser Beziehung. Aus der Bethätigung dieses Momentes wuchsen die Prädikate des Göttlichen, Vollkommenen, Absoluten in langem Entwicklungsprozesse hervor, während zuerst nur das Gespenstische, Verborgene, Uebernatürliche Gegenstand der Ehrfurcht und Furcht, sowie der Verehrung und der Opfer war. Mit dem sog. Positivismus also, wie er durch H. Spencer vertreten ist, lässt sich ganz wohl der Symbolismus M. Müller's verbinden; denn das Ideale im menschlichen Gemüthe suchte, wenn der menschliche Geist nur überhaupt weit genug entwickelt war, nach Zeichen, Offenbarungen, Erscheinungen des Göttlichen. Es fand sie zuerst in der Natur, dann in der Geschichte der Menschheit, deren Heroen vergöttlicht oder als Offenbarungen des Göttlichen aufgefasst wurden; endlich in der Vernunft selbst und im Geiste des Menschen, der aber ebenfalls nur als Bild und Gleichniss des Göttlichen und in so fern als Offenbarung des Göttlichen aufgefasst werden kann, und zwar als die vollkommenste, adäquateste.

Dieser grosse Entwicklungsprozess ist nun der Gegenstand der folgenden Untersuchung. Wir werden zu untersuchen haben, wie auf Grund der Bethätigung der objectiven Phantasie durch subjective Phantasiethätigkeit in Wechselwirkung mit den übrigen Geistesfähigkeiten und den natürlichen und geschichtlichen Verhältnissen die Stufen und Formen der Religion hervorgingen. Zunächst also: wie aus der Verehrung des Gespenstischen, Unbekannten, schädlich oder nützlich Wirkenden und aus der Ahnenverehrung durch freie Phantasiethätigkeit sowohl der Fetischismus hervorging durch eine Art Verfall in Folge der Unwissenheit und Unkultur. Dann aber auch wie die Vervollkommnung erfolgte durch Ausbildung der geistigen Kräfte, und zwar in verschiedenen Modifikationen, je nachdem die Eine oder andere Geisteskraft in Folge von eigenthümlichem Naturell, geschichtlicher Schicksale oder klimatischer Verhältnisse des Wohnplatzes zu besonderer Ausbildung und Vorherrschaft gelangte. Das zumeist Eigenthümliche oder sog. Positive derselben ist stets von der eigengearteten und speziell angeregten Phantasie resp. deren Schöpfungen, (verbunden mit der darunter gedachten Zaubermacht) gebildet. Dieses geräth daher auch regelmässig mit der Verstandesforschung und Wissenschaft, dem sogenannten Rationalismus in Widerstreit und veranlasst die grossen Kämpfe, in denen die Wissenschaft die höheren natürlichen Einsichten oder Wahrheiten den positiven Religionen und deren Vertretern abringen muss.

2.
Entwicklung der Religion. Die Religionen.[1])

Ging die Religion ursprünglich von dem durch die objective Phantasie gesetzten ethischen Verhältniss der Familie aus und zugleich von der Deutung, welche die subjective Phantasie den auffallenden Erscheinungen bezüglich ihres Ursprungs, ihrer Verursachung und ihres Wesens gab, so ist dagegen die geschichtliche Entwicklung der

---

[1]) Ad. Wuttke: Geschichte des Heidenthums, 2 Bde. Breslau 1852. Otto Pfleiderer. Geschichte der Religion. Leipz. 1869. R. Seydel. Die Religion und die Religionen. Leipz. 1872. Jul. Happel. Die Anlage des Menschen zur Religion. Haarlem. 1877. Ausserdem die Werke M. Müller's, Herb. Spencer's u. A.

2. Entwicklung der Religion. 99

Religion und ihre verschiedene Modifikation in den Religionen, hauptsächlich von der freien, gestaltenden Phantasiethätigkeit als ihrem eigentlichen Principe bedingt. Diess aber allerdings nur im Zusammenwirken mit anderen Factoren; zunächst mit der besonderen Landesbeschaffenheit mit ihren Haupterscheinungen, dann mit den besonderen geschichtlichen Verhältnissen und den hervorragenden Personen und Ereignissen derselben; insbesondere aber ist sie bedingt von der geistigen Entwicklung überhaupt. Denn je nachdem diese mehr den Intellect oder den Willen oder das Gemüth zur Bethätigung brachte und darnach alles Uebrige bestimmte, erhielten wie die Sitten und Gebräuche, so auch die Religionen ihre Eigenthümlichkeit, — verbunden mit mehr oder minder beibehaltenen Ueberresten der Urreligion: Todtendienst, Geistercultus und Opfergebräuchen. Blieben die geistigen Kräfte ganz oder fast ganz unentwickelt, so entstund gar kein bestimmtes, in sich geschlossenes Religionssystem und kein fester Cultus, sondern alle Phantasiethätigkeit blieb unfrei, an Gegenstände gebunden und zugleich in einer gewissen Unbestimmtheit und kleinlichen Zersplitterung befangen. Eine Erscheinung, die uns vor Allem der sog. Fetischismus bietet, welcher, wie schon bemerkt, nicht als ein erstes, fortschreitendes Entwicklungsstadium über den Anfang der Religion hinaus betrachtet werden kann, sondern mehr als eine Art Verfall aufzufassen ist — schon in sofern, als ein nicht fortschreitendes, sich selbst überwindendes Kindesalter als eine Abnormität und als ein Verfall der Menschennatur angesehen werden muss.

Von besonderer Wichtigkeit bei der Erforschung und Würdigung der Religion und der geschichtlichen Entwicklung derselben in den verschiedenen (positiven) Formen ist es, zu beachten, dass keine dieser Formen ganz einfach und unvermischt sich zeigt, sondern stets mehr oder minder verschiedene Elemente in sich birgt, die aus verschiedenen

7*

Zeiten, Culturstufen und Entwicklungsstadien der Menschheit resp. der Völker stammen. Die Religionsgeschichte zeigt uns insoferne eine ähnliche Erscheinung, wie die Geschichte der Erde. Wie diese nicht einfache, unvermischte, regelmässig übereinander lagernde Schichten der Erdrinde wahrnimmt, sondern vielfache Störungen und Mischungen von Schichten aus verschiedenen Entwicklungsperioden zu erkennen, zu scheiden und zu würdigen hat, so auch steht die Geschichte der Religion ähnlichen Erscheinungen gegenüber. Die späteren Religionen sind nicht einfache und reine Gründungen, so zu sagen a priori, sondern enthalten in sich mehr oder minder Reste, Elemente früherer religiöser Entwicklungs-Stadien, historische Schichten früherer Zeit, auf welche spätere gegründet wurden in vielfacher Mischung durch theilweises Bewahren des Früheren oder durch geheime oder offene Reaction desselben. Auffassungen, Meinungen und Gebräuche der Religion früherer Zeit und früherer Entwicklungsstufen werden zwar von späteren Bildungen zurückgedrängt, als falscher Glaube oder Aberglaube gebrandmarkt, aber sie verschwinden nicht ganz, sondern suchen sich immer wieder geltend zu machen. Begreiflich, weil sie eben auch aus der menschlichen Natur hervorgegangen sind, irgend eine Seite oder Richtung derselben besonders erfasst oder befriedigt haben, und eben jede Generation wieder aus einer Art primitiven Zustandes, der Jugend nämlich sich entwickelt und jede auch wieder in das kindliche oder vielmehr kindische Alter zurückgeht. Zwei Phasen des menschlichen Lebens, die in besonderem Maasse dem Sagenhaften, den Fabeln und allen Elementen des Aberglaubens zugänglich sind; — abgesehen noch davon, dass das Volk selbst stets verschiedenen Stufen der geistigen Entwicklung und Bildung angehört, und demgemäss auch auf verschiedene Weise die geistigen resp. religiösen Bedürfnisse zu befriedigen sucht. Oft tritt ge-

2. Entwicklung der Religion.

radezu eine vollständige Reaction ein, insoferne ursprünglicher Glaubenswahn, Wunder- und Geister- oder Gespenster-Glaube üppig zu wuchern beginnt und die höheren, reineren Vorstellungen als unbefriedigend, als „rationalistisch" zu beseitigen sucht. Wie auf einem urbar gemachten, cultivirten Boden, auf welchem edlere Gewächse angepflanzt sind, das verdrängte und für ausgejätet gehaltene Unkraut bald wieder erscheint und zu wuchern beginnt und allmählich unfehlbar die edleren Pflanzen wieder verdrängen würde ohne die Dazwischenkunft des Bebauers oder Gärtners, so ist es auch im Gebiete der geschichtlichen Erscheinung der Religion. Die höhere Form derselben muss durch Wissenschaft, Kunst und Cultur beständig geschützt werden gegen die immer wieder andringenden ursprünglichen, gleichsam urwüchsigen oder wildwachsenden Formen derselben, und ohne die negirende Kritik und die positive Wahrheitsforschung der Wissenschaft, würden jene wieder vollständig die Herrschaft gewinnen. Auch so noch dauern ja die Reste ursprünglicher religiöser Meinungen und Cultushandlungen fort. Geister- oder Gespensterglaube, Feuerdienst, Vertrauen auf Fetische und Zauberei. Selbst Opferung von Menschen in mehr oder minder gemilderter Form zur Bethätigung religiöser Gesinnung u. A. findet sich allenthalben auch in sonst vollkommneren Religionen. Sie erfordern daher beständigen Kampf, um das Bessere vor Verdrängung und Untergang zu bewahren und so weit als möglich zur Geltung zu bringen, klarer zu erkennen und zu begründen, sowie weiterzubilden. Dabei tritt wohl auch die Erscheinung hervor, dass, wenn religiöse Bildungen und Systeme sich mehr oder minder ausgelebt haben und ihre fesselnde und befriedigende Kraft verlieren, dann wie durch eine Art Atavismus die ursprüngliche Form der Religion, oder vielmehr deren Vorstufe, der Geister- oder Gespenster-Glaube wieder auftaucht, wie sich diess zur Zeit des Untergangs des klassischen Alterthums im ganzen Gebiete des Römer-Reiches zeigte und wie dieselbe Erscheinung gegenwärtig im sog. Spiritismus wieder aufgetreten ist und immer weitere Verbreitung zu gewinnen scheint. Derselbe soll offenbar ein Surrogat für die in Auflösung begriffene alte Religionsform sein bis eine neue, dem Culturstande der neueren Zeit angemessene Form des religiösen Bewusstseins und Cultus gefunden sein wird.

Was die Eintheilung und Ordnung der folgenden Untersuchung der historischen Religionen betrifft, so kann sie weder eine chronologische in aufeinander folgenden Entwicklungsstufen der Religion sein, noch eine rein logische Classifikation nach bestimmten, abstracten Merkmalen, Gattung, Arten und Unterarten scharf bestimmend. Beides bieten die Religionen in ihrem geschichtlichen Auftreten und in ihrer Entwicklung nicht dar, wenn sich auch allerdings zwischen einzelnen ein Hervorgang und eine Aufeinanderfolge zeigen und auch eine gewisse Nebenordnung nachweisen lässt. Entsprechender kann man die Religionen als Differenzirungen aus demselben Anfangsstudium bezeichnen, und zwar mit verschiedenen Modifikationen, je nachdem den Grundcharakter mehr die objective oder mehr die subjective Phantasie bestimmt; d. h. je nachdem das Gottesbewusstsein und der Cultus mehr durch das reale Wirken der objectiven Phantasie oder der Generationspotenz mit den Verhältnissen, welche sie setzt, bestimmt wird, oder mehr durch die freie, entweder blos phantastisch bildende oder symbolisirende und ideal schaffende subjective Phantasie. — Der Ursprung oder wenigstens die Vorstufe der Religion bestand, wie wir sahen, historischen Spuren und psychologischen Gründen zufolge in der Entstehung des Glaubens an die noch geheimnissvoll fortlebenden und fortwirkenden Verstorbenen, woran sich die Verehrung und Furcht vor denselben mit dem Todten-Cultus und Opferwesen schloss. Daraus ging

1. Entwicklung der Religion.

auf der dieser Urbildung folgenden Stufe durch einseitige Bethätigung der noch ungebildeten subjectiven Phantasie der Glaube an übernatürliche, willkürliche Wirkung von Gespenstern oder dämonischen Wesen oder Zaubermächten hervor, die in bestimmten Gegenständen ihren Sitz hatten oder ihre Kraft zeigten, wodurch der sog. Fetischismus entstund. Es war dabei gerade das bessere Element des ursprünglichens Glaubens und Cultus, das ethische, das im Familienverhältniss begründet war, unbeachtet geblieben, sowie auch das ideale Moment in der subjectiven Phantasie, insbesondere das ästhetische nicht zur Geltung kam. — Eine grosse, wichtige Richtung in der Entwicklung der Religion ward ferner dadurch angebahnt, dass die durch die objective Phantasie, durch das Geschlechtsverhältniss begründete ethische Beziehung der Menschen zu einander als Grundlage des religiösen Bewusstseins und Cultus geltend gemacht wurde, d. h. dass Gott in seinem Wesen und Wirken und in seinem Verhalten den Menschen gegenüber nach Analogie der Generationspotenz und der dadurch unter den Menschen begründeten Verhältnisse bestimmt ward. Man kann diese Richtung in der religiösen Entwicklung der Menschheit als die hauptsächlich der Semitischen Race eigenthümliche bezeichnen. Auch innerhalb derselben aber erfährt diese Grundrichtung wieder zwei Hauptmodifikationen. Entweder nämlich wird das Geschlechtsverhältniss hauptsächlich bei Bestimmung des göttlichen Wesens und Wirkens geltend gemacht und gestaltet sich der Cultus demgemäss überwiegend naturalistisch, wie diess bei den Babyloniern, Phöniziern u. s. w. sich zeigt, — oder es wird mehr das Familienverhältniss, das Verhältniss von Vater und Oberhaupt in der Familie und der Familienglieder zu diesem bei Ausbildung des religiösen Bewusstseins und Cultus massgebend und erhält dadurch die Religion einen vorherrschend ethischen Charakter. Eben dieser ethische Charakter bildet den eigenthümlichen Vorzug des Judenthums mit seinem Gottesbewusstsein, Cultus und Leben. In einiger Verwandtschaft damit zeigt sich übrigens auch die ursprüngliche chinesische Religion, die mit ihrem Ahnenkultus auch ein vorherrschend ethisches Moment in sich bewahrt hat, — nur aber so, dass durch zu mangelhafte Wirksamkeit der freien subjectiven Phantasie dasselbe zu sehr zu einer prosaischen, ideelosen Moralistik erstarrte und zu mechanisch und stabil geblieben ist. Als verwandt mit diesen Richtungen kann auch einigermassen die ägyptische Religion bezeichnet werden, wenigstens in so weit, als neben der Verehrung der Symbole der Generationsmacht in ihr der Todtenkultus in besonderem Maase zur Herrschaft kam, — wodurch ja ohnehin schon angezeigt ist, dass die Grundauffassung der primitiven Religion sich hier noch in auffallender Weise erhalten hat. — Dagegen bei den Arischen Völkern erhielt die primitive Religion hauptsächlich ihre Fortbildung durch die freie, ideal-gestaltende Bethätigung der subjectiven Phantasie. Bei ihnen findet daher auch allenthalben eine freiere, grössere, vielfach allerdings auch phantastische Gestaltung des religiösen Bewusstseins statt mit mannichfachen Modifikationen und Stufen, je nachdem die übrigen Geisteskräfte: der Wille oder der Intellect oder das Gemüth in hervorragender Weise sich entwickelten und die freie Phantasiethätigkeit beeinflussten. In Folge davon geschah es nämlich, dass bald eine reiche Mythologie und Symbolik sich entfaltete, bald in energischer praktischer, ethischer Wirksamkeit sich das religiöse Bewusstsein bethätigte. Diess besonders auf Grund phantasievoller Gestaltung des Gegensatzes einer guten und einer bösen Grundmacht mit beiderseitigen Herrschaaren als Vertretern von Licht und Finsternis, — wie wir diess bei den alten Persern finden.

Es kann übrigens bei diesen Unterscheidungen allent-

2. Entwicklung der Religion. 105

halben nur von Mehr oder Minder, von Vorherrschen dieser oder jener Richtung die Rede sein, nicht von ausschliesslicher Herrschaft des einen oder anderen Momentes, etwa allein der objectiven Phantasie oder der subjectiven. Denn für's Erste gingen alle aus der gleichen ursprünglichen Bethätigung der menschlichen Natur hervor, und keine Function der menschlichen Natur kann sich von den übrigen Functionen derselben ganz trennen oder sie alle unterdrücken, sondern bleibt stets unter grösserem oder geringerem Einfluss derselben; dann aber stunden ja auch die Völker und deren Religionen selbst beständig in Wechselverkehr, in mehr oder minder bewusster oder selbst unbewusster Wechselwirkung und mischten und modifizirten sich gegenseitig in manichfacher Weise; so dass die Eigenthümlichkeiten derselben sich kaum je vollkommen entfalten und zu vollständiger Einseitigkeit sich entwickeln konnten. Und wenn diess auch theilweise gelang, so hob doch bald die errungene höhere Geistesbildung dieselbe wieder auf oder milderte sie wenigstens in den höheren Schichten der Völker. Hauptsächlich aber war es die philosophische Speculation, die eine Annäherung und Ausgleichung verschiedener religiöser Richtungen und Gedankenkreise herbeiführte, oder wenigstens vollständige geistige Absperrung der Völker und ihrer Religionen hinderte.

Sonst ist noch in Bezug auf die geschichtliche Entwicklung der Religion, im Allgemeinen betrachtet, die Thatsache vorzüglich bemerkenswerth, dass eine immer höhere Vergeistigung, Verinnerlichung angestrebt und mehr oder minder auch errungen oder wenigstens immer stärker gefordert wird bei den Culturvölkern. Die Vertreter der herkömmlichen Satzungen und Gebräuche pflegen sich denselben in der Regel so entschieden als möglich zu widersetzen und bezeichnen sie als „Rationalismus" und Verflachung ihrem grossentheils irrationalen Glauben, groben Zauberwesen und üblichen Ceremonien gegenüber. Allein es liegt in der Natur der Sache, in der Bedeutung der geschichtlichen Entwicklung, dass Wissen über blindes Glauben das Uebergewicht erlangt, und dass die Lehrer über die Opferer und Zauberer (Priester) den Sieg erringen. Die äusserlichen religiösen Bräuche verlieren ihre Geltung oder werden säcularisirt in dem Maasse, als innere Bildung, Einsicht und ethische Gesinnung zunehmen. Das Opfer äusserer Gaben wird durch gute Gesinnung und ethisches Streben ersetzt, also durch Opfer des Herzens, ohne welches äussere Gaben stets werthlos sind. Und während man in der Zeit roher Aeusserlichkeit und Zauberei das Innere durch das Aeussere reinigen und heiligen wollte, sucht man bei besserer Bildung dem Aeusseren durch innere Gesinnung höheren Werth und Heiligung zu verleihen.

a) Der Fetischismus.[1]

Wir beginnen mit dem sog. Fetischismus, nicht als ob wir denselben für die Ursprungsform und Anfangs-Stufe der Religion hielten, sondern weil er als die erste Umbildungs- oder Fortbildungsform und zugleich als das unterste, entweder stehen gebliebene oder verkommne Stadium derselben sich erweisst. Zugleich ist der Fetischismus gewissermassen die allgemeinste Form und Bethätigung des religiösen Triebes, die durch alle Religionen zu allen Zeiten im dunklen Grunde des geistigen Lebens, insbesondere in den ungebildeteren Volksschichten sich erhält, bald mehr, bald weniger sich geltend macht und vom gebildeteren, aufgeklärteren Theile der Gesellschaft

[1] Lit. H. Waitz, Anthropologie der Naturvölker. Max Müller, Vorlesungen über Ursprung und Entwicklung der Religion 1880. F. Schulze, Der Fetischismus. Gust. Roskoff, Das Religionswesen der rohesten Naturvölker. Leipz, 1880. Ausserdem die Werke v. Bastian, Herb. Spencer, Wuttke, Happel u. A.

2. Entwicklung der Religion. a) Fetischismus. 107

dem Gebiete des Aberglaubens zugeschrieben und wohl auch bekämpft zu werden pflegt. Uebrigens ist der Begriff des Fetischismus auch kein fest bestimmter oder scharf umgränzter, sondern unbestimmt und schwankend dem Inhalte und Umfange nach, wie die verschiedenen Auffassungen desselben zeigen. Diess ist schon in der geschichtlichen Entwicklung und in dem Verhältniss der Religionen zu einander selbst begründet, da höhere Formen der Religion die niederen grossentheils als Aberglauben zu bezeichnen pflegen und die Verehrungsgegenstände derselben als blosse Fetische betrachten, — selbst wenn diese Auffassung bei genauerer Betrachtung sich als unstichhaltig erweist. Es fehlt auch nicht an solchen, welche den Fetischismus überhaupt nicht als besondere Form oder Stufe des religiösen Bewusstseins und Cultus wollen gelten lassen, sondern ihn stets nur als ein zu einer höheren Religionsform Hinzukommendes, Accidentelles betrachten: als Entartung, Veräusserlichung und Verderbniss des besseren religiösen Bewusstseins — wie diess mehr oder minder in allen Religionen vorkomme. So wurde darauf hingewiesen, dass bei Afrikanischen Völkern, bei welchen hauptsächlich der sogenannte Fetischismus heimisch ist, auch ein Bewusstsein eines höchsten göttlichen Wesens, einer guten, über Alles erhabenen Gottheit sich finde, die Alles geschaffen habe und erhalte. Nur dass man glaubt, sich um diesen höchsten, guten Gott nicht weiter bekümmern zu dürfen, da ohnehin von ihm wegen seiner Güte nichts Schlimmes zu fürchten sei, während man beständig darauf bedacht sein müsse, sich die bösen, tückischen Dämonen und Zaubermächte geneigt zu machen.[1] Indess dürfte es mit diesem Bewusstsein von einem höchsten guten Gott nicht so ganz sicher bestellt sein, wie manche Reisende und Missionäre annehmen

---
[1] Th. Waitz: Anthropologie der Naturvölker, II. B. Die Negervölker und ihre Verwandten. Leipz. Fleischer. S. 167 ff.

und glauben machen wollen. Es kann gar wohl sein, dass die Einheit oder Einzigkeit eines höchsten göttlichen Wesens bei dem Ausforschen der Fremden nur scheinbar behauptet wurde, insofern die Gefragten aus Unfähigkeit abstract zu denken oder über die Vielheit der Erscheinungen sich in Denkbestimmungen zu erheben, von all' ihren Göttern oder Zauberwesen das Gleiche behaupteten, wenn sie je einmal sich über das unmittelbar wahrnehmbare Gebiet der sinnlichen Erscheinungen mit ihrer Vielheit und Verschiedenheit sich erheben mussten. Das Göttliche kann da wohl als ein Höchstes erscheinen, aber nicht im Sinne des Monotheismus, sondern etwa als das, was in neuester Zeit als Henotheismus bezeichnet wurde; insofern den vielen, verschiedenen Göttern oder selbst Fetischen ein allgemeines Göttliches zu Grunde liegend gedacht wird. Diess ist am leichtesten da möglich, wo zwar viele Götter oder vieles Göttliche in sinnlicher Erscheinung erblickt wird, die einzelnen Götter oder Göttererscheinungen aber doch keine feste Umgränzung oder individuelle Abschliessung erhalten. — Woher sollten auch so ungebildete Negerstämme, wie sie z. B. am oberen Nil und an der West-Küste von Afrika sich finden, zu einem so reinen Gottesbewusstsein, zum Glauben an ein höchstes göttliches Wesen von gleichsam absoluter Güte gekommen sein, während doch so viele Völker, die sonst eine hohe Culturstufe erreichten, selbst die klassischen Völker des Alterthums nicht zu einem solchen Bewusstsein kamen? Es spricht demnach alle Wahrscheinlichkeit gegen die Richtigkeit oder Genauigkeit der Berichte, dass ein Bewusstsein Eines höchsten göttlichen Wesens, als Schöpfers und Erhalters der Welt bei den Negerstämmen vorkomme, deren äusserliche Religionsübung fast nur in Fetischdienst besteht.

Wollen wir dem Begriffe des Fetischismus eine bestimmte Fassung geben, so können wir sagen: Fetischismus besteht in der Verehrung einzelner, meistentheils irgendwie auffallender Dinge, seien sie in natürlichem oder in künstlich geformten Zustand, — um von denselben Schutz und Hilfe in den Gefahren und Nöthen des Lebens zu erlangen, oder durch sie wünschenswerthe Güter zu erhalten. Es werden also diese Gegenstände, seien es unbeseelte oder beseelte, Pflanzen, Thiere oder Theile davon, als Sitz oder Träger und Organe höherer, übernatürlicher Kräfte oder Zaubermächte angesehen, und ihre Wirksamkeit wird als eine magische, zauberische betrachtet, wie sie nicht dem Gegenstande als solchem schon eigen ist.[1]) Eine feste Begränzung lässt sich aber für den Fetischismus kaum finden, gegenüber dem Polytheismus und der Naturverehrung überhaupt, da so viele Religionen Naturgegenstände als Verehrungswesen betrachten und behandeln, ohne dass man diess als eigentlichen Fetischismus bezeichnen dürfte. Im Allgemeinen lässt sich annehmen, dass die religiöse Behandlung kleiner und kleinlicher äusserer Dinge als Fetischismus zu gelten habe, dagegen die religiöse Betrachtung und Verehrung grosser Naturdinge als naturalistische und polytheistische Religionsform zu betrachten sei. Aber auch der Qualität und Wirkensweise nach kann man eigentliche Fetische von den polytheistischen Verehrungsgegenständen unterscheiden, die nicht als Fetische zu bezeichnen sind, insoferne von den Fetischen magische, dämonische, zauberhafte Wirk-

---

[1]) Der Name „Fetisch" wurde im 18. Jahrhundert durch De Brosses eingeführt. (Du Culte des Dieux Fétiches, ou Parallèle de l'ancienne Religion de l'Egypte avec la Religion actuelle de Nigritie 1760.) Die Portugiesen nannten die Verehrungsgegenstände der Neger (Gru-grus) Feitiços, mit welchem Namen sie ihre eigenen Amulette, Talismane, zauberkräftigen schützenden Bilder u. s. w. bezeichneten. Feitiço von Factitius bedeutet zunächst das, was mit der Hand gemacht, dann was künstlich, unnatürlich, magisch, bezaubernd oder bezaubert ist. Vgl. Max Müller: Vorlesungen über Ursprung und Entwicklung der Religion. Strassb. 1880. S. 62 ff.

ungen erwartet und angenommen werden, bei den vergötterten, personificirten Naturgegenständen aber die natürlichen Wirkungen als Ausdruck ihres göttlichen Waltens betrachtet sind. Während also z. B. die religiöse Verehrung von Steinen, Pflanzen, Thieren, Werkzeugen, Federn u. s. w. als Fetischdienst zu bezeichnen ist, kann diese Bezeichnung nicht in gleicher Weise auf die Vergötterung und Verehrung von Himmel, Erde, Sonne, Mond, Sterne, Gewitter, Sturmwind u. s. f. angewendet werden. Sie werden zwar verehrt als göttlich um ihrer natürlichen Wirkungen und heilsamen oder furchtbaren Einflüsse willen, die sie auf die Erde und die Menschen-Schicksale ausüben, aber sie erscheinen trotzdem schon in den meisten, auch den naturalistischen Religionen als personificirt und idealisirt, oder schwanken wenigstens im Glauben der Völker zwischen Personifikation (und demgemäss einer Art Vergeistigung) und ihrem natürlichen äusserlichen Sein und Wirken. Die Gegenstände dagegen, die als Fetische betrachtet und verehrt sind, werden zwar in ihrem äusseren Sein noch als natürliche angesehen, werden aber ihrer Kraft und Wirksamkeit nach für übernatürlich, für dämonisch und zaubermächtig gehalten.

Oft wird die Behauptung aufgestellt, die Fetische, als diese äusseren, unbedeutenden, seltsamen oder geheimnissvoll (für die Wilden) wirkenden Gegenstände seien geradezu die Götter der wilden Völker und würden als solche von denselben verehrt und angebetet. Diess kann indess nicht als richtig anerkannt werden. Zwar blos Tabu, blos geheiligte, gefeite, dem profanen Gebrauche entzogene Sache ist der Fetisch nicht, sondern mehr als diess; auch wirkt er nicht bloss nach Art eines Sakramentes als natürliches äusseres Ding übernatürlich und psychisch,[1] denn nicht

---

[1] Happel (Anlage des Menschen zur Religion 1877 S. 23 f.) geht doch zu weit, wenn er annimmt, der Fetisch als solcher habe mit dem

2. Entwicklung der Religion. a) Fetischismus.

bloss als Mittel, als Werkzeug für göttliche oder zauberische Kraftwirkung gilt er, sondern als Sitz und beharrendes Organ des Göttlichen oder Dämonischen. Als göttliche Wesen selbst gelten aber die Fetische nicht, wenigstens nicht unbedingt. Diess geht schon daraus hervor, dass Fetische wieder aufhören können, solche zu sein, und wieder gewöhnliche Gegenstände werden, wenn die höhere Zaubermacht sie verlassen hat; dann auch daraus, dass Gegenstände künstlich, durch Priester oder Zauberer zu Fetischen gemacht d. h. mit übernatürlicher Macht versehen werden können. Indess fehlt es allerdings auch nicht an Spuren oder Zeichen dafür, dass die Fetische vielfach, — von der Masse wohl sogar gewöhnlich — von dem Göttlichen selbst, das ja ohnehin nur erst sehr unbestimmt gedacht wird, nicht mehr unterschieden werden. Man wird sich gar nicht verwundern dürfen, diess bei wilden Völkern zu finden, wenn man in Betracht zieht, wie selbst bei gebildeten Nationen, und trotz besserer religiöser Unterweisung das Volk oft so wenig zwischen dem Bilde und dem Inhalte desselben, zwischen dem symbolisirenden Gegenstand und dem, was es bedeutet, zu unterscheiden weiss und zur Verwechslung eine fast unaustilgbare Neigung hat. Dass jedenfalls der Fetisch und die ihm innewohnende übernatürliche Macht in einem sehr intensiven Verhältniss zu einander gedacht werden, geht schon daraus hervor, dass die Wilden bei getäuschter Erwartung im Zorne ihre Fetische strafen, prügeln, und also meinen, dadurch die magische Gewalt sich zu Diensten zwingen zu können, dass sie diesem äusserlichen Gegenstand solche Behandlung zu Theil werden lassen. Auch

---

Gottesbegriff nichts zu schaffen und sei nur ein Zaubermittel, oder ein Sakrament, also ein Ding, das bloss zur Ausübung des Zaubers dient. Die göttliche oder übernatürliche, zauberische, Kraft wird ihm jedenfalls als innewohnend gedacht, so dass er als Verkörperung derselben erscheint.

deutet diese innige Verbindung ein eigenthümlicher Brauch an, der sich bei manchen Fetischdienern findet: Sie glauben nämlich dadurch, dass sie den Fetisch als Genussmittel zubereiten und in eigenthümlicher Communion gemeinsam verzehren, die Zauberkraft und den Schutz desselben zu sich nehmen, sich aneignen zu können. So wird z. B. berichtet: „Wenn sich auf der Goldküste eine Familie trennt, so dass sie in Zukunft den Familiengott nicht wieder gemeinsam verehren wird, zerstösst der Priester einen Fetisch und bereitet aus ihm einen Trank für die Familienglieder, welche auf diese Weise Götzen zu sich nehmen."[1]) Offenbar geschieht diess und Aehnliches in der Meinung, durch den Genuss den Gott d. h. die übernatürliche Kraft des Fetisches sich anzueignen. Auch schon ungebildete Menschen konnten auf diesen Gedanken kommen, wenn sie einmal den Glauben an übernatürliche oder Zauber-Mächte besassen. Schon die primitiven Menschen nahmen ja wahr, dass durch Speisen die körperlichen Kräfte erhalten, wieder hergestellt oder erhöht werden, und es lag nahe, zu wähnen, dass wie die körperlichen, so auch die psychischen Kräfte und Eigenschaften der Thiere und Menschen die verzehrt werden, auf die übergehen, welchen sie zur Speise dienen. Eine Meinung, die thatsächlich bei manchen wilden Völkern herrscht und, wie es scheint, hauptsächlich zur Entstehung der Anthropophagie beigetragen hat. Aus dieser Ansicht konnte nun, in verwandter Gedankenfolge der Wahn entstehen, dass auch die Kräfte des Göttlichen auf die übergehen, welche die sinnliche Erscheinung oder Verkörperung desselben d. h. die Fetische in Form von Speise und Trank verzehren und in ihr eigenes Wesen verwandeln. Heiligung, Vergöttlichung d. h. (in diesem Stadium der Bildung) Stärkung und Schützung durch Zauberkräfte

---

[1]) Th. Waitz, Anthropologie der Naturvölker, II. S. 200.

2. Entwicklung der Religion, a) Fetischismus. 113

glaubte man einfach von aussen und sinnlich aufnehmen und gewinnen zu können. Das Innere, das Geistige der Menschennatur war eben noch zu wenig entwickelt und der Gedanke konnte also noch nicht erfasst werden, dass das Aeusserliche durch das Innere religiös bestimmt oder geheiligt werden könne und müsse, nicht umgekehrt. Uebrigens hat sich dieser Glaube, durch Genuss eines Stofflichen des Göttlichen, der göttlichen Kraft und Substanz gewissermassen theilhaftig werden zu können, auch noch in manchen höher entwickelten Religionen mehr oder weniger bestimmt forterhalten, wie z. B. der persische Homa- und indische Soma-Cultus bezeugen.

Es entsteht nun die Frage, wie wohl die Entstehung des Fetisch-Glaubens und -Cultus zu denken sein möge, wie man dazu kam, oft so unbedeutende Gegenstände als Erscheinung, Sitz oder Organ göttlicher d. i. übernatürlicher oder magischer, dämonischer Kräfte zu betrachten und religiös zu verehren. Man könnte wohl geneigt sein, diese Entstehung sich als eine directe zu denken, hervorgehend aus den Factoren, die mit der primitiven Menschheit unmittelbar gegeben waren: nämlich aus dem Vorherrschen der subjectiven Phantasie mit ihrem willkürlichen Spiele, wie sie sich auch bei den Kindern kund gibt — aus Beliebigem beliebige Fictionen bildend; dann aus der Unkenntniss der natürlichen Dinge und Vorgänge insbesondere aus Unkenntniss der natürlichen Verursachung bei noch geringer Erfahrung und Verstandesbildung. Damit wäre dann noch in Verbindung zu bringen die Noth des Lebens und die beständigen Gefahren, die von grossen und kleinen Naturdingen drohen und allzeit bereite Hülfe wünschenswerth machen. Endlich könnte man zum Behufe der fraglichen Erklärung auch noch hinweisen auf eine im Gemüthe sich immer mehr regende Ahnung eines Uebernatürlichen, Geheimnissvollen oder Göttlichen; eine

Regung, die auf die subjective Phantasie einwirken und dieselbe zu sinnlichen Vorstellungen und äusseren Zeichen oder Darstellungen dieses Geheimnissvollen veranlassen mochte. Man könnte also denken, dass die subjective Phantasie, die Unkenntniss und Unfähigkeit des noch unentwickelten Verstandes ersetzend, geheime Ursachen für die erscheinenden Wirkungen fingirt habe, und zwar nach Bild und Gleichniss des Menschen und seiner Thätigkeitsweise selbst, — wenn auch mit übernatürlicher, unbegreiflich oder zauberisch wirkender Kraft ausgestattet. An den Glauben an solche Kräfte konnte dann der entsprechende religiöse Cultus sich dadurch anschliessen, dass man sie durch Huldigungen und Gaben nach Menschen-Art zur Hülfe und zum Schutz in der Noth des Lebens zu gewinnen, ihren Beistand zu erflehen oder zu erkaufen strebte, oder hinwiederum auch ihren Zorn, ihre Rachsucht u. s. w. zu beschwichtigen suchte. Die religiöse Ahnung würde dann immerhin diess Alles mit einem höheren Leben durchdringen, ihm, wie unvollkommen auch noch, einen höheren, gewissermassen übernatürlichen Charakter geben, die religiöse Seele verleihen.

Indess so viel auch für diese Erklärungsweise zu sprechen scheint, und so viel richtige Momente sie in der That enthält, so kann sie doch, wie uns scheint, bei genauerer Prüfung nicht als vollständig entsprechend oder genügend betrachtet werden. Zunächst war bei der primitiven Menschheit die subjective Phantasie noch nicht so weit entwickelt in jenem Stadium derselben, in welchem die Religion oder die Vorstufe derselben entstund, — dass sie in freiem Spiel natürliche Dinge mit übernatürlichen oder auch nur menschlich-natürlichen Kräften hätte ausstatten können, wie sie den Fetischen zugeschrieben werden. Und die anthropomorphisch gedachten, an sich unbekannten oder verborgenen Ursachen von wahrgenommenen Wirkungen konnten nicht unmittelbar oder direct einen religiösen Charakter erhalten, d. h. als geistig wirkende oder als Zauberwesen betrachtet und verehrt werden. Es bedurfte dazu eines Umweges, einer Vermittlung, und diese bestund, wie schon früher erörtert wurde, in dem Glauben an die Fortdauer der Verstorbenen und an deren fortdauernde Einwirkung auf die sinnliche Welt zu Gunsten oder Ungunsten der lebenden Menschen, — woran sich dann der Cultus zur Verehrung derselben und zur Gewinnung ihrer Gunst und Hülfe anschloss. Dieser Glaube entstund sicher in der primitiven Menschheit schon mit dem ersten Aufdämmern des geistigen Lebens oder des Bewusstseins und Denkens, und durch ihn konnte am ehesten und leichtesten der religiöse Glaube und Cultus beginnen und sich hierauf weiter entwickeln. Die übrigen der genannten Momente konnten sich dann immerhin damit verbinden zur weiteren Ausbildung. So dass man in der That behaupten kann, aus dem Tode, dem Absterben des leiblichen Lebens der Menschen sei hauptsächlich das geistige Leben ursprünglich hervorgegangen, insoferne man gerade durch den Glauben an die Fortdauer der leiblich Todten zum Bewusstsein eines geistigen oder zunächst wenigstens einigermassen entsinnlichten, nicht mehr grob körperlichen Wesens in der Menschennatur gelangte, sowie zu der Annahme von höheren geistigen Kräften oder Mächten überhaupt, die als wirkende Ursachen sonst unerklärlicher Erscheinungen oder Verhältnisse gelten konnten.

Aus diesem Anfangsstadium des geistigen Lebens ging dann auch der Fetischismus als eine wenn auch sehr schwankende, unbestimmte Form des religiösen Bewusstseins und Lebens hervor. Die nach dem leiblichen Tode noch fortlebenden Verstorbenen dachte man sich nämlich auch noch auf der Erde verweilend, und zwar grösstentheils in der Nähe ihrer Angehörigen noch fortexistirend und günstig oder ungünstig wirkend. Man glaubte, dass sie an irgend einem Orte zuerst in der Nähe des Leichnams sich aufhalten oder verbergen oder irgend einen bestimmten Gegenstand bewohnen. Dunkle, schwer zugängliche, geheimnissvolle Orte wurden Gegenstand der Scheu und Furcht als Wohnplatz von Geistern, Gespenstern und Zaubermächten, wie noch jetzt bei Kindern und zum Aberglauben geneigten Personen. Mehr aber noch wurden einzelne Dinge (unlebendige und lebendige), Steine, Pflanzen und Thiere Gegenstände des religiösen Wahnes und der Verehrung. insoferne der Glaube sich bildete, dass die Seelen Verstorbener sie zu ihrer Wohnstätte gewählt. Die nützlichen oder schädlichen Eigenschaften, die sie für die Menschen beurkundeten, konnten leicht als Zeugniss dafür gelten, dass jene günstig oder ungünstig gesinnt seien und entsprechende Gegenwirkungen auf Seite der Lebenden veranlassen, die allmählich zu eigentlichen Cultushandlungen sich gestalteten. Es waren insbesondere die in der Nähe des Menschen oder geradezu in den Wohnstätten derselben sich aufhaltenden Thiere, die man für Aufenthaltsorte und Wirkensorgane der Seelen der Verstorbenen ansah, eben um der Zutraulichkeit oder auch um der Feindseligkeit willen, die sie kundgaben.

So konnte aus dem primitiven Glauben an die Fortdauer der Seelen (oder der feineren Leiblichkeit) der Verstorbenen und aus dem Bestreben, dieselben noch ferner zu ehren und mit dem zu versehen, was ihnen nöthig oder angenehm sein möchte — zunächst eine dem religiösen Glauben und Cultus wenigstens nahe verwandte Verehrung gewöhnlicher Gegenstände, insbesondere mancher Thiere hervorgehen, die schon dem Fetischismus und Zauberglauben nahe verwandt, wenn auch nicht geradezu identisch damit ist. Zur Entstehung des eigentlichen Fetischismus bedurfte es aber noch der ferneren Thätigkeit der subjectiven Phantasie der primitiven Menschen, die noch über den Glauben an die Fortdauer der wirksamen Kräfte ver-

2. Entwicklung der Religion. a) Fetischismus.

storbener Menschen hinausging. Durch den Geisterglauben und seine Modifikationen ward nämlich sichor diese subjective Phantasie bald so weit entwickelt und zur Bethätigung angeregt, dass sie nun auch mit einer gewissen Selbstständigkeit die Naturgegenstände zu beleben und zu Fictionen zum Behufe der Naturdeutung zu schreiten vermochte, wodurch erst der eigentliche Fetischismus, die Religion der Zauberei entstand. Nicht mehr bloss Gespenster oder Seelen Verstorbener wurden nun als belebende oder wirkende Kräfte in den Gegenständen der Verehrung gedacht, sondern Geister oder Zauberkräfte überhaupt. Der Glaube an solche wurde gewonnen theils durch Umgestaltung und Fortbildung der Seelen Verstorbener zu freieren, selbstständigen Geistern und Zaubermächten, theils geradezu durch freie Schaffung solcher Kräfte mittelst der Phantasie in Fictionen mancherlei Art, die an auffallende Dinge sich knüpften. Sie wurden theils durch Gemüthserregungen, Furcht, Scheu, Wünsche u. s. w. veranlasst, theils sollten sie dem Verlangen des erwachenden Verstandes nach Kenntniss der Ursachen für auffallende Wirkungen oder Erscheinungen Rechnung tragen. Der Glaube an geheimnissvolle übernatürliche Zauberkräfte, der hauptsächlich das Wesen des Fetischismus bildet, ging vorherrschend hieraus hervor, und je mehr sich dieser Glaube befestigte, um so mehr wurde die weitere Entwicklung des Geistes und damit auch der Religion selbst gehindert, wie so viele ungebildete und selbst halbgebildete Völker bezeugen. Allerdings erhebt sich auch innerhalb des Fetischismus die religiöse Anschauung hie und da zu höheren, grösseren Natur-Gegenständen (wenn auch nicht zu grösseren geschichtlichen Erscheinungen), aber das Verlangen nach möglichst nahen, unmittelbar zur Verfügung gestellten Zaubermächten, und also nach kleinlichen Verehrungswesen gewinnt im Allgemeinen die Oberhand und hält das ganze Religionswesen der Wilden in engen Schranken festgebannt — wie ja selbst bei Culturvölkern dieser Hang bei der ungebildeten, abergläubischen Masse sich als unaustilgbar erweist. Wo indess doch diese Schranke durchbrochen ward, wo entweder die subjective Phantasie einen höheren Aufschwung nahm und symbolische und mythische Gestaltungen schuf, oder wo anstatt des übernatürlichen Wirkens der Gespenster oder fingirter geistiger, zauberischer Ursachen das ethische Moment bezüglich des Verhältnisses zu den Seelen der Verstorbenen das Uebergewicht erlangte, da fand eine Fortbildung der primitiven Religionsform statt. Das Verhältniss zum Uebernatürlichen oder Göttlichen wurde dem Gebiete der blossen Zauberei entrückt und dasselbe nicht mehr als geheimnissvolle und magische Gewalt betrachtet, sondern unter ethischen und ästhetischen Gesichtspunkten aufgefasst. Das Moment der Zauberei ward dadurch in den Hintergrund gedrängt, wenn es auch allerdings stets dem Gebiete der Religion noch immanent und wesentlich blieb — wie ja der Cultus fast allenthalben noch immer mehr oder minder sich darauf gründet.

So lässt sich, scheint uns, der Ursprung des Fetischismus erklären. Er ist nicht das Anfangsstadium oder die niederste, erste Stufe der Religion, aber im Grunde auch nicht eine eigentliche Entartung einer schon bestehenden vollkommeneren Religion, sondern vielmehr eine einseitige und insofern abnorme Gestaltung seit den Anfängen der Religion, einem Hange der menschlichen Natur entsprechend. Ein Hang, der sich immer wieder geltend macht auch in den höheren Religionen, und dessen Werk, — eben der Fetischismus mit dem Geisterglauben und Zauberwesen, sich mehr oder minder als Untergrund des religiösen Bewusstseins und Cultus forterhält und zu beständigem Kampfe dagegen herausfordert, damit Wahn und Aberglaube nicht alles Andere überwuchern und das reinere religiöse Bewusstsein wieder verdrängen. Wenn behauptet worden ist, dass es eine Religion, die bloss Fetischismus wäre, nicht gebe, dass dieser nur eine Entartung einer bestimmten Religion bedeute, so ist zu bemerken, dass diess Letztere zwar grösstentheils der Fall sei, dass aber der Fetischismus, wie wir sahen, entstehen konnte, ohne dass zuerst eine bestimmte, positive Religion vorausging, als deren Verfall er etwa entstund.

Der Fetischismus selbst stellt allerdings kein grosses, geschlossenes Religionssystem und keine bestimmte positive Religion dar, sondern nur ein beständig wechselndes, atomistisch zerfahrenes, unsicheres Religionswesen. Dennoch aber bestehen sehr streng gültige, hartnäckig festgehaltene, tyrannisch wirkende Gebräuche bei den Fetischdienern trotz der Willkür in Wahl und Verwerfung der einzelnen Fetische. Auch ist meistentheils von einer einheitlichen, etwa zu Grunde liegenden höheren Religionsform keine Spur zu entdecken, und wo sich etwa eine solche finden lässt, wo ein Bewusstsein eines höchsten, einheitlichen göttlichen Wesens entdeckt wurde, da ist dieses jedenfalls praktisch ohne Einfluss und scheint auch eigentlich mehr durch Deutung der Forscher und abstrahirende Thätigkeit derselben construirt, als durch thatsächliche Verhältnisse begründet zu sein. Henotheismus kann man überall finden trotz der Vielheit und Unvollkommenheit der göttlichen oder dämonischen und magischen Verehrungswesen, da man sie ja alle immerhin als Arten unter die Gattung, oder als Individuen unter die Art: „das „Göttliche" subsumiren kann. — Ausser solchem Henotheismus kann man im Fetischismus auch schon die Spuren von Dualismus finden, obwohl die Begriffe von „gut und bös" noch wenig ausgebildet sind. Jedenfalls können die Fetische als Zaubermächte sowohl günstig als ungünstig, förderlich oder feindselig, schädlich wirken. Aber ein bestimmter Dualismus bezüglich der übernatürlichen Mächte ist noch nicht vorhanden, denn derselbe Fetisch kann förderlich und schädlich wirken, kann sich freundlich oder feindselig verhalten, oder kann nur für bestimmte Unternehmungen Hülfe gewähren, für andere nicht, und vor bestimmten Uebeln bewahren vor anderen nicht. Da nun der Fetische viele und verschiedene sind und beständiger Wechsel der Gegenstände, die dafür gelten, stattfinden kann, so entstehen oft sehr complicirte Verhältnisse und es ist schwierig, zu erkennen und zu wissen, welche Fetische für welche Uebel Hülfe bringen können, oder welche in welchen Fällen Schaden verursachen. Dadurch entsteht das Bedürfniss spezieller Untersuchung und Forschung hierüber, das zur Bildung eines besonderen Standes führt. Auch innerhalb des Fetischismus hat sich daher ein Stand der Priester und Zauberer herausgebildet, an welche sich die Laien wenden, wenn sie in besonderen Verhältnissen eines Fetisches bedürfen oder erfahren wollen, welcher Fetisch in einem besonderen Falle verehrt oder zu Hülfe gerufen werden müsse. Die Erforschung hievon führt bei den Priestern zu einer oft sehr complicirten, weitläufigen Wissenschaft oder „positiven Theologie", welche allerdings keine andere Grundlage hat, als den Glauben an Fetische, den Wahn dieser ungebildeten Menschenmassen selber und mit diesem Glauben dahinfällt sammt all' ihrer Künstlichkeit und „Wissenschaftlichkeit."

Eine eigenthümliche Erscheinung innerhalb des Fetischismus ist der sog. Totemismus, der in einem Schutz-Verhältniss zwischen Fetischen und Personen besteht. Es wird dabei gleichsam ein Bund oder Vertrag geschlossen zwischen beiden Theilen mit bestimmten Verbindlichkeiten und Gegenleistungen. Schon für das neugeborne Kind wird oft von den Eltern ein bestimmter Fetisch als Schutzmacht für das Leben gewählt oder vom Priester dazu bestimmt. Ein Fetisch, welchem gegenüber dann als Gegenleistung bestimmte Obliegenheiten, insbesondere

2. Entwicklung der Religion. a) Fetischismus. 121

gewisse Entsagungen übernommen werden müssen, um des
Schutzes desselben immer theilhaftig zu bleiben. Gewisse
Speisen dürfen nicht gegessen, gewisse Wege nicht gegangen,
gewisse Verrichtungen nicht vorgenommen werden. Ver
pflichtungen, die oft besonders bei solchen, die mit vielen
Fetischen in ein solches Bundesverhältniss traten, um
recht sicheren Schutz zu finden, sehr hemmend und be-
lästigend werden für freie Bewegung und Lebensthätigkeit.
Immerhin aber sind solche Verhältnisse zu geheimnissvollen, gefürchteten Zaubermächten geeignet, die sonst so
wilde, willkürliche, schrankenlose Selbstsucht und Cha-
rakterlosigkeit der Wilden einigermassen zu mässigen
und Anfänge eines sich selbst beherrschenden sittlichen
Verhaltens zu begründen. Freilich eines sittlichen Verhaltens, das nicht natürlich oder rational, sondern künstlich oder übernatürlich-ethisch ist. Die natürliche Sittlichkeit geht, wie früher erörtert wurde, aus natürlichen
Verhältnissen hervor, die durch die objective Phantasie,
insofern sie Generationsmacht ist, gesetzt sind: dem Ge-
schlechts- und Familien-Verhältniss. Hier aber im sog.
Totemismus wird durch die subjective Phantasie ein
künstliches Verhältniss zu einem übernatürlichen Wesen,
zu einer Zaubermacht geschaffen mit bestimmten Obliegenheiten, die oft, ja gewöhnlich mit dem eigentlich
sittlichen Leben gar nichts gemein haben, ganz gleich-
giltig, wo nicht gar hemmend oder absurd dafür sind —
so dass die Erlangung oder Bewahrung der Gunst des
Fetisches oder des göttlichen Wesens ganz unabhängig
ist von Erfüllung natürlicher sittlicher Gebote oder Verbote und von eigentlich sittlicher Gesinnung und That.
Das religiöse Verhältniss zur göttlichen Macht bringt daher
für die wahre Sittlichkeit keine Förderung, verursacht
öfter sogar Hemmung. Ein Missverhältniss, das übrigens
auch in anderen Religionen, selbst in den sonst vollkommensten noch vielfach sich findet, insofern auch hier

noch spezielle Vorschriften oder Rathschläge weit mehr Gewicht haben und weit ängstlicher, gewissenhafter befolgt werden als die wichtigsten, wirklich sittlichen Gebote, weil den Menschen der Wahn beigebracht zu werden pflegt, dass sie durch Befolgung jener Gott unmittelbar dienen oder einen Gefallen erweisen, dagegen durch ethisches Verhalten den Menschen gegenüber, d. h. durch humane Gesinnung und Thaten nur indirect eine Beziehung zur Gottheit erlangen oder bethätigen. Es hat diess selbst in höheren Religionen oft zur Folge, dass das Gebot der Nächstenliebe um der Bethätigung vermeintlicher Gottesliebe willen geringgeschätzt oder vernachlässigt, ja in fanatischer Erregung geradezu mit Füssen getreten wird gegenüber allen Andersgläubigen als vermeintlichen Feinden Gottes oder als „Ungläubigen." Auch pflegen jene, welche sich solche oft gleichgültige, unnütze oder geradezu thörichte und schädliche Obliegenheiten auferlegen, (als vermeintliche höhere religiöse, nicht blos ethische Leistungen), für vollkommener, gottgefälliger gehalten zu werden, als die übrigen Menschen. Es liegt hierin einer der Haupt-Gründe, warum die Religionen und der Religionseifer oft so wenig zur Veredlung, zur Humanisirung der Völker beigetragen, ja oft geradezu das Gegentheil davon, Verwilderung, Lieblosigkeit und Selbstsucht erwirkt haben. Und allenthalben sind die Menschen noch geneigt, sich lieber durch kleine vermeintliche Verpflichtungen gegen die Gottheit deren Gunst und Hülfe zu erwerben und sich lieber durch Zaubermittel heiligen zu lassen, anstatt beides durch ein wirklich ethisches Verhalten zu erstreben. Uebrigens zeigt sich in diesem Bundesverhältniss zwischen Fetischen und einzelnen Menschen schon ein Vorspiel von jener Form der Religionen, welche wesentlich für ganze Stämme oder Völker in einem Bundes- oder Vertragsverhältnisse zur Nationalgottheit bestund.

An den Fetischismus schliesst sich der Scha manismus an, welcher besonders bei den mongolischen Stämmen des nördlichen Asiens sich findet. Die Priester und Zauberer, welche Schamanen genannt werden, verhalten sich hier activ oder vorherrschend praktisch, während sie im blossen Fetischismus sich mehr nur theoretisch verhalten. Sie gehen nämlich darauf aus, die in den Fetischen wohnenden Zaubermächte durch allerlei Mittel zur Bethätigung, Hülfeleistung, Offenbarung zu bestimmen oder zu zwingen. In so fern repräsentiren sie einen höheren, intensiveren Grad des Zauber- oder Priester-Wesens. Sie suchen sich zu diesem Behufe durch allerlei äusserliche Mittel, durch Schreien, Springen, Toben, Zaubertrommel, Genuss betäubenden Mittel in einen ganz abnormen Zustand von Exaltation, in Betäubung oder Extase zu versetzen, — wodurch sie mit der übernatürlichen Zaubermacht des Fetisches entweder sich in Beziehung zu setzen glauben, und dadurch gewissermassen selbst lebendiger Fetisch zu werden oder sich die Zaubermacht eines solchen aneignen zu können meinen, oder wenigstens den Fetisch zur dämonischen Thätigkeit und Offenbarung zwingen wollen. Während also bei blossem Fetischismus der Fetisch oder die Zaubermacht des Gegenstandes ihre Existenz blos der subjectiven Phantasiethätigkeit verdankt, wird bei dem Schamanismus auch noch die objective Phantasie d. h. das Princip der lebendigen Leiblichkeit, das physisch-psychische Gebiet der Menschennatur in Mitbetheiligung gezogen. Sie wird von der subjectiven Phantasie und deren Gebilde dem Fetisch gleichsam durchdrungen, oder nimmt in ihrer abnormen Erregung diese subjective Phantasie mit ihrem Wahngebilde oder Phantom in sich zurück und erscheint daher von diesem bestimmt, beherrscht oder erleuchtet. Und beide zugleich erfahren, so ineinander versetzt, eine Steigerung zu oft ungewöhnlichen Leistungen d. h. zu solchen, welche die im bewussten, gewöhnlichen Geisteszustand möglichen weit übertreffen. Aber ein Fortschritt in Sittlichkeit und Geisteskultur wird dadurch in keiner Weise erreicht, wie denn überhaupt die Unkultur in ethischer, intellectueller und ästhetischer Beziehung in dem Maasse fortzudauern pflegt, in welchem das Zauberwesen herrschend bleibt.

b) Die chinesische Religion.

Wir lassen auf die Darstellung des Fetischismus, der selbst wieder manche Modifikationen und Stufen enthält, die Betrachtung der chinesischen Religion folgen, — nicht als ob diese etwa so tief stünde, dass sie an jenen sich unmittelbar anschlösse, sondern weil wir in ihr den unmittelbarsten und durchgreifendsten Einfluss der objectiven Phantasieverhältnisse erblicken, wie der Fetischismus uns als der unmittelbarste, ungehemmteste Ausdruck subjectiven Phantasiespieles gilt.

Die beiden Haupt-Elemente des ganzen chinesischen Religionswesens, welche auch das politische und sittliche Leben des Volkes durchaus beherrschen, sind die Verehrung des Himmels (Tien) als des höchsten Herrn und Vaters der Natur und der Menschen — dem die Erde als weibliches Urwesen und Mutter beigefügt ist, und der Ahnenkultus. Der Himmel ist der natürliche, sichtbare; er wird als blauer Himmel angerufen, womit wohl das sichtbare Himmelsgewölbe gemeint ist. Aber die Eigenschaften, die ihm beigelegt worden, wie: Allmacht, Allgegenwart, Allwissenheit, Güte, Gerechtigkeit, deuten doch auch schon auf eine einigermassen geistige Auffassung hin, wenn auch allerdings der sichtbare Himmel auch als Träger oder Offenbarer davon betrachtet sein mag. Neben den beiden grossen kosmischen Mächten wurden auch noch andere untergeordnete Naturgegenstände verehrt, sowie neben den Ahnen auch noch Geister (Schin) angenommen wurden und ihnen Verehrung gezollt ward. In Gebet, Gesängen und Darbringung von Opfergaben besteht hauptsächlich der Cultus.

Die Verehrungswesen der chinesischen (Reichs-)Religion sind also jene, welche sich als die am allgemeinsten verbreiteten und die ältesten der Menschheit und der Völker erweisen: der Himmel und die Ahnen oder die Geister der Verstorbenen. In der mongolischen Sprache ist die Bezeichnung für Himmel und Gott dieselbe (Tegri). Selbst bei den Samojeden ist der Name für den Himmel und die Gottheit der gleiche (Num) und die Finnen bezeichnen mit dem gleichen Wort Himmel und Gott (Jumala). Auch bei den Arischen Völkern finden wir diese Eigenthümlichkeit: bei den Judern (Diu, Dyaus), bei den Hellenen (Zeus, Uranos), bei den Römern (Jupiter), bei den Germanen (Zio, Tiu); nicht minder bei den Slaven, bei welchen ebenfalls der lichte Himmels- und Sonnen-Gott und die Erde als göttliche Allmutter die erste Stelle einnehmen. Unter den meisten Völkern Ostafrika's findet sich ein Wort (Waka, Mungu, Engoi), das Himmel, Firmament und Gott bedeutet[1]). Dasselbe gilt von den entsprechenden Worten der Neger (Mulungu) und dem der Oceanier (Tongolou). In späterer Zeit ist dann gewöhnlich nach schärferer Anthropomorphosirung des Göttlichen der Himmel zum Wohnort für Gott oder die Götter genommen worden. Auch die Erde wird fast allenthalben als Gottheit und als weiblich aufgefasst, im Gegensatz zu dem sie umfangenden (männlichen) Himmel, und als gebärende Mutter gegenüber dem Himmel als Vater, Erzeuger von dem eben Alles kommt, — nicht blos Licht, sondern auch Wasser, Feuer und Befruchtung der Erdmutter.

In ähnlicher Weise und sogar noch mehr erweist sich der Ahnenkultus als älteste und allgemeine Form von Ver-

---

[1]) Bastian. Der Mensch in der Geschichte. 1 195 f.

ehrung und als Beginn und fortdauernder Bestandtheil des religiösen Cultus. So bei den Persern und bei den Indern, bei welchen Gebete und Opfer den Ahnen dargebracht[1]) und dieselben allenfalls sogar über die Götter gestellt wurden. Selbst bei den Römern stellte man ihnen noch Speisen vor bei ihren Bildern, und sie wurden als liebe, traute Wesen betrachtet. Bei anderen Völkern dagegen, besonders den slavischen, werden sie gefürchtet und von den Häusern möglichst fern zu halten gesucht, und wird daher ihr Aufenthalsort in Wälder, Gräber und besondere Häuser verlegt. - Aehnliches findet statt in Afrika, Oceanien u. s. w. Die melanesischen Sprachen haben ein Wort für Gott, das zugleich die Seele der Verstorbenen bedeutet, bei den Fidschi's aber zugleich alles Staunenswerthe, Ungewöhnliche bezeichnet.[2])

Von diesen beiden alten und allgemeinsten Cultus-Arten ist aber wiederum die Ahnenverehrung die ältere, ursprüngliche, die Verehrung des Himmels dagegen erst später entstanden und in den näheren Bestimmungen von jener abhängig. Diess geht schon aus dem hervor, was früher über den Ursprung der Religion und die nothwendige Vorstufe derselben, den Unsterblichkeitsglauben und die Geisterverehrung (Todtenkultus) bemerkt wurde, sowie über die Unmöglichkeit für die primitiven Menschen, die Religion gleich mit oder durch Naturvergötterung zu beginnen. Den frühesten Menschen war der Sinn für die grossen Erscheinungen der Natur noch nicht genug aufgeschlossen, sie waren noch zu unentwickelt und noch zu sehr von den drängenden Bedürfnissen des Lebens und den drohenden Gefahren in Anspruch genommen. Noch weniger waren sie im Stande, jene grossen Natur-

---

[1]) A. Wuttke. Geschichte des Heidenthums. II. Theil. S. 352.
[2]) Th. Waitz (Gerland): Anthropologie der Naturvölker. B. VI. 677.

2) Entwicklung der Religion. b) Chinesische Religion.

gegenstände schon zu vergöttern, ideale oder geistige Eigenschaften auf sie zu übertragen. Wenn angenommen wird, dass dem ursprünglichen Menschen die ganze Natur belebt erschien, dass sie Alles nach Bild und Gleichniss des Menschen auffassten und erklärten — so geht auch diese Annahme zu weit. Nicht Alles ward in gleicher Weise als belebt gedacht, sonst würde es zu keiner Unterscheidung gekommen sein, — selbst die Kinder beleben nicht Alles ohne Unterschied mit ihrer lebendigen Phantasie, sondern nur Einzelnes, was gerade in besondere Beziehung zu ihnen getreten ist. Die eigentliche Belebung und damit geistige Auffassung der Naturgegenstände scheint vielmehr damit begonnen zu haben, dass die Seelen der Verstorbenen bestimmten Naturdingen, unorganischen oder organischen, als innewohnend gedacht wurden. Daran konnte sich die subjective Phantasie beleben, bilden und nun auch in freieren Gestaltungen die Naturdinge als lebendige auffassen. Sonach betrachten wir den Ahnenkultus als früher denn die Verehrung des Himmels als Gottheit, Vater und höchsten Herrn (Schang-ti). Dass dem so sei, scheint uns auch daraus hervorzugehen, dass die Eigenschaften der hauptsächlich verehrten Ahnen auf den Himmel, zu dessen näherer Bestimmung übertragen wurden. Der Himmel wurde als „Vater", „höchster Herr" bezeichnet; Bezeichnungen, die dem Oberhaupte der Familie zukommen, dem nach dem Tode am meisten besondere Verehrung gezollt wurde. Denn an sich liegt es doch nicht so nahe, den Himmel als „Vater" zu bezeichnen und ihm ein Verhältniss zu den Menschen zuzuschreiben, wie es nur in der Familie vorkommt, bei dem Oberhaupte gegenüber den übrigen Gliedern derselben. Daran schloss sich dann auch die Auffassung des Himmels als Mann der Erde gegenüber als Weib und Mutter; eine Auffassung, die ja wieder jenem Verhältnisse entnommen ist, das durch die objective Phantasie gesetzt wird, d. h. den Geschlechtsgegensatz und was sich auf ihn gründet und daraus folgt.

Nach diesen beiden Grundelementen der religiösen Weltauffassung der Chinesen gestaltete sich das ganze übrige Denken und Leben des chinesischen Reiches und Volkes: die theoretische Spekulation, Staat, Regierungsform und sittliches Leben. Wie schon bemerkt, wurde die erste Bestimmung, das Haupt-Prädikat des Himmels, als höchsten Gegenstandes der Verehrung, aus dem Familienverhältniss genommen, indem derselbe als Herr und Vater bezeichnet ward. Die damit unmittelbar verbundene Bestimmung, die offenbar ebenfalls noch dem Volksglauben angehört, war die, dass er als männlich aufgefasst wurde gegenüber der weiblichen Erde, die auch als göttlich galt, so dass dasselbe Geschlechtsverhältniss, aus dem der Ahnenkultus hervorging, auch zur Bestimmung der Grundeigenschaften der höchsten Gottheiten und ihres Verhältnisses zur Natur und zum Menschengeschlechte verwendet ward. Die theoretische Spekulation ging indess über diese populären religiösen Anschauungen hinaus, um die Principien des Seins und Geschehens in allgemeinerer Weise zu bestimmen und abstractere Formeln dafür zu finden. So wurden Kraft und Stoff, Aktives und Passives, Form und Materie (auch Seele und Leib, Li und Ki) als die höchsten Principien aufgefasst (auch hierin, wie in manchem Andern, besonders im Ethischen an die Aristotelische Philosophie gemahnend). Die Urkraft wurde als Yang, der Urstoff als Yin bezeichnet, und beide bilden zusammen die Urgründe des Seins, aus welchen Alles hervorging, obwohl keines von beiden für sich als Wirkliches existirt, sondern jedes stets nur im oder am andern. Je nach der Mischung beider ergibt sich die Gesammtheit der vielen, verschiedenen Wesen nach ihren Abstufungen und Graden der Vollkommenheit. Der philosophische, speculative Drang führte indess auch zum Ver-

2. Entwicklung der Religion. b) Chinesische Religion.

suche über diese Zweiheit hinauszukommen zu einer höheren Einheit. Tschuhi[1]) machte diesen Versuch, indem er Yang und Yin als Bewegung und Ruhe, Thätigkeit und Hemmung auffasste, als gleich nothwendige Seiten an ein und demselben Urwesen (Tai-ky). Diese höchste Einheit oder höchste Spitze der Wesenreihe ist zunächst Urkraft, aber da aus Urkraft allein wohl Bewegung, aber nicht Ruhe zu erklären ist, so muss in ihr doch auch wieder Ruhe als Ureigenschaft oder Fähigkeit angenommen werden. Damit ist also wieder in das Eine Urprincip die Zweiheit verlegt als Postulat für das spekulative Bedürfniss der Welterklärung. Doch suchte man dem Bedürfniss oder Verlangen nach Einheit dadurch einige Befriedigung zu gewähren, dass man eine einheitliche Ordnung, Gesetzmässigkeit und Harmonie oder Vernünftigkeit der Welt annahm, Tao, — mit welcher Bezeichnung wohl auch hinwiederum die höchste Einheit und Urkraft (Tai-ky) bezeichnet wird, wohl desshalb, weil man für die allgemeine Vernunft doch eines bestimmten Trägers bedurfte oder zu bedürfen glaubte. Daher werden wohl auch Yang und Yin zusammen als Tao, d. h. als Ordnung oder Vernunft bezeichnet. Als bewusster Geist scheint übrigens diese höchste Einheit nicht aufgefasst zu sein, sondern nur als unbewusste und doch vernünftig wirkende, oder ordnungsmässig bewegende Kraft. Die vollkommenen Menschen, heisst es, haben Geist und können doch nichts schaffen, Himmel und Erde haben keinen Geist und können schaffen.[2]) Wenn man sagt, Himmel und Erde haben keinen Geist, so heisst das so viel: Himmel und Erde haben nur insoweit Geist, als daraus die vier Jahreszeiten und alle Dinge hervorgehen. Die Norm des Himmels und der Erde ist, dass sie allenthalben alle

---
[1]) Ein chinesischer Philosoph (der chinesische Aristoteles), der allerdings erst spät auftrat; zur Zeit nämlich als in Europa schon die Scholastik in Ausbildung begriffen war.

[2]) A. Wuttke. Geschichte des Heidenthums, 2 Th. S. 29.

Dinge belebt und doch selbst kein Leben hat. Der Geist des Himmels und der Erde dringt allenthalben durch alle Dinge. Sind die Menschen, alsdann ist der Geist der Menschen; sind die Dinge, alsdann ist der Geist der Dinge; entstehen Kräuter und Bäume und Thiere, alsbald erfolgt der Geist der Kräuter und Bäume und Thiere. So verhält es sich auch mit dem Geiste des Himmels und der Erde. Man wird jetzt wohl begreifen, was es heisst, wenn man sagt: diess hat Geist oder diess hat keinen Geist. Man kann diess wohl bestimmt denken, aber nicht aussprechen. Als Himmel und Erde noch keinen Willen hatten, war das Streben der Dinge zum Werden ein Streben der Kraftlosigkeit, als aber Himmel und Erde Willen hatten, wurden alle Dinge in der umrollenden Schöpfung, wie eine Mühle sich immerwährend herumbewegt. Nach Tschuhi's Lehre ist der Geist und das dem Weltall innewohnende Gesetz der innere, nothwendige Lebenstrieb. Lebendig ist Alles, was eine eigene innere, nicht von aussen bewirkte Bewegung hat, also Thier, Pflanze, die Sonne u. s. w. Diess hat Geist, Seele. Aber auch die Elemente haben Geist, wodurch ihr Leben und Wirken bestimmt ist. Durch das All hindurch geht das unwandelbare Gesetz der Nothwendigkeit; das Ganze wie das Einzelne hat seine bestimmte Natur, sein eigenthümliches Wesen, und die Kraft und der Trieb der Dinge, dieses ihr Wesen zu erhalten und geltend zu machen, ist ihr Geist. Dieser Geist ist an sich noch nicht selbstbewusst, sondern erst im Menschen, und er ist auch nicht für sich, sondern stets mit dem Stoffe verbunden, ist nur in der Natur, nicht ohne sie. Alle Bildungen sind ja aus Himmel und Erde, Männlichem und Weiblichem, Form und Stoff hervorgegangen, — eine Lehre, die wiederum sehr an die Aristotelischen Principien, Form ($\varepsilon\tilde{\iota}\delta o\varsigma$) und Stoff ($\tilde{\upsilon}\lambda\eta$) erinnert.[1])

[1]) S. m. Sch. Ueber die Principien der Aristotelischen Pilosophie und die Bedeutung der Phantasie in derselben. München. Ad. Ackermann. 1881.

2. Entwicklung der Religion. b) Chinesische Religion

Aus dem Zusammenwirken von Himmel und Erde gehen zuerst die Elemente und dann die übrigen Wesen hervor, die Pflanzen und Thiere und endlich der Mensch, als das höchste im Reiche der Wesen. Der Mensch ist die Blüthe der fünf Elemente, weil in ihm die in Allem innewohnende Urkraft in der höchsten Form, der des Bewusstseins, als Denken und Wollen auftritt. Con-Futse lässt nur den lebendigen Leib des Menschen aus Yang und Yin (dem Männlichen und Weiblichen) hervorgehen, den erkennenden Geist aber durch den Himmel direct mitgetheilt werden, zu dem derselbe auch wieder zurückkehren soll. Wieder ähnlich dem Aristoteles, der auch den denkenden Geist, als Inbegriff der Denkprincipien nicht aus der Zeugung hervorgehen, sondern als ein neues, höheres Princip „von aussen" hinzukommen lässt. Bei beiden ohne Noth und Consequenz, da sowohl Yang und Yin mit dem Himmel und der Erde wesensgleich sind, als auch das Formprincip (εἶδος) bei Aristoteles ebenso als göttlich aufgefasst werden muss wie das höhere Denkprincip (νοῦς). Die Fortdauer der individuellen Seele nach dem Tode könnte bei solcher Auffassung kaum festgehalten werden; da indess der Ahnenkultus diese Fortdauer voraussetzt, so hält das Volk an derselben fest, — obwohl Confutse selbst in Bezug auf Unsterblichkeit sich unbestimmt, eine klare Entscheidung ablehnend ausspricht. Denn befragt, antwortete er: „Ich kenne noch nicht das Leben, wie soll ich den Tod kennen?" Und in Bezug auf den Aufenthaltsort der Ahnen: „Sie sind von der Erde verschwunden, überlege diess und du wirst wissen, was Traurigkeit ist." Auch in Bezug auf den Ahnenkultus selbst wollte er sich nicht bestimmt aussprechen, denn er befürchtete, wenn er ihn befürwortete, so möchten die Lebenden sich selbst und ihre Angelegenheiten vernachlässigen den Ahnen zu liebe, wenn er ihn dagegen nicht empfehle, behauptend, dass den

Todten Kenntniss dessen mangele, was die Lebenden thun, so könnten dadurch die Pflichten der kindlichen Pietät Vernachlässigung erfahren. „Fahre also fort, sprach er zum Fragenden, deinen Vorfahren die schuldigen Ehren zu erweisen und handle so, als wenn du sie zu Zeugen aller deiner Handlungen hättest und suche nicht mehr darüber zu erfahren." Ebenso in Bezug auf das göttliche Wesen selbst vermied Confutse nähere theoretische Bestimmungen; er sieht dabei Gefahren und keinen Erfolg, denn es erschien ihm zu ferne und unerforschlich. Daher spricht er: „Ehret die Götter mit frommen Sinn, aber haltet euch ferne von ihnen." Dagegen ist der Mensch den Menschen verständlich und sie sind auf Gemeinschaft und wechselseitige Hülfeleistung angewiesen. Die praktische Pflichterfüllung des Menschen gegenüber seinen Mitmenschen ist daher das Wichtigste.

Gleichwohl ist das ganze chinesische Staatswesen, der Staat, die Regierungsform und das Kaiserthum auf theologische Grundlage gestellt, d. h. der Staat soll das Verhältniss des Himmels, des höchsten Gottes zur Schöpfung darstellen. Der Kaiser soll der Stellvertreter dieses höchsten Gottes und als Sohn und sichtbare Erscheinung desselben der Herr und Vater seines Volkes sein. Und zwar so sehr, dass in seinem Leben und Thun das Schicksal des ganzen Volkes und Reiches beschlossen liegt und selbst die Natur mit ihren Wirkungen für das Volk davon bedingt erscheint. Vom sittlichen Verhalten des Kaisers ist daher das Schicksal des ganzen Volkes auch nach der physischen Seite hin abhängig gedacht, denn auch die Naturereignisse sollen davon bedingt sein. Indess die theologische Grundlage erscheint mit dem ethischen Grundcharakter des chinesischen Religions- und Staatswesens wohl im Einklang, wenn man erwägt, dass es die Familie mit ihren natürlichen und ethischen Verhältnissen ist, wovon die Bestimmung des Göttlichen und seines Verhältnisses zur Welt ausgegangen ist. Das Göttliche, der Himmel insbesondere, ist nach Analogie des Vaters und Herrn der Familie aufgefasst, und sein Verhalten der Natur und den Menschen gegenüber ist daher auch diesem gemäss bestimmt. Das Theologische ruht daher hier selbst wieder auf ethischer Grundlage und erhält durchaus seinen Charakter von diesem. Wie das Schicksal der Familie physisch und ethisch vom Verhalten des Familien-Oberhauptes abhängig ist, so das physische und geistige Schicksal des ganzen Volkes vom Verhalten des Kaisers, durch den wiederum nur das in der Natur waltende Göttliche oder Vernünftige zur Verwirklichung angeregt wird. Und da das subjective Leben des einzelnen Menschen und des Volkes als Fortsetzung des objectiven Naturlebens aufgefasst wird, so ist begreiflich, dass ein inniger, unmittelbarer Zusammenhang zwischen der Menschennatur und der allgemeinen, objectiven Natur angenommen wird, sowie dass der Kaiser als der natürliche Vermittler zwischen beiden gilt. Wie bei dem israelitischen Volke das äussere Schicksal, welches Naturereignisse oder andere Völker bereiteten, durch das sittliche und insbesondere das religiöse Verhalten des Volkes bedingt erscheint und Unglück eintrat nach dem Glauben desselben, so oft Abfall vom Glauben und Ungehorsam gegen Jehova stattfand, so wird Aehnliches in China vom Kaiser angenommen, von dessen Verhalten das Schicksal des Volkes und gleichsam der Lauf der Natur selbst abhängig gedacht wird.

Auch die Grundbestimmungen des sittlichen Lebens sind dem Familienleben entnommen. Die Hauptpflichten und Haupttugenden des Menschen sind demgemäss solche, wie sie in der Familie obliegen und geübt werden: Ehrfurcht, Pietät, Gehorsam u. s. w. Die Vernunft wie die Wahrheit wohnt der Natur inne, und kommt also in der Menschennatur und insbesondere in der Familie zur Offenbarung, obwohl freilich durch die Verbindung von Yang und Yin auch das Böse bedingt ist; denn aus Yang, dem activen, bewegenden Princip soll das Gute, aus Yin, dem Princip der Ruhe, das Böse entspringen. Aus dem Bewegungsprincip entsteht das Feste, das Leuchtende, das Starke, das Gerechte; es ist Norm des Weisen. Aus dem ruhenden Princip aber entspringt das Weiche, Dunkle, Schwächliche und Gewinnsüchtige, und es ist die Norm gewöhnlicher Menschen. Beide indess entspringen doch wieder aus der Urkraft des Himmels und sind sich gegenseitig nothwendig, denn „Gerechtigkeit und Vernunft, Reinheit und Mass haben ihre Grenzen." Da demnach eigentlich doch der Mensch von Natur gut ist, so besteht seine Sittlichkeit nicht in einer Ueberwindung der Natur, in einem Kampfe gegen dieselbe, sondern im Einhalten der Naturordnung bei Befolgung der Naturtriebe; d. h. Vernunft und Sinnlichkeit, Geist und Natur müssen zugleich Beachtung finden, in Ordnung, im Gleichgewicht gehalten werden. So besteht also die Tugend (wiederum wie bei Aristoteles) im richtigen Masshalten. „Alle Tugend liegt in der Mitte; die Mitte halten, heisst das Gesetz befolgen; die Mitte ist die Grundlage des All's und das Gleichgewicht das allgemeine Gesetz. Wenn Mitte und Gleichgewicht vollkommen vorhanden, sind Himmel und Erde in Frieden und alle Dinge gedeihen. Der Weise hält immerdar die Mitte, aber der Thor verletzt sie!" Dieses Gleichgewicht wird natürlich sowohl bezüglich der Natur als auch der Gesellschaft gegenüber verlangt. Es steht damit wohl in Verbindung, dass jedes Vordrängen der eigenen Persönlickeit, jedes Geltendmachen des eigenen Selbst verpönt ist und Unterordnung der eigenen Denk- und Willenskraft unter das gegebene Gesetz nicht blos, sondern insbesondere unter das Herkommen, die Ueberlieferung, die Sitte, gefordert wird. Sitte und gesellschaftliche Lebensordnung sind allentscheidend, denen sich der

Einzelne unterzuordnen hat als Offenbarungen der allgemeinen Vernunft. Die Einzelpersönlichkeit tritt daher vor der allgemeinen Vernunft zurück und erscheint mehr nur als selbstloser Theil des Allgemeinen, dem er sich einfügen muss.

Das **Familienleben** hat in der Grundanschauung der Chinesen eine besonders hohe Bedeutung, hat geradezu einen religiösen Charakter. Wie im Staate die allgemeine Weltvernunft ihre vollkommene Darstellung findet, so ist die Einigung von Mann und Weib ein Abbild des göttlichen Lebens, eine Fortsetzung der Einigung von Urkraft und Urstoff, eine menschliche Wiederholung der allgemeinsten kosmischen Erscheinung des Göttlichen, wie sie in Himmel und Erde sich darstellt. Freilich ist dabei zu bemerken, dass eben dieses Verhältniss der göttlichen Urkräfte selbst nach dem Gleichniss der Familie ursprünglich bestimmt worden ist; hinwiederum wird begreiflich dann auch dieses natürliche Verhältniss vom hohen Glanz des Göttlichen mit verwandtem Nimbus umgeben. Die Ehe erscheint daher auch durchaus als sittliche Pflicht, die vom Tugendhaften schon darum zu erfüllen ist, weil von Erzeugung von Nachkommenschaft die Fortdauer des Cultus der Ahnen bedingt ist und er selbst ohne sie des Glückes langer Erinnerung und Verehrung bei den Nachkommen verlustig geht. „Die Ehe, sagt Confutse, ist der wahre Stand des Mannes, weil er durch sie seine Bestimmung auf Erden erhält; nichts ist daher ehrwürdiger, nichts, was ihn ernster beschäftigen soll." — Wie das Verhältniss von Mann und Weib das Verhältniss der beiden göttlichen Urwesen, Himmel und Erde, Yang und Yin darstellt und deren schaffende Thätigkeit in der Erzeugung der Kinder nachahmt oder fortsetzt, so gleicht das Verhältniss von Eltern und Kindern dem des göttlichen schaffenden Urwesens (mit den beiden Factoren) zur Natur und Menschenwelt. Die Pietät der Kinder gegen die

Eltern steht daher auch unter den Pflichten am höchsten, a ist Grund und Quelle aller anderen Pflichten; steht gleich den Pflichten gegen die Gottheit selbst und höher als jede andere selbst dem Staate und dem Kaiser gegenüber. — Der Vater ist der Stellvertreter des Himmels, also Gottes den Kindern gegenüber. Undank gegen die Eltern ist Undank gegen Gott, ist Empörung gegen die göttliche Weltvernunft und Weltordnung; wird daher vom Staate mit dem Tode bestraft, wie hinwiederum aufopfernde Kindesliebe öffentlich geehrt wird. Die verstorbenen Eltern werden lange betrauert und ihre Gedächtnissfeier ist als Ahnenkultus ein gottesdienstlicher Akt. Die Ahnenhallen sind gleichsam Hauskapellen.

Betrachten wir nun diese Weltauffassung unter dem Gesichtspunkt unsers Princips, so leuchtet wohl sogleich ein, dass das ganze chinesische Religions- und Staatswesen, sowie das sittliche Leben von jenen Verhältnissen beherrscht ist und seinen Charakter erhalten hat, welche durch die objective Phantasie gesetzt werden, insofern diese als Generationswesen den Geschlechtsgegensatz begründet und sich in das sittliche Urverhältniss der Familie erschliesst. Dagegen die subjective, individuelle Phantasie mit ihrer freien, schaffenden Thätigkeit ist in den Hintergrund gedrängt und kommt nicht zur vollen Geltung, wie diess bei anderen, insbesondere arischen Völkern geschieht und geistigen Aufschwung und stetes Fortschreiten wirkt. Wollen wir uns unter diesem Gesichtspunkt die Genesis und den Verlauf der chinesischen Weltauffassung kurz vergegenwärtigen, so mögen wir uns beides etwa so denken: Den Ausgang nahm auch diese Religion, wie der Fetischismus, hauptsächlich von dem Glauben an die Fortdauer der Verstorbenen und vom Todtenkultus. Der Ahnenkultus ist ja offenbar die Fortsetzung davon und der fortdauernde Brauch am Gedächtnisstage der verstorbenen Eltern ihnen Speisen darzubringen, deutet auf die Annahme des primitiven Menschen hin, dass die noch fortlebenden Verstorbenen noch ähnliche Bedürfnisse haben, wie die noch leiblich Lebenden. Wir sahen, wie daraus durch Ueberwuchern des gespenstischen Elementes und durch eine gewisse kleinliche, noch engbegränzte Bethätigung der subjectiven Phantasie der Fetischismus, die Religion der Zauberei und der Schamanismus hervorging. Denken wir uns aber, dass diese subjective Phantasie durch irgend welche Umstände zu höherer Ausbildung kam und freieren Fluges fähig wurde, so konnte dadurch auch die sinnliche Wahrnehmungskraft sich aus dem kleinen Gebiete des täglichen Lebens zu höherer, freierer Wahrnehmung der grossen Naturgegenstände erheben und vor Allem der allgemeinsten: des hohen, weiten, blauen Himmels und der Erde, zunächst als Gegenständen der Verwunderung und allenfalls der Verehrung und Unterordnung. Bei weiterem geistigen Fortschreiten, mochte das Bedürfniss erwachen, nähere Bestimmungen über beide zu geben, und diese entnahm man jenem Verhältniss, das am nächsten lag, am bekanntesten war und als das wichtigste erschien, dem Geschlechtsgegensatz und der Familie. Der Himmel wurde daher (wegen seiner beherrschenden Macht und seiner befruchtenden Wirksamkeit) als Mann bestimmt, die Erde als Weib nach Analogie des menschlichen Geschlechtsverhältnisses und seiner Bedeutung. Und wiederum wurde der Himmel als Vater und Herr bestimmt allen anderen Bildungen der Natur gegenüber, sowie die Erde als Mutter. Und aus der Verbindung beider wurden die Naturdinge und die Menschen selbst abgeleitet, wie durch die Verbindung beider Geschlechter die Kinder hervorgebracht werden. All' diese Bestimmungen waren auch dem populären Bewusstsein zugänglich, verständlich und wichtig. Daran schloss sich dann aber auch die philosophische

Spekulation, die in China auch in ihrem höchsten Vertreter, Tschuhi nicht ernstlich über diesen Urgegensatz von Kraft (Formprincip) und Stoff, oder Männlichem und Weiblichen hinauskam — etwa zu vollständigem Monismus. Auch die Auffassung des Staates, sowie die Stellung und Aufgabe des Kaisers wurde, wie wir sahen, durch das von der objectiven Phantasie als Geschlechtsgegensatz gegebene Verhältniss der Familie bestimmt. Der Kaiser ist Vater und Herr des ganzen Volkes, und alle Einzelnen schulden ihm kindliche Ehrfurcht und Unterwerfung, so zwar, dass von einer Freiheit oder Selbstständigkeit derselben bei solch' einem strengen patriarchalischen Verhältniss nicht die Rede ist. Vielmehr, wie die Kinder unbedingt in der Gewalt des Vaters sind (selbst bis zur Aussetzung oder Tödtung), so die Unterthanen dem Kaiser zugehören, der allerdings als Vater für sie zu sorgen hat; als Vater und Stellvertreter des Himmels, von dessen Verhalten selbst der Naturlauf bestimmt wird. Staatsordnung und Naturordnung sind in engen Zusammenhang gebracht, Unordnung im Staate bringt auch Unordnung in der Natur hervor. Der Kaiser, als Sohn und Stellvertreter des Himmels ist Ausdruck der objectiven Weltvernunft und Repräsentant oder gewissermassen Beherrscher der Naturordnung, da er durch seine eigene sittliche Unordnung Störung in den gesetzlichen, harmonischen Verlauf oder in die Vernunft der Natur zu bringen vermag.

Soweit geht die Entwicklung der chinesischen Welt-Auffassung, die trotz allen Naturalismus und Mechanismus einen vorherrschend ethischen Charakter zeigt. Judess die Entwicklung kam zum Stillstand und China zeichnet sich bereits seit unvordenklicher Zeit aus durch Stabilität im geistischen und physischen Leben,[1] durch Ablehnung

---

[1] Dass im chinesischen Religions- und Staatswesen sich Urbestandtheile der primitiven menschlichen Weltauffassung erhalten haben, dürfte unter Anderem auch daraus hervorgehen, dass das Bebauen, Pflügen

2. Entwicklung der Religion. b) Chinesische Religion. 139

alles Fremden und Neuen, durch Festhalten am Ueblichen, Ueberkommenen; ein Stillstand der selbstverständlich für die Dauer nicht ohne Erstarrung und Rückgang bleiben konnte. Der Grund hievon liegt wohl, wie bemerkt, in dem Mangel an Beweglichkeit oder Bethätigung der subjectiven Phantasie, wodurch eben auch die übrigen Geisteskräfte die frische Lebendigkeit und vorwärts strebende Energie verlieren. Und wiederum hievon mag der Grund in irgend einem Mangel der mongolischen Race überhaupt liegen, oder in irgend einem natürlichen oder historischen Schicksale derselben in der Vorzeit, etwa in einer lange dauernden Lage, in welcher durch Naturverhältnisse oder durch historischen Druck es unmöglich war, gerade dieses subjective Seelenvermögen frei zu bethätigen — wodurch nothwendig allmählich eine gewisse Verkümmerung und Schwächung eintreten musste. Daher war wohl eine bedeutende geistige Entwicklung bis zu einem gewissen Grade möglich, aber dann nicht mehr. Sie vermochte so weit zu gehen, als an gegebenen äusserlichen Verhältnissen die geistige Thätigkeit sich fortspinnen konnte, aber nicht weiter, sobald sie frei und selbstständig sich verhalten sollte. Genug, es ist wohl allgemein anerkannt, dass dem chinesischen Volke freie, schöpferische Phantasiethätigkeit mangelt oder wenigstens nur in verhältnissmässig geringem Grade eigen ist. Daraus müssen nothwendig Mängel im ganzen geistigen Leben erfolgen, muss insbesondere Mangel an idealem Schwung eintreten und wird darum der Drang nach Fortschritt in allen Gebieten fehlen. Das Ideal wird daher nicht geistig erschaut, als ein noch nicht Wirkliches, aber zu Erstrebendes, sondern man erblickt es nur in der Vergangenheit, als ein schon

---
der Erde noch als religiöser Act vom Kaiser selbst feierlich vorgenommen wird. Wie das Hervorbringen des Feuers, so mag auch das Bebauen des Landes ursprünglich als religiöse, wunderwirkende Thätigkeit erschienen sein, — die erst später säcularisirt wurde.

Verwirklichtes, an das man sich zu halten habe, das man nur zu erneuern brauche, anstatt nach Neuem zu streben. Das Wirkliche wird hier mit ganz realistischer Gesinnung insoferne in der That für das Vernünftige gehalten. Das Herkömmliche, früher Gewordene, Ueberlieferte ist Norm des Denkens und Handelns. Die Sitte ist das Bestimmende, Bindende, die ja selber nichts Anderes ist als eine wieder objectiv (historisch-objectiv), gleichsam starr gewordene Volksphantasie, so dass auch aus dem geistigen Leben selbst wieder eine objective Phantasie hervorgeht, in welche, als geistige Gesammtformung des Volkes der Einzelne eingefügt ist und im Gebrauche seiner Geisteskräfte bestimmt wird. Auch dadurch ist also die subjective Phantasie hier allenthalben bestimmt und beschränkt, im Gegensatz zu den eigentlich wilden Völkern, bei welchen sich, wie wir sahen, in dem Fetischismus extreme Willkür und Zügellosigkeit einer noch ungebildeten, kindischen Phantasie geltend macht. — Weil so bei den Chinesen die Ueberlieferung in theoretischer und praktischer Beziehung Alles gilt und die geistigen Kräfte sowohl der Jugend als des reiferen Mannesalters verwendet, aufgebraucht werden in dem Lernen, Aneignen der theoretischen Ueberlieferung, so bleibt kein Ueberschuss von Geisteskraft und Zeit übrig, um auch selbstständig zu forschen und neue Erkenntnisse zu gewinnen. Die Chinesen sind darin in ähnlicher Weise und wohl mehr noch gebunden, als die Scholastiker des Abendlandes im Mittelalter, die grösstentheils auch nur auf Aneignen dessen ausgingen, was das Alterthum geleistet, meinend, dass diess eigentlich die Summe alles dessen sei, was überhaupt von menschlicher Wissenschaft geleistet werden könne; daher sie auch die Natur ebenso wie den Geist und das Uebernatürliche nur aus Büchern kennen zu lernen strebten, nicht durch eigene sachliche Forschung. Es gibt in der That kein wirksameres Mittel die wahre Geistesbildung und den wahren

Fortschritt der Erkenntniss zu hindern, als wenn den jungen strebenden Geistern als höchstes Ziel ihres Ehrgeizes und als Bedingung des reichlichen Gewinnes an Ehren und Würden die möglichst genaue Erlernung und mechanische Aneignung einer grossen Anzahl alter Schriften hingestellt wird, die in der Vorzeit entstanden und gesammelt sind und deren Inhalt als Summe alles Wissenswerthen und als Quelle aller Weisheit geltend gemacht wird. Der Hochmuth, Alles schon zu besitzen, was überhaupt zu wissen möglich und nützlich ist, die verblendende Befriedigung, die der Ehrgeiz darin findet, sowie die Bindung und Verzehrung der geistigen Kräfte durch die Aneignung der alten Ueberlieferung — machen es unmöglich für ein solches Volk, aus eigener Initiative und Kraft sich aus dem Zustande der Stabilität und des damit nothwendig mehr oder minder verbundenen Verfalles zu erheben und in die Bahn fortschreitender Bildung und Entwicklung wieder einzutreten. Es verhält sich so mit vielen Völkern, selbst auch wilden, die darum an Erstarrung im Gewohnten, zur zweiten Natur Gemachten untergehen, da sie nur brechen, aber aus Mangel an geistiger Elasticität nicht mehr biegen und noch weniger aus eigener innerer Kraft fortwachsen können. In besonderem Maasse scheint diess bei den Chinesen der Fall zu sein. Ihre in früher Zeit schon errungenen, verhältnissmässig hohen Kenntnisse und die daraus gebildete Ueberlieferung und Sitte haben das Volk schon früh zu höherer Bildung geführt und zu langer Dauer befähigt, aber dafür auch ihm die Fähigkeit genommen, selbstständig noch höhere Stufen zu erreichen und für die Gesammtentwicklung der Menschheit noch ferner Bedeutendes zu leisten.[1])

[1]) Die Hauptquelle theoretischer Kenntniss und praktischer Lebensweisheit für die Chinesen sind die Bücher (King) des Confucius (Confu-tse), welche hauptsächlich durch Sammlung alter Lehren und Ueberlieferungen entstanden sind. Es sind vorzüglich drei von grosser

Zum Schamanenthum erscheint die chinesische Reichsreligion im schroffsten Gegensatz, obwohl jenes ebenfalls hauptsächlich bei Völkern oder Stämmen der mongolischen Race sich findet; aber freilich nur bei den vom Hauptstamme losgerissenen Gliedern derselben — wodurch sie den festen historischen Halt und die bildende Ueberlieferung verloren. Daher wird im Schamanenthum immerfort nach neuen, unmittelbaren Anknüpfungen oder Verbindungen mit dem göttlichen Wesen oder der übernatürlichen Zaubermacht gesucht, und will dasselbe zu beständigem ausserordentlichen Eingreifen in die Natur und das Menschenleben genöthigt oder veranlasst werden — in der Weise, wie wir früher sahen. Wogegen die Chinesen des Reiches das göttliche Wirken im Naturlauf erblicken und nur allenfalls den Kaiser eines unmittelbaren Einflusses auf Natur und Gottheit für fähig halten. Bei beiden ist indess die objective Phantasie das Bestimmende für die Art des Religionswesens. Nur aber bei den Chinesen, insofern sie als Generationsmacht den Geschlechtsgegensatz begründet und das Familienverhältniss schafft, wornach die Gottheit und das Verhalten zu ihr

---

Wichtigkeit: 1) Der Y-king, der die ältesten Ueberlieferungen des chinesischen Staatslebens enthält. 2) Der Schu-king, enthaltend die alte Geschichte bis in das siebente Jahrh. v. Chr. wobei mit der Erzählung viele sittliche und politische Betrachtungen verbunden sind. 3) Der Schi-king, das Buch der Gesänge, mit vielen Liedern, die von früheren Kaisern selbst verbreitet wurden, da auf Musik überhaupt in China hoher Werth gelegt wird. Dazu kommen noch andere, wie der Li-king, das Buch der Ceremonien, und das beinahe ganz verloren gegangene Yo-king, Buch der Melodien. Auch die Schriften der Schüler des Confucius und mancher späteren Erklärer gehören zur chinesischen Erbweisheit und Reichswissenschaft. Unter Letzteren ragen besonders die Philosophen Meng-tse aus dem 4. Jahrh. vor Chr. und Tschu-hi oder Tschu-tse aus dem 12. Jahrh. nach Chr. hervor — deren Philosophie als chinesische Reichsphilosophie gilt oder als orthodoxe Philosophie im Gegensatz zur heterodoxen Philosophie z. B. des Philosophen Lao-tse.

2. Entwicklung der Religion. c) Semitische Religion.

die nähere Bestimmung erhält, im Schamanismus dagegen, insofern sie als individuelles Lebensprincip, als physisch-psychische Macht sich bethätigt und durch sie göttliche Macht oder Zauberkraft sich kund geben und bethätigen kann.

Die Religion der Japanesen, so weit sie noch als die ursprüngliche fortbesteht, ist im Wesentlichen jener der Chinesen ähnlich. Auch bei ihnen bildet den Hauptbestandtheil der Volksreligion der Cultus der Ahnengeister. An die Stelle der Verehrung des Himmels als Hauptgottheit tritt die Sonne, und der Fürst ist Sonnensohn, wie wir diess auch bei den Incas in Peru und den Azteken in Mexiko finden.

c) Semitische Religionen.[1]

Auch die semitischen Religionen sind nicht blos in ihrem Ursprung, sondern auch in ihrer Ausbildung und Fortentwicklung, sonach auch in ihrem ganzen Grund-Charakter durch die objective Phantasie bestimmt, d. h. durch jene Verhältnisse, welche die objective Phantasie begründet, insofern sie als Generationsmacht und Gattungswesen den Gegensatz der beiden Geschlechter setzt und damit auch das Familienverhältniss, also insbesondere das Wechselverhältniss von Eltern und Kindern hervorruft. Und zwar findet sich hier das Eigenthümliche, dass bei einem wahrscheinlich gleichen Ausgangszustand bei weiterer Ausbildung zwei sehr verschiedene, ja vielfach entgegengesetzte Richtungen und Formen der Religion zu Stande kamen. In der chinesischen Religion wurden, wie wir sahen, beide durch die objective Phantasie begründeten objectiven Verhältnisse, sowohl der Geschlechtsgegensatz als auch das ethische Familienverhältniss zur näheren Bestimmung des Göttlichen und

---

[1] Movers, Die Phönizier. I. Bd.

seines Verhältnisses zu den Menschen verwendet, d. h. sowohl der Gegensatz des Geschlechtes als auch das Vater- oder Elternverhältniss, und es fand durch den vorherrschend ethischen Charakter des letzteren der vorherrschend naturalistische des ersteren seine gehörigen Schranken in Theorie und Praxis. Bei den Semiten dagegen wurden diese beiden Momente getrennt und besonders geltend gemacht. Die Eine Richtung nämlich, die wir als die phönizisch-babylonische bezeichnen können, betonte vorherrschend das Geschlechtsverhältniss und die Generationsmacht bei der Bestimmung des Göttlichen oder der Götter; nahm Götter und Göttinen an und erblickte deren Bethätigung und Offenbarung hauptsächlich in der Zeugung (und im Tode als dem Gegensatze davon). Dadurch erhielt diese Religionsform einen vorherrschend naturalistischen Charakter und der Geschlechtsgegensatz und dessen Bethätigung ward selbst in den Cultus mit aufgenommen, so dass sogar die Ausschweifung als ein Cultusact erschien — nicht blos die Zeugung, wie es wohl in der Urzeit in einem gewissen Stadium der Menschheit der Fall gewesen sein mochte. — Die andere Richtung dagegen, die wir als hebräische oder als israelitische zu bezeichnen haben, schloss den geschlechtlichen Charakter ganz aus bei der näheren Bestimmung des Göttlichen, d. h. verneinte dabei das weibliche Moment ganz in Bezug auf die Gottheit; bestimmte dagegen Gott und das Vorhalten Gottes zu den Menschen nach dem ethischen Familien-Verhältniss. Man erreichte dadurch eine höhere, reinere Geistigkeit für den Gottesbegriff und eine strenge Einheit und Einzigkeit für die Gottheit gegenüber dem Naturalismus und Polytheismus; aber es ward damit auch mehr und mehr ein abstracter Beriff an die Stelle concreter Lebendigkeit gesetzt, die nicht vollständig gewahrt erschien durch die dem Familienverhältniss entnommene Auffassung als Herr und Vater der Menschen.

Und es ist demgemäss wohl begreiflich, dass zu gegebener Zeit, wenn die polytheistische und diese etwas abstract theistische Richtung wieder in näheren Contact kamen, eine Art Verbindung und Ausgleichung zwischen beiden Gottesbegriffen stattfinden würde. Diess geschah in der That in der christlichen Trinitätslehre, welche, wenn auch nicht den Geschlechtscharakter, doch die Zeugung als Bestimmung der immanenten göttlichen Natur annahm und dadurch die starre Einheit und Abstractheit zu einer Art inneren Fülle und Lebendigkeit erhob, so dass die Welt wieder mit mehr Recht als Abbild und Analogon des göttlichen Seins und Lebensprocesses betrachtet werden könnte.[1])

Wir haben nun jede der beiden Richtungen der semitischen Völkergruppen im Einzelnen etwas näher zu betrachten.

I. Die phönizisch-babylonische Religion.

Am frühesten erscheint die vorherrschend sinnliche oder naturalistische Form der semitischen Religion in Babylonien. Aus den Höhen Armeniens kamen die Semiten zuerst in die fruchtbaren Gegenden des Euphrat und gründeten an den Ufern desselben Babylon als Mittelpunkt ihrer Herrschaft und ihres religiösen Kultus. Es mag wohl das Klima, die üppige Fruchtbarkeit des Landes und der dadurch ermöglichte, reichliche sinnliche Lebensgenuss hauptsächlich dazu beigetragen haben, dass ihnen die göttliche Macht vor Allem als Leben schaffende oder zeugende erschien und als solche vorzüglich Beachtung fand. Aber eben darum drängte wiederum das Gegentheil davon, die Zerstörung des Lebens, der Tod um so mehr dem Bewusstsein sich auf, und es wurde daher dem

---

[1]) Für die Entfernung des Weiblichen aus der Gottheit hat man bekanntlich in der Idealisirung oder Potenzirung der Madonna einigen Ersatz gefunden, da dieselbe ja zur Himmelskönigin erhoben ward.

Göttlichen auch wieder als Todesmacht besondere Verehrung gezollt. In beider Beziehung aber war es das sinnliche Dasein mit seinem Entstehen und Vergehen, das den Inhalt der Religion, die Auffassung des Göttlichen und die Art des Cultus bestimmte und den naturalistischen Charakter verlieh — mit Zurückdrängung des Ethischen und des Geistigen überhaupt, das in höheren, reineren Religionen als Hauptsache gilt und wenigstens als theoretisches Postulat zum Hauptziel des gläubigen Strebens gemacht ist. In der naturalistischen Religion wird die Macht hauptsächlich verehrt, von welcher die Zeugungskraft kommt, welche Leben gibt oder dasselbe zerstört und Tod bringt. In ethischen Religionen wird dagegen die Gottheit vorherrschend (wenigstens in späteren Stadien) als Spenderin geistiger Güter, sittlicher Reinigung und Vollkommenheit verehrt, sowie als Richterin über das Böse und Bestraferin sittlicher Schlechtigkeit, — was bei der naturalistischen Religion im Hintergrunde bleibt, wenn auch nicht mehr in dem Maasse wie im Fetischismus. Die Auffassung des Göttlichen als lebenschaffende, zeugende Macht lag übrigens schon der primitiven Menschheit nahe genug. Sobald sie nur einigermassen zum menschlichen Bewusstsein gekommen und des Denkens fähig war, musste der alle Menschen so nahe angehende und so geheimnissvolle Vorgang der Zeugung, Entstehung und Geburt eines neuen Menschen die Aufmerksamkeit in besonderem Maasse erregen und zur Annahme einer geheimnissvollen, gleichsam hinter der Erscheinung wirksamen, also übernatürlichen oder göttlichen Macht veranlassen. Der Generationsvorgang selbst musste da für eine Art göttlicher Wirksamkeit gehalten werden. Demgemäss konnte die Geschlechtsbethätigung des Mannes und Weibes wie eine Art religiösen Cultusactes, und insofern gewissermassen sacrosanct erscheinen, als geheimnissvolle göttliche Wirksamkeit dabei ausgelöst oder hervorgerufen, göttliche Kraft zur Offenbarung gebracht wird. Diese Auffassung des Zeugungsvorganges konnte wohl ebenso gut entstehen, wie die verwandte der Feuererzeugung, von der früher die Rede war, welche ebenfalls als geheimnissvolle, unbegreifliche Erscheinung und Wirkung eines an sich Verborgenen, Göttlichen betrachtet werden konnte.[1]) Später wurden beide Vorgänge allerdings bei den Völkern mehr und mehr säcularisirt, obwohl selbst vom ursprünglichen Feuerkult noch Ueberreste in dem heiligen Feuer oder Lichte mit dessen Priestern oder Priesterinnen sich erhielten, — während die Ehe und Zeugung stets mit religiösen Ceremonien umgeben blieben gleich dem Tode und der Bestattung. Wenn also die Semiten in Babylonien und Syrien, durch besondere Natur- und Geschichtsverhältnisse veranlasst, das Göttliche besonders als Leben-Erzeugungs- und Leben-Zerstörungs-Macht auffassten und den geschlechtlichen Verkehr sogar, wenigstens zu gewissen Zeiten, in den religiösen Cultus aufnahmen, so mochten sie dabei einigermassen Vorbilder oder Anhaltspunkte an religiösen Meinungen und Bräuchen früherer Zeit haben und sich bewusst sein, diese Richtung des religiösen Cultus nicht

---

[1]) Das Erzeugen konnte von den primitiven Menschen weit eher als göttliche Bethätigung und Offenbarung aufgefasst werden, als etwa das äussere Bilden, Gestalten, da sie selbst des Zeugens von Natur aus in unbegreiflicher Weise fähig waren, das Bilden aber erst erlernen und selbst verrichten mussten, also für sie nichts Mysteriöses dabei wahrzunehmen war und ausserdem noch wenig zu bedeuten hatte. — Auch der Gedanke des Schaffens aus Nichts, wenn es den Urmenschen eingefallen wäre, ihn auf das Göttliche anzuwenden, hätte gerade für sie nicht die Schwierigkeit besessen, wie für uns, [da sie eines schärferen abstracten Denkens noch gar nicht fähig waren und im Concreten ein beständiges Entstehen aus Nichts und Vergehen in Nichts in Wasser, Luft, durch Feuer u. s. w. wahrzunehmen glaubten. — Wie sehr übrigens der geschlechtliche Gegensatz bei der Urmenschheit für das geistige Leben, für die Auffassung der Dinge bestimmend einwirkte, zeigt sich auch darin, dass er sich auch bei Wort- und Sprachbildung geltend machte.

als blosses Product von Willkür und Neuerung einzuführen, — obwohl freilich gerade hier die Entartung nahe lag und in der kürzesten Zeit eintreten musste. Die Gottheit erscheint daher hier allenthalben mit geschlechtlicher Eigenschaft begabt, männlich oder weiblich. Dem Gott steht eine entsprechende Göttin gegenüber, die beide diese Eigenschaften durch Zeugungen betbätigen, zugleich aber denselben gemäss den Menschen gegenüber sich verhalten und von diesen entsprechenden Cultus erfuhren. Dem Gotte Bel (Baal) ist also die Göttin Beltis (Baaltis) gesellt, die dann als Mylitta, Göttin der Zeugung und Geburt Verehrung findet. Bel (wie Baal und El) bedeutet ursprüglich der Starke, Mächtige und Herrscher.[1]) Als sinnliche Erscheinung oder als Substrat desselben galt gewöhnlich die Sonne, als die gewaltigste Naturerscheinung. Die nähere Bestimmung dagegen dieses Gottes ward bei den Semiten dieser Richtung allenthalben in der Macht der Zeugung (wie auch wiederum der Verzehrung, Vernichtung) erblickt. — Als besonders auffallende, charakteristische Thatsache aus dem babylonischen Cultus wird berichtet, dass jede Frau im Tempel des Bel wenigstens einmal im Leben sich einem fremden Pilger preisgeben musste zu Ehren der Göttin Mylitta. Diese religiöse Sitte oder Vorschrift soll wohl die Anerkennung ausdrücken, dass die Fähigkeit der Zeugung und Geburt der Gottheit oder Göttin entstamme, nicht beliebiges Eigenthum des Menschen-Individuums sei, und daher auch dem Dienste derselben stets zu widmen sei oder zur Verfügung stehen müsse. Allenfalls könnte man darin auch noch einen Ueberrest uralter Auffassung der Zeugung als einer Art von Cultusact erblicken, durch welchen göttliche Kraft

---

[1]) Bei den Semiten ist die Urbedeutung des Gottesnamens allenthalben der Starke, Mächtige (Herr), während die Urbedeutung des Arischen Gottesnamens allenthalben Glanz, Leuchten bedeutet (schon den subjectiveren Charakter dieser Völker andeutend).

erregt und zur Bethätigung gebracht wurde; wie auch die Erinnerung an den alten Feuerdienst hauptsächlich durch Frauen und Jungfrauen forterhalten ward. Jedenfalls haben wir hier ein auffallendes Beispiel, wie religiöse Vorschriften und Bräuche mit besserem sittlichen Gefühl und Bewusstsein in Widerspruch stehen können, und das sittliche, natürliche Gewissen mit dem religiösen oder kirchlichen, künstlich gemachten, in verderblichen, corrumpirenden Conflict gebracht wird.

Ausser diesem sinnlichen Volkskultus bestund in Babylon allerdings auch noch der chaldäische Gestirndienst, der zwar reinere, edlere Formen hatte, aber dem Volke selbst ferner lag und hauptsächlich von den Priestern gepflegt ward, — mehr oder minder in Verbindung gebracht mit der eigentlichen Volksreligion. Diese Verbindung selbst aber wurde dadurch besonders bewerkstelligt und unterhalten, dass man denselben zu astrologischen Aberglauben gestaltete, die Gestirne, ihren Lauf, ihre Constellation mit den Schicksalen der Menschen in ursächliche Beziehung setzte. Auch im Besitz einer eigenthümlichen Kosmogonie war die babylonische oder chaldäische Priesterschaft, die theils in mythologischer, theils in abstracter Form ausgebildet war und in jener vielfache Anklänge an die mosaische Schöpfungs- und Urgeschichte der Menschheit zeigt. Sie bildet den Anfang des Geschichtswerkes des chaldäischen Priesters Berosus, welcher im 3. Jahr. v. Chr. die Geschichte seines Volkes schrieb und gleich der mosaischen Geschichte des hebräischen Volkes mit der Erschaffung der Welt begann, indem er dabei die Sagen und heiligen Schriften seiner Religion verwendete. Auch bei ihm bildet den Anfang der Welt Finsterniss und Wasser, aber der weitere Verlauf der Bildung ist phantastisch, bizarr und verworren, also weit entfernt von der einfachen Klarheit der mosaischen Genesis. Die speculative Kosmogonie ist natürlich späteren Ursprungs und von Priestern ausgebildet, während der mythischen wohl gemeinsame Ueberlieferungen der semitischen Race zu Grunde liegen und daraus die Berührungspunkte mit der hebräischen Ueberlieferung sich erklären. Im Wesentlichen gleich mit der Religion der Babylonier (und Assyrer) ist Götterlehre und Cultus der Syrer, Canaaniter und Phönizier. Doch hat bei diesen die Götterlehre schon einige Weiterbildung erfahren, sowie auch der Cultus bei ihnen allmählich in tiefste Entartung gerieth und durch die Colonien und die Berührung mit Hellenen und anderen Völkern weite Verbreitung fand. Der Haupt-Gott wird auch hier den Menschen gegenüber als „Herr" (Baal) bezeichnet, — andeutend, dass die ursprüngliche Bezeichnung des Familien- und Stammes-Oberhauptes auf die wichtigste, einflussreichste Naturerscheinung, die Sonne, übertragen worden sei. Seinem Wesen nach wird Baal als El (Allah), der Starke, also naturalistisch, nicht geistig oder ethisch bestimmt. Die wirkende, sogenspendende Macht des Gottes erblickt man hauptsächlich in der Zeugungskraft und in der Erzeugung, daher Baal auch als jugendlicher Gott Adonis (Baal-Adonis) vorgestellt und verehrt, gefeiert ward. Da aber dieselbe Sonne (Baal), welche am Morgen und im Frühling erwärmt und belebt, wiederum auch zu anderen Zeiten und in anderen Verhältnissen versengt, ausbrennt und ertödtet, so musste es der fortschreitenden Personifikation und Reflexion als unpassend erscheinen, beides dem gleichen Gotte zuzuschreiben und man unterschied also einen bösen, verderblichen Gott von dem wohlthätigen, beide allenfalls als (feindliche) Brüder auffassend. Das böse Princip wird als Moloch (ebenfalls „Herr" Adramelech) oder Baal-Moloch im Gegensatz zu Baal-Adonis bezeichnet. Er ist gleichfalls blos naturalistisch aufgefasst, denn sein Böse-sein bezieht sich doch nur darauf, dass er das irdische Wachsthum und Leben zerstört; nicht aber ethisch oder metaphysisch verderblich wirkt. Die segnende, befruchtende Zeugungskraft wird von Baal auch losgelöst, gleichsam hypostasirt gedacht, (wie später die göttliche Vernunft als Logos selbstständig gedacht, hypostasirt wurde,) als blühender Jüngling Adonis, der aber in seiner Jugendblüthe vom verderblichen Gott des Todes, der Unfruchtbarkeit oder des Krieges (alljährlich) dahingerafft ward. Womit offenbar ausgesprochen ist, dass die Kraft des Wachsthums und der Fruchtbarkeit von der brennenden Sonnengluth zerstört, vernichtet werde — freilich, um später durch die Kraft des guten Gottes wieder seine Neubelebung oder Auferstehung zu feiern. — Neben Baal (Adonis) wird Aschera oder Baaltis als Göttin des fruchtbaren Naturlebens gefeiert in sinnlicher Ausschweifung wie die Mylitta in Babylon. Jhre Herrschaft dauert aber immer nur kurze Zeit, denn ihr jugendlicher Buhle Adonis (die hypostasirte Zeugungskraft des Baal) wird in seiner Jugendblüthe und Lebenslust dahingerafft vom Eber des Kriegsgottes Moloch, d. h. durch die verderbliche Sommergluth erstirbt das frische Leben der Natur. Jn jedem Herbste ward daher ein Trauerfest um den todten Lebensgott gefeiert — mit wilder Klage und selbst mit Verstümmelung, Beraubung der Zeugungsfähigkeit verbunden. Jn jedem neuen Frühling fand aber auch das Fest der Auferstehung des jungen Gottes statt und wurde in wilder Lust und geschlechtlicher Ausschweifung gefeiert. Wie in anderen Religionen Jungfrauen sich der Gottheit weihen, um dieselbe durch Bewahrung der Jungfräulichkeit zu ehren, so widmeten sich die Tempeldienerinnen (Hierodulen) der Prostitution zu Ehren der Göttin. Aber auch die Entmannten (Galli) widmeten sich dem Dienste der Gottheit, sei es, dass sie sich zur Trauerbezeugung über den Tod des Adonis (der persönlichen göttlichen Zeugungs-Macht), oder aus Verehrung für den Gott Moloch, den Zerstörer der Zeugungskraft und Fruchtbarkeit und die diesem gleichgeartete Göttin Astarte im religiösen Enthusiasmus oder Fanatismus entmannt hatten. Dem Moloch, als dem die Fruchtbarkeit und das Leben selbst zerstörenden Todesgott, der zugleich Kriegsgott war, wurden in Zeiten schwerer Bedrängniss, wenn die Gluth der Sonne die Saaten zerstörte oder Seuchen erzeugte, oder wenn grosse Unglücksfälle im Kriege eintraten, zur Befriedigung oder Versöhnung auch Menschen geopfert. Und zwar wurde dabei, um dem Opfer Wirkung zu sichern, das Theuerste geopfert, die eigenen Kinder, welche dem Gluth-Gotte zu Ehren verbrannt wurden in der ehernen Bildsäule desselben. Das Opfer musste ausserdem ganz freiwillig geschehen und zum Zeichen dessen mussten die Mütter dabeistehen und zusehen, ohne durch Seufzer und Thränen irgend einen Schmerz zu zeigen. Die Weheklagen der Geopferten wurden durch Lärm der Pauken und Flöten übertönt, die Gesichtsverzerrungen derselben wurden allenfalls für Lächeln ausgegeben. Wir haben also hier wieder einen Fall, wo religiöse (oder kirchlich-positive) Gesetze mit den natürlichen Sittengesetzen und Pflichten in Widerspruch waren und ein grausamer Conflict zwischen dem positiv-religiösen und sittlichen Gewissen stattfand; ein Conflict, der nur dadurch allmählich beseitigt werden konnte, dass das natürliche Gesetz, das sittliche Gewissen über die religiöse Vorschrift und das specifisch religiöse Gewissen den Sieg errang und die Gottesidee selbst durch höhere Entwicklung und Anerkennung der Idee des Guten eine Reinigung und Veredlung fand.

Man kann es auffallend oder geradezu unerklärlich finden, wie neben einem religiösen Cultus voll sinnlicher Lust und zügelloser Ausschweifung doch zugleich wieder ein Cultus so grausamer Art vereint sein konnte. Die Sache ist indess nicht unerklärlich und liegt in der Consequenz dieser semitischen Auffassung des Göttlichen als der zeugenden und zerstörenden Macht, die in der Sonne ihren sichtbaren Ausdruck fand. Wie die Zeugungskraft der Natur und des Menschen der Gottheit gehörte und in ihrem Dienste, ihr zu Ehren verwendet oder zerstört werden sollte, so auch gehörte das Erzeugte der Gottheit und war ihr zu weihen oder ihr zu opfern, insoferne sie als lebenzerstörende Todesgottheit erschien. Noth und Unglück konnten als Zeichen des Verlangens der Gottheit betrachtet werden, dass ihr das geopfert werde, was ohnehin ihr Werk war und ihr gehörte. Und es lag nahe, die Geopferten als Sühnopfer aufzufassen, durch welche ihr Zorn beschwichtigt und Versöhnung erzielt werde. So waren diese Opfer ein Zeichen des Dienstes und der Unterwürfigkeit der Gottheit gegenüber, wie die Verwendung der geschlechtlichen Natur in Preisgabe der Jungfräulichkeit und in wildem Geschlechtsgenuss. Man konnte noch weiter gehen in Folge der gegebenen Grundauffassung des Göttlichen. Man konnte in beiden, sowohl im geschlechtlichen Genuss, als auch in der Opferung der Menschen, insbesondere der Kinder, der Jünglinge und Jungfrauen geradezu eine Nachahmung der Gottheit und ihres Wirkens erblicken und dadurch beides für gerechtfertigt halten. Wenn das Wesen der Gottheit Zeugungsmacht und Fruchtbarkeit ist und ihr Wirken im Erzeugen und Hervorbringen besteht, und zwar in unermesslichem, unaufhörlichen, warum sollten die Menschen sie hierin nicht nachahmen und von der in ihnen vorhandenen, göttlich gegebenen Fähigkeit in beiden Geschlechtern den reichlichsten Gebrauch machen und durch diese Nachahmung der Gottheit, sie zu ehren, ihr zu dienen glauben? Und: Wenn die Gottheit selbst auch hinwiederum das Leben zerstört, den Tod bringt, und diess eine wesentliche Eigenschaft und Wirksamkeit von ihr ist, warum sollten die Menschen sie nicht auch hierin nachahmen dürfen oder sogar müssen im religiösen Cultus und als einen Bestandtheil von diesem auch das Zerstören des Lebens, das Tödten des Lebendigen betrachten? Es konnte nichts wesentlich Unberechtigtes oder Böses sein, da die Gottheit selbst so verführt! Das schlimme, grausame widernatürliche Verfahren konnte sich mit der Auffassung der Gottheit decken. Und da die Gottheit auch zerstört, die Dinge, das Leben verzehrt, so schien sie ein Verlangen, ein Bedürfniss zu haben nach solchem, was sie verzehren konnte — und als zürnend erscheinen wegen Mangel an dergleichen. Ein Verlangen und Zürnen, das eben durch Opferung von Menschen gestillt und beschwichtigt werden sollte.

Dem Moloch, als dem das Leben zertörenden Gott entsprach Astarte, die als jungfräuliche Göttin wie jener dem Leben und der Zeugung feindlich und zugleich Göttin der Schlacht und des Todes war. Auch ihr wurde als höchstes Opfer das Leben sowie die Macht der Zeugung dargebracht; es wurden ihr Jungfrauen geopfert, wie dem Moloch Knaben und Jünglinge, und ihr wurde strenge Enthaltsamkeit gewidmet oder sogar Entmannung. Bei der Feier ihrer Feste pflegten nämlich schwärmerische Jünglinge, durch den Lärm der Cymbeln und Pauken zum Enthusiasmus entflammt oder geradezu zum Wahnsinn gebracht, aus der Mitte der Versammlung hervorzuspringen und am Altar der Göttin sich selbst zu verstümmeln. Auch gehörte zu deren Cultus, dass ihre Priester bei ihren Prozessionen sich geisselten bis auf's Blut. Uebrigens ward nicht an allen Orten Astarte in dieser Weise aufgefasst und verehrt, wie sie denn z. B. in Sidon geradezu als Göttin der sinnlichen Liebe, der Zeugung und Geburt verehrt wurde, wie anderwärts Aschera. Diess ist wohl begreiflich, da sie beide eben dasselbe weibliche Princip sind wie Baal und Moloch dasselbe männliche, dargestellt in der Sonne, die zugleich befruchtet und erzeugt, wie versengt und Tod bringt.

Beide Götter oder Göttinen d. h. beide Seiten derselben Gottheit werden wohl auch in Eine Gestalt der Gottheit, die bald Segen, bald Verderben spendet, zusammengefasst — und diess ist wohl sogar die ursprüngliche Auffassung. Eine solche Einheit bildete in Tyrus der Sonnengott Melkarth (Baal-Melkarth). Er ist der aus der Zerstörung neues Leben schaffende Gott, die Sonne, die trotz der versengenden Gluth des Sommers und der Kälte des Winters doch immer wieder neues Leben hervorruft. Gerade zur Zeit der heissesten Sonnengluth, wenn die Sonne im Zeichen des Löwen stund, musste Melkarth den Löwen, das Symbol der Gluthhitze überwältigen, der gute Sonnengott den bösen. Wenn aber die Sonne im Winter am fernsten schien, da war Melkarth (Herakles) auf der Wanderung im fernen Westen, unterwegs in Arbeiten und Kämpfen thätig und zur Ruhe gehend im fernsten Westen. — Aehnlich erscheinen auch die beiden Göttinen Aschera und Astarte, die Liebes- und Todes-Göttin in Eine vereinigt; daher sie unter demselben Namen hier als Liebesgöttin angerufen und durch Unzucht geehrt ward, anderswo wieder als strenge, jungfräuliche Göttin (Mondgöttin) angerufen und durch Enthaltsamkeit, Entmannung und selbst Tod gefeiert wurde. Nach Griechenland kam sie durch die Phönizier unter dem Namen Aphrodite Areia, als kriegerische Aphrodite, die also zugleich Liebes- und Kampfes-Göttin ist und die daher an dem Einen Ort von ihren Priesterinnen durch Unzucht (z. B. in Korinth durch Hierodulen), an anderen Orten durch Enthaltsamkeit und kriegerische Thaten (Amazonen) geehrt wurde. Und durch einen Mythus ward erklärt, wie aus der strengen, keuschen Mondgöttin (Astarte, Artemis, Athene) die freundliche, hingebende Liebesgöttin, Aschera (Aphrodite) wurde: Die keusche Mondgöttin entflieht vor dem Sonnengotte, der sie verfolgt bis in den fernen Westen, dort erreicht er sie und indem sie sich ihm ergibt, verwandelt sich die strenge jungfräuliche Göttin in die freundliche Liebesgöttin; Astarte wird in Aschera verwandelt (Artemis in Aphrodite). Die Hochzeit soll vollzogen worden sein im Westen Phöniziens oder auf Samothrake, oder auf der Burg des Kadmos in Theben, oder jenseits der Säulen des Melkarth (Herakles) auf den Inseln des westlichen Meeres, wo die Gärten der Hesperiden sind und die goldnen Aepfel wachsen, die Granatäpfel der Aschera, die Symbole der Liebe. Gleichen Inhalt haben auch verschiedene griechische Mythen, z. B. von Herakles und der Amazone Hippolyta, von Zeus und der Europa, von Zeus und Jo, der Mondgöttin mit den Kuhhörnern (der Mondsichel).

Wie hiebei das gute und böse, verderbliche Natur-Princip vereinigt erscheinen oder Umwandlungen erfahren, so findet sich auch wohl das männliche und weibliche Princip in eine mannweibliche Einheit verbunden. Diess ist der Fall bei dem assyrischen und lydischen Sonnengott Sandon (und hat in der griechischen Sage ihre Nachbildung im Mythus von Herakles und Omphale). Es ist damit wohl ausgedrückt, dass in der Liebe eine gegenseitige Hingabe, Einswerden und gleichsam Umwandlung stattfinde. Diess wird weniger noch geistig gemeint gewesen sein als sinnlich, dem ganzen naturalistischen Grundzuge dieser Religion gemäss. Möglich, dass damit sogar eine gewisse Hypostasirung der Zeugung oder geschlechtlichen Verbindung selbst gemeint war, wie man diese auch in Symbolen darstellte, und wie Adonis als hypostasirte männliche Generations-Macht aufgefasst worden zu sein scheint. Oder es sollte damit ausgedrückt sein, dass nur die beiden Geschlechter zusammen die zeugende, fruchtbare Macht des Göttlichen darstellen, dass die Geschlechter aus dieser Einheit in Differenzirung hervorgingen und nur in der Wiederaufhebung in Einheit die schaffende, zeugende

Macht sich actualisiren könne. Gebüren ja zuletzt selbst Zeugung und Sterben als Momente des Naturlebens zusammen, Liebeslust und Todesschmerz als Offenbarung und Geschick der göttlichen Grundmacht selber, woran die Menschen in ihrer Weise theilzunehmen haben.

Wir sehen also, wie bei dieser naturalistischen Richtung der semitischen Race die Grundbestimmungen des Wesens und Wirkens des Göttlichen dem Geschlechts-Verhältniss, und insoferne der objectiven Phantasie entnommen sind. Das ethische Verhältniss dagegen, das auch durch die objective Phantasie oder den Geschlechtsgegensatz in der Familie gesetzt ist, und das in der chinesischen Religion zur Bestimmung des Verhaltens der Gottheit den Menschen gegenüber ebenfalls besondere Verwendung fand, trat hier ganz in den Hintergrund. Es konnte daher bei solcher Einseitigkeit, — da auch sonst das geistige Leben noch nicht genügende Entwicklung gefunden hatte, nicht ausbleiben, dass die Auffassung des Göttlichen und der ganze Cultus in grobe Sinnlichkeit ausartete, zu grosser Ausschweifung führte und Cultusstätten entstunden, wie sie in Syrien, auf Cypern und anderwärts sich fanden und lange Zeit hindurch bis tief in das christliche Zeitalter hinein fortbestunden. Es erklärt sich daraus aber auch, wie zuletzt, da gerade dieser Cultus grosse Verbreitung auch im römischen Reiche erfuhr, bei besser angelegten Naturen eine scharfe Reaction eintrat, ein Eckel darüber entstund und zuletzt vielfach ein Abscheu selbst vor den sonst berechtigten Geschlechtsverhältnissen, welcher zu einer weit um sich greifenden Weltflucht und zu abnormen Forderungen wie Neigungen, ja zu gänzlicher Enthaltsamkeit in dieser Beziehung führte.[1]

---

[1] Was im Leben Einzelner so oft geschieht, dass ein Uebermaass, ein Extrem das andere hervorruft, das ereignet sich auch im Leben der Völker und Religionen; und was zuerst persönliche Erfahrung und

In der alten arabischen Religion spielt zwar das geschlechtliche Verhältniss keine so bedeutende Rolle, wie in der babylonischen und syrisch-phönizischen, aber doch ist auch bei ihr der Geschlechtsgegensatz auf das Göttliche selbst übertragen, indem neben Göttern auch Göttinen verehrt wurden, also auch eine Vielheit von Göttern angenommen ward. Durch beides unterscheidet sie sich gleichfalls ganz entschieden von jener Richtung innerhalb des Semitismus, die wir als die hebräische oder israelitische bezeichnen. Auch die Entstehung und Entwicklung dieser Religion und ihrer Cultusform scheint denselben Verlauf genommen zu haben, wie die Religionen, die wir bisher zu betrachten hatten.[1]) Der Beginn war wohl auch hier Unsterblichkeitsglaube und daran sich knüpfender Ahnenkultus — also Verehrung der fortlebend gedachten Seelen verstorbener Familien-Angehöriger und Freunde, von denen auch Bilder gemacht wurden zur Erinnerung und Tröstung. Auch Bäume und Steine erhielten Verehrung, nicht als eigentliche Fetische, sondern als Aufenthaltsorte von Seelen oder Geistern. Durch fernere Phantasiethätigkeit wurden diesen Seelen dann noch Geister hinzugefügt, die nicht als Seelen Verstorbener galten, aber grossen Einfluss auf das Leben der Menschen ausüben sollten: Dschins. Eigentlicher Heroendienst scheint nicht stattgefunden zu haben, sowie auch keine besonderen Mythenbildungen sich zeigen. Dagegen war Gestirndienst in die Religion aufgenommen, besonders Verehrung der Sonne, des Mondes und — wie es scheint Saturnus' (wie in der syro-phönizischen Religion). Insofern diese Gestirne Verehrungsgegenstände wurden, trug man auch hier die hervorragendsten, bedeutsamsten Eigenschaften

---

Stimmung ist, wird theoretisch zu einer Weltauffassung und praktisch zu einer Lebensnorm und einem Lebensberuf gemacht.
[1]) Lud. Krehl: Ueber die Religion der vorislamitischen Araber. Leipzig 1863.

dessen auf sie über, was man an den Verehrungspersonen in der sichtbaren Welt vor Allem beachtete, und woran man das Wunder des Causalverhältnisses zuerst erkannte und verehrte, nämlich das Geschlechtsverhältniss und die Macht der Erzeugung und Fruchtbarkeit. Diese Eigenschaften und Wirksamkeiten wurden auf die Gestirne übertragen und dieselben als Gottheiten nun auch als geschlechtlich, Götter und Göttinen betrachtet. Diess um so mehr, als deren Wirksamkeit — wenigstens was die wärmende, belebende und Fruchtbarkeit gewährende Sonne betrifft, — die nächste Analogie darbot mit der väterlichen Erzeugungskraft und der Fürsorge für das Erzeugte. — Es scheinen übrigens die verschiedenen Stämme verschiedene Gottheiten verehrt zu haben, oder dieselben unter verschiedenen Namen. Am allgemeinsten aber war Allah als höchster Gott verehrt, verwandt mit El und Bel oder Baal, — ursprünglich wohl auch der Mächtige, Erhabene bedeutend, wie bei den andern semitischen Völkern. Dem Allah aber als dem männlichen Himmels- oder Sonnengott ward Allat beigesellt, die Erd- und Mondgöttin. Der Gott Hobal in der Kaaba zu Mekka wird als Saturn gedeutet. Neben Allat oder Alilat wurden auch die Göttinen Uzza und Manat verehrt. Herodot nennt Ourotal und Alilat, die er mit Dionysos und Aphrodite vergleicht und als Sonne und Mond deutet. Die Mondgöttin erscheint als das gebärende, fruchtbare Princip und wird in diesem Sinne verehrt. Im Kultus der Araber spielte auch die Mantik eine grosse Rolle und daher waren auch nicht die Priester, sondern die Seher die Hauptpersonen im religiösen Leben der Araber früherer Zeit. Den Dschin oder Geistern war dabei ebenfalls eine Rolle zugetheilt. Durch das Loos vermittelst verschiedener Stäbe an heiliger Stätte ward die Wahrsagung geübt oder nach vermeintlicher Einsprechung der Dschinns.

II. Die jüdische Religion.

Ganz anders gestaltete sich die religiöse Entwicklung bei jenem Zweige der Semiten, der als der hebräische bezeichnet ist und aus dem später die jüdische Religion und Nation sich herausbildete. Was zunächst den Gottesglauben betrifft, so zeichnet sich derselbe bei den Hebräern dadurch vor dem der übrigen semitischen Völker aus, dass er die Einheit und Geistigkeit der Gottheit, wenn auch nicht von Anfang an mit voller Bestimmtheit und Entschiedenheit enthält und festhält, so doch die Tendenz dazu hat und dieselbe schliesslich erreicht, während die andern semitischen Stämme die Vielheit und sinnliche Natürlichkeit der Götter festhalten und eher noch vermehren als vermindern. Insbesondere aber besteht das Charakteristische der jüdischen Religion von Anfang an, d. h. sobald dieser Zweig der Semiten sich von den andern Stämmen bestimmt abscheidet, also etwa von Abraham an, darin, dass die Geschlechtlichkeit aus dem göttlichen Wesen ausgeschlossen erscheint, dass die Gottheit weder männlich noch weiblich gedacht wird. Alle andern, besonders in der Urzeit oft sehr grob naturalistischen Eigenschaften und anthropopathischen Stimmungen, Affecte und Gesinnungen finden wir derselben beigelegt, aber nicht Geschlechtlichkeit. Diess ist von durchgreifendstem Einfluss auf alle übrigen Bestimmungen des göttlichen Wesens und Wirkens und insbesondere auch seines Verhältnisses zur Welt und zu den Menschen. Schon der Glaube an die Einheit Gottes ist dadurch hauptsächlich angebahnt; denn bei Ausschluss der Geschlechtlichkeit aus der Bestimmung des Göttlichen, ist es nicht mehr möglich oder zulässig, neben dem Gott eine Göttin anzunehmen und dann etwa durch beide ein drittes göttliches Wesen erzeugt werden zu lassen — wie solches bei den übrigen Völkern, auch den semitischen, und bei diesen sogar in hervorra-

2. Entwicklung der Religion. c) Semitische II. Jüdische Relig. 161

gender Weise der Fall war. Auch der freien, subjectiven Phantasie ist durch Ausschluss der Geschlechtlichkeit die Möglichkeit genommen, viele göttliche Individuen zu schaffen, da hiezu für jene Zeiten und Völker noch ein bestimmter sinnlicher Charackter gehörte — wie jetzt noch in der künstlerischen Darstellung, — dem nothwendig ein Geschlecht hätte zuertheilt werden müssen. Es musste also bei der näheren Bestimmung des Göttlichen, so sinnlich oder naturalistisch sie sein mochte, doch eine gewisse Allgemeinheit oder Abstractheit vorwalten. Sonach ist es unnöthig, den jüdischen Monotheismus aus der Einförmigkeit der Wüste und des Wüstenlebens herzuleiten; es lebten auch andere semitische Stämme in der Wüste, ohne zum Monotheismus zu kommen. Eben so wenig ist anzunehmen, die Urväter der Israeliten hätten nur den bösen Sonnen- und verzehrenden, lebenfeindlichen Feuergott anerkannt und dem wilden, grimmigen, eifersüchtigen Tyrannen gegenüber keine anderen Götter anerkennen dürfen. Dem jüdischen Gott werden von Anfang an auch Eigenschaften zugeschrieben, die mit einem wesentlich bösen Princip unvereinbar sind, wie Güte, Barmherzigkeit, Gerechtigkeit — wenn auch innerhalb bestimmter Schranken. Auch die Bestimmung des Verhältnisses der Gottheit zur Welt ist durch ihre Ungeschlechtlichkeit wesentlich beeinflusst. Von einer Erzeugung der Welt und der verschiedenen Arten von Wesen in ihr, sowie des Menschen, kann da selbstverständlich keine Rede sein, wie diess in mythologischen Religionen angenommen wird. Der Gottesbegriff führt vielmehr schon von Anfang an zur Annahme einer Weltbildung oder Schöpfung hin. Ebenso endlich gestaltet sich auch der religiöse Cultus bei dieser Auffassung der Gottheit vielfach anders als bei den Völkern mit geschlechtlichen Göttern. Das geschlechtliche Element mit seinen sinnlichen Ausschweifungen und Verstümmlungen muss da selbstverständlich, principiell wenigstens, ganz ausgeschlossen sein, — wo der Grundgedanke zur wirklichen Durchführung kommt. Es entsteht nun die Frage, wie es denn kam, dass gerade bei den Hebräern oder den Stammvätern der Israeliten in der nomadischen Vorzeit dieses Volkes, mitten unter anders gesinnten Völkern und im Gegensatz zu deren Religionsweise, eine solche monotheistische oder auf Monotheismus schon durch Ausschliessung aller Geschlechtlichkeit aus dem Göttlichen abzielende Gottesauffassung sich bilden konnte? Wir haben gesehen, dass die Geschlechtlichkeit der Götter, die Götterpaare und Göttererzeugungen dadurch in das religiöse Glaubensbewusstsein der Völker und in deren Cultus gebracht wurden, dass den primitiven Menschen in der Zeugung selbst eine geheimnissvolle, unbegreifliche, göttliche Macht als wirkende Ursache sich zu bethätigen schien. Dass es demnach nahe genug gelegen habe, sobald sich die Phantasiethätigkeit einigermassen gestärkt und der Drang nach Causalerkenntniss im Sein und Geschehen stärker, klarer wurde, diese Macht als göttliche Eigenschaft aufzufassen, das Göttliche wesentlich darnach zu bestimmen. Diess um so mehr, als man ja nach Durchbrechung der engen Schranken des unmittelbaren Daseins und Wirkens gerade jene grossen Gegenstände der Natur als göttliche Erscheinungen oder Mächte in Betracht zog, die am entscheidendsten auf die Natur, deren Nahrung und Leben spendende Wirksamkeit, deren Gedeihen und Segnungen für den Menschen einwirkten, und also eine befruchtende, zeugende Macht zu bekunden schienen. Der Geschlechtscharakter ward daher zur Bestimmung göttlicher Eigenschaften und Wirkungen verwendet und also auch der Geschlechtsgegensatz von der Menschennatur auf die Gottheit übertragen. Eine ethische Auffassung des Göttlichen war auch dabei nicht ganz ausgeschlossen, aber die naturalistische Ausbildung derselben lag der noch sinnlichen, geistig noch wenig ent wickelten Menschennatur näher. Nun sahen wir aber schon früher, dass durch die objective Phantasie als Generationsmacht noch ein anderes Verhältniss begründet ist, das entschiedener und klarer das ethische Wesen der Menschennatur zur Offenbarung und Realisirung bringt, als der Gegensatz und die Anziehung des Geschlechtes — nämlich die Familie, das Verhältniss der Kinder zu den Eltern, insbesondere zum Vater und Herrn der Familie und überhaupt eines Stammes. Diess Verhältniss zur Bestimmung des Göttlichen und seines Verhältnisses zu den Menschen anzuwenden, lag auch nicht ferne, wenn auch allerdings nicht ganz so nahe wie das erste, weil diese Anwendung doch schon eine höhere, geläutertere ethische Gesinnung voraussetzt. Geschah nun diess, so erschien das Göttliche als Vater und Herr, die Menschen als Kinder und Untergebene; das Verhältniss war kein bloss naturalistisches mehr, sondern ein vorherrschend ethisches, und diess musste dann auf die nähere Bestimmung des Göttlichen von hohem Einfluss sein. Das Weibliche ward damit zwar noch nicht aus dem Göttlichen unbedingt ausgeschlossen, denn es konnte ja der Geschlechtsgegensatz, aus dem die Familie selbst hervorging, noch mit in Betracht kommen, oder es konnte nach dem väterlichen auch das mütterliche Moment für das Göttliche zum Prädikat verwendet werden. Für den Orient indess und für die primitiven Menschen lag es nahe, in solchem Falle nur das Höchste, Entscheidende in der Familie, den Charakter, die Macht des Vaters und Herrn auf die Gottheit anzuwenden. — Darnach möchte es möglich sein, die Entstehung einer ethischen und monotheistischen Religion inmitten der naturalistischen und polytheistischen Glaubens- und Cultus-Arten zu erklären. Vielleicht hatte auch das spätere Verbot, den Namen Gottes auszusprechen und Bilder von Gott zu machen, hauptsächlich den Zweck, zu verhüten, dass durch sprach-

III. Die Religion.

lichen oder bildlichen Ausdruck der Gottheit ein bestimmter Geschlechtscharakter zuertheilt ward. Von Abraham lautet die alte Ueberlieferung dahin, dass er mit seinem Vater Tharah und seinem Bruder Lot aus seiner Heimath Ur in Chaldäa gegangen, zuerst nach Haran gezogen, dann aber auf höhere Eingebung hin sein Vaterland und seine Verwandtschaft ganz verlassen habe und nach Canaan gekommen sei — in Bund tretend mit nur Einem Gott, der als der „Herr" bezeichnet wird. Der Sinn hievon ist wohl der, dass Abraham, angewidert von der Vielgötterei und dem sinnlichen Cultus seiner ganzen Umgebung und ausser Stande wirksam dagegen aufzutreten, Chaldäa verlassen und für sich und seine Nachkommen ein anderes Land gesucht habe, um seine religiöse Grundrichtung zur Geltung zu bringen und auf seine Nachkommen zu überliefern. Aus dem, was er als seinen Gott verehrt, ist das weibliche Element vollständig ausgeschlossen und die Grundbestimmung ist eine ethische. Gott ist der „Herr" und dieser schliesst einen Bund mit ihm, macht Versprechungen und stellt religiös-ethische Forderungen. Hierin zeigt sich eine Abwendung von naturalistischer Auffassung der Gottheit und es ist wohlbegreiflich, dass Abraham gerade im Gegensatz gegen den religiösen Glauben und Cultus, dessen Herrschaft ihn aus seiner Heimat vertrieb, das ethische Moment in der Auffassung des Göttlichen besonders betonte, das dann für alle Zukunft seines Volkes, für die ganze Geschichte der jüdischen Religion so entscheidend wurde, und den Grundcharakter davon bildete. In Canaan traf Abraham mit einem gleichgesinnten Manne, dem Priester und Fürsten Melchisedek aus Salem zusammen, der ebenfalls nur Einen Gott, den höchsten Herrn, El-Eljon, verehrte, und trat in Beziehung, ja gewissermasen in ein Verhältniss der Unterordnung zu ihm. Es wurde also hiemit Ein Gott, der Herr, der Mächtige, El, El-Schaddai der Gott Abrahams und seines

Stammes, also der Stammesgott, neben dem kein anderer Gott verehrt werden sollte, so dass die Vielheit der Götter, wenigstens als Gegenstand der Verehrung zurückgewiesen erscheint, wenn auch allenfalls deren Realität noch nicht geleugnet wird. Mit der Vielheit ist zugleich alle Geschlechtlichkeit, also gerade der naturalistische Grund-Charakter des Göttlichen bei den übrigen Völkern, abgewiesen. So möchte also der Anfang des jüdischen Monotheismus zu denken sein, der in der That einer höheren Quelle entstammt, als die Vielgötterei: nämlich aus höherem ethischen Gefühl, aus reinerer sittlicher Gesinnung, als sie bei den Andern, die in der Vielgötterei blieben, zu finden war. Eine Gesinnung, die zugleich mit sittlichem Abscheu vor naturalistischer Entwürdigung des Göttlichen sich verband, wie sich in dem Verlassen, der Flucht seines Vaterlandes und seiner Verwandtschaft deutlich genug kund gibt.

Indess kann immerhin in jener Zeit und unter jenen Verhältnissen von einem reinen Monotheismus oder gar von der abstracten spiritualistischen Auffassung Gottes, wie sie in späterer Zeit stattfand, noch nicht die Rede sein. Schon die Einheit im Sinne von Einzigkeit Gottes ist nicht entschieden geltend gemacht, da die Realität der anderen Götter, welche andere Familien oder Stämme verehrten, nicht geradezu in Abrede gestellt wird, vielmehr anerkannt zu sein scheint, so das dieselben erst in späterer Zeit entweder als geradezu nichtig oder als untergeordnete Dämonen aufgefasst wurden. Auch wurden, wie schon bemerkt, dem höchsten Gott mit Ausnahme der Geschlechtlichkeit, die übrigen naturalistischen Eigenschaften und Wirksamkeiten durchaus zugeschrieben, so dass derselbe noch allenthalben den früher entschiedenen naturalistischen Charakter verräth. Selbst der alte Glaube an eine Vielheit der Götter ist in der Ueberlieferung nicht ganz verwischt, wie der Plural-Ausdruck Elohim für die Gottheit bezeugt. Dass die Vorfahren Abrahams anderen Göttern gedient, wird ausdrücklich gesagt im Buche Josua (24, 2 und 14) „Eure Väter wohnten vor Zeiten jenseit des Wassers (Euphrat); Tharah Abrahams und Nahors Vater und dienten anderen Göttern." Und: „Fürchtet nun den Herrn und dienet ihm treu und rechtschaffen, und lasset fahren die Götter, denen eure Väter gedient haben jenseit des Wassers und in Aegypten, und dienet dem Herrn." Auch die zu Jakob's Zeiten aus Mesopotamien hergekommenen Theraphim (Hausgötterbilder),[1]) die sich bis zu Davids Zeiten erhielten, deuten auf diese polytheistische Zeit hin und könnten ursprünglich allenfalls dem Ahnendienst entstammen. Die Verehrung heiliger Steine hat vielleicht denselben Ursprung, wenn nicht dieser Cultus erst später entstund und diese Steine als Symbole göttlicher Wirksamkeit, oder als heilige Erinnerungszeichen, oder allenfalls auch als Steine, die zum Opfern als Altäre gedient hatten, Verehrung fanden. — Auch Manches, was über Abrahams Leben selbst die Ueberlieferung berichtet, deutet darauf hin, dass trotz der monotheistischen Richtung, die er einschlug, doch die Befreiung vom alten naturalistischen Götterglauben und -Cultus nicht ganz entschieden war oder wenigstens Schwankungen zwischen ethischer und naturalistischer Richtung stattfanden. Die Erzählung von Jsaak's Opferung deutet wenigstens darauf hin, dass ihn der Gedanke überkam, dass der höchste Gott durch Menschen-Opfer am höchsten geehrt werden solle, — und die schliessliche Unterlassung dieser Opferung kann als Zeichen verstanden werden, dass die Krisis glücklich im Sinne höherer ethischer Auffassung bestanden wurde und die Versuchung dazu nicht wieder eintrat.[2]) Ob die eingeführte Beschneid-

---

[1]) 1 Mos. 31 wird erwähnt, dass Rahel diese Hausgötzen mitnahm.

[2]) Der Wechsel in der Bezeichnung Gottes, den die Erzählung zeigt, indem Gott, der das Opfer Jsaaks befiehlt als Elohim, dagegen Gott der es verhindert, als Jahve bezeichnet wird — deutet diess an. Der Elohim-Glaube war noch naturalistisch und drängte zu Menschen-

ung die Stelle der wirklichen Opferung der Erstgebornen vertreten sollte und überhaupt als charakteristisches Zeichen des Bundes zwischen Gott und dem israelitischen Volke eingeführt ward, kann zweifelhaft erscheinen, da so viele andere Völker, die nicht diesem specifischen Bunde angehörten, sie ebenfalls hatten. So die Aegypter (wenigstens die Priester), die Phönizier, Ammoniter, Edomiter, Moabiter und Araber.

Die reinere und monotheistische Gottesauffassung drang keineswegs schon zu Abrahams oder seiner nächsten Nachfolger Zeiten durch; vielmehr dauerte der Kampf gegen den Polytheismus und rohen Naturalismus Jahrhunderte lang bis in die nachexilische Zeit herein. Diess ist auch nicht zu verwundern, denn wenn allenfalls die Patriarchen, die Oberhäupter des Stammes selbst relativ reinere Vorstellungen von Gott und seinem Wirken hatten, so doch nicht ihre Familien, ihre Untergebenen, Knechte u. s. w., die doch auch mit polytheistischen Stämmen in beständigem Verkehr leben mussten, und andrerseits durch keine bessere Ausbildung gegen naturalistische und abergläubische Vorstellungen bezüglich des Göttlichen geschützt waren. Die alte hebräische Ueberlieferung bewahrte daher für alle Zeiten recht grobe, naturalistische und anthropopathische Züge der alten Auffassung des Göttlichen z. B. dass der Herr das Opfer, das verbrannt wurde, roch mit der Nase als süssen Wohlgeruch (I Mos. 8, 21). Eine Vorstellung, die offenbar noch aus der Urzeit stammt, in welcher den Todten, den Geistern der Verstorbenen Opfer gebracht wurden und man noch glaubte, dass sich diese, wenn nicht an der groben Aeusserlichkeit des Fleisches, doch an der Substanz

---

opfern, auf Grund des natürlich-ethischen, väterlichen Gefühls aber entwickelte sich in Abraham das bessere Gottesbewusstsein, der Jahve-Gedanke aus und überwand den naturalistischen Gottesglauben und -Cultus. Diese Krisis im religiösen Bewusstsein und Leben Abrahams stellt die Erzählung wohl dar. Derselbe Uebergang vollzog sich allmählich im geschichtlichen Processe der Menschheit selber.

davon durch Riechen oder sonstige Genussart lebten. Die anthropopathischen Züge von Zorn, Reue, Rache u. s. w. können ebenfalls aus dieser Urzeit stammen und mussten sich trotz der ethischen und monotheistischen Auffassung bei noch wenig gebildeten Menschen um so mehr erhalten, da man gerade bei monotheistischem Glauben nicht blos das Gute, Beglückende, sondern auch das Schlimme, Verderbliche demselben Gott zuschreiben musste — während andere Völker, insofern sie dem Polytheismus huldigen oder wenigstens dem Dualismus, beides an verschiedene Götter oder entgegengesetzte Principien vertheilen können. Damit entgehen sie leichter wenigstens in dieser Beziehung der Schwierigkeit, die sich dem beginnenden Denken aus der Annahme erhebt, dass auch das Schlimme, die Uebel des Daseins demselben Princip entstammen, wie das Gute und die Güter für die Menschheit. Eine Schwierigkeit, die man in späterer Zeit durch Zulassung eines allerdings nicht absoluten, sondern sehr gemässigten Dualismus, durch die Person des Satans zu heben suchte, als eines dem höchsten Gotte zwar widerstrebenden, aber doch untergeordneten Princips. Schon das Buch Hiob hat sich an der Lösung dieses Problems abgemüht, aber schliesslich dasselbe nur abgewiesen, nicht gelöst; abgewiesen durch die Hinweisung darauf, dass des Menschen Wissen ein sehr beschränktes sei, und man anstatt vermessen eine Lösung des Problems zu suchen, sich zu bescheiden habe und der Weisheit und dem Willen Gottes vertrauen müsse.

Das immerhin monotheistische Gottesbewusstsein zeigt sich auch bei Moses selbst noch keineswegs gereinigt von mancher polytheistischen und naturalistischen Trübung. Der Gott Jsrael's erscheint zwar auch bei ihm als der wahre und höchste Gott, aber doch noch nicht als der unbedingt einzige; nur als der mächtigste, der die grösste Wundermacht besitzt und offenbart, aber doch nicht als die einzige Macht dieser Art. So heisst es in dem Lobgesang 2 Mos. 15, 11 ff. „Herr, wer ist Dir gleich unter den Göttern? Wer ist Dir gleich, der so mächtig, heilig, schrecklich preiswürdig und wunderthätig sei?" Und wie wenig auch das Volk, das er führte, im monotheistischen Glauben befestigt war, zeigt die Neigung zum Abfall von diesem Glauben und die Leichtigkeit, mit welcher sich derselbe gelegentlich vollzog, und selbst bei denen Willfährigkeit fand, die solchem Abfall mit aller Macht entgegenzutreten die Aufgabe hatten, bei den Priestern nämlich, inbesondere bei Aaron — wie der Vorfall mit dem goldenen Kalb zur Genüge zeigt.[1]) Die Gottheit selbst erscheint dem Moses als Feuer oder im Feuer, im flammenden Dornbusche, zieht als Rauch und Feuersäule vor dem wandelnden Volke her und gibt sich kund in Donner und Blitz. Auch Jahve (Jehova) also — wie jetzt die Bezeichnung für El, Eljon oder El-Schaddai lautet, die als Name Gottes allerdings nicht ausgesprochen werden durfte — erscheint zur Mosaischen Zeit noch in sehr naturalistischer Auffassung. Und zwar selbst, so zu sagen, offiziell, während vom Volke ohnehin nur sinnlich-grobe Vorstellungen zu erwarten waren, da es in Aegypten der naturalistichen Vielgötterei verfallen war und der Aufenthalt in der Wüste kaum sehr geeignet sein konnte, ihm höhere Bildung beizubringen und es für eine höhere, geistigere Auffassung Gottes empfänglich zu machen. Der Glaube dagegen an Jahve's höhere Macht und an dessen Recht zur Herrschaft über das Volk, sowie an dessen mächtigen Schutz vor der Gewalt anderer Völker mit minder mächtigen Göttern liess sich demselben, unter den gegebenen Umständen allenfalls beibringen, aber unter den wechselnden Schicksalen auch nur durch Strenge aufrecht erhalten; denn zu leicht konnte bei dem wankelmüthigen, so leichthin nach zufälligen Aeusserlichkeiten urtheilenden Volke die Meinung entstehen, die Bundesgötter benachbarter

---

[1]) 2 Mos. 32, 1—6.

Völker seien mächtiger als der des kleinen, sich oft nur mühsam aufrecht erhaltenden israelitischen Volkes; abgesehen noch davon, dass der Cultus bei diesen Völkern der sinnlichen Natur besonders zusagen und sehr verlockend sein musste im Gegensatz zu dem grossentheils strengen Ceremonial- und Sittengesetz der mosaischen Gesetzgebung. — Auch zur Zeit der Richter änderte sich diess keineswegs; Verwilderung und Abfall nahmen eher zu als ab und selbst vor Menschenopfern scheute man nicht unbedingt zurück sogar im Kreise der Führer des Volkes, wie das Gelübde des Richters Jephta zeigt.[1]) Dieser meinte den „Herrn" zur Verleihung des Sieges über die Ammoniter bestimmen zu können durch das seltsame Gelübde, ihm das zum Brandopfer zu bringen, wenn er siege, was ihm bei seiner Rückkehr zuerst aus seinem Hause entgegen kommen würde. Und da diess sein einziges Kind, seine Tochter war, hielt er sich für verpflichtet sein Gelöbniss zu halten und sie als Brandopfer dem Herrn darzubringen: „Er that ihr, wie er gelobet hatte." Das Gelöbniss, das er blindlings gethan, stand also noch über dem natürlichen Rechte, dem ethischen Gesetze und den Gesetzen der Humanität; so dass wir hier wieder einen, allerdings vereinzelten Fall haben, wo das irrende, religiöse Gewissen, mit dem natürlichen, sittlichen Gewissen in Conflict kam und falsche religiöse Meinung oder Vorschrift die Sittlichkeit schädigte. Auch sonstige Vorfälle in dieser Zeit gaben Zeugniss dafür, dass man noch weit davon entfernt war, Religion und Sittlichkeit in Harmonie mit einander zu setzen, und dass auf ein eigentlich sittliches Leben wenig Gewicht gelegt wurde bei denen, die im Interesse des wahren Gottes und seines Volkes sich thätig erwiesen. — Die Geschichte Simsons, des Richters, kann hiefür als besonderer Beleg gelten.

---

[1]) Richter 11, 30 ff.

2. Entwicklung der Religion. c) Semitische II. Jüdische Relig. 171

Selbst in der glorreichen Zeit der ersten Könige ist reines Gottesbewusstsein und entschiedenes Festhalten am monotheistischen Glauben und ein damit harmonierendes ethisches Verhalten noch nicht zu finden. Polytheistische Neigungen, naturalistische Auffassungen und Ueberreste aus ältester Zeit zeigen sich noch allenthalben neben der Religion der Väter aus der Nomadenzeit. Von Wichtigkeit ist besonders ein Vorfall in der Geschichte Saul's, des ersten Königs. Dieser, der zuletzt von den Feinden bedrängt ward und keine Antwort erhielt vom „Horrn" auf seine Anfrage, weder durch Träume, noch durch das Licht, noch durch Propheten," sprach zu seinen Dienern: „Suchet mir ein Weib, das einen Wahrsagegeist hat, dass ich zu ihr gehe und frage." Im Mosaischen Gesetze ist nun zwar ausdrücklich geboten, solche Weiber nicht zu dulden, aber doch wussten die Diener sogleich eines zu nennen: „Siehe zu Endor ist ein Weib, das einen Wahrsagegeist hat." Und Saul ging hin, dasselbe zu befragen. Es ist zuerst misstrauisch, weil Saul selbst sich früher hatte angelegen sein lassen, die Wahrsager und Zeichendeuter auszurotten im Lande. Erst als der König ihm geschworen, dass ihm die Ausübung seines Geschäftes nicht als Missethat angerechnet und ihm nichts Schlimmes widerfahren solle, lässt es sich herbei, seinem Ansinnen, den Samuel zu beschwören oder heraufzubringen, zu willfahren. „Da nun das Weib Samuel sah, schrie es laut und sprach zu Saul: Warum hast Du mich betrogen? Du bist Saul. Und der König sprach: Fürchte Dich nicht, was siehst Du? Das Weib sprach zu Saul: Ich sehe Götter (Elohim) heraufsteigen aus der Erde (Scheol). Er sprach: Wie ist er gestaltet? Das Weib sprach: Es kommt ein alter Mann herauf und ist bekleidet mit einem Seidenrock. Da gewahrte Saul, dass es Samuel war und neigte sich mit seinem Antlitz zur Erde und betete an. Samuel aber sprach zu Saul: Warum hast du mich unruhig gemacht, dass Du mich heraufbringen lässest?" — Dieser Vorgang, obwohl nicht allenthalben klar, ist sehr bemerkenswerth. Zunächst dürfte daraus hervorgehen, dass der uralte Ahnendienst oder die Verehrung der Verstorbenen auch innerhalb des israelitischen Volkes noch fordauerte, wenn auch nur noch im Verborgenen und vereinzelnt — wie ja frühere unvollkommnere Glaubens- und Cultusweisen allenthalben nicht ganz zu verschwinden, sondern mehr oder minder sich fortzuerhalten pflegen bei den Völkern. Dass das Weib „Elohim" (Gott, Götter) sieht in der Erscheinung des verstorbenen Propheten, Priesters und Richters Samuel, deutet darauf hin, sowie das Verhalten Saul's der Erscheinung gegenüber, das einer religiösen Verehrung gleicht. Dann aber ist die Stelle auch wichtig für die Frage nach dem Unsterblichkeitsglauben in der früheren Zeit des israelitischen Volkes. Von Unsterblichkeit der individuellen menschlichen Seelen, von Fortdauer nach dem Tode, von ewiger Belohnung oder Bestrafung in einem Jenseits, oder auch von einer Wiedervereinigung der Seelen mit den Leibern zu einer Wiederauferstehung ist in der That in der vorexilischen Zeit kaum die Rede. Für Gottesfurcht und Gesetzestreue wird dem Einzelnen wie dem Volke nur Lohn in diesem Leben verheissen, langes Leben, Wohlergehen, reiche Nachkommenschaft u. dgl. und ebenso besteht die Strafe für Gottlosigkeit und Abfall nur in Verhängung von Uebeln in diesem Dasein. Jndess kann doch keineswegs angenommen werden, dass Unsterblichkeit, Fortdauer der Seelen nach dem Tode ein dem israelitischen Volke jener Zeiten unbekannter Gedanke gewesen sei. Ein Glaube, der, wie wir sahen, den primitiven Menschen zunächst sich aufdrängte und den wilden Völkern fast allgemein geläufig ist, konnte auch diesem Volke nicht ganz fremd sein, um so weniger, da derselbe so lange in Aegypten verweilt hatte, wo doch der Unsterblichkeitsglaube und der Todtenkultus eine so grosse Rolle spielten.

Vielleicht aber liegt der Grund, dass die hebräischen Urkunden fast nicht oder nur unbestimmt von der Fortdauer der Seelen der Verstorbenen reden, eben darin, dass man den Todten- und Geisterkultus damit hemmen wollte zu Gunsten des Glaubens an den alleinigen Gott, den Herrn und Beschützer des israelitischen Volkes. Eine eigentliche Leugnung ist übrigens nirgends nachzuweisen, und es finden sich vielmehr Andeutungen, dass die Verstorbenen doch in irgend einer Weise fortdauernd gedacht wurden. Wenn das Sterben bezeichnet wird als Versammeltwerden bei den Vätern, so kann diess wohl nicht als ein Ausdruck für „Vollständig-Aufhören oder Vernichtetwerden" gelten. Und eben unsere Stelle selbst weist darauf hin, dass die Todten noch als fortdauernd gedacht werden in einem Zustand der Ruhe, aus dem sie wieder erweckt und zur Erscheinung und Kundgebung gebracht werden können durch Zauber- oder Geister-Beschwörung, wie es eben mit Samuel der Fall war. Dass diese Meinung keine vereinzelte oder nur im Geheimen sich forterhaltende war, sondern eine bekannte und geläufige im Volke, geht daraus hervor, dass die Diener Saul's sogleich Bescheid wussten und eine Person kannten, welche sich auf Wahrsagen und Todtenbeschwören verstund. Uebrigens kann das Zurücktreten des Glaubens an die individuelle Fortdauer nach dem Tode auch noch dadurch veranlasst worden sein, dass vor dem Stamme oder Volke als Ganzes die einzelne Person mit ihrem Schicksale zurücktrat, das Volk als solches aber mit seinem Streben und seinem Sckicksale rein dem irdischen Leben und der Geschichte angehörte und sich darauf in der That auch der Bund mit Jahve, sowie dessen Wirksamkeit hauptsächlich bezog — für die Ewigkeit d. h. für unabsehbar lange Dauer auf Erden. Das Collectiv-Verhalten, das Collectiv-Schicksal tritt daher allenthalben in den Vordergrund und erscheint, wenn nicht als das einzig, doch als das vorzugsweise Wichtige, —

und um so mehr, je einziger und ausschliesslicher Jahve als der wahre Gott erschien und je mehr das jüdische Volk als sein auserwähltes irdisches Organ zur Realisirung seiner Weltzwecke, zur Erlangung seiner Ehre und Herrlichkeit und zur Ausübung seiner Weltherrschaft sich fühlen und geltend machen sollte. Trotz dieses Zurücktretens des ausdrücklichen Bekenntnisses des Unsterblichkeitsglaubens, war aber derselbe doch auch damit schon gegeben, dass der gläubige Israelite an einen Gott glaubte, von dem er wusste oder annahm, dass er so mächtig sei, dass er jedem Menschen die Unsterblichkeit gewähren konnte, wenn er wollte; sei es, dass er ihn der Erde entrückte ohne Tod, wie die Sage von Elias berichtete, oder ihn wieder zum Leben erweckte. Der Unsterblichkeitsglaube war also bei den alten Israeliten gleichsam virtuell mit ihrem Gottesglauben gegeben, und es konnte daher an diesen auch ohne Schwierigkeit der Glaube an die Wiedererweckung der Todten zu neuem Leben auf Erden sich anschliessen oder daraus entwickeln, — um der auf das Jrdische gehenden Grundtendenz des ganzen Bundes-Volkes um so mehr Genüge zu thun.

Kehren wir zu den Königen zurück, so finden wir zwar, dass mit David, dem Nachfolger Saul's, eine Glanzperiode des kleinen jüdischen Volkes beginnt, sowohl in Bezug auf sein Verhältniss zu den Nachbarvölkern, die seine Oberherrschaft anerkennen müssen, als auch in Bezug auf äusserliche Organisation der religiösen, insbesondere der gottesdienstlichen Einrichtungen. Allein tiefere Begründung des Jahve-Glaubens und des Bundesbewusstseins, sowie Verbesserung des sittlichen Bewusstseins und Lebens ward dadurch kaum erzielt, wie die Folgezeit erwiesen hat. David konnte zwar in Bezug auf äusserliche Religiosität und gottesdienstlichen, ceremoniellen Eifer als ein „Mann nach dem Herzen Gottes" bezeichnet

2. Entwicklung der Religion. c) Semitische II. Jüdische Relig. 175

werden, in sittlicher Beziehung stund er keineswegs sehr hoch, und auch bei ihm stimmen religiöses Gewissen und sittliches Gewissen noch keineswegs mit einander überein. Noch weniger ist diess bei seinem Sohne und Nachfolger Salomon der Fall, der nicht bloss sein sittliches Gewissen schon bei seiner Thronbesteigung durch sein Verhalten gegen seinen Bruder tief befleckte, sondern selbst auch seinem religiösen, so zu sagen kirchlichen Gewissen nicht treu blieb, da er trotz seines Baues eines prächtigen Jahve-Tempels doch auch fremden Culten in seiner Umgebung und Familie Eingang gestattete und in soferne selbst, wenn nicht geradezu dem Götzendienst, so doch einem verderblichen Indifferentismus verfiel. Und es ist in der That zu verwundern, dass ein solcher Mann der folgenden Zeit als göttlich erleuchteter, inspirirter Verfasser heiliger Schriften und göttlicher Offenbarung gelten konnte, von dem man doch kaum mit Sicherheit behaupten kann, dass er — von seiner Jugend etwa abgesehen — selbst an den Bundesgott Jahve, als dem alleinigen Herrn und Gott ernsthaft geglaubt habe! — Nach solchen Vorgängern und ihren Beispielen ist es nicht zu verwundern, wenn auch die folgenden Könige grösstentheils nichts weniger als musterhafte Anhänger und Förderer der Religion, „des Glaubens der Väter" waren. In beiden Reichen, in Ephraim oder Israel (Samaria), wie in Juda mit Jerusalem und seinem Tempel, in welche sich gleich nach Salomon das jüdische Gesammtreich getheilt hatte, vernachlässigte man gewöhnlich das Gesetz und vergass den Glauben der Väter — und zwar selbst in Juda so sehr, dass das heilige Buch erst kurze Zeit vor dem Beginn der babylonischen Gefangenschaft wieder aufgefunden und vom Hohepriester Hilkia dem Könige Josias zugesendet wurde, um es wieder geltend zu machen. (II, Kön. 22. 8). Unter manchen Königen besonders im Reiche Israel wurde geradezu der Baal's und Astarte-Dienst mit zahlreicher Priesterschaft wieder eingeführt.¹) Und wenn auch diess nicht immer geschah, so wurde doch der mosaische Ritus und die „Religion" der Väter nur äusserlich mit blutigen und unblutigen Opfern und Ceremonien in Ausübung gebracht, im praktischen Leben kümmerte man sich wenig um das bestehende Gesetz und ergab sich in sittlicher Beziehung allen Ausartungen, dem Luxus, der Ausschweifung, Bedrückung der Armen u. s. w., so dass die Propheten nicht bloss gegen den Abfall von Glauben und Gesetz und gegen Götzendienst zu eifern hatten, sondern auch gegen religiöse Aeusserlichkeit, gesinnungslose Legalität und sittliche Entartung.

Indess war immerhin durch das mosaische Gesetz schon für die vorexilische Zeit ein mächtiger Impuls zu eigenartiger religiöser Entwicklung für das jüdische Volk gegeben und eine Tendenz zu einheitlicher Gestaltung desselben, sowie zur Abschliessung gegen andere Völker eingeführt, die nicht mehr ganz verschwand, schliesslich doch zur Herrschaft kam und sich historische Realisirung gab in theoretischer und praktischer Beziehung. In den schlimmsten Zeiten des Abfalls oder Verfalls waren es besonders die Propheten, welche strafend und belehrend auftraten, an den Bund mit Jahve und an dessen Gesetz erinnerten und die blos äusserliche Befolgung als ungenügend tadelten. Der Baum war gepflanzt durch die mosaische Thätigkeit und die Propheten sorgten dafür, dass er vom Unkraut der heidnischen Culte nicht ganz überwuchert, und dass er sogar veredelt wurde. Sie machten nicht bloss den alten Bund mit Jahve geltend und das

---

¹) Dieser Dienst wurde so sehr und so lange festgehalten, dass selbst dem Propheten Jeremias gegenüber, also zur Zeit als die babylonische Gefangenschaft nahe bevorstand, die jüdischen Weiber (in Aegypten) sich weigerten, dem Cultus der Himmelskönigin (Melecheth Haschamaim) zu entsagen, sich auf ähnlichen Cultus in Jerusalem berufend. Jerem. 44, 15, ff.

mosaische Gesetz, sie vertieften und verinnerlichten auch die Auffassung und Realisirung desselben, indem sie besonders auf Harmonie zwischen der äusserlichen Uebung und inneren Gesinnung, sowie zwischen religiösem Cultus und sittlichem Leben drangen. Der Prophetismus ist so im jüdischen Volke und Staate von der höchsten Wichtigkeit geworden neben dem eigentlichen Priesterthum. Diesem oblag mehr die Bewahrung der äusserlichen religiösen Ordnung und Uebung, insbesondere der Opferdienst und allenfalls das Wahrsagen durch Loos-Werfung vor Altären oder Gottesbildern, während die Propheten den Geist der jüdischen Religion vertraten, religiöse Gesinnung und sittliche That förderten. An und für sich ist solch' ein prophetisches Wirken nicht etwas ganz Neues in der Religionsgeschichte oder nur dem jüdischen Volke eigenthümlich, aber es erlangte hier durch besondere Umstände eine ganz eigenartige Wirksamkeit und Bedeutung und wurde eine gleichsam der Natur entrückte historische Macht und ein bedeutsames Glied in der ethisch-historischen Entwicklung des Volkes. Ursprünglich mag die prophetische Begabung und Uebung als ein ziemlich abnormer Zustand, vielleicht als wilde Erregung zur Erscheinung gekommen sein, wie es bei ungebildeten Völkern noch jetzt der Fall ist, und wie insbesondere der Schamanismus ein Beispiel davon liefert. Noch in nachmosaischer Zeit wurden berauschende oder betäubende Mittel angewendet, um den Zustand prophetischer Begeisterung hervorzurufen und zu sagen oder zu thun, was im gewöhnlichen, normalen Zustande nicht möglich war. Später wurden Prophetenschulen errichtet und der Prophetismus methodisch ausgebildet, besonders zur Zeit Samuels. Die meisten und grössten Propheten aber scheinen keineswegs aus solchen Schulen hervorgegangen zu sein. Die Verwaltung des Propheten-Amtes durch Elias und Elisah erscheint noch als stürmisch und gewaltthätig gegenüber dem zunehmenden Baalsdienst im

Reiche Ephraim. Gegen die Baals-Priester ward das Volk zur Ermordung aufgereizt, gegen König Ahab und sein Geschlecht ward eine Militärrevolution in Scene gesetzt und ein Usurpator, Jehu, gesalbt, der den König ermordete und sich selbst an dessen Stelle setzte. Die prophetische Wirksamkeit dieser beiden Propheten bestund schon mehr im Wunderwirken und der Haupt-Act des Elias, die Herbeiführung des Regens nach langer Dürre erinnert einigermassen an die Regenmacher, z. B. bei den Negern, während Elisah's Thätigkeit vielfach an die der Medicinmänner bei ungebildeten Völkerschaften gemahnt. — Bei den späteren Propheten tritt diess zurück; sie sind weder Wahrsager im gewöhnlichen Sinne, noch Wunderthäter, sondern Ermahner und Belehrer des Volkes über seine religiösen und sittlichen Pflichten, über sein Verhältniss zu Jahve, seine gegenwärtige Lage und zukünftigen Ziele. Das besondere Verhältniss des Volkes zu Jahve wurde als ein Ehebund aufgefasst, der Abfall von demselben zu andern Göttern als Untreue und Buhlerei gebrandmarkt. Jeremias z. B. lässt Gott zu Israel als geradezu einer Jungfrau und Geliebten sprechen. (Jerem. 31, 3—4). Zuletzt wurde, als die Lage des Volkes immer bedrückter und leidvoller sich gestaltete, die Idee vom leidenden Gottesknecht auf die Bahn gebracht und ausgebildet.[1]) Dadurch wurde im Volke nicht bloss das Bewusstsein der Einheit und eines hohen historischen Berufes geweckt und gebildet, sondern auch eine ideale und universale Auffassung desselben angebahnt. D. h. dem Streben und Leiden war die Bedeutung zugeschrieben, die Sache Gottes zu führen, dadurch endlich über alle Anfeindung

---

[1]) Eine Vorstellung, die wohl weniger das für Untreue und Missethat leidende Gottesvolk bezeichnet, als vielmehr dieses charakterisiren soll, wie es für das Bekenntniss seines Gottes und für Realisirung seiner Zwecke zu leiden hat. Allenfalls konnte auch ein einzelner frommer Eiferer für Gottes Sache, ein treuer duldender Bekenner Jahve's darunter verstanden werden.

und Hemmung obzusiegen und die ihm gebührende Herrschaft über die Welt zu erlangen. Damit musste selbstverständlich der ursprüngliche Nationalgott zum allgemeinen und absoluten Gott potenzirt werden — freilich noch in enger Verbindung mit dem Einen Judenvolke bleibend und nur durch dieses, als realer Grundlage und wirkendes Organ seine Herrschaft über alle Völker erreichend und ausübend. Der ideale Theil dieser Hoffnung ging durch das Christenthum allerdings in Erfüllung, denn die religiösen Grundgedanken und der geistige Haupt-Impuls desselben nahmen aus dem Judenthum (der Propheten) ihren Ausgang; aber die reale Grundlage und das wirksame Organ des geistigen Reiches oder vielmehr der hierarchischen Herrschaft wurde eine solidere, als das kleine jüdische Volk sie gewähren konnte, die in Rom gegründete Weltherrschaft nämlich, mit welcher ein ganz enger Bund sich allmählich herstellte.

Die Propheten aber, welche diese Entwicklung so mächtig förderten, hatten davon keine Ahnung; sie fügten der Idee und Realität des leidenden Gottesknechtes eine zweite Idee von einem künftigen Sieger und Herrscher bei, durch den das Volk Israel nicht bloss aus Gefangenschaft und Ohnmacht befreit, sondern auch zur Herrschaft über die anderen Völker geführt und sein Gott als der einzige und absolute zur Anerkennung gebracht werden sollte. Es war diess die Messias-Idee. Es mag in der Geschichte der Menschheit kaum ein Gebilde der subjectiven, schaffenden Phantasie geben, angeregt durch Bedrängniss, Wunsch und Hoffnung, das einen so mächtigen, weit greifenden, dauernden Einfluss auf Völker und einzelne Menschen ausgeübt hat, wie diese Idee. Sie hat zunächst das israelitische Volk in seinem Unglück aufrecht erhalten, ermuthigt und gestärkt, es zu Strebungen für die Zukunft angeregt und mit Hoffnungen erfüllt. Zugleich aber fand im Lichte dieser Idee auch die Vergangenheit dieses Volkes eine neue Deutung oder Verklärung und die Geschichte desselben wohl auch manche Ueberarbeitung oder Umgestaltung. Und in der Folgezeit erlosch der Gedanke eines kommenden Messias als Erlösers und Herrschers nie wieder ganz, sondern wurde vielmehr stets bewahrt und immer wieder um so lebendiger, je stärker die äusseren Bedrängnisse des Volkes waren. Zur Zeit der Entstehung des Christenthums war er mächtig erwacht der Herrschaft und Bedrückung der Römer gegenüber. Selbst nach der Zerstörung des Reiches und Tempels des jüdischen Volkes erlosch er nicht, sondern wurde standhaft festgehalten und es geschieht diess noch vom gläubigen Judenthum. Aber auch die Entstehung des Christenthums selbst ist wesentlich an diese Idee, an dieses Produkt der schaffenden, prophetischen Phantasie geknüpft, und ohne sie wäre es wohl nicht möglich gewesen, das Wirken und Leben Jesu in der Weise geltend zu machen, als fruchtbaren Keim einer grossen religionsgeschichtlichen Gründung in die Geschichte zu legen und zu so grossartiger Entwicklung zu bringen. Jesus konnte mit seinem Leben und seiner Lehre als Messias dem jüdischen Volke nahe gebracht werden, wie später als Logos und Gottessohn der hellenischen und römischen Welt. Damit verband sich dann die Idee, die, wie erwähnt, ebenfalls von dem Propheten ausgebildet ward, die vom leidenden Knecht Jahve's. Durch Verbindung von beiden war es erst möglich, Jesus trotz seines Leidens und Todes doch als Messias geltend zu machen und seinem Werke höhere Vergeistigung und den Charakter der Allgemeinheit zu sichern. Hier aber scheiterte die Gewinnung des Judenthums, als Ganzen, für das neu zu gründende Gottesreich. Es fühlte sich vielmehr selbst als der leidende Gottesknecht unter den Völkern und der Messias sollte ihm vielmehr Hülfe und Erlösung bringen, Freiheit und Macht, nicht aber selbst als leidender Gottesknecht

erscheinen und schmachvoll untergehen. Von der irdischen Basis der weltlichen Herrschaft und Herrlichkeit eines Messias wollte sich das Judenthum nicht losreissen, um ein allgemeines, freies Gottesreich zu begründen; daher mochte es einen leidenden Messias mit blos geistiger Macht und Wirksamkeit, dessen Reich nicht von dieser Welt sein sollte, nicht anerkennen. Suchte und fand ja doch das von Jesus begründete geistige Gottesreich selbst bald genug, wie schon bemerkt, einen neuen weltlichen Stützpunkt in Rom, der sogar viel weltlicher, aber auch viel fester war, als der jüdische Staat. Der Nachfolger des römische Pontifex maximus zu werden erschien den römischen Bischöfen bald als viel wünschenswerther und förderlicher, als die Stelle des jüdischen Hohenpriesters einzunehmen!
— Zu den beiden Ideen des leidenden Gottesknechtes und des Messias hatte sich im Judenthum noch eine dritte ausgebildet, die ebenfalls bei der Constituirung des Christenthums, wie es sich allmählich theologisch und kirchlich, als Fortsetzung des Judenthums gestaltete, mächtig, ja entscheidend mitwirkte. Die Idee nämlich von einer stellvertretenden Sühne und Genugthuung eines oder mehrerer Gerechten für andere Glieder des Volkes oder geradezu für das ganze Volk. Der Gedanke und Brauch tauchte schon früher auf. Abgesehen von den Opfern, die ja auch schon eine gewisse Stellvertretung zu üben haben, werden in alter Ueberlieferung Fälle berichtet, dass Gott bereit gewesen, um einiger Gerechter willen gottlose Städte zu verschonen, oder dem Volke Vergebung zu Theil werden zu lassen. Aehnliches in der Geschichte des Moses selbst. Sogar die jährliche Beladung eines Bockes mit den Sünden des Volkes, und dessen Hinaustreiben in die Wüste für den bösen Wüstengeist Azazel, dass er diesem zum Opfer falle, beruht auf einem ähnlichen Stellvertretungsgedanken. Und der leidende Gottesknecht selbst, unter dem ein Einzelner oder der auser-

losene Korn frommer, eifriger Israeliten zu verstehen ist, übt durch sein Leiden und sein opfervolles Wirken solche Stellvertretung. Auch diese Idee ward in der nachexilischen Zeit im Judenthum festgehalten und weiter ausgebildet in der Theorie und wurde praktisch zu realisiren gesucht. Im Christenthum aber wurde sie zur Fundamental-Idee in der Erlösungslehre erhoben, an welche sich die ganze Ausgestaltung der sog. christlichen oder vielmehr kirchlichen Heilsökonomie anschloss. So wurden im Judenthume, besonders von der Zeit des Exils an die drei Grund-Ideen auf die Bahn gebracht und festgehalten, deren Vereinigung in einem lebendigen Mittelpunkt oder Träger einer neuen (kirchlich sich ausgestaltenden) Religion den Ursprung gab und den durchgreifendsten Einfluss auf das ganze religiöse Leben der Menschheit übte.

Nach der Rückkehr aus der babylonischen Gefangenschaft in Folge der Eroberung Babylons durch den Perserkönig Cyrus, und nach dem Wiederaufbau des Tempels zu Jerusalem gestaltete sich das religiöse Bewusstsein und Leben des jüdischen Volkes in mehr systematischer Entwicklung zu festerer Geschlossenheit. Der Monotheismus, sowie die mosaische Gesetzesrealisirung befestigten sich, gingen gleichsam in Fleisch und Blut über, wurden wie zur anderen Natur, und an Abfall zu anderen Göttern, gegen den in der vorexilischen Zeit so viel gekämpft werden musste, war bald nicht mehr zu denken. Es folgt diess aus der Natur der Sache, aus dem Laufe der geschichtlichen Ereignisse und der Schicksale des Volkes. Der Gott Israel's konnte zwar zunächst als weniger mächtig erscheinen, als die Götter der anderen Völker, da diese so siegreich und mächtig waren, das jüdische Volk aber so wenig zahlreich blieb, zuletzt schmählich unterlag und in Gefangenschaft fortgeschleppt wurde. Aber die Propheten wussten dieser Schlussfolgerung vorzubeugen nicht blos dadurch, dass sie Israel's Missgeschick aus

2. Entwicklung der Religion. c) Semitische II. Jüdische Relig. 183

seiner eigenen Verschuldung, seiner Untreue gegen Jahve ableiteten, sondern besonders auch dadurch, dass sie das Bundesverhältniss zwischen Jahve und dem Volke mehr idealisirten, dem Volke eine höhere, mehr und mehr nicht blos nationale Aufgabe, sondern eine welthistorische Mission zuschrieben, und das Leiden selbst als Moment in diese aufnahmen. Vor Allem aber dadurch, dass sie Wiederherstellung eines mächtigen Reiches des Gottes-Volkes in (nahe) Aussicht stellten durch einen Messias oder Sprössling David's. Von solchen Gedanken und Hoffnungen waren die Zurückkehrenden beseelt und begeistert — um so mehr, da sie ja gerade den frömmsten und wohl auch zelotischen Theil des in Gefangenschaft weilenden Volkes bildeten, da die religiös gleichgültigeren und wohlhabenden Glieder des Volkes grösstentheils von der Erlaubniss zur Rückkehr keinen Gebrauch machten. Ausserdem griff man sogleich zu den strengsten Massregeln, um eine Wiedervermischung der Zurückkehrenden mit den heidnischen Umwohnern zu verhindern und einen schroffen Gegensatz gegen sie durchzuführen. Endlich hatte sich auch besonders, wie es scheint, durch Berührung mit dem persischen Religionssystem das Gottesbewusstsein einigermassen gereinigt und sowohl gegen polytheistische Anwandlungen sicherer gestellt, als auch von anthropopathischen Unvollkommenheiten befreit. Jenes geschah besonders dadurch, dass man die Lehre von den Engeln als höheren geistigen Wesen und Dienern Jahve's annahm oder ausbildete, und dadurch die Elohim (Naturmächte oder Naturgötter) und himmlischen Heerschaaren (Gestirne als lebendige Wesen) dem Einen höchsten Gott unterordnete. Die anthropopathischen Unvollkommenheiten und die Thaten, die des guten Gottes unwürdig zu sein schienen, beseitigte man aus der Gottesidee dadurch, dass man nun auch ein böses Princip oder vielmehr böse Geister annahm, mit einem Oberhaupte, dem Satan, dem man nun das Böse und das Unglück zuschrieb, während man früher beides von demselben Wesen, von Gott selbst abgeleitet hatte. Doch wurde allerdings kein absoluter oder so schroffer Dualismus zweier Principien angenommen, wie diess in der persischen Religion der Fall war, sondern der Satan blieb trotz all' seiner Macht doch dem Jahve untergeordnet. In Folge dieser Annahme böser persönlicher Wesen, insbesondere des Satans, wurde nun auch die Ueberlieferung vom Sündenfall der ersten Menschen gedeutet und derselbe als das Werk des Satans aufgefasst, während in der mosaischen Schöpfungsgeschichte nur von der Schlange die Rede ist, und von dieser gesagt wird, — nicht dass sie böse, sondern nur, dass sie klüger war als alle anderen Thiere. Wie denn auch die Schlange als Thier für ihr Verführungswerk Strafe erleidet. Vom Satan ist da noch keine Rede und auch in der folgenden Zeit nicht, obwohl bei der Erzählung mancher Begebenheiten reichlich Gelegenheit geboten war, satanische Wirksamkeit anzunehmen und hervorzuheben. Somit scheint die Lehre vom Satan und seinen Gehilfen erst in späterer Zeit bekannt geworden zu sein.

Eine fernere Eigenthümlichkeit der nachexilischen Zeit des jüdischen Volkes besteht darin, dass nun auch die Subjectivität, die individuelle Persönlichkeit mehr hervortritt und zur Geltung kommt als früher, wo hauptsächlich nur das Volk als Ganzes oder seine Führer in Betracht kamen. Diess ist wohl darin begründet, dass das Volk selbst eine befestigte, sichere Organisation erhalten hatte, als solches durch seine Institutionen Jahve anerkannte und seine Gesetze und Einrichtungen gleichsam offizielle Realisierung fanden. So lag es am Einzelnen, in diesen gesicherten Verhältnissen sich nun auch seinerseits geltend zu machen und das Seinige zu thun in persönlichem Wirken, den Bund mit Jahve (Jehova) selbst zu bethätigen durch Befolgung des Gesetzes im mosaischen

Sinne, und durch ethische Vollkommenheit im Sinne der Propheten — wobei das Erstere immerhin grösstentheils das Uebergewicht hatte und zu religiöser Legalität und zum Pharisäismus führte, wie bekannt. Zu Letzterem kam es hauptsächlich dadurch, dass man zum ausdrücklichen Gesetze noch viele andere Vorschriften ausdachte, den sogenannten Zaun um die Gesetze zog, theils um dieselben objectiv um so mehr zu schützen, theils um subjectiv durch Befolgung dieser Vorschriften sich gleichsam Nebenverdienste zu erwerben und mit dem Scheine besonderer Gerechtigkeit zu prunken. Ein Streben, durch welches hauptsächlich die Forderung innerer religiöser Gesinnung und wahrhaft sittlichen Thuns, das schon die Propheten gegenüber der blossen religiösen Aeusserlichkeit so dringend gefordert hatten, — um Geltung und Befolgung gebracht wurde. Die Erneuerung dieser Forderung und der Kampf gegen die pharisäische Aeusserlichkeit und Scheinheiligkeit war es daher auch, wie bekannt, wovon die Reformbewegung ihren Anfang nahm, als Jesus auftrat und sein Werk begann. — Mit diesem Hervortreten des religiösen Subjectes, der subjectiven religiösen und ethischen Bethätigung, steht wohl auch in Verbindung, dass nun auch der Glaube an die individuelle Unsterblichkeit ausdrücklich geltend gemacht oder in's Bewusstsein gebracht ward. Neben der Rücksicht auf das Schicksal des ganzen Volkes ward eben jetzt auch das Schicksal des Einzelnen besonderer Beachtung gewürdigt, und es brauchten nur die schon vorhandenen Keime geweckt und entwickelt zu werden, um den vollen Glauben an die Unsterblichkeit der Seelen der Menschen-Individuen zum Bewusstsein und zur Geltung zu bringen. Es verband sich damit auch der Glaube an eine einstige Wiederverbindung der Seelen mit den Leibern oder der Wiedererweckung der Todten — was wiederum auf persischen Einfluss hindeutet, da in der zoroastrischen Religion sich dieser Glaube schon früher findet.

Was die geistigen Strebungen, die das geistige Leben bestimmenden und beherrschenden Mächte betrifft, so verschwand in dieser nachexilischen Zeit, wohl in Folge der strengen Organisation und Stabilität aller Verhältnisse, das Prophetenthum allmählich. An dessen Stelle traten neben das Priesterthum, dem mehr der äusserliche Gottesdienst, insbesondere die Darbringung der Opfer oblag und der Tempeldienst, — nunmehr die Lehrer, die Ausleger des Gesetzes und der Propheten. Es war damit eine Bewegung in das geistige Leben eingeführt und ein Element, wodurch nothwendig das Priesterthum nach und nach in den Hintergrund gedrängt und zuletzt zur Auflösung gebracht werden musste. Schon die Propheten drängten oft das Priesterthum aus der das geistige Leben beherrschenden Stellung zurück in die zweite Reihe, und sie wurden daher auch in der Regel von demselben mit missgünstigem Auge betrachtet oder geradezu verfolgt. Zunächst mussten die Lehrer sich allerdings mit bescheidener Stellung und geringerem Einfluss begnügen, aber dieser war dafür continuirlicher und wuchs allmählich, so dass er zuletzt doch das Uebergewicht erlangte, grösser wurde auf das Volk als der des Priesterthums, und noch fortdauerte, als dieses selbst unterging. Diess Letztere geschah zwar hauptsächlich in Folge der Zerstörung des Tempels zu Jerusalem, des centralen National-Heiligthums; aber nicht desshalb allein, denn es liegt in der Natur der Sache, dass mit dem Fortschritt der Bildung der Völker die Lehrer und Vertreter des Wissens, der Erkenntniss das Uebergewicht über die Opferer (Priester) und Zauberer erlangen, schliesslich zur Alleinherrschaft kommen und diese behaupten, bis wieder Zeiten religiöser Erregung oder der Auflösung der bestehenden Weltauffassung eintreten. Zeiten, die der Bildung neuer Glaubensrichtungen und dem Aufwuchern neuen Aberglaubens, der Zauberei und des Geisterspukes günstig zu sein pflegen. — In Folge beginnender Forschung und intellectueller Entwicklung blieb auch die Skepsis nicht aus, wie besonders das Buch Koheleth zeigt. Wichtiger indess für die weitere Entwicklung der jüdischen Religion in theoretischer Beziehung war es, dass eine Art philosophischer oder theosophischer Spekulation anfing, in den zwar allmählich reiner, aber auch abstracter und starrer gewordenen Gottesbegriff wieder einige Belebung zu bringen. Man fing nämlich an, von Gott selbst nicht blos seine Herrlichkeit und Macht, sondern auch sein Wort (Memra) zu unterscheiden, ohne doch eigentlich eine Trennung zwischen beiden anzunehmen. Ebenso ward die Weisheit Gottes von Gott selbst unterschieden und wie ein selbstständiges Wesen handelnd beschrieben. Als in Alexandria in Aegypten die Juden daselbst mit der griechischen Philosophie näher bekannt wurden, suchten sie eine Harmonie zwischen der jüdischen Glaubenslehre und den wichtigsten Errungenschaften jener herzustellen. Die allegorische Schriftauslegung wurde zu diesem Zwecke reichlich verwendet — (wie auch die Stoiker durch allegorische Deutung der griechischen Mythen den Volksglauben mit ihrer Philosophie so gut als möglich in Uebereinstimmung zu bringen suchten.) So Aristobulos, Aristeas und besonders Philo, der Zeitgenosse Jesu. Es war hauptsächlich die griechische Logos-Lehre, die Philo aufgriff und in seiner Weise umgestaltete. Der Logos ist nicht blos unselbstständige Vernunft und Wort Gottes, sondern ist ein selbstständiges Wesen, der Erstgeborne (Monogenes) Gottes, wenn auch nicht selbst Gott und nicht gleichwesentlich mit Gott. Er ist der Mittler zwischen Gott und der Welt, ist der Vertreter, Fürsprecher der Menschen bei Gott und der wahre hohe Priester. So ward hier in der jüdisch-alexandrinischen Philosophie eine Theorie vom Logos geschaffen, die zwar zunächst nur Produkt des speculativen Denkens war, aber leicht reale Bedeutung gewinnen konnte, wenn sich in der Geschichte eine Persönlichkeit zeigte, worauf eine Anwendung derselben ver sucht werden konnte. Und diese Persönlichkeit trat zur nämlichen Zeit in Palästina auf, in welcher in Aegypten die Logoslehre jene eigenthümliche Ausbildung fand — in Jesus von Nazareth. Es war damit durch das Judenthum auch der Impuls gegeben zur christologischen Lehrentwicklung und Dogmen-Gestaltung im Christenthum. Schon bei den Aposteln Paulus und Johannes finden sich die Anfänge dazu, aus welchen unter unendlichen Streitigkeiten nach Jahrhunderten endlich die festen Dogmen der christlichen Orthodoxie hervorgingen.

Wir können also sagen: Die eigenthümliche Richtung, welche der religiöse Glaube und Cultus bei den Hebräern genommen, und die dieser Religion eine so hohe und einzigartige Bedeutung in der religiösen Entwicklung der Menschheit verschafft hat, begann, so weit aus der Ueberlieferung sich schliessen lässt, mit einer Opposition Abrahams gegen den unter den Semiten und auch in seiner Familie selbst um sich greifenden naturalistischen Polytheismus und geschlechtlich ausschweifenden Cultus. Er fasste dagegen Gott als ein ethisches Wesen auf und schloss die Geschlechtlichkeit vollständig aus seinem Verehrungs-Wesen aus, wenn es auch sonst noch keineswegs als rein geistiges aufgefasst wurde. Es ward dagegen hauptsächlich nach Analogie des Vaters und Hauptes der Familie und Beherrschers eines Stammes, also patriarchalisch bestimmt, und auch das Verhältniss, in welchem er sich zu demselben wusste, gestaltete sich demgemäss. Es war ein ethisches oder Bundesverhältniss — wie es einem naturalistischen Gotte gegenüber kaum möglich war — und dieses bethätigte sich darin, dass Gott, El, Elohim (Jahve) als höchstes Verehrungwesen, als Bundesgott mit Ausschluss aller anderen Götter anerkannt und verehrt werden sollte unter Darbringung der entsprechenden Opfer und Befolgung der allgemeinsten sittlichen Vorschriften sowie einiger specifischer Anordnungen und Ceremonien. Als Gegenleistung hatte dieser ethisch aufgefasste El (El-Eljon, Bel oder Baal) kaum mehr und Anderes zu gewähren, als das naturalistisch aufgefasste Verehrungswesen (Bel, Baal) der anderen semitischen Völker, nämlich irdisches Wohlergehen, glückliches Leben, reiche Nachkommenschaft, ein reiches, gesegnetes Land als Wohnort, Rettung vor Feinden. Es ist begreiflich, dass, da diese Wünsche und Hoffnungen nicht immer in Erfüllung gingen, gar häufig ein Schwanken im Vertrauen auf diesen Gott eintrat und ein Abfall zu anderen Göttern, die ihren Verehrern mehr Hülfe zu gewähren und stärker zu sein schienen. Diess um so mehr, da der Cultus dieser weit anziehender, ja in seiner sinnlichen Form sehr verlockend erschien. Dagegen nun traten die Propheten auf, um die Sache des „Gottes der Väter" zu führen. Schon Moses erschien als solcher, und in der Richter- und Königszeit die übrigen Propheten bis zur Wegführung in Gefangenschaft. Sie verkündigten Jahve als den wahren Gott Jsraels, dem allein Opfer und Verehrung gebühren, und drangen zugleich darauf, dass diese Verehrung nicht eine blos äusserliche zu bleiben habe, sondern dass es auf wahrhaft religiöse Gesinnung und sittliche That ankomme. Jhrem unablässigen, begeisterten Wirken und oft strengen Strafreden gelang es, wenigstens in einem Theile des Volkes den Glauben an Jahve, den Gott der Väter zu bewahren, dadurch das nationale Bewusstsein zu stärken und es selbst im tiefsten Unglück aufrecht zu erhalten. Ja es geschah nun, dass, je gedrückter die Lage in der gegebenen Zeit war, um so grösser die Hoffnung für die Zukunft wurde — für das Volk, sein Geschick und seine Aufgabe. Es erweiterte und vertiefte sich damit zugleich das Gottesbewusstsein; der ursprüngliche Nationalgott ward allmählich als allgemeiner Gott der ganzen Menschheit, als absoluter Gott offenbar, und in der nationalen Religion entstund der

Keim zu einer allgemeinen, universalen, der Bestimmung nach die ganze Menschheit umfassenden Religion. Als aber dieser Keim seine Entwicklung begann mit der Gründung des Christenthums ward die Schale der jüdischen Hierarchie und Nationalität, die hartnäckigen Widerstand leistete gesprengt, wurden die geistigen Errungenschaften der höchsten damaligen Culturvölker mit dem neuen Princip in Beziehung gebracht und zu eigenthümlicher Ausgestaltung desselben verwendet — wie wir später näher zu zeigen haben.

III. Der Muhammedanismus.

Als eine Art Abzweigung vom Mosaismus oder als modificirte Fortsetzung desselben kann der Muhammedanismus bezeichnet werden. Indess entstund der Islam doch keineswegs dadurch, dass die jüdische Grundlehre von der Einheit und Einzigkeit Gottes einfach den Arabern verkündet wurde, wenn auch allerdings Muhammed Judenthum und Christenthum (in der Nestorianischen Auffassung) kannte, deren Anregung erhalten hatte und wenigstens am Beginn seiner prophetischen Thätigkeit die Verwandtschaft seiner Lehre mit jenen betonte. Seine Leistung bei Gründung der neuen monotheistischen Religionsform ist immerhin eine selbstständigere und originellere. Er musste zuerst in sich selbst einen schweren Entwicklungsprozess erfahren, durch den er zum Bewusstsein seines prophetischen Berufes, seiner Gottessendung kam und die Ueberzeugung von der alleinigen Wahrheit seiner Grundlehre errang. Seine Natur selbst war ursprünglich religiös angelegt und zugleich abnormen Zuständen ausgesetzt, epileptischer oder histerischer Art, Hallucinationen und Visionen, die er selbst zuerst für Anfälle von Besessenheit hielt, später aber für Engelserscheinungen oder geradezu göttliche Offenbarungen erklärte. Träume, Hallucinationen und Visionen, waren zunächst die Quellen seines prophetischen Bewusstseins, woraus er die Ueberzeugung schöpfte, dass er berufen sei, den Polytheismus seiner Volksgenossen zu vernichten und den Monotheismus einzuführen. Wir können also sagen, dass in dieser Beziehung der Muhammedanismus seinen Ursprung, der sich eigenartig bethätigenden objectiven oder objectiv-subjectiven Phantasie verdanke, da die Phantasie, insoferne sie Lebensprincip ist, durch solch' abnorme Bethättigung auf sein ganzes geistiges Leben zurückwirkte und dann die subjective Phantasie selbst zur weiteren Ausgestaltung der erhaltenen Anregungen bestimmte. Durch Träume und Visionen ist ja gerade im Gebiete der Religion die Phantasie eine wahrhaft welthistorische Macht geworden bei allen Völkern, man kann sagen, in allen Religionen; — wie bekannt auch in der christlichen.[1]) Und in abnorme Zustände, in Ecstasen und narkotische Betäubungen haben sich offenbar auch die Propheten des jüdischen Volkes, wenigstens in früherer Zeit versetzt (selbst Moses, wie es scheint). Es geht diess klar hervor aus dem Vorfall, welcher aus dem Leben Saul's, des ersten Königs in Israel erzählt wird (1 Sam. 19): Der verfolgte David flüchtet zu Samuel, der sich schon von der Leitung des Volkes zurückgezogen hatte und zu Rama in seiner Prophetenschule lebte. Saul's Häscher kommen dahin, um David zu ergreifen; sie finden Samuel mit dem ganzen Chor der Propheten weissagend — und sie weissagen mit. Saul sendet andere Boten und diesen geschieht das Gleiche; ebenso den dritten. Zuletzt macht sich Saul selbst auf den Weg, um David dem Schutze Samuels zu entreissen. Er ging zum Prophetenhause und da kam der Geist Gottes auch über ihn und er weissagte unterwegs bis er in das Haus der Propheten in Rama kam. Und auch er warf seine Kleider

---

[1]) S. Die Phantasie als Grundprincip des Weltprozesses. München 1877 S. 538 ff.

ab und weissagte ebenfalls vor Samuel und fiel hin nackt denselben ganzen Tag und die ganze Nacht. Daher spricht man: „Ist Saul auch unter den Propheten?" David aber entwich. Aus dieser Darstellung geht hervor, dass das sog. Prophezeien wohl nichts anders war, als ein unbestimmtes, gleichsam unbewusstes Reden, und dass es hervorgebracht war durch eine irgendwie künstliche, narkotische Betäubung oder epileptische Ansteckung, die eine Art Ecstase und eine Trübung des klaren Bewusstseins hervorbrachte, — ein Zustand, in den auch Saul selbst gerieth, in Folge davon die Kleider abriss, hinstürzte und unbestimmte Reden führte, die allenfalls erst der Auslegung durch einen Interpreten bedurft hätten, wie bei den Orakeln üblich war, sowie bei dem „Zungenreden" der ersten Christen (I. Korinth. XII—XIV). — Aehnliche Zustände mögen auch bei Muhammed eingetreten sein, wenigstens in der Zeit, wo er sich innerlich zum Bewusstsein seines Berufes, seines religiösen Reformwerkes durchrang. — Sein Wirken war dann vielfach ähnlich dem des Abraham. Wie dieser gegen den Polytheismus der ihn umgebenden Semitenstämme opponirte und die Gottheit anstatt naturalistisch, vielmehr ethisch auffasste, die Einheit betonte, die Geschlechtlichkeit durchaus ausschloss und damit schon eine geistigere Auffassung wenigstens anbahnte, so auch Muhammed. Die Araber huldigten auch zu seiner Zeit noch dem Polytheismus. Sie hatten Götter und Göttinen (Allat, Uzza, Manat), deren Verehrung sie noch mit Gestirndienst (Sonne, Saturn, Mond) verbanden. Auch war der Glaube an Geister (Dschinns, Dämonen) noch herrschend, — wahrscheinlich noch mit Ueberresten von Ahnenkultus verbunden. Endlich auch Bäume und Steine genossen Verehrung, besonders der Stein Kaaba in Mekka. Muhammed verwarf diesen Polytheismus und lehrte die Einheit und Einzigkeit Gottes, hierin mit den Juden und Christen übereinstimmend. Und er führte diesen Glauben vor Allem auf Abraham zurück. „Abraham, sagt er (Koran, Sure 3) war weder Jude noch Christ, sondern er war fromm und rechtgläubig und kein Götzendiener. Diejenigen stehen dem Abraham am nächsten, welche ihm folgen: Dieser Prophet (Muhammed) und die Gläubigen (Moslin)." „Gott ist wahrhaftig, befolget darum die Religion des rechtgläubigen Abraham, der kein Götzendiener war." Auf Abraham sich mit besonderem Nachdruck zu berufen, lag für ihn zur Erreichung seines Zweckes um so mehr nahe, als sich die Araber als Nachkommen Ismael's, des Sohnes Abrahams betrachteten. Gleich dem Abraham führte auch Muhammed keinen neuen Namen für Gott ein, sondern erhob Allah, den schon bisher unter allen Göttern am meisten und allgemeinsten Verehrten der Götter zum einzigen Gott, indem er ihn ethisch und geistig auffasste und insbesondere auch die Geschlechtlichkeit vollständig von ihm ausschloss. „Es ist kein Gott ausser Allah und Mohammed ist sein Prophet." „Gäbe es ausser Allah Götter im Himmel oder auf Erden, so würde die Weltordnung gestört werden. Fern sei von Allah, dem Herrn des Throns, was sie von ihm sagen. Sie sagten, der Rahman (Gnädige, Gott) hat Kinder, das sei ferne von ihm." (Sure 21)." Damit steht wohl auch bei ihm das Verbot in Verbindung, Allah bildlich darzustellen. Da solche Darstellung anthropomorphisch ist, also in der Form menschlicher Einzelpersönlichkeit und darum auch Geschlechtlichkeit geschieht, so mochte er von jeder Darstellung Beeinträchtigung des Bewusstseins von der Einheit und Geistigkeit Gottes befürchtet haben. Der anthropopathischen Auffassung Gottes wirkte auch insbesondere entgegen der eigenthümliche Fatalismus, der sich mit dem Bewusstsein vom Wesen und vom rein willkürlichen, nicht von Vernunft bestimmten Wirken Gottes verband. Ein Fatalismus, der allerdings mit dem religiösen Cultus, insbesondere mit dem Gebete nicht recht in Harmonie stund und zu dumpfer Resignation zu führen geeignet war, indess immerhin bei tieferen Gemüthern durch innige Hingabe an Allah und seine Fügungen überwunden werden konnte und sollte, da ja das Wesen der Religion nach ihm eben in dieser unbedingten, innigen Hingabe (Jslam) besteht. Am Christenthume bekämpfte Muhammed begreiflicher Weise besonders den Glauben an die Gottheit Jesu und dessen Anbetung, sowie die Trinitätslehre, da ihm diese mit der Einheit Gottes durchaus in Widerspruch zu stehen schien. — Manches vom bisherigen religiösen Glauben der Araber liess Muhammed bestehen, insofern es mit der Einheit Gottes nicht in Widerspruch stund. So den Glauben an Geister, zum Theil auch den Steinkultus, vor Allem den Cultus des Steines Kaaba in Mekka. Manches Bestehende sanctionirte er noch besonders, so die Obliegenheit der Pilgerfahrt nach Mekka.

Neben vieler Aehnlichkeit, die das Wirken Muhammed's mit dem Abrahams hat, finden sich allerdings auch Unterschiede. Insbesondere ist sein Glaube und sein Verhältniss zu Gott nicht bloss an seine Familie und sein Geschlecht gebunden, wie bei Abraham, sondern trägt von Anfang an einen allgemeineren, bald geradezu einen universellen Charakter. Daher auch seine immer mehr wachsende Tendenz sich zu allgemeiner Geltung zu bringen, und die enorme Expensivkraft, welche der Islam bald bewährte und zu rascher Eroberung der angrenzenden Ländern führte. Ausser der (oft wilden) Begeisterung für den Glauben an den Einen und einzigen Gott, Allah und seinen Propheten Mohammed, war es aber sicher ebenso sehr die lockende Aussicht auf die sichere Erringung eines alle sinnlichen Genüsse bietenden Paradieses, welche die ungebildete Menge gewann und zu muthvollem Handeln erweckte und hinriss. Die Phantasie der armen Wüstenbewohner, die ein entbehrungsreiches Leben zu führen hatten, wurde sicher auf's Aeusserste erregt durch zuversichtliche, glühende Schilderungen der sinnlichen Genüsse dieses Paradieses, in das sie nach dem Tode oder nach der Wiedererweckung vom Tode nach dem letzten Gerichte gelangen sollten; besonders wenn dieser Tod im Kampfe für den wahren Glauben gefunden ward. Abraham und die Seinigen erhielten auch Verheissungen von Belohnung für ihren Glauben und Gehorsam gegen den Bundesgott (El. Elohim), aber diese Verheissungen bezogen sich auf dieses Leben, auf Wohlergehen, Nachkommenschaft und Schutz vor den Feinden; Verheissungen, die sich aber in diesem irdischen Leben keineswegs immer nach Wunsch erfüllen konnten, sogar meistentheils nicht erfüllt wurden. Daher, wie schon oben bemerkt, das beständige Schwanken und der oftmalige Abfall vom Bunde mit Jahve. Erst in der nachexilischen Zeit, als man die Erfüllung grosser Verheissungen nicht mehr so strenge für das individuelle (irdische) Leben erwartete, sondern für die Zukunft des ganzen Volkes in Folge des Erscheinens des Messias, ward der Glaube und das Vertrauen gesicherter, da gegentheilige Erfahrung im eigenen Leben keine Erschütterung in das religiöse Bewusstsein mehr bringen konnte. Im Christenthume gab Muth, Zuversicht und Glaubensstärke in den ersten Zeiten hauptsächlich die Erwartung eines in nächster Zukunft mit der Wiederkunft Christi anbrechenden Gottesreiches, in welchem die Gläubigen in Herrlichkeit und Seligkeit leben sollten. Später aber gab Kraft und Zuversicht des Glaubens und starkes Motiv zum sittlichen Handeln und zur Ueberwindung von Versuchungen hauptsächlich der Glaube an die Unsterblichkeit, sowie die Hoffnung auf ewige Beseligung und die Furcht vor ewiger Strafe. Diess war eine feste Basis für Zuversicht und Erhaltung des Glaubens, denn die Erfüllung dieser Verheissung blieb stets uncontrolirbar, sie konnte stets behauptet und aufrecht erhalten, durch keinen thatsächlichen Beweis widerlegt werden. Da indess doch die verheissene Seligkeit als eine, wenn nicht ausschliesslich, so doch vorherrschend geistige geschildert zu werden pflegt, so konnte der Eindruck auf ungebildete Menschen, auf das noch in grober Sinnlichkeit befangene Volk nicht ganz so mächtig wirken und zu so stürmischer, fanatischer Erregung hinreissen, wie es bei den Anhängern Mohammed's der Fall war. Dieser genoss von Anfang an den grossen Vortheil, sich auf uncontrolirbare Verheissungen für das unzugängliche Jenseits zu stützen und daher vor Enttäuschung seiner Anhänger gesichert zu sein. Es kamen bei ihm zu den verlockenden Schilderungen der Freuden des Paradieses noch die abschreckenden Drohungen mit den Qualen der Hölle für Alle, welche im Unglauben verharren oder nicht für Allah streiten wollten. Die subjective Phantasie ist aber eine Hauptmacht im Leben des einzelnen Menschen wie ganzer Völker schon überhaupt, insbesondere aber im religiösen Gebiete.

Die muhammedanische Orthodoxie, der eigentliche Volksglaube, hat zu dem, was Muhammed selbst gelehrt und vorgeschrieben, noch Manches hinzugefügt, was mächtig auf die Phantasie des gläubigen Volkes einwirkte und hauptsächlich zur Belebung und Erhaltung des Glaubens beitrug. So insbesondere die Tradition, die sich an die Person des Propheten selbst anschloss und dieselbe immer mehr in den Vordergrund stellte, — wie es in allen Religionen mehr oder weniger zu geschehen pflegt. Vor Allem wurden demselben Wunder aller Art zugeschrieben, — obwohl Mohammed das Wunderwirken selbst ausdrücklich abgelehnt hatte. Aber seine Visionen boten Material zu weiterer Verarbeitung und ausschmückenden Detailirungen. — die dem Märchen-liebenden Orient willkommen waren. Eine noch ernsthaftere Erhöhung erhielt die Person des Propheten dadurch, dass man ihm bald auch eine Art von Erlösungs-Macht und Wirksamkeit wenigstens für die endgültige Entscheidung über das Loos der an ihn und ihm Glaubenden zuschrieb. Er sollte nämlich allein am Tage des Gerichtes es vermögen, den Zorn Gottes zu beschwichtigen und auf seine Fürbitte sollte allen Moslim, schon weil sie zu den Seinigen gehören, Gnade und ewige Beseligung von Allah verliehen werden. Der Prophet und der blosse Glaube waren damit zugleich als allein entscheidend behauptet und in der gläubigen Phantasie auf's Höchste gestellt. — Gegen die orthodoxe Theologie mit ihrer übertriebenen Vorstellung von der Auctorität des Korans, insbesondere von dessen ewigen, unfehlbaren, gleichsam gottgleichen, unerschaffenen Natur erhob sich bald Opposition in den sog. Motaziliten (Rationalisten), durch welche innerhalb des Muhammedanismus schon in Bagdad unter den freisinnigen Abbasiden eine, wenn auch nur kurze Zeit dauernde Blüthe wissenschaftlicher Bildung herbeigeführt wurde -— wie später in Spanien. An beiden Orten errang übrigens die Orthodoxie bald wieder das Uebergewicht und wüthete in ihrer gewöhnlichen Weise in Vertilgung rationalistischer Aufklärung und Unterdrückung freien Vernunftgebrauches, — wodurch allerdings auch die Kraft der Völker gelähmt und schliesslich der Fall der Reiche herbeigeführt wurde. — Bemerkenswerth ist besonders auch die Mystik und Theosophie, die sich innerhalb des Mohammedanismus, besonders in Persien entwickelte im sog. Sufismus. Dieser steigerte, verinnerlichte sich von dem blos negativen Verhalten der Ascese bis zum positiven der innigen Hingabe an Gott, Gottes-Minne, Versenkung in Gott. Die sog. Derwische blieben meistens bei der groben Aeusserlichkeit eines entsagungsvollen Lebens stehen, oder bei der unablässigen Ausübung äusserlicher religiöser Ceremonien und Bräuche, die mit Ausschluss anderer nützlicher Thätigkeit zum Lebensgeschäft, zum Handwerk gemacht ward. Dagegen die eigentlichen Mystiker, die Sufis höherer Art, strebten die im Islam gebotene unbedingte Hingabe an Allah, an die göttliche Willkür oder das von Gott beliebte Verhängniss aus der blossen Ausserlichkeit und Stumpfheit zur Innerlichkeit und Innigkeit fortzubilden. Die Hingabe an Gott sollte nicht eine blosse Unterwerfung, sondern zugleich eine Erhebung zu Gott, oder vielmehr eine innige Verbindung, ein Liebesbund mit ihm sein, ein Aufgehen in ihm, woraus aber die Seele eine Vergottung zurückgewinnt. Von den mystischen Dichtern, z. B. vom Dscheluleddin Rumi ist diess Verhältniss oft mit der grössten Kühnheit dargestellt und der mystische Zustand der Seele als Liebes-Verzückung, trunkene Gottesliebe und Ekstase geschildert. Die liebende Seele hat da dem trockenen muhammedanischen Gottesbegriff gleichsam Leben verliehen, und obwohl alles geschlechtliche Wesen von Mohammed aus der Gottheit ausgeschlossen war, so wurde doch wenigtens eine geistige Analogie davon in subjectiver, phantasievoller Ueberschwänglichkeit eingeführt und diess Verhältniss in sinnlicher Bildlichkeit poetisch geschildert.

d) Die aegyptische Religion.

Sind schon im Allgemeinen die Religionen der nur einigermassen fortgeschrittenen Culturvölker nicht einfach sondern complicirt, indem sie theils aus übereinander geschichteten Stufen des religiösen Bewusstseins oder aus verschiedenen Entwicklungsformen desselben gemischt erscheinen, so ist diess im besonderen Masse bei der aegyptischen Religion der Fall. Diess hat seinen Grund nicht bloss in der bei dem hohen Alter dieses Volkes ungemein langen Dauer der historischen Entwicklung, sondern auch vorzüglich darin, dass dieselbe als Gesammt-Religion aus den ursprünglich nach den einzelnen Theilen des Landes getrennten, verschiedenen Sonder-Religionen zusammengewachsen sein mag. Sonder-Religionen, die in der früheren Zeit häufig wegen der Verschiedenheit der Verehrungswesen zu Kämpfen geführt haben sollen zwischen

2. Entwicklung der Religion. d) Aegyptische Religion.

den Bekennern derselben. Dazu kommt dann noch, dass Aegypten zu öfteren Malen von ganz fremden Völkern erobert und beherrscht wurde, welche fremde Culte mitbrachten und sie mehr oder minder geltend zu machen wussten. In der That ist die Mischung der Völker, die hier zusammentrafen, aus Aethiopien, Arabien, Palästina, Syrien, Persien und zuletzt von Griechenland her, um von späterer Zeit nicht zu reden — so gross, dass schwer zu entscheiden ist, welcher Race oder welchem Urvolke das ägyptische Volk eigentlich angehöre, ob wir insbesondere wirklich berechtigt sind, dasselbe den Semiten zuzutheilen — wozu noch die meiste Wahrscheinlichkeit gegeben ist, oder es wenigstens als damit verwandt (Hamiten) anzusehen. — Dazu kommt endlich noch, dass schon frühe die philosophische oder theologische Speculation versucht hat, die einzelnen Momente der Volksreligion zu vergeistigen und zu einem ganzen System zu verbinden — was ohne manche Modifikationen und Umdeutungen kaum möglich war und daher den Ursprung und den ursprünglichen Sinn mehr oder weniger unkenntlich gemacht hat.

So begegnet uns denn hier der ursprüngliche Geisterglaube, der Ahnen- und Todtenkultus, sowie die religiöse Verehrung von Thieren und Pflanzen, theils in der Wirklichkeit, theils als Symbole; ebenso der Gestirndienst und die naturalistischen Personifikationen der grossen Naturerscheinungen und -Ereignisse, die ebenfals anthropomorphische Deutung fanden; wozu auch noch Heroenkultus kam. Zuletzt fand, wenigstens in der religions-philosophischen Speculation, diess Alles seine Verbindung, Vertiefung und Vergeistigung in einem System priesterlicher Erkenntniss und Weisheit, um derer willen Aegypten schon frühe berühmt war, und wodurch es besonders auch hinwiederum mächtige Impulse dem geistigen Leben anderer Völker zu geben wusste. So z. B. dem jüdischen und griechischen; —

abgesehen noch davon, dass später auch die christliche Lehrentwicklung hauptsächlich in Alexandria Anreger und Kämpfer, sowohl von sog. häretischer als auch von orthodoxer Richtung fand, wie besonders die christologischen Streitigkeiten zeigen.

Die späteren Glaubensmeinungen und Cultusbräuche besonders des niederen Volkes deuten darauf hin, dass auch in Aegypten die erste Stufe der Religion oder deren Vorstufe, der Geisterglaube war. Die Meinung nämlich, dass die Seelen der Verstorbenen noch fortdauern und in guter oder schlimmer Weise noch auf das Leben der Hinterbliebenen einwirken, dass sie gewisse Darbringungen (Opfer) heischen und durch diese erfreut, gewonnen oder besänftigt werden können. Neben den übrigen Göttern wurden fortwährend, auch in späterer Zeit die Abgeschiedenen wie Götter des Hauses verehrt, und war also auch hier eine Art Ahnenkultus üblich. Aber der Cultus der Verstorbenen fand hier eine besonders günstige Stätte und wurde viel intensiver und ausgebreiteter als anderswo. Schon den Leibern der Verstorbenen wurde eine besondere Sorgfalt zugewendet, wie die Einbalsamirung derselben zum Behufe dauernder Aufbewahrung kund gibt, und wie die ausgearbeiteten, in Felsen gehauenen Gräberstädte und die sonstigen kolossalen Grabdenkmale bezeugen. Aber auch mit den Seelen der Verstorbenen beschäftigte sich die ägyptische Religion viel, mit ihrem Zustande und Schicksale nach dem Tode. Die Phantasie gestaltete ein ganzes Todtenreich aus mit einem Beherrscher (Osiris) und einem Gerichtshof, durch den über das Schicksal der Seelen entschieden ward, die hier zur Verantwortung gezogen wurden über ihr sittliches Verhalten in ihrem Leben, und darnach Lohn oder Strafe erhielten. Dazu kam auch noch die Lehre von der Seelenwanderung zur vollständigen Läuterung derselben. Schon der menschliche Leib galt als eine Art Kerker, in den die Seelen versetzt

2. Entwicklung der Religion. d) Aegyptische Religion.

werden um eines Vergehens willen, dessen sie sich schuldig gemacht in einem Jenseits, in welches sie gereinigt endlich wieder zurückkehren sollen. Für Seelen, die sich in den menschlichen Leibern nicht gereinigt, sondern allenfalls noch mehr verunreinigt haben, wurde auch noch eine Wanderung durch Thierleiber angenommen. Der **Thierkultus** mag ursprünglich daraus entstanden sein, dass man, wie es noch jetzt bei manchen wilden Völkern geschieht, annahm, die Seelen der Verstorbenen wählten Thiere zu ihrem Aufenthaltsorte, um in den Häusern und in der Nähe der Ihrigen zu bleiben. Daraus erwuchs diesen Thieren besondere Schonung und Pflege, sowie eine gewisse Verehrung. Bei weiterer geistiger Entwicklung konnte man wohl von solcher Annahme vielfach zurückkommen, aber man verliess, nach der conservativen Weise in der Religion, den Thierkultus darum keineswegs, sondern es ward ihm nur ein anderer Sinn untergelegt, eine andere Deutung gegeben. Man erblickte in den Thieren besondere Offenbarungen der geheimnissvollen göttlichen Mächte von guter oder schlimmer, von nützlicher oder schädlicher Art. Durch den Umstand, dass die Thiere nicht blos manche auffallende körperliche Eigenschaften besitzen, sondern auch in psychischer Beziehung den Menschen vielfach überlegen zu sein scheinen, indem sie in Folge von Trieb und Instinct Manches erkennen, als nützlich oder schädlich beurtheilen, oder richtig wissen, oder voraus wissen, was dem Menschen verborgen ist, — konnte man unschwer zu solcher Auffassung kommen. Eine Auffassung, die ja auch sonst sehr verbreitet war und zu manchen Bräuchen bezüglich der Thiere Veranlassung gab, z. B. zur Beobachtung ihres Verhaltens, um die Zukunft zu erkennen, um glückliche oder ungünstige Verhältnisse zu unterscheiden. Später, in Folge noch weiterer geistiger Bildung mochte man dazu gekommen sein, die Thiere als Symbole (nicht direkte Offenbarungen) des Göttlichen zu betrachten, insofern dieses in der Natur Wirkungen hervorbringt und sich offenbart. Katze, Ibis, Sperber, Hunde, Krokodile, Bock, Kühe wurden verehrt in verschiedenen Gegenden, vor Allem aber der Stier Apis im Tempel zu Memphis als Symbol der in der Natur waltenden göttlichen Schaffens- oder Erzeugungsmacht und Fruchtbarkeit. -- Dazu kamen dann Mischungen von Thier- und Menschengestalt, sobald das Vorstellungsleben und Denken entwickelter, complicirter wurde und daher auch einen complicirteren Ausdruck verlangte. Menschenleiber mit Thierköpfen mochten wohl eine bestimmte, eigenthümliche Neigung, Eigenschaft oder Kraft der göttlich-menschlichen Natur zum Ausdruck bringen, dagegen der Thierrumpf mit menschlichen Oberkörper und Haupt, wie die Sphinx dargestellt ist, mag ein symbolischer Ausdruck sein für den Gedanken, dass die specifisch menschliche Natur mit dem höheren psychischen Leben aus der thierischen und der allgemeinen Natur sich entwickelt habe und Natur und Eigenschaften beider vereinige. Sie kann daher auch als Ausdruck für die allgemeine, bildende, schaffende Macht der Natur, als Symbol des allgemeinen Princips des Weltprozesses gelten, also dessen, was wir als objective Phantasie bezeichnen, die durch die Stufen der lebendigen Wesen hindurch endlich bis zur höheren menschlichen Natur und Subjectivität sich ausgestaltete.

Mit diesen Cultusarten verband sich auch noch der Gestirndienst, der vielleicht aus den asiatischen Nachbarländern, etwa aus Chaldäa, durch Fremde hereingebracht wurde. Durch Verbindung mit dem Thierkultus können allenfalls die Bezeichnungen von Sternen und Gestirngruppen mit Thiernamen veranlasst worden sein. Für das religiöse und praktische Leben wurde übrigens die Beachtung und Verehrung des gestirnten Himmels besonders dadurch wichtig, dass sich die Astrologie, die Sterndeuterei

2. Entwicklung der Religion. d) Aegyptische Religion.

daraus entwickelte. Die Gestirne galten auch hier, wie im Alterthum überhaupt, bestimmter oder unbestimmter, für lebendige, gewissermassen göttliche Wesen, die man sich in Beziehung dachte zu den Menschen und ihren Schicksalen. Von ihrer Constellation bei der Geburt oder in bestimmten Lebensabschnitten sollte das Schicksal des Menschen abhängig sein. Die Astrologen besassen die Kenntniss und Kunst, diese Constellation für den Menschen zu deuten und also wahrzusagen. Es ist begreiflich, dass dieser Glaube des Volkes auf das Gröblichste missbraucht und ausgebeutet werden konnte und wurde. Und besonders in den späteren Zeiten, wo Verfall der Religion und grosse Corruption um sich gegriffen hatten, lieferte Aegypten Wahrsager und Zauberer, sowie Todtenbeschwörer (Beschwörer von Schutzgeistern und Verstorbenen) in Menge, die im römischen Reich umherzogen und nicht blos das unwissende Volk, sondern vor Allem die religiös-ungläubig gewordene, blasirte vornehme Welt zum gröbsten Aberglauben brachten, amüsirten und betrogen.

Ueber dieser unteren Schichte des Volksglaubens und Cultus erhob sich der höhere Götterglaube, dessen geistigere Auffassung und systematische Darstellung aber nur Eigenthum des Priesterstandes war. Es wurden in früherer Zeit in verschiedenen Theilen Aegyptens verschiedene Götter als höchste verehrt, die erst allmählich vereinigt wurden. So in Theben in Oberägypten Amun; in Memphis in Mittelägypten Ptah, in Heliopolis in Unterägypten Ra. Dazu kamen die Göttinen Neith in Sais und Pacht in Bubastis. Ueber alle diese gewannen zuletzt das Uebergewicht und wurden am allgemeinsten verehrt: Osiris und Isis, ihr Sohn Horus und ihr Feind, der böse Gott Typhon, — wozu später, in der muzedonischen Herrscherzeit der Ptolemäer noch Serapis aus Kleinasien kam. — Amun in Theben scheint ursprünglich der weite, blaue Himmel gewesen zu sein, dessen Verehrung als höchster

Gott und Herr ja so weit verbreitet war — wie wir besonders bei der chinesischen Religion sahen. Das Blaue war die ihm eigene Farbe. Später wurde Amun, wahrscheinlich seiner endlosen Tiefe und Unergründlichkeit wegen als der „Verborgene" bezeichnet und verehrt, und ward von dieser Auffassung aus wohl zuletzt in Gegensatz gestellt, zu dem offenbaren, erscheinenden Himmel, (oder zur Himmelsschale), welcher in die Klasse der Götter zweiter Ordnung eingereiht wurde. Ra (Phra) in Heliopolis (Anu) ist die Sonne, der Sonnengott. Er scheint wenigstens in einer bestimmten Zeit das Uebergewicht über alle anderen Götter erhalten zu haben, da er als Vater der Götter bezeichnet wird und den anderen Göttern manchmal noch das „Ra" als Auszeichnung beigefügt ward z. B. Amun-Ra. Er ist der Gott und Erhalter des Lebens, der Kämpfer und Sieger gegen die Mächte der Finsterniss und Unreinheit (gegen die Schlange Apap). Von ihm stammen auch die Könige, Pharaonen (Söhne des Ra oder Phra). Diese besassen daher als Söhne der Sonne oder des höchsten Gottes auch göttliche Würde und wurden als Vermittler zwischen dem höchsten Gott und den Menschen betrachtet und verehrt. Da ihre Abstammung von Amun-Ra und dessen Schwester, der Göttin Neith abgeleitet ward, so war es üblich (noch bis in die spätere Zeit), dass der Pharao seine Schwester heirathete, um dieses göttliche Geschlecht rein zu erhalten. Ein Glaube und Brauch, der uns in ganz gleicher Weise bei den Inca's in Peru begegnet. Die Könige daselbst galten auch als Söhne der Sonne, des Sonnen-Gottes und seiner Schwester, wurden auch wie Götter verehrt und es war auch üblich, dass sie ihre Schwester heiratheten, um das Geschlecht in seiner Reinheit fortzupflanzen. Die mexikanische Religion (Azteken) erinnert dagegen durch die Menschenopfer, die dem Kriegsgotte Huitzilopochtli (Vitziliputzli) gebracht wurden, an den phönizischen Molochdienst

2. Entwicklung der Religion. d) Aegyptische Religion.

mit seinen Menschenopfern. — Ptah, der höchste Gott in Memphis, ist das Urfeuer, oder die Alles durchdringende und belebende Wärme. Diese drei Hauptgötter waren ursprünglich wohl mehr Volks- oder Stammes- und Lokalgötter, und ihre Bekenner mögen oft in Streit über den Vorrang derselben gelegen sein. Mit der stärkeren Concentration des Landes aber fand wahrscheinlich eine Einigung statt, so dass man die Namen allenfalls miteinander verband. Die denkende Betrachtung aber brachte sie in eine bestimmte Ordnung und Harmonie, indem sie Amun als die verborgene, unnahbare Gottheit an die Spitze stellte und die beiden andern in ein bestimmtes Verhältniss dazu setzte, so dass sie eine Art Trinität bildeten. Im Todtenbuch wird Amun, der verborgene Gott, blos mit Nu-puk-nu d. h.: „Ich bin, der ich bin", bezeichnet; eine Bezeichnung, die sich auch bei Moses für den Gott der Israeliten findet.[1]) Einen eigentlichen Namen gab es dafür nicht, oder der Name durfte gar nicht ausgesprochen werden, wie das ebenfalls in der jüdischen Religion der Fall war. In späterer Zeit wurde daraus die Gottheit an sich, von der keine positiven, sondern nur negative Bestimmungen gegeben werden konnten. Aus der jüdisch-alexandrinischen Philosophie und dem Neuplatonismus kam diese Auffassung besonders durch (Pseudo) Dionysius Areopagita in die christliche Theologie, resp. die mystische Richtung derselben herüber. — An diesen verborgenen Gott Amun schlossen sich nun Ra und Ptah als sich offenbarende göttliche Kräfte oder Eigenschaften an, als Principien des physischen und geistigen Lebens. Sie differenzirten sich aber für die weitere Betrachtung wieder in weitere göttliche Kräfte, Wirkungen und Erscheinungen, so dass Götter zweiten Ranges daraus hervorgingen.

[1]) 2 Mos. 3, 14.

Die Geschlechtlichkeit war bei den Aegyptern nicht aus der Gottheit ausgeschlossen, da diese Religion auf der naturalistischen Grundlage, von der sie ausgegangen war, verblieb und für die Bestimmung des Göttlichen daher das natürlich-menschliche Grundverhältniss des Geschlechts-Gegensatzes, sowie der Familie als durchaus nothwendig und passend erachtet wurde, — wie denn gerade die Zeugungsmacht und Fruchtbarkeit als Haupteigenschaften und Wirkungen des Göttlichen besonders im Thiere als Symbole derselben Verehrung fanden. Zu den Göttern kamen daher auch Göttinen, insbesondere Neith in Sais und Pacht in Bubastis. In beiden kommt die Fruchtbarkeit und Mütterlichkeit, also insbesondere das geschlechtliche Moment zur besonderen Geltung. Neith scheint das Urstoffliche, die Urfeuchtigkeit, aus welcher sich der dichtere Stoff absetzt, zu sein gegenüber dem Ptah, als dem Urfeuer oder Aether und der belebenden, befruchtenden Wärme. So ist die Göttin das Urweibliche, die Allgebärerin. Sie ist daher mit der babylonischen Mylitta und phönizischen Aschera verwandt oder identisch. Auch wird sie als Herrin des Himmels, Königin oder Mutter der Götter, insbesondere des Ra bezeichnet. Sie ist also Personifikation des weiblichen, empfangenden und gebärenden Naturprincips. Sie sagt von sich: „Ich kam von mir selber, ich bin Alles, was ist, war und sein wird; die Frucht, die ich gebar, ist die Sonne." Damit ist sie als der ewige Urstoff bezeichnet, aus dem durch das männliche, gestaltende, zeugende Princip Alles hervorgebracht ist, (Aristotelisch ausgedrückt: die Materie gegenüber der Form, dem Formprincip). — Die Bedeutung der Göttin Pacht ist noch unbestimmter. Auch sie ist indess als mütterliche, gebärende Urmacht aufzufassen, scheint aber vorzugsweise das weibliche, gebärende Wesen des Urraumes bedeutet zu haben, wie Neith das des Stofflichen.

Unter den Göttern zweiten Ranges, die sich in

2. Entwicklung der Religion. d) Aegyptische Religion.

Ober-Aegypten um Amun gruppirten, ragt besonders Kneph (Chnum) hervor. Ursprünglich scheint er hauptsächlich als der Gott des Wasserspendens, also als Gott des Regens, und dann auch als der durch das Nilwasser den Segen spendende Gott aufgefasst worden zu sein. Später hat sich seine Bedeutung vergeistigt und er wurde als göttliche Vernunft (Logos) aufgefasst. — Anstatt Neith und Pacht wird auch Mut als mütterliche Göttin verehrt mit gleichen Symbolen wie jene (dem Geier), vor denen sie aber in den Hintergrund tritt und verschwindet, oder in sie aufgeht. Mentu und Atmu sind die auf- und untergehende Sonne, oder Oberwelts- und Unterweltssonne. Pe ist die Himmelsschale, den innenweltlichen und ausserweltlichen Himmel von einander scheidend. Anuke ist die feste Erdscheibe, welche Nut, den innerweltlichen Himmelsraum scheidet in einen Oberweltsraum, Sate und einen Unterweltsraum, Hathor. Die Zahl der Götter, welche wahrscheinlich zuerst Lokalgötter, zu einem Göttersystem verbunden wurden, war noch grösser. Alle indess wurden von Osiris und dessen Schwester und Gemahlin Isis überflügelt, deren Cultus am allgemeinsten und hervorragendsten war schon in früher Zeit (zur Zeit des Pyramidenbaues), und später fast die Alleinherrschaft erhielt. Neben dem Gott Osiris und der Göttin Isis war ihr Sohn Horus Hauptgegenstand der Verehrung und ihnen gegenüber stand der böse Gott Seth (Typhon). Osiris ist der Sonnen- und Himmelsgott, der aber als untergehende Sonne zum Gott der Unterwelt wird, während an seine Stelle als Gott des Lichtes und des Wachsthums Horus, der Sohn der Erdgöttin (aber auch Himmelskönigin) Isis tritt. Der Osirismythus ist die anthropomorphische Nachbildung der Aegyptischen Naturverhältnisse im Laufe des Jahres. Osiris waltet segensreich über dem Lande (die Sonne und ihre Wirkung vor Eintritt der heissesten Jahreszeit); da verschwor sich Typhon mit 72 Männern (Tage der grössten

Hitze) gegen denselben. Sie tödteten ihn am Tage der grössten Hitze (wo die Sonne durch den Skorpion geht), legten den Todten in einen Sarg und warfen diesen in den Nil. Isis (die Erde), seine Schwester und Gemahlin, sucht trauernd den Entrissenen, dessen schaffende Zeugungskraft während dieser Zeit dem Lande entzogen ist. Sie findet ihn, aber Typhon zerstückelt ihn und zerstreut die 27 Stücke über die 27 Distrikte Aegyptens.[1]) Indess stirbt Osiris nicht für immer, sondern er lebt fort in der Unterwelt als Herrscher und als Sonne, (die untergegangene Sonne kann daher wieder aufgehen). Dann aber lebt Osiris auch fort in seinem Sohne Horus; sei es, dass unter diesem die neue Frühlingssonne zu verstehen ist, welche den Tod des Osiris rächt, indem sie durch Neubelebung der Natur die Unfruchtbarkeit überwindet, oder dass dieser Horus die durch die Sonne bewirkte Befruchtung der Erde selbst bedeutet, welche aus dem Saamen ausgestaltet wird, als Erzeugniss des Zusammenwirkens von Sonne und Erde. Es sind in diesem Mythus offenbar verschiedene Mächte und Wirkungen der Natur gemischt, wodurch er einigermassen unklar wird. Osiris bedeutet zunächst die erwärmende, befruchtende Sonne, dann aber offenbar auch den befruchtenden Nil, der sich mit seinen befruchtenden, segnenden Wesen über alle Theile Aegyptens vertheilt, und der stirbt oder durch Typhon, die Gluthhitze der Sonne und des Wüstenwindes verzehrt wird, indem er zugleich der Mündung und dem Meere zuströmt. Bei Horus aber ist es zweifelhaft, ob er die wiederaufgehende Sonne, und die sich als Frühlingssonne erneuernde befruchtende Sonnenmacht bedeutet, oder vielmehr das Resultat der Befruchtung, den sich entwickelnden, und von der befruchteten Erde (Isis) ge-

---

[1]) Es spielt hier wohl die Vertheilung des überduthenden Nil in die Bezirke des Landes herein.

borenen Jahressegen. Es hat daher dieser Mythus einige
Aehnlichkeit mit dem phönizischen Adonis-Mythus, was
die naturalistische Grundbedeutung betrifft, weicht aber
im Besonderen insofern von demselben ab, als hier Osiris,
der Vater von der bösen Macht getödtet wird, dort der
Sohn Adonis. Dieser ist offenbar, wie wir sahen, die personificirte Befruchtungs- oder Erzeugungskraft des Sonnengottes im Frühjahr; daher er als getödtet erscheint, wenn
diese Kraft erlischt. Auch im ägyptischen Mythus handelt es sich um die Ertödtung der Befruchtungskraft, aber
sie erscheint hier nicht als gesondert vom Vater und personificirt oder hypostasirt, sondern als dem Vater immanent bleibend und daher in diesem oder mit diesem ertödtet. Horus dagegen ist nicht die selbstständig, oder
personificirt gedachte Erzeugungsmacht des Gottes, sondern
das Erzeugte, das sich nach dem Tode des Erzeugers
entwickelt und dadurch den Tod desselben rächt. Oder
er ist die erneuernde, verjüngende Sonnenkraft, — wobei
aber nicht abzusehen ist, wie er in dieser Bedeutung als
Sohn der Isis, der Erde aufgefasst werden konnte. In
religiöser Beziehung, für den Cultus hatten übrigens beide
Mythus die gleiche Bedeutung; sie gaben beide Anlass zu
religiösen Trauer- und Freuden-Festen, die eine Fortsetzung
und Modifikation alter Naturfeste waren, aber zugleich
schon einen ethischen Charakter hatten und dem religiösen Gemüthe tiefere Stimmung gaben und mehr Befriedigung gewährten, — so zwar, dass ähnliche Feste
noch jetzt auch bei den höheren Culturvölkern sich erhalten haben und mit Vorliebe gefeiert werden. — Uebrigens stellt auch dieser Mythus das Walten der schaffenden
Natur, der Gestaltungsmacht (objectiven Phantasie) und
der Bedingungen ihrer Wirksamkeit dar wie die Sphinx,
nur hier in spezieller und dramatischer Anwendung für
die Verhältnisse in Aegypten, während jene als Symbol
einen allgemeinen Charakter zeigt. — Was endlich Seth

oder Typhon betrifft, so mag derselbe ursprünglich einer der Götter früherer Zeit oder der Gott eines feindlichen Nachbarvolkes gewesen sein, und der Name dann auf die böse, verderbliche Naturmacht (speciell für Aegypten) übertragen worden sein, als das Bedürfniss entstund, die anderen Götter reiner aufzufassen und die schlimmen Erscheinungen der Natur, sowie die Leiden des menschlichen Daseins einem besonderen göttlichen oder vielmehr ungöttlichen Wesen zuzuschreiben. Aehnliche Verwandlungen alter Götter überwundenen Standpunkts, oder der Götter der Feinde, finden sich häufig in frühester wie in späterer Zeit. So z. B. Baal (Beelzebub), Lucifer, Deva u. A. Wesen und Wirken des Typhon ist indess auch nicht klar und einfach; indem er die glühende, versengende Sonnenhitze bedeutet, ist er im Grunde noch wesenseins mit der Sonne, also dem guten Gotte Ra oder Osiris gleich, und kann nur allenfalls als personificirt und verselbstständigte Gluthitze derselben, also als eine zu gewisser Zeit eintretende Eigenschaft oder Wirksamkeit davon abgelöst gedacht und hypostasirt aufgefasst werden, ähnlich wie bei den Juden die Weisheit oder die Macht, das Wort und später Vernunft, Logos als verschieden von Gott und als selbstständig gedacht wurden. Entschiedener, klarer ist Typhon als versengender, verderblicher Wüstenwind, da hiebei die Hitze eine besondere, selbstständige Form angenommen hat.

Da in Aegypten eine grosse einflussreiche Priesterschaft seit früher Zeit bestund, so ist es begreiflich, dass neben dem Volksglauben und dem religiösen Cultus bald auch eine Theorie entstund und in schriftlichen Aufzeichnungen niedergelegt wurde, die theils aus alten Traditionen, theils aus eigenem Denken, der Spekulation der Verfasser ihren Ursprung nahm; übrigens sich auf das ganze Leben, das politische und bürgerliche wie das religiöse bezog, und ebenso auf das physische wie das geistige. Zunächst bildeten den Inhalt dieser heiligen Schriften die theosophischen Spekulationen esoterischer Priesterweisheit, in welchen die Götter systematisirt erscheinen, z. B. in der Tetraktys: Geist (Kneph), Stoff (Neith), Zeit (Seb), Raum (Pacht) und das Verhältniss der Welt zur Gottheit vorherrschend pantheistisch aufgefasst war. Aus ihnen scheint die orphische Theologie in Griechenland hauptsächlich geschöpft zu sein. Ausserdem enthielten diese 42 heiligen Bücher Ritualvorschriften, Ceremonialgesetze und Jurisprudenz. Zehn Bücher waren den Wissenschaften gewidmet, der Geometrie, Astronomie, Geographie, Kosmographie und Hieroglyphenkunde; vier enthielten die praktische Astrologie und Kalenderlehre, zwei die gottesdienstlichen Hymnen und Gebete und endlich sechs die Medicin. Der Inhalt dieser Schriften wurde als göttliche Offenbarung betrachtet; der älteste Theil insbesondere ward einem grossen Propheten, dem Gründer und Vorsteher des Priesterthums zugeschrieben, der als der einmal grosse Thot (Lichtbringer) bezeichnet wurde. Alle Bücher galten indess als göttliche Offenbarung, insofern ihre Verfasser durch Inspiration erleuchtet waren. Diese Inspiration wurde dem Mondgotte Joh, dem zweimal grossen Thot zugeschrieben. Aber auch dieser hat das Licht der Wahrheit nicht aus sich selbst, sondern von dem Sonnengotte Ra, dem dreimal grossen Thot (Hermes Trismegistos). Dieser wiederum gibt die Offenbarung den Menschen im Namen und als Vertreter der Urgottheit d. h. als Amun-Ra. In weiterer theologischer Spekulation wurde dann untersucht, ob diese Bücher resp. die in ihnen enthaltene Offenbarung oder Wahrheit überhaupt einen zeitlichen Ursprung haben oder ewig seien und ward demzufolge festgestellt, dass dieselben geschrieben seien schon vor Erschaffung der Welt, d. h. dass sie in der göttlichen Vernunft selbst enthalten und ewigen Wesens seien. So dass wir hier schon frühe ähnlichen Behauptungen begegnen, wie sie auch später für positive Offenbarungen und deren schriftliche Urkunden aufgestellt wurden; wie z. B. auch in Bezug auf den Koran die Frage um Zeitlichkeit oder Ewigkeit desselben ernsthaft in Erörterung gezogen wurde und die strengeren Eiferer keinen Anstand nahmen, die Einigkeit desselben zu behaupten.[1])

c) Die Religion der Indogermanen.[2])
(Die Arischen Religionen.)

Die Religion der Indogermanen oder Arier mit ihren Modifikationen war bei ihrem Ursprunge im Wesentlichen wohl ebenso beschaffen, wie die der übrigen Völker, ja hat auch durch dieselben Factoren und Verhältnisse ihren Ursprung selbst genommen. Aus den durch die objective Phantasie gesetzten Verhältnissen des Geschlechtes und der Familie ging, wie wir zu zeigen versuchten, zunächst ein ethisches Verhältniss hervor für die so zusammen gehörigen oder aneinander gefügten Menschen; ein Verhältniss, das sich wenigstens zum Theil auch noch auf die Verstorbenen erstreckte. Daraus entstund Geisterglaube und Todtenkultus und dann Ahnenverehrung überhaupt, die mehr oder minder allgemein oder exklusiv war, insoferne sie sich auf alle Vorfahren oder nur auf besonders hervorragende erstreckte. Damit waren schon Verehrungswesen gegeben, die der unmittelbaren sinnlichen Wahrnehmung entrückt, schon einen Charakter der Uebersinnlichkeit oder Uebernatürlichkeit an sich hatten und der Verehrung anderer selbstständiger Wesen, des eigentlich Göttlichen oder der Götter den Weg bahnten. Dass es zur Verehrehrung auch solcher höherer, geheimnissvoller oder übernatürlicher Wesen kam, war durch die Verhältnisse und

---

[1]) Lit. Die Werke von Bunsen, Brugsch, Lepsius, Rougé (Etude sur le Rituel funeraire des Egyptiens.) P. Le Page Renouf Ueber Ursprung und Entwicklung der alten Aegypter, deutsch) bei Hinrichs. Leipzig. G. Ebers u. A.

[2]) Lit. P. Asmus, Die indogermanische Religion in den Hauptpunkten ihrer Entwicklung. 2 Bde. Halle 1875.

2. Entwickl. d. Relig. e) Indogermanische Relig. Einleitung. 213

Geisteszustände der primitiven Menschen bedingt und gefordert, — wenn wir selbst von einer besonderen religiösen Anlage, die in Gemüth und Phantasie zur Entwicklung trieb, absehen wollen. Die diesen Menschen noch allenthalben unbegreiflichen, in ihrer natürlichen Causalität unerfassbaren Naturvorgänge und Erscheinungen führten dazu, indem durch (subjective) Phantasie dem Verlangen nach Causal-Erkenntniss Befriedigung gewährt wurde, da der Verstand durch klare Erforschung des natürlichen Zusammenhanges diese noch nicht geben konnte. Solche Verhältnisse sind, wie früher ausgeführt wurde, die Entstehung des Feuers von selbst oder durch Reibung, die Erzeugung junger Lebewesen durch die älteren, die unbegreifliche Stimme des Echo, das Entstehen von Dingen z. B. Wolken wie aus Nichts und das Wiedervergehen derselben in scheinbares Nichts u. A. War dann durch all' diess einige geistige Entwicklung erlangt, dann waren die Menschen fähig auch grössere Gegenstände der Natur in Betracht zu ziehen, und theils nach ihrer Erscheinung an sich, theils, und besonders, nach ihrem förderlichen oder schädlichen Einwirken auf das Menschendasein, Wohl und Wehe zu beachten und zu deuten. Sie wurden nun hauptsächlich durch die subjective Phantasie erfasst und anthropomorphisch gestaltet, wurden mehr oder minder wenigstens in ihrem Streben und Wirken, wenn auch nicht ursprünglich in ihrer äusseren Erscheinung personificirt. Menschliche Strebungen und Verhältnisse wurden auf die grossen Naturgegenstände übertragen, um sie trotz ihrer übermenschlichen Grösse und Erhabenheit einigermassen zu bestimmen und dem menschlichen Gefühle und Verständnisse näher zu bringen. So geschah es mit den grossen Himmelskörpern, die sich als besonders auffallend und einflussreich erwiesen; so auch mit den wichtigen meteorologischen Erscheinungen am Himmel und den grossartigen oder schädlichen und nützlichen Erscheinungen auf der Erde, deren Ursprung und Wesen man ja ebenfalls nicht kannte. Eben in der näheren Bestimmung des Göttlichen, dessen Erscheinung und Bethätigung man in diesen Gegenständen und deren Wirksamkeit zu erkennen glaubte, wichen nun die Indogermanen einigermassen von den übrigen Völkern ab. Ihre subjective Phantasie bethätigte sich dabei freier, selbstständiger als bei jenen, und ihre Religion erhielt daher auch eine vielfach andere Gestaltung mit mannichfachen Modifikationen. Zwar die durch objective Phantasie gebildeten menschlichen Verhältnisse des Geschlechtes und der Familie verwendeten auch sie, als die ihnen bekanntesten und werthvollsten, zur Bestimmung des Göttlichen; so vor Allem die Bestimmung: „Vater", um das Verhältniss des Göttlichen oder wenigstens der höchsten, allgemeinsten Gottheit zu den Menschen auszudrücken. Auch die Geschlechtlichkeit, die sich ja sogar bei der Wort- und Sprachbildung so vielfach geltend machte, trugen sie auf das Göttliche über, wenn auch nicht in solcher Weise dasselbe im religiösen Bewusstsein und Cultus zur Geltung kam, wie bei den meisten Semiten. Aber doch wichen die Arier schon in der Grundauffassung des Göttlichen von diesen ab. Bei den Ariern ist das Göttliche durch die Wurzel „div" bezeichnet, welche „Leuchten oder Glänzen" bedeutet, während bei den Semiten Bel, Baal, El als Grundbezeichnung des Göttlichen sich erwiesen hat, die „mächtig", stark und herrschend ausdrücken soll.' Hier ist also die subjective Phantasie noch bestimmt durch das der Generationsmacht entstammende Verhältniss der Familie und des mächtigen, schirmenden Familien-Oberhauptes oder einer Naturgewalt; bei den Indogermanen dagegen macht sich schon das Moment einer freien, ästhetischen Auffassung rein durch subjective Phantasie geltend, da auf eine ästhetische und weiterhin allerdings auch intellectuelle Eigenschaft des Glanzes,

Leuchtens und Lichtes das Hauptgewicht gelegt wird, — ohne dass übrigens das ethische Moment dabei ausgeschlossen wäre, da demselben vielmehr schon eine höhere Klärung in Aussicht gestellt ist. Diese Unterschiede sind nun aber für die ganze weitere Entwicklung der Semiten und Indogermanen von höchster Wichtigkeit und bedingen die grössere, freiere Geistesentwicklung der letzteren, wie die engere, aber religiös in sich geschlossenere, wenigstens eines Theiles der Ersteren, der Juden nämlich, wie wir früher sahen.

Die arischen Völker insgesammt, also, um nur die hervorragendsten zu nennen, die Perser, Inder, Germanen, Griechen und Römer haben ihr Bewusstsein des Göttlichen um die Zeit, als sie der Beachtung grosser Naturerscheinungen fähig wurden d. h. den engen Kreis der unmittelbaren Lebens-Sphäre zunächst mit Sinnen und Phantasie überschritten, — an den hohen, glänzenden Himmel, sowie an die Sonne und Erde geknüpft, wie die anderen fortgeschrittenen Völker auch, nur aber mit grösserem Sinne und mit freierer poetischer Auffassung. Dazu aber kam noch eine viel grössere, reichere Beachtung der meteorologischen oder atmosphärischen Erscheinungen und der Elemente, die freilich auch andere Racen, insbesondere auch die Semiten nicht ignoriren konnten. Aber die lebhafte Phantasiethätigkeit der Arier machte aus ihnen geradezu ein System von Göttern und göttlichen Machtbethätigungen und Erscheinungen. Und diess um so mehr, da nach der Beschaffenheit der Länder, die sie bewohnten, ihr Wohl und Wehe in besonders auffallender Weise von den atmosphärischen Ereignissen abhängig war und sich also gerade in diesen, wie die Macht der Götter, so deren Wirksamkeit für die Menschen kund zu geben schien. Die Grundanschauungen dieser arischen Religionen mögen schon entstanden sein, als sie noch beisammen waren und ihr gemeinschaftliches Heimatland bewohnten, da besonders die Grundbezeichnung für das Göttliche bei allen als die gleiche erscheint. In Folge der Wanderungen aber werden die Modifikationen entstanden sein, und wird sich die charakteristische Eigenart der weiteren Entwicklung gebildet haben. Es wurde diese Entwicklung in ihrer Richtung und Eigenthümlichkeit bedingt sowohl durch die besondere geologische und atmosphärische Beschaffenheit des Landes, in dem sie sich niederliessen, als auch durch die individuellen physischen und psychischen Eigenthümlichkeiten der Begründer der besonderen Zweige dieser Menschenrace. Durch beides ist aber auch die besondere Art der Thätigkeit der subjectiven Phantasie bedingt, die sich in der Gestaltung der religiösen Auffassung des Daseins und dessen besonderen Erscheinungen und Bethätigungen kund gab. Diese subjective Phantasie erhält ihre Anregung und die Richtung ihrer Thätigkeit hauptsächlich durch die hervorragenden Erscheinungen der Natur, die von Jugend an auf sie einwirken, und bestimmen demgemäss auch ihre Leistungen für das geistige Leben der Menschen und Völker. Ja man kann behaupten, dass selbst die objective Phantasie, insoferne sie als Generationsmacht zur Menschenseele sich individualisirt und potenzirt hat, durch die Beschaffenheit des Landes hauptsächlich nähere Bestimmung oder Artung erfuhr. so dass das individuelle Naturell an der Eigenart des Landes participirt und nun alle Aeusserungen physischpsychischer Art derselben gemäss sich gestalten durch Zusammenwirken der objectiven Phantasie (der physischen Eigenart) und der subjectiven Phantasiethätigkeit. Diess geschieht in Bezug auf das ganze physische wie geistige Leben und zeigt sich besonders deutlich in jenen Erscheinungen oder Thätigkeiten, die aus dem Gränzgebiete von beiden hervorgehen, wie z. B. in der Sprache, die sich ganz anders gestaltet, wenigstens in der lautlichen Erscheinung, bei Bewohnern von weiten Niederungen und wiederum bei Gebirgsstämmen, insoferne die Aussprache den Charakter beider Wohnorte kund gibt, wenn nicht besondere Umstände diess hindern. Hat demnach das physische und psychische Leben der Völker, durch die Beschaffenheit der Länder manche Eigenthümlichkeit erhalten, so ist begreiflich, dass auch das religiöse Bewusstsein und Leben davon berührt wurden, und dass trotz gemeinschaftlicher Grundzüge die indogermanischen Völker in der weiteren Ausgestaltung derselben mannichfache Eigenartigkeiten zeigen. Eigenartigkeiten, die hauptsächlich durch die subjective Phantasiethätigkeit in Wechselwirkung mit den eigenartigen Naturerscheinungen am Himmel, in der Atmosphäre und auf der Erde hervorgebracht wurden, da nach diesen Erscheinungen das Göttliche aufgefasst, personifizirt und mit entsprechenden Eigenschaften und Wirkungen ausgestattet wurde. In gleicher Weise beinflusst war dann auch das religiöse Verhalten zu diesen Göttern und die dadurch hauptsächlich bestimmte geistige Entwicklung der betreffenden Völker.

Dadurch eben wurden die charakteristischen Merkmale hervorgerufen, durch welche sich die Religionen der indogermanischen Völker auszeichnen und sich so von einander unterscheiden, dass wir darnach eine Eintheilung derselben, wenigstens bei den hervorragendsten versuchen können; nämlich bei den Persern, Indern, Germanen, Griechen, Römern (Romanen), als den Völkern, die am meisten in die Weltgeschichte eingegriffen und die Träger der geistigen Entwicklung geworden sind. Aehnliches gilt auch von den andern Zweigen der indogermanischen Racen, z. B. den Slaven, die aber hier ausser Betracht gelassen werden können, weil sie bisher im geistigen Leben der Menschheit keine hervorragende, einflussreiche Rolle gespielt haben.

Nach den charakteristischen Hauptmerkmalen können wir nun die Religion der Perser als eine vorherrschend ethische bezeichnen, mit dualistischer Tendenz in Bezug auf die übernatürlichen Grundprincipien des Daseins; die Religion der Inder dagegen als eine vorherrschend quietistische und ascetische mit monistischer Tendenz; der Grundzug der Religion der Germanen kann als heroisch bestimmt werden, ebenfalls mit einigermassen dualistischem Charakter. Die Religion der Hellenen trägt einen ästhetischen Grundcharakter an sich; die der Römer endlich lässt sich als solche bezeichnen, deren Grundzug das Utilitarische ist mit politischer Tendenz und juristischer Aeusserlichkeit in der Praxis. Es könnte zur allgemeinen Charakteristik noch hinzu gefügt werden, dass die persische und römische Religion vorherrschend, objectiver, dagegen die indische, germanische und griechische überwiegend subjectiver Art sind, d. h., dass bei jenen der Schwerpunkt in das Objective, vom Subject unabhängig Vorhandene, Gegebene fällt, bei diesen dagegen in das Subject. Indess ist diese Unterscheidung so vielen Einschränkungen und Modifikationen unterworfen, dass auf sie kein besonderes Gewicht zu legen ist.

Die indogermanische Religion wurde in neuerer Zeit als Henotheismus[1]) im Unterschied von Polytheismus einerseits und Monotheismus andererseits bezeichnet. Damit will behauptet sein, dass den verschiedenen Göttern ein einheitliches Göttliches zu Grunde liegt, also gewissermassen Einheit des Wesens neben Vielheit der Formen oder Erscheinungen angenommen oder festgehalten werde — wenn dabei auch nicht die Einzigkeit wie im Monotheismus zur Anerkennung kommt. Als Beweis für die henotheistische Auffassung des Göttlichen wird bezüglich der altindischen Religion besonders diess geltend gemacht, dass im religiösen Cultus selbst, in den Gebeten

---

[1]) Max Müller macht diess besonders für die indische Religion geltend, Asmus dagegen für alle indogermanischen Religionen.

und Hymnen die einzelnen Götter zwar unterschieden,
aber jeder davon im Cultus-Acte selbst wie der höchste
oder einzige betrachtet und verehrt wird. Indess ist
hierauf, scheint mir, nicht so viel Gewicht zu legen,
wie es geschieht. Begrifflich wird das Göttliche überall
als Einheit betrachtet oder behandelt, sobald es nur überhaupt zu einer begrifflichen, abstracten Betrachtung kommt.
Auch im Polytheismus, selbst im Fetischismus bildet begrifflich das Göttliche oder Uebernatürliche oder Zaubermächtige, Geheimnissvolle eine Einheit — für die abstracte
Betrachtung; wovon dann die einzelnen Götter oder Fetische nur als besondere Formen und Erscheinungen sich
erweisen, — auf welche insgesammt der gleiche allgemeine Begriff angewendet werden kann. Allein diess gilt
eben nur für den wissenschaftlichen Forscher, für die allgemeine, abstracte Bestimmung, nicht aber für die Bekenner dieser Religions- oder Cultusarten selber. Ihnen sind
diese Götter oder Fetische wirklich verschieden, zum Theil
einander entgegengesetzt, wenn sie auch alle göttliche oder
magisch wirkende Wesen sind. Wenn bei den Indern verschiedene Götter so angerufen oder gepriesen werden, als ob
sie einzig die höchsten wären, so ist dabei nicht eine Einheit angenommen oder gerade dieser Gott allein und als
der höchste bekannt. Es ist psychologisch ganz begreiflich,
dass der bestimmte Gott, der um Hilfe angerufen oder
gepriesen wird, die höchste Erhebung und Verherrlichung
findet, damit er um so wohlwollender und gnädiger werde
— wenn es doch gerade auf ihn abgesehen ist oder gerade er im gegebenen Fall Hülfe gewähren kann. Die
Anrufung entscheidet hier über den Glauben noch nichts,
weder im einheitlichen noch im vielheitlichen Sinne. So
wird z. B. innerhalb des Katholicismus die Madonna an
manchen Orten angerufen mit ganz besonderer Bevorzugung, als ob gerade diese allein an diesem Orte preiswürdig wäre und helfen könnte und wollte, die an anderen

Orten aber anders gesinnt, weniger milde, barmherzig u. s. w. wäre — ohne dass desshalb die Wesenseinheit der verschiedenen Madonnen für den Glauben aufgehoben wäre. Umgekehrt werden verschiedene Heilige gegen die gleichen Uebel an verschiedenen Orten angerufen, mit dem gleichen Lobe gepriesen und erhoben, ohne dass desshalb ihre Wesenseinheit behauptet würde, — denn nur den gleichen Begriff der Heiligkeit und die damit verbundenen Eigenschaften wendet man auf sie an. Aehnliches mag auch bezüglich der altindischen und der übrigen indogermanischen Götter gelten. Der Henotheismus gilt für die denkende Betrachtung, da alle Götter unter den gleichen Begriff des Göttlichen gestellt werden, für den Gläubigen aber besteht die Vielheit fort trotz der Anrufung des Einzelnen, als ob er der Alleinige oder der Höchste wäre. Eine wirkliche Einheit der Gottheit ist neben der Vielheit der Gottheiten im geschichtlichen Verlaufe wohl niemals ernsthaft in concretem Sinne angenommen worden; denn so lange die Vielheit der Götter geglaubt wird, kann die concrete Einheit Gottes nicht anerkannt werden, wo aber diese einmal zur Anerkennung kommt, da kann eine Vielheit von wirklichen Göttern nicht mehr fortdauern im Glauben des Volkes; sondern die vielen Götter werden allenfalls zu untergeordneten Wesen, Dämonen, Dienern oder Widersachern des höchsten Wesens oder wirklichen Gottes herabgesetzt. Ihr Cultus, wenn er mehr oder weniger, offen oder geheim fortdauert, wird dann in das Gebiet des Aberglaubens versetzt und allenfalls auch offiziell verpönt.

Ehe wir zur Betrachtung der einzelnen indogermanischen Religionen übergehen, ist noch einer besonderen Eigenthümlichkeit derselben zu gedenken, die allen gemeinsam ist, wenn auch mit Modifikationen. Wir meinen die Annahme eines besonderen **Göttertrankes** (oder auch noch Speise), wodurch den Göttern selbst Stärkung, Begeisterung, Verjüngung und insbesondere Unsterblichkeit verliehen werden soll. Bei den Persern ist diess Haoma, bei den Indern Soma, bei den Germanen Odhrörir (und Idun's Aepfel), bei den Hellenen Nectar und Ambrosia. Bei den Persern und Indern nehmen auch die Menschen Theil am Göttertrank, der geradezu zur Gottheit potenzirt und dessen Bereitung aus der heiligen Pflanze durch die Menschen und dessen Opferung als besonderes Verdienst betrachtet wird, da die Götter darnach verlangen und insbesondere Indra sich daran berauschen will. Dagegen bei den Hellenen und Germanen haben die Menschen keinen Antheil an Trank und Speise der Götter; diese aber sind so sehr davon abhängig, dass z. B. die germanischen Götter sogleich grau zu werden und zu altern anfangen, wenn ihnen der Genuss der Idun's Aepfel entzogen wird.

Es entsteht die Frage, wie dieser Glaube wohl entstanden sein möge und was diese Götternahrung eigentlich zu bedeuten habe. Sicher dürfte in dieser Beziehung vor Allem sein, dass sich darin der naturalistische Ausgangspunkt und der noch fortdauernde Zusammenhang damit verräth. Die Natur mit ihrem Wesen und ihren Erscheinungen ist gleichsam der Stoff, aus dem die Phantasie der Völker die Götter gestaltet, und die Naturverhältnisse und Wirkungen sind in den Mythen oder Göttergeschichten nachgebildet. Dass die Götter Nahrung brauchen, Trank oder Speise, um kräftig, jugendlich zu sein und Unsterblichkeit zu geniessen, zeigt, dass sie aus der sinnlichen Natur stammen, in dieser noch gleichsam ihre Wurzeln haben und ihre allgemeine Grundlage und Quelle, aus welcher sich beständig ihr Wesen erneuert und erhält (in der gläubigen Phantasie), — wie die Menschen selbst der irdischen Nahrung, Speise und Trank bedürfen, um sich zu stärken und zu erhalten. Als naturalistisch und anthropomorphisch zeigt sich also hierin die frühere Religionsstufe der Indogermanen. Ein Glaube dieser Art konnte daher nur entstehen zu der Zeit, wo die atmosphärischen Mächte und ihre Leistungen, insbesondere bei der Hervorbringung des Regens, der Grundbedingung des irdischen Gedeihens dieser Völker — vergöttert wurden, also die Himmels- und Erdmythen entstunden. Wenn Soma in der That ursprünglich den Regen bedeutet, so zeigt sich z. B. die Abhängigkeit Indra's davon darin, dass dessen Sein und Wirken in Befreiung des Regens aus der dunklen Wolke durch Donnerkeil und Blitz eben durch die Existenz und das Wesen der Regenwolke und des Regens bedingt ist. Später wurde, wie es in allen Beziehungen geschah, die Vorstellung der Götter und des Göttertrankes vom Naturgrunde mehr losgelöst und freier gemacht. Und da die Menschen schon ursprünglich an diesem Göttertranke, insoferne er den Regen bedeutete, Theil nahmen, so wurde aus dem natürlichen Vorgange ein künstlicher, mehr symbolischer gestaltet. Das allgemeine Natur-Nass wurde durch einen besonderen Saft vertreten, durch den Saft der Somapflanze, der ausgepresst und den Göttern zum Opfer gebracht werden musste, und an dem die Menschen auch Theil nehmen konnten. Dass dieser Saft den ursprünglichen Quell der Götter darstelle und den Stoff ihres Wesens und ihrer Forterhaltung oder Unsterblichkeit, wird noch im Bewusstsein durch die intensive Phantasie-Vorstellung festgehalten, dass dieser Saft selbst Gott sei und in ihm die Gottheit in gemeinsamer Theilnahme der Gläubigen genossen werde. Es ist der Gottesgenuss, der noch aus der Natur oder einem bestimmten Producte derselben stammt, während in späterer Zeit z. B. in der christlichen Kirche ebenfalls ein solcher Genuss Gottes angenommen wird, wobei zwar auch das äusserlich Stoffliche aus der organischen Natur stammt (Brod und Wein), aber das Wesen aus dem geschichtlichen, geistigen Strome der Menschheit abgeleitet wird, aus der in fester Continuität sich folgenden Ueberlieferung der göttlichen Kraft und der Vollmacht dazu. Bei den Hellenen waren übrigens, wie schon bemerkt, Nektar und Ambrosia auf die Götter beschränkt und hatten wohl auch schon ihre eigentlich ernsthafte Bedeutung verloren, so dass sie nur noch wie ein Accidens oder wie ein ästhetischer Schmuck in der Götterwelt erscheinen; denn Dionysos, der ja wohl auch ursprünglich die belebende, begeistende und begeisternde Grundkraft der Natur bedeutete, erscheint bald zu sehr als selbstständiger Gott, als dass er noch als Trank für die Götter (und Menschen) hätte aufgefasst werden können bei dem gestaltungsfrohen Volke der Hellenen. Sehr ernste Bedeutung hat aber die Sache in der germanischen Mythologie, da Kraft und Existenz der Götter von dem Genuss der Iduns-Aepfel abhängig sind. Und was den Wundertrank Odhrörir betrifft, so ist dieser aus dem Speichel der Götter bereitet, welchen die Asen und Wanen bei ihrem Friedensschluss vereinigen. Aus diesem geht zuerst eine Person, Kwasir, hervor, den die Zwerge tödten und dessen Blut mit Honig (dem Hauptbestandtheil des Meths) gemischt, eben den genannten Trank ergibt. Da Speichel wie Blut den allgemeinen Lebenssaft bezeichnet, so scheint auch Odhrörir mit dem Regen in Beziehung zu stehen, dem allbefruchtenden, nährenden Nass des Himmels wie der Erde. — Der Glaube an diesen Göttertrank mag wohl zu einer Zeit entstanden sein, als der Gottesbegriff noch wenig ausgebildet war, da hiebei offenbar die einzelnen Götter in ihrem Sein und Wirken von einer anderen Macht oder Kraft abhängig gedacht, also in ihrer göttlichen Natur sehr beschränkt erscheinen. Zwar lässt sich nicht geradezu behaupten, dass dieser Göttertrank das eigentlich Göttliche oder Absolute, der göttliche Grund sei, aus dem die einzelnen Götter ihr Sein und Wesen schöpfen, denn die Nahrung, so nothwendig sie auch für Erhaltung und Kräftigung lebender Wesen ist, braucht darum doch noch nicht für höher gehalten zu werden als diese selbst, da vielmehr das nährende Element erst selbst höhere Bedeutung dadurch erlangt, dass es genossen und in eine höhere Stufe oder Form erhoben wird — wie die lebendige Menschennatur bezeugt. Indess Götter, wenn sie dessen bedürfen, zeigen immerhin noch einen sehr naturalistischen Charakter, und das Göttliche resp. die Vorstellung davon ist noch weit entfernt von der Stufe der Absolutheit. — Wenn der Sinn des Göttertrankes ursprünglich der sein konnte, dass Alles im Himmel und auf Erden, dass Götter wie Menschen des himmlischen, nährenden, erhaltenden Nasses des göttlichen Regens bedürfen (wie die griechische Philosophie durch Thalos mit der Behauptung begann, dass Alles aus dem Wasser, als dem Urprincipe stamme), so kann darin auch der Gedanke enthalten sein, dass dieses Nass auch die eigentlich bildende, zeugende Kraft enthalte und mittheile, wie die erhaltende. Wenn, wie behauptet wird, Soma von „Sa" „Erzeugen" kommt, so ist diess wenigstens schon im indischen und persischen Worte selbst angedeutet und der Göttertrank, der geradezu zum Gotte personificirt wurde, würde damit (im Wirken) dem sich nähern, was wir als objective Phantasie bezeichnen, als erhaltendes und forterzeugendes Princip in der Natur. Insoferne dann dieser Göttertrank auch Begeisterung verleiht, zum Schaffen befähigt, würde damit eine Beziehung hergestellt sein zwischen ihm und der subjectiven Phantasie, insoferne durch sie der Geist zu begeisterten Bilden und Schaffen befähigt ist und Unsterbliches vollbringt.

I. Die persische Religion.[1]

Die persische Religion hat sich unter den indogermanischen Religionen wohl am meisten eigenthümlich gestaltet, insofern sie am meisten über den ihnen allen zu

---

[1] Asmus. Die indogermanische Religion. Max Müller. Essays. Die Werke von Spiegel und Westergaard. Dunker-Geschichte des Alterthums II.

Grunde liegenden Naturalismus sich erhoben und einen geistigeren, speciell einen vorzugsweise ethischen Charakter errungen, in Bezug auf das Göttliche aber am entschiedensten zu einem Dualismus der Principien sich ausgebildet hat.

Wie es gerade bei den Persern oder Iraniern hiezu gekommen ist, und zwar schon in früher Zeit, lässt sich mit voller Klarheit und Bestimmtheit nicht erkennen; aber die zu energischem Wirken herausfordernde Natur des Landes, die zu beständiger Thätigkeit anspornende gefährliche Lebenslage und das darnach sich bildende Naturell der Bewohner, sowie der Gegensatz zu benachbarten, andersgearteten Völkern mögen dabei zusammengewirkt haben. Höchst merkwürdig ist, dass in Bezug auf das Göttliche dieselben Grund-Bezeichnungen bei Persern und Indern sich finden, aber gerade in entgegengesetztem Sinne gebraucht werden; d. h. die Bezeichnungen, mit welchen bei den Indern die guten Götter benannt werden, bedeuten bei den Persern böse Wesen oder Geister. Die Devas sind bei den Indern die Götter des Lichtes und des Wohlthuns, die Daewas der Perser aber sind die geistigen (geistig-sinnlichen) Mächte der Finsterniss und des Verderbens. Ebenso sind die Asuras bei den Indern böse Geister, dagegen die Ahuras bei den Persern die guten göttlichen Wesen oder Geister. Diese babylonische Sprachverkehrung, welche beide Völker im religiösen Gebiete sich nicht mehr verstehen liess, mag entstanden sein durch eine heftige Krisis, durch ausgesprochene Feindschaft zwischen beiden Völkern; möglich aber auch, dass der Gegensatz durch eine langsame, allmähliche Umwandlung zu Stande gekommen ist, wie ja Beispiele von einer Verkehrung der Bedeutung desselben Wortes öfter in der Religionsgeschichte und auch im profanen Gebiete vorkommen. Diess konnte um so eher geschehen, als auch sonst in den Religionen, in welchen Licht und Sonne Hauptgegenstände göttlicher

Verehrung waren, in Bezug auf Wesen und Namen des Verehrungsgegenstandes ein Schwanken stattfinden musste, da dasselbe Sonnenlicht, das einmal Licht, Wärme, Segen, Gedeihen, Leben und Fruchtbarkeit wirkte, bald darauf als dörrende, versengende Gluthhitze Unfruchtbarkeit, Tod und Verderben brachte. Die vergeistigende und ethische Richtung, die bald zu entschiedener Ausbildung kam und den Grundcharakter des Parsismus bildet, mag wohl schon früh, schon lange vor Zarathustra und seiner Reform begonnen haben, da dieser allenthalben (wie Confucius bei den Chinesen) nichts Neues lehren, sondern durch seine Reform nur das Frühere, Einfache und Reine wiederherstellen, durch die Sprüche alter Weisheit den hereingebrochenen oder durch Entartung entstandenen falschen Götterglauben und Cultus beseitigen wollte. In Folge dieser früh beginnenden ethischen und geistigen Richtung mag es auch geschehen sein, dass die Geschlechtlichkeit zwar nicht ganz als Bestimmung oder Eigenschaft des Göttlichen ausgeschlossen ward, (wie bei den Hebräern), aber doch sehr in den Hintergrund trat, und dass insbesondere das geschlechtliche Moment, das bei den Semiten, und zwar vorzugsweise bei den Babyloniern und Syro-Phöniziern im Cultus eine so grosse Rolle spielte, zu keiner solchen Geltung kam. Doch fehlt es, wie bemerkt, unter den naturalistischen Gottheiten auch an Göttinen nicht, wenn sie auch bald in den Hintergrund traten. So ward eine Göttin des Wassers, Anahiti verehrt, und eine Göttin der Erde, Armaiti, wovon die erstere zugleich Göttin der Liebe, Ehe und Fruchtbarkeit war, ähnlich der Mylitta-Derketo und der griechischen Aphrodite. Zu den Naturgöttern gehörte vor Allen der Licht- und Sonnen-Gott Mithra, welcher der Sonne vorauffährt, in voller Rüstung Himmel und Erde durchfahrend, wie ein gewaltiger Kampfheld gegen die Geister der Finsterniss streitend. Sein Cultus erhielt sich auch noch in späterer Zeit und er gleicht vielfach dem indischen Indra, der aber in Iran unter dem Namen Andra den Dämonen der Finsterniss zugetheilt wurde. Neben Mithra ist Verethragna gestellt als besondere Personifikation der siegreichen Gewalt des Himmels- oder Sonnengottes. Noch zwei andere Naturgötter stehen dem Mithra bei im Kampfe gegen die Dämonen der Finsterniss und des Bösen, Çraosha und Rashun, die als Sturmgötter oder als Geister des schnellen Sturmwindes gegolten zu haben scheinen. Unter den Gestirnen wurde hauptsächlich Sirius unter dem Namen Tistrja verehrt, den man als Heimat der oberen Wasser betrachtete, weil nach seinem Aufgehen der Regen kam. Endlich erscheint als allgemeiner Naturgott auch noch Haoma der Opfertrank selbst oder die personificirte Kraft dieses Trankes, welche Götter wie Menschen stärkt, erhält und beglückt — wovon schon oben die Rede war. Besonders populär scheint im Allgemeinen noch der Feuer-Cultus überhaupt gewesen zu sein, veranlasst wohl nicht blos durch die Bedeutung des Sonnenlichtes und durch sonstige Feuererscheinungen am Himmel sowie durch die reinigende Kraft des Feuers, sondern auch noch durch die häufige Erscheinung des räthselhaften Elementes aus dem Boden selbst (durch Naphta oder Bergharz) die in manchen Gegenden wahrgenommen werden konnte.

Zoroaster oder Zarathustra, im 13. Jahrhundert v. Chr. auftretend, führte eine Reform des persischen Religionswesens herbei. Er ging darauf aus, an die Stelle der Lügengötter (wohl die grob sinnlich aufgefassten und verehrten Volksgötter) den Glauben an den allein wahren Gott, den „weisen Herrn" (Ahura-Mazda), den „heiligen Geist" (Çpentomainju) einzuführen. Jedoch nicht als eine Neuerung gab sich diese Reform oder Gründung, sondern nur als Wiederherstellung eines Früheren; denn durch alte Sprüche der Weisheit will Zarathustra wirken. Und in der That wird die vergeistigte Auffassung und ethische Richtung des religiösen Bewusstseins und Lebens wohl schon vor demselben versucht oder angebahnt worden sein, aber sicher nicht so entschieden, so energisch und mit so klarer Erkenntniss, wie es durch ihn geschah. Neben der Vergeistigung und Ethisirung der Naturgötter fand auch noch eine dualistische Organisation derselben statt, indem sie in zwei Gruppen, in Geister des Lichts und der physischen und sittlichen Reinheit, und in Geister der Finsterniss und des materiell wie geistig Unreinen getheilt wurden. An die Spitze beider wurden Ormuzd (Ahura-Mazda) und Ahriman (Angramainju) gestellt; jener der gute Gott und höchste Geist, dieser das Haupt der bösen Geister und schädlichen Naturmächte. Diess ist der persische Dualismus. Er ist kein absoluter, wie sowohl aus seinem Ursprung, als auch aus dem endlichen Ausgang des Weltprocesses oder -Kampfes erhellt. Derselbe ist offenbar nicht durch abstractes Denken und durch Deduction aus einem Princip oder einer Nothwendigkeit entstanden, denn eine solche Ableitung eines schroffen oder geradezu absoluten Gegensatzes aus Einem Princip oder Wesen ist überhaupt nicht möglich, sondern allenfalls nur eine Scheidung in eine Gliederung, oder eine Differenzirung in verschiedene, doch wieder ineinandergreifende Momente eines Einheitlichen. Auch aus der Zeruana akarana, der unendlichen Zeit (oder Ewigkeit) ist der Gegensatz nicht ableitbar, denn in dieser ist kein Grund zu finden für eine absolute Entzweiung, sondern sie bietet nur die Möglichkeit des Seins oder Entstehens und Dauerns eines Gegensatzes und des Streites der dualistischen Mächte; ist demnach nur Grundlage oder reale Möglichkeit der Bethätigung derselben. Der Gedanke oder die Vorstellung davon ist daher erst nachträglich gefunden oder durch Imagination hinzugebildet, um wenigstens einen unbestimmten, nebelhaften Hintergrund oder Horizont der Zeit zu haben, aus dem der Streit der Gegensätze für das Dasein aufgetaucht ist. Der Gedanke des Dualismus der Weltmächte ist vielmehr empirisch entstanden durch Wahrnehmung guter und böser Wirkungen in Natur und Menschenwelt, für welche entsprechende Ursachen angenommen oder geradezu wahrgenommnen wurden — als Naturgötter und zugleich als ethische Wesen. Zarathustra hat sie nun in zwei Partheien oder Heerlager geordnet unter ihren Oberhäuptern Ormuzd und Ahriman — wobei Ormuzd schon allenthalben das Uebergewicht hat und die eigentlich positive, reale höchsteMacht darstellt. Unter ihm stehen die höheren guten Geister Amschaspands und die niederen Geister oder Izev's. Unter Ahriman stehen die höheren bösen Wesen, Dharvands und die niedern bösen Geister oder Devs. Auch die Menschen nun haben die Aufgabe an diesem grossen Kampfe zwischen dem guten und bösen Princip und ihren Dienern Theil zu nehmen; und speziell die Iranier haben die Aufgabe, im Dienste des guten Licht-Gottes Ormuzd zu wirken und zu streiten. Diess geschieht sowohl durch intellectuelle und ethische Thätigkeit, als auch durch physische, durch körperliche Arbeit und Reinheit. Nicht blos wer sich geistig bildet oder sittlich handelt, wirkt im Dienste des Ormuzd und für das Reich des Lichtes, sondern auch wer für körperliche Reinheit Sorge trägt, wer das Land bebaut, schädliche Pflanzen und Thiere vernichtet, streitet wider Ahriman, (von dem alles Schädliche in der Schöpfung stammt), und erweitert somit das Reich des Guten und des Lichtes. Selbst die Erhaltung und Wiederherstellung körperlicher Gesundheit, also ärztliche Wirksamkeit ist ein Kampf gegen Ahriman, von dem Krankheit und Tod stammt, gehört also in das Gebiet des religiösen Denkens und Handelns, — wenn auch nicht nach so mystischer oder magischer Auffassung, wie in andern Religionen. Auch hieraus geht hervor, dass der persische Dualismus kein absoluter, kein metaphysischer im eigentlichen Sinne war, sondern nur ein ethischer, zunächst durch die Erscheinungen und Wirkungen im physischen Dasein veranlasster. Nicht aus zwei verschiedenen Substanzen besteht das Dasein, sondern die Substanz desselben kommt von Ormuzd, während von Ahriman nur die Verkehrung, die Verderbniss, Krankheit, Schädlichkeit u. s. w. dieses Substantiellen stammt und also eine Heilung, Rettung, Reinigung zulässt. Daher zeigt auch der endliche Schluss des ganzen Weltprocesses die Relativität dieses Dualismus. Denn es soll zuletzt eine Wiederherstellung des ursprünglich reinen Schöpfungswerkes des Ormuzd erfolgen, eine Reinigung von allem Verkehrten und Bösen. Ahriman selbst mit seinen Geistern unterzieht sich diesem Reinigungsprocesse, und wird also schliesslich in das vollkommen hergestellte Lichtreich des Ormuzd aufgenommen. Der Dualismus wird demnach nur für den physischen und ethischen Weltlauf angenommen und der Fortschritt, den das religiöse Bewusstsein durch ihn machte, besteht hauptsächlich darin, dass ausser der Vergeistigung und Ethisirung des Göttlichen auch noch eine höhere Auffassung desselben erreicht wurde. Und zwar dadurch, dass es nicht mehr zugleich als Quelle des Guten und des Bösen, des Segens und des Verderbens für Natur und Menschen betrachtet wurde, wie in den naturalistischen Religionen, sondern dass alles Gute in allen Beziehungen dem reinen, wahren Gotte zugeschrieben ward. Diesem wurde darum allein göttliche Verehrung gezollt, während man das Böse, physisch und ethisch Schlimme, Verderbliche, zwar auch einem höheren Wesen zuschrieb, demselben aber keine Verehrung zollte, keine Opfer brachte, wie etwa dem Moloch, sondern dem man vielmehr stete Feindschaft gelobte und Widerstand leistete. Doch liess sich freilich auch dieser relative Dualismus kaum ganz durchführen, da doch auch Ormuzd und die Seinigen gegen das Böse, Schlechte nicht gleichgültig sein konnten, insofern sie es ja bekämpften und also ebenfalls Schlimmes zufügen, Leid und Tod über andere Wesen verhängen mussten schon um gegen Ahriman und sein Reich mit Erfolg zu kämpfen. Es ging also auch von Ormuzd Schmerz und Tod und anderes Unheil aus oder derselbe entlehnte gleichsam dieses Schlimme von Ahriman, um diesen selbst damit zu bekämpfen.[1)]

Ausser der Annahme von höheren und niederen Geistern auf beiden Seiten besteht im Parsismus auch noch der Glaube an die Seelen oder Geister der Ahnen, Fravashis, und deren Aufenthalt bei ihren Nachkommen; denen daher auch ein gewisser Cultus gewidmet ist. Sie schützen vor Gefahren, kämpfen in den Schlachten mit, besuchen zu gewissen Zeiten des Jahres auch wohl die Häuser ihrer Angehörigen und wollen durch Opferspenden geehrt sein. Die Abstraction, oder vielmehr die subjective Phantasiethätigkeit ging aber noch weiter. Auch an den Seelen der Lebenden wird noch der gute, reinere Theil von dem niederen unterschieden, als gewissermassen selbstständig gedacht oder hypostasirt und als guter Geist oder guter Engel (Fravashi, Feruer) aufgefasst, so dass er sogar als Schutzgeist angerufen zu werden pflegte.

In Bezug auf die Entstehung oder Schöpfung der

[1)] Selbst im Christenthum ist der sehr gemässigte Dualismus von Gott und bösem, verderblichen Geist nicht durchgeführt, wenn diesem auch zeitweise eine ganz abnorme Herrschaft zuerkannt wurde (wie in der Zeit der Hexenprocesse). Es ist allgemein üblich, durch Gebet, Busse, fromme Stiftungen u. dgl. den „Zorn Gottes zu beschwichtigen", Schonung zu erflehen, so dass also offenbar Gott selbst als Urheber oder Verhänger der Uebel betrachtet wird, die als Ausdruck seines Zornes gelten. Selbst im christlichen Hauptgebete, im Vaterunser, zeigt sich vor- oder ausser-dualistische Auffassung in der Bitte „Führe uns nicht in Versuchung" — während doch sonst allenthalben die Verführung dem Satan zugeschrieben wird, ja Versuchung und Verführung als dessen wesentliches Wirken gilt.

Welt und der Menschen sowie das Verhalten der Götter und Geister hiebei ist die Mythenbildung bei den Persern nicht so reichhaltig gewesen, wie bei andern Völkern. Theils mag die ethische Richtung die Phantasie dabei in Schranken gehalten oder manche Gebilde derselben wieder haben verschwinden lassen, theils mag die Beschaffenheit des Landes dieselbe nicht so sehr geweckt haben, oder dieselbe ist durch weniger hervorragende, überwältigende Erscheinungen oder Verhältnisse allein in Anspruch genommen und gewissermassen gebunden worden. Die wenigen Mythen in diesem Betreff haben natürlich keinerlei reellen oder wissenschaftlichen Werth, sondern sind reine Gebilde subjectiver Phantasiethätigkeit, enthalten aber einige Anklänge an die jüdische Schöpfungslehre oder Urgeschichte. Ormuzd bringt die Welt hervor durch sein Wort, Honover (λόγος), worunter wohl des Ormuzd eigentliche, concentrirte Kraft und Vernunft zu verstehen ist, die, wie es scheint, noch von seinem Wesen unterschieden ward — wie vom Menschengeist der eigentliche Genius, Fravaschi (Feruer). Das erste Product war der „Urstier", worunter wohl die Zeugungskraft und Fruchtbarkeit der Welt zu verstehen ist. Nach ihm oder aus ihm entstund Kajomart — nach Zarathustrischer Sage als erster Mensch, der in der uranischen Mythe Yima (entsprechend dem indischen Yamu) genannt wird.[1] Daher der Mythus allenfalls auch dahin lautet, dass Kajomart aus dem Wasser (Wolkenmeer) entstanden sei, das eben als Symbol oder geradezu als Quelle der Erzeugung und Entwicklung galt. Yima nun lebte und

---

[1] Nach einer anderen Sage waren die ersten Menschen Meschia und Meschiane (Sterbliche), die zuerst in Unschuld lebten und Ormuzd priesen, bald aber von Ahriman belogen und verführt wurden und diesen als Herrn anerkannten — womit der Kampf zwischen Ormuzd und Ahriman auf der Erde begann, nachdem der glückliche Zustand (Paradies) verloren war.

herrschte in der ersten glücklichen Periode der Welt, im goldenen Zeitalter, wo es noch nicht Hitze und Kälte, nicht Hunger und Durst, nicht Krankheit, Alter und Tod gab, auch nicht Hass und Streit. Dann aber ging dieses Zeitalter zu Ende und es kam all' dieses in die Schöpfung (durch Ahriman). Yima zog sich nun mit einer Anzahl Auserwählter in einen Garten zurück und setzte daselbst das frühere paradiesische Leben fort. Nach Zarathustrischer Sage ging der paradiesische Zustand in Folge sittlicher Verschuldung des Yima, als ersten Menschen (oder nach anderer Sage des Meschia und der Meschiana), verloren durch Einwirkung des Ahriman unter der Form der Schlange — wodurch das sittliche und physische Uebel entstund, die Leidenschaften der Menschen erwachten, sowie die schädlichen Thiere in der Natur hervorkamen. Nun begann die zweite Periode des Weltdaseins, in welcher Ahriman mit seinem Anhange das Uebergewicht behauptete. Mit dem Auftroten Zarathustra's beginnt die dritte Weltepoche, in welcher wiederum Ormuzd und die Seinigen das Uebergewicht erlangen. Er gilt als der Mittelpunkt der ganzen Weltgeschichte; doch ist er nur Organ der Offenbarung des Ormuzd, ohne dass er zum Gegenstand besonderer Mythenbildung oder gar einer Apotheose gemacht wurde. Endlich tritt der eigentliche Heiland und Vollender des Weltprozesses, Çaoschyank, aus dem Geschlechte Zarathustra's auf, um wiederum die glückliche Anfangszeit herbeizuführen auf der erneuerten Erde. Es wird der Entscheidungskampf mit der Macht des Ahriman, insbesondere mit dem Drachen Azhi Dahak geschlagen. Dann wird durch das Opfer Huoma die Auferstehung der Todten bewirkt und wird durch Çaoschyank, „dem Sieger von Osten her" das letzte Gericht gehalten. Die Guten werden der himmlischen Seligkeit theilhaftig, die Bösen in die Hölle verstossen mit Ahriman. Allein sie werden hier nicht ewig zurückgehulten und gemartert, — wie nach der christlichen Lehre, — sondern erfahren vielmehr eine Läuterung durch Feuer, um darnach ebenfalls in das Reich der Seligen aufgenommen zu werden. Selbst Ahriman wird gereinigt und bekehrt und findet gleichfalls in das Reich des Ormuzd Aufnahme, so dass eine allgemeine Wiederherstellung stattfindet und der ganze Weltprocess einen glücklichen Abschluss findet. Seine Bedeutung scheint demnach darin zu bestehen, dass die sittliche Idee in Leid und Kampf ihre Realisirung findet und dass selbst Ormuzd insoferne eine Vervollkommnung oder höhere Vollendung erfährt, als diess geschieht und sein Werk auch physisch sich so gestaltet und durchbildet, dass es ganz in ihn aufgenommen und er Alles in Allem werden kann. Das Schicksal der einzelnen Seelen unmittelbar nach dem Tode ist demgemäss nur ein provisorisches, bis zum letzten Gericht dauerndes. Die Vergeltung nach dem Tode tritt dadurch ein, dass die Seelen über die Brücke Tschinwat zu schreiten haben. Die guten Seelen werden von ihren guten Werken in Gestalt eines Genius hinübergeleitet und kommen in die drei Paradiese, welche den guten Gedanken, Worten und Werken entsprechen; die bösen Seelen aber können nicht hinüber kommen, sondern stürzen von der Brücke hinab in die drei Höllen, wo sie Marter und Hohn zu ertragen haben und gefangen gehalten werden, bis zum letzten Gericht.

Was den religiösen Cultus betrifft, so ist derselbe mit den sittlichen Vorschriften und dem ethischen Leben, sowie mit der praktischen Lebensthätigkeit und Tagesarbeit unmittelbar verbunden. Tempel gab es in der persischen Religion nicht, es wurde auf Höhen geopfert (wie Aehnliches auch bei den Israeliten geschah, besonders zur Zeit der Richter, ehe die Concentration des Cultus in Jerusalem stattfand). Einen in sich geschlossenen Priesterstand scheint es ebenfalls nicht gegeben zu haben, obwohl im Zend-Avesta die Priester (Magier) besondere Beachtung finden. Das eigentliche religiöse Leben bestand im ethischen Verhalten d. h. im Kampfe für Ormuzd gegen das Reich des Ahriman. Dieser Kampf ward aber nicht blos durch das sittliche Verhalten im engeren Sinne, sondern auch durch die ganze äussere Lebensthätigkeit, durch die gewöhnliche nützliche Arbeit, den Landbau, Vertilgung schädlicher Thiere u. s. w. geführt, so dass in der That das ganze Leben und Wirken als ein Gottesdienst galt. Mit der ethischen Grundrichtung hängt es wohl auch zusammen, dass die Ehe und das Familienleben am höchsten gestellt waren. In der That ging ja auch von diesen, wie wir zu zeigen versuchten, das ethische und selbst auch das religiöse Leben ursprünglich aus. Die Schliessung der Ehe galt als besondere Pflicht und Kindersegen als die höchste Gabe Gottes, sowie deren Erziehung zu fleissiger Thätigkeit, zur Wahrhaftigkeit und reiner Frömmigkeit, als das höchste Verdienst geachtet wurde. — Indess ward die persische Religion in ihrem besseren Kern, doch auch von unendlich viel äusserem Beiwerk überwuchert. Da Reinheit im äusseren Verhalten und innere Reinheit der Gesinnung nicht eigentlich geschieden waren, beides zur Religion gehörte und Gottesdienst war, so wurde eine unendliche Menge von Vorschriften über das äussere Verhalten zum Behufe der Reinheit oder Bewahrung vor Verunreinigung gegeben. Ein kleinliches Ceremonialwesen ward in Folge davon von den Priesterschulen ausgebildet mit peinlichen, casuistischen Bestimmungen. Und wenn man bedenkt, wie gross die Geneigtheit des Volkes ist, dergleichen Vorschriften und äusserliche, kleinliche Uebungen für die Hauptsache in der Religion und Sittlichkeit zu halten und darüber das wahrhaft Wichtige und Wesenhafte aus den Augen zu verlieren, so kann man sich nicht wundern, dass trotz der verhältnissmässig reinen, einfachen und geistigen Form, welche die persische Religion durch Zoroaster erhält, doch eine starke Veräusserlichung und grob sinnliche Entartung stattfinden konnte, die sich noch dazu mit einer Art Mysticismus und Zauberei verband, — Zauberei, welche sich von frühem Alterthum her erhalten oder noch fortgebildet haben mochte. Ein Beleg hiefür ist nicht blos das Haoma, der vergöttlichte Pflanzensaft, dessen Genuss nicht blos das körperliche, sondern insbesondere das geistige Leben magisch stärken und unsterblich machen sollte, — sondern insbesondere auch das Nirang d. h. Urin von Kühen, womit man sich des Morgens vor allen andern Geschäften zu waschen hatte, um sich für den Tag vor den Angriffen und Versuchungen der bösen Geister zu schützen. Ein roher Wahn, der dem Streben nach wahrhafter Sittlichkeit, nach reiner sittlicher Gesinnung und Thätigkeit nur sehr hinderlich sein konnte, — gleichwohl aber der „Aufklärung" gegenüber hartnäckig festgehalten wurde und praktische Realisirung fand. Ja derselbe gedieh bis zu dem Grade, dass man es nicht einmal bei dem Waschen bewenden liess, sondern in manchen Fällen geradezu bis zum Trinken dieser Flüssigkeit schritt und natürlich wunderbare magische Wirkungen für sittliche Reinigung und religiöse Frömmigkeit sich davon versprach.

Zum Schlusse sei noch bemerkt, dass die persische oder näher: zoroastrische Religion sich als eigentliche Offenbarungs-Religion gibt, wie es bei der Aegyptischen, Mosaischen, Muhammedanischen u. a. Religionen der Fall ist. Als göttliche Kundgebung theoretischer und praktischer Art für die Menschheit, zunächst für das Volk und Reich der Perser, dann auch für die übrigen Völker, damit sie von ihren falschen Göttern Befreiung finden, die natürlich als der Ahriman'schen Genossenschaft und dem Reiche der Finsterniss und des Bösen angehörig betrachtet werden. Sie sind daher für die Perser aus religiöser Rücksicht Gegenstand der Bekämpfung und Bekehrung. — Ormuzd ertheilt seine Offenbarung im Zwiegespräch unmittelbar an Zarathustra, der sie aufschreibt und in eine heilige, absolut gültige, autoritative Urkunde, den Zend-Avesta (das lebendige Wort) sammelte. Die 21 Bücher oder Abtheilungen desselben handeln aber nicht blos von Gott und dem religiösen und sittlichen Verhalten der Menschen, sondern auch (wie die Aegyptische und Mosaische Religionsurkunde) von allen andern Verhältnissen und Thätigkeiten des menschlichen Lebens, von juristischen, ökonomischen und medicinischen Dingen. Der grösste Theil dieser Schriften ist verloren gegangen, doch ist ein wichtiger Theil, das Vendidad erhalten. Ausserdem ein theologischer Commentar dazu, das Bundehesch, das im Pehlevi, nicht in der Zend-Sprache geschrieben ist.

II. Die indische Religion.[1]

Wie die persische Religion als die vorzugsweise ethische unter den indogermanischen oder arischen Religionen bezeichnet werden kann, so die indische oder brahmanische Religion als die vorzugsweise quietistische und ascetische. Nicht als ob sie als solche gleich begonnen hätte; sie hat vielmehr, wie die andern auch in naturalistischer Weise begonnen und sich erst allmählich, in Folge der Natur- und Geschichts-Verhältnisse- und Einflüsse zu der bezeichneten Richtung fortentwickelt. Die verhältnissmässig frühe Kunde, die wir durch die Veda's, die heiligen Schriften des Brahmanismus, von der indischen Religion haben, bezeugt diess. Der älteste Bestandtheil der Vedas, der Rigveda enthält nämlich die Anrufungen und Lobpreisungen der altindischen Götter, die sich allenthalben als mehr oder minder personifizirte Naturerscheinungen oder Mächte erweisen. Uebrigens lernen wir damit keineswegs den frühesten Zustand der Religion überhaupt

---

[1] Dr. Paul Wurm: Geschichte der indischen Religion. Basel 1874. Max Müller schon genannte Werke und dessen Essays I. Band. Muir Texts of Veda

kennen, sondern nur ein bestimmtes Stadium in der Entwicklung des religiösen Bewusstseins und Cultus, dem wieder ein anderes Stadium vorausging und das vom Anfang oder Ursprung der Religion sogar ziemlich weit entfernt sein mochte. Denn, wie schon früher ausgeführt wurde, nicht mit der Vergötterung grosser Naturdinge oder Erscheinungen am Himmel oder in der Atmosphäre und auf der Erde, hat die Religion begonnen, denn solche grosse Erscheinungen vermochten die primitiven Menschen kaum schon sinnlich zu erfassen, geschweige dass sie dieselben hätten vergöttern können. Der Gedanke des Göttlichen musste vielmehr selbst schon entstanden und einigermassen ausgebildet und die Phantasie musste schon zu höherer Thätigkeit befähigt sein, ehe es zu solcher Personification und Vergötterung grosser Naturdinge und Wirkungen kommen konnte. Der Gedanke des Göttlichen entwickelte sich, wie wir sahen, zuerst aus dem Glauben an unsichtbar fortdauernde, geheimnissvoll und willkürlich wirkende Wesen oder Kräfte, die in unmittelbarem Verkehr mit dem Menschen und seinem Leben und täglichen Thun, Leiden und Kämpfen stunden. Das waren Geister und Zauberkräfte, mit denen man sich in Beziehung und gutes Verhältniss zu setzen, die man zu gewinnen oder zu beschwichtigen suchte. Dann erst erweiterte sich der Blick und wurde der Sinn für Wahrnehmung und Auffassung des Grossen, Erhabenen und vor Allem des Lichten, Glänzenden aufgeschlossen und empfänglich und wurde die subjective Phantasie grösserer Conceptionen und grosser Personifikationen der Naturdinge und ihres Verhaltens zu einander fähig. In Wechselwirkung damit stund die Entwicklung des der Menschennatur immanenten idealen Sinnes, des Sinnes oder Bewusstseins für das Sittliche, Gute, Erhabene, Rechte, dann auch für das Schöne und die Wahrheit. Und die Realisirung hievon wurde ebenfalls allmählich in dem

Göttlichen erblickt, insoferne vom Standpunkte des Naturalismus in der Auffassung des Göttlichen nach und nach fortgeschritten wurde zur Vergeistigung und Versittlichung desselben, oder auch zu dessen ästhetischer Verklärung. In Indien speziell hat die Entwicklung, wie wir sehen werden, eine eigenthümliche Richtung nach Innen zu, nach Versenkung in das Unendliche, Unbestimmte genommen, indem die subjective Phantasie sich nicht mehr, wie früher, darin bethätigte, das Unbestimmte zu gestalten, sondern vielmehr darin, das Bestimmtere, das eigene Wesen in das Unendliche, Unbestimmte, Göttliche hineinzuschauen und darin gleichsam aufzulösen. Eine psychische (quietistische) Bethätigung, die zur Folge hatte, dass man auch die äussere Bestimmtheit, das körperliche Einzelwesen so sehr als möglich aufzuheben suchte, in so oft excentrisch rigoroser Ascese; so zwar, dass dann auch die philosophische Spekulation selbst dieser Richtung Rechnung zu tragen suchte.

Die erste Phase der indischen Religion, mit welcher wir durch schriftliche Urkunden bekannt werden, die aber, wie bemerkt, keineswegs als die eigentlich ursprüngliche betrachtet werden kann, — ist die, welche in den Veda-Liedern ihren Ausdruck gefunden hat. Diese Lieder des ältesten Theils der heiligen Bücher der Hindu's (Rigveda) sind Anrufungen und Lobpreisungen der naturalistischen Götter, der personifizirten Naturerscheinungen am Himmel, in der Luft und auf der Erde; Personifikationen die übrigens noch schwankend sind, naturalistisch dem Wesen, anthropomorphisch dem Gebahren, dem Wirken nach gedacht und demgemäss angerufen werden, sowie auch ihr Verhalten zu einander von der Phantasie, als ein menschenähnliches, insbesondere durch das geschlechtliche Verhältniss vielfach bestimmtes, gestaltet und vorgestellt wird.

Wie in anderen Religionen, so scheint auch in der

indischen in diesem Stadium der Entwicklung der Himmel, zunächst im Allgemeinen, Hauptgegenstand der religiösen Vorstellung und Verehrung gewesen zu sein. Und zwar ist das Lichtvolle, Taghelle, Glänzende desselben vorzugsweise in Betracht gezogen. Daher die Bezeichnung für ihn Dyaus, Diu (von div = Glänzen) ist, dem dann aus dem unmittelbaren menschlichen Erfahrungsgebiet als Hauptprädikat „Vater" beigefügt ward (Dyaush-pita, Diu-patar) — wovon schon früher die Rede war. In ähnlicher Weise ward auch das Unendliche, die Unendlichkeit (oder auch Ewigkeit) als Gottheit Aditi, betrachtet. Aditi als Gott oder auch Göttin (deren Söhne die Adityas), ist also das Unendliche, wahrscheinlich der Zeit, wie dem Raume nach; zunächst wohl das sinnlich, äusserlich Unendliche d. h. kein Ende Zeigende, das die Phantasie zum Vorstellungsversuch des wirklich Unendlichen anregt. Diess Unendliche spielt allerdings in der Religion wie im menschlichen Denken überhaupt, eine grosse Rolle, aber den Ursprung der Religion oder des Bewusstseins des Göttlichen vermögen wir doch aus dem Gefühl und Druck desselben nicht abzuleiten, da diess für die primitiven Menschen viel zu unbestimmt und unfassbar ist — wie schon früher erörtert wurde. Uebrigens ist Aditi von so unbestimmter Bedeutung, dass sie wie unendliche reale Möglichkeit aller Götter erscheint, daher als Mutter von Söhnen bezeichnet werden kann. Sie wird in der That Mutter des Mitra, des Varuna, des Aryaman u. s. w. genannt. Ja sie wird wohl auch geradezu als das All bezeichnet.[1]) „Aditi ist der Himmel, Aditi ist die Luft, Aditi ist Mutter, Vater und Sohn, Aditi sind alle Götter und die fünf Stämme, Aditi ist alles Geborene und was noch geboren werden soll. An anderen Stellen kommt aber Aditi neben anderen Göttern vor, so dass von Aditi

---

[1]) S. P. Wurm: Geschichte der indischen Religion S. 26.

nur die himmlischen Götter geboren sind, die Luft- und Erdgötter dagegen von den Wassern und von der Erde. Auch als der unendlich sich ausdehnende Luftraum und als das himmlische Licht wird Aditi aufgefasst — gegenüber dem Diti als dunklem Naturgrund, aus dem die Daityas, dunkle Gewalten und Feinde der Götter geboren werden. Indess hat sich das Göttliche bei den Indern in eine grosse Anzahl besonderer, wenn auch nicht streng geschiedener und charakterisirter Götter differenzirt, den verschiedenen Mächten und Erscheinungen der Welt gemäss. Unter ihnen ragt zunächst eine Dreiheit von Göttern besonders hervor, welche drei verschiedenen Gebieten der Welt angehören, dem (sichtbaren) Himmel, der Luft und der Erde: Varuna, Indra und Agni, denen sich aber in jedem Gebiete viele andere Götter und auch Göttinen anschliessen. — Varuna ist der Gott des Himmels(Uranos), und ist also mit Dyaus gleichbedeutend, wenn auch wahrscheinlich weniger allgemein und unbestimmt, da er so viele andere Götter neben sich hat, welche vielleicht die Geltung von Dyaus noch nicht in gleicher Weise beschränkt haben. Diess geht schon daraus hervor, dass er mit Mitra ein Brüderpaar (Söhne der Aditi) bildet. Mitra (verwandt mit dem persischen Sonnengott Mithra) ist der Gott, als dessen Erscheinung das himmlische Licht der Tageszeit gilt, so dass Varuna hauptsächlich den nächtlichen Himmel bedeutet (obwohl er auch wieder als Herr alles Lichts und aller Zeit erscheint). Der Himmel, als Symbol der Gottheit, oder in schwankendem Bewusstsein als die Gottheit selbst, mag schon früh von den arischen Völkern mit verschiedenen Namen bezeichnet worden sein, die sich dann bei den einzelnen mehr oder minder einseitig ausbildeten. — Zu dem Kreis der Himmelsgötter gehören noch insbesondere die Sonnengötter oder die Götter der einzelnen Lichterscheinungen. Zu ihnen gehört **Surya**, die Sonne, welche aber auch mit dem Namen **Savitri** bezeichnet wird. Mit beiden Namen wird hauptsächlich die glänzende Erscheinung der Sonne am Himmel und ihre mächtige Wirkung ausgedrückt; dagegen für die wohlthätige Wirkung der Sonnenstrahlen auf die Erde wird in den Veda-Liedern noch ein besonderer Gott, **Pûschan**, angenommen. Zu diesem himmlischen Götterkreise gehört auch die Göttin **Uschas**, die Morgenröthe, Homer's „rosenfingrige Eos", welche die Thore des Himmels öffnet, die Nacht verscheucht und Thiere und Menschen erweckt. Sie fährt auf einem mit rothen Kühen oder Pferden bespannten Wagen und führt die Götter alle herbei zum Somatrank (worunter ursprünglich wohl der erfrischende Thau verstanden sein mochte). Auch das Zwillingspaar **Açvin** gehört hieher, worunter, wie es scheint, der Morgen- und Abendstern verstanden wurde, obwohl sie stets mit einander erscheinen als Repräsentanten des Tages-Anbruchs. Sie werden insbesondere als Retter der Schiffbrüchigen und als Aerzte betrachtet, so dass in diesem Mythus kosmische und historische Elemente sich verbunden zu haben scheinen. — Endlich ist auch **Vischnu** einer der Himmelsgötter, der zwar in den Veda-Liedern nur selten angerufen wird, in der späteren indischen Religion aber zu einem Hauptgott geworden ist. Er wird als der Gott der drei Schritte bezeichnet (unter welchen Aufgang, Höhepunkt und Niedergang der Himmelslichter, insbesondere der Sonne verstanden zu werden pflegte). Er erscheint als Genosse Indra's und hat seinen hohen Sitz im Himmel aufgeschlagen, so dass unter seinen drei Tritten die Menschen sicher wohnen können.

Unter den Göttern der Luft oder Atmosphäre nimmt die Hauptstelle **Indra** ein. Er ist der Gewitter-Gott, der durch seinen Kampf am Himmel den Menschen den wohlthätigen Regen verschafft, indem er die Wolken (die auch als Kühe bezeichnet werden) aus der Gefangenschaft des feindlichen Dämon Vritra (Bedecker, Einhüller) befreit und dadurch den Regen ermöglicht, der im heissen und trockenen Sommer Indiens als Hauptwohlthat erscheint. Er fährt auf goldenem Wagen und ist mit dem Donnerkeil bewaffnet. Ueberhaupt ist er noch sehr naturalistisch aufgefasst, ist kein ungeschaffenes Wesen, sondern stammt von Dyaus (Himmel) als seinem Vater. Er wurde schon als neugebornes Kind mit Somasaft von seiner Mutter genährt und bedarf ausserdem zu seinen Thaten erst des Somatrankes, um sich daran zu berauschen und Begeisterung und Stärke daraus zu schöpfen. Diess mag wohl ursprünglich dahin zu verstehen gewesen sein, dass stets in der Luft atmosphärische Feuchtigkeit, Nebel und Gewölk, also die Regenflüssigkeit nothwendig ist, wenn Indra sich zeigen und als Gewittergott wirken soll. Später, bei fortschreitender Anthropomorphosirung ist dann daraus die rohe Vorstellung eines gewöhnlichen (menschlichen) Rausches in Folge des (allerdings berauschenden) Somatrankes geworden. — An Indra schliessen sich die Wind- und Regengötter: Vâyu, Rudra und die Rudras oder Marutas. Vâyu bezeichnet den Wind überhaupt, und wird sowohl allein als in Verbindung mit Indra angerufen. Rudra (der Heulende) ist der Gott des Sturms. Er ist ein besonders gefürchteter Gott, der Männer und Kühe tödtet, und dem besonders Opfer zu bringen sind. Er ist aber auch wiederum ein Gott voll Weisheit und Verstand, der tausend Heilmittel weiss. An ihn schloss sich später Çiva als ähnlicher Gott an. Die Marutas oder Rudras sind untergeordnete Windgötter, Söhne des Rudra und der Priçni, oder wohlthätige Regengötter, die den Indra begleiten, mit ihm die Burgen der bösen Geister erstürmen, das Wasser aus den Felsklüften heraufbringen und auf ihrem Pfade den Regen ausgiessen wie Honig. Doch haben sie eiserne Zähne und brüllen wie die Löwen,

Sie überziehen den Himmel zeitweise mit Dunkel, decken ihn wieder auf und öffnen den Pfad für die Sonne.

Als wichtigster der Erd-Götter ist **Agni**, das Feuer (ignis) zu bezeichnen. Wie das himmlische Licht als Erscheinung des göttlichen Wesens aufgefasst wird, so auch das Licht auf der Erde, das Feuer. Es wurde schon früher ausgeführt, warum besonders das Feuer als Erscheinung und Offenbarung des Göttlichen betrachtet und verehrt wurde schon in der primitiven Menschheit. Es geschah nicht bloss und wohl nicht einmal zunächst wegen der wohlthätigen Wirkungen und der gefährlichen Macht des Feuers, sondern vor Allem wegen des mysteriösen Ursprungs desselben aus dem Dunkel der Wolken oder der geriebenen Hölzer, und wegen des ebenso geheimnissvollen Verschwindens desselben, ohne dass zu erkennen war, wohin. Ihm, dem Feuer, wurden daher schon frühe die Opfergaben und oft auch die Leichname übergeben zum Verzehren, oder vielmehr zur Verklärung oder zu übernatürlicher Umgestaltung und Uebermittlung in das Jenseits, zu den Göttern, diesen zum Genusse, oder in das Reich der Götter und Geister. Das Feuer erhielt auf diese Weise die Mittlerrolle zwischen Menschen und Göttern, und es ist nicht zu verwundern, dass es selbst auch göttlich verehrt wurde. Selbst die Anfänge des Priesterthums können sich wohl an die künstliche Hervorbringung desselben geknüpft haben, da den Menschen, welche im Stande waren, auf künstliche Weise durch ihre Thätigkeit das Feuer, das Göttliche, Geheimnissvolle zur Erscheinung, Offenbarung zu bringen, eine besondere Macht oder ein besonderes Verhältniss zu dem Göttlichen zugeschrieben werden musste. Man brachte die Hervorbringung des Feuers durch Reibung zweier Hölzer wohl auch mit dem Zeugungsvorgang in Beziehung oder Vergleich und betrachtete dieselbe als eine die Gottheit gleichsam schaffende, bildende Thätigkeit, wenn auch nur im Sinne von Offenbarung oder sinnlicher Erscheinung und Gestaltung derselben. — Diess ist besonders der Fall in der indischen Religion, in welcher überhaupt die Geneigtheit besteht, die menschliche Cultushandlung, insbesondere das Gebet oder die Religiosität überhaupt als das Göttliche producirend aufzufassen, und diese religiöse Uebung dann selbst wieder zu personificiren und als Gottheit zu betrachten. Daher heisst es im Sama-Veda: „Den Agni haben uns gepaarten Bränden durch Händereiben Priester erzeugt.'. Und: „Im Doppelholze ruht der Reichthumerzeuger, wie in der Mutter." Und im Rig-Veda: „Durch Agni wird Agni angezündet, der weise Beschützer des Hauses, der Jüngling, der Heilige, welcher mit seinem Munde die Opfer verzehrt." Sonst wird wohl auch behauptet, dass Agni vom Himmel herabgebracht worden sei, oder dass die Götter ihn dem Manu, dem Stammvater der Menschen zurückgelassen haben. Oder es wird berichtet: Der Rischi (Fromme) Atharva habe ihn im Holze versteckt gefunden und ihn durch Reiben hervorgerufen. Er wird auch von Indra erzeugt zwischen zwei Steinen (R. V. II 12), oder ist der Sohn des Dyaus und der Prithivi, oder ist erzeugt von der Morgenröthe, von Indra, Vichnu. — Obwohl Sohn, ist Agni doch auch wieder Vater der Götter (wohl desshalb, weil Licht und Leuchten, Glänzen, Helligkeit, Sonne u. s. w. vom Feuer kommt oder aus Feuer besteht). Agni hat einen dreifachen Ursprung: vom Himmel, von der Erde und vom Wasser (den Wolken, der Atmosphäre). Sogleich nach seiner Geburt verzehrte Agni mit Gefrässigkeit seine Eltern (d. h. die beiden Hölzer, durch deren Reibung das Feuer entstanden). In den Veden werden die Eigenschaften und Bethätigungen des Agni in mannichfacher Weise geschildert, in Bezug auf das Verhältniss der Götter und Menschen aber wird besonders seine Mittlerrolle hervorgehoben. Er ist Bote der Götter zu den Menschen und wiederum Bote der Menschen zu den Göttern, — obwohl er auch unter den Göttern keine untergeordnete Stelle einnimmt, sondern als Schöpfer und Erzeuger der (zwei) Welten, der Sonne, des Mitra gilt. Er ist Statthalter des himmlischen Lichtes auf Erden und wenn die anderen Götter sich zurückgezogen haben, hält er Wache und bekämpft die Dämonen, beschützt das Haus und den Herd, reinigt aber auch die Menschen vom Bösen. Als Bote der Menschen zu den Göttern ruft er die Götter, dass sie herbeikommen, sobald das Feuer an der Opferstätte angezündet ist. Zu Agni gehen alle Speisen, wie die sieben Ströme zum Ocean (R. V. I 71.)[1]) Er theilt sie dann den übrigen Göttern mit, denn er ist der weiseste, anbetungswürdigste Priester, vereinigt alle Arten der priesterlichen Functionen in sich, ist Priester der Götter und der Menschen zugleich. Auch an den Verdiensten des Indra, des Gewittergottes nimmt er theil und wird auch Vritratödter genannt d. h. Befreier des Regens aus der Gefangenschaft des bösen Dämons. — Aehnlich verhält es sich mit dem Soma. Der Soma ist Trank für Götter und Menschen, ist Vermittlungsopfer zwischen Göttern und Menschen, und zugleich selber Gott, wie Agni. Wir haben schon gesehen, dass Soma ursprünglich wohl nichts Anderes war als das befruchtende, erzeugende, stärkende, erhaltende Nass der Atmosphäre oder der Wolken. Von ihm nährten sich daher sowohl die Götter, insbesondere die Luftgötter, als auch die Menschen. Später fand dieses himmlische, göttliche Element eine Stellvertretung durch den berauschenden Saft einer Pflanze, der Asclepias acida (oder Sarco temma viminale), der unter vielen Ceremonien ausgepresst und bereitet ward. Mit Milch und Mehl gemischt wurde der Saft dieser Pflanze den Göttern zum Trank geboten, von den Menschen selbst aber auch genossen bei gemeinsamer religiöser Feier. Dass gerade dieser Saft für so

---

[1]) Wurm, Geschichte der indischen Religion. S. 41 ff.

göttlich oder übernatürlich gehalten wurde (und wird), mag in der berauschenden Kraft, in dem verborgenen Feuer desselben seinen Grund haben. Da der Mensch durch den Genuss des Saftes wie in eine andere Sphäre versetzt erscheint, so schrieb man wohl demselben einen besonders übernatürlichen, göttlichen Ursprung zu — wie anderwärts, in anderen Religionen man es in Bezug auf den Wein gethan. Die Somapflanze ist daher direct vom Himmel auf die Erde gebracht worden. Der Gott Soma ist der Hauptwohlthäter der Menschen; er kleidet die Kranken, macht die Blinden sehend und die Lahmen gehend, sowie er auch Menschen und Göttern Unsterblichkeit verleiht. Er wird ferner als Erzeuger von Hymnen, ja als Schöpfer und Vater der Götter gefeiert. Von ihm berauscht erhält Indra die Kraft den Vritra zu tödten. — Endlich auch der Hauptact des Cultus, Gebet, Andacht wird durch die übermächtige subjective Phantasie wiederum personificirt und geradezu zum Gott erhoben. Aus dem Gebet wird der Gebetsgott, Bramanaspati, und da dem Gebet, der Andacht schon in den Veda-Liedern zwingende, ja producirende Macht zugeschrieben wird, so werden die Götter selbst wieder als Schöpfungen des Gebetes angesehen und Brahmanaspati ist ebenfalls als „Vater der Götter" bezeichnet. Die menschliche Frömmigkeit, Gebet und Opfer sind hienach das, was eigentlich die Welt regiert, sie sind das Active, wovon alle Bewegung und Wirkung ausgeht. Die Welt und die Götter selbst haben Dasein und Macht nur durch die Frömmigkeit der Menschen. Durch die Fortbildung dieser Idee vom Gebete und dem Gebets-Gotte wurde indess die Religionsstufe der Veda-Lieder überwunden und die Epoche der brahmanischen Religion errungen —· wenigstens für die gebildeten Klassen, und insbesondere für die Kaste der Brahmanen. Wir haben diese Form der indischen Religion, die eine wesentliche Vertiefung und Vergeistigung des Gottesbewusstseins enthält und als monistisch (pantheistisch) bezeichnet werden kann gegenüber dem Polytheismus oder auch dem Henotheismus der vorhergehenden Periode, — etwas näher zu betrachten. Zuvor möge indess noch ausdrücklich darauf hingewiesen sein, dass auch in der indischen Religion der Veda-Lieder das Geschlechtliche für die Gottheiten geltend gemacht wird, wenn auch nicht in so hervorragender Weise, wie im Glauben und Cultus eines Theiles der Semiten. Schon Dyaus, dem Himmelsgott, wird die Erdgöttin Prithivī beigegeben. Aditi erscheint als Göttin, die Söhne (Adityas) hat, Mitra, Varuna u. s. w. Indra erscheint zunächst als Gewittergott, der durch Tödtung des Vritra den Regen befreit und die Erde dadurch befruchtet. Bald aber gab die dichtende Phantasie dem Mythus eine geschlechtliche Wendung, indem sie Indra die Wolken umarmen und dadurch der Erde Samen und Fruchtbarkeit spenden lässt. Pûschan als Sonnengott hat eine Göttin, die zugleich seine Schwester ist, Sûryâ d. h. die Sonne oder Sonnenhelle. Auch die aufgehende Sonne (Mitra oder auch Sûryâ) und die Morgenröthe, Uschas, brachte man in ein geschlechtliches Verhältniss zu einander. Der Sonnengott eilt der Göttin nach und erreicht sie endlich; er folgt ihr, wie der Mann dem Weibe folgt. Agni steht mit dem Geschlechtsgegensatz schon insofern in Verhältniss, als er seinen Ursprung einem Vorgange verdankt, den man sich mit dem Zeugungsact als ganz analog oder geradezu identisch dachte. Aehnliches gilt in Bezug auf Soma. Als Gott oder göttliche Kraft erscheint er allerdings nicht eigentlich geschlechtlich, aber da er verjüngende, erhaltende, zeugende Kraft bekundet und ertheilt, so ist in ihm die Macht beider Geschlechter enthalten, und man kann ihn als objective Phantasie, als realwirkende Lebens- und Erzeugungskraft bezeichnen. Das Gebet endlich oder der Gebetsgott lässt sich mit der subjectiven Phantasie und ihrer Schaffenspotenz vergleichen, die zwar auch nicht geschlechtlich ist, aber doch bildend, producirend zu wirken vermag. Die Umgestaltung der vedischen, polytheistischen Religion in die brahmanische, monistische geschah, wie es scheint, auf zweifache Weise oder auf zwei Wegen. Auf rein religiösem durch die Auffassung des Gebetes, der Andacht als göttliches Wesen, und auf mehr philosophisch-speculativem Wege durch Versenkung in den allgemeinen Grund des Lebens gegenüber der Vielheit der Erscheinungen. Die subjective Phantasie hatte zuerst, nach aussen gerichtet und von den Naturerscheinungen angeregt, die Vielheit der Götter geschaffen und war auf dem Wege, diese Vielheit eher noch zu vergrössern, als in Einheit zusammenzufassen. Denn wenn manchem Gotte allgemeine Prädikate beigelegt wurden, wie der Sonne das Allsehen, Allwissenheit — wodurch eine Allgemeinheit und selbst Geistigkeit in der Auffassung angebahnt schien, — so wurden doch solche Eigenschaften und Thätigkeiten alsbald selbst wieder personifizirt und wie weitere selbstständige Götter betrachtet, so dass dadurch wenn auch vielleicht eine geistigere, doch keine einheitlichere Auffassung des Göttlichen erzielt wurde. Beides dagegen, Einheit und Geistigkeit der Gottheit konnte erreicht werden dadurch, dass das Gebet, die Andacht selbst vergöttlicht wurde. Die Andacht, insbesondere des träumerischen, sich vorherrschend passiv verhaltenden Inders geht auf vollkommenes Vergessen aller zeitlichen und sinnlichen Dinge und führt bis zu einer vollkommenen Versenkung in ein unbestimmt und einheitlich Seiendes (ohne alle Unterschiede und Bestimmtheit). Wurde nun dieser Act oder Zustand der in Andacht versunkenen Seele selbst wieder vergöttlicht, gleichsam als selbstständiges, göttliches Urwesen aufgefasst, so war damit ein einheitliches, gewissermassen geistiges, aller Vielheit, aller Thätigkeiten und Qualitäten bares Wesen gewonnen. Ein göttliches Wesen, das aber nur in Andacht inne zu werden war in seiner Existenz und Natur, das man insofern als Produkt des Gebetes, oder der Andacht auffassen konnte und welches als Brahman oder als das Brahma bezeichnet wurde.[1]) In der That war auch diese Gottheit ein Produkt der subjectiven menschlichen Phantasie, wie die vedischen Götter, nur aber dieser Phantasie, wie sie gleichsam nach Innen sich richtet ins Unbestimmte, Allgemeine, und dieses doch auch wieder einigermassen gestaltet, — schon insofern, als ohne diess die Seele sich auch nicht darein versenken, nicht in dasselbe sich gleichsam auflösen, oder damit einigen könnte (wenn es nur das leere Nichts wäre). Wie also die subjective Phantasie die Bildnerin der Naturgötter war, so ist dieselbe gleichsam die Hervorbringerin des Brahma und insofern wiederum Gottesgebärerin, d. h. Gebärerin oder Schöpferin zwar nicht des Göttlichen an sich, aber dieser bestimmten innern, eigenthümlichen Form des Göttlichen für das menschliche Bewusstsein. Die übrigen Götter konnten bleiben, aber dieses Eine Göttliche war über und vor ihnen, sie wurden zu untergeordneten Wesen und wirkten hauptsächlich nur noch in der Volksreligion fort. Diejenigen aber, die des höheren religiösen Bewusstseins theilhaftig sein wollten, mussten Beter, Brahmanen sein, denn das höhere, wahre Leben war nur in Brahma zu finden, mit diesem konnte man sich aber nur durch Andacht einigen, ja musste ihn erst durch Andacht schaffen d. h. zur inneren Erscheinung, oder Offenbarung bringen oder nöthigen.

---

[1]) Nach der Erklärung der meisten Sanskritgelehrten ist Brahma ursprünglich das Gebet (Brahmanen die Beter). M. Haug vertritt eine andere Auffassung, die zuletzt doch auch dahin führt, Brahma als die allwaltende Lebenskraft oder als belebendes Grundprinzip zu deuten. M. Haug: Brahma und die Brahmanen. 1871. M. Müller: Vorlesungen etc. S. 306 ff.

Es gab indess noch einen anderen Weg, einen nicht so fast religiösen als vielmehr philosophischen zur Einheit und gewissermassen Geistigkeit des Göttlichen. Man ging vom eigenen Selbst oder Leben (Athmen Atman) aus, und von der Lebendigkeit aller Wesen alle Vielheit, Verschiedenheit des Lebens, Athmens oder des Selbstseins hinweglassend, kam man zuletzt zu dem Leben oder Athmen selbst, zu dem, was nichts mehr ist, als nur Leben, Athmen an sich ohne alle weitere Eigenschaften oder Unterschiede. Kam also zu dem, was das allgemeine Lebensprincip oder Selbst an sich ist, das Ureine, Ewige, Göttliche, wie es war an sich, vor Schaffung der Welt: Athmen ohne Hauchen (wie es der Phantasie-Bethätigung gemäss, die auch die Spekulation noch beherrschte, bezeichnet wurde). Die grosse Seele, Weltseele (auch wohl als Puruscha, Geist, als Pradschapati, Prana, Aditi bezeichnet). Diess Atman konnte nun wohl ohne besondere Schwierigkeit mit dem Brahma als identisch gesetzt und der Welttheorie zu Grunde gelegt werden.

Aber die Schöpfungstheorie, die Erklärung, wie und warum die Welt, das Gebiet der Zeitlichkeit, der Vielheit und Verschiedenheit entstanden, aus dieser qualitätslosen, leeren Einheit des Brahma hervorgegangen sei, bot grosse Schwierigkeit. Ist diese bestimmungslose Einheit das wahre Wesen, das Absolute, die Gottheit, dagegen die Welt der Vielheit und Verschiedenheit nur wesenloser, nichtiger Schein und insoferne Nichtseiendes oder Nichtseinsollendes, so ist nicht abzusehen, wie aus oder durch das Brahma die Welt soll hervorgegangen und warum dieses Nichtige, Täuschende, von Illusion beherrschte Weltsein mit der Menschheit soll geschaffen worden sein. Die lebhafte indische Phantasie wusste auch hier Rath zu schaffen und der philosophischen Spekulation weiter zu helfen. Brahma, das in sich geschlossene, bestimmungslose Eine ist dadurch zur Weltschöpfung (oder

Emanation) veranlasst worden, dass ihm ein lockender Schein, ein Bild des Vielseins und Verschiedenseins vorschwebte und in ihm ein Begehren, Verlangen anregte, das ihn veranlasste, aus sich herauszugehen oder (theilweise) zu emaniren. Das vorschwebende, oder wie träumend geschaute Bild erregte, gleichsam als Weibliches (Maya), die Zeugungs-Lust in ihm, und indem er sich damit vereinigte, entstand die Welt der Vielheit und Verschiedenheit, die Welt des Scheins und der Täuschung (der Maya). Da das emanirende göttliche Wesen sich mit dem wesenlosen Schein, der Vorspiegelung verband, so konnten nur Dinge entstehen, die ihrem zeitlich-räumlichen Dasein, ihrer Form nach nichtiger, vergänglicher Schein sind, wenn ihnen auch ein Wesen zu Grunde liegt, eben das Wesen Brahma's, das sich mit dem Scheine vermählt, mit ihm die Vielheit der Welt gezeugt hatte. Wir könnten also sagen: die indische oder brahmanische Spekulation habe sich die Weltentstehung durch Brahma dadurch zu erklären gesucht, dass sie diesem eine subjective Phantasie zuerkannte, welche auf die objective Phantasie, die Generationsmacht in ihm wirkte und zur Bethätigung in Zeugung oder Emanation veranlasste. Eine subjective Phantasie, denn die Vorspiegelung, das Bild der Vielheit und Verschiedenheit der Welt (Maya) konnte doch nicht blos Nichts sein und auch nicht aus Nichts entstehen, sondern setzte eine Potenz in ihm voraus, sich Nichtseiendes, blos Scheinendes wie ein Seiendes, Wirkliches vorzustellen, und das ist eben die Fähigkeit, die man als subjective Phantasie, als Imaginationskraft bezeichnet. Ebenso aber ist objective Phantasie, Generationspotenz in Brahma vorausgesetzt, denn ohne solche hätte das vorgespiegelte Bild der Welt, (Maya) nicht wie durch eine weibliche Erscheinung die Begierde erwecken und die Zeugung oder Emanation wenn auch durch Verbindung mit dem blossen Schein oder einem Trugbild, ver-

anlassten können. — Diese Auffassung der Schöpfung
und des Verhältnisses des Brahma zu derselben, ist nun
nicht blos ein theoretisches Spiel des Geistes geblieben
bei dem indischen Volke, sondern hat auch auf das ganze
praktische religiöse Verhalten, wenigstens bei den höheren
Klassen ganz entschiedenen Einfluss geübt. Die Beurtheilung des ganzen irdischen Daseins, die Werthschätzung
der Dinge in der Erscheinungswelt und der menschlichen
Individualität selbst war davon bestimmt; sowie die Aufgabe und das Ziel des Menschen, das er in Religion und
Cultus zu erstreben hat, sich darnach richtet. Ist diese Welt
nur durch einen nichtigen Schein veranlasst und stellt
sie selbst nur ein Scheindasein, ein flüchtiges, unwahres
Trugbild dar, während nur Brahma, das einheitliche, bestimmungslose Wesen, die Wahrheit des Seins bildet, so
kann die höhere Aufgabe des Menschen keine andere
sein, als die, sich von diesem nichtigen Sein oder Schein
in Natur wie im Geiste so sehr als möglich loszumachen,
zu befreien, um dem Brahma gleichförmig zu werden,
wiederum mit ihm sich zu vereinigen und in ihm aufzugehen.
Diese Wiedervereinigung (Joga) mit Brahma wird daher
durch Ascese, durch Abtödtung des Leibes und durch
Contemplation, Andacht erreicht. Diese Andacht besteht darin, dass auch der Geist, das Bewusstsein von
allem Inhalt des Zeitlich-Räumlichen und der Vielheit und
Verschiedenheit, von Vorstellungen, Gedanken, sowie Af-
fekten und Willensstrebungen befreit, demnach so sehr
als möglich in völlige Gedanken- und Gefühllosigkeit ver-
senkt, das individuelle Sein und Wirken desselben aufgegeben und alle innere Gestaltungsthätigkeit gehemmt,
aufgehoben wird. Dadurch wird die Umstrickung der
Maya überwunden und vom Büsser (Jogi) die direkte
Vereinigung mit Brahma wieder gewonnen, — oder vielmehr mit jenem Theil des Brahma, der nicht in die Ver-
strickung der Maya eingegangen, nicht selbst der Illusion

sich hingegeben und sich zur Weltwerdung geopfert hat. Denn nicht das ganze Brahma ist Welt geworden, sondern nur ein Theil davon (ein Viertheil, wie angenommen wurde). Es ist also in Andacht und Busse das Individuelle, Eigenartige des Leibes und Geistes aufzugeben, zu vernichten, zu opfern, um die Wiedervereinigung mit dem Allgemeinen, Bestimmungslosen, dem blossen Sein oder dem Leben an sich, dem Brahma zu erlangen. Der begehrliche Act oder Fehltritt, den Brahma begangen, indem er sich von illusorischer Vorspiegelung zur Emanation und Hervorbringung des Vielen, Eigenartigen, Relativen verleiten liess, ist wieder gut zu machen durch freiwillige Hingabe alles Individuellen, Eigenartigen. Und insofern dadurch Brahma selbst einen Theil seines der Maya preisgegebenen Wesens wieder gewinnt, ist nach indischer Auffassung diese Joga oder Wiedervereinigung durch Busse eine Erlösung nicht blos des Menschen, sondern der Gottheit selbst. Daher ist es nicht zu verwundern, wenn die Büsser und Beter selbst Macht über die Götter gewinnen, insbesondere die naturalistischen Götter, denen gegenüber ja schon die Macht des Geistes über die äussere Natur ein Uebergewicht geben muss. — Sind übrigens die geschöpflichen Einzelwesen in ihrer Vielheit und Verschiedenheit Producte des Brahma und des nicht wirklich seienden Scheines (der Maya), dann sind auch die menschlichen Geister selbst als einzelne, individuelle von der Maya umstrickt und bleiben in ihr befangen, so lange sie die Welt und die Dinge in ihr für etwas Wirkliches, Reales halten, auf Besitz und Genuss derselben Werth legen, sich von Affecten, Vorstellungen, Strebungen bestimmen lassen. Der objectiven Maya oder der Welterscheinung entspricht die subjective in jedem einzelnen Menschen. (Und zwar besteht diese selbst wieder aus der objectiven Phantasie oder dem Lebens- und Generationsprincip und der subjectiven Phantasie, wodurch die sinnlichen Dinge in ihrer

Einzelheit und Vielheit wahrgenommen und vorgestellt werden.) Freilich konnte bei solcher Weltauffassung leicht der Zweifel entstehen, ob denn unter solchen Verhältnissen dem Denken und Bewusstsein des individuellen Geistes überhaupt Vertrauen zu schenken sei, da er als individueller doch auch nur als Produkt der Maya zu betrachten sei, als allgemeiner aber kein Bewusstsein und kein Denken mehr haben konnte! Die Auffassung trägt nicht blos den Keim der Zerstörung des polytheistischen Glaubens in sich, sondern auch den der eigenen Aufhebung d. h. der Auffassung des Brahma und seines Verhältnisses zur Welt selber. Im Buddhismus kam diess in der That schon einigermassen zur Geltung.

Was die näheren Bestimmungen bezüglich der Schöpfung betrifft, so sind sie natürlich ebenfalls nur Gebilde der indischen Phantasie ohne irgend einen wissenschaftlichen Werth, wenn auch für die indische Auffassung der Welt und des Menschenlebens von der höchsten Wichtigkeit. Die Grundansicht geht, wie schon erörtert, dahin, dass die Welt aus Brahma durch Emanation entstanden sei, dass Brahma gleichsam der Keim war, der sich zur Welt entfaltete. Dabei fand gewissermassen eine Mischung mit dem Nichts, oder mit dem Scheine, hinter dem kein Wesen ist (Maya), statt, woraus die Vielheit und Mannichfaltigkeit der Dinge hervorging. Da indess gleichwohl die Dinge in Brahma eine substantielle Ursache (causa efficiens) haben, die in der Bethätigung sich durch den Schein verführen liess (Maya gewissermassen als causa finalis, als Ziel des Strebens), so wohnt allen Dingen Brahma als das Wesenhafte, Gemeinsame inne und sie sind dem Wesen nach demnach alle gleich und Eins. Das Tat twam asi (Es oder Das bist Du) gilt nicht blos vom Menschen, sondern (der Theorie zufolge) von allen Wesen der Schöpfung, denn alle stammen aus Brahma und die Individualität und Eigenart von allen ist nur

Schein, Illusion, Blendwerk. Gleichwohl aber sind Abstufungen in den Geschöpfen, und sie sind um so vollkommener, je näher sie dem Ursprunge, Brahma, stehen, und um so unvollkommener, je mehr sie von dem Ursprunge sich entfernen. Diese Abstufungen dienen der Seelenwanderung durch verschiedene Naturwesen von ungleicher Art und Vollkommenheit, um durch Leiden und Läuterung zu endlicher Wiedervereinigung mit Brahma zu führen. Die Seelenwanderung war wohl schon vor dem Brahmanismus auch dem indischen Volke nicht unbekannt, da sie ja schon, wie wir sahen, durch die primitivsten Ansichten der Menschheit bezüglich der Fortdauer und Fortwirksamkeit der Seelen der Verstorbenen angebahnt war. Mit der brahmanischen Lehre aber liess sich dieselbe besonders gut verbinden, da der Wanderung, Läuterung und Befreiung aus dem Gebiete der Vielheit und des Scheines die Wiedervereinigung mit Brahma als Ziel gesetzt werden konnte. Ein doppelter Weg führt nämlich zu dieser Wiedervereinigung mit dem göttlichen Urwesen: ein directer, kurzer durch Andacht und Busse, wie die Jogi ihn betreten, von denen schon die Rede war, und der lange, gefahrvolle, leicht zu Rückfall führende Weg der Wanderung der Seelen durch verschiedene irdische Geschöpfe hindurch. Diess ist der Weg für die grosse Masse des Volkes, der andere steht nur den höheren Klassen offen. Indess wird selbst von den Brahmanen jener kürzere, direkte Weg nicht sofort betreten, sondern in nicht ganz consequenter Weise verharren sie erst die beste Zeit des Lebens hindurch in dieser nichtigen Scheinwelt, widmen sich den Lebensgeschäften, erfüllen die Pflichten derselben und geniessen das Dasein in der Jugend und im Familienleben. Erst im späteren Alter ziehen sie sich in die Einsamkeit (in den Wald) zurück, um durch Andacht und Entsagung die Einigung mit Brahma ohne weitere Wanderung in der Scheinwelt zu

2. Entwickl. d. Relig. e) Indogermanische II. Indische Relig.

erlangen. Die natürlichere, heitere Weltauffassung des früheren Glaubens an die Naturgötter, an dem das Volk selbst wohl fortwährend noch festhielt, wirkte aber auch bei den Brahmanen noch nach und liess die düstere, quietistische und ascetische Weltauffassung und Lebens-Praxis, die sich auf Grund der Brahma-Lehre gebildet hatte, nicht vollkommen zur Geltung gelangen — auch nicht bei den Brahmanen. Und diess um so weniger, da aus dieser Lehre von Brahma und seiner Schöpfung das privilegirte Leben der Brahmanen, als der höchsten Kaste eine besondere Begründung schöpfte und den Genuss des Daseins erhöhte. Nach einer besonderen Schöpfungssage sollten nämlich die Brahmanen (Priester) aus dem Haupte, die Kschatrias (Krieger) aus der Brust, die Vaiçyas (Handwerker) aus den Lenden, die Çudra's aus den Füssen Brahma's entstanden sein.

Uebrigens werden in Bezug auf den Weltprozess selbst auch verschiedene Stufen der Entwicklung unterschieden: zunächst eine Dreiheit, die drei Qualitäten (Gunas),[1] nämlich die Qualität Sattva d. h. Güte, die göttliche Seite des Universums, die erste Station der Ausströmung aus dem Brahma, die Region des persönlichen Brahmá und der Götter; die Welt des Lichtes, der Tugend und Weisheit. Dann die Qualität Radschas d. h. Leidenschaft, Activität, die mittlere Station, schwankend und kämpfend zwischen göttlichem und ungöttlichem Wesen, Vollkommenen und Unvollkommenen: die Welt des Menschen. Endlich die Qualität Tamas d. h. Finsterniss, die letzte Stufe der Entäusserung des Brahma; die Region der Unreinheit und des Todes, die Welt der Thiere, der Pflanzen und der todten Materie. Diese drei Qualitäten mischen sich in der wirklichen Welt und im einzelnen Menschen wieder auf mannichfache Weise. Die Welt ist übrigens auch nach indischer Vorstellung in fortwährender

---
[1] Wurm. Geschichte der indischen Religion. S. 86 f.

Verschlimmerung begriffen von Anfang an; und zwar werden, wie bei den alten Griechen und Römern, vier Weltalter (Yugas) unterschieden. Diese Verschlimmerung ist nach der indischen oder brahmanischen Grundauffassung selbstverständlich, denn da die Existenz der Welt selbst, schon als solche vom Uebel ist, so kann durch ihre Dauer und Entwicklung, überhaupt durch Wirken nichts gebessert, sondern nur das Uebel beständig vermehrt werden, und es ist da nicht anders zu helfen als dadurch, dass die Welt wieder aufgehoben, vernichtet wird. Strenge Gedankenfolge ist freilich auch hiebei nicht zu finden, denn wenn doch die Welt durch Andacht und Opfer geschaffen wird (durch Brahma oder auch Manu), da dem Gebet überhaupt schöpferische Kraft zukommt, so sollte sie nicht für so ganz nichtig und für blosser Schein gehalten werden; oder auch die Uebel und Leiden in derselben sollten nicht für so wichtig und für so real gelten, dass man um ihretwillen eben die Welt als nichtig, die Existenz als ein Uebel betrachten könnte. Und ausserdem, wenn die Welt mitsammt ihren Uebeln blos nichtiger Schein ist, so kann es nicht so grosser Anstrengung bedürfen, sich davon zu befreien, wie die indischen Büsser sie unternahmen; denn schon die Erkenntniss der Nichtigkeit und des Scheins muss vollkommen genügen zur Aufhebung desselben, da der Schein eben nur in der Vorstellung, nicht in der Wirklichkeit bestehen kann, also nur die theoretische Erkenntniss, nicht ein praktisches Handeln zur Aufhebung nöthig sein kann! Und wäre ein praktisches Wirken oder Leiden, wie die Büsser es unternehmen, nöthig, so könnte das selbst nur eine imaginäre, vergebliche Nöthigung sein, da all die Büssung doch nur dem Gebiete des Scheines angehörte. Wo einmal die Realität der Welt geleugnet, wo Akosmismus angenommen wird, da ist nur vollständiger Quietismus am Orte, und zwar nicht blos in praktischer, sondern selbst auch in theoretischer Beziehung, — so zwar, dass selbst auch die Erkenntniss der Nichtigkeit der Welt wiederum in's Gebiet der Nichtigkeit fallen muss. Ascese und Philosophie müssten also hiebei selbst auch ihre Bedeutung verlieren und könnten nicht consequent als Mittel der Rückkehr in das Brahma geltend gemacht werden.

Der Volksglaube verfiel zwar nicht diesem akosmischen Extrem, dagegen einem immer verwickelteren Polytheismus, und die wuchernde Phantasie schuf allmählich ein Gewirre von Göttern und Göttinen mit mannichfaltigen Cultusacten und abergläubischen Meinungen und Uebungen. Manu's Gesetzbuch gab die kleinlichsten Vorschriften über Verunreinigung und Reinigungen, und bis zu welcher groben Aeusserlichkeit man dabei gelangte, kann man schon daraus ersehen, dass der sündenbeladene Mensch sich im Tode noch dadurch von Sünden reinigen und der jenseitigen Seligkeit versichern konnte, dass er sterbend den Schwanz einer Kuh in der Hand hielt! Die Kuh spielt in diesem Volksglauben überhaupt eine ganz hervorragende und merkwürdige Rolle. Sie gilt als rein und als reinigend für alle Orte, wo sie ist, und selbst die Ausscheidungen, die bei allen lebenden Wesen, mit Einschluss des Menschen, für unrein und verunreinigend gelten, sind bei der Kuh nicht bloss nicht verunreinigend, sondern dienen im Gegentheil zur Reinigung. Auch sonst wucherte allenthalben der Aberglaube in gröbster Weise in Bezug auf religiöse Meinungen, Ceremonien und Praktiken in Opfern, Wallfahrten u. s. w., wie diess ja allenthalben in der Religion bei dem bildungslosen oder verbildeten Volke mehr oder minder zu geschehen pflegt, — bei den Hindus aber in Folge ihres träumerischen Phantasielebens um so mehr der Fall sein musste.

Unter den Göttern, die in späterer Zeit hauptsächlich Verehrung finden, ragen drei besonders hervor, nämlich Brahma, Vischnu und Çiva. Von diesen finden Brahma und Vischnu schon in den Veda-Liedern Erwähnung, nicht aber Çiva, der also erst später auftauchte und die Eigenschaften Agni's und Rudras in sich vereinigte. Alle drei scheinen sich übrigens aus dem zuerst nur unbestimmt und allgemein gedachten Göttlichen, dem Brâhma, dem allgemeinen Lebensgrund oder der Seele der Welt entwickelt zu haben. Das (unpersönliche) Brâhma der mystischen Versenkung oder philosophischen Spekulation gestaltete sich für das religiöse Bewusstsein zu Brahmâ, dem persönlich gedachten Gott, dem hauptsächlich die Schöpfung zugeschrieben wurde. Vischnu dagegen ward als das erhaltende Princip verehrt, während Çiva als Gott der Zerstörung und des Todes betrachtet wurde, obwohl auch wiederum als Gott der Zeugung, so dass ihm das Linga als Symbol derselben, gewidmet war. Schon vor dem Auftreten Buddha's und des Buddhismus waren diese Götter als Haupt-Gottheiten neben vielen andern untergeordneten Göttern anerkannt und verehrt, ohne dass sie jedoch in näheren Zusammenhang gebracht oder systematisirt wurden. Nach der endlichen Besiegung des Buddhismus in Indien aber geschah diess, und man vereinigte sie, wenigstens theoretisch in die sog. Trimurti, die indische göttliche Dreiheit, die indess mit der göttlichen Dreieinigkeit der christlichen Lehre wenig gemein hat. In der religiösen Praxis wie im Bewusstsein des Volkes sind sie allenthalben getrennt. Brahma ist der besondere Priestergott und findet im Cultus des Volkes selbst wenig Beachtung, Vischnu als segenspendender, erhaltender Gott findet zwar viele Verehrung, aber doch keine allgemeine, denn nur ein Theil des indischen Volkes war und ist ihm zugethan, während der andere Theil, besonders im Süden und Westen Indiens dem Çiva huldigt, und zwar grossentheils so ausschliesslich, dass diese Çivaiten auf die Verehrer der andern Hauptgötter mit Geringschätzung blicken und Brahma und Vischnu keine Verehrung zollen. —

Bezüglich des Vischnu hat sich besonders seit Buddha's Auftreten und als Gegengewicht, die Lehre von wiederholten Erscheinungen desselben auf Erden, Avataras, also von Menschwerdungen, oder wenigstens Incarnationen, Verleiblichungen ausgebildet. Von Zeit zu Zeit tritt nämlich eine Avatara ein d. h. eine sichtbare Erscheinung des Vischnu, sei es in Menschen- oder auch in Thiergestalt, um in wichtigen Krisen der Geschichte den Uebeln zu steuern und die Menschheit (d. h. das indische Volk) wieder aufzurichten. Die letzte Menschwerdung des Vischnu geschah in Krischna, dessen Empfängniss und Geburt und sonstiges Wunderleben mit christlichen Legenden grosse Verwandtschaft zeigt. — Jedem dieser drei grossen Götter wurde eine Frau als Çakti (Kraft) oder Prakriti (gebärende Natur) beigegeben, so dass das geschlechtliche Moment sich auch hier wieder bei Bestimmung des Göttlichen geltend macht. Dem Brahmâ ist Sarasvati als Göttin beigefügt, dem Vischnu die Lakschmi oder Çri, dem Çiva endlich Parvati oder Kali (auch Durgâ, Umâ, Bhavâni u. a.), so dass der neue Brahmanismus der männlichen Trimurti auch eine Vereinigung der drei Frauen oder weiblichen Gottheiten beigefügt und der gemeinsamen Verehrung vorgestellt hat, wenn auch nicht in einem Bilde mit drei Köpfen wie die Trimurti. Sarasvati geniesst mehr Verehrung als Brahma, und wird ihr jährlich ein Fest gefeiert. Sie gilt hauptsächlich als Spenderin geistiger Gaben ästhetischer und sittlicher Art, und als Schöpferin der Sprache ist ihr besonders die Lüge zuwider. Populärer ist Lakschmi, die als Spenderin des zeitlichen Glückes, insbesondere des Erntesegens gilt. Çri, des Vischnu Gattin, die Mutter der Welt, ist ewig, unvergänglich; wie er Alles durchdringt, so ist auch sie allgegenwärtig. Vischnu ist das Denken, sie das Sprechen, er ist Verstehen, sie Erkenntniss. Er ist der Schöpfer, sie die Schöpfung. Çri ist die Erde, Hari (Vischnu) der Träger derselben.

Er ist das Opfer, sie die Opfergabe. Lakschmi ist das Gebet der Darbringung, Vasudêva, der Herr der Welt, ist das Opferfeuer u. s. w. Man sieht daraus, wie beweglich die indische Phantasie ist und wie unaufhörlich bildend und personificirend in Bezug auf Dinge und Thätigkeiten sie sich verhält. — Am meisten Beachtung im Cultus findet die Gemahlin des Çiva, die bald als Parvatî, bald als Kâlî u. s. w. bezeichnet wird. Auch sie wird bald als gute, segnende, dem Leben freundliche Göttin verehrt, bald aber und besonders unter dem Namen Kâli (in Bengalen und Südindien) als ein grausames, blutdürstiges Wesen, und deren abscheuliches Bild wird in religiösen Aufzügen herumgeführt, mit einem Schwert in der einen Hand, und einem abgehauenen Menschenkopf in der andern, eine Kette von Schädeln um den Hals, stehend auf dem Leibe ihres eigenen Gatten Çiva, ihre lange Zunge ausstreckend. Sie ist auch die Göttin der Epidemien. Zu ihrer Sühnung sind blutige Opfer nöthig, Geflügel, Böcke, Schweine, in früherer Zeit wohl auch Menschenopfer. Die Stadt Kalkutta soll von dieser Göttin den Namen haben, denn in Kâli-ghat ist eines ihrer berühmten Heiligthümer. Wie im Çiva-Cultus, besonders durch die Sekte der Lingaiten die Geschlechtlichkeit als männliches Princip, als Zeugungsmacht eine besondere Verehrung erhält, so wird im Çaktidienst das weibliche Moment der Geschlechtlichkeit, der Mutterschoos der Natur verehrt. In beiden Cultus-Arten zeigt sich, dass die indische Religion im Allgemeinen sich nicht über den Naturalismus erheben konnte, wie diess einigermassen schon im Parsismus geschah und mehr noch im Judenthum, wie früher gezeigt wurde.

III. Der Buddhismus.[1]

Der Buddhismus ist eine grosse geschichtliche Er-

---
[1] Wurm: Geschichte der indischen Religion 1874. Barthélemy St. Hilaire: Buddha et le Buddhisme 1860. Oldenberg:

scheinung, ja im Gebiete der Religionsgeschichte bis jetzt die grösste durch seine lange Dauer, sowie durch seine Verbreitung über so weite Länderstrecken und so viele Völker der Erde, wie wir sie bei keiner anderen Religion finden. Indess für unseren Zweck ist dieselbe doch nicht von solcher Wichtigkeit wie die bisher betrachteten Religionsformen, weil es ihm an Ursprünglichkeit fehlt und er bloss als Reform oder Umbildung einer schon vorhandenen gelten kann. Da indess in neuerer Zeit die Aufmerksamkeit weiterer Kreise besonders durch die pessimistische Philosophie Schopenhauers und Anderer auf denselben gelenkt und derselbe sogar als die richtigste, wahre Weltauffassung gepriesen worden ist, so muss ihm immerhin eine kurze Betrachtung und Darstellung gewidmet werden.

Der Stifter der buddhistischen Religion gehört dem sechsten Jahrhundert vor Chr. an und er gilt als Sohn des Königs Çuddhôdana in der Stadt Kapilavastu im mittleren Hindostan. Da sein Vater der Familie Çakya angehörte, so nannte er sich später auch Çakyamuni (Mönch aus der Familie Çakya), und da diese Familie auch den Namen Gautama führte, so wird er auch Gautama genannt. Er führte zuerst das genussreiche Leben eines Prinzen, bis in seinem 29. Jahre plötzlich eine grosse Veränderung in ihm vorging. Diese ward herbeigeführt durch die Wahrnehmung der Leiden des menschlichen Daseins und der Vergänglichkeit der Güter desselben. Auf einer Spazierfahrt nach seinem Lustgarten gewahrte er einen Greis mit kahlem Haupte, gebeugten Körper und zitternden Gliedern, dann sah er einen mit Aussatz bedeckten und vom Fieber geschüttelten Kranken ohne Hülfe, endlich einen von Würmern zerfressenen, verwesenden Leichnahm. Diess zeigte ihm, wie vergängliche, nichtige Güter Jugend,

---

Buddha und sein Werk 1881; und neueste Schriften von Seydel, Bastain u. A.

Lust, Freude und Leben überhaupt seien, da sie dem Alter, der Krankheit und schliesslich dem Tode weichen müssen. Er fing an, über das Uebel im Dasein, dessen Ursachen und die Mittel zur Besiegung derselben nachzudenken. Da er einen geistlichen Bettler gesehen, dessen innere Sammlung und Ruhe auf ihn grossen Eindruck machte, so hielt er das Leben eines solchen für das Ideal, das zu realisiren sei, um Glück und Frieden zu finden. Er entfloh daher heimlich aus dem Palaste des Vaters in die Einöde und legte das gelbe Gewand an, um ein Büsser zu werden (Çramana). Aber nach sechs Jahren strenger Kasteiungen und innerer Kämpfe sah er ein, dass diese Methode nicht zum gewünschten Ziele, zum Heile führe, ja dass sie sogar schädlich sei, weil sie den Geist verdüstere. Er gab sie daher auf, nahm wieder Speise zu sich, bekam wieder seine frühere Kraft und Schönheit und ging nun nach Gayâ, um dort unter dem Bodhi-Baum (ficus religiosa), dem Baume der Erkenntniss zum Buddha (Erleuchteten) zu werden. Der Versucher Mâra müht sich vergeblich, ihn davon abzuhalten, indem er Felsen, Feuer und alle Elemente gegen ihn schleudert. Çâkya-muni bleibt ruhig und betrachtet Alles nur als eine Täuschung. Auch Mâra's Töchter versuchen Verführung, aber vergeblich. Nachdem alle Versuchungen überwunden sind, geht ihm in dieser Nacht das Licht der Erkenntniss auf, vor welcher Raum und Zeit, Entstehen und Vergehen verschwinden. Er überschaut mit Einem Blick seine eigenen früheren Geburten, alle Wesen, alle Welten in allen Zeiten, er erkennt die Verkettung aller Ursachen und Wirkungen, also auch die Ursachen aller Uebel und die Möglichkeit der Heilung. Durch dieses vollkommene Wissen (Bôdhi) ist er nun Buddha (der Erleuchtete) geworden. Nachdem er noch fünfzig Tage in tiefem Nachdenken versunken geblieben, fing er an, seine Erleuchtung zu verkünden, seine Lehren kund zu geben, oder wie die Formel lautet: Das

Rad der Religionslehre in Schwung zu setzen, das Banner
des guten Gesetzes zu entfalten und Alles, was Odem hat,
von den Banden des Daseins zu erlösen. Er predigt zum
erstenmal im Gazellenhain bei Benares und seine fünf
ehemaligen Schüler, die ihn verlassen hatten als er das
ascetische Leben aufgegeben, schliessen sich ihm wieder
an. Seine Lehre war übrigens zunächst sehr einfach und
populär. Das irdische, körperliche Leben ist ihm das
Grundübel und die Seelen sind nur zur Strafe in dasselbe
versetzt, so dass aus dieser Existenzweise alles Leiden und
Elend dieses jammervollen Daseins hervorgeht. Gründlich
zu helfen ist nur dadurch, dass die Seele sich von körperlichen Begehrungen und Strebungen möglichst befreie,
dass sie das Verlangen nach irdischem Genuss und Gut
in sich ertödte, den Willen zum Leben in sich selbst ver-
neine, aufhebe. Dadurch wird Vollkommenheit erlangt,
wird der Mensch oder die Seele zum Heiligen (Arhat) und
geht endlich in das Nirvâna, in die ewige Ruhe (das Ver-
wehen) ein. Diese Vollkommenheit können indess nur
jene erlangen, welche sich von irdischem Besitz und Genuss lossagen, die Mönche, — die übrigens nicht jenen grausamen Peinigungen sich zu unterziehen brauchen, durch
welche die Jogi in der brahmanischen Religion sich das
Aufgehen in Brahma zu erringen suchen. Für die
Masse des Volkes, für die Laien, die sich von Familie
und Geschäft nicht lossagen können und auf Güter und
irdische Genüsse nicht ganz verzichten wollen, gab Buddha
die Vorschrift der Selbstbeherrschung, der Bezähmung der Begehrungen und der Enthaltbarkeit, sowie er Mitleid für andere
Menschen und überhaupt für alle lebende Wesen fordert und
thätige Hülfe in den Nöthen und Leiden des Lebens.
Dadurch werden die Leiden gemindert und gemässigt für
dieses Leben und erringen sich die Laien wenigstens gün-
stigere Verkörperungen für die fernere Wanderung und
Läuterung ihrer Seelen, wenn sie auch noch nicht in das

Nirvâna eingehen können, da hiezu durchaus die mönchische Entsagung und Lebensweise (als Bhikschu d. h. Bettler) für nothwendig erachtet wurde. Buddha gab daher für den weiteren Kreis seiner Gläubigen, die sich an den centralen Grundstock derselben, die Mönche anschlossen fünf Hauptverbote, die alle auf sittliche Selbstverleugnung, auf Ausrottung der Selbstsucht und Ueberwindung des sinnlichen Hanges zum Behufe der Erlösung aus der Gefangenschaft in der Leidenswelt abzielen. Es sind diess die Verbote des Tödtens, des Stehlens, der Unzucht, der Lüge und der berauschenden Getränke. Auf sittliches Leben zielen auch alle populären Sentenzen Buddha's, die in den heiligen Schriften als von ihm stammend unter dem Titel „die Fusstapfen des Gesetzes" enthalten sind, z. B. Wer sich selbst besiegt, ist der beste Sieger; seinen Sieg kann kein Gott noch Dämon in Niederlage verwandeln". „Wie der Baum, wenn er auch geköpft wird, von Neuem wächst, so lange die Wurzel unversehrt ist, so kehrt der Schmerz immer wieder, wenn nicht der Hang zur Lust ausgerottet ist." „Befleissigt euch der Wachsamkeit, bewahrt euer Herz und entreisst euch der Welt, wie der Elephant dem Sumpfe, in dem er stecken geblieben." „Wer die Welt ansieht wie eine Wasserblase, wie ein Luftbild, den erschreckt der Tod nicht. Welche Lust, welche Freude ist in dieser Welt? Siehe die wandelbare Gestalt, vom Alter wird sie aufgelöst, den kranken Leib, er berstet und fault. „Ich habe Söhne und Schätze, hier werde ich wohnen in der kalten und hier in der heissen Jahreszeit," so denkt der Thor und sorgt und sieht nicht die Hindernisse; ihn, der um Söhne und Schätze besorgt ist, den Mann mit gefesselten Herzen reisst der Tod hinweg, wie der Waldstrom das schlafende Dorf, nicht helfen ihm da die Söhne noch Blutsfreunde."

Buddha fand mit seinen Lehren vielen Beifall bei dem Volke und die Zahl der Gläubigen mehrte sich bald trotz des heftigen Widerstandes der Brahmanen, so dass der Buddhismus bald und für Jahrhunderte in Indien das Uebergewicht erlangte über den Brahmanismus und die herrschende Religion bei den Hindus wurde. Dies besonders, als im dritten Jahrhunderte der mächtige König Açoka (der Constantin des Buddhismus) die buddhistische Religion annahm und sie für die Staatsreligion erklärte. Drei allgemeine Kirchen-Concilien wurden in den ersten drei Jahrhunderten abgehalten (je eines in jedem Jahrhundert) und Lehre, Disciplin und Cultus festgestellt und geordnet. Von Indien aus verbreitete sich der Buddhismus bald auch über benachbarte und ferne Länder. In Birma, Siam, Tibet sowie auf Ceylon und Java wurde er herrschend, in China und Japan gewann er einen grossen Theil des Volkes, so dass noch jetzt, nachdem derselbe durch die brahmanische Religion in Indien selbst wieder besiegt und seit Jahrhunderten wieder ausgerottet ist, diese Religion weitaus die meisten Bekenner unter allen Religionen, das Christenthum (mit all' seinen verschiedenen Bekennern) nicht ausgenommen, auf unserm Globus zählt. Und er hat sicher für viele Völker sehr wohlthätig gewirkt, besonders durch seine exoterische, populäre Moral der Entsagung und Selbstbeherrschung und des Mitleids mit allen leidenden Lebewesen, insbesondere den Menschen. Zur Bezähmung roher Naturen, zur Milderung der Sitten war diese Lehre, die auch durch Beispiel verkündet war, besonders geeignet. Dass in Indien selbst der Buddhismus so bald das Uebergewicht über den Brahmanismus erlangte, ist wohl begreiflich. Der Brahmanismus hatte sich um das Volk wenig gekümmert, da die Brahmanen in ihrem Kasten-Dünkel das niedere Volk mieden und sogar von den höheren religiösen Uebungen vollständig ausschlossen, so dass selbst das Büsserleben zum Behufe der Vereinigung mit Brahma nur für die höheren Klassen (für die Kasten der ["zweimal Geborenen"]) als zulässig erachtet wurde.

Buddha dagegen wendet sich auch an das Volk und macht keinen Unterschied bezüglich der Kasten, lässt sie vielmehr alle in gleicher Weise zu, ohne darum die Kasten selbst aufheben zu wollen. Nur im Gebiete der Religion sollte kein Unterschied sein; wie Alle am Elend des Daseins theilnehmen, von denselben Uebeln und Leiden behaftet sind, so sollen auch alle an derselben Erlösung theilnehmen. Begreiflich, dass die armen, verstossenen Tschandala und Paria's eine solche Verkündigung mit Freuden vernahmen und gläubig beistimmten; sie hatten ja nun Aussicht, ihr Loos dadurch zu verbessern, dass sie in Folge der Seelenwanderung bei der nächsten Wiederverkörperung wenigstens in eine höhere Kaste versetzt d. h. in einer solchen geboren würden. Ausserdem war auch für sie die Möglichkeit gegeben, durch specielles ascetisches Leben selbst die Stufe der Heiligkeit, den Rang eines Arhat zu erreichen oder direct in das Nirvâna einzugehen. — Ein nicht minder wichtiger Grund der energischen Verbreitung des Buddhismus im brahmanischen Glaubensgebiete war dadurch gegeben, dass die buddhistischen Asceten oder Mönche nicht egoistisch sich isolirten und nur ihr eigenes Heil zu erwirken strebten, wie die brahmanischen Büsser unbekümmert um das Schicksal ihrer Mitmenschen es thaten, sondern vielmehr es als ihre Aufgabe betrachteten, zugleich für die Erlösung Aller zu wirken und daher fortwährend predigend und mit Rath und That beistehend mit dem Volke in Verkehr blieben, — also fortwährend den grössten Einfluss ausüben konnten. Dazu kam noch, dass sie nicht isolirt blieben und als Einsiedler lebten, sondern in Mönchs-Gemeinschaften und Klöster sich vereinigten und unter bestimmter Leitung daselbst ein gemeinsames Leben führten, dem Gebete, der Betrachtung und selbst auch der Wissenschaft oblagen während der ungünstigen Zeit des Jahres, dann aber als wandernde Bettelmönche auszogen unter das Volk, um während sie durch ihr armes, enthaltsames Wander- und Bettelleben die eigene Vollkommenheit zu erreichen suchten, zugleich Religion und Sittlichkeit des Volkes zu fördern. So konnte sich dem Brahmanismus gegenüber die buddhistische Religion als eine Macht bewähren, welcher jener erliegen musste. Freilich nur so lange, als diese sich als geistige, ethische Macht bewährte, noch nicht in völlige Aeusserlichkeit verfiel und in einem Wust von Wahngebilden und Formelkram unterging, wodurch sie dem neu erstarkten brahmanischen Religionswesen gegenüber selbst ohnmächtig wurde.

Der Buddhismus wird gewöhnlich als **Atheismus** bezeichnet und als ein Beispiel hingestellt, wie ein religiöses und ethisches Leben selbst ohne Gott und sogar auch noch ohne Glauben an eine persönliche oder individuelle Fortdauer nach dem Tode (wenn Nirvana als Vernichtung aufzufassen ist) möglich sei, und dass auch eine solche Religion eine grosse vorsittlichende Wirkung auf die Völker ausüben könne. Allein dem ist nicht so; der Buddhismus kann keineswegs als Atheismus aufgefasst werden; und selbst die individuelle Fortdauer nach dem Tode oder nach vollendeter Seelenwanderung und bei dem Eingang in das Nirvana ist nicht aufgegeben, sondern wird gläubig festgehalten nicht blos vom Volke, sondern auch von den Mönchen und den Gebildeten. Richtig ist allerdings, dass das Brâhma der Jogi und Brahmanen nicht ausdrücklich bekannt oder anerkannt wird als das wahrhaft Reale oder als das allgemeine Wesen gegenüber den flüchtigen, nicht wahrhaft seienden Dingen oder Einzelwesen der Erscheinungswelt. (Schon der heterodoxe, nominalistische Philosoph Kapila hatte die Realität des Allgemeinen geleugnet und das wahre Sein in die Einzeldinge verlegt). Aber atheistisch ist Buddha's Religion desshalb nicht zu nennen. Er liess die früheren, aus der vorbrahmanischen Zeit überkommenen naturalistischen Götter fortbestehen, wenn sie auch allerdings nicht als absolute, sondern nur als untergeordnete, endliche oder geradezu sinnliche Wesen aufgefasst wurden. Eine Stellung, die ihnen schon dem Brahma gegenüber war angewiesen worden und die sie eigentlich stets eingenommen hatten, auch ehe noch das abstracte Brahma über sie gestellt wurde. So wenig also die frühere, naturalistische Religion als atheistisch bezeichnet werden kann trotz der Unvollkommenheit der Götter, so wenig auch darf der Buddhismus als Atheismus bezeichnet werden. Ausserdem sind für das Brahma im Buddhismus noch andere, so zu sagen, Surrogate geboten. Betrachtung, Gebet, Versenkung in's Unendliche, Eine mit Schliessung der Sinne vor der äusserlichen, sinnlichen Vielheit der Erscheinungswelt, ist auch dem Buddhismus das Wichtigste. Somit bewahrt er die Quelle in sich, aus welcher das Brahma selber hervorgegangen war. Der Andacht, der Betrachtung kommt, wie wir sahen, für das indische Bewusstsein eine producirende, schaffende Macht zu, und zwar eine die Gottheit selbst für das Bewusstsein hervorbringende, schaffende (offenbarende) Macht, so dass hier, wo Gebet und Andacht ist, nothwendig auch die Gottheit sein muss. Hat daher der Buddhismus in seinem Beginn so wenig als später das Gebet abgeschafft, sondern im Gegentheil dasselbe als das Wichtigste geltend gemacht, so hat er auch den Glauben an die Gottheit nicht aufgegeben. So ist es denn auch nicht mehr so absurd, dass später Buddha selbst von den Gläubigen vergöttlicht, als höchster Gott verehrt wurde — wie es doch wäre, wenn Buddha ausdrücklich den Atheismus gelehrt hätte und dann doch von seinen Anhängern als Gott oder göttliche Erscheinung und Offenbarung verehrt worden wäre! — Auch die individuelle Unsterblichkeit ist im Buddhismus keineswegs geleugnet. Zunächst schon desshalb nicht, weil die Lehre von der Seelenwanderung beibehalten ist, derzufolge die

Seelen bei dem Tode nicht aufhören zu existiren, sondern in andere Leiber von Menschen oder Thiere übergehen, oder in einem gewissen Interims-Stadium verharren (Hölle u. dgl.), bis sie wieder eine Einkörperung erfahren. Diess ist für die ethische Wirkung des Buddhismus von der grössten Wichtigkeit, denn die Art der neuen Verkörperung, sowie die Dauer der Wanderungen in diesem leidenvollen Dasein wird als wesentlich bedingt gedacht vom sittlichen Verhalten des Menschen, von seiner Beherrschung der Sinnlichkeit und Selbstsucht und von seinem werkthätigen Mitleid gegen alle irdischen Lebewesen, insbesondere die Menschen. Ausserdem führt aber diese Lehre von der Seelenwanderung weiter und über sich hinaus gewissermassen zu einem allgemeinen ethischen Grundwesen oder Grundgesetz des Daseins überhaupt. Die Seelenwanderung hat die Aufgabe der Reinigung oder Läuterung der Seelen, ehe sie in das Nirvana eingehen können. Es liegt also der Welt und dem menschlichen Dasein ein sittliches Fundamentalgesetz zu Grunde, eine beherrschende, bestimmende Macht oder sittliche Weltordnung, die ein reales Wesen hat und unweigerlich gebietet und wirkt. Diese ewige, real wirksame sittliche Weltordnung könnte eben so gut als göttliches Wesen allgemeiner Art bezeichnet werden wie Atman, das allgemeine Lebensprincip, und wie Brahma, das allgemeine Sein und Wesen selbst. Und auch darum kann demnach der Buddhismus nicht ohne weiters als Atheismus bezeichnet werden. — Was endlich Nirvāna betrifft, so ist dasselbe keineswegs als das Nichtsein oder Nichts aufzufassen, und der Eintritt in dasselbe ist keineswegs einer Vernichtung oder auch nur einer vollständigen Aufhebung der Individualität gleich zu achten. Eine gänzliche Vernichtung der einzelnen Seelen ist im buddhistischen Religionssystem überhaupt nicht begründet und kaum damit vereinbar. Die Seelen werden nicht als geschaffen oder geworden, sondern als unentstandene Wesen, als Monaden aufgefasst, in denen also kein Grund liegt des Aufhörens und keine Möglichkeit des Zerstörtwerdens durch irgend eine natürliche Macht. Eine andere aber ist nicht da oder nicht als wirksam gedacht. Und ausserdem: Würden die Seelen im Nirvana vollständig vernichtet, so müsste der Vorrath derselben für die Seelenwanderung und das Dasein des Lebendigen überhaupt aufhören und nur noch das Nichts, Nichtsein übrig bleiben, — wenn so überhaupt zu reden wäre. Das Nichts müsste Alles verschlingen und also, so zu sagen, allein Realität haben und die beherrschende, ewige (positive) Macht sein — eben durch die Negation oder Vernichtung von Allem, insbesondere der Menschenseelen. Welt und Denken wäre da gerade verkehrt aufzufassen: das als seiend Erscheinende als nichtseiend, das Nichtsein als das Seiende, Allwirksame, weil Allvernichtende. Das Nichts aber kann, eben weil es Nichts ist, auch Nichts wirken und kann nicht einmal den nichtigen Schein zerstören, geschweige denn ungeschaffene, von Ewigkeit her existirende Seelen. Endlich ist das Buddhistische Nirvana selbst nicht als Nichts oder Nichtsein aufzufassen — und wird von den Anhängern des Buddhismus auch nicht so aufgefasst. Es ist im Gegensatz zum Wirbel oder Kreislauf des irdischen Daseins und der beständigen Veränderungen, Kämpfe und Beunruhigungen (Sansara) die ewige Ruhe, der ewige Friede. Diese bilden den Gegensatz zu jenem, nicht aber das Nichtsein. Der träumerischen Phantasie der Orientalen erscheint als der seligste Zustand die volle innere und äussere Ruhe; ein Zustand, in dem nichts zu thun, nichts zu denken, sondern eben nur unbestimmt, sorglos zu träumen ist. Die Individualität ist dabei keineswegs als aufgehoben gedacht, sonst wäre ja auch kein Träumen, keine Ruhe und keine Seligkeit möglich — die doch angenommen wird. Es wäre auch nicht abzusehen, wozu die lange Wanderung durch Thier- und Menschenleiber für die Seelen zuvor zur Sühnung oder Läuterung dienen sollte oder nothwendig wäre, ehe die Vernichtung derselben im Nirvana stattfinden könnte! Um schliesslich Nichts zu werden, dazu konnte doch nicht erst diese lange Reinigung als nöthig erscheinen, da dem Nichtsein es doch nur gleichgültig sein könnte, ob das Vernichtete zuvor so oder anders beschaffen war. Dass man gleichwohl anders dachte, dass man diese ethische Reinigung für nöthig hielt, um in das Nirvana eingehen zu können, deutet klar genug an, dass man sich dasselbe als etwas Reales, Positives dachte, als höhere Stufe positiven Daseins, in welcher kaum das individuelle Sein ausgeschlossen war. Wir werden also sagen dürfen: Nirvana ist für den Buddhismus die göttliche Sphäre der Ruhe und Seligkeit gegenüber dem wilden, rastlosen Treiben in der irdischen Erscheinungswelt, ist ein Gebiet oder Zustand der Leidenlosigkeit und des Friedens gegenüber den Schmerzen, den Plagen und dem Elend dieses Daseins.

Man hat in neuerer Zeit den Buddhismus, wie als Atheismus, so auch als Illusionismus und zwar absoluten Illusionismus aufgefasst. Auch diese Auffassung entbehrt der Begründung. Schon die Realität des Nirvana, die wir eben zu erweisen suchten, sowie die positive Macht des sittlichen Weltgesetzes der Sühnung und Läuterung verbieten dieselbe. Aber auch die Erscheinungswelt selbst galt schon dem Buddha und seinen ersten Anhängern nicht als blosse Illusion, nicht als blosser Schein ohne Realität, oder als nichtiges Trugbild. Wir sahen früher, dass schon dem Brahmanismus nicht Akosmismus zuzuschreiben sei, da auch ihm die Erscheinungswelt (Maya) doch nicht ein leeres, ganz unreales Trugbild war, insofern es ja Brahma selbst war, der sich in sie entfaltete und der ihr also trotz aller Vergänglichkeit oder Nichtigkeit doch einige Realität verleihen musste. Ebenso wenig gilt im Buddhismus die Welt als blosse Illusion ohne alles positive Wesen, ohne alle Realität. Buddha ward von der Wahrnehmung der Vergänglichkeit alles Irdischen und der zahllosen Uebel und Leiden des Daseins zu seiner Sinnesänderung und zu seinem Reform-Werk geführt; aber er hielt die irdische Welt und die sinnlichen Dinge nicht für nichtig im eigentlichen Sinne, nicht für wesenlosen Schein, sondern sprach ihr nur das wahrhafte, vollkommene Sein ab. Die Leiden sind ihm nicht etwas Nichtiges, sondern etwas Unvollkommenes, womit das wahrhafte Sein nicht behaftet sein könne; Schmerzen, Alter, Krankheit und Tod sind ihm nicht etwas Illusorisches, sondern wirkliche Dinge oder Zustände, die Unvollkommenheit und Elend begründen. Würde Buddha all' diess und die ganze Welt für blosse Illusion gehalten haben, so hätte ja das Wissen allein haben genügen müssen, um davon vollständig zu befreien; denn (wie schon früher bemerkt) eine Illusion, ein blosses Trugbild oder Blendwerk, das durchschaut ist, hört eben damit schon auf für den Wissenden zu existiren, da die Existenz eben in der Illusion selbst besteht, mit Durchschauung dieser durch das Wissen also die Existenz derselben aufgehoben sein muss. Für Buddha aber war diess nicht der Fall, denn er will auf praktischem, ethischen Wege, durch Selbstbeherrschung und Nächstenliebe, durch Gesinnung und Handlung die Erlösung aus den Leiden und den ruhelosen Strebungen und Bedrängnissen des Daseins erzielen. Wäre ihm alles Irdische nur als Illusion, als wesenloses Blendwerk erschienen, so hätte er selbstverständlich auch dieses praktische Streben selbst, hätte Selbstbeherrschung und Mitleid, auch die Tugend und sogar die Verneinung des Willens zum Leben für nichtige Trugbilder oder Illusionen erklären, ja zuletzt sich selbst und seine Reform als in diese Illusion mit eingeschlossen betrachten müssen. Da er diess nicht gethan und diese Welt immerhin für einen passenden Ort wenigstens der Reinigung und Läuterung, sowie der Erleuchtung und Tugendübung gehalten hat, so kann er derselben nicht alle Realität abgesprochen haben. Endlich, würde die Welt als Illusion oder als Traum aufgefasst sein, so müsste wenigstens ein Subject angenommen werden, das die Illusion oder Imagination hätte oder den Traum träumte, und dieses könnte nicht selbst wieder als Illusion oder Traum betrachtet werden, da die Forderung sich nur wiederholen würde und zwar ins Unendliche, Sinnlose, wenn nicht zuletzt doch ein Reales den Abschluss bildete.

Was die buddhistische Dogmatik (Dharma) betrifft, so ist sie hauptsächlich kosmologischer Art, befasst sich mit Beschreibung der Welt, der Weltstufen oder -Formen und Weltumgestaltungen, während von Weltschöpfung keine Rede sein kann und auch von der Gottheit nicht. Denn über Nirvana und die moralische und physische Nothwendigkeit der Seelenwanderung oder die sittliche Weltordnung ist weiter nichts zu sagen, die untergeordneten Götter aber, sowie die Dämonen und Heiligen (Arhats) gehören selbst schon zur Welt. Da diese Bestimmungen im Grunde fast allenthalben nur der subjectiven Phantasie und Unkenntniss der thatsächlichen Verhältnisse entstammen, so ist es unnöthig hier auf das Detail näher einzugehen.[1]) Eigentlich werden unzählige Welten angenommen, die im unermesslichen Raume nebeneinander bestehen und aufeinander folgen in periodischen Weltumwälzungen (Perioden, Kalpas der Vernichtung und der Gründung). Diese Welt selbst wird eingetheilt in die „Welt des Gelüstes" mit sechs Himmeln, in welchen auch die Veda-Götter, dann die Heiligen, Arhats wohnen, sowie die Bodhisattvas d. h. die künftigen Buddha's (Arhats, die freiwillig noch einmal in Sansâra sich begeben zum Be-

---
[1]) Näheres: Wurm. Geschichte der indischen Religion. S. 157 ff. Die heilige Schrift der Buddhisten besteht aus drei Theilen, daher sie Tripitaka (Drei-Korb) genannt wird, nämlich: Vinaya (Moral und Disciplin), Dharma (Gesetz-Lehre, Sutras-Aussprüche) und Abhidharma (Metaphysik).

hafe der Menschen Erlösung). Ueber dieser „Welt des Gelüstes" erhebt sich die „Welt der Formen", in vier Dhyânas oder Stufen der Beschauung eingetheilt d. h. Stufen der buddhistischen Ascese. Ueber dieser Welt der „Formen" erhebt sich endlich eine „Welt ohne Form", in vier Regionen eingetheilt: in die Region des unbegränzten Raumes, des unbegränzten Wissens, dann die Stufe, wo durchaus nichts ist, endlich die Stufe, wo es weder Denken noch Nichtdenken gibt.

Die religiöse Disciplin wie der Kultus zielen hauptsächlich darauf, einen glücklichen Verlauf der Seelenwanderung zu erreichen, — nicht so sehr um die Götter zu verehren. Selbst als Buddha apotheosirt worden war, bezog sich der ihm gewidmete Kultus mehr darauf, sein Andenken zu ehren, die Erinnerung an ihn lebendig zu erhalten, als ihn zu werkthätigem Eingreifen in die Schicksale seiner Bekenner zu veranlassen, da er ja in das Nirvana eingegangen ist, also individuell entweder gar nicht mehr existirt, oder wenigstens in seliger Ruhe und in glücklichem Nichtdenken und Nichtwollen verharrt. Um dieses Erinnerungs-Zweckes willen ist daher auch der Reliquien-Kultus besonders in Aufschwung gekommen. Da es sich hauptsächlich darum handelt, die selbstsüchtige sinnliche Begierde zu hemmen, das Verlangen der Seele nach Leben oder irdischem Dasein zu verneinen (aus dem die Körperlichkeit nach buddhistischer Auffassung als Ursünde hervorgegangen zu sein scheint), um den vier giftigen Strömen im Kreislauf (Sansâra): Geburt, Alter, Krankheit und Tod zu entgehen, so ward von Buddha die Ascese und mönchische Weltentsagung besonders empfohlen, wenn er auch die excentrischen Peinigungen der brahmanischen Asceten verpönte und mehr Gewicht auf die Gesinnung legte. Daraus entstanden die Mönchsgemeinschaften und Klöster mit (wenn auch nur zeitweiligen) Gelübden der Keuschheit, der Armuth und des Gehorsams. Die Mönche wurden dadurch Çramana's (Enthaltsame). Die Aufnahme konnte schon in früher Jugend stattfinden, hierauf Noviziat und Weihe. Der Cölibat war strenge Vorschrift, so lange sie im Kloster blieben. Mit der Seelenwanderungslehre stimmt derselbe allerdings insoferne nicht ganz überein, als ja doch gerade durch Erzeugung der Kinder den Seelen Gelegenheit gegeben werden musste, ihre Wanderung fortzusetzen und zu vollenden. Indess zunächst forderte denselben schon die klösterliche Disciplin und dann die Vorschrift, all' das zu vermeiden, was die Leiden hervorrufen oder vermehren kann, also alles Streben einzuschränken, da es Schmerzen verursache, und diese um so weniger werden, je mehr alles Verlangen ertödtet würde. „Liebe bringt Leid und der Verlust der Lieben ist schmerzlich"; und Buddha warnt mit besonderem Nachdruck die nach Vollkommenheit Strebenden vor dem Verkehr mit dem weiblichen Geschlechte. Indess liess er sich, obwohl unter schweren Bedenken, schliesslich bestimmen, auch Nonnenklöster zuzulassen. Doch scheinen die Frauen nicht eigentlich in das Nirvâna eingehen, sondern nur die höchste Stufe im Sansâra erreichen zu können; was allerdings von keiner grossen Bedeutung ist, da später die Lehre vom Nirvana ohnehin mehr in den Hintergrund trat und an die Stelle davon besonders in China die Lehre vom „westlichen Paradies" gesetzt wurde: eine unendlich glückliche Welt, deren Bewohner keinen Kummer haben und unendlich selig sind. Diess Paradies war Allen zugänglich, auch den Laien (Prithagdschanas, Uninspirirte), nicht blos den Mönchen (Aryas, Ehrwürdige), und musste daher sehr populär werden.

Was den Cultus betrifft, so hatte Buddha die brahmanischen Opfer abgeschafft und die religiöse Verehrung bezog (und bezieht) sich hauptsächlich auf die Heiligen, die untergeordneten Götter und Buddha selbst; und zwar waren der nächste Gegenstand derselben Reliquien und Bilder. (Besonders der linke obere Augzahn des Buddha galt als das grösste Kleinod, wirkte unzählige Wunder und veranlasste viele Pilgerfahrten nach der Insel Ceylon, wohin derselbe zu Anfang des 4. Jahrhunderts von einer frommen Königstochter gebracht war). Die Reliquien wurden in eigenthümlichen Thürmen (Stupas oder Tope) aufbewahrt. Schon darin lässt sich Aehnlichkeit besonders mit dem römischen Katholicismus erblicken; aber auch noch in anderen Bestandtheilen des Kultus: im Chorgebete der Mönche, in Litaneien, Rosenkränzen. Eigenartig sind die Gebetsmaschinen,[1]) die besonders in den mongolischen Gebieten des Buddhismus üblich sind, und denen vielleicht irgend eine imaginirte kosmische oder naturalistisch-theogonische Bedeutung zu Grunde liegt. Auch die Beichte findet sich sowohl bei den Mönchen als bei den Laien, sowie Seelengottesdienste für die Verstorbenen. Da die Mönche (in gelber oder rother Kleidung) die einzige und also höchste Auctorität in Religionssachen sind, so üben sie eine grosse Herrschaft über die Gläubigen aus, — wie in der katholischen Kirche, und werden bei allen wichtigen Lebensverhältnissen, von Namengebung des Kindes bis zum Begräbniss von den Laien beigezogen. Auch ein Weihwasser haben die Buddhisten und selbst die Kindertaufe ist ihnen, wenigstens in Tibet, nicht fremd (wie sich eine solche auch bei den Mexikanern vorgefunden hat). Ein lamaischer Priester liest oder spricht die vorgeschriebenen Weihegebete, taucht das Kind dreimal unter in dem mit Wasser gefüllten Becken und legt ihm einen Namen bei.[2])

---

[1]) Gebetsräder mit der Gebetsformel: Om! mani padmé! hum! Om ist Bezeichnung für Gottheit, mani padmé das Kleinod im Lotus, hum ist Schlussformel Amen.

[2]) Bei den Azteken in Mexiko wurde bei dem Bade des Neugebornen gebetet: „Möge dieses Bad dich von allen im Mutterleibe empfangenen Unreinigkeiten säubern, dein Herz reinigen und dir ein gutes, vollkommenes Leben verschaffen." Und ein zweites Mal: „Mein Kind, die Götter haben dich in diese unglückliche Welt gesandt, nimm

In Tibet hat sich, wie bekannt, ein eigentlich theokratisches Regiment, ein Priesterstaat gebildet mit einem geistlichen Oberhaupt, dem Dalai-Lama mit einer Macht und Stellung, die analog erscheint der des römischen Papstes. Selbst eine Art Tiara ist im Buddhismus schon angewendet; so finden sich z. B. in den Ruinen der buddhistischen Tempel auf Java Elephantenfiguren, die auf dem Kopfe (als Symbole der Weisheit) Tiara-ähnliche Gebilde tragen. — Was endlich die religiösen Feste betrifft, so sind auch hier — wie allenthalben in den Religionen — die ursprünglichen Naturfeste in historische verwandelt, oder diese mit jenen verbunden worden. So wird Anfang und Ende der Regenzeit mit religiöser Festlichkeit gefeiert. Ebenso begeht man ein Fest der Empfängniss oder Geburt des Çakyamuni mit glänzenden Prozessionen. Dass bei so reichhaltigem Cultus-Apparat die Religion sehr veräusserlicht und innere religiöse Gesinnung vielfach beeinträchtigt wird, ist begreiflich; denn wenn auch all' dieses gerade dazu dienen soll, das Geistige im Menschen beständig zu wecken und über das blosse Natursein und das blos thierische Leben und Gebahren zu erheben, so wird doch auch andererseits dieses Geistige durch Mechanisirung selbst wieder veräusserlicht und zur Erstarrung gebracht, so dass eine Weiterbildung und Vertiefung des religiösen und ethischen, sowie des geistigen Lebens überhaupt kaum je oder nur selten möglich ist.

IV. **Die germanische Religion.**[1]

Den Grundcharakter der germanischen Religion kann man ebenfalls als ethisch bezeichnen, wie den der persi-

---

dieses Wasser hin, welches dir Leben geben soll", oder: „Mein Kind, empfange das Wasser des Herrn der Welt, das unser Leben ist u. s. w." Mund, Kopf und Haupt des Kindes wurden benetzt und dann der ganze Körper unter Aussprechen angemessener Gebetsformeln gebadet. Wuttke. Geschichte des Heidenthums Bd. I S. 265—266.

[1] Die Edda's und die deutsche Mythologie von J. Grimm und Simrock.

schen und indischen. Doch aber ist er wiederum von dem der letzteren so sehr verschieden, dass er geradezu als Gegensatz dazu bezeichnet werden kann. Während nämlich der Grundzug der indischen Religion in vorherrschender Passivität, in Quietismus mit Ascese besteht im ethischen und religiösen Interesse, — herrscht bei den Germanen Activität, und nimmt das religiös-ethischeStreben einen heroischen Charakter an, will sich in Kampf und schliesslichem Untergang mit den Göttern selbst bethätigen, — wenn auch neben dem Ethischen eine stark naturalistische Grundlage noch in Geltung bleibt. Die persische Religion hält in dieser Beziehung zwischen beiden die Mitte, die in so fern als Extreme erscheinen.

Wie die indische Religion den erschlaffenden und lähmenden Einfluss des Klimas verräth, so bekundet auch die germanische Religion die modificirende Kraft des Landes und Klima's, die sich nach der Einwanderung aus andersgearteten Gebieten zur Geltung brachte. Es ist natürlich zunächst die subjective Phantasie des Volkes, welche sowohl als aufnehmende und bildsame, wie auch wiederum als gestaltende Potenz von den eigenartigen Erscheinungen der Erde und des Himmels eigenartige Bestimmungen erfährt, aus welchen die naturalistischen wie ethischen Vorstellungen vom Göttlichen gestaltet werden. Auch auf die objective, real wirkende Phantasie d. h. die Generationspotenz und das physisch-psychische Naturell des Volkes kann selbstverständlich die Eigenthümlichkeit von Land, Atmosphäre und Himmel nicht ohne Einwirkung bleiben und diese wird hinwiederum auch auf die psychische Thätigkeit, auf Gemüth, Auffassungsweise und Willensstreben zurückwirken. Die nordischen Länder nun, welche die Heimat der Germanen wurden, nachdem sie ihr vermuthlich asiatisches Stammland verlassen hatten, zeichneten sich vor Allem aus durch mannichfaltige atmosphärische Erscheinungen, durch stürmische Bewegungen in der Luft, durch Nebel, Kälte, durch Reif und Eis, durch lange Winter und lange Nächte, und unterschieden sich dadurch gar sehr vom Orient. Diese Erscheinungen nun, ebenso unerkannt, dunkel und geheimnissvoll, nützlich und gefährlich, wie die im Orient wahrgenommenen, mussten der naturalistischen Grundlage der Religion eingefügt werden und mussten ihre eigenthümlichen Personifikationen erfahren, sowie ihr Wirken und Verhalten zu einander in geeigneten Mythen ihren Ausdruck zu suchen hatten. Die mitgebrachten Vorstellungen von den Göttern, ihren Eigenschaften und Wirkungen mussten in Folge davon ebenfalls manche Modifikationen erleiden. Auch das Leben und Treiben der Menschen, das fortwährend geforderte Ringen und Kämpfen, um die eigene Existenz zu erhalten und zu fördern, so dass Kampf, Activität in allen Beziehungen unvermeidlich war (anstatt der Ruhe und Sorglosigkeit in gesegneten orientalischen Gebieten) — musste auf die Auffassung des Göttlichen von Einfluss sein, um so mehr, da die naturalistischen Substrate der Götter, die Naturkräfte und Erscheinungen in beständigen Bewegungen oder geradezu in wildem Widerstreit sich zeigten. Die Götter erschienen also ebenso genöthigt zu beständigen Kämpfen und ebenso kampfbereit, wie die Menschen selbst und wie die Naturkräfte und Elemente. Und da es bei solch' beständigem Ringen und Kämpfen ohne Erregung mancher Leidenschaft, ohne unrechtmässige Gewaltthat, ohne List und Unrecht überhaupt unter Menschen nicht wohl abgeht, so trug sich diess leicht auch auf die naturalistischen Götter über, als sie vergeistigt und als ethisch wirkende Wesen aufgefasst wurden. Diess wiederum um so leichter, da selbst die unbegriffenen Naturerscheinungen, in ihrem Wirken und Kämpfen gegen einander sowohl Gewalt als List, Zauber u. dgl. anzuwenden schienen, wenn Wirkungen sich zeigten, ohne dass man die Ursachen wahrzunehmen oder zu erkennen vermochte. Darum konnte sich, wie in das Wollen und Thun der Menschen, so auch in das der Götter Unrecht und moralische Verschuldung einzumischen scheinen und demgemäss Sühne verlangt werden, als die geistige Bildung so weit gediehen war, dass dem moralischen Bewusstsein eine unbedingte sittliche Weltordnung sich ankündigte. Damit ward die naturalistische Grundlage am entschiedensten überschritten, wenn auch allerdings die vom sittlichen Standpunkt aus wegen Verschuldung der Götter für nothwendig erachtete Schlusskatastrophe des Unterganges auch von der Natur selbst angedeutet zu sein schien, insofern man wahrnahm oder wahrzunehmen glaubte, dass dieselbe sich selbst mehr und mehr verschlimmere, die schädlichen, verderblichen, bösen Mächte in ihr immer mehr Gewalt gewinnen.

Gehen wir nun an die Betrachtung des Göttlichen und der Götter selbst im germanischen Bewusstsein, so ist schon sprachlich angedeutet, dass die älteste und allgemeinste Gottheit demselben mit den übrigen arischen Stämmen noch gemeinsam war, also schon verehrt ward, ehe die Scheidung stattfand. Zio oder Tiu scheint in ähnlicher Weise den Himmel und die höchste Gottheit bedeutet zu haben, wie Diu, Dyaus bei den Ariern in Indien. Er ward später von den übrigen, den klimatischen Verhältnissen angepassteren Göttern in den Hintergrund gedrängt, wie es auch anderwärts, insbesondere in Indien geschah. Möglich oder sogar wahrscheinlich, dass sich auch die Bezeichnung „Vater" damit verbunden hatte, aus Gründen, die früher erörtert wurden. Da sich das dunkle Bewusstsein erhalten hat von einem Erscheinen des „Starken aus der Höhe", der nach der Weltkatastrophe erscheinen und Göttern und Menschen Gesetze geben werde, oder des „Allvater's", so ist wohl möglich, dass diess der ebenfalls für das Bewusstsein, wo nicht ganz erloschene, so doch zurückgedrängte „Himmel-Vater" (Dyaus-pitâ, Jupiter) der früheren Zeit war, der aber doch noch als verborgenes, geheimnissvolles, allen besonderen Göttern zu Grunde liegendes göttliches Wesen in der Ahnung oder Tradition sich erhielt.[1]) Man kann vielleicht den Angaben des Tacitus über die Religion der Germanen diese Deutung geben: Deorum nominibus appellant secretum illud quod sola reverentia vident," — wenn nicht etwa Tacitus damit nur andeuten will, dass die Deutschen keine Bilder von ihren Göttern machten, wie es bei Hellenen und Römern so sehr üblich war, und demnach sie ihre Götter nicht mit leiblichen Augen, sondern nur im Geiste schauen und verehren konnten.[2])

Mit Zurückdrängung dieser allgemeinen Gottheit gestalteten sich für das germanische religiöse Bewusstsein mehrere Hauptgötter, denen noch allerlei halbgöttliche, halbnatürliche und übernatürliche, zaubermächtige Wesen beigefügt wurden, mit Modifikationen nach Zeit und Natur-Verhältnissen. Unter den Göttern, Asen, ragen vor Allen drei hervor: Odhin (Odin, Wuotan, Wodan) Thor und Freyr. Alle drei stimmen im Wesentlichen überein, sind Himmels-Licht- und Regen-Götter, kämpfen gegen ungünstige, schädliche Naturmächte (Riesen) und erweisen dadurch sich als Freunde und Wohlthäter der Menschen, als welche sie dann auch Personificirung gefunden und ethische Eigenschaften erhalten haben. Möglich demnach, dass sie einzeln ursprünglich verschiedenen Stämmen als oberste Götter angehörten, später dann vereinigt wurden und mit geringen Modifikationen die gleiche Bedeutung beibehielten. Als oberster Gott erscheint übrigens immerhin

---

[1]) Auch jetzt noch wird vielfach der Ausdruck „Himmel" für Gott gebraucht.

[2]) In Indien wurde diese äussere, erscheinende allgemeine Gottheit durch eine innere, die Welt als Seele durchdringende mittelst andächtiger Schauung und Spekulation ersetzt und vergeistigt als Atman oder Brahma (wie wir sahen). Bei den Germanen gedieh die geistige Entwicklung vor Annahme des Christenthums nicht so weit.

Odhin (Wuotan), am meisten ähnlich dem alten Himmels-Gott (Dyu, Tiu) und als solcher auch personificirt und vergeistigt. Am ähnlichsten vielleicht dem Indra, also Gott des bewegten Himmels, der Atmosphäre, — wofern die Bezeichnung Wuotan von „wuot"·„wüthen" stammt. Den naturalistischen Ursprung verräth er sehr bestimmt, obwohl er in der Vergeistigung am höchsten stieg. Ihm, als Himmelsgott gehört die Sonne als Auge zu, daher er einäugig ist. Wie die Sonne das Auge Wuotans ist, so ist der blaue Himmel sein Mantel, die Wolken sind sein Hut, der die Eigenschaft besitzt, unsichtbar zu machen d. h. in Nebel zu hüllen. Die Nebelkappe kommt ihm nicht bloss als Himmels- sondern auch als Todtengott zu d. h. als Sonne, die untergegangen ist und in der Unterwelt verweilt. Sein Ross ist der Sturmwind und sein Stab oder Speer ist der Blitzstrahl, den die Zwerge als unterirdische Künstler bereiten. Als Gott des Sonnenscheins und der Wolken ist er Spender des Segens und Reichthums, als Gott des Sturmwindes und Blitzes aber auch Kriegsgott, welcher Tapferkeit verleiht und die gefallenen Helden in der Unterwelt in seine Wohnung, Walhalla aufnimmt. Als Himmelsgott aber thront er im Himmel (Asoheim) in der Burg Asgard, von der eine kunstvolle Brücke, der Regenbogen, zur Erde führt, und er schaut von dort auf die Erde, um zu beobachten und die Geschicke zu lenken, während ihm zugleich zwei Raben Nachrichten über die Ereignisse bringen. Die Vergeistigung und Ethisirung hat sich an diese naturalistischen Eigenschaften und Verhältnisse angeschlossen und an ihnen sich fortgebildet. — Thor (Thonar, Donner) wird als Sohn Wodan's bezeichnet, ist ebenfalls Himmelsgott und ist naturalistischer geblieben, als jener. Man kann ihn also auch als Produkt der Differenzirung des ältesten Himmelsgottes Zio oder Tiu betrachten; eine Differenzirung, die sich in eine Erzeugung durch Wodan verwandelt hat.

Er ist hauptsächlich Gewittergott und führt den Blitzstrahl in der Form des Hammers. Wie Indra den Vitra und Ahi (Hitzegott) bekämpft und durch Wolkenspaltung den Regen spendet, so auch Thor, der daher hauptsächlich als Spender der Fruchtbarkeit und Beschützer des Ackerbaues galt. Besonders aber ist (im Norden) sein Kampf gegen die Riesen d. h. die wilden, ungeformten, zerstörenden Elementarkräfte der Natur gerichtet. Zwar wird ihm stets im Herbste der Hammer entwendet und in die Unterwelt gebracht, wo er die Riesen nicht überwinden kann. Aber im Frühling gewinnt er seinen Hammer wieder, vernichtet die Riesen: Eis und Kälte, und gibt der Erde die Fruchtbarkeit zurück. Er ist so auch der Gott der Fruchtbarkeit und des Ehesegens. Als unterweltlicher Gott ist er hauptsächlich der Gott der Knechte, während Odhin als der Gott der Edlen betrachtet wurde. — Auch Freyr (Fro d. i. Herr) ist ein Himmels- und Sonnen-Gott, der Gott des leuchtenden, wärmenden Sonnenscheins. Demnach ist auch er Gott des Segens, der Fruchtbarkeit, und hat einige Aehnlichkeit mit Adonis, dem Liebesgotte. Doch hat er auch eine ernste Seite, denn im Winter scheint er zu grollen und war sogar (wohl in früherer Zeit) durch Menschenopfer zu sühnen. Ausserdem wurde ihm am „Julabend" zur Zeit der Winter-Sonnenwende, wenn die Sonne wieder an Kraft zuzunehmen anfängt, als Sühnopfer ein Eber gebracht; denn der Eber war ihm heilig, wie als Symbol der Fruchtbarkeit, so auch wegen seiner verderblichen Wuth. — Eine eigenthümliche Stellung im germanischen Götterkreise nimmt Loki ein. Er gehörte ursprünglich zu den Asen und galt als Bruder Odhin's, allmählich aber erweist er sich als böses Princip und wird endlich, als er den Tod Balder's, des eigentlich guten Princips oder Gottes, veranlasst, aus der Gemeinschaft der Götter ausgeschlossen, gefesselt und gefangen gehalten, bis zur Schlusskatastrophe des grossen Weltdrama's. Er ist eigentlich ein Feuergott, und entsprach wohl ursprünglich der verderblichen Feuerskraft, oder zerstörenden Gluthitze der Sonne des Orients. Aber im Norden ist das Feuer nicht die böse, zerstörende Macht wie im Süden, und so konnte er nicht in gleicher Weise und unmittelbar seine verderbliche Wirkung ausüben, sondern nur mittelbar durch andere Mächte, die auf sein Anstiften handeln oder von ihm erzeugt werden. So tödtet der blinde Hoeder, d. h. der nebliche, langnächtige Winter den heiteren, guten Frühlingsgott Balder auf sein Anstiften und der Wolf Fenris, d. h. die gierige Feuerskraft und die Midgardsschlange, die zerstörende Wassermacht sind seine Kinder. Da demnach Loki unter nordischen Verhältnissen nicht mehr unmittelbar wirken kann mit physischer Gewalt, so wird ihm psychische zugeschrieben, List und Bosheit, und insofern ist Loki mehr vergeistigt worden als andere Götter, gerade weil er mehr als diese im nordischen Lande seine naturalistische Grundlage verloren hatte. — Balder endlich ist der eigentliche gute Gott und der Gott des glücklichen Frühlings oder eigentlich des Paradieses, denn er kehrt nach seiner Tödtung, auf Veranlassung Lokis durch Höder (Winter), nicht jedes Jahr wieder wie andere Frühlingsgötter, sondern bleibt in der Unterwelt, bis er nach der Endkatastrophe, die diese Welt und Götter wie Menschen vernichtet, auf der neu entstehenden Erde wieder erscheint und seine Herrschaft beginnt. Er ist also als das unbedingt gute Princip aus dem Verlaufe oder Processe dieses Daseins ganz ausgeschieden, während das böse Princip in seiner Thätigkeit wenigstens beschränkt, durch Fesseln gehemmt ist.

Den Göttern werden auch in der germanischen Religion Göttinen beigefügt. Der Charakter der Geschlechtlichkeit ist also auch bei ihnen nicht aus dem Wesen der Göttlichkeit ausgeschlossen, und schon desshalb konnte sich diese Religion weder über die naturalistische Grund lage ganz erheben, noch auch den Polytheismus überwinden. Denn mit Geschlechtlichkeit ist Vielheit gesetzt, sowie endliches, natürliches Wesen. Uebrigens spielt die Geschlechtlichkeit der germanischen Götter, wenn sie auch oft in derber Natürlichkeit auftritt, nicht die bedenkliche Rolle, wie häufig im Orient besonders bei den Semitischen Völkern in Mesopotamien und an den Küsten des Mittel-Meeres. Es spiegelt sich die deutsche Gemüthsart auch in den Göttinnen wieder wie in den Göttern, und in der Gemüthsart zugleich die Beschaffenheit des Landes und Klima's. Wie in den Göttern die heldenhafte Gesinnung, der Kampfesmuth, so macht sich in den Göttinnen ebenfalls mehr die seelisch eigengeartete Weiblichkeit geltend als das körperliche Moment derselben. Wie das nordische Klima geeignet war, den Kampfesmuth der Männer zu nähren und deren Kraft zu stärken, so war dasselbe auch für edlere, zartere Gemüthsbildung geeignet. Der scharfe Wechsel der Jahreszeiten trägt dazu in besonderem Maasse bei. Nach dem strengen Winter berührt der beginnende Frühling das Gemüth mit besonderer Stärke, spiegelt sich in ihm mit seiner entzückenden Herrlichkeit wieder, steigert die Empfänglichkeit desselben und fördert dessen Bildung; hinwiederum wirkt der Herbst wegen des hinter ihm drohenden Winters mit Macht auf das Gemüth, ruft Wehmuth und Trauer in ihm hervor und fördert dadurch nicht minder dessen Bildung und Eigenart. Es sind also durch diese klimatische Beschaffenheit Bildungsmittel für das Gemüth gegeben, die in anderen Ländern, in Gebieten von gleichmässigem Jahresverlauf in gleichem Masse nicht geboten sind. — Die Hauptgöttinnen sind wesentlich Erdgöttinnen, d. h. sie sind Personifikationen der Erde in ihren verschiedenen Zuständen während des Jahreslaufes, oder Personifikationen der Vegetation, der Blüthen und Früchte derselben. Ihr Verhältniss zu den Göttern drückt hauptsächlich das Verhalten des Himmels, der Sonne, des Gewitters zur Erde und Vegetation aus in den verschiedenen Jahreszeiten und stellt also **einen Jahresmythus** dar. Als solche Göttinen sind genannt: Frigg, Freya, Gerda, Rinda, Hulda, dann Idun, Nanna u. s. w. — **Frigg** ist Gattin des Odhin und am meisten vergeistigt, hauptsächlich die ethische Seite der Weiblichkeit in sich darstellend. Sie ist Ehe- und Hausgöttin, Schutzgöttin der Hausfrauen, sowie der weiblichen Arbeiten. Ursprünglich ist sie indess doch nichts anders als die Erdgöttin und identisch mit der Erd- und Liebesgöttin Freya, die auch im Volksbewusstsein als Hauptgöttin galt. Diese **Freya** (Frouwa, Herrin) ist die Schwester des Freyr und die empfangende Erde, wie dieser der befruchtende Sonnengott ist. — Das Verhältniss der Neubelebung und Befruchtung der Erde durch die Sonne wird übrigens auch dargestellt durch den Mythus der Werbung Odhin's um **Rinda** (die vor Kälte erstarrte Erde). Sie weiset zuerst die Werbung hart zurück, dann aber zeugt derselbe mit ihr **Wali**, den neuen Frühling, der Balder vertreten und seinen Tod rächen soll. Aehnlich lautet der Mythus von der Brautwerbung Freyr's um **Gerda**, die Befreiung derselben und Vermählung mit ihr, der in der Unterwelt vom Winter (Riesen) gefangen gehaltenen Erdgöttin, um den Frühling zu erzeugen. Ebenso wirbt Thor um die Erdgöttin **Sif** und erzeugt mit ihr **Thrud** das Saatkorn und die neu entstehende Vegetation. Diese Thrud (Saatkorn) ist schon dem Zwergen der Erdtiefe, **Alwis**, verlobt und wird nur durch die Dazwischenkunft des Vaters gerettet; d. h. nur durch Gewitter oder Regen geschieht es, dass das Saatkorn wächst und so die dunkle Erde verlässt, ohne der Auflösung und dem Dunkel der Erde zu verfallen. Aehnliche Mythen finden sich noch manche. — Loki, der Gott der austrocknenden Hitze raubt der Freya (Erde) den Halsschmuck d. h. den Schmuck der Vegetation, Heimdal, der Regen oder Regengott bringt ihr denselben wieder. **Idun**, die

Göttin der Vegetation fällt ab vom Weltenbaume, der Esche Yggdrasil, und wird vom Riesen Thiassi, (der Gewalt des Winters) gefangen, wird aber in der Form einer Nuss (Kern, Saame) demselben von Loki wieder entzogen; d. h. die abwelkende Vegetation überliefert der Erde, welche dem einhüllenden, erstarrenden Winter verfällt, den Saamen, der aus dieser Form (der Nuss, des Kernes) sich mit eintretender Sonnenwärme zu neuer Vegetation entwickelt. Nanna ist die jungfräuliche Göttin des reinen Blühens, die Gemahlin Balder's des Frühlingsgottes, mit dem sie selbst stirbt, verwelkt, verbrannt wird.

Die Vergeistigung, Personifikation, welche diese Naturmächte in der germanischen Religion erfuhren, ist hauptsächlich ethischer Art, weniger eigentlich intellectuell und noch weniger ästhetisch. In letzterer Beziehung ist selbst Odhin noch abenteuerlich vorgestellt, einäugig, mit Wolken als Hut u. s. w. In intellectueller Beziehung aber ist immerhin bezeichnend, dass sich Odhin, der ursprünglich am Weltenbaume Yggdrasil hängt, d. h. der allgemeinen Natur gegenüber nicht frei, sondern nur ein Theil von ihr ist, sich frei, selbstständig macht durch intellectuelle Thätigkeit, nämlich durch Nachsinnen und Erfinden der Runen. Ethische Eigenschaften dagegen werden allen Göttern zugeschrieben und in dieser Beziehung erheben sie sich am meisten über das blosse Natur-Sein und -Wirken. Aber sie erscheinen keineswegs als ethisch vollkommen, wie die Idee der Gottheit es eigentlich fordert, sondern als selbst einer sittlichen Verschuldung verfallen und daher auch zur Sühnung dem schliesslichen Untergange geweiht. Bei dem naturalistischen und anthropomorphischen Charakter dieser Götter ist diess auch begreiflich; denn die Naturmächte, deren Personifikationen sie sind, erscheinen in beständigem Kampf gegen einander und überwinden sich abwechselnd mit Gewalt oder List (d. h. durch Einwirkungen, die nicht unmittelbar, sondern erst in ihren Resultaten wahrnehmbar sind). In solcher Art kämpfen darnach auch die naturalistischen Götter, sind daher in keiner Weise vollkommen oder absolut. Die Menschen ferner haben in diesem Klima einen schweren Kampf gegen feindliche Mächte und für den Lebensunterhalt zu kämpfen, in welchem sie Gewalt und List anwenden, bei dem sie nach Hab und Gut streben müssen, und auch miteinander in Concurrenz kommen, in welcher sie nicht immer Treue bewahren und redlich handeln. Da die Götter als personificirte Naturmächte nach dem Bild und Gleichniss der Menschen vorgestellt werden, so haften ihnen auch diese Mängel an. Sie streben gierig nach Schätzen, nach Gold, sind insoferne der Hab- und Selbstsucht verfallen, und selbst Odhin hält einen geschworuen Eid nicht. So muss die sittliche Weltordnung auch gegen diese Götter reagiren, sobald dieselbe im Bewusstsein der Germanen zu hinlänglicher Klarheit gediehen ist. Und so mussten daher auch die Götter als dem Untergange verfallen betrachtet werden. Dieser Untergang aber wird der naturalistischen Grundlage derselben gemäss zugleich als Weltuntergang aufgefasst, obwohl erst nach heftigem Kampfe mit den feindlichen Mächten, den ungeordneten, wilden Natur-Elementen, die den Sieg erringen, zugleich aber auch sich selbst in das allgemeine Verderben, in den allgemeinen Weltbrand mit hineinziehen d. h. in ihrer Bestimmtheit als Elementarmächte selbst aufhören. — Der zu Grunde liegende Gedanke ist also wohl, dass die Götter als Naturmächte unter dem allgemeinen Naturgesetz stehen (wovon freilich die Germanen noch keine bestimmtere Kenntniss hatten), und demnach auch dem allgemeinen Naturlaufe, der dem Weltuntergang zuzuführen schien, verfallen seien. Dann: diese Götter mussten als menschenähnliche, ethische Wesen dem sittlichen Weltgesetz, der moralischen Weltordnung unterstellt sein; einer Weltordnung, die sich im menschlichen Bewusstsein als unbedingt ankündigt und die daher auch von Göttern selbst bei Verletzung Sühne erheischt.[1]) Daher mussten auch die Götter der Strafe verfallen zur Sühne für das verletzte, unbedingt giltige Gesetz: und zwar könnte diese Strafe und Sühne für sie nur in ihrem gänzlichen Untergange bestehen, nicht in Busse und Läuterung, denn eine die eigene Schuld büssende, zur Läuterung bestrafte Persönlichkeit kann für ein einigermassen entwickeltes menschliches Bewusstsein nicht mehr als Gottheit gelten. Ausgenommen vom Untergang der Götter ist daher auch nur Balder, der weiseste, gütigste der Götter, der ganz schuldlos geblieben und ganz aus dem verderbten Weltlauf durch seinen frühen Tod ausgeschieden erscheint. Dieser überdauert den Untergang der Welt und der Götter in der Schlusskatastrophe, in der Götterdämmerung (Ragnasöck) und erscheint in einer neuen Welt als Herr und Gesetzgeber.

Ausser den eigentlichen Göttern enthält die germanische Mythologie noch eine reiche Fülle von anderen Phantasiebildungen, d. h. Wesen, die als in der Natur waltend und in das menschliche Leben eingreifend vorgestellt werden. So die R i e s e n. Sie sind die allgemeinen Elementarmächte, insbesondere die nordischen, z. B. die Macht der Kälte, welche Reif und Eis hervorbringt, die Vegetation zerstört und die Erde für mehrere Monate in Erstarrung versetzt. Diese Riesen sind nicht so bestimmt personificirt oder anthropomorphosirt, wie die eigentlichen Götter, welche jene Naturgewalten darstellen, durch welche die Erde frucht-

---

[1]) Selbst in der christlichen Theologie ward ja noch das Problem erörtert, ob Gott unter dem Sittengesetze stehe, und Anselm von Canterbury hat in seiner Schrift: Cur Deus homo? auf die Bemerkung, ob denn der allmächtige Gott nicht auch ohne Menschwerdung und Tod des Gottessohnes die Menschheit von Sünden-Schuld und Strafe hätte erlösen können, mit Nein geantwortet, und zwar aus dem Grunde, weil die ewige Gerechtigkeit Sühne forderte.

bar und das menschliche Leben möglich wird. Daher der beständige Kampf der Götter und Riesen miteinander. Eigenthümlich ist dabei, dass die Riesen am Ende des Winters von den Göttern getödtet werden, während umgekehrt die Götter nicht getödtet, sondern nur ihrer Kraft oder ihrer Attribute (z. B. Thor des Hammers) beraubt oder in Betäubung oder Schlaf versetzt werden, also nicht mehr wirken können, bis der Winter, die Herrschaft der Riesen zu Ende geht. Es drückt sich darin wohl der Grad der Personifikation aus, der bei den Riesen nur ein sehr niederer, unbestimmter ist; daher dieselben intellectuell und ethisch höchst unvollkommen erscheinen und nur durch rohe Gewalt wirken, während bei den Göttern auch intellectuelle und ethische Bethätigung erscheint. Sie brauchen daher nicht todt, sondern nur betäubt oder schlafend und bewusstlos zu sein, um ihre Unthätigkeit zu erklären. — Eine andere Art untergeordneter göttlicher Phantasie-Wesen sind die Walküren. Die naturalistische Grundlage zu diesen Personifikationen sind offenbar die eilenden, stürmenden Wolken; sie sind Wolkengöttinen mit Schwanen-Kleidern. Dann aber wurden sie auch als Kampfjungfrauen aufgefasst, die stürmisch zum Kampfplatz eilen und die gefallenen Helden sich auswählen, um sie nach Walhalla zu führen. — Auch das kleine, stille Walten der Naturkräfte, sowohl im Dunkel der Berge und des Bodens, als auch im Tages- oder Monden-Licht ward von der germanischen Phantasie eigenartig personifizirt. So bildeten sich für die Vorstellung Zwerge, Elfen, Wichtel, Kobolde, Nixen u. s. w. Die Zwerge waren kleine, dunkelfarbige, missgestaltete Wesen, doch von menschlicher Form, welche die bildenden, webenden Naturkräfte im Dunkeln, in den Bergen und unter der Erde überhaupt symbolisirten, die Bildner und Bewahrer der Schätze von Gold und edlen Steinen, aber auch der aus dem Dunkel der Erde hervorkeimenden Vegetation, die ursprünglich wohl hauptsächlich als der Schatz im eminenten Sinne bezeichnet wurde. Die Elfen sind ähnliche Wesen, zwar auch von kleiner Gestalt, aber lichter Farbe und wohlgeformt, welche wohl die kleinen, unsichtbar oder unwahrnehmbar bildenden Kräfte über der Erde, in der Luft bedeuten sollen. Die Wasser-Nixen mögen die heilsamen und verderblichen Seiten und das lockende Wesen des Wassers verbildlichen, sowie die Kobolde die mannichfach neckischen Verhältnisse des Lebens. Endlich unter Wichtel oder Wichtelmännern sind freundliche Hausgenien zu verstehen.

Die Schöpfungslehre in der germanischen Mythologie ist sehr unbestimmt, verworren und abenteuerlich. Die gesammte Welt wird als grosser Baum, die Weltesche vorgestellt, wie der Buddhismus die gesammte Welt als Berg sich dachte. Diese Esche Yggdrasil reicht mit ihren Wurzeln in die Unterwelt, Niflheim (dunkles Nebelgebiet), wo dieselben von den drei Nornen oder Schicksalsgöttinen beständig mit Wasser befeuchtet werden. Nach oben dagegen ragt die Esche in den Himmel, das Licht-Gebiet, Muspelheim empor; die Wolken sind ihre Zweige und Blätter und die Sterne die goldnen Früchte derselben. Aus dieser Esche gingen nun die Götter wie die Menschen hervor, d. h. beide stammen aus dem allgemeinen Naturwesen und dem allgemeinen Naturprincip. Von Odhin und Idun ist besonders berichtet, dass sie an diesem Weltbaume gehangen und davon abgefallen seien. Odhin machte sich durch intellectuelle Thätigkeit davon frei d. h. gewann Persönlichkeit gegenüber dem Naturganzen; Idun dagegen fiel herab als Vorzeichen des nahenden Todes Balder's, des weisesten und besten der Götter, (wie Abfall von Früchten und Blättern den nahenden Tod der Natur, den Winter ankündigt). In ähnlicher Weise müssen wohl auch die anderen Götter in Beziehung zu diesem allumfassenden Weltbaum gedacht werden. Die Weltschöpfung wird im Allgemeinen vorgestellt als Mischung und Scheidung von Muspelheim (Lichtreich) und Niflheim, (Reich der Finsterniss und des Nebels). Die Welt wird gebildet aus dem Urstoffe, der im chaotischen Zustand im unendlichen Raume, Ginnungagab vorhanden und von einer Art Weltseele (Alfadir) durchdrungen ist. Durch die Schöpfungskraft derselben schieden sich zuerst Muspelheim und Niflheim von einander. Die Strahlen aus Muspelheim und der Reif aus Niflheim begegnen sich und bilden den Riesen Ymir und die Kuh Audumbla u. s. w. Aus des Riesen Ymir Gliedmassen entstund das ganze Weltall, der Himmel, die Erde, das Meer, Berge, Wolken u. s. w. Die beiden ersten Menschen wurden aus zwei am Meeresstrande aufgefundenen Hölzern als Asko und Embla (Esche und Erle) geschaffen. Die Götter zusammen statteten sie aus; Odhin gab ihnen den Lebensgeist, Hänir den Verstand, Loki Blut und Bewegung, Schönheit und frische Farbe, und sie setzten dieselben unter den Schutz der grossen Esche Yggdrasil. — Es geht aus diesen Schöpfungsmythen wenigstens so viel mit Bestimmtheit hervor, dass Alles aus einem Urorganismus (Yggdrasil), oder aus einem Urprinzip des Lebens, der Gestaltung und des Geistes (das wohl unter Alfadir zu verstehen ist), abgeleitet wurde, Götter wie Menschen und die übrigen Wesen, die ja mitunter auch als beseelt betrachtet oder behandelt wurden. So z. B. nimmt Freya allen Naturwesen einen Eid ab, dass sie Balder nicht schaden, ihn nicht tödten wollten, nur der Mistelstaude nicht, durch welche er dann auf Veranlassung Loki's durch den Wurf Höder's den Tod fand. Insoferne harmonirt diese Auffassung sogar einigermasser mit der modernen Evolutionstheorie, und wir könnten in Alfadir die objective Phantasie und in Yggdrasil deren allgemeinstes Produkt und zugleich Organ zur Hervorbringung aller Arten von Wesen erblicken.

Was den Cultus betrifft, so hatten die Germanen wenigstens in der ältesten Zeit keine Tempel, sondern heilige Haine waren religiöse Versammlungs-Orte, woselbst die Götter-Feste gefeiert wurden. Bei diesen wurden die Opfer gebracht, zumeist Feldfrüchte, Getreide, aber auch Thiere: Pferde, Rinder, Widder, Eber u. s. w. Mit dem Opferblute wurden die Opfernden besprengt und der grösste Theil des Opferfleisches gekocht und gemeinsam verzehrt, dazu auch des Gottes Minne oder Gedächtniss getrunken. Bildnisse der Götter gab es nicht, aber heilige Bäume: wie Eichen, Buchen u. A. sowie heilige Thiere: Pferde, Raben und der Wolf, der das Böse symbolisirte. Die religiösen Feste bezogen sich hauptsächlich auf die besonderen Naturphasen im Jahresverlaufe; so die Winter- und Sommer-Sonnenwende, welche letztere dem Tode Balder's galt und sich noch in dem sog. Johannisfeuer einigermassen erhalten hat, wie erstere im Weihnachtsfeste mit seinen Lichtern und Bäumen. — Schliesslich ist noch zu bemerken, dass dem germanischen Charakter gemäss sich die Individualität oder menschliche Persönlichkeit auch im Cultus und den Göttern gegenüber behauptete, nicht in völlige Passivität sich auflöste oder auf das Selbst verzichtete. Waren ja die Menschen die Mitstreiter oder Bundesgenossen der Götter und trachteten doch die Helden gerade darum nach Walhalla, um am Schlusse an der Entscheidungsschlacht der ‚Götter theilzunehmen und mit ihnen in dieser tragischen Katastrophe heroisch unterzugehen. — Dem eigentlichen Weltmythus gehören von dem germanischen Götterkreise hauptsächlich Balder und Locki an, als die beiden Hauptmächte im Weltprozesse, denen wir eigentlich überall in den Religionen oder Mythologien begegnen; die übrigen Götter wie Göttinen sind specifischer, spiegeln mehr die Eigenart von Volk, Land und klimatischen Verhältnissen wieder.

V. Die hellenische Religion.

Auch die hellenische Religion entwickelte sich auf Grund der arischen Urreligion, ging also von naturalistischer Vergötterung und Anthropomorphisorung der grossen Natur-Erscheinungen und -Gewalten aus; sowie auch in ihr die eigentlich primitiven Momente des religiösen Glaubens und Cultus, der Geisterglaube und der daran sich schliessende Opfer- und Todten-Dienst sich noch mehr oder minder forterhielt. Der Himmelsgott also und die Erdgöttin und ihr Verhältniss zu einander, aus welchem andere Götter, wie die Menschen und alles Uebrige hervorging, bilden den Grundinhalt des religiösen Bewusstseins der Hellenen. Es kamen dazu dann auch noch eigenthümliche Elemente aus der semitischen Religion des syrischen und phönizischen Nachbarvolkes, sowie insbesondere auch aus Aegypten. Die weitere Entwicklung aller dieser Elemente erhielt aber hier einen anderen Charakter als bei den übrigen arischen Völkern; sie nahm eine vorherrschend ästhetische Richtung. Die Götter erhielten ihre Weiterbildung, Idealisirung und Vergeistigung hauptsächlich durch ästhetische Ausgestaltung zu idealen Formen, in denen der geistige Gehalt derselben in entsprechender sinnlicher Erscheinung zum Ausdruck kam. Warum gerade bei dem griechischen Volke die Religion und das ganze geistige (selbst sittliche) Leben diese Richtung nahm, mag begründet sein zugleich in der ursprünglichen Eigenart dieses arischen Volksstammes und in der eigenthümlichen Beschaffenheit dieser Erdregion, die gerade der angeborenen ästhetischen Begabung günstig war; — wie ja überhaupt eine eigenartige Anlage wie ein bestimmter Same nur dann zur Entwicklung kommt, wenn sie den günstigen Boden, die richtigen Verhältnisse dafür findet. Die Phantasie des hellenischen Volkes war besonders lebhaft nach der plastischen Richtung hin thätig, wie bei andern Völkern (z. B. bei den Römern) das teleogische Moment derselben sich vorherrschend geltend machte. Daher war es die plastische Kunst und die Dichtung hauptsächlich, in denen der griechische Geist sich bethätigte und auszeichnete, und darum auch die Religion wie das Volksleben und selbst auch die Philosophie und Wissenschaft dieser Grundrichtung gemäss sich ausbildete, — wie bei den Germanen die natürlichen, klimatischen Verhältnisse ihres Landes besonders geeignet waren, den vorherrschend heroischen Sinn zur Entwicklung zu bringen. Und wie das von aussen auf den Geist Einwirkende eigenthümlich geartet sein muss, damit der ästhetische Sinn sich entwickle, da ohne diess auch die beste Anlage unentwickelt bleibt, oder sogar verbildet wird, — so auch fordert diese ästhetische Bethätigung, dieser Sinn für reine Schönheit, diese Darstellung des Idealen im rechten Gleichgewicht und Ebenmaass von Sinnlichkeit und Geist, das rechte Alter, die richtige Entwicklungsstufe eines Volkes. Eine Stufe, in welcher Sinnlichkeit und Geist gewissermassen im Gleichgewichte schweben, wo also Sinnlichkeit schon vergeistigt erscheint, der Geist noch nicht abstract sich geltend macht, sondern in sinnlicher Form sich darstellt und offenbart. Das griechische Volk zeigt nun am meisten unter allen Völkern in seiner Blüthezeit dieses Verhältniss der Harmonie zwischen Geistigem und Sinnlichen, und so ist es auch in religiöser Beziehung das Organ geworden, das Göttliche in solcher Form zum Bewusstsein und zur Darstellung zu bringen. Aber es behauptet nur in einer bestimmten Periode diese Darstellung als Durchgangsmoment in der weltgeschichtlichen Entwicklung der Menschheit, ja in der geschichtlichen Entwicklung des griechischen Volkes selbst; denn zuerst hatte noch naturalistisch das Sinnliche weitaus das Uebergewicht, und später ward die Geistigkeit in abstracter Weise zur Geltung gebracht.

Es lassen sich wohl zwei Hauptphasen in der griechischen Mythologie unterscheiden: Die naturalistische der pelasgischen oder arischen Urmythen, dann die dichterische, anthropologische Fortbildung derselben durch die Dichter, insbesondere durch Homer und Hesiod; und zwar so, dass für die hellenische Blüthezeit diese beiden Dichter, insbesondere Homer, die Götterlehre für das ganze Volk gebildet haben. Indess mit Theogonie, oder eigentlich anthropomorphen Göttern hat die Religion auch in ihrer mythologischen Form nicht begonnen, sondern mit Auffassung grosser Naturgewalten und -Erscheinungen als übernatürlicher Mächte, von denen das Schicksal, das Wohl und Wehe der Welt und insbesondere der Menschen abhängig ist. Die mächtigsten sind Himmel und Erde im Allgemeinen, und darum finden wir sie bei fast allen Völkern, insbesondere den ältesten Culturvölkern als höchste göttliche Mächte personificirt, oder wenigstens verehrt. Daran schliessen sich dann Differenzirungen beider in mehrere Götter und Göttinen, insoferne besondere Eigenschaften oder Thätigkeiten derselben verselbstständigt, personificirt und als besondere Verehrungswesen betrachtet wurden. Die Personifikationen gingen aber nicht von rein subjectiver Phantasiethätigkeit aus und bezogen sich nicht zunächst auf die Natur-Erscheinungen und -Mächte selbst, sondern sie wurden veranlasst durch die eigenthümlichen, zusammenwirkenden Bethätigungen dieser Naturerscheinungen, welche man sich nach Analogie dessen zu erklären suchte, was man bei dem Menschen wahrnahm. Die wichtigsten Naturvorgänge nun, von denen das menschliche Dasein am meisten abhängig ist, bestehen in der Einwirkung des Himmels auf die Erde, näher: der Sonne, der Wolken, des Gewitters, Regens u. s. w. auf die Erde in den verschiedenen Jahreszeiten, da hievon die Fruchtbarkeit derselben und das Leben der Menschen bedingt sind. Dieses Zusammenwirken von beiden, woraus die ganze Vegetation und die Nahrung hervorgeht, wird als Erzeugung betrachtet und Himmel und Erde darnach auch als Erzeugende personificirt, als männliche und weibliche Wesen aufgefasst. Die Bethätigung der objectiven Phantasie (Generationsmacht) wird also vorausgesetzt und dadurch die subjective Phantasie zu ihren Bildungen veranlasst, wodurch dann nach Analogie des menschlichen Familienverhältnisses die Götter und ihr Verhalten zu einander selbst vergeistigt und ethisirt wurden, so dass Himmel und „Vater", sowie „Erde" und „Mutter" in enge Beziehung zu einander traten.

Diesen allgemeinen Verlauf nahm offenbar auch die griechische Mythologie. Zeus und Dione erscheinen als die frühesten und höchsten pelasgischen Verehrungswesen besonders in Dodona, wo ein Orakel des Zeus war und aus dem Rauschen der heiligen Eiche geweissagt wurde, während später Olympia die Hauptstätte des Zeus-Cultus würde neben dem Orakel des Apollon zu Delphi. Zeus mag schon in früher Zeit nicht mehr als der Himmel überhaupt, sondern als ein bestimmter Theil oder als ein bestimmtes Verhalten des Himmels aufgefasst worden sein, und so ging theogonische Spekulation, wie sie Hesiod darstellt, noch weiter zurück zu allgemeineren Gestalten, und er fängt mit Uranos und Gaea[1]) an, denen Kronos und Rhea folgen, während Zeus mit Here (oder Dione) die dritte Generation bildet. Uranos und Gaea sind offenbar dieselben zwei Grundwesen des Daseins wie Zeus und Here, Demeter u. s. w. nur in noch ursprünglicherem, wilderem Zustande gedacht. Insofern kann man in dieser Theogonie die Darstellung eines Weltmythus erkennen, als gezeigt werden soll, wie eine immer höhere Ordnung und Form der Welt entstund und die Hervorbringungen von Himmel und Erde immer vollkommener wurden. Dabei ist aber allerdings die Bedeutung von Kronos und

---

[1]) Abgesehen von der Ableitung aller Wesen, der Götter und Menschen u. s. w. von Okeanos und Thetys.

Rhea nicht ganz klar als Zwischenglied von Uranos und Zeus. Denn fasst man auch Kronos als Zeit oder Zeitgott (Chronos), der seine eigenen Hervorbringungen (Kinder) wieder verschlingt und Rhea als die reale Succession oder gleichsam als den Mutterschooss für die von der Zeit gezeugten Gestaltungen, so ist doch nicht abzusehen, wie die Zeit und das reale, continuirliche Werden als zweites Götterpaar zwischen Uranos und Zeus gesetzt werden kann, da jene beiden ganz anderer Art sind als das erste und dritte Geschlecht. Man hat daher diese drei Göttergenerationen als Jahresmythus aufgefasst, also auf den Verlauf der Jahreszeiten und ihre Eigenthümlichkeiten bezogen. Darnach ist Uranos der unaufhörlich strömende, dadurch die Erde befruchtende und zeugende Frühling, der dann von Kronos, der Sonnenhitze entmannt wird, der aber selbst, indem er die Vegetation der Reife zuführt[1]), dieselbe auch wieder zerstört, verschlingt, dann vom Gewittergotte Zeus nebst seinem Anhange, den Titanen durch Blitzeschleudern und Regen wieder besiegt wird. Die grossen Kämpfe indess, die mit der Aufeinanderfolge dieser Göttergeschlechter verbunden sind, scheinen doch mehr auf einen Mythus der Weltentwicklung hinzudeuten, auf allmähliche Formirung und Einschränkung der wirkenden Mächte, wodurch aus dem wilden Chaos zuletzt die Wohlordnung des Daseins, die Welt als Kosmos hervorging. Es schloss sich später daran die Reihe der Halbgötter und Heroen, welche die Länder als Schauplatz der Menschengeschichte von wüsten Ausgeburten der Erde, von schädlichen Ungeheuern befreiten — also die Thätigkeiten jener Götter gewissermassen fortsetzten. Wie dem sei, in der eigentlichen Blüthezeit des griechischen Volkes waren die früheren Göttergeschlechter jedenfalls, wo nicht

---

[1]) Kronos wird dabei von κραίνειν „zeitigen, reifen", abgeleitet. In Italien wurde Kronos als Saturnus gefeiert und seine Herrschaft als das goldene Zeitalter betrachtet.

aus dem Bewusstsein, doch aus dem religiösen Cultus des
Volkes verschwunden und Zeus mit den übrigen Olympischen Göttern, als Vater der Götter und Menschen verehrt (wenn auch nicht alle diese Götter als seine Kinder,
sondern einige als seine Geschwister angesehen wurden).
Die wichtigsten dieser Götter haben wir nun in Kürze
zu betrachten.

Zeus ist für die Griechen der Himmelsgott im allgemeinsten Sinne (verwandt mit Diu, Dewa, Zio) — wobei
naturalistisch in frühester Zeit wohl hauptsächlich an den
sichtbaren Himmel mit seinen Erscheinungen zu denken
ist, ehe noch die höhere Vergeistigung eingetreten war.
Insbesondere aber ist er der Wolken- und Regen-Gott,
durch welche Regen und Fruchtbarkeit der Erde zu Theil
wird; dabei erscheint er als Gewitter-Gott und Schleu-
derer des Blitzstrahles, den die Cyclopen, die unterirdischen
Elementargeister verfertigen; sein Schild ist Aegis, die
graue Gewitterwolke, durch deren Schütteln Donner und
Blitz entstehen und Götter und Menschen in Schrecken
versetzt werden. Damit kämpft er gegen die Titanen
und Giganten, die feindlichen Dämonen der Finsterniss
und stürzt sie in den Tartaros oder verbannt sie nach
den äussersten Westen in die dunkle Region des Sonnen-
Unterganges. Da von ihm als Himmelsgott sowohl Sonnenwärme als Regen ausgeht und damit die Erde befruchtet
wird, so wird sein Verhältniss zu dieser als das des Mannes
zum Weibe und als ein Erzeugen aufgefasst — wie schon
erörtert wurde. Da nun in verschiedenen Gebieten diese
Einwirkung geschah und in modificirter Weise, so entstunden über dieses Verhältniss manche Lokalsagen und
die personificirten Länder wurden zu verschiedenen Frauen
oder Geliebten des Zeus umgestaltet. Diese streiften
ihren ursprünglichen naturalistischen Sinn ab und wurden
später von den Dichtern zu Liebesgeschichten des Zeus
ausgebildet, die den religiösen und sittlichen Gemüthern

Anstoss geben mussten und daher von den Philosophen so strenge getadelt wurden. An sich lag die Auffassung der befruchtenden, segenbringenden Einwirkung des Himmels auf die Erde als Bethätigung eines männlichen und weiblichen Princips, also als Liebes- und Zeugungs-Verhältniss nahe genug; aber bei der Fortbildung der eigentlich naturalistischen zur anthropomorphischen Auffassung erhielt dasselbe durch die dichterische (subjective) Phantasie anstössige, frivole Züge. Züge, welche des Gottes unwürdig erscheinen mussten, nachdem das rein natürliche (naturalistische) und das geistige, ethische Leben der Menschen sich mehr und mehr schieden und beide als einigermassen oder zuletzt ganz als selbstständig und eigenartig erschienen. Diese Vergeistigung der Zeus-Vorstellung geschah, wie die Fortbildung und Vergeistigung der Religion überhaupt, durch den gesammten Fortschritt des geistigen Lebens des Volkes in intellectueller, ethischer und ästhetischer Beziehung. Und da die Phantasie mit den personificirten Naturmächten und den anthropomorphen Göttern ihr freies Spiel weiter trieb, so wurden eben dadurch die Götter ihrer ursprünglichen Natur-Basis immer mehr entrückt und zu reinen Gestalten der Vorstellungswelt erhoben, also in eine geistige Sphäre entrückt und selbst vergeistigt. So bei allen Göttern und insbesondere bei Zeus. Selbst ganz natürliche äusserliche Eigenschaften oder Wirkungen konnten dazu schon den Anstoss geben. So ist z. B. das Licht des Himmels, der Sonne allbeleuchtend, allsichtbar machend, und so wurde der Himmels- oder Sonnen-Gott als allsehend, allwissend aufgefasst. Die Naturmächte sind stürmisch, gewaltig, wirken zerstörend, — so wurden ihnen Affecte zugeschrieben, Zorn, Rachsucht u. s. w., oder sie wirken wohlthätig, beglückend, so gestaltete sie die Phantasie als wohlgesinnte, gütige Wesen. — Was Zeus noch insbesondere betrifft, so fehlt es nicht an solchen, die in ihm eine monotheistische Spitze und

Einheit der griechischen Götterwelt erblicken wollen. In der That finden sich wohl Stellen, die den Zeus als das Ein und Alles der Götterwelt zu bezeichnen scheinen, und ursprünglich hat Zeus oder Uranos wohl auch die (äusserliche) Einheit des allumfassenden Himmels bedeutet, ehe noch die bestimmten Differenzirungen desselben als besondere Götter hervorgetreten waren. Indess als alleiniger Gott ist Zeus dennoch, wenigstens im Volksbewusstsein nicht aufgefasst worden und konnte es schon desshalb nicht, weil in der hellenischen Anschauungsweise das geschlechtliche Moment durchaus in das göttliche Wesen und Wirken aufgenommen war, und also dem Gotte, auch dem höchsten, eine (gleichartige) Göttin gegenüber stund — abgesehen von den immerhin bestimmt genug ausgebildeten Gestalten der übrigen Götter. Zwar wurde dagegen bemerkt, dass die Gottesehe und die Unterscheidung des männlichen und weiblichen Momentes in der Gottheit die Einheit derselben nicht aufhebe, jedenfalls nicht mehr aufhebe, als die Emanation oder Incarnation. Allein dabei musste immerhin zwischen Wesen (Substanz) und Form (Person) der Gottheit und der Götter unterschieden werden, und nur in Bezug auf das Wesen, nicht in Bezug auf die Form könnte die Einheit behauptet werden. In solchem Sinne aber ist jede Vielheit von Göttern als Einheit zu behaupten, da ja stets alle, so viele ihrer unterschieden werden mögen, darin übereinstimmen müssen, dass sie göttlichen Wesens, Erscheinungen dessen sind, was man das Göttliche nennt, — das als Gattungsbegriff gegenüber den einzelnen Göttern als Arten oder Individuen anzusehen ist. Bei solcher Auffassung aber könnte man überhaupt nie von Polytheismus reden, so wenig als man von Polynaturalismus trotz der Vielheit und Verschiedenheit der Naturwesen oder -Formen spricht. Bei dem Monotheismus aber handelt es sich nicht blos um ein einheitliches Gattungswesen, sondern um ein einziges, einzigartiges Wesen, das die Existenz jedes weiteren gleichartigen, für sich bestehenden, selbstständigen Wesens ausschliesst. — Wenn dann auch richtig ist, dass die Geschlechtlichkeit in ihrer Zweiheit in einer Einheit wurzelt, also nur als Differenzirung eines Einheitlichen betrachtet werden kann, das sich in die Zweiheit nur desshalb erschliesst, um sich durch Wiedervereinigung als bildende, schaffende oder zeugende Macht (objective Phantasie) bethätigen zu können, so ist doch diese Zweiheit selbst von der Art, dass trotz der Grundeinheit oder ·Gleichheit des Wesens jedes der beiden Geschlechter persönlich und durch das männliche und das weibliche Moment eigenartig ist. Eigenartig in der Weise, dass das Eine nicht dem andern gleich ist, sondern beide eben die Ergänzung zu einander bilden und das schaffende, allgemeine Lebensprincip, das wir als objective Phantasie bezeichnen, beide in sich enthalten muss. Als solch' allgemeines Lebensprincip wurde allerdings in der Philosophie, besonders von den Stoikern Zeus aufgefasst, wodurch aber nicht Monotheismus, sondern Pantheismus erzielt wurde, da Zeus nun in ähnlicher Weise als ein weltimmanentes Princip erscheint, wie in Indien Brahma, wenn auch mit Prädikaten, die sonst nur einem persönlichen Wesen zugeschrieben werden. Der Zeus der Volksreligion ist diess indess nicht mehr.

Der nach Zeus hervorragendste Gott der griechischen Mythologie ist Apollon, der überhaupt als eine Gestalt unter den griechischen Göttern erscheint, die am meisten den Genius des griechischen Volkes darstellt; ein Gott in dessen Ausbildung die Phantasie dieses Volkes am meisten das Ebenbild oder Urbild des eigenen sinnlichgeistigen Wesens und Strebens geschaffen hat. Er wird als Sohn des Zeus bezeichnet, den zugleich mit seiner Schwester Artemis demselben die Leto geboren, d. h. die Verborgene, Dunkle. Da Apollon wesentlich die Sonne, der Sonnengott ist, Artemis als die keusche Jagdgöttin den Mond bezeichnet, so wird dieser Mythus wohl ausdrücken wollen, dass Sonne und Mond vom Himmel erzeugt, d. h. aus dem Verborgenen, Dunklen in's Dasein gerufen seien, da in der That beide aus dem Verborgenen auftauchen, wie sie auch dahin wieder zurückkehren. Als Sonnengott ist er Kämpfer gegen den Drachen oder die Schlange der Nacht oder der Finsterniss (den persischen Atzi oder indischen Ahi) — wie Perseus und Bellerophontes, die nur als Beinamen des Apollon erscheinen, diesen gleichen Kampf bestehen. Im Herbste wandert Apollon in die Ferne, um im Frühling mit neuer Kraft zu erscheinen. Dann werden ihm Feste gefeiert. Da die Sonne indess nicht bloss Leben, Gedeihen, Gesundheit bringt, sondern, wenn die Gluth heftiger wird auch Zerstörung, Tod verursacht, so erscheint auch Apollon in dieser doppelten Eigenschaft. Er ist Gott des Lebens, der Gesundheit, aber auch Todesgott, indem er erzürnt mit seinen glühenden Pfeilen Krankheiten sendet und Tod bringt. So anthropomophosirt wird er dann auch vergeistigt und mit geistigen Eigenschaften und Thätigkeiten ausgestattet, die seiner naturalistischen Grundlage entsprechen, und die Auffassung modificirt sich je nach der eigenthümlichen Lage und Bildung der Verehrer. Da er nicht bloss den Segen der Sonnenwärme spendet, sondern auch die Wolken sammelt und durch sie Fruchtbarkeit gewährt, so ist er der Patron der Hirten und weilt unter Hirten am Olympus und Pelikon, erfindet die Lyra und übt den Gesang umgeben von Nymphen und Musen; daher er auch als Musagetes bezeichnet wird. Als Verleiher von Kraft und Gesundheit ist er besonders der Gott der männlichen Jugend und selbst auch der Heilkunst. In geistiger Beziehung ist er der Offenbarungsgott, der Verleiher der dichterischen Begeisterung, des Enthusiasmus, sowie der Mantik, die besonders durch seine Orakel zu Delphi geübt wurde. Als Gott der Begeisterung berührt Apollon sich mit Dionysos, doch ist die apollinische Begeisterung von edlerer, höherer Art als die gewöhnliche Berauschung und Fröhlichkeit, welche Dionysos verleiht.

Nächst Apollon steht die Göttin Athene im Vordergrunde der griechischen Mythologie und genoss besonders in Athen grosse Verehrung. Auch sie galt als Tochter des Zeus, entsprungen aus seinem Haupte. Wie Apollon ursprünglich Sonnengott, so ist sie die Göttin des reinen, klaren Himmels, aber sie ist auch Göttin des Blitzes und des reinigenden Gewittersturmes, als welche sie den Speer schwingt, daher Pallas genannt wird. Ihr Schild ist Aegis d. h. die Gewitterwolke mit den Blitzschlangen gegen Gorgo, das Dunkel. Damit ist sie, obwohl jungfräuliche Göttin, doch auch Verleiherin der Fruchtbarkeit. Ihr Ursprung aus dem Haupte des Zeus mag wohl so zu verstehen sein, dass sie der aus der Wolke geschlagene Blitz sei, oder der aus dem zerrissenen Gewölk hervorbrechende blaue Himmel — wobei dann Zeus als ursprünglicher Gewittergott aufgefasst wird, als dessen Haupt die Wolke erscheint. Nach der Erhebung über diesen naturalistischen Standpunkt suchte man auch diesen Vorgang zu vergeistigen und erklärte sich den Ursprung der Athene aus dem Haupte des Zeus so, dass dieser die Metis, Ueberlegung, Besinnung verschlungen habe, die ihm zu Kopfe stieg und durch dessen Oeffnung als Athene in das Dasein trat. Diese ist daher auch die Göttin des klaren Verstandes, der Klugheit und Erfindungsgabe, sowie der wahren, besonnenen Tapferkeit, gegenüber dem blind wüthenden Ares. Nicht minder ist sie die Erfinderin und Lehrerin der menschlichen Cultur und Wissenschaft, der Kunst und Gewerbe, sowie der Beredsamkeit und Staatskunst.

Here (Dione) ist die Gemahlin des Zeus, ohne dass sie sonst eine hervorragende Rolle zu spielen hätte, ausser dass sie als Schutzgöttin der Frauen und der Ehe erscheint. Sie wird als Erdgöttin aufgefasst, scheint aber auch ursprünglich Wolken- oder Luft-Göttin gewesen zu sein, und die Stoiker haben sie später in der That als Atmosphäre aufgefasst. Mehr Beachtung fand im Volksbewusstsein wie in der Kunst Aphrodite als Göttin der Schönheit und der Liebe. Sie wird im Mythus als Tochter des Zeus und der Dione bezeichnet, aber nach der gewöhnlichen Sage ist sie aus dem Schaume des Meeres hervorgegangen, in das sich die Generationstheile des entmannten Uranos gesenkt hatten. Das heisst wohl: sie ist das Symbol oder die personificirte Zeugungspotenz, die als gottgegebene Macht der Welt immanent ist. Und zwar ist diese durch sie in weiblicher Form personificirt und von der Art, dass sie durch Liebreiz zur Realisirung dieser göttlichen Schaffensmacht das männliche Princip der Zeugung anreizt. In ähnlicher Weise war Adonis die personificirte Befruchtungs- oder Erzeugungskraft der Natur in männlicher Form. Indem die griechische Phantasie diese Göttin mit aller Formschönheit und Anmuth ausstattete, that sie eigentlich nichts Anderes, als was die Natur allenthalben vollbringt, indem sie die Erzeugungsmacht und ihre Bethätigung mit allem ästhetischen Reiz umgibt in allen Gebieten der Pflanzen und Thierwelt. Denn gerade zur Zeit der Begattung oder Befruchtung pflegt sie mit dem Schmucke der schönsten Formen, Farben und Töne auszustatten — wodurch sie dem an sich betrachtet unästhetischen Beginn und Fortgang der Genesis neuer Wesen (z. B. auch des menschlichen Embryo) eine ästhetische Umkleidung und Verklärung verleiht. Mit Aphrodite vergesellschaftet erscheint der Liebesgott Eros als geflügelter Knabe mit Bogen und Pfeilen. Es ist in ihm offenbar die Liebe, welche Aphrodite einflösst oder erregt, symbolisirt und personificirt, so dass, was eigentlich Wirkung ist, in ihm wieder selbstständig und wie eine Ursache erscheint, wie es eben die Art der freibildenden Phantasie bei ihrer reichen Bethätigung ist. Wie übrigens eine himmlische und irdische Aphrodite unterschieden wird, so auch ein himmlischer und irdischer Eros. — Im Kreis der olympischen Götter befindet sich ferner, wenn auch in untergeordneter Stellung, Hebe, die personificirte Jugend. Dagegen ist Demeter die eigentliche Erdgöttin, die fruchtbare, alljährlich die Vegetation hervorbringende, die mit kommenden Winter stets wieder verschwindet. Diese Vegetation wird daher selbst wieder personificirt als ihre Tochter Persephone, die von Pluton, dem Gotte der Unterwelt, geraubt, d. h. unter die Erde, in die Unterwelt gebracht wird. Demeter sucht die Geraubte, findet sie in der Unterwelt und erlangt wenigstens diess, dass Persephone stets den grösseren Theil des Jahres auf der Erde zubringen dürfe, dagegen einen Theil desselben in der Unterwelt verweilen müsse. Das heisst: Im Frühling kehrt Persephone, die Vegetation, auf die Erde zurück, dagegen im Herbste muss sie wieder von der Erde verschwinden und in die Unterwelt zurückkehren.

Unter den Söhnen des Zeus ragen noch zwei hervor, Ares und Hephaestos. Jener ist der wilde, stürmische Gott des Krieges, dieser dagegen der Gott des Feuers und der formenden, bildenden Kraft desselben; des Feuers, wie es für sich als Naturmacht elementarisch wirkt und gestaltet, während Prometheus, der Titane, auch gewissermassen ein Feuergott ist, aber jenes Feuers, das von den Menschen zur Schaffung von mancherlei künstlichen Bereitungen und Werken verwendet wird, wodurch das Leben eine bessere Gestaltung erhält. Prometheus wird daher auch als der Bildner der Menschen bezeichnet. — Als ein altpelasgischer Gott gilt auch Hermes, der mit Zeus, insofern dieser als Regengott die befruchtende Macht der Natur darstellt, in engster Beziehung steht. Er ist offenbar ursprünglich ein Wolken- und Regen-Gott und insofern ebenfalls Repräsentant der zeugenden Naturkraft. Da er in Wind und eilenden Wolken erblickt wurde, so ward aus ihm bei weiterer Anthropomorphosirung der beflügelte Götterbote, der den Verkehr zwischen dem Olymp und der Erde vermittelt, Befehle vom Himmel auf die Erde bringt, aber auch die Seelen der Verstorbenen in die Unterwelt geleitet. Er wird allmählich, wohl dieser seiner Beschäftigung wegen, Gott der Wege; dann eben desshalb und seiner Schlauheit wegen Gott oder Patron der Kaufleute und Diplomaten und sogar auch der Diebe. Er berührt sich auch mit Apollon, dem er seine Heerde, die Wolken, entführt oder stiehlt, sowie er auch dessen edleren Gaben an die Menschen Concurrenz macht durch Verleihung von physischen Gütern und psychischen Eigenschaften, die, wenn auch weniger edel, doch vortheilhaft sind. Dionysos gilt im Allgemeinen als der Gott des Weines und all' dessen, was in Natur und Menschenleben damit in Beziehung steht. Wir haben ähnliche Gottheiten auch in anderen Religionen angetroffen, bei den Persern Haoma, bei den Indern Soma, und der Dionysos-Cultus selbst war auch ausser dem eigentlichen Griechenland besonders in Kleinasien und Syrien verbreitet, ja scheint von dort zu den Hellenen gekommen zu sein. Es ist auch begreiflich, dass die berauschende und gewissermassen begeisternde Kraft gewisser Pflanzensäfte schon in früher Zeit besondere Aufmerksamkeit des Menschengeschlechtes erregt hat; dass man darin ein besonderes Zeichen göttlicher Macht und Wirksamkeit erblickte und also diesen Saft personificirte und vergöttlichte d. h. als Offenbarung oder geradezu als Wesen jener geheimnissvollen Macht betrachtete. Eine Macht, die man nicht begriff, deren segnende und unheilvolle Wirkungen man aber doch allenthalben erfuhr. Da man ausserdem wahrnahm, dass das Gedeihen der Pflanzenwelt allenthalben von oben, besonders durch die Wolken, den Regen bedingt war, so ist wohl möglich, dass Dionysos ebenfalls ursprünglich als Wolkengott oder als Regen vorgestellt und personificirt wurde, bis er zu höherer Geistigkeit entwickelt ward. Ursprünglich war daher bei seinem Cultus wohl die agrarische Bedeutung überhaupt massgebend, später dagegen knüpften sich an denselben, wahrscheinlich in Folge kleinasiatischer und ägyptischer Einflüsse auch Mysterien. — Neben Zeus als höchstem Gott im Olympus und auf der Oberfläche der Erde galt Poseidon, ebenfalls Sohn des Kronos und der Rhea als Beherrscher des Meeres, der Flüsse und Quellen. Da er als Lenker der schnellen Wogen erschien, so wurde er analog auch als Lenker der schnellen Rosse betrachtet und damit auch als Schutzherr der ritterlichen Künste. Pluton endlich, der dritte Kronide, erscheint als Gott der Unterwelt, welcher Demeter's Tochter Persephone geraubt und zu seiner Gemahlin erwählt — wovon oben die Rede war.

Da es sich hier nicht um eine vollständige Religionsgeschichte oder ausführliche Mythologie handelt, so können wir es unterlassen, auf weitere Details einzugehen und all' die griechischen Imaginationswesen zu betrachten, durch welche die Hellenen die Erscheinungen der Natur und des Menschenlebens zu erklären suchten, in der That aber nur ästhetisch oder poetisch verklärten. Die Horen, Töchter des Zeus und der Themis, die Musen, Töchter desselben und der Mnemosyne, die Erinyen, die Nymphen, Chariten, Horen u. s. w. Ebenso wenig haben wir die Halbgötter, Heroen, weiter zu beachten, für deren Schaffung durch die Phantasie die menschliche Geschichte ebenso die reale Grundlage bot, wie für die der grossen Götter die grossartigen Naturerscheinungen. Nur Einen Gegenstand wollen wir in Kürze in Untersuchung ziehen, da er von besonderer Wichtigkeit ist, nämlich die Schicksalsidee in der griechischen Mythologie und Weltauffassung.

Die griechische Religion hat es zwar zu einer Vergeistigung der ursprünglich naturalistisch aufgefassten göttlichen Mächte gebracht, zu einer Vergeistigung wenigstens im Sinne von Anthropomorphosirung, wenn auch nicht im Sinne von abstracter oder sog. reiner Geistigkeit, — aber zur Absolutheit kam es in derselben nicht, weder des Zeus allein, noch aller Götter zusammen. Ueber Göttern wie Menschen waltend ward noch eine dunkle Macht angenommen, das Schicksal (μοῖρα, εἱμαρμένη, πεπρωμένη). Ihm sind auch die Götter, und ist insbesondere auch Zeus unterworfen und vermag nichts gegen dasselbe, — obwohl es an Ausnahmsfällen oder Ermässigungen nicht ganz fehlt. Es ist diess das höchste, allgemeinste, aber auch unbestimmteste oder unfertigste Imaginationsgebilde des griechischen Geistes. Sowohl das unaufhaltsame Geschehen in der Natur, das sich geltend macht trotz aller Gegenwirkung, als auch das plötzliche, unvorhergesehene Hereinbrechen von Naturereignissen, sowie die Geschicke des Menschen, die sich nicht ändern oder nicht voraussehen lassen, — mussten im Geiste die Idee einer unendlichen, unheimlich waltenden Macht erregen, von welcher man dann eine unbestimmte Vorstellung sich bildete, die man das Schicksal nannte. Nach dem Bemerkten ist in demselben Nothwendigkeit und Zufälligkeit gewissermassen vereinigt, und es mag beides ursprünglich sich hauptsächlich auf das Naturgeschehene bezogen haben, dann aber auch hier eine Vergeistigung eingetreten sein, so dass das natürliche, äusserliche Schicksal sich von dem geistigen oder ethischen unterschied, das sich als sittliche Weltordnung geltend machte. Auch der Zufall mag sich immer mehr als Tyche von der strengen Nothwendigkeit dem, was unweigerlich, wie nach starrem Gesetz eintritt, weil es so festgestellt oder zugetheilt ist — getrennt haben. Denn im Grunde genommen bildet beides einen Gegensatz, da der Zufall gerade ein Ereigniss bedeutet, welches eintritt, ohne dass es so festgestellt oder nothwendig ist. Diese Scheidung mag um so mehr eingetreten sein, je mehr die Moira vergeistigt, mit der vernünftigen Weltordnung identificirt oder geradezu als göttliche Vorsehung und Vernunft, die Alles durchwaltet aufgefasst wurde, — wie diess von den Stoikern geschah. Das Schicksal ward, wie schon bemerkt, obwohl die höchste Macht, doch ausnahmsweise von den Göttern, insbesondere von Zeus gehemmt oder auch zur Durchführung gebracht. Aber selbst auch für die Menschen war es nicht so aufzufassen, dass unbedingte Bestimmung, mit Aufhebung alles Wollens und aller Freiheit darunter gemeint sein kann, denn wenn der Held auch dem tragischen Verhängnisse erliegen muss, und Alles was er dagegen unternimmt, weit entfernt das Geschick abzuwenden, dasselbe vielmehr herbeiführt, — so kann er doch reagiren, ist in seinem Wollen und Handeln nicht gebunden, und insoferne weit entfernt, eine blosse Maschine, eine Drahtpuppe des Schicksals zu sein. Für das Menschengeschick löste sich übrigens das Schicksal, die Moira, in eine Dreiheit auf, in die drei Mören oder Schicksalgöttinnen Klotho, Lachesis und Atropos, wovon die erste mehr das eigenthümliche Gewebe von Verhältnissen zu bedeuten scheint, in welche der Mensch bei seiner Geburt eintritt, die zweite die Verhältnisse, in welche er durch sein bewusstes Leben und Wirken hineingeräth, die dritte endlich die natürlichen und psychischen Verknüpfungen, die den Tod herbeiführen. Mit der Moira in Beziehung stehen auch die Erinyen und die Nemesis, wenigstens von da an, wo dieselbe eine mehr geistige, ethische Auffassung erfuhr — und als sittliche Weltordnung oder Weltgesetz aufgefasst wurde, das für Verletzung gegen den Verletzer reagirt und Sühne fordert.

Was endlich den religiösen Cultus betrifft, so war er verhältnissmässig einfach. Diess schon darum, weil es im hellenischen Alterthum keinen eigenen Priesterstand gab im Sinne eines abgeschlossenen Kreises von Personen, deren ausschliesslicher Beruf die Wahrung der Religion in theoretischer und practischer Beziehung bildet— wie diess vorzüglich bei den eigentlichen, positiven Offenbarungs-Religionen der Fall ist. Die Cultus-Acte bestunden in Opfer und Gebet. Das Opfer galt zwar hauptsächlich als Huldigungsact, doch erwartete man Seitens der Gottheit nicht blos theoretische Huld, sondern allenfalls auch praktische Gegengaben für den durch die Opfer gewährten Genuss. Geopfert wurden hauptsächlich Thiere, von welchen aber nur Schenkelstücke und mit Fett umwickelte Knochen auf dem Altare verbrannt wurden. Bei Festgelagen wurde zu Anfang und Ende als Opferspende Wein zur Erde gegossen und auch bei häuslichem Male ward der Götter gedacht. Weitere Opfer waren Weihegeschenke, Beutestücke, Waffen, Gewänder u. dgl. Auch Menschen wurden der Gottheit als Eigenthum geweiht als Sklaven oder Diener, gezwungen oder freiwillig. In früherer Zeit wurden auch Menschen in schwierigen Zeiten als stellvertretende Sühnopfer geschlachtet, da man wohl glaubte, die Götter würden sich am ehesten dadurch beschwichtigen oder günstig stimmen lassen, dass man ihnen das Liebste darbrachte, was man besass und Einzelne dahingab, um viele oder alle Andern, das Volk, den Staat selbst zu retten. Für den Privat-Cultus genügte der häusliche Herd, für den öffentlichen dagegen waren Altäre nöthig, die anfänglich unter freiem Himmel stunden, später von Tempeln umgeben wurden, doch aber ohne Ueberdachung blieben; denn der Tempel war nur Obdach für das Götterbild, nicht für den Altar. Das Bild hielt man offenbar für ein besonderes Mittel, die Aufmerksamkeit des betreffenden Gottes zu erregen und Gehör bei ihm zu finden, wenn man sich denselben auch nicht geradezu darin wohnend dachte; — die menschliche Phantasie will durch ein solches Mittel sich die Vorstellung erleichtern, dass ein directer Verkehr mit der Gottheit stattfinde. — Die Priester bildeten keinen bestimmten Stand und hatten nur Kenntniss der Opfergebräuche zu erringen, sowie Uebung in deren Anwendung nöthig. Politischen Einfluss hatten sie nicht, ausgenommen das Priesterkollegium zu Delphi, welches die Orakelsprüche der Pythia zu deuten und zu formuliren hatte. Durch die Orakel, dunkle Worte und Sprüche, die von Priesterinnen in ekstatischem Zustand, (welcher künstlich durch Dämpfe u. dgl, hervorgerufen ward), auf besonderes Befragen gegeben wurden — war immerhin auch eine Art göttlicher Offenbarung gegeben, wenn sie sich auch nur auf einzelne Fälle bezog. — Von besonderer Wichtigkeit wurden endlich noch in der späteren Zeit die Mysterien, die eleusinischen der Demeter geweihten und dionysisch-orschischen, in die man sich einweihen liess, um Trost im Leben und Hoffnung der Unsterblichkeit nach dem Tode zu haben. Es war besonders der Mythus von der in die Unterwelt entführten Persephone, die aus derselben wiederkehrt; so dass man die Hoffnung der Fortdauer nach dem Tode an die Wahrnehmung knüpfte, dass die im Herbste absterbende Vegetation stets wieder neu erstehe, — wie ja auch Platon im Phaedon den Sokrates zu Gunsten der Unsterblichkeit der Seele darauf hinweisen lässt, wie in der Natur, das Entgegengesetzte aus dem Entgegengesetzten hervorgehe, also wie aus dem Leben der Tod, so aus dem Tode das Leben hervorgehen werde.

VI. Die römische Religion.

Wie die griechische Religion einen wesentlich ästhetischen Charakter hatte oder allmählich erhielt, so die römische einen utilitarischen: d. h. wie bei den Hellenen die Götter und ihr Cultus dazu führten, das ästhetische Ideal durch die Kunst zu verwirklichen, so hatten die römischen Götter und ihr Cultus wesentlich die Aufgabe, dem Staate und der Gesellschaft nützlich zu sein, das Gedeihen des Staatswesens im Innern und die Oberherrschaft nach aussen zu fördern, sowie den Einzelnen in seinem Leben und Wirken beizustehen, zu nützen. Und wie in Griechenland die Götter allmählich zu Kunst-Idealen wurden, damit aus der göttlichen Verborgenheit und Höhe in die menschliche Sphäre herabkamen, so wurden die römischen Götter zu römisch-politischen und socialen Factoren umgewandelt, mit dem Staatsbegriff (zuletzt mit dem Träger der Staatsgewalt selbst) identificirt und damit wiederum des eigentlich göttlichen Charakters entkleidet. Ueber den blossen Naturalismus erhob sich auch diese Religion, und zwar nicht so sehr durch anthropomorphische und ästhetisch-geistige Verklärung, als vielmehr dadurch, dass die Götter historische und politische Mächte wurden. Die Götter wurden verehrt, damit sie und weil sie den Staatszweck förderten; die wahrsagenden Zeichen: Vogelflug, Eingeweide der Thiere u. dgl. wurden beobachtet durch Auguren und Haruspices, um zu erfahren, was nützlich, förderlich und was schädlich sei. Es handelt sich also in dieser Religion, wie nicht um Schönheit, so auch eigentlich nicht so sehr um Wahrheit und sittliche Reinheit, sondern um Zweckdienlichkeit, äusserliche Macht und Ordnung. Diess zeigte sich besonders in späterer Zeit, als verschiedene Götter und deren Culte vom Auslande nach Rom gebracht wurden. Man liess alle zu, unbekümmert, um deren Wahrheit oder Falschheit, wofern sie sich nur dem römischen Staatswesen unterwarfen, die Oberhoheit des Staates und damit auch des höchsten römischen Gottes, des Jupiter capitolinus, der als Apotheose davon erschien, unterwarfen. Wahrheit war da kein Gegenstand des Streites, sondern nur Macht und Recht, Unterwerfung, Gehorsam. In diesem Sinne wurde nun auch diese Religion mit ihrem Cultus ausgebildet zu einem unendlichen Netz von äusserlichen Formen und Gebräuchen, durch welche das äusserliche Verhalten,

Thun und Lassen im Grossen des Staates wie im Einzelleben bestimmt und gebunden war (Religio); in ähnlicher Weise, wie auch das Recht (Jus) für alle Lagen und Verhältnisse des äusseren Verhaltens und Handelns ausgebildet ward mit ausdrücklichem Ausschluss des Innern, der Gesinnung, also des eigentlich sittlichen Momentes (De internis non judicat praetor). Aus dieser utilitarischen Richtung ging wohl auch die Eigenthümlichkeit dieser Religion hervor, dass das göttliche Wesen (Numen) unendlich vervielfältigt, gleichsam in unendlich viele göttliche Wesen oder Götterchen aufgelöst wurde, so dass man jeden Augenblick für jeden Zustand göttlichen Beistand bei der Hand zu haben glaubte, — wie es noch jetzt die Eigenthümlichkeit der Bewohner besonders des mittleren und unteren Italiens ist, bei allen Gelegenheiten die Hülfe der Heiligen anzurufen und sich überall übernatürlichen Beistand zu imaginiren. Ein Zug, der zwar in den Religionen sehr allgemein ist, da man allenthalben die Hülfe, den Schutz des Uebernatürlichen, Göttlichen durch die Cultushandlungen zu erreichen strebt, der aber in vorherrschendem Maase in solcher Weise doch nur bei den unteren Stufen der Bevölkerung vorzukommen pflegt. — Bei solcher Eigenthümlichkeit der römischen Religion, der zufolge die Götter in ihrem Sein und Wirken dem Staatszwecke, der Herrschaft und dem Gedeihen desselben nach aussen und innen gleichsam zu dienen haben, ist es nicht zu verwundern, wenn auch die menschliche Vernunft, wenn Wissenschaft und Kunst ebenfalls nur eine dienende Rolle spielen dürfen, und eine freie selbstständige Entwicklung derselben aus dem Grunde des römischen Staats- und Volkslebens nicht hervorgehen konnte, sondern nur von aussen importirt wurde und oft Verfolgungen ausgesetzt war. Das Festgestellte, das Positive, der Begriff, die Formel herrschte, und diesem gegenüber hatte die intellectuelle Thätigkeit nur das Recht der Reflexion, der Erklärung und Unterwerfung. All' diese Eigenthümlichkeiten der römischen Religion, die sich auf Grund der erobernden Kraft und der errungenen Weltherrschaft so entschieden ausbilden und geltend machen konnten Jahrhunderte hindurch, sind mit der römischen Weltherrschaft und der heidnischen Religion selbst keineswegs verschwunden, sondern haben sich, wie das römische Recht fort und fort in Rom erhalten, sind in die hierarchische Kirche, ihren Grundsätzen und ihrer Uebung nach übergegangen, so dass sie auch dem römisch-christlichen oder katholischen Kirchen-Wesen ihr Gepräge aufgedrückt, wie auch das Verhalten dieser Kirche zur Wissenschaft und Kunst bestimmt haben. Und der Grundgedanke davon, dass die Religion positiv und festgeordnet sein müsse, weil die Menschen, insbesondere das Volk sie brauche, weil sie nützlich sei, — dieser Gedanke des Utilitarismus übt noch jetzt grosse Macht aus über viele Kreise zu Gunsten dieser Art Religion gegenüber jeder freieren und tieferen Auffassung des Gottesbewusstseins, der Religion und des Cultus. Denn es besteht die Furcht, solche freiere Religion würde nicht mehr so nützlich sein, nicht mehr die nothwendige Hülfe und den vorgeschriebenen Trost gewähren, nicht zur Beherrschung der Menge dienen.

Um dieser Eigenthümlichkeit willen wollen wir auch diese Religion hier noch etwas näher betrachten, obwohl sie an sich, was die Götterlehre und Mythologie betrifft, neben der griechischen wenig bedeutend ist.

Unter den römischen Gottheiten ragen drei besonders hervor: Jupiter, Juno und Minerva, die den drei griechischen: Zeus, Here und Athene entsprechen. Jupiter (Jov-Pater, Dyu-patar) ist ursprünglich der Gott des lichten Himmels, ward aber bald seiner naturalistischen Grundlage entnommen und als ethisches und politisches Oberhaupt des römischen Staates, wie als höchster der Götter verehrt. Er hatte auf dem Kapitol seinen Tempel

III. Die Religion.

(Jupiter capitolinus) und wurde als der höchste und beste (Optimus Maximus) d. h. als der an Macht und Ehren Hervorragendste der Götter verehrt — als Ebenbild, Repräsentant der römischen Macht, Herrschaft und Majestät. — Juno (ebenfalls von Jov, wie Dione von Dio, Zeus) ist ursprünglich die fruchtbare Erdgöttin, wie sie uns in allen grossen Religionen begegnet; dann aber als Gattin des Himmelsgottes Zeus oder Jupiter ist sie auch Himmelskönigin. Und entsprechend dem höchsten Staatsgotte Jupiter ist sie die Göttin, die Schützerin der Familienverhältnisse, das göttliche Recht der Ehe und Familie vertretend, also dieser vorstehend, wie Jupiter dem Staate. Minerva ist die Göttin der Weisheit und Kunstfertigkeit, von welcher eine naturalistische Grundbedeutung nicht mehr wohl erkennbar ist. Eine eigenthümliche römische Gottheit ist Janus, dem in der griechischen Götterzahl kaum einer ganz entspricht; denn wenn er auch wohl wie Apollon ursprünglich ein lichter Tagesgott war, so hat doch seine Entwicklung eine andere Richtung genommen. Aus dem Sonnengott wurde der Pförtner des Himmels, der die Himmelsthore am Morgen öffnet und am Abend schliesst, so dass er dann zum Patron der Pforte schlechthin wurde, zum Herrn alles Aus- und Eingangs, aller irdischen Thore und Strassen und dessen, was sich in denselben bewegt. Auch der Anfang des Menschenlebens stund unter seiner Obhut. Nicht minder war ihm der Anfang jedes Tages, jedes Monats und insbesondere der erste Monat des Jahres (Januarius) geweiht, sowie auch Anfang und Ende des Krieges und auch friedlicher Geschäfte. Ausserdem wurde er auch bei jeder gottesdienstlichen Handlung zuerst angerufen, wie die Anrufung der Vesta den Schluss bildete. Diess geschah vielleicht, weil man seiner Grundeigenschaft gemäss dafür hielt, dass er die Himmelspforte zu öffnen habe, damit das Gebet zu den Göttern dringe, — so dass ihm gewissermassen eine Mittlerrolle zwischen

Göttern und Menschen zugeschrieben wurde. (Er kann also einigermassen als Vorgänger von Petrus mit den Himmelsschlüsseln gelten). — Hochverehrt war auch **Vesta**, die griechische Hestia, die Göttin des häuslichen Heerdes. An ihrem öffentlichen Tempel dienten die vestalischen Jungfrauen, denen die Unterhaltung des heiligen Altarfeuers, als des Symbols des unversehrten Gemeinwohles oblag. Es ist diess wohl eine Fortsetzung des uralten religiösen Feuer-Cultus, der in seiner ursprünglichen Allgemeinheit allmählich aufhörte, sobald das Feuer für die gewöhnlichen Zwecke des Lebens säcularisirt wurde, aber als specieller, gleichsam repräsentativer Cultus sich forterhielt. — Der griechischen Artemis entsprach in der römischen Götterlehre **Diana**, die Mond-Göttin und Göttin und Vorsteherin der Jagd. — Als Kriegsgott verehrten die Römer den **Mars**, ursprünglich wohl, wie sein Monat, (mit dem der Frühling beginnt), andeutet, eine Personification der zeugenden Naturkraft, den Jahressegen an Früchten und Vieh spendend, daher hauptsächlich vom Landvolke verehrt. Je mehr indess der kriegerische Charakter der Römer sich ausbildete, um so mehr wurde er Kriegsgott, und hauptsächlich in den Städten als solcher verehrt. Mit ihm scheint **Quirinus** einigermassen verwandt zu sein. — Aus Griechenland kam bald der Apollocultus herüber und fand grosse Theilnahme und weite Verbreitung. Wie der Apollokultus auf die Auctorität der Bücher der Kumanischen Sibylle hin eingeführt wurde, so allmählich noch andere griechische Göttercultc. So kamen Demeter, Dionysos und Persephone unter den Namen **Ceres**, **Liber** und **Libera** unter die römischen Gottheiten. Auch Aphrodite unter dem Namen **Venus**. Die fremden Culte verdarben den einheimischen mehr und mehr, insbesondere trugen die entarteten dionysischen Mysterien zur Corruption bei.

Zu diesen Göttern und Göttinen kamen noch viele

untergeordnete göttliche oder wenigstens übernatürliche Wesen, wie: Genien, Laren, Manen, Penaten, Larven, Lemuren, und die Götter der Indigitamente d. h. der liturgischen Gebetsformeln, sowie personifizirte Tugenden, Zustände, Handlungen, Thätigkeiten aller Art. — Was unter Genien eigentlich verstanden wurde, ist nicht ganz klar; sie sind einerseits nicht zu den Menschenseelen erst hinzukommende Schutzgeister, und andererseits doch auch mit den Menschenseelen selbst nicht identisch. Sie scheinen das höhere Wesen, das Göttliche der Menschenseelen zu sein, das allen aus dem gemeinsamen Urgrunde des unbestimmten Göttlichen, Numen zukommt, oder allenfalls das schöpferische göttliche Moment, das sich in den besonderen Erscheinungen individualisirt, also das, was wir als Generationsmacht oder noch allgemeiner als objective Phantasie bezeichnet haben. Daher existiren diese Genien für die einzelnen Menschen erst von ihrer Erzeugung an, da erst mit dieser aus der allgemeinen schöpferischen Kraft, dem Numen, ein Moment davon, mit dem Individuum vereinigt gedacht wird. — Die Laren oder Manen sind die Seelen der Verstorbenen. Insofern diese als gute Geister dem Hause und der Familie der Hinterbliebenen als wohlwollend und schützend nahe gedacht werden, heissen sie Penaten, dagegen als böse Spuckgeister, Kobolde werden sie Larven oder Lemuren genannt. Sie scheinen alle als identisch mit den Genien betrachtet zu sein, nur erscheinen sie nicht als solche lebendiger Menschen, sondern der Verstorbenen, als deren fortdauerndes, individualisirtes Moment, das aus dem allgemeinen göttlichen Wesen, oder der schöpferischen Kraft stammt. Auch den Göttern kommen eigentlich Genien zu, insoferne in ihnen dieses allgemein Göttliche (Numen) in besonderer Weise individualisirt ist. Wiederum gab es auch Ortsgenien und selbst auch Gelegenheitsgenien, also Besonderungen des allwaltenden Göttlichen für besondere

Anlässe, für besondere Thätigkeiten oder Zustände, wofür man göttliche Wirksamkeit und Hülfe in Anspruch nahm und dieselbe daher personificirte und anrief. Diess sind die Götter der Indigitamente, der liturgischen Gebetsformeln aus den alten Satzungen und Bräuchen des Gottesdienstes. Wie wir die Genien der lebenden Menschen aus der objectiven Phantasie, der allgemein schaffenden, real wirkenden Gestaltungsmacht ableiten können, so sind diese Gelegenheits-Genien reine Gebilde der subjectiven Phantasie, durch welche das ganze Leben und Wirken der Natur und insbesondere des Menschen in ein übernatürliches Zaubernetz eingesponnen erscheint, ohne dass übrigens die praktisch energischen Römer glaubten, sich dadurch eigene Wirksamkeit ersparen zu können. Sie machten sich und ihre Kräfte und Thätigkeiten nur selbst zu Organen und Offenbarungen göttlicher Kräfte und Wirksamkeit, oder vielmehr, nahmen das Göttliche allenthalben auch bei den geringsten Dingen und Thätigkeiten in ihren Dienst, machten es im Grossen und Kleinsten nutzbar, differenzirten und gliederten es für die Menge der irdischen Zustände und Bethätigungen. Der Mensch war also vom ersten Moment seines Daseins bis zum Tode in allen seinen Thätigkeiten und Zuständen bis in das Kleine und Kleinliche geleitet von Genien. So ist Levana es, welche das neugeborene Kind aufhebt und es dem Vater vorlegt, die Kunina und Rumina überwachen die Wiege und das Säugen, der Vagitanus lehrt die Kinder das Schreien, die Potina und Educa entwöhnen das Kind und gewöhnen es an Speise und Trank, die Ossipago lässt die Knochen des Kindes erstarken, der Statanus lehrt es stehen, der Fabulinus und Lokutius lehren es plaudern und sprechen, die Iterduca und Domiduca führen dasselbe aus dem Hause und wieder zurück, die Numeria lehrt zählen, die Cumena das Singen u. s. w. In ähnlicher Weise steht jeder Situation oder Thätigkeit des

III. Die Religion.

Einzelnen, der Familie und des Staates eine besondere Untergottheit vor oder ein höheres Wesen, das mit bestimmten, formulirten Sprüchen um Schutz und Beistand angerufen werden musste. So mussten fromme Redensarten zur Gewohnheit, religiös lautende Phrasen zu gedankenlosen Gebräuchen werden, die Religion in Aeusserlichkeit übergehen, — wohl noch mehr als im jüdischen Pharisäismus es der Fall war. Das Leben schien ein ununterbrochener Gottesdienst, aber die eigentliche, innere Herzensfrömmigkeit und das Gewissen kamen sicher dabei zu kurz. Es war nur eine Formel, wenn überall im Grossen und Kleinen eine helfende Gottheit angerufen wurde; es wurde Alles vom Volke wie vom Einzelnen selber gethan, es sollte nur wie von der Gottheit gethan erscheinen, man wollte nur als Mittel, Organ einer Gottheit erscheinen. Stellvertretung, Statthalterei der Götter treiben. — Die Personifikation der Thätigkeiten und Tugenden legte es nahe, auch Volk und Staat selbst, das Ansehen, die Würde, die Macht davon zu personificiren, wie diess in der Majestas geschah; und darauf hin ergab es sich leicht, auch andere und untergeordnete Aemter und Würden wie Personen zu betrachten, zu Personifikationen zu gestalten. Aus dieser Quelle entflossen wohl in späterer Zeit gar viele persönlich behandelte Bezeichnungen von Würden und Aemtern, wie sie zum Theil jetzt noch üblich sind, wie: Sanctitas, Eminentia, Excellentia, Altitudo u. s. w. Es wurden dadurch die Personen, die Träger dieser Würden hinter Personifikationen versteckt, oder durch sie ersetzt, und selbst eine unwürdige Person wird durch die prunkende Personifikation gedeckt. Staat und Kirche selbst gliedern sich so in ihren Aemtern und Würden in Personifikationen und die Personen sind nur gleichsam die accidentellen Anhängsel der Personifikationen. Die Unwürdigkeit kann sich leichter getrösten, da sie durch den errungenen Erfolg, d. h. durch das erlangte Amt, durch die

Würde zu einer idealen Personifikation umgewandelt und von dieser gedeckt ist. Dass die römischen Kaiser Apotheose erfuhren ist bei solchem Zustand der religiösen Dinge bei den Römern unschwer zu begreifen. Was den religiösen Cultus der Römer betrifft, so war er zwar darin dem griechischen ähnlich, dass er der Hauptsache nach auch in Opfern und Gebeten bestund, aber von einer mächtigen, einflussreichen Priesterschaft verwaltet wurde, wie sie in Griechenland nicht vorhanden war. Dieselbe bestund aus verschiedenen Klassen, wovon die höchste die der Pontifices war mit dem Pontifex Maximus an der Spitze. Sie hatten die Aufsicht über alle gottesdienstlichen Verrichtungen, damit sie ordnungsgemäss vollzogen wurden; auch die Bestimmung der heiligen Zeiten sowie das Kalendermachen lag ihnen ob. In späterer Zeit nahmen die Kaiser selbst die Würde des Pontifex Maximus an sich, sowie die römischen Bischöfe in der Folgezeit diesen Titel annahmen. Dadurch knüpften sie an die heidnische Priesterschaft des alten Rom's ihre Würde an, wie sie durch die Gewalt der Himmelsschlüssel an den alten Gott Janus erinnerten. Die Flamines waren die Priester der einzelnen Gottheiten und mögen ihren Namen vom Hervorbringen und Anblasen des Feuers (Flare) erhalten haben, was ja in frühester Zeit ein religiöser Act war, wie wir früher sahen. Von untergeordneter Art, aber einflussreich waren die Auguren und Haruspices, welche die verschiedenen vorbedeutenden Wahrzeichen, den Vogelflug, sowie die Eingeweide der Thiere zu beobachten und zu untersuchen hatten. Die Superstitio ward also allenthalben gepflegt und durch amtliche Fürsorge ausgeübt und forterhalten, wenn auch allerdings in späterer Zeit nur noch zum Schein, nur um der alten Staatsordnung Rechnung zu tragen und den Volksglauben nicht zu verletzen. Das Fatum konnte nach all dem die Bedeutung nicht mehr haben, wie in Griechenland, nicht mehr als eine auch über den Göttern stehende Macht gelten, sondern ward mehr zum Spruch der Götter, von denen die Zeichen kamen, die gedeutet wurden, und die sich auch wohl nach den Staatszwecken richten mussten.

f) Die christliche Religion.[1])

Als Jesus in Galiläa und Judäa auftrat, um durch Wort und That das Volk für das „Reich Gottes", „das Himmelreich," zu gewinnen, war der Monotheismus im jüdischen Volke allerdings so fest begründet, dass an ein Schwanken in diesem Glauben, oder an einen Abfall zu fremden Göttern, gegen welchen die Propheten in früherer Zeit so viel zu kämpfen hatten, gar nicht mehr zu denken war. Der monotheistische Gedanke war seit der Rückkehr aus der babylonischen Gefangenschaft und dem Wiederaufbau des Tempels in Jerusalem so zu sagen in Fleisch und Blut übergegangen, war gewissermassen zum Fanatismus geworden, aber auch zum Grunde des Hochmuths gegen alle andern Völker und der vollkommenen Abschliessung gegen dieselben. Allein obwohl in dieser Beziehung die Bemühungen der Propheten Erfolg hatten — durch die Leiden der Gefangenschaft unterstützt, — so wollten doch die Verheissungen derselben bezüglich des Aufschwungs des ganzen Volkes und die Aufrichtung des Thrones David's zur Herrschaft über die Völker der Erde, nicht in Erfüllung gehen; im Gegentheil, das jüdische Volk blieb in gedrückter Lage und konnte seine Unabhängigkeit nur zeitweilig und nothdürftig behaupten. Es war bald von

---

[1]) Zur Ergänzung dieses Abschnittes dienen folgende Schriften des Verfassers: Das Christenthum und die moderne Naturwissenschaft 1868. Das Recht der eigenen Ueberzeugung 1869. „Das neue Wissen und der neue Glaube" 1873. Auch die Broschüren: „Der Fels Petri in Rom" 1872; „Der Primat Petri und des Papstes" 1875; und: „Das Christenthum Christi und das Christenthum des Papstes" 1876.

2. Entwicklung der Religion. f) Christliche Religion.

den Reichen umgeben, welche aus dem Zerfall des mazedonischen Weltreiches Alexanders des Grossen sich gebildet hatten. Von diesen hatte es manche Bedrängniss zu erdulden, besonders von Antiochus Epiphanes, der nicht bloss die politische Selbstständigkeit des jüdischen Staates zu vernichten suchte, sondern auch den religiösen Glauben des Volkes und seine geheiligten Vorschriften und Gebräuche missachtete. Diess rief zwar einen gewaltigen Widerstand hervor, der unter Führung der Makkabäer wieder zur Selbstständigkeit führte; aber nur auf kurze Zeit, da die Herrschaft der Römer immer näher rückte und endlich auch Volk und Reich der Juden erreichte. Es wurde unter römische Oberhoheit gestellt und von einem Statthalter verwaltet, wenn ihm auch seine sonstigen Eigenthümlichkeiten nicht wesentlich angetastet wurden. Gerade die frömmsten, glaubenseifrigsten oder auch glaubensstolzesten Juden empfanden diess als eine tiefe Erniedrigung und Schmach und hegten die feste Hoffnung, dass Jahve in bäldester Frist eingreifen und durch seinen Gesandten, den Messias oder Gesalbten des Herrn, sein Volk befreien und erretten, ja nicht bloss ein geistiges, sondern auch ein weltliches, irdisches Reich aufrichten werde. Diese Hoffnung war sehr lebendig und brachte grosse Gährung in die Gemüther, so dass es für exaltirte Geister nahe lag, den Anfang zu dieser Bewegung und Erhebung zu machen. Versuche, die stets mit Strenge unterdrückt wurden. So war die Stimmung zur Zeit des Erscheinens Jesu; sie war mehr politischer als religiöser Natur, was die grosse Masse und die oberen Klassen des Volkes betrifft. In religiöser Beziehung war trotz des festgewordenen monotheistischen Glaubens keineswegs jener Zustand eingetreten, den die Propheten geschildert und angestrebt hatten. Sie wollten vor Allem Religion, Frömmigkeit, Hingabe an Jahve im Geist und in der Wahrheit, wollten Reinigung, Beschneidung des Herzens, wollten

Opfer der Gesinnung, des Gehorsams, nicht reiche Thieropfer. Statt dessen trat Jahve trotz theoretischer Anerkennung in praktischer Beziehung doch wieder in den Hintergrund vor der übermächtigen Geltung der Gesetzesformeln und des Ceremonienwesens. Ja es ward um das Gesetz auch noch ein „Zaun" gebildet d. h. es wurden zu den mosaischen Vorschriften noch viele andere hinzugefügt, die nicht eigentlich Gesetz waren, aber dazu dienen sollten, die Gesetzeserfüllung um so mehr zu sichern und die Verletzung desselben zu verhüten. Diesen, wie es in den Religionen allenthalben zu geschehen pflegt, wurde bald mehr Gewicht beigelegt als den wirklichen Gesetzen und auf ihre Beobachtung ängstlicher gehalten als auf die der eigentlichen Sittengesetze und auf reine religiöse Gesinnung. So hatte sich eine falsche Religiosität und Scheinheiligkeit ausgebildet, deren Vertreter die sog. Pharisäer waren, und die um so gefährlicher wurde, als sie trotz ihrer Corruption doch dem Volke imponirte, für wahr und echt galt und so den Sinn für wirkliche Religiosität und Sittlichkeit trübte und verdarb. — Den Pharisäern gegenüber stunden die sog. Saducäer, zu denen die höheren Priester gehörten, die weniger ängstlich im religiösen Ceremonienwesen waren, die Religion gewissermassen aufgeklärter und freier auffassten, aber auch gleichgültiger sich verhielten, ebensowenig innere Religiosität pflegten wie jene und mehr auf Lebensgenuss dachten, — wiederum so, wie es in Religionen mit grosser und reicher Priesterschaft zu geschehen pflegt. Sie hielten überdiess nur das mosaische Gesetz für verbindlich, während sie die späteren Schriften ablehnten; daher sie auch dem Unsterblichkeits- und Auferstehungsglauben nicht huldigten, wie die Pharisäer es thaten. Dazu kamen die Essäer, eine Secte, die sich absonderte, zwar noch im Allgemeinen am Judenthum festhielt, aber die von den Propheten geforderte Innerlichkeit zu realisiren suchte und damit die Enthaltsamkeit und

Ascese der Nasiräer verband. Sie enthielten sich vor Allem der Ehe und legten sich auch sonst noch manche Enthaltungen auf. Für das jüdische Volk als solches, für dessen Zukunft, dessen Befreiung, Herrlichkeit und Herrschaft in einem messianischen Reiche scheinen sie sich wenig interessirt zu haben. Sie wollten vor Allem für sich und ihr persönliches Heil sorgen, wie es bei Separatisten und Asceten stets mehr oder weniger der Fall zu sein pflegt, da der Egoismus in sehr verschiedenen Formen aufzutreten vermag. Die Pharisäer hatten zwar mehr Theilnahme für das Volk und die Nation als solche, aber ihre Religiosität war ebenfalls, ausserdem, dass sie eine mehr äusserliche, formalistische war, von Egoismus, frommen Hochmuth und Selbstgerechtigkeit durchdrungen. Sie strebten nach Gerechtigkeit und Heil nicht durch Erfüllung der sittlichen Pflichten, sondern durch ängstliche Beobachtung religiöser Vorschriften und Ceremonien, also durch Erfüllung der religiösen Pflichten, die ihnen für wichtiger galten, als jene. Indem sie das religiöse Gewissen befriedigten, wussten sie sich über das mangelhafte sittliche Gewissen zu beruhigen, — was eben das Wesen der Scheinheiligkeit begründet. Auch fand hiebei der Hochmuth seine Rechnung, da sie Gott direct zu dienen meinten, indem sie ihm durch ihre religiösen Leistungen einen Gefallen zu erweisen meinten, anstatt, — wie diess im ursprünglichen Christenthum so bestimmt betont wurde, durch ethische Pflichterfüllung Gott zu dienen, die Gottesliebe durch Nächstenliebe zu bewähren.

Als Jesus öffentlich vor dem Volke auftrat und zu lehren anfing, war es ihm sicher gar nicht um Erfüllung der vom Volke gehegten messianischen Hoffnungen, um Einleitung eines grossen jüdischen Weltreiches zu thun, sondern um Reinigung der religiösen Vorstellung, um Veredlung des religiösen Lebens und um sittliche Besserung des Volkes. Es musste daher seine Thätigkeit sogleich eine doppelte werden: eine polemische, negative und eine positive, begründende. Es war die falsche Religiosität, die Aeusserlichkeit religiösen Gebahrens, die Scheinheiligkeit bei innerer sittlicher Fäulniss, die Lieblosigkeit gegen die Mitmenschen bei versuchter Wohldienerei Gott gegenüber — zu bekämpfen. So erklärt sich die fast ausschliessliche Bekämpfung des Pharisäismus durch Jesus, wie die Evangelien sie berichten, während vom Sadcuäismus wenig, vom Essäismus kaum die Rede ist. Mit dieser polemischen Thätigkeit war aber die positive Reform unmittelbar verbunden. Es war vor Allem ein reiner, edler Gottesbegriff, wenn auch anthropomorphischer Art, den er im Bewusstsein des Volkes zu beleben suchte, indem er Gott als „Vater im Himmel" auffasste und darnach dessen Eigenschaften und Verhalten gegen alle Menschen bestimmte. Demgemäss suchte er dann das Volk, insbesondere die Armen und Bedrängten mit innigem, unbedingten Gottvertrauen zu erfüllen, was sogar öfters in überschwänglichen Aeusserungen — nach orientalischer Weise geschah. So zwar, dass, wenn sie wörtlich genommen würden, die menschliche Gesellschaft nicht bestehen könnte, weil sie in Vertrauen auf Gottes Vorsorge und Hülfe auf eigene Kraftanstrengung in körperlicher und geistiger Beziehung, auf eigene Unternehmung und Thätigkeit verzichten würde. Das praktische Bedürfniss hat zur richtigen Deutung geführt und verhindert, dass die Worte, die Ermahnungen Jesu nicht nach dem Buchstaben, sondern nach dem Geiste verstanden wurden. Mit Nachdruck hob er besonders hervor, dass vor Allen die Mühseligen und Beladenen durch seine Lehre Trost und Beruhigung finden im lebendigen Glauben an die Vatergüte und Vorsorge Gottes in diesem Leben und in der Hoffnung auf ewige Beseligung in einem jenseitigen, auf dieses Leben folgenden Dasein. Als Grundgebote stellt er auf: Liebe Gott über Alles, vom ganzen Herzen, aus ganzer Seele, aus allen Kräften, und als

zweites, das dem ersten gleich ist: „Liebe den Nächsten
wie dich selbst"; Gebote, die zwar nicht neu sind, sondern
schon in den Büchern Mosis, III Mos, 19, 18. V. Mos. 6, 5.
sich finden, die aber hier doch erst mit einander verbunden und insbesondere von der nationalen Beschränkung
befreit und zur Allgemeinheit erhoben wurden. Diesen
Grundlehren entsprach auch das eigene Leben Jesu selbst;
denn der Grundzug seines Charakters, seines Denkens und
Handelns ist ausser Liebe und Menschenfreundlichkeit,
besonders den Armen und Leidenden gegenüber, die innige
Hingabe an Gott, das unbedingte Gottvertrauen, die Versenkung in Gottes väterliche Güte und Nähe. Eine innige
Verbindung, die so lebhaft wurde, dass er sich unmittelbar
vereint mit ihm fühlte und dessen Vatergüte gegen sich auch
im Ausdruck charakterisirte, indem er sich Sohn Gottes
nannte — und zwar so, dass durch ihn auch die übrigen Menschen in ähnlicher Weise zu Kindern Gottes werden sich als
solche fühlen und verhalten sollten. — Wir sehen also
hier, dass Jesus eigentlich da wieder anknüpfte, wovon die
Religion im Grunde ihren Ausgang genommen hat, — an
das Vaterverhältniss einer übernatürlichen Macht, die
auf das Menschen-Leben und ·Geschick einzuwirken vermag. Denn davon, sahen wir, ging die Religion der primitiven Menschheit aus, dass das irdische Vaterverhältniss auf ein unsichtbares Wesen (Geist) übertragen, und
dass dann die grossen Naturgegenstände, insbesondere der
Himmel selbst bei seiner Vergöttlichung und Personifikation als Vater, Himmel-Vater bezeichnet ward. Auch
Jesus gründet also seine Auffassung Gottes auf jenes Verhältniss, welches als das primitivste und innigste aus der
objectiven Phantasie oder realen Generationsmacht hervorgeht, auf das Verhältniss der Familie. Und aus der Auffassung Gottes als des Vaters der Menschen ergibt sich
alles Uebrige in Lehre und Leben Jesu. Alles ist hievon
bestimmt in Bezug auf Gesinnung und Verhalten Gottes

gegenüber den Menschen, sowie hinwiederum dieser Gott gegenüber, da sie sich wesentlich als Kinder Gottes zu verhalten haben. So besteht demnach das Himmelreich oder das Reich Gottes, das Jesus herbeiführen will, in nichts Anderem als darin, dass die Menschen Gott als ihren Vater erkennen und ihm mit dem Vertrauen, der Liebe und dem Gehorsam sich hingeben, wie Kinder in der Familie dem Vater gegenüber zu thun pflegen. Nur dass hier das Vaterverhältniss in erhöhter Weise zu fassen ist, da bei Gott das Vatersein natürlich zugleich die Eigenschaften des mütterlichen Lebens und Liebens in sich schliess, — wie auch die schöpferische Potenz selber beide Momente in Einheit in sich enthält.

Jesus fand zwar bei dem Volke Anklang mit seiner Lehre, soweit dieses dieselbe zu erfassen vermochte, — wenn auch freilich bei ihm die Theilnahme schwankend und unsicher war. Dagegen wurden die Pharisäer bald seine heftigen Gegner, — was nicht zu verwundern war, da er gerade ihre Auffassung und Uebung der Religion hart angriff und ihr Thun und Treiben strenge tadelte. Ebensowenig konnte er bei der religiösen oder kirchlichen Obrigkeit, dem gesammten Hohenpriesterthum Anerkennung erwarten und finden, wenn er auch allerdings nicht sogleich Gegenwirkung und Verfolgung von Seite derselben fand, da bei den Juden in den Synagogen das Auftreten als Lehrer d. h. Ausleger der Schrift gestattet war. Sobald aber seine Wirksamkeit eine grössere, sein Einfluss auf das Volk ein bedeutenderer wurde, konnte der Conflict mit diesem Hohenpriesterthum nicht ausbleiben. Jesus hatte ja demselben gegenüber, das sich als göttlich eingesetzte und berechtigte Auctorität betrachtete und geltend machte, gar keine Mittel, seine höhere Mission und seine Berechtigung zu seiner Wirksamkeit darzuthun und es zur Anerkennung derselben und zur Unterwerfung zu bringen. Weder seine Lehre noch sein Wirken konnten ihm dazu verhelfen, wie wahr die Eine, wie rein und segensreich das andere sein mochte. Selbst wenn er Wunder wirkte, half ihm diess der Auctorität des Hohenpriesterthums gegenüber nichts, wenn sie ohne dessen Genehmigung geschahen oder sogar gegen dasselbe Zeugniss geben sollten; denn Wunder kann auch der Teufel wirken. Und in der That müssen grundsätzlich alle Wunder, welche nicht in Unterordnung unter die hohe geistliche Auctorität geschehen, als falsche, als Werke des Teufels betrachtet werden. Diess machten damals, wie die Evangelien andeuten, schon die Pharisäer Jesus gegenüber geltend, sowie diess stets von kirchlichen Auctoritäten den Reformern gegenüber geltend gemacht wird. Auch auf die Wahrheit seiner Lehre konnte sich Jesus der geistlichen Obrigkeit gegenüber nicht mit Erfolg berufen; denn als Wahrheit darf nur das verkündet und geglaubt werden, was diese Obrigkeit lehrt und bestätigt, und was also mit ihrer Lehre und Vorschrift übereinstimmt; was dagegen diesem widerspricht, kann von vorno herein nicht darauf Anspruch machen, Wahrheit zu sein. Endlich auch auf reine, edle Gesinnung und liebevolles, sittliches Wirken Gott und den Menschen gegenüber war für Jesus eine Berufung, den Grundsätzen geistlicher Auctorität gemäss, nothwendig erfolglos; denn gottgefällig kann der nicht denken und handeln, der sich nicht der geistlichen Obrigkeit unterwirft, er ist vielmehr ein Rebell gegen Gott selbst, sobald er sich der legitimen Auctorität entgegen stellt. All' sein sonstiges sittliches Handeln ist in solchem Falle natürlich auch werthlos, ist allenfalls sogar eine Versuchung und Arglist des Teufels, um arglose Menschen zu bethören und in das Verderben zu stürzen. Diess Alles haben ja in der That die Pharisäer und Schriftgelehrten gegen ihn eingewendet und von einem Erfolg von Wundern und guten Thaten Jesu ihnen gegenüber wird nirgends berichtet. Es ist diess das Tragische in der Geschichte, dass im geistigen und insbesondere im religiösen Gebiete die Auctoritäten, die sich allmählich ausgebildet und festgesetzt haben, zwar zur Erhaltung und Nutzbarmachung des schon Errungenen förderlich und heilsam wirken können, wenn sie guten Willens sind (freilich oft auch schaden und das Gewonnene durch ihr missbräuchliches Verhalten discreditiren), — aber dafür auch alles Neue zu verhindern, allen Fortschritt zu hemmen streben und dadurch Ursache des Stillstandes, Rückganges und Verfalles werden. Als das Christenthum sich befestigt hatte, geschah dasselbe allen Bestrebungen der Reinigung und Verbesserung gegenüber, und ganz nach denselben Grundsätzen, wie vom jüdischen Hohenpriesterthum Jesus selbst gegenüber. Sprach doch schon der Apostel Paulus das Wort, dass, wenn ein Engel vom Himmel käme, um sie (die Bekehrten) etwas Anderes zu lehren, als er ihnen verkündet, sie demselben nicht glauben sollten! Und doch hatte er seine Lehre nicht einmal direct von Jesus selbst empfangen, sondern erst durch Vermittlung Anderer, hauptsächlich aber aus seiner eigenen subjectiven Geistesthätigkeit und innerer subjectiver Erleuchtung. Aehnliches wurde Grundsatz für die sich bildende Kirchenauctorität. Und wenn Jesus jetzt vor der römischen oder griechischen Kirchenobrigkeit auftreten würde, so könnte er sich ebensowenig als erleuchteter Lehrer oder Prophet, als Messias oder gar als Gottessohn geltend machen, wie ehemals dem jüdischen Hohenpriesterthum gegenüber. Denn alle jene Beweismittel oder Kriterien für seine Göttlichkeit, die in der christlichen Apologetik jetzt als vollgültig angeführt werden, um seinen Messiascharakter, ja seine Gottesohnschaft oder Gottheit und die Göttlichkeit seiner Lehre und seines Werkes darzuthun, — all' diese Beweismittel würde man ihm, dem Lebenden, gegenüber nicht gelten lassen: Nicht Wunder, wenn sie nicht zu Gunsten der kirchlichen Auctorität geschehen wären, denn widrigenfalls würde man sie für Teufelswerk erklären; nicht Wahrheit, denn diese verkündet allein die kirchliche Obrigkeit und Auctorität; nicht reine Absicht und sittliches, gottähnliches Leben, denn ohne kirchlichen Gehorsam, ohne Unterwerfung unter die kirchliche Auctorität hat dasselbe keinen wahren Werth. Jesus würde also um seiner Lehre und seines Wirkens willen jetzt ebenso beurtheilt und verurtheilt von dem christlichen Hohenpriesterthum, wie damals von dem jüdischen. Er würde zum Widerruf, zur Unterwerfung aufgefordert und im Falle der Weigerung excommunicirt. Und man würde ihn, — wenn anders die physischen Mittel noch zu Gebote stünden, wenn nicht kreuzigen, so doch foltern und verbrennen. Doch kehren wir zu Jesu Leben und Wirksamkeit in jener Zeit zurück.

Die starke Opposition von Seite der Pharisäer und Schriftausleger und deren Invectiven gegen ihn, sowie die grosse, wenn auch nicht immer zuverlässige Theilnahme des Volkes scheinen allmählich dahin geführt zu haben, dass er den messianischen Charakter seiner Person und seines Wirkens zu betonen anfing. Er konnte diess mit Recht thun, da er zwar nicht der Messias war, wie man in einseitig nationalem Interesse denselben sich dachte und erwartete, als weltlichen Fürsten und Begründer eines grossen jüdischen Reiches, — wohl aber ein Messias im höheren Sinne, indem er eine Erlösung, Befreiung der Seelen durch reines Gottesbewusstsein und sittliche Besserung zu erwirken suchte und dieses geistige Gottesreich über die engen Schranken des jüdischen Volkes hinaus zu universaler Verbreitung bringen wollte. Dieses Betonen der Messiaswürde war aber wiederum die Veranlassung zu um so stärkerer Anfeindung von Seite der Gegner, und zwar nicht blos der Pharisäer um ihrer falschen Frömmigkeit willen, sondern nun wohl vorzüglich der Vertreter der geistlichen, legitimen Auctorität, da die Anerkennung eines Messias von Seite des Volkes hauptsächlich ihre Geltung und Existenz bedrohte. So kam es wohl bald zu dem Entschlusse, sich der Person Jesu zu bemächtigen und ihr den Process zu machen als Feind der gesetzlichen Religion, als Aufrührer und Volksverführer. Jesus wich zwar der Verfolgung aus, so weit es geschehen konnte, ohne seiner Aufgabe untreu zu werden und sein Werk selbst zu schädigen, als aber zuletzt die Katastrophe unvermeidlich wurde, da unterzog er sich ihr mit Ergebung in den göttlichen Willen, wenn auch mit menschlich-banger, schmerzerfüllter Seele. Und dieser Act bangen Seelen-Kampfes über den bevorstehenden schmachvollen Tod für sein Werk, und die endliche Gottergebenheit auf dem Oelberge vor seiner Gefangennehmung ist wohl als die höchste That seines Lebens anzusehen und als die entscheidendste Kundgebung und Bethätigung des wahren Wesens aller Religion, als kindlichen Vertrauens und inniger Gottergebenheit. Was noch folgte ist nur die äussere Ausführung dessen, was innerlich, geistig am Oelberg vollzogen, entschieden ward. Nicht der Tod am Kreuze ist also das Wichtigste, sondern ist nur der äusserliche Vollzug des in hartem inneren Ringen übernommenen Abschlusses seines Werkes. Am Kreuze sind gar viele Menschen gestorben, ohne dass sie damit irgend Bedeutendes geleistet hätten, aber den Seelenkampf am Oelberg zu kämpfen ist die religiöseste That und Entscheidung des Menschen, der höchste Act der in der Religion möglich ist; und diess ist daher die wahre Begründungsthat des Christenthums. Es gilt eben auch hier: Der Geist ist es, der lebendig macht, das Fleisch nützt nichts — in Schmerz wie in Lust.

Die Feinde Jesu schienen durch seine Verurtheilung und Hinrichtung den vollständigen Sieg über ihn errungen zu haben; aber derselbe war nur scheinbar, und führte vielmehr zur Verherrlichung und zum Triumph des Getödteten, sowie zur eigentlichen Gründung und Ausbreitung seines Werkes. Denn nun erwachte in den Jüngern Jesu jene Seelenpotenz mit aller Macht, die im Gebiete der Religion eine so entscheidende Wirksamkeit ausübt, — die subjective Phantasie mit ihrer Macht der Verklärung und Begeisterung. Der messianische Gedanke bildete den Inhalt ihrer Bethätigung, und Jesus, dem erschienenen und leidenden Messias wurden nun alle Prädikate beigelegt, welche die Propheten für denselben bei ihren Voraussagungen anwendeten, und auf ihn wurden alle Bilder übertragen, welche dieselben von diesem kommenden Messias und seinem Werke gebraucht hatten. Nicht blos Wunder aller Art wurden nun Jesus zugeschrieben in Folge der lebhaft erregten Phantasie der Gläubigen, wohl auf Grund besonderen Eindruckes, den seine ausserordentliche Persönlichkeit machte, — wie diess bei allen Religionsstiftern geschah trotz aller Abwehr derselben, — sondern selbst der Gedanke eines bald aufzurichtenden weltlichen Messiasreiches tauchte auf und wurde von Vielen lange Zeit festgehalten. In jener Zeit war ja überhaupt die Phantasie der Völker in lebhaftester Erregung; bei den Juden in Folge der Bedrückung durch fremde Herrscher und der sehnsüchtigen Erwartung des Messias, der sie befreien sollte, bei den übrigen Völkern in Folge der Auflösung der alten Religionen, wodurch ja die Phantasie gleichsam wieder frei wurde (von historischen, traditionellen Fesseln) und sich nun besonders auf religiösem Gebiete in Bildungen aller Art erging. Aegypten und Kleinasien waren hierin vor allen anderen Ländern im Umfange des römischen Reiches fruchtbar. Kein Wunder also, dass inmitten einer in solcher Geistesverfassung befindlichen Welt auch die Jünger Jesu, die wenn auch noch kleine Anzahl seiner Anhänger an Phantasiebildungen, an Wundern und Mythen zur Verherrlichung, Verklärung ihres Meisters fruchtbar waren Phantasiegestaltungen, die, vielleicht mit kleinen Anfängen beginnend, immer grösser, ausgebildeter wurden, bald mit den wirklichen Erlebnissen und Lehren Jesu sich vermischten und wesentlich dazu beitrugen, wenigstens bei einem Theil des Volkes dem Werke desselben Eingang zu verschaffen. Sie waren gleichsam Flügel (wie sie sogar manchen Pflanzen samen eigenthümlich sind), durch welche der Same seiner Lehre zu den Menschen getragen und durch Völker und Zeiten fortgeführt wurde und noch bei dem Volke sich hauptsächlich dadurch erhält. Allerdings nicht ohne Einbusse an Reinheit, Einfachheit und wirklich religiös-ethischer Kraft, da diese Aeusserlichkeiten doch immerhin das wahre Wort und das wirkliche religiös-ethische Leben Jesu überwucherten und verhüllten oder zur Nebensache werden liessen. Allein, um dem Werke selbst wenigstens bei einem Theil des jüdischen Volkes, und dann in weiteren heidnischen Volkskreisen Eingang zu verschaffen, gab es in jener Zeit und bei jenen Culturverhältnissen der Völker kaum ein anderes (natürliches) Mittel, als diese lebhafte Phantasiebethätigung und Phantasiebefriedigung des ungebildeten Volkes. Müssen ja auch noch jetzt bei Kindern und selbst ungebildeten Menschen vielfach Phantasie-Gebilde, Legenden, Gleichnisse u. dgl. Anwendung finden, um sie zu vernünftigem Vorstellen und zu sittlichem und vernünftigen Handeln zu bringen, da sie begrifflicher Belehrung und vernünftiger Erwägung und Einsicht noch nicht fähig sind.

Diese Gestaltung ging aus dem gläubigen Volke hervor und war geeignet, gläubiges Volk für das Werk Jesu zu gewinnen. Um aber auch den Gebildeten der Zeit dasselbe zu vermitteln und dieselben allmählich dafür zu gewinnen, war nöthig, dass eine Anknüpfung an die speculativen, philosophischen Richtungen der Zeit versucht, eine Vermittlung mit diesen angestrebt wurde, — was freilich wiederum eine eigenthümliche Umgestaltung von Lehre und Person Jesu mit sich brachte. Dieses Werk ward begonnen durch den Apostel Paulus und findet eine hervorragende Darstellung im Evangelium

2. Entwicklung der Religion. f) Christliche Religion.

Johannis. — Schon geraume Zeit vor der Geburt Jesu war in Alexandria in Aegypten die jüdische Gotteslehre mit der griechischen Philosophie in Beziehung gekommen; durch seinen Zeitgenossen Philo aber geschah diess in hervorragender, durchgreifender Weise. Griechische Gedanken wurden mit jüdischen Vorstellungen in Harmonie gebracht und widerspenstige Elemente durch allegorische Schriftauslegung beseitigt. Es war besonders die Lehre von einem Mittelwesen zwischen Gott und der Welt und insbesondere den Menschen, die Lehre vom Logos, dem eingebornen Sohn Gottes (Monogenes), welche eine wichtige Rolle hiebei spielte. Dieser Logos war zwar nicht selbst Gott, nicht wesensgleich mit Gott, aber doch höher als alle Geschöpfe, und Welt und Menschheit ist auch durch ihn geschaffen. Er ist der hohe Priester und der Mittler zwischen Gott und Menschheit. Mit dieser Lehre liess sich nun die vom Messias wohl in Beziehung setzen und das gewonnene Resultat auf die Person Jesu selbst anwenden. Paulus und das Johannis-Evangelium machten den Anfang dazu und der gegebene Impuls wirkte bei den zu spekulativen und dialektischen Erörterungen geneigten Griechen fort, bis es zur vollständigen Apotheose kam, zur dogmatischen Erklärung, dass Jesus der göttliche Logos, der Sohn Gottes und gleichen Wesens mit dem Vater sei, obwohl als Person verschieden von diesem und dem heiligen Geiste, der dritten Person der göttlichen Dreieinigkeit. Sobald es zu dieser Göttlichkeits-Erklärung des Logos und zur göttlichen Trinitätslehre gekommen war, konnte nicht mehr gehofft werden, dass das Judenthum im Grossen und Ganzen, oder auch nur einem bedeutenden Theile nach in das Christenthum übergehen würde, oder zur Anerkennung Jesu und seines Werkes gebracht werden könnte. Es war allerdings ganz besonders geeignet gewesen, zur Grundlage und zur Geburtsstätte einer Neuschöpfung, einer höheren Religionsform zu dienen;

III. Die Religion.

der Monotheismus, die religiöse Grundstimmung des ganzen Volkes, die Synagogen-Einrichtung zur religiösen Belehrung wirkten dabei günstig zusammen; insbesondere aber die lebhaft erregte Hoffnung für die Zukunft, die Zuversicht auf baldiges Erscheinen des Messias, war dafür äusserst günstig. Die anderen Religionen blickten in die Vergangenheit, und der Glaube war in ihnen grossentheils erloschen, ohne von einer bestimmten Hoffnung für die Zukunft ersetzt zu werden; dagegen war bei den Juden sowohl der Glaube (der monotheistische) sehr lebendig, als auch die Hoffnung auf die Zukunft, den kommenden Messias auf das Höchste gespannt. Das Judenthum glich insofern einigermassen dem Liberalismus, der auch sein Ideal in der Zukunft erblickt, als zu erstrebendes Ziel, und desshalb auch eine Zukunft hat, der eigentliche Factor des Fortschrittes und der Vervollkommnung in der Menschengeschichte ist. Weil man im Judenthum auf Besseres hoffte und ein ideales Bild der Zukunft dem Volke vor der Seele schwebte, das ein gottgesandter Prophet, der Messias verwirklichen sollte, desshalb hauptsächlich konnte Jesus wenigstens bei einem, wenn auch kleinen Theil des jüdischen Volkes Anklang finden. Und darum auch konnte dann die Phantasie seiner gläubigen Gemeinde trotz seines schmachvollen Todes, die Verklärung an ihm vornehmen, ihn als wirklichen Messias, sowie zugleich als „leidenden Gottesknecht" geltend machen und dadurch seinem Werke den ersten festeren Halt in der Geschichte der Menschheit gewähren. Dagegen aber musste die Steigerung des Messias zum göttlichen Logos und die Umwandlung des Gottessohnes im figürlichen Sinne in den realen, substantiellen Gott und Sohn Gottes, also die Erhebung Jesu zum Gott und Gottessohn als zweiter Person einer göttlichen Dreiheit, wenn auch Dreieinigkeit — das Judenthum bald dem sich so entwickelnden Christenthum unzugänglich machen. Denn diese Apotheose, diese Erklärung, dass Jesus wirklicher, wesenhafter Gott und doch eine eigene, von Gott dem Vater verschiedene Person sei, war zwar den Heidenchristen nicht so sehr anstössig, da ihr früherer Glaube sie diesem Gedanken nicht unzugänglich machte, im Gegentheil ihnen denselben gewissermassen sympathisch machen musste, aber bei den Juden verhielt sich diess ganz anders. Ihr höchstes Besitzthum in der Religion, ihr heiligster Glaube war die Einheit und Einzigkeit Gottes, der strenge, gewissermassen abstracte Monotheismus. Ihn dem Volke beizubringen und es darin zu befestigen und vor dem beständigen Abfall zu fremden Göttern zu bewahren, war das mühevolle, oft so gefährliche und sehr undankbare Werk der Propheten gewesen, das nur nach den langen Leiden des Exils, nach dem Wiederaufbau des Tempels als endgültig gelungen betrachtet werden konnte. Nun aber war das jüdische Bewusstsein auch ganz mit dieser Einheit Gottes verwachsen, hatte sich ganz daran hingegeben, so dass jede Art von Vielheit des Göttlichen verworfen, verabscheut wurde. War das Judenthum wirklich die Vorbereitung für das Christenthum, so konnte es jedenfalls in Bezug auf die Lehre von der göttlichen Dreipersönlichkeit keine ungeeignetere Vorbereitung geben, wenigstens was die Vielheit der göttlichen Personen betrifft, wenn sie auch mit der Einheit der göttlichen Substanz einverstanden sein mussten! Das Heidenthum war in Bezug auf diese Dreiheit, und überhaupt in Bezug auf die Apotheose Jesu eine bessere Vorbereitung, und die Heidenchristen machten sich auch in der That bei den langen Streitigkeiten darüber hauptsächlich geltend, um die Dogmatisirung der Gottheit Jesu durchzusetzen.

Diese Wendung hatte in theoretischer Beziehung die Auseinandersetzung des ursprünglichen Christenthums mit dem Glauben und der Philosophie des Hellenismus genommen. Auch sie konnte nicht geschehen, ohne das ursprüngliche Werk Jesu vielfach zu modifiziren und zu beeinträchtigen. Zwar war einerseits die Dogmatisirung der Gottheit Jesu geeignet, seine Auctorität zu erhöhen und seinem Worte, seinem Willen mehr Gewicht und Kraft zu verleihen, allein durch diese Hervorhebung seiner Person wurde doch auch wieder sein eigentliches Werk, das was er eigentlich anstrebte, beeinträchtigt. Er hatte Glauben gefordert für das was er sagte und Gehorsam gegen den verkündigten göttlichen Willen; nun aber wurde diese Forderung hauptsächlich dahin gedeutet, dass man Glauben an seine Person, an ihn vorschrieb. Und während Jesus beständig aufgefordert hatte, selbst sich an Gott, als den gütigen Vater der Menschen hinzugeben, sein Vertrauen unmittelbar auf ihn zu setzen und seinem Willen in Erfüllung des sittlichen Gebotes der Gottes- und Nächsten-Liebe zu gehorchen, ward jetzt Jesus selbst als vermittelnde, darum aber auch die Unmittelbarkeit des Verhältnisses zwischen Gott und Menschen aufhebende Person und Macht verkündet. Und statt der Selbstheiligung und ·Erlösung des Menschen, wie Jesus sie forderte, ward jetzt in erster Reihe die Erlösung aus der Macht des Teufels durch Jesus, durch dessen Opfertod, durch dessen Blut als Zahlung des Lösegeldes an die ewige Gerechtigkeit, oder vielmehr an den Satan als Eigenthümer der sündigen Menschheit — als Hauptglaubensartikel hingestellt. Eine Erlösung, die durch Glauben und Taufe, oder bei Kindern durch die Taufe allein als opus operatum vermittelt werden soll. Daraus entwickelte sich dann ein ganzes System ineinandergreifender Lehren, von denen Jesus nichts gewusst oder nichts gelehrt hatte, dem es nur um göttinniges Vertrauen und Liebe, und um sittliches Leben zu thun war. Es ward, um der Erlösungs-Lehre eine Basis zu geben im Systeme, die Lehre von der Erbsünde, vom Apostel Paulus schon grundgelegt, weiter ausgebildet, der zufolge alle Menschen als Kinder Adams mit in seine Sünde und seine Schuld verwickelt und der Verdammung an-

2. Entwicklung der Religion. f) Christliche Religion. 341

heimgefallen betrachtet werden. Es schloss sich daran die schreckliche Lehre von der Prädestination, von der göttlichen Vorherbestimmung einer kleinen Anzahl von Menschen für die Seligkeit und der Mehrzahl für ewige Verdammniss — blos nach Belieben, nach Willkür, ohne Verdienst oder Missverdienst von Seite der Menschen. Eine Lehre, die ebenso sehr allem menschlichen Gefühl und Gerechtigkeitssinn widerspricht, wie sie in vollem Gegensatz steht zur ausdrücklichen Grundlehre Jesu von Gott, als gütigem Vater aller Menschen, der das Heil aller will. All das wurde besonders auf Grund der so dunklen, vieldeutigen Briefe des Apostels Paulus unter endlosen Streitigkeiten der Theologen und Bischöfe, unter Erregung von gegenseitigem Hass und wilder Verfolgung nach und nach festgesetzt und so theoretisch aus dem Christenthum Christi das Christenthum der Theologen, Bischöfe und Päpste, oder das kirchliche Christenthum ausgebildet. Insofern kann man wohl sagen, dass nicht eigentlich Jesus, sondern weit mehr der Apostel Paulus (aus Tarsus, der Heimat so vieler Philosophen) zum ersten Begründer des positiven, historisch gewordenen kirchlichen und confessionellen Christenthums gemacht ward. Ein reicher Geist, von tiefem religiösen Gemüthe hat er, besonders angeregt durch die damals übliche theosophische Spekulation, wie sie insbesondere in Alexandrien in Aegypten sich ausgebildet, diese theologisch-speculative Lehre auf Jesus angewendet und damit reiche Anregung zu weiteren Erörterungen gegeben. Diess um so mehr, da seine Briefe keine systematische Lehrentwicklung im eigentlichen Sinne enthalten, sondern nur darstellen, wie in seinem bewegten Geiste sich der Eindruck wiederspiegelte, den Jesu Person und Lehre in Verbindung mit jüdisch-pharisäischer Lehre und Tradition und philosophischer Spekulation auf ihn machte. Paulus pflegt als der Apostel der Heiden und als derjenige bezeichnet zu werden, der das

Christenthum von der Last des specifisch jüdischen Gesetzes befreit habe, insbesondere auch von dem Gesetze der Beschneidung. In Vergleich mit den übrigen Aposteln, die noch von demselben sich gebunden fühlten, ist diess richtig; Jesus selbst aber dachte, wie manche Stellen der Evangelien zeigen, in dieser Beziehung wohl ebenso frei wie Paulus, und handelte darnach, wo sich gerade Gelegenheit bot, — wenn er auch in Anbetracht zunächst wichtigerer Aufgaben keinen eigentlichen Kampf dagegen unternahm. In anderer Beziehung dagegen zeigte Paulus viel mehr Befangenheit in jüdischen oder pharisäischen Vorstellungen als Jesus. So insbesondere in Bezug auf stellvertretende Genugthuung durch die Verdienste der Gerechten und durch die Annahme eines blutigen Opfers zur Sühnung, sowie des vergossenen Blutes als Lösegeld zur Befreiung der Menschheit aus der Gewalt des Feindes Gottes und der Menschen. Davon hat Jesus doch eigentlich gar nichts gelehrt, — was er sicher nicht unterlassen hätte, wenn er es für sein Hauptwerk gehalten hätte.

Diese theoretische Gestaltung erhielt das Christenthum hauptsächlich durch den hellenischen Geist, seiner Eigenart gemäss, die sich in dialektischen Erörterungen und Dogmen-Fixirungen gefiel. Er hat sich das Christenthum nach seiner Weise zurecht gemacht. Anders der römische Geist, und durch ihn ward dasselbe Christenthum in anderer Art, nach mehr praktischer Richtung ausgestaltet, — wiederum seiner Eigenart gemäss, nämlich zu einem brauchbaren Organ seines Strebens nach Herrschaft, zu einem Institut der Weltbeherrschung. Der neue religiöse Geist, der von Jesus, seinem Leben und Wirken ausging, drang allerdings auch in das römische Volk ein und die sich bildende kirchliche Organisation der gläubigen Gemeinden ward auch hier zur Einführung gebracht. Aber bald machte sich die politische Machtstellung Roms und der Herrschergeist, der sich daselbst ausgebildet hatte, auch in der christlichen Gemeinde geltend. Die Vorsteher, die Bischöfe fingen bald an, sich über die Vorsteher anderer Gemeinden zu erheben und eine Art Oberherrschaft über dieselben in Anspruch zu nehmen, wie die alten Pontifices die Aufsicht über den gesammten Gottesdienst hatten, an deren Spitze der Pontifex Maximus stund; ein Titel, den auch der römische Bischof in der Folgezeit führte. Die angesprochene und allmählich immer weiter durchgeführte Oberherrschaft in der christlichen Kirche musste übrigens so viel als möglich auf den Stifter des Christenthums zurückgeführt werden, um seine Auctorität dafür geltend zu machen. Und hier nun, bei Begründung dieses hierarchischen Weltreiches, des römischen Papstthums, spielte die Phantasie wiederum, wie bei so vielen entscheidenden Wendepunkten in der Menschengeschichte, eine grosse, entscheidende Rolle. Und zwar durch Sagen und Fictionen, die für Thatsachen ausgegeben wurden und das Band bildeten, welches die römische Papstherrschaft mit Jesus und seinem Werke verbinden sollte. Jesus selbst hat von Rom kein Wort je gesprochen in seiner religiösen Verkündung, noch weniger je darüber etwas verlauten lassen, dass dort der Sitz seines Stellvertreters oder Nachfolgers oder gar des Statthalters Gottes auf Erden gegründet werden solle — was doch wohl bei der ungeheueren Wichtigkeit der Sache hätte geschehen müssen, und zwar in klaren und deutlichen Worten — wenn es von ihm so beabsichtigt war. Dieser Mangel wurde aber durch Sagen und Fictionen, die in jener Zeit mit ungemeiner Leichtigkeit entstanden und fortwucherten, abgeholfen — sei es absichtlich oder unabsichtlich. Es entstand die Sage, dass Petrus in Rom Bischof gewesen und daselbst den Martyrtod erlitten habe; damit brachte man die Uebergabe der Schlüsselgewalt an Petrus und die vermeintliche Erhebung desselben zum Oberhaupte der Apostel in Verbindung[1])

---

[1]) Vergl. hierüber des Verf. kleine Schriften: Der Fels Petri in

— und so war die Begründung der kirchlichen Oberherrschaft in Rom in einfachster Weise erzielt. In jener Zeit bestund weder Neigung noch Befähigung, diese Sagen selbst in Bezug auf ihre Wahrheit näher zu prüfen, und sobald die Gewalt des römischen Bischofes einigermassen erstarkt war, ward ohnehin jede Prüfung verpönt und unmöglich gemacht. Das Dogma von der Gottheit Jesu war der Befestigung und Erweiterung dieser Herrschaft selbstverständlich im höchsten Grade günstig, denn nun konnten die Päpste die Behauptung aufstellen, dass sie durch Petrus (als Mittelglied) Stellvertreter Jesu und also Gottes selber seien, — wodurch ihre Vollmacht natürlich unbegrenzt erscheinen musste. So ward in die Geschichte eine absolute Macht eingeführt, die sich nicht bloss dem Gläubigen gegenüber im Gebiete des religiösen Lebens geltend machte in einer Weise, dass sein ganzes Heil nur von den Kirchengewalthabern abhängig gemacht wurde, — sondern die auch den Staaten und der Wissenschaft gegenüber unbedingte Oberherrschaft in Anspruch nahm. Endlose Kämpfe zwischen Staat und Kirche waren durch Jahrhunderte hindurch die Folge davon, sowie Hemmung aller freien, wissenschaftlichen Forschung, da die Wissenschaft, insbesondere die Philosophie (alle Wissenschaft des Geistes mit seinen bloss natürlichen Kräften) in Unterwerfung, in Dienstbarkeit gehalten wurde, und nur schwer, unter grossen Kämpfen und Verfolgungen in neuerer Zeit sich befreien konnte. Und da eine absolute Macht und Auctorität in dieser aus lauter relativen Factoren geführten und auf beständigen Fortschritt angelegten Geschichte etwas Abnormes, Unnatürliches ist, da nur relative Auctorität wie nothwendig ist so Berechtigung hat, so sah sich die päpstliche Gewalt bald auch zu unnatürlichen, grausamen, allen

---

Rom" (Schaffhausen. Baader. 5. Aufl. 1875.) Und: „Der Primat Petri und des Papstes" (Elberfeld. Loll's Nachfolger. 1875).

Geboten der Nächstenliebe und der Güte Gottes widersprechenden Massregeln geführt, um dieselbe aufrecht zu erhalten. Massregeln, die einen Begriff von Gott voraussetzen, der dem, welchen Jesus gelehrt hat, in Allem widerspricht, da derselbe wie ein grausamer, erbarmungsloser Tyrann erscheint, anstatt ein gütiger Vater zu sein, wie Jesus ihn verkündet. Diess geschah besonders durch die Inquisition mit Allem, was sich daran knüpfte. Das war das Werk, das der römische Geist aus dem Christenthum schuf, als er sich mit ihm in Beziehung setzte und es sich nach seiner Art zu assimiliren strebte!

Wie aber mit der jüdischen Religion, mit dem hellenischen Geistesleben, insbesondere der Philosophie, sowie mit der römischen Herrschsucht und dem römischen Organisationsstreben für das äussere (juristische) Leben, so hat das Christenthum auch mit anderen Religionen sich vielfach in Beziehung gesetzt, Manches von ihnen angenommen, in Cultus und Gebräuchen Manches beibehalten und vielem Aberglauben Raum gegeben. So finden sich z. B. von den sog. Sacramenten d. h. den geheimnissvollen Heiligungsmitteln, die im Allgemeinen den Zaubermitteln in anderen Religionen entsprechen — noch manche Spuren und Analogien bei diesen, an welche angeknüpft ward oder welche umgestaltet werden konnten. Noch jetzt besteht z. B. in Asien weitverbreitet die Sitte, die Aufnahme in die Gemeinschaft durch Brodbrechen zu begehen, sowie durch Anhauchen und Händeauflegen den heiligen Hauch (Geist) zu ertheilen.[1] Bei den Buddhisten findet eine Art Priesterweihe statt ausser den vielen andern religiösen oder kirchlichen Einrichtungen und Uebungen, die dem Buddhismus eine so grosse Aehnlichkeit besonders mit dem römischen Katholicismus geben. Vom Soma oder Haoma, in welchem die Inder und Perser die Gottheit selbst zu geniessen glauben, war ohnehin schon

---

[1] S. H. Vambéry. Reise in Centralasien. Leipzig. Brockh. 1865.

die Rede. Eine der Confirmation ähnliche Ceremonie findet sich bei vielen Völkern, — und endlich selbst eine Taufe mit Untertauchen des Kindes im Wasser und mit Namengebung findet sich sowohl bei den Buddhisten in Tibet als bei den Azteken in Mexiko, wovon ebenfalls schon die Rede war. Die Bräuche bei Hochzeiten und Begräbnissen behielten gleichfalls die Eigenthümlichkeiten grösstentheils, wie sie in den alten vorchristlichen Religionen in den verschiedenen Ländern und bei verschiedenen Volksstämmen sich ausgebildet hatten. Wiederum konnte diess Alles selbstverständlich nicht geschehen, ohne die Reinheit und Einfachheit des Werkes Jesu, des Christenthums Christi mannichfach zu beeinträchtigen und religiöse Aeusserlichkeit und abergläubische Meinungen und Uebungen damit in Verbindung zu bringen und denselben dadurch Vorschub zu leisten. Trübungen und Verunstaltungen, die als wirkende Impulse aus der Urzeit der Religion sich forterhalten haben und die um so weniger überwunden werden konnten, als durch die Bindung des ursprünglichen christlichen Geistes mittelst dogmatischer Formeln und kirchenrechtlicher Aeusserlichkeiten und Zwangsmassregeln die Kraft des reinen Christengeistes bald gelähmt worden ist.

Man kann nun behaupten, diess Alles sei eben nöthig gewesen, um nur überhaupt das Werk Jesu in die Menschheit als geschichtliche Macht einzuführen und demselben die Universalität zu verleihen, zu welcher es gekommen ist. Möglich, dass es dieser Umgestaltungen, Formulirungen, Organisationen und Beiwerke aller Art bedurfte, um eine historische Macht zu bilden und das neue religiöse Princip, das von Jesus ausging, nur einigermassen, wenn auch in unvollkommener Weise zur Geltung zubringen. Indess die heilsamen Wirkungen dieses kirchlichen Christenthums lassen sich schwer bestimmen isolirt von dem, was durch das Fortdauern und Wiedererwachen des klassischen Alterthums und besonders durch die moderne Wissenschaft und die von ihr ausgehende Civilisation bewirkt wurde. Jedenfalls jetzt kann diese Art des Christenthums, wie es als kirchliches erscheint und sich geltend macht, nicht mehr genügen, weder theoretisch noch praktisch, da sich die theoretischen Lehren als unhaltbar vor der modernen Wissenschaft erwiesen und die praktischen Vorschriften und Bräuche einer geläuterten religiösen Gesinnung sowie dem ethischen Geiste des Werkes Christi nicht mehr entsprechen oder genügen. Es ist nur die Frage, welche Umwandlung zu geschehen habe, oder was an die Stelle des Veralteten, Unhaltbaren oder Unwirksamen zu setzen sei.

Zum Schlusse möge noch besonders in Kürze hervorgehoben werden, welche Rolle die Phantasie, sowohl die objective als die subjective seit dem Anfang und im ganzen Entwicklungsprocesse im Christenthum zu spielen hatte, — um die durchgreifende Bedeutung derselben klarer zu erkennen. Wir haben gesehen, wie die Fundamentallehre Jesu darin besteht, dass er jenes Verhältniss, in welches die objective Phantasie durch den Geschlechtsgegensatz sich erschliesst, das Familienverhältniss zur Bestimmung Gottes und seines Verhaltens gegen die Menschen anwendet, indem er Gott als liebenden, fürsorgenden Vater, die Menschen als seine Kinder bezeichnet. Um diess Verhältniss für das Bewusstsein und das Gemüth vorstellig und lebendig zu gestalten ist aber die Bethätigung der subjectiven Phantasie nothwendig, da die unmittelbare Wahrnehmung dasselbe nicht zeigt und viele Erscheinungen und Erfahrungen sogar das Gegentheil zu bezeugen scheinen. Wiederum dann ist die Verklärung Jesu nach seinem Tode in seiner Gemeinde, ist die Bildung von Wundern, Legenden über seine übernatürliche Geburt und Himmelfahrt, sowie baldige Wiederkunft auf den Wolken des Himmels und Aufrichtung seines Reiches Sache der lebhaft erregten Phantasie, die darnach hauptsächlich schaffend wirkte bei der Einführung und Befestigung des Werkes Jesu in die Geschichte. Dieselbe Phantasiebethätigung zeigt sich bei der Bekehrung des Apostels Paulus, die durch eine Vision geschah auf dem Wege nach Damascus. Wiederum wurde Petrus durch Phantasiegebilde zum Bischof von Rom und zum Apostel-Fürsten gemacht und hierauf die ganze römische Papstherrschaft allmählich gegründet, vielfach noch durch weitere Fictionen, dann aber auch durch sehr sachliche, reale Gewaltmittel erhalten, weiter ausgebildet und im Glauben des Volkes auch durch politische Constellationen befestigt. Auch in der Entwicklung des christlichen Lehrsystems macht sich die Phantasie vielfach geltend bei Bestimmung der Erbsünde, Prädestination u. s. w., besonders aber in der Lehre von der göttlichen Trinität, da das Verhältniss vom Vater und Sohn als ein Verhältniss der Zeugung aufgefasst wird. Also als Verhältniss, das in Natur und Menschheit durch objective Phantasie oder Generationspotenz begründet wird, während der heilige Geist nicht als gezeugt, sondern als „ausgehend" bezeichnet ist, also der subjectiven Phantasie analog ist, die sich aus der durch Generation gesetzten Menschennatur (Geist) erhebt und lebendige Wirksamkeit entfaltet. Der immanente Lebensprocess im göttlichen Wesen, der darin besteht, dass dieses sich aus der Einheit der Substanz in drei Personen erschliesst, wird also ganz nach Analogie des Naturprocesses aufgefasst, der sich in der Generation vollzieht, in der freien, selbstständigen subjectiven Phantasie im Menschen abschliesst und dadurch zu freier, selbstständiger Geistesthätigkeit befähigt. — Endlich selbst die Heiligung des Einzelnen in der kirchlichen Gemeinschaft wird als ein Act aufgefasst, welcher der Bethätigung der objectiven Phantasie analog ist. Im Judenthum war Gottes Wohlgefallen gegen den Einzelnen und dessen Heil bedingt gedacht durch die Abstammung von Abraham, also durch Vermittlung der objectiven Phantasie oder Generationsmacht. Im Christenthum ist diess gebundene, beschränkte Verhältniss zwar, was die fleischliche Abstammung betrifft, gelöst, da das Wohlgefallen Gottes und das Heil des Menschen von seiner geistigen Thätigkeit und Beschaffenheit abhängig gedacht wird; dennoch aber wird wiederum ein neues Verhältniss von Zeugung und Geburt, nämlich der Wiedergeburt nach dem Geiste eingeführt und davon das Wohlgefallen Gottes und Heil und Seligkeit abhängig gemacht. Die Taufe wird als ein Act der Wiedergeburt gedacht, eigentlich als ein Act der geistigen Zeugung durch den zweiten Adam, Christus, und der Geburt durch die Kirche als Mutter der Gläubigen. Also ein der leiblichen Zeugung und Geburt analoges Verhältniss, wenn auch der Vorgang als ein geistiger und magischer oder mystischer gedacht wird. Immerhin wird bei der Taufe auch Wasser als wesentliche Bedingung oder als Medium betrachtet. Ausserdem aber wurde bald diese geistige Wiedergeburt durch die Taufe der leiblichen Zeugung und Geburt dadurch ganz ähnlich gemacht, dass man den Wiedergeborenen dabei in vollständiger Passivität hielt, wie das Kind, das gezeugt und geboren wird. Diess geschah dadurch, dass man die Taufe, als die geistige Zeugung und Wiedergeburt schon in die ersten Tage des Lebens verlegte durch Einführung der Kindertaufe; also in eine Zeit verlegte, wo der Mensch noch ohne Bewusstsein und eigenen Willen ist und daher von irgend einer freien, selbstthätigen Mitwirkung von seiner Seite gar keine Rede sein kann. Endlich möge noch darauf hingewiesen werden, wie auch der ganze kirchliche Cultus mit seinen mysteriösen symbolischen Bräuchen und Ceremonien darauf angelegt ist, die subjective Phantasie zu erregen, um auf diese Weise schreckend oder besänftigend und erbauend auf das Gemüth und dadurch dann auf die ganze sinnlichpsychische und geistige Natur des Menschen einzuwirken.

III. Die Religion.

Der germanische Geist, nachdem er durch mittelalterlich-kirchliche Zucht zuerst einigermassen gebildet und dann geknechtet ward, erinnerte sich endlich wieder seiner ursprünglichen Eigenart, und dass der germanische Genius mindestens ebenso berechtigt sei, wie der römische und ebenso auserwählt als der jüdische — sowohl bezüglich des Individuallebens, als bezüglich der Aufgabe und Wirksamkeit in der Geschichte der Menschheit. In der Reformation suchte er diess nun geltend zu machen und es gelang ihm auch grossentheils für die germanischen Völker, wenn auch nicht überall ganz entschieden und nicht allseitig und durchgreifend. Es wurde wenigstens das grösstentheils aus dem Christenthum entfernt, was sich an römischer und jüdischer Eigenart in dasselbe wieder eingedrängt und eng damit verbunden hatte: Die römische, äusserliche Unterwerfung heischende Herrschaft und Centralisation und das theokratische Element und Opferwesen aus dem Judenthum. Es ward wieder betont, dass das Verhältniss des Menschen zu Gott von Jesus als ein unmittelbares aufgefasst und geübt ward in Glauben und Hingebung und, wie nicht mehr die Opferthiere, so auch nicht mehr die Priester als Organe der Vermittlung zwischen Gott und Menschenseele nothwendig oder angemessen seien. Dagegen wurde das Christenthum grösstentheils noch in der Form festgehalten, wie es der griechische Geist sich zurecht gerichtet und theoretisch in Dogmen formulirt hatte. Und zwar wurde diess, sowie der Buchstabe der Schrift selbst sogar vielfach schärfer geltend gemacht als im römischen Kirchenwesen — wenn auch das Moment der Unmittelbarkeit im Verhältniss zu Gott und der eigenen Ueberzeugung, des Glaubens anstatt der Unterwerfung unter die Auctorität, noch so sehr betont wurde. Für jene Zeit und jene Verhältnisse bei der Reformation war indess eine noch weitergehende Reinigung resp. Erneuerung des reinen einfachen Christenthums

2. Entwicklung der Religion. f) Christliche Religion.

kaum zulässig, ja nicht einmal möglich, weil die übrigen geistigen Bedingungen dazu noch nicht erfüllt waren. Auch konnte kaum noch das Bedürfniss dazu gefühlt werden, da die intellectuelle Entwicklung noch nicht in eigentliche Disharmonie mit den unter dem Einfluss der alten Philosophie gebildeten Dogmen gerathen war. Jetzt aber ist die Zeit gekommen, in welcher auch das, was der griechische Geist dem reinen, einfachen Christenthum, dem Christenthum Christi hinzugefügt hat, um es in das gebildete Bewusstsein jener Zeit einzuführen, wieder auszuscheiden ist. Denn jene alte Wissenschaft und die Weltauffassung, nach welcher die Dogmen formulirt wurden, sind nun grösstentheils überwunden durch die moderne Wissenschaft, und haben für das moderne Bewusstsein, das von dieser seine Bildung erhält, keine Geltung und Bedeutung mehr. Es ist sicher eine der grössten und wichtigsten Aufgaben der Gegenwart, die Harmonie zwischen Wissenschaft und Zeitbildung einerseits und der Religion, dem religiösen Glauben und Leben andererseits wieder herzustellen. Diess scheint am einfachsten und reinsten dadurch geschehen zu können, dass die einfache Lehre Jesu und dessen inniges, unmittelbares Verhältniss zu Gott, als das wahre Wesen der Religion erkannt und geltend gemacht wird. Was sich um so mehr empfiehlt, da hiemit zugleich aller Conflict mit Wissenschaft und Zeitbildung vermieden wird und ebenso aller religiös- oder kirchlich-politische Kampf sein Ende erreicht. Es ist sicher ein Ziel, das auf das Eifrigste anzustreben ist, der Menschheit die veredelnde Macht und die Segnungen und Tröstungen der Religion zu erhalten, ja zu erhöhen, ohne dass ferner die grossen schädigenden Hemmungen und die namenlosen Leiden, welche sie bisher über die Menschen und Völker gebracht, in ihrem Gefolge zu sein brauchen.[1]

---

[1] Es sei hier noch aufmerksam gemacht auf Adolf Stendel's Werk: „Philosophie im Umriss" (Stuttg. 1881) Bd. II 2 a u. b, das eine

3.

Das Wesen der Religion und die Bedeutung der Phantasie in derselben.[1]

(Religion der Zukunft.)

Die Geschichte der Religion, so wichtig sie für das Verständniss der Menschen-Natur und deren Entwicklung ist, zeigt uns grossentheils kein erquickliches Bild, ist vielmehr geeignet, uns oft mit Schmerz und Trauer zu erfüllen über all den Wahn und Irrthum, denen die Menschheit preisgegeben war und ist. Indess finden wir doch wenigstens bei den Culturvölkern einen stetigen, wenn auch sehr langsamen Fortschritt von krassem Aberglauben, wüstem Zauberwesen und abgeschmackten, oft auch unsittlichen und grausamen Gebräuchen zu vernünftiger Erkenntniss, edlerem religiösen Cultus und sittlichen, humanen Lebenseinrichtungen. Vieles, was früher wesentlich zum religiösen Glauben gehörte und was in der That auch wie ein unvermeidliches Durchgangsmoment erscheint zur Erhebung des Menschengeschlechts über das blos thierische Naturdasein, zum Beginn der intellectuellen und moralischen Bethätigung und zum Bewusstwerden eines Geistigen, — gilt jetzt selbst bei den Rechtgläubigen, nur noch als Aberglauben. Ebenso, was Wesensbestandtheil des Cultus war, wird für nutzloses Thun oder ge-

---

eingehende Kritik der Religion überhaupt und des Christenthums insbesondere enthält.

[1]) Zur Ergänzung dienen folgende Schriften des Verf. „Das Christenthum und die moderne Naturwissenschaft 1868. „Das Recht der eigenen Ueberzeugung" 1869. „Das neue Wissen und der neue Glaube" 1873. „Ueber die religiösen und kirchenpolitischen Fragen der Gegenwart" 1875. („Zur Beleuchtung der geistigen Krisis in der Gegenwart" S. 156 ff. und über F. Laurent: Der Katholicismus und die Religion der Zukunft S. 211 fl.) Endlich: „Die Phantasie als Grundprincip des Weltprocesses 1877 (die Ideen), und: Monaden und Weltphantasie 1879.

3. Wesen der Religion.

radezu Thorheit gehalten und was als heilige Religionspflicht erschien, hält man für unsittlich, verbrecherisch, für Gottes und der Menschen unwürdig. Wer lässt es sich z. B. unter uns, um von Menschenopfern gar nicht zu reden, noch einfallen, zur Verehrung und Versöhnung Gottes Thiere zu schlachten und als Opfer darzubringen? Und doch war diess Jahrtausende hindurch fast allgemein als religiöse Pflicht und als Hauptmittel der Verehrung der Gottheit anerkannt in Theorie und Praxis!

Freilich konnte dieser Fortschritt nur in schwerem Kampfe mit den rohen, abergläubischen Neigungen ungebildeter und verbildeter Völker sowie mit den Vertretern des Herkömmlichen, Ueberlieferten erreicht werden, und es blieben manche Rückfälle und manche Ueberwucherungen der reineren Pflanzung durch das alte Unkraut nicht aus. Geschah diess ja, wie wir sahen, sogar im Christenthum in hohem Maasse gegenüber der ursprünglichen Reinheit desselben, so dass der Kampf gegen Aberglauben und Zauberwesen noch immer fortdauert und in unsern Tagen wieder heftiger entbrannt ist, als man vor einigen Dezennien für möglich halten mochte. Die Erfolge, welche bisher durch die Wissenschaft und Bildung den finsteren Mächten gegenüber trotz alledem errungen wurden, lassen hoffen, dass diese auch in Zukunft mehr und mehr an Gebiet und Macht verlieren und den Sieg der besseren Erkenntniss, Freiheit und humanen Gesittung nicht werden für die Dauer aufhalten können.

Grosse Schwierigkeiten sind dabei zu überwinden gerade in unserer Zeit. Einerseits nämlich hat sich die alte Rechtgläubigkeit, der Positivismus im Gebiete der Religion wieder gesammelt und vielfach zu neuer Geltung gebracht mit seinen Bekenntnissformeln und seiner Wundersucht, — noch gefördert durch spiritistisches Zauberwesen und modernes pessimistisches Heulen; — andererseits drängt sich in Folge moderner Wissenschaft und Bildung die Nothwendigkeit auf, sehr grosse und wichtige Modifikationen und Läuterungen in der Theorie wie im Cultus der positiven, kirchlichen Gestaltungen des Christenthums vorzunehmen, um das Unhaltbare zu beseitigen und eine Religion zu gewinnen, die mit den sicheren Ergebnissen der Naturwissenschaft ebenso wie mit den geläuterten Ideen des Rechtes und der Sittlichkeit, der modernen Civilisation in Einklang stehen. Es ist ja in der auf Fortbildung in allen Beziehungen angelegten Menschengeschichte nicht anders zu erwarten, als dass frühere Feststellungen und Einrichtungen auch im Gebiete der Religion, sei es auch die christliche, in späterer Zeit bei freier Fortbildung in allen übrigen Gebieten, nicht vollständig unverändert sich würden erhalten können. Die christlichen Glaubenslehren, die Dogmen, sind gebildet worden unter dem Einflusse einer noch sehr unvollkommenen, grossentheils geradezu falschen Weltanschauung. Sie stützen sich im Wesentlichen auf die Annahme, dass die Erde der Mittelpunkt des Weltall's und jeder weitere Himmelskörper nur ihretwegen da sei, und ferner: dass alle Wesen der Erde und insbesondere die Menschen durch göttliches Machtgebot fix und fertig in's Dasein gerufen worden seien. Nach der neueren Astronomie und Geologie (mit Paläontologie) ist nun aber diese alte Auffassung der Welt überhaupt und der Erde insbesondere nicht mehr haltbar. Die Erde ist nur ein verschwindend kleiner Punkt im unermesslichen Universum und ist mit ihrem Inhalt, insbesondere den lebendigen Wesen nicht fix und fertig in's Dasein gesetzt, sondern hat in unermesslichen Zeiträumen erst allmählich sich zu dieser Form entwickelt. Ebenso sind die einzelnen Bildungen, besonders auch die organischen und lebendigen erst allmählich entstanden, haben sich aus unvollkommenen Anfängen immer mehr ausgebildet zu der Mannichfaltigkeit und Vollkommenheit, die sie jetzt zeigen. Das Menschengeschlecht macht davon keine Ausnahme; auch dieses begann in unvollkommnen

Anfängen und hat nur in langem Ringen sich zu höherer Bildung und Vollkommenheit emporgearbeitet. — Mit diesen Resultaten wissenschaftlicher Forschung sind aber gerade die Fundamentalsätze des christlichen Glaubenssystems hinfällig und unhaltbar geworden: Die Erde als Mittelpunkt der Schöpfung und als eigentlicher Schauplatz der göttlichen Offenbarung und Erlösung; die Lehre vom Paradies, Sündenfall, und von dem Eintritt des Todes in Folge dieses letzteren durch die ersten Menschen. Damit fallen dann auch alle jene Lehren und Cultushandlungen der christlichen Kirchen, die daraus hervorgehen, oder sich darauf beziehen und davon bedingt sind.

Die auflösende Gewalt der modernen Wissenschaft reicht aber noch weiter und fordert eine Umgestaltung und Fortbildung der religiösen Anschauungen in theoretischer und theilweise auch praktischer Beziehung, wie sie im Laufe der Menschengeschichte noch kaum je vorgekommen ist. Die anthropomorphistische Auffassung Gottes, in Folge deren die Gottheit nur wie ein potenzirter Mensch betrachtet wird, mit menschlichen Neigungen, Gefühlen und Thätigkeiten, mit willkürlichem Eingreifen in die Naturverhältnisse und Menschenschicksale, mit beständigem Wunderwirken zu Gunsten dieser oder jener begünstigten Nation oder Person — ist ebenfalls nicht mehr festzuhalten. Demgemäss auch der bisherige Cultus nicht mehr, — insofern sich dieser es zur Hauptaufgabe stellt, die menschenähnliche Gottheit in ihrer Weltregierung und Vorsehung zu bestimmen, deren Gunst und Wunderkraft zu eigenem Vortheil zu gewinnen — zum Schaden Anderer; also die Gottheit selbst gewissermassen dem Egoismus dienstbar zu machen und Anderen die Gunst, die Wunderkraft und Hülfe derselben zu entziehen. Schon die tägliche Erfahrung könnte zwar die Menschen davon überzeugen, dass all' diese Annahmen und Strebungen illusorisch seien, — sowie ihre Voraussetzungen bezüglich des Wesens und der Wirksamkeit Gottes auch der reinen Idee Gottes durchaus zuwider sind. Die Ereignisse der Natur und Geschichte richten sich durchaus nicht nach den Wünschen und Bitten der Menschen, — wie ja schon die unendlichen Uebel und Leiden der Menschen ohne Unterschied der Religion und Religionsübung, und die unendlichen Klagen darüber bezeugen. Die vermeintlichen, zudem sehr vereinzelten Ausnahmen gehören ebenfalls in's Gebiet der Illusion, der Einbildung, da weder irgend einzelne Menschen so vor allen andern hervorragen und privilegirt sein können, dass sie allein von Gott durch Wunder begünstigt sein sollten, neben Tausenden und Millionen, die hülflos bleiben, noch es Gottes würdig sein könnte, solche vereinzelte Wunderkuren vorzunehmen und problematische Schaustücke der Welt zum Besten zu geben. Solch dürftige und unsichere Offenbarungen göttlicher Macht und Güte können also nicht mehr Inhalt oder Gegenstand religiösen Glaubens, nicht mehr Ziel religiösen Cultus sein, — und dieser wird damit aufhören, mehr die menschlichen Interessen im Auge zu haben als die Verehrung Gottes. Wird daher nicht mehr als ein beständiger Protest erscheinen gegen die ewigen, nothwendigen Gesetze der Welt, nicht mehr als beständige Aufforderung zur Aufhebung, Durchbrechung der Weltordnung zu Gunsten kleiner Interessen einzelner Menschen, die vor andern bevorzugt sein wollen, oder verlangen, dass das ganze Dasein mit seinen natürlichen Gesetzen durch übernatürliche Einwirkung beständig verbessert oder geradezu aufgehoben werde um ihretwillen — wenn auch Andere gerade dadurch Schaden erleiden. Allerdings, der religiöse Cultus, wie er noch jetzt fast allenthalben besteht in den Religionen, christlichen wie nichtchristlichen, hat wesentlich diese Aufgabe, ist gewissermassen ein Interessenkampf, ein Krieg aller gegen Alle um göttliche Gunst für sich, allenfalls auf Kosten des Nächsten. Und diese

Auffassung ist altherkömmlich und seit Menschengedenken die herrschende; denn der religiöse Cultus hat wohl in der That damit begonnen, als die Menschen noch unwissend und hülflos hauptsächlich für ihr äusserliches Dasein Hülfe, Schutz und Schonung von der Gottheit zu erwerben suchten im Kampfe mit der Natur und mit Ihresgleichen. Wir sahen, welche abergläubische Meinungen und Gebräuche, ja welche furchtbare Einrichtungen und Obliegenheiten öfters daraus hervorgingen, die erst allmählich durch Erkenntniss und sittliche Bildung gemildert wurden und endlich bei civilisirten Völkern bis auf geringe Ueberreste verschwunden. Jetzt ist indess die Zeit gekommen, wo diese ganze Anschauung in Bezug auf Gott und dessen Verhältniss zur Welt und zum Menschen überwunden werden und eine neue Form von Religion in theroretischer und, wie bemerkt, grossentheils auch in praktischer Hinsicht gefunden werden muss: Die Religion der Zukunft. Daher ist es eine der wichtigsten und schwierigsten Aufgaben der Gegenwart und nächsten Zukunft die rechte Form derselben zu finden und lebendig zu machen in der Weise, dass dem in der Menschenseele unvertilgbaren religiösen Bedürfniss ebenso, wie der errungenen wissenschaftlichen Erkenntniss und der Idee der Humanität Genüge geleistet werde. — Wir versuchen einige Andeutungen darüber, was an die Stelle der Religion des menschenähnlichen Gottes und seiner durch menschenähnliche Gefühle und Strebungen veranlassten Wunder als Glaube und Cultus zu setzen sein, also welches der Hauptinhalt der Religion der Zukunft sein möchte.

Wir sahen, dass die Cultur und sittliche Veredlung der Menschheit hauptsächlich dadurch bedingt war und erreicht wurde, dass an die Stelle wüsten Zauberwesens, abergläubischer Wundersucht und naturalistischer, anthropomorphischer Gottesvorstellungen vernünftige Erkenntniss und durch natürliche Einsicht geleitetes praktisches Handeln den Naturgesetzen gemäss gesetzt wurde; dass man die Offenbarung vom Dasein und Walten Gottes nicht mehr in vermeintlichem Wunderwirken erblickte, sondern in der sicheren, klaren Gesetzmässigkeit und in der ewigen Geltung der Wahrheit, des Guten, des Rechtes u. s. w. Die Gesetze und Ideen, von denen das Dasein der Natur und Menschheit bestimmt und geleitet wurden, sind Kundgebungen der ewigen Natur und Vollkommenheit des Göttlichen, und ihre Erkenntniss und Anerkennung führt daher auch die Menschen und Völker zur höheren Vollkommenheit in der Erkenntniss wie im praktischen Leben, in Wissenschaft, Kunst und selbst in der Religion. Die Erkenntniss und die Herrschaft der Ideen ist also anzustreben, nicht die Wundersucht und der Wunderwahn zu fördern, wenn eine Besserung im menschlichen Dasein nach allen Richtungen erreicht werden soll. Ein Mensch mit hoher Erkenntniss und edler Gesinnung ist weit besser als ein Wunderthäter, und fördert durch Wahrheit, Einsicht und sittliche That die Menschheit unendlich mehr, als wenn er Wunder wirken könnte, — in ähnlicher Weise, wie ein Mensch mit klarer Erkenntniss und vernunftgeleiteter Thatkraft vollkommener ist und mehr für sich und Andere zu leisten vermag, als wenn er körperliche Flügel besässe und sich beliebig zum Staunen der Menschen durch die Lüfte bewegen könnte. Wie ein solcher nichts wahrhaft Bedeutendes zu leisten vermöchte zur Hebung und Förderung der Menschheit, so auch könnte ein Zauberer und Wunderthäter durch seine Künste nichts für Bildung und Besserung derselben beitragen. Die Geschichte und Völkerkunde zeigt, dass das Zauberwesen und der Wunderwahn bei den rohesten Völkern und bei den intellectuell und sittlich verkommensten am meisten herrscht, und weit entfernt ist, zur Ueberwindung der Rohheit, Verworfenheit und Verkommenheit derselben etwas beizutragen. Vielmehr das Gegentheil findet statt.

3. Wesen der Religion.

Der Idealismus also und die klare Erkenntniss (Rationalismus) fördern die Menschheit nach allen Richtungen, nicht aber mystischer Wahn und Wunderwesen. Die Ideen demnach müssen die Leitsterne sein für Beurtheilung der Dinge und für das Wirken und Handeln. In der That zeigt sich ihre Macht auch allenthalben bei den Völkern und in den Religionen, sobald es nur einigermassen zur Erkenntniss ihres Wesens gekommen ist. Die Wahrheit (als Idee) wird z. B. als das Höchste geachtet im Gebiete der Religion, insoferne sie im Glauben erfasst und festgehalten sein will. Jedes religiöse Glaubenssystem macht sich im Namen der Wahrheit geltend, ja will allein gelten und sich durchsetzen, weil es wahr sei und die übrigen nicht wahr seien. Da werden dann im (freilich oft nur vermeintlichen) Dienste der Wahrheit alle andern Rücksichten bei Seite gesetzt, alle Rechte der andersdenkenden Menschen missachtet, alle sittlichen Pflichten wie nicht bestehend betrachtet, alle Gesetze der Menschlichkeit sogar mit Füssen getreten. Die Religionsgeschichte, insbesondere auch die Geschichte der christlichen Religion mit ihren verschiedenen Confessionen oder Secten zeigt diess in hinreichender Klarheit. Auf der anderen Seite stützt auch die Wissenschaft ihr Recht und ihre Geltung durchaus und einzig auf das Recht der Wahrheit (die Idee der Wahrheit oder die Wahrheit als Idee), so dass in Folge davon das als Wahrheit Erkannte, oder vielmehr die erkannte Wahrheit, die Erkenntniss oder das Resultat des Erkennens unbedingt geltend gemacht wird — eben weil man der Wahrheit ein unbedingtes Recht zugesteht. Diess geht so weit, dass im Namen der Erkenntniss der Wahrheit selbst die für die Menschheit zu allen Zeiten höchsten Güter des Glaubens, Gott, Freiheit und Unsterblichkeit, nicht geschont, sondern angegriffen und vielfach so weit als möglich zerstört werden. Der Wahrheit wird eben unbedingtes Recht zugeschrieben, der alles Uebrige zu weichen hat, — die Macht, das Recht der Idee macht sich geltend auch wenn diess in Caricatur ausartet. Selbst das Geltendmachen der Wunder wird auf das Recht der Wahrheit gestützt, da nur die wirklichen oder vielmehr die wahren Wunder Geltung haben sollen, nicht die blos scheinbaren, vermeintlichen, oder die zwar wirklichen, aber falschen, nämlich von bösen Mächten gewirkten! — Aehnlich verhält es sich mit der Idee des Guten und der Sittlichkeit. Wenigstens in der Theorie gilt fast allgemein als Grundsatz, dass die Religion die Sittlichkeit als ihr Hauptziel zu betrachten habe; oder jedenfalls, dass Religion, religiöses Verhalten, ohne sittliche Gesinnung und That, also ohne innere und wo möglich auch äussere Realisirung der Idee des Guten keinen wahren Werth habe. Selbst die Rechtgläubigsten müssen diess zugeben, wenn es auch öfters an manchen Verklausulirungen nicht fehlen mag. Andererseits aber wagen auch die ärgsten Freidenker, Materialisten, Atheisten, Nihilisten nicht, wenigstens nicht in der Theorie oder grundsätzlich, die Geltung der Idee des Guten und den unbedingten Werth der sittlichen, edlen Gesinnung und That zu leugnen. Demnach stimmen auch in Bezug auf die Idee des Guten wenigstens die gebildeten Menschen überein, indem sie denselben unbedingten Werth zugestehen. — In Bezug auf die Idee des Rechtes wie der des Schönen gilt das Gleiche. Das Unrecht als solches fühlt Jedermann und verurtheilt es innerlich oder äusserlich, wie vielfach getrübt und gehemmt diess Urtheil durch Selbstsucht und verkehrte Gesinnung auch immer sein mag. In Betreff des Schönen ist kaum nöthig Weiteres zu sagen. Selbst die rohen Wilden sind von dieser Idee schon berührt oder beherrscht, denn dass Schönes und Nichtschönes zu unterscheiden sei, ist ihnen nicht unbekannt, daher sie sich zu schmücken suchen, — wenn sie auch in Bezug auf das Was und Wie noch so unvollkommene oder verkehrte Vorstellungen

3. Wesen der Religion. 361

haben und auch ihrem Schmucke vielfach abergläubische Vorstellungen zu Grunde liegen.[1])
Die Frage ist aber nun, ob denn diesen Ideen auch an sich eine Wirklichkeit, eine Realität zukomme, oder ob sie nur subjective Gebilde des Menschengeistes seien, Fictionen, Dichtungen der Einbildungskraft, welche die Menschen durch Täuschung beeinflussen und beherrschen und die also, einmal als solche durchschaut, keine Macht, keine Bedeutung mehr haben. Denn nach Realität, nach wirklichem Dasein verlangen die Menschen vor Allem; das Ideale an sich, bloss als solches vermögen sie kaum zu würdigen. Die schönste Dichtung verliert für den grössten Theil der Menschen ihre Bedeutung, wenn der Inhalt, die Begebenheit, die Personen mit ihren Schicksalen als bloss erdichtet erkannt werden und der Schein der Wirklichkeit, der sie gefesselt hat, verschwunden ist. Hierauf nun haben wir zu erwidern: Die Ideen haben in der That an sich eine Wirklichkeit, ein Wesen und bestehen oder existiren nicht blos in dem denkenden oder vorstellenden subjectiven Geiste, erhalten also ihren Ursprung nicht bloss durch dessen Thätigkeit. Allerdings kommen sie nur in diesem und durch diesen zur Offenbarung, zum Bewusstsein, da die Realisirung derselben, soweit sie schon in der Natur stattfindet, ebenfalls nur durch den bewussten Geist erkannt werden kann. Aber ihr Wesen und Dasein ist ein ewiges, unvergängliches, an sich seiendes, ein von vergänglichen Dingen und endlichen Geistern unabhängiges, so wie die logischen Wahrheiten oder Gesetze an sich sind, nicht erst durch den menschlichen Verstand entstehen. Das Logische, Rationele kommt durch diesen nur zur Offenbarung, zum Bewusstsein, zur bewussten Anwendung; so

---

[1]) S. „Die Phantasie als Grundprincip des Weltprocesses" 1877. S. 98 ff. und „Monaden und Weltphantasie" S. 68 ff.

auch die Ideen durch Vernunft.[1]) Ihr ewiges Wesen und Dasein kann allerdings als an sich seiendes nicht mit den leiblichen Augen gesehen, sondern nur geistig geschaut, im Gefühle (Vernunft) vernommen, allenfalls auch einigermassen durch Verstandesthätigkeit erwiesen werden. Jedermann aber, der nur geistig gebildet genug ist, erkennt, dass die Wahrheit nicht etwas beliebig Angenommenes oder conventionell Festgestelltes sei, dass das sittlich Gute nicht auch für das Schlechte gehalten und das Verhältniss umgekehrt werden könnte, dass Ungerechtigkeit als Recht gelten, oder auch, dass das Wesen der Schönheit nur durch Willkür oder Gewalt festgestellt werden könne. Der Idealismus also, welcher der Menschheit mehr geleistet hat, als alle Zauberei und vermeintlichen Wunder, ist nicht ein bloss subjectiver, sondern ist als ein objectiver zu betrachten, der zwar nur in der Form des subjectiven geschichtlich erscheinen und sich entwickeln kann, dessen Grundlage aber durchaus eine objective und ewige ist, wie die Grundlagen des logischen Denkens und wie die Fundamente des nothwendigen und gesetzmässigen Geschehens in der Natur. — Allerdings sind diese Ideen nicht gleich fix und fertig in's Dasein und in das menschliche Bewusstsein gesetzt und setzen sich auch nicht von selbst durch in der Realisirung, wie die naturgesetzliche Nothwendigkeit; sie sind vielmehr als Anlagen oder Keime im menschlichen Geiste zwar von Geburt an vorhanden, aber müssen sich erst entwickeln, sind der Ausbildung bedürftig, daher auch der Unbildung und der Verbildung ausgesetzt. Aber sie sind doch die Grundbedingung aller höheren Erkenntniss und Bildung der Menschheit; sie sind die reale Möglichkeit des idealen Fortschrittes in derselben, indem von ihnen

---

[1]) Aristoteles betrachtet selbst das begriffliche Wesen der Dinge als ewig, unvergänglich, das ist vor den Dingen und bleibt, wenn auch die Einzeldinge vergehen. Von den Ideen wenigstens lässt sich solches behaupten.

der Trieb, der Impuls dazu ausgeht und das Ziel durch sie zur Offenbarung kommt. Ohne sie wäre irgend eine höhere, ideale Entwicklung in Erkenntniss der Wahrheit, in sittlichem Streben und ästhetischer Bildung unmöglich, weil Norm wie Trieb dazu in der Menschenseele und im Dasein überhaupt fehlte. Durch die ideale Anlage der Menschennatur und deren Entwicklung in Erkenntniss, in Theorie und Praxis haben daher auch die Religionen ihre Veredlung, ihre Höherbildung zu erfahren. Durch sie ward es möglich, das Gottesbewusstsein zu veredeln, indem aus der Vorstellung Gottes allmählich all' das entfernt ward, was der Idee der Wahrheit, der Güte, der Gerechtigkeit u. s. w. entgegen war. Es ward das Fabelhafte, oft Abgeschmackte verneint, die Willkür, Grausamkeit, Eifersucht u. dgl. als Eigenschaften des Göttlichen zurückgewiesen. Ebenso ward der religiöse Cultus in dem Maasse reiner und edler, als die ideale Anlage des Menschen ausgebildet, die Ideen nach ihrem Inhalte entwickelt wurden. Die abergläubischen Gebräuche, die oft grausamen oder unsittlichen Cultusacte und Opfer wurden verpönt in dem Maasse als die Idee reiner Sittlichkeit entwickelt und damit das sittliche Gewissen gereinigt und erhöht ward. Durch das sittliche Gewissen wurde das religiöse und kirchliche Gewissen theils geradezu überwunden und beseitigt, theils umgestaltet und verbessert, d. h. es kam immer mehr dahin, dass nichts mehr als religiöse Pflicht vorgeschrieben und ausgeübt werden durfte, was dem sittlichen Gewissen widersprach. So wurden die Menschenopfer verpönt, wurden grausame Verfolgungen und Tödtungen im Namen der Religion oder für Gottes Wahrheit und Ehre u. s. w. als unzulässig erkannt und der Humanität, wie der Gleichberechtigung der religiösen theoretischen Ueberzeugung Bahn gebrochen.[1]

---

[1] Wir sahen früher, wie durch die Macht der sittlichen Idee, durch

Indess, Religion ist der Cultus der Ideen und deren zunehmende Geltung und Herrschaft immerhin noch nicht, und sie haben auch nicht die Aufgabe und Macht die Religion vollkommen zu ersetzen. Die Religion der Zukunft wird sich unter dem Einflusse der Ideen gestalten, das Gottesbewusstsein und der Cultus wird nirgends in Widerspruch damit stehen dürfen, aber identisch wird Religion und ideale Weltauffassung und Gesinnung eben doch nicht sein können. Ebenso wenig aber wird die bisherige religiöse d. h. kirchliche Weltauffassung, wird die bisherige Dogmatik (die kirchlich-christliche mit eingeschlossen) und die bisherige Art und Tendenz des Cultus fortbestehen können neben der modernen Wissenschaft und Civilisation. An die Stelle persönlicher, willkürlicher göttlicher Wirksamkeit in Natur und Geschichte sind natürlich und nothwendig wirkende Kräfte und Gesetze getreten, die ein beständiges Wunderwirken nicht mehr als thatsächlich, vielmehr als unstatthaft erscheinen lassen. Das begränzte, in sich geschlossene Weltgebäude (Kosmos) des Alterthums, das auch die christliche Dogmatik noch ihren Feststellungen zu Grunde legte, — hat sich erweitert zum unendlichen Weltraum mit unendlichen Himmelskörpern. Damit hat sich auch die Vorstellung eines persönlichen Gottes mit seiner eigenthümlichen Wirksamkeit in der früheren engen Welt nicht mehr als ganz haltbar erwiesen. Wenn auch die etwas geschmacklose und oberflächliche Einwendung von D. F. Strauss, dass damit Wohnungsnoth für den persönlichen Gott eingetreten sei, von keiner Bedeutung ist, da wir die Tiefen des Universums nicht im Entferntesten kennen und selbst nicht das

---

den Gedanken der sittlichen Weltordnung selbst der nihilistische Gedanke im Buddhismus gebrochen ward und wie in der germanischen Religion die Gewalt der sittlichen Weltordnung zur Annahme eines allgemeinen Unterganges der verschuldeten Götter wie der Menschen treibt.

Ansichsein der in der Erscheinung wirksamen Kräfte, so kann doch die frühere vollständig, anthropomorphische Art des Seins und Wirkens der Gottheit auch nicht festgehalten werden. Andererseits aber ist die blosse Unendlichkeit mit nothwendig und blind wirkenden Gesetzen, die im Universum erscheint, auch nicht geeignet, das religiöse Bedürfniss der Menschheit zu befriedigen. Wenn Strauss[1]) bemerkt, dass der Anblick des Universums ihn religiös errege, so kann diese Erregung doch kaum von der Unendlichkeit allein und von dem Mechanismus in ihm ausgehen, sondern kann wohl nur von der geistig sich widerspiegelnden Vernunft kommen, deren Ausdruck das Universum mit seinen Massen und Gesetzen ist. Immerhin aber kann der Eindruck dieser äusserlichen Unendlichkeit nur ein vager, verworrener und insoferne wenig wirksamer sein. So entsteht das Bedürfniss, das an sich unfassbare, unbegreifliche, im äusseren Universum nur unbestimmt erscheinende Göttliche durch eine bestimmtere Auffassung und menschlich fassbarere Gestaltung dem Gemüthe, wie der Vernunft des Menschen näher zu bringen. Diese Gestaltung des Göttlichen für die Menschheit, für den Menschengeist geschieht durch das, was wir als Phantasie bezeichnet haben, durch die subjective, durch Geistesentwicklung hoch ausgebildete Phantasie. Dadurch wird das Göttliche zwar nicht seinem Wesen und seinem Ansichsein, aber seiner Bedeutung nach und in seiner Wirksamkeit für die Menschenwelt erfasst und dem Bewusstsein nahe gebracht. Muss ja doch Alles, was für den Menschen Bedeutung und Werth haben, für ihn verwendbar und ihm förderlich sein soll, erst irgendwie gestaltet sein! Diess gilt schon von seiner subjectiven leiblichen Natur gegenüber dem objectiven allgemeinen Natursein mit seinen Stoffen und Kräften. Soll die Natur

---

[1]) „Der alte und neue Glaube."

etwas für ihn sein, zu seiner Erhaltung und Förderung dienen, so muss sie gestaltet, organisirt werden, damit er als Nahrung sie aufnehmen und sie in sich verwandeln könne. Ebenso: Sollen die Ideen auf ihn wirken oder sich in ihm zum Bewusstsein entwickeln und seinen Geist erheben, so müssen sie ihm irgendwie gestaltet, realisirt entgegen treten und auf ihn einwirken als bestimmte, concrete Realisirung der Wahrheit, oder als Schönheit in irgend einer Form oder als persönlich gewordene Idee der Sittlichkeit, die ihm diese deutlich zeigt und durch Vorbild auf sein Gemüth einwirkt. So muss das an sich unfassbare, unergründliche, geheimnissvolle Göttliche in irgend eine Form gebildet und damit der Offenbarung fähig werden, um Einfluss und Bedeutung für die Menschheit zu gewinnen. Von abstracten Begriffen, Gesetzen und ungestalteten Kräften vermag der Menschengeist auch in religiöser Beziehung nicht zu leben, wie der Leib durch die unorganischen Stoffe und durch die physikalischen Kräfte als solche nicht erhalten werden kann, sondern dieselben erst geformt, (von der objectiven, realwirkenden Phantasie gestaltet) werden müssen.

Wie näher diese Gestaltung des Göttlichen für das menschliche Bewusstsein geschehen mag, lässt sich mit Bestimmtheit noch kaum darstellen; denn sie kann nicht künstlich und beliebig geschehen, sondern wird wie unbewusst erzeugt werden aus den Tiefen der durch Wissenschaft, Kunst und Humanität gebildeten Menschheit. Dass der Anthropomorphismus dabei nicht ganz ausgeschlossen werden kann, ist selbstverständlich, da nur in solcher Form das Göttliche am meisten den Menschen nahe zu bringen ist. Aber es wird das erhöhte, veredelte Menschenwesen zur Symbolisirung, Verdeutlichung des Göttlichen oder der Gottesidee verwendet werden müssen zum Behufe der Synthese, welche nun der Verstandes-Analyse im Geistesleben der Menschheit zu folgen hat. Diese

Neugestaltung ist nicht als blosse Dichtung zu bezeichnen auf Grund aller geistigen Errungenschaften der Neuzeit, so wenig als die Darstellungen der Ideen blosse Dichtungen sind, da ihnen das reale, ewige Wesen derselben zu Grunde liegt; ja so wenig, als die Gestaltungen der Natur, der organischen und lebendigen, blosse Dichtung sind, obwohl sie entstehen und vergehen, da in ihnen vielmehr das wahre Wesen, die immanente Kraft und Bedeutung des realen Naturdaseins (durch die objective Phantasie) zum Ausdruck, zur Realisirung und Offenbarung kommt. — Dass die ideale Synthese, durch welche auf Grund aller intellectuellen, sittlichen und ästhetischen Errungenschaften das absolute Ideal der Vernunft oder das göttliche Wesen neue Gestaltung für das religiöse Bewusstsein erhält — aus der Tiefe des subjectiven menschlichen Geistes geschöpft wird, kann der Realität desselben keinen entscheidenden Eintrag thun, da eben im Menschengeiste am meisten die reale Bedeutung und ideale Wahrheit zum Ausdruck kommt. Um so weniger, da neuestens selbst die Naturforschung vielfach der idealistischen Auffassung der Erkenntnissorgane und ihrer Bethätigung huldigt, indem von ihr sogar die Sinneswahrnehmung als von der subjectiven Erkenntnissorganisation ausgehend und davon wesentlich bestimmt angenommen wird, — ohne dass man desshalb das objective Sein der Natur in Abrede stellt. So kann also auch durch die ideale Organisation des Geistes der Urgrund alles Seins und Vollkommenseins, aller Gesetze und Ideen eine bestimmte Form für das menschliche Bewusstsein erhalten mit der Behauptung, dass damit wahres, objectives, reales Wesen desselben ausgedrückt sei, obwohl die Bestimmung Produkt den subjectiven Phantasie oder synthetischen Potenz des erkennenden Geistes ist. Und als eine Erscheinung oder Offenbarung des Göttlichen kann auch diess immerhin bezeichnet werden, da dasselbe eben so weit in ihm zur Offenbarung und zum Bewusstsein der Menschheit kommt, als es zu der gegebenen Zeit und in den eingetretenen Verhältnissen möglich ist. Aber freilich eine absolut gültige, unabänderliche Feststellung oder Formung kann damit nicht erzielt sein; — sowohl weil der Menschengeist seine höchste Entwicklung und Kraftbethätigung noch nicht erlangt hat, als auch weil das göttliche Wesen nie zu erschöpfen und in endliche Formen des Geistes zu fassen ist. Eben desshalb kann eine bestimmte theoretische Form des Gottesbewusstseins, die sich in eine Religionslehre ausgestaltet hat, stets nur eine gewisse Zeit hindurch das geistige Bedürfniss befriedigen, — sowie der darauf gegründete religiöse Cultus. Die historisch gewordene Form löst sich allmählich durch den Fortschritt der Erkenntniss und der Cultur wieder auf oder verliert zunächst seine Ueberzeugungskraft für den gebildeten Theil der Völker, der mit dem Fortschritte des Denkens und der Erkenntniss vertraut ist. Der frühere Glaube wird ganz oder zum grossen Theil als Aberglaube betrachtet und ihm Unglaube entgegengesetzt. Der Inhalt des bisherigen Gottesbewusstseins wird entweder ganz und unbedingt oder theilweise geläugnet. Die diess thun werden nicht blos als Rationalisten, sondern grossentheils geradezu als Atheisten bezeichnet oder verschrieen, obwohl sie nur die bisherige Auffassung Gottes zurückweisen, nicht das Dasein Gottes selbst leugnen; also im Grunde aus Ehrfurcht oder Achtung vor der in ihnen sich höher ausbildenden Gottesidee das (äussere) Dasein Gottes negiren, weil sie die Beschaffenheit der Welt mit diesem Ideal nicht in Uebereinstimmung bringen können, oder weil wenigstens der bisher geglaubte Gott der höheren Idee von Gott nicht entspricht. Diese Art vermeintlichen Atheismus anerkennt und ehrt aber Gott mehr, als der herkömmliche naturalistische oder anthropomorphische Theismus mit oft dürftigem Gottesbegriffe.

Noch kann die Frage entstehen, wie sich denn die Religion der Zukunft zu dem Christenthum verhalten werde. Da ist nun das kirchliche sog. positive Christenthum mit seinen Dogmen und Cultusacten von dem Christenthum Christi wohl zu unterscheiden. Die im Lichte einer überwundenen Wissenschaftsstufe festgestellten Dogmen und die noch auf Zauber- oder Wunderwesen gegründeten Cultusacte können in die neue Religion keine Aufnahme finden — wie schon angedeutet wurde.[1]) Dagegen das Christenthum Christi selbst enthält in der That schon das Wesentliche der Religion der Zukunft. Denn wenn auch die Gottesvorstellung, die ihm zu Grunde liegt, theoretisch und angesichts des grossen Weltprozesses nicht vollkommen Genüge thun kann, — so ist sie doch praktisch für religiöse Gesinnung und sittliches Verhalten vollständig entsprechend und ausreichend. Im Uebrigen hat in der Religion der Zukunft die Gottes- und Nächstenliebe ebenfalls die höchste, entscheidende Geltung und Bedeutung. Die Gottesliebe aber wird nicht mehr wie in dem sog. positiven Christenthum durch vermeintliche Rechtgläubigkeit und Unterwerfung unter eine äusserliche Auctorität bethätigt, sondern, wie im ursprünglichen Christenthum selbst auf das Schärfste betont ist, durch thätige Nächstenliebe. Demgemäss wird auch kein wilder Fanatismus zu Gunsten des sog. rechten Glaubens die Herrschaft erlangen können, und wird also nicht mehr um vermeintlicher Bethätigung der Gottesliebe willen das Gebot der Nächstenliebe mit Füssen getreten werden dürfen, — wie es in den Verfolgungen und Kriegen um des Glaubens willen bisher geschah, so lange es äusserlich möglich

---

[1]) Wie sowohl Supranaturalismus und der Glaube an absolute Auctorität einerseits, als auch andererseits der Naturalismus (Materialismus) auf Illusion beruht und sich selbst aufhebt, ist nachgewiesen in des Verf. Schrift: Ueber die religiösen und kirchen-politischen Fragen der Gegenwart, 1875 S. 156 ff.

war; und wie es den festgehaltenen Grundsätzen gemäss wieder geschehen würde, wenn die Macht dazu gegeben wäre. Da der Mensch für Gott selbst, direct nichts thun, ihm nichts geben und nichts nehmen kann, so vermag er selbstverständlich seine Liebe zu ihm und seinen werkthätigen Gehorsam nur durch Erfüllung des Gebotes der Nächstenliebe zu bethätigen, — und insofern kann man in der That das Wort gelten lassen, dass der Mensch für den Menschen ein Gott sei d. h. was der Mensch für seinen Mitmenschen thut, ist anzusehen als für Gott gethan und wie von Gott (Gottes Vorsehung) gethan.

Indess kann gleichwohl die Religion der Zukunft nicht in blosser Moral (theoretisch und praktisch) bestehen, und wir können Kant nicht beistimmen, wenn er die Religion blos auf Moral stellt, auf diese gründet und sie bestimmt, als „Erkenntniss unserer Pflichten, als göttlicher Gebote". Die Religion wurzelt in Gemüth und Phantasie und nimmt auch die Erkenntniskraft in Anspruch; sie ist also auch ein gemüthliches Verhältniss zu Gott und fordert daher einen Cultus zur Gottesverehrung, wie auch ein bestimmtes theoretisches oder intellectuelles Verhalten, — das eine bestimmte religiöse Gesinnung begründet. Auch in dieser Beziehung ist das Wesentliche durch das Christenthum Christi gegeben. Der Cultus hat wesentlich eine Anbetung Gottes im Geiste und in der Wahrheit zu sein, und es ist gleichgültig, wo und wie er äusserlich stattfindet, wie es nach dem Worte Christi keinen Unterschied macht, ob Gott auf Garizim oder in Jerusalem angebetet werde, — wodurch jeder Vorwand zu fanatischer Engherzigkeit von selbst hinwegfällt. Ausserdem aber kann der wahre Cultus wesentlich nur uninteressirte Verehrung oder Anbetung Gottes sein, darf nicht auf göttliches Wunderwirken im Interesse selbstsüchtiger Strebungen ausgehen und daher auch nicht ein beständiger Angriff auf den Verlauf der gesetzmässigen

Weltordnung sein — wie es in den Zauber- und Wunder-Religionen der Fall ist. Damit steht in Verbindung die religiöse Resignation, die Ergebung in den Rathschluss oder Willen Gottes, der ein Grundzug des Christenthums ist, sowie das unbedingte Vertrauen zur göttlichen Fügung in und mittelst der Weltordnung. Diess steht ohnehin in genauester Verbindung mit dem Verzichten auf Wunder und selbstsüchtige irdische Vortheile, die aus der Gottesverehrung gewonnen werden sollten. Insofern ist das höchste Symbol des religiösen Geistes dieser Religion nicht mehr das Kreuz, sondern Jesus am Oelberg, wie schon oben angedeutet wurde. Denn hier ward der geistige Act wahrer Religiosität vollzogen, die in schwerem Geistesringen vollendete Unterwerfung unter den göttlichen Willen, während der Kreuzestod nur die äussere Vollendung, die äusserliche Kundgebung davon war. Also ein Act war, der ohne jene geistige Unterwerfung keinen Werth hätte haben können; während umgekehrt, wenn der Kreuzestod durch irgend einen Zwischenfall wäre verhindert worden, gleichwohl die wahrhaft religiöse, geistige Leistung am Oelberg in ihrem vollen Werthe geblieben wäre. Diese Resignation aber kann nicht in Quietismus übergehen; schon darum nicht, weil jegliches Opus operatum, jede Zauberei und jedes Wunder ausgeschlossen bleibt und nur die eigene Kraft und Thätigkeit das äussere Schicksal des Menschen bestimmen kann; dann aber auch insbesondere desswegen, weil als das eigentliche praktische Grundgebot dieses Christenthums die thätige Nächstenliebe anerkannt ist. Diese fromme Resignation, diese Unterwerfung unter den göttlichen Willen, der sich nicht blos in den Ideen, sondern auch in der nothwendigen Gesetzmässigkeit der Natur d. h. ihrer wirkenden Ursachen kund gibt, ist zugleich Ausdruck der wahren, aus richtiger Erkenntniss hervorgehenden Liebe Gottes (amor Dei intellectualis) und das wahre, geistige Opfer, das Gott in dieser Religion zu bringen ist. Denn das Opfer des früheren religiösen Cultus, das in Blut und äusseren Gaben bestund, ist gleichfalls in ein geistiges umzugestalten und besteht wesentlich darin, dass Wille und Gesinnung mit dem göttlichen Willen, wie er in der natürlichen Gesetzmässigkeit und idealen Entwicklung zur Offenbarung kommt, in Uebereinstimmung gesetzt wird. Damit ist in der That auch die wahre, richtige Erlösung des Menschen-Geistes vollbracht, insofern er dadurch frei wird von den dunklen, schweren Banden des äussern Seins und der selbstsüchtigen Begehrungen, sowie mit den idealen Bestimmungen sich in Harmonie setzt oder zu bringen strebt. Die Befreiung von der Selbstsucht ist eben die wahre Erlösung.

Welche äussere Form insbesondere dem Staate gegenüber die Religion der Zukunft haben soll, ist anderswo erörtert („Recht der eigenen Ueberzeugung 1869"). Jedenfalls kann es sich nicht mehr darum handeln, ein kirchenrechtliches Regiment, ein geistliches Herrscher-Reich wieder einzurichten, wie im „positiven Christenthum" die Kirchen gethan, — wenn auch allerdings aus der neuen, potenzirten Gestaltung des Gottesbewusstseins durch die synthetische Kraft des Geistes (subjectiv-objective oder historische Phantasie) sich wohl eine neue Theorie in Wechselwirkung mit Wissenschaft und Bildung der Zeit entwickeln wird, um wieder eine bestimmte Zeit-Epoche hindurch das geistige Bedürfniss der Völker zu befriedigen.

Eine bestimmte religiöse Weltauffassung aber wird sich jedenfalls wieder aus der Auflösung und dem Chaos der Gegenwart herausbilden, — wozu die Ansätze, die Keime durch ideale Phantasiegestaltungen gegeben werden. Die blosse Negation genügt nicht, lässt bald unbefriedigt und erzeugt einen Hunger nach dogmatischen Bestimmungen oder Behauptungen, selbst wenn diese vom platten Materialismus ausgehen sollten. Die materialistische und mechanistische Welterklärung selbst befriedigt aber für

3. Wesen der Religion.

sich ebenfalls nicht und vermag nicht einmal groben Aberglauben zu besiegen, — im Gegentheil führt nur dazu, die Glaubenssucht zu vergröbern und die Wundersucht selbst zu materialisiren. Wenn der persönliche Menschengeist trotz Selbstbewusstsein und Willkür ein blosser Mechanismus sein kann, so kann die mechanistische Weltauffassung nicht hindern, einen persönlichen wunderthätigen Gott oder Götter in roher Weise zu denken und ausserdem Geister aller Art, die sich mechanisch durch Klopfen, materiellen Lärm u. s. w. kund geben. Veredelnd kann nur die rationale und ideale Weltauffassung wirken, um den groben Sinn der Menschen zu läutern, durch Aufdeckung der Widersprüche aufzuklären und durch die Macht der Ideen zu erheben. Diese Ideen sind der Fels auf dem die Religion der Zukunft in theoretischer Beziehung ruhen muss.

Die Phantasie hat also, wie angedeutet, auch bei Gründung der Religion der Zukunft und bei ihrer Ausgestaltung eine grosse, ja die Hauptrolle zu spielen, — wie diess überhaupt in Natur und Geschichte allenthalben der Fall ist, und wie sie auch vom Anfang an auf religiösem Gebiete die wichtigste Rolle gespielt hat. Sie wirkte aber in der früheren Religion hauptsächlich nur phantastisch, indem sie entweder Nichtseiendes als seiend vorbildete, oder die wirkenden, unpersönlichen Ursachen und Gesetze personificirte; — jetzt aber hat sie verklärend zu wirken, indem sie das an sich seiende, reale Wesen der Ideen und des Absoluten selber zu Idealen gestaltet in Wissenschaft und Kunst und dadurch immer mehr zu bestimmenden Mächten in der Menschengeschichte zu beleben sucht. — Wie aber auch die subjective Phantasie in Zukunft auf Grund der Wissenschaft und immer reicherer, tieferer Erkenntniss und Realisirung der Ideen die Gottheit für das menschliche Bewusstsein gestalten und zur Offenbarung bringen mag, die Grundbestimmung des Göttlichen wird auf religiösem Gebiete immer die bleiben müssen, welche aus der objectiven Phantasie resp. dem durch diese gesetzten Familienverhältniss entnommen ward. Die Gottheit wird gemüthlich und religiös den Menschen gegenüber stets als Vater im Himmel in seinem Verhältniss zu Kindern aufgefasst werden dürfen und müssen. Eine Auffassung mit welcher, wie wir sahen, uranfänglich die Religion begonnen hat und die eine so intensive und veredelnde Erneuerung durch Jesus und seine religiöse Reform gefunden hat oder finden wollte.

In metaphysischer Beziehung d. h. wissenschaftlich den Gottesglauben betrachtet, sind noch grosse Schwierigkeiten ungelöst, mag man den Begriff Gottes an sich oder das Verhältniss des religiös geglaubten Göttlichen zur Welt in's Auge fassen.

Dass ein Ewiges, Unendliches, Ansichseiendes, Unentstandenes sei, kann unschwer gezeigt werden aus der Thatsache, dass wirklich Etwas ist, dass wir sind und denken. Denn wäre nicht ein Ewiges, Unentstandenes, wäre einmal Nichts gewesen, so wäre auch jetzt noch nichts, da aus Nichts nichts werden, das Nichts nichts hervorbringen kann. Du also jetzt Etwas ist, so ist immer und ewig Etwas gewesen. Und insofern ist auch zu sagen, dass dieses ewige, unentstandene Sein oder Seiende eine Substanz sei, ein in und durch sich selbst Seiendes, dessen Sein und Existiren in Eins zusammen fallen, in welchem Wesen und Existiren nicht zu trennen sind. (Cujus essentia involvit existentiam).

Was aber dieses ewig und aus sich selbst Seiende ist, worin sein Wesen besteht, welche Form oder Daseinsweise es hat und wie und wodurch es wirkt, — das eben ist das Ungewisse, nicht mit voller Gewissheit und Denknothwendigkeit Erkennbare. Also: ob der Form, der Existenz- und Wirkens-Weise nach persönlich, demnach selbstbewusst und mit Selbstständigkeit oder nach Erkenntniss und Absicht handelnd, diess vor Allem ist ein Grundproblem für die Philosophie — während die Religion diess voraussetzt, im Glauben festhält und den Cultus darnach gestaltet. Von wissenschaftlicher Seite wird gegen die Persönlichkeit Gottes insbesondere dessen nothwendig anzunehmende Unendlichkeit und Absolutheit angeführt, da Persönlichkeit eine Beschränkung durch Anderes und Sich-Unterscheiden davon voraussetze, also mit Unendlichkeit unvereinbar sei. Indess dürfte diese Schwierigkeit nicht so gross und entscheidend sein, als angenommen zu werden pflegt, da Persönlichkeit als wesentliches Moment doch nicht ein fremdes, anderes Sein voraussetzt, sondern nur das eigene Sein und das Wissen um dieses, sowie Selbstbestimmung von diesem. Ja sie schliesst sogar das Moment des Unendlichen wesentlich in sich dem Wissen und Wollen nach, während das Unpersönliche über das eigene Sein und die eigene Kraft nicht hinaus zu kommen vermag.[1])

Dagegen aber lässt sich für das göttliche Persönlichsein auch kein entscheidender positiver Beweis führen, — und es bleibt insofern dieses so wichtige Problem wissenschaftlich noch ungelöst und wenigstens immer wieder neuen Bedenken und Einwendungen ausgesetzt. Nicht zu verwundern daher, dass man in den Religionen nach thatsächlichen Erweisen oder Offenbarungen des Persönlichseins Gottes so begierig ist, so sehr verlangt nach Wundern und Offenbarungen und so sehr daran festhält, auch wenn sie wissenschaftlich durchaus als unhaltbar sich erweisen. In ihnen erblickt man das Walten einer göttlichen Weltregierung und Vorsehung, und demnach zugleich den sichersten Beweis für die Persönlichkeit Gottes. Sind daher die Wunder als unthatsächlich dar-

[1]) S. des Verf. Schrift: „Das neue Wissen und der neue Glaube." 1873. Abschn. III.

gethan, so schwindet in dem Maasse die Sicherheit des Glaubens an einen persönlichen, selbstbewussten Gott mit Allem was sich für das religiöse Gemüth und den Cultus daran knüpft — insbesondere für das Volk, das noch nicht den Grad von Bildung erreicht hat, andere haltbarere Motive für den Glauben an göttliche Persönlichkeit zu verstehen. Allein das geglaubte Verhältniss des Göttlichen zur Welt, die besondere Wirksamkeit, Führung, Vorsehung, Wunderwirkung Gottes ist für die genauere Forschung, bei natürlicher Erkenntniss der Natur und ihrer Gesetze und bei denkender, unbefangener Betrachtung der Geschicke der Völker, und der Einzelnen — keine Thatsache mehr, wie sehr die Masse auch noch daran festhält. Selbst die dem Aristoteles entnommene, scholastische Annahme, dass die Welt eines ersten Bewegers bedürfe und also Gott als erster Beweger existiren müsse, erweist sich als unhaltbar, da kein Grund vorhanden ist, die Ruhe oder Bewegungslosigkeit als das Nothwendige oder Ursprüngliche anzunehmen und Bewegung erst als Folgendes, Abgeleitetes. Vielmehr erweist sich Bewegung als das Ursprüngliche, da die Ruhe nur als gehemmte, gebundene, aufgehaltene Bewegung sich erweist.

Der Weltprozess als solcher zeigt auch kein directes göttliches nach Menschen-Art fürsorgendes Walten. Das furchtbare Geschehen in unvordenklichen Zeiten im Grossen und im Kleinen verräth keine Thätigkeit und Führung, die mit unserem menschlichen Ideal von Gott übereinstimmt; vielmehr, wenn man an diesem göttlichen Walten festhalten will, muss man nothgedrungen die Idee Gottes herabstimmen, Gott zu einem furchtbaren, grausamen, oft blind wirkenden Wesen machen. Die Nothwendigkeit dieser unendlich langen wilden Prozesse in der Natur, mit endloser Zerstörung und Leiden unzähliger Wesen, kann auch nicht als im Interesse der sittlichen Vervollkommnung oder der Realisirung der Idee des Guten geschehend gerechtfertigt werden; denn ehe noch Menschen waren und eine sittliche Idee realisirt werden konnte, dauerten sie schon unendliche Zeiträume hindurch. Und ausserdem bringen die Naturverhältnisse die Menschen, die Völker häufig in so gedrückte, herabgekommene Zustände, dass ihnen das höhere Bewusstsein gar nicht auf oder wieder verloren geht, und sie also geradezu durch diese Verhältnisse gehindert sind, die sittliche Idee zu realisiren, anstatt durch sie dazu angeregt zu werden.

Demzufolge nehmen wir weder die physikalischen Kräfte noch die allgemeine Gestaltungspotenz (Weltphantasie) als geradezu identisch mit Gott selbst. Dieses Weltprincip offenbart sich in den Dingen der Welt, in dem grossen Naturprozesse; es ist in diesen eingegangen, gestaltet sich selbst aus, indem es die einzelnen Wesen nach ihren Arten producirt in Wechselwirkung mit den Naturverhältnissen. Es ist nicht Gott selbst, ist das Gestaltende und Gestaltungsbedürftige, das nach Gestaltung Strebende und sich in Gestaltung selbst Gewinnende, indem es zugleich die Ideen realisirt und dadurch offenbart, zum Bewusstsein, zur Erkenntniss bringt, nach Vollendung durch sie verlangend und strebend. Die Weltphantasie, in ihrem Wirken unter religiösem und metaphysischen Gesichtspunkt betrachtet, beginnt daher mit der Gottesferne und offenbart in den ersten Prozessen und bewusstlosen Wirkungen Gott am wenigsten, vielmehr erst in dem Maasse, als sie die Ideen zur Realisirung bringt, — obwohl die in der Menschennatur treibende Gottesidee in ihrem noch unvollkommenen, dunklen Zustand die Menschen veranlasst, die Wirkungen blosser Weltkräfte, insbesondere der gestaltenden Weltphantasie für göttliche Wirkungen oder Gott selbst zu nehmen. — Die immer klarer sich offenbarenden Ideen der Wahrheit, Sittlichkeit u. s. w. müssen allmählich das feste Fundament bilden durch ihr ewiges, vollkommenes Wesen, um darauf das Gottesbewusstsein und allenfalls die Metaphysik oder rationale (ideale) Theologie zu gründen. Die Ideen, wenn irgend etwas, deuten auf ein, so zu sagen, hinter oder über der Welt stehendes vollkommenes Wesen, — nicht Zauberwerk und vermeintliche Wunder; so dass der ganze Weltprozess als ein Offenbarungsprozess göttlichen Daseins und Wesens erscheinen kann. — Dass in der Welt die Realisirung der Ideen als höchster Zweck und tiefster Trieb erscheinen, mag andeuten, dass auch ein Quell der Ideen, ein Urideal zu Grunde liegt.

Daher ist auch dieser ganze Weltprozess nicht selbst als göttlicher zu betrachten, nicht in das göttliche Wesen oder Leben, nicht in die göttliche Immanenz selbst hinein zu verlegen, obwohl man auch nicht sagen kann, dass er ausser oder neben dem göttlichen Wesen verlaufe. Die räumlichen Bezeichungen Innen und Aussen sind hier überhaupt unstatthaft, wie die zeitlichen Vorher und Nachher. Wenn das Endliche, ausser Gott gedacht, die Gottheit beschränken, verendlichen würde, (wie man öfters behauptet), so muss diess auch geschehen und sogar noch mehr, wenn das Endliche in Gott gedacht wird als Moment seines Lebens oder Wesens; denn er hat dann in seiner Natur selbst die Schranke innewohnend. Von einer Beschränkung Gottes durch eine von ihm verschiedene Welt könnte nur die Rede sein, wenn das Wesen Gottes, wie bei Spinoza, als Ausdehnung gefasst würde; denn in diesem Falle könnten die Dinge in ihm oder neben ihm sein. Wenn aber Gott weder als Ausdehnung noch nach Art des menschlichen Geistes gedacht wird, dann kann durch diese beiden und durch die Welt überhaupt keine Schranke Gottes gesetzt sein, auch wenn die Welt etwas Anderes ist als Gott; — denn, wie Spinoza selbst bemerkt, nur das Gleichartige oder Gleichwesentliche kann sich gegenseitig beschränken. Körper durch Körper, Denkendes durch Denkendes, nicht aber Ungleichartiges, nicht Körper durch Denken oder Denkendes durch Körperliches.

Wie das Göttliche, Absolute das Endliche setzen oder hervorbringen könne, sei es in sich oder ausser sich oder sonst irgendwie, ist kaum je zu begreifen. Durch Panentheismus, wie bemerkt, ist die Schwierigkeit nicht im mindesten gehoben. Da aus Nichts nichts hervorgebracht werden kann, so muss die Hervorbringung der Welt durch göttliche Kraft geschehen, also muss sie aus dieser stammen, oder diese selbst muss sich in sie umgesetzt, verwandelt haben. So kann keine Trennung, Scheidung von Gott und Welt angenommen werden, da jedenfalls die göttliche Macht in ihr fortwirkt, die sie ja selber ist. Aber sie ist doch nicht Gott dem Wesen nach, da eine Verendlichung stattgefunden haben muss, so dass sie ihrer Existenz nach als göttlich, aber ihrem Wesen und ihrem Processe nach als nicht göttlich erscheint und durch Realisirung der ewigen Ideen erst selbstthätig zur Vollkommenheit gelangen kann. — In Bezug auf das Wesen der Gottheit und ihres Verhältnisses zur Welt sei nur noch bemerkt, dass jedenfalls auch wissenschaftlich, wie religiös, als Fundamentalbestimmung diess anzunehmen ist, dass aus ihr die objective Phantasie mit dem Grundverhältniss, das sie setzt, dem Familien- und Vaterverhältniss, aus dem auch alle höhere geistige Entwicklung in Natur und Geschichte den Anfang genommen, hervorgehen konnte; ferner, dass in ihm auch die subjective Phantasie, durch welche aller Fortschritt stattfindet, begründet sei und er demgemäss auch wie Quelle der Ideen, so Quelle des Bewusst- und Persönlichseins zu sein vermöge. Wie Gott nicht mehr nach Aristotelischer und scholastischer Weise als erster (selbst unbewegter) Beweger der physischen Welt aufzufassen ist, so auch nicht als anthropomorphisches und anthropopathisches Wesen, — wie in den Religionen und Cultusarten vorausgesetzt ist. Eine solche anthropomorphische Vorstellung von Gott kann angesichts dieser Beschaffenheit der Welt und des Menschenschicksals nur zum Skepticismus und schliesslich zum Atheismus führen, sobald die Menschen anfangen, einigermassen zu denken und sich nicht mehr blindlings in diesem Gebiete zu verhalten. Denn wenn der Atheismus behauptet, es sei unmöglich, dass Gott existire, weil, wenn er existirte, diese Welt seiner Vollkommenheit gemäss besser sein müsste, — so liegt dabei die Vorstellung Gottes als eines idealisirten Menschen zu Grunde. Der Atheist räsonnirt: „Ich, der ich nur ein Mensch bin, würde die Welt besser einrichten, würde die Leiden beseitigen und Hülfe gewähren — wenn ich nur könnte! Wäre nun ein Gott, so müsste derselbe doch eben so wohlgesinnt sein und eben so gut handeln wie ich, — und als Gott könnte er das auch und müsste es wollen. Da es doch nicht geschieht, so geht daraus hervor, dass es ein so ideales, mächtiges, göttliches Wesen in Wirklichkeit nicht gibt." Auch der Atheist möchte also in seiner Weise Zeichen und Wunder, um zu glauben, — wenn auch nicht geradezu Zaubereien! Er könnte dazu noch bemerken, dass ein so vollkommenes Wesen, wie ein (menschenähnlicher) Gott sein soll, gegenüber dieser unvollkommenen Welt auch darum unmöglich anzunehmen sei, weil er gerade um seiner (menschenähnlichen) Vollkommenheit willen, höchst unglücklich, unselig sein müsste. Denn wenn schon ein gutgesinnter, edler Mensch mit Trauer und Schmerz erfüllt wird, wenn er die vielen Leiden der Wesen wahrnimmt, und noch mehr, wenn er so viele menschliche Leidenschaften, Laster und Ruchlosigkeiten erfährt, so müsste ein guter, vollkommener Gott, wenn er nach Menschenart fühlte, dächte und wollte, wie die Religionen ihn voraussetzen, — höchst unselig sein. Er würde (menschenähnlich) von Schmerz, Trauer, Zorn u. s. w. bewegt werden, und zwar in unendlicher Weise, da er in jedem Augenblicke alle Schmerzen und

3. Wesen der Religion.

Leiden nicht bloss, sondern auch alle Laster, Verbrechen, Ruchlosigkeiten des Daseins wahrnehmen und dabei zugleich (menschlich) im höchsten Maasse afficirt werden müsste! Genug, wir können daraus wohl sehen, wie ungerechtfertigt ja gefährlich, es ist, Gott als menschenähnlich, wenn auch als vollständig idealen Menschen zu denken. Indess ist das menschliche Gemüth so geartet und die menschliche Natur so angelegt, dass gleichwohl immer wieder das Göttliche nach dem Bild und Gleichniss des Menschen gefühlt und vorgestellt wird. Die Phantasie und Vernunft schöpfen stets wieder aus dem ewigen Quell des Daseins, aus den Tiefen des Universums, um dem Gottesbewusstsein einen bestimmt gestalteten Inhalt zu geben. Diess bringt der geschichtliche Process der Menschheit mit sich und diese Gestaltung des Ewigen, Absoluten durch die Phantasie ist nicht unberechtigt, wenn sie nicht den Anspruch macht, der adäquate (verendlichende) Ausdruck desselben zu sein (eine Adäquatheit, die ja ohnehin auch von den Gläubigen selbst immer wieder aufgehoben wird durch Berufung auf Gottes Unerforschlichkeit und menschliche Schwäche,) und wenn dabei die durch Wissenschaft und Cultur zur Offenbarung und zum Bewusstsein gekommenen Ideen der Vollkommenheit im intellectuellen, sittlichen und ästhetischen Gebiete zur Geltung gebracht werden.

IV.
Die Sittlichkeit in Ursprung, Entwicklung und Wesen.

Obwohl wenigstens bei civilisirten Völkern Jedermann zu wissen glaubt, was Sittlichkeit sei, welche Gesinnung, welche Handlungen sittlich seien im guten oder bösen Sinne, und im Allgemeinen Jedermann diess auch weiss, so bietet doch die nähere Bestimmung hievon nicht geringe Schwierigkeiten dar. Schwierigkeiten sowohl in sachlicher, als in formaler Beziehung. Wenn auch zunächst vollständig klar und allgemein anerkannt ist, dass zur Sittlichkeit, zum Verhalten und Handeln, das als sittlich bezeichnet werden kann, Selbstbewusstsein und Wille, sowie ein bestimmter Grad von Erkenntniss nothwendig seien, so ist doch damit eben nur die psychologische Grundbedingung der Sittlichkeit, weiter aber davon noch nichts bestimmt, während es sich doch um die eigentlich principiellen und sachlichen Bestimmungen derselben handelt. Welches sind die Normen, nach denen das Denken wie das Wollen und Handeln sich zu richten hat, um sittlichen Charakter zu erlangen? Welches ist das Princip des Seins und Erkennens, woraus diese Normen abgeleitet oder woran als Kriterium bestehende Normen geprüft, beurtheilt werden können? Und was gibt dem Handeln, das an sich nur äusserlich ist, den eigentlich sittlichen Geist? All' diess ist schon sehr schwierig zu bestimmen und die Ethik als philosophische Wissenschaft ist damit noch keineswegs vollkommen im Klaren und Sicheren. Welches ist dann die Quelle, aus welcher die sittliche Verpflichtung stammt, welches ist das eigentliche und höchste Ziel alles menschlichen Strebens, und worin besteht das Wesen der Tugend und der sittlichen Vollkommenheit? Ist die letzte Aufgabe die Selbstförderung nach allen Beziehungen oder das Wirken für Andere, Egoismus oder Altruismus? Oder vielmehr das Wirken im Dienste der im Glauben anerkannten Gottheit, allenfalls selbst unter Preisgabe nicht bloss des Egoismus, sondern insbesondere des Altruismus, wie die menschliche Geschichte diess so häufig zeigt? Probleme, die sich alle auf die eigentliche Bedeutung, den wirklichen Werth des menschlichen Daseins beziehen, und daher seit so vielen Jahrhunderten einen Hauptgegenstand der philosophischen Bestrebungen bildeten.

Am leichtesten und populärsten wird die Lösung all' dieser Probleme durch die Religionen und Kirchen gewährt: die Gottheit (Gott oder Götter) ist da als Quelle, als Urheber des Gesetzes für das Verhalten, Denken und Handeln der Menschen angenommen und ihr gegenüber besteht die Verpflichtung zur Unterwerfung, zum demüthigen, unbedingten Gehorsam, zur Erfüllung des gegebenen Gesetzes oder Befehles, mag derselbe sich direct auf die Verehrung dieses Gottes selbst, oder auf Förderung oder Unterdrückung des eigenen individuellen Seins und Lebens, oder auf Wirken für Andere, wohl auch auf Schädigung und selbst Vernichtung derselben beziehen. Ein in der Religionsgeschichte nicht selten auftretender Fall, in welchem also religiös-sittliche Pflichten mit Humanitätsrücksichten oder natürlich-sittlichen Pflichten in Gegensatz treten. Als letztes Ziel erscheint dabei allerdings auch das Glück, die Glückseligkeit des Menschen, entweder noch in diesem Leben, oder meistentheils in einem andern. Auf untergeordneten Standpunkten ist dieses göttliche Gesetz für das menschliche Handeln fast nur als Ausdruck göttlicher Willkür oder geradezu göttlichen Eigennutzes aufgefasst, auf höherem Standpunkte aber ward die Frage erörtert, in welchem Verhältniss dieses Gesetz selbst zu Gott, zum göttlichen Willen und Wesen stehe; ob es so ewig und unbedingt sei, dass Gott selbst gleichsam sich ihm unterordnen müsse, oder ob es, mit dem göttlichen Wesen identisch, der Ausdruck ewiger göttlicher Selbstbestimmung sei, oder doch nur ein Ausdruck einer Willensbestimmung Gottes für das ihm äussere, untergeordnete Dasein selbstbewusster, wollender Wesen.

Auf dem Standpunkt des religiösen Glaubens und für das gewöhnliche Bewusstsein und das praktische Leben der Menschen ist nun diese religiöse Auffassung der Sittlichkeit, soweit sie durch Gesetz und Pflicht bedingt ist, allerdings die einfachste, klarste, und vielleicht auch praktisch wirksamste, weil von der stärksten Autorität unterstützt, die droht, straft und belohnt, also mächtige Motive für das pflichtmässige, vorgeschriebene Handeln gewährt. Für die wissenschaftliche Untersuchung aber, für principielle Bestimmung des Wesens der Sittlichkeit ist dieselbe von keiner directen Geltung und Bedeutung. Denn wenn Gott als Urheber der Gesetze für das menschliche Handeln bezeichnet wird, und wenn als das sittlich Gute wesentlich der Gehorsam gegen diese Gesetze (als Ausdruck des göttlichen Willens) gilt, so entsteht ja doch sogleich die Frage, wer und wie beschaffen die Gottheit selber sei, und sogar, ob eine solche Gottheit sei, da sie nicht unmittelbar den Menschen erscheint und sich kund gibt. Zwar berufen sich die Religionen dabei auf die directe göttliche Erscheinung und Offenbarung; allein dem gegenüber entsteht wieder die Frage, ob die behauptete göttliche Offenbarung und Gesetzgebung auch wirklich göttlich oder nur eine vermeintliche Offenbarung Gottes, im Grunde aber als solche eine Täuschung sei. Diess um so mehr, da es so viele und verschiedene Religionen gibt, die sich alle für göttliche Offenbarungen ausgeben, einander vielfach widersprechen und anfeinden und sich gegenseitig nicht bloss den Charakter göttlicher Offenbarung absprechen, sondern geradezu für Lug und Täuschung erklären. Ausserdem wird bei der Prüfung der behaupteten göttlichen Offenbarung von den Bekennern derselben selbst stets als Kriterium der Wahrheit oder Wirklichkeit des göttlichen Charakters diess betont, ob die Lehre und das Leben des Offenbarers mit dem sittlichen Gesetze übereinstimme oder nicht. Denn Unsittlichkeit des Einen oder andern gilt als Beweis, dass die behauptete Offenbarung nicht göttlich sei, während die Reinheit der sittlichen Lehren und des Lebens des Verkünders der Offenbarung als Hauptbeweis für die Göttlichkeit gilt, — mehr als selbst die Wunder, da solche auch böse Mächte wirken können (nach der Meinung der Offenbarungsgläubigen), sicher aber solche reine Sittengesetze naturgemäss nicht verkünden, sondern eher das Gegentheil. So setzt also die Prüfung und richtige Erkenntniss der Offenbarung Gottes (und der Gottheit selbst) das höhere Bewusstsein dessen, was Sittlichkeit sei, schon voraus, und ohne dieses ist es unmöglich, die Prüfung einer solchen vorzunehmen und eine Entscheidung zu geben. Oder jedenfalls müsste diese Entscheidung erst erfolgen können, nachdem man durch praktische Befolgung der als göttliche Offenbarung gegebenen Lehre sich von der Wahrheit und Göttlichkeit durch die guten Folgen hat überzeugen können, — den Baum aus seinen Früchten erkennend. Darin liegt auch schon eine Andeutung über das wahre Verhältniss von Religion und

IV. Die Sittlichkeit.

Sittlichkeit, indem sich zeigt, dass die Wahrheit der Religion in ihrer Anerkennung und Uebung von dem sittlichen Bewusstsein und der Erkenntniss und Realisirung der Idee des Guten abhängig ist, da nur diese die Erkenntniss der wahren Religion ermöglicht. Ohnehin anerkennen diess selbst die rechtgläubigsten Theologen dadurch, dass sie den Glauben als eine Willensthat, also als Sache ethischen Verhaltens geltend machen, — während sie freilich doch wiederum das sittliche Verhalten, die sittliche Vollkommenheit von der wahren Religion, vom rechten Glauben abhängig sein lassen! Es ist aber aus der Geschichte der Menschheit hinreichend bekannt, dass im Namen der Religion und der Rechtgläubigkeit selbst von den Bekennern der höheren Formen derselben die grössten Unthaten verübt, die grausamsten Verfolgungen und Bedrückungen über Andersdenkende verhängt wurden; dass Verachtung und Hass und alle Leidenschaften der Menschen und Völker gegen einander im Namen der Religion Nahrung fanden, indem das eigentlich sittliche Gewissen dabei gleichsam ausgelöscht und an dessen Stelle ein religiöses Gewissen gesetzt wurde. Ein Gewissen, dem nur Gott, d. h. die vermeintlich allein wahre Vorstellung von Gott etwas galt, nicht aber die Menschen, deren Rechte wie nichts erschienen dem absoluten Rechte Gottes und seines wahren Bekenners gegenüber. Die vermeintliche Bethätigung der Gottesliebe vertilgte die Nächstenliebe, die Religion zerstörte das sittliche Gewissen, das wirklich sittliche Leben, die Idee der Sittlichkeit.

Thatsächlich bleiben also für die Theorie alle die oben berührten Probleme bezüglich der Sittlichkeit bestehen trotz dieser einfachen und populären Lösung derselben durch die Religionen. Die Probleme betreffen, wie schon angedeutet, den Ursprung und das Wesen der Sittlichkeit, Ziel und Inhalt des sittlichen Strebens, Princip der sittlichen Normen und Pflichten, sowie überhaupt die objectiven und subjectiven Factoren und Bedingungen, wodurch eine Thätigkeit begründet wird, die man als sittliche bezeichnen kann. So ist also die Frage, ob etwa das sittliche Leben der Menschheit durch menschliches Uebereinkommen entstanden, durch eine vereinbarte Feststellung ihren Anfang genommen habe? Es ist klar, dass diess nicht möglich war, nicht blos, weil da das sittliche Bewusstsein schon hätte vorhanden sein müssen vor dieser Feststellung, um sie selbst zu ermöglichen, sondern auch, weil das Sittliche ein ewiges, unveränderliches Moment in sich birgt trotz so mannichfachen Wechsels in den zeitlichen, natürlichen und historischen Verhältnissen der Menschheit, der Völker und Menschen. So zwar, dass in Folge davon Niemand, der einmal die richtige Einsicht davon gewonnen hat, sich von der Verpflichtung eigenmächtig innerlich befreien kann, wenn er auch äusserlich von derselben sich lossagen mag. — Ebensowenig kann das Sittengesetz oder das sittliche Bewusstsein als Resultat gewaltthätiger Willkür betrachtet werden. Es gehen daher die meisten philosophischen Ansichten dahin, dass das sittliche Leben der Menschheit, im Unterschiede von dem blos natürlichen, vegetativen Lebensprozesse und thierischen Functionen und Strebungen, entstanden sei in Folge einer besonderen Anlage, durch welche es möglich war, das Gute und Böse von einander zu unterscheiden und ein Pflichtgefühl und Gewissen zu gewinnen. Dem gegenüber behaupteten freilich wieder Andere, dass die genannten Begriffe entstanden seien durch Wahrnehmung des Nützlichen und Schädlichen für den Menschen und durch Beurtheilung von beiden festgestellt worden seien, so dass sie allerdings nur je einen relativen Werth haben können. Damit einigermassen verwandt ist die Ansicht, dass das Wesen des Sittlichen die Naturgemässheit sei, also das Böse das Naturwidrige, so dass im Grunde genommen das sittliche Leben einzig darin bestünde, das mit Bewusstsein und Willen zu vollbringen, was Pflanzen und Thiere ohne Selbstbewusstsein und Wollen leisten. Auch über das Ziel des Strebens, das als ethisches gelten soll, sind die Ansichten sehr verschieden, und es sind insbesondere zwei derselben, die sich einander gegenüber stehen, ja auszuschliessen scheinen: Die egoistische und die altruistische, wovon jene nur das eigene Selbst und eigene Wohl als Gegenstand oder Ziel des sittlichen Strebens und der Tugend ansieht, die andere aber diesem Streben die Förderung des Nächsten zur Aufgabe macht. Für jene ist also Selbstliebe, für diese die Nächstenliebe, beziehe sie sich auf Individuen oder Gemeinschaften, das Entscheidende bei dem selbstbewussten Wollen und Handeln des Menschen. Durch die Hinzufügung der Gottesliebe lässt sich wohl eine gewisse Vereinigung beider erzielen, aber freilich nur auf dem Standpunkte des Glaubens, während man auf rationalem Standpunkt die Versöhnung beider Gegensätze dadurch versucht hat, dass man zu zeigen strebte, durch entschiedene, vernünftige Selbstliebe werde auch die Nächstenliebe am besten geübt, wenigstens im Grossen und Ganzen; und umgekehrt, vernünftige Nächstenliebe komme der Selbstliebe durchaus zu gute. Im Einzelnen betrachtet erheben sich gegen beide manche Bedenken. Die Realisirung der Selbstliebe scheint unmöglich als eigentlich sittliches Streben betrachtet werden zu können, da es sich doch von selbst versteht, dass Jedermann für sein eigenes Bestes sorgt, und dazu weder Verpflichtung nöthig ist, noch auch ein Verdienst darin liegen kann, dass er dem Egoismus huldigt. Und diess gilt nicht blos für sinnlichen Genuss und äusserliches Wohlbefinden, sondern auch von geistiger Förderung und Vervollkommnung des Selbst. Soll es ein sittliches Streben und ein Verdienst sein für den Menschen, nach eigenem Genuss oder auch nach eigener

Vollkommenheit überhaupt zu streben, weil es mit Bewusstsein und Willen geschieht, — während doch alle Wesen naturgemäss und von selbst darnach streben? Diess ist sehr fraglich, obwohl allerdings auch die Religionen dasselbe Ziel für das sittliche Verhalten geltend machen, die endliche Glückseligkeit nämlich, wenn sie dieselbe auch in ein Jenseits verlegen und nicht eigentlich als Resultat des menschlichen Strebens, sondern als Geschenk oder Belohnung der Gottheit für dieses Streben auffassen. — Was die altruistische Auffassung betrifft, welche die Bethätigung der Nächstenliebe als die Quintessenz des sittlichen Verhaltens geltend macht, so erhebt sich dagegen das Bedenken, ob denn in der That der Eine Mensch verpflichtet sein kann, für den Anderen, den Nächsten oder für eine Gemeinschaft von solchen ebenso sehr, oder noch mehr zu sorgen und zu streben, wie für sich selbst und für sie sogar den eigenen Genuss preiszugeben, das eigene Wohlsein zu gefährden! Ob in einem rationalen Dasein es verlangt, oder so angeordnet sein soll, dass der Einzelne nur durch Wirken und Opfer für Andere sittlich und vollkommen sein könne, während er durch Streben und Sorgen für sich selbst, wo nicht geradezu unsittlich werden, so doch keine Vollkommenheit zu erlangen vermöge! Jedenfalls setzt diess ein eigenthümliches Verhältniss voraus, das unter den Menschen waltet, sie eint oder als Glieder einer Einheit erscheinen lässt, die solidarisch sind. und anstatt als Monaden sich geltend zu machen, vielmehr ihre Aufgabe und ihre Selbstvollendung nur im Sein und Wirken in einer Gemeinschaft erfüllen und erreichen können — wie wir später sehen werden. — Die Verpflichtung, die sittliche Pflicht selbst ist wiederum ein schwieriges Problem. Worauf beruht dieselbe oder woraus eigentlich geht sie hervor für den Menschen als dieses treibende Gefühl, dieses bestimmende Motiv für sein Verhalten — auf dem

Standpunkt der reinen selbstständigen Sittlichkeit, abgesehen von dem religiösen Glauben dieser oder jener Art? Der sog. kategorische Imperativ ist sehr mysteriös und erklärt nicht mehr als die Annahme eines dunklen, moralischen Instincts. Eine äussere gesetzgebende und drohende Macht aber und die Furcht vor ihr erklärt doch nur den Gehorsam, die Unterwerfung, nicht das Gefühl der Verpflichtung, das wirksam ist auch ohne alle Rücksicht auf Befehle und Bedrohung einer äusserlichen Macht. Auf idealem Standpunkt wird man die Idee des Guten nennen als jene Macht, die im Gemüthe das Gefühl der Verpflichtung hervorbringt ohne Rücksicht auf Gewinn oder Verlust, der aus dem sittlichen Handeln folgt. Indess hat es seine grosse Schwierigkeit, zu bestimmen, was diese Idee des Guten an sich sei, da die Verhältnisse, in denen das Gute realisirt, die Pflicht erfüllt werden soll, so unendlich verschieden, so complicirt sind, dass es kaum möglich ist, alle unter Einen Gesichtspunkt zu bringen oder nach Einer Norm zu beurtheilen. Und wenn auch, ist der Mensch nur ein Werkzeug zur Realisirung einer an sich seienden, über ihn erhabenen Idee des Guten? Oder umgekehrt, ist diese Idee des Guten, obwohl an sich seiend, nur ein Mittel für die sittliche Vervollkommnung des Menschen? Dazu kommt, dass schliesslich das Gute, das eigentlich Sittliche, nach dem Urtheil Aller — die ausgenommen, welche nur äussere Rechtsordnung, nicht Sittlichkeit im eigentlichen Sinne zugeben — nur in der Gesinnung liegt, nicht im äusserlichen Thun, das vielmehr ohne jene keinen wirklich sittlichen Werth hat, wie es auch beschaffen sein möge, während die Gesinnung und Intention auch ohne vollbrachte äussere That ihren sittlichen Werth behält. Neuerdings aber entsteht die Frage, worauf sich denn eigentlich diese Gesinnung beziehen müsse, dass sie sittlich sei? Selbst die, welche verlangen, dass sie in der Willensmeinung zu bestehen habe, den göttlichen Willen zu vollziehen, werden doch nicht in Abrede stellen können, dass dabei das Gute selbst das Motiv sein müsse, nicht etwa die zu erwartende Belohnung oder Furcht vor Strafe, wenn der sittliche Charakter gewahrt bleiben soll, — und also auch nicht eigentlich der göttliche Wille allein, sondern der Grund dieses göttlichen Willens, — da derselbe doch nicht willkührlich oder grundlos gedacht werden kann. So worden wir wieder auf die Idee des Guten zurückgeführt. Und ein Gleiches findet statt, wenn diese Gesinnung sich auf Realisirung der eigenen Vollkommenheit, oder andererseits auf reine, uneigennützige Förderung des Nächsten bezieht.

Genug. Wir sehen, welche Fülle von schwierigen Problemen hier vorliegt und es mag nun der Versuch gemacht werden, aus unserem Princip, der objectiven und subjectiven Phantasie den Ursprung und die Entwicklung des sittlichen Lebens der Menschheit abzuleiten oder zu erklären und die berührten Probleme zu lösen, so gut es gehen mag.

1.
Der Ursprung des sittlichen Lebens im Menschengeschlechte.

Auf welche Weise die Sittlichkeit, das sittliche Verhalten und Leben der Menschheit den Anfang nahm, sobald diese nur hinlänglich weit zum Bewusstsein, Selbstbewusstsein und zum Gebrauch geistiger Kräfte gekommen war, wurde schon früher angedeutet. Es geschah diess auf ähnliche Weise, wie auch der Ursprung der Religion stattfand, ja gewissermassen noch vor oder zugleich mit dieser durch dieselbe Macht, durch die objective Phantasie, die Generationspotenz. Durch sie wurden überhaupt die lebendigen Wesen in der Schöpfung in nähere

Verhältnisse, in innigen Zusammenhang gebracht, so dass sie nicht atomistisch und fremd neben einander entstehen und auseereinander, gleichgültig für einander sich ententwickeln und bestehen. Dabei wird zugleich durch das beständige Neusetzen und Sichausgestalten durch die Generation und durch die ernährende und bildende Einwirkung der idealen Tendenz neben der realen Bethätigung Rechnung getragen und findet eine allmähliche Umbildung und Vervollkommnung statt. Denn auch in der objectiven Phantasie als bildendes, gewissermassen schöpferisches Weltprincip findet sich ein ideales Moment (wie in der subjectiven Phantasie), das in der Empfindung innerlich wird, wie wir sahen[1]) und sich in Empfindungen und dann in Gefühlen offenbart, wie es äusserlich in den teleologischen und ästhetischen Gestaltungen sich kund gibt. Auch im eigenen Thun und im Verhalten der Wesen zu einander kommt dieses ideale Moment zur Geltung und zu immer bestimmterer Offenbarung, je höher die Wesen organisirt und physisch und insbesondere psychisch vollkommner sind. Allerdings zunächst nur in beschränktem Masse, und zwar zuerst fast nur in den Verhältnissen, die durch die objective Phantasie, durch den Geschlechtsgegensatz und durch das von diesem ausgehende Verhältniss von Alten und Jungen derselben Art, durch das Familienverhältniss gebildet werden. Das ist der Boden, aus dem das ethische Verhalten und das ganze sittliche Gebiet zuerst entsprosst. Auch bei den höheren Thieren findet sich daher in dieser Beziehung eine Analogie des ethischen Lebens in der Menschheit; aber allerdings nur auf die Art, ja zunächst nur auf die Familie beschränkt, auf das ¡Verhältniss von ¡Alten und Jungen. Da Wille zum Leben, Empfindung und selbst Gefühle (wenn auch geringeren Grades) schon vorhanden sind, so wird dieses Verhältniss Veranlassung zu Sympathie, Zuneigung, Für-

---
[1]) Die Phantasie als Grundprincip etc. S. 281 ff.

sorge und selbst Aufopferung, um die Jungen im Leben zu erhalten oder ihr Wohlsein zu fördern. Der Egoismus muss hier schon einer Art Altruismus weichen; aber allerdings einem Altruismus, der sich nur auf solche Individuen bezieht, die vom eigenen (Gattungs-)Wesen mittelst der Zeugungspotenz ausgegangen sind. Auch gewissermassen eheliche Verhältnisse finden sich bekanntlich bei vielen Thieren, so dass für sie der Geschlechtsgegensatz die Veranlassung zu einem innigeren Anschluss und zu stärkerer Antheilnahme an dem beiderseitigen Schicksal wird, als diess sonst selbst bei Individuen derselben Art zu geschehen pflegt. Endlich die socialen Triebe, in Folge deren eine Anzahl Individuen gleichsam eine Gemeinschaft und Einheit bilden und für einander und für das Ganze wirken, entspringen aus demselben geschlechtlichen Wesen und dessen Bethätigung in der Erzeugung und Erhaltung der jungen Thiere durch die Alten. Denn aus atomistisch entstandenen, oder aus für sich seienden Monaden würden die Einzelwesen kaum je zu solchen Gemeinschaften sich zusammen fügen und ihr selbstisches Wesen für eine Gemeinsamkeit einschränken und gemeinschaftlich wirken. Vom Standpunkt der sittlichen Idee und des sittlichen Verhaltens aus beurtheilt, muss man in all' dem eine Analogie, oder geradezu den noch unbestimmten Anfang des sittlichen Lebens auf der Erde erblicken, das allerdings erst in der Menschheit zur eigentlichen Realisirung kommt. Das Abstammungsverhältniss, der genealogische Zusammenhang der Wesen ist hievon die Wurzel, der Grund schon bei den Thieren.

Bei der Menschheit nun nimmt das sittliche Leben, die Realisirung der sittlichen Idee in ähnlicher Weise ihren Anfang und gewinnt auf diesem Grunde höhere Entwicklung. Die Phantasie, zunächst als objective, ist daher auch die Quelle der Sittlichkeit, gibt dem sittlichen Verhalten den Ursprung dadurch, dass sich dieselbe als Generationspotenz in zwei Geschlechter differenzirte, die physisch und psychisch auf einander angewiesen sind, sich zu innigem Verhältniss angezogen fühlen, das selbst bei rohen Naturen (wie ja selbst bei Thieren) Anfänge ethischen Verhaltens veranlasst und vollends durch die Erschliessung in das Gemeinschafts-Leben der Familie ein solches begründet. Denn wenn selbst die unbändigste Wildheit und Selbstsucht der Thiere sich am Geschlechts- und Familienverhältniss bricht, so ist wohl anzunehmen, dass auch bei den primitiven Menschen, wie ungebildet und roh sie auch sein mochten, diese Verhältnisse mildernd und sittigend wirkten. Dass davon bei manchen wilden Völkern sich kaum Spuren finden, kann nicht als ein Zeugniss dagegen gelten, da diese doch immerhin als Ausnahme gelten können, und ausserdem die primitiven Menschen nicht verkommenen Menschen oder Völkern gleichzustellen sind, wie ja auch die Kinder und die Wilden in mancher Beziehung sich zwar ähnlich verhalten, aber doch der Artung, Befähigung und Gesinnung nach sich sehr von einander unterscheiden.

Schon also das Verhältniss von Mann und Weib bietet in der Liebe, wenn diese auch zunächst durch den Geschlechtsgegensatz veranlasst, in ihm hauptsächlich begründet ist, Gelegenheit zu sittlicher Gesinnung und That, wenn auch noch nicht in reiner Form. Es begründet sich ein Verhältniss, das man als das des Ego-Altruismus bezeichnen kann. Gebend und nehmend fördert Eines das andere, sich opfernd gewinnt es für sich, und sich befriedigend sucht es das andere zu beglücken; so dass schon hier wichtige Momente sich zeigen, die das sittliche Leben in sich enthält. Mehr noch ist diess der Fall in der Familie, die ja ohnehin nur die Fortsetzung und Erweiterung, oder die Consequenz des Verhältnisses von Mann und Weib ist. Es sind insbesondere die Eltern, welche durch ihre Arbeit, Sorge und Aufopferung für die

Kinder, da diess Alles mit Bewusstsein und Willen geschieht, wirklich sittlich thätig sind, — wozu ja der hülflose Zustand, in welchem die Kinder geboren werden und so lange Zeit hindurch verbleiben, reichlich Gelegenheit bietet. Und zwar geschieht diess Alles, wenigstens in der ersten Zeit des kindlichen Lebens ganz uneigennützig, aus Liebe, Wohlwollen und auch Pflichtgefühl, zu dem die natürliche, instinctive Zuneigung allmählich sich erhöht und veredelt. Hinwiederum wird auch in den Kindern dadurch, dass sie, von der Natur als solcher hülflos gelassen, sogleich in das geistige, ethische Gebiet der elterlichen Liebe und Fürsorge aufgenommen werden müssen, dass also die Natur ihnen ihre Gaben nur durch das ethische Gebiet hindurch darbietet oder zu Theil werden lässt, — es wird dadurch auch schon in den Kindern der Keim des ethischen Verhaltens von frühester Lebenszeit an geweckt. Als gewissermassen Produkte ethischer Thätigkeit, nicht blos natürlicher Erzeugung werden sie den Eltern und der Familie gegenüber auch ethisch reagiren, oder wenigstens die Disposition dazu erlangen; so dass auch bei ihnen die Zuneigung und Hingebung sowie das ganze Verhalten nicht blos ein natürliches, organisches oder thierisches bleibt, sondern ethischen und damit wirklich menschlichen Charakter erhält. Alle ethischen Factoren und Merkmale zeigen sich also in dem Familienleben wenigstens in ihren ersten Spuren und Anfängen: Pflichtgefühl, bewusste, aufopfernde Hingabe, vorsorgliche Thätigkeit für Andere, nicht zunächst weil diese irgend eine Gegengabe bieten könnten, sondern uneigennützig, aus Liebe und Wohlwollen. Gefühle, die daraus entspringen, dass die Kinder aus der Natur der Eltern stammen, also gleiche, verwandte Wesen sind und gewissermassen nur Fortsetzung des Selbst, — wobei freilich das Verhältniss so geartet ist, dass doch diese uneigennützig thätigen, durch inneren Drang zur Selbstaufopferung bestimmten Eltern zugleich eine innere

Selbstbefriedigung und Beglückung erfahren. Und ebenso auch bei den Kindern findet, wenn auch nicht in gleichem Maasse, ethische Bethätigung statt in Hingebung, Gehorsam, Liebe und uneigennützigem Streben; also in einem Wirken, das nicht an sich denkt oder nur für sich strebt, sondern für Andere, demnach auch altruistisch ist, ohne desshalb aufzuhören ein Moment des Egoismus in sich zu bergen, da ja wenigstens eine gewisse Selbstbefriedigung, ein friedevolles Wohlgefühl über die eigene Thätigkeit hervorgeht. Es ist also beiderseits die Gesinnung da, welche den Charakter des ethischen Handelns begründet, — wenn auch noch kein bestimmtes, ausdrückliches Gesetz formulirt ist, dem Gehorsam geleistet wird in sittlicher Bethätigung. Zugleich wird in der Familie, obwohl die Wirksamkeit für Andere stattfindet, doch eben dadurch für des Einzelnen ethische Selbstvervollkommnung und Beglückung gewirkt, so dass schon hier, wie im sittlichen Wirken überhaupt, das Wirken für Andere zugleich ein Wirken für sich wenigstens der geistigen und ethischen Beziehung nach ist, Egoismus und Altruismus sich gegenseitig verbinden und dadurch sich gegenseitig Wahrheit und Berechtigung verleihen. Die sittliche Bethätigung, Entwicklung und Vervollkommnung findet oben nur in der menschlichen Gesellschaft statt, da nur in einer solchen die wichtigsten Tugenden sich bilden und zeigen können, so dass die Nächstenliebe der Selbstliebe zu Gute kommt, und in der vollkommensten Religion die Bewährung wahrer Gottesliebe gerade in der Nächstenliebe erblickt wird.

Wir können demnach behaupten, dass die objective Phantasie oder die Generationsmacht in der Menschheit auch Trägerin der (immanenten) sittlichen Idee und Organ für deren Realisirung sei, wie sie ja überhaupt neben der Kraft realer Gestaltung die idealen Momente in sich birgt und allmählich in der Natur wie in der Menschheit zur Offenbarung bringt. Die sittliche Idee ruht daher nicht im isolirten menschlichen Individuum als solchem, sondern im Gattungswesen, und beginnt daher ihre Realisirung auch in den durch dasselbe gesetzten Verhältnissen, in dem Gemeinschaftsleben der Menschheit, oder zunächst in dem Kreise derselben, der sich durch Bethätigung des Gattungswesens bildet: in der Familie und in deren Erweiterung zum Stamme, zur Nation u. s. w. Wie die Setzung, die Zeugung und Geburt des Individuums durch das Gattungswesen stattfindet, so auch die Entwicklung und Bildung des Geistes nur im Gattungsleben, was wiederum auch im religiösen Gemeinschaftsleben zur Anerkennung kommt.

— Insofern nun die Idee des Guten, des Sittlichen, wie die Idee der Menschheit überhaupt in der Gattung ruht (objectiven Phantasie) und sich von dieser aus und durch diese entwickelt, kann man sagen, dass die Idee des Guten der Menschennatur, wie dem einzelnen Menschen eingeboren, von Natur aus eigen sei. D. h. in der Gattung ruht die Fähigkeit, Verhältnisse zu setzen, die nothwendig zu sittlichen werden, zum sittlichen Leben sich entwickeln müssen, im Unterschiede vom blossen Naturgeschehen, — sobald nur Bewusstsein und Verstand sich so weit entwickelt haben, dass sie als menschliche Geistesfunctionen sich bethätigen können. Oder vielmehr: Die schon vorhandenen, auch in der Thierwelt sich vorfindenden natürlichen Verhältnisse, die durch Geschlecht und Zeugung begründet werden, finden ihre Erhöhung oder Veredlung zu ethischen Verhältnissen, sobald ein gewisser Grad psychischer Entwicklung erreicht ist. Die Anlage zur Sittlichkeit bedurfte der Mittel und Organe zur Entfaltung; diese werden durch die Generationspotenz geschaffen, und die Sittlichkeit wuchs insoferne gewissermassen naturgemäss aus dem menschlichen Gattungswesen durch den Wechselverkehr der Individuen hervor. Aber das Individuum macht sich in seinem persönlichen Wesen dadurch zugleich entschieden geltend, dass es seine Gesinnung ist, die den eigentlichen Charakter der vollen, reinen Sittlichkeit gewährt, die Gesinnung der Liebe für Andere, der Pflichttreue dem Gebote gegenüber und des reinen Strebens nach idealer Selbstvervollkommnung und humaner Förderung der Nächsten. Darnach kann von einem Entstehen des sittlichen Lebens und Bewusstseins aus blossen Nützlichkeitsrücksichten oder durch Gewalt oder auch Uebereinkommen der Menschen, nicht die Rede sein. Denken wir uns das Gattungswesen, die objective Phantasie und die durch sie begründeten Verhältnisse der Verwandtschaft und der innigen Sympathie hinweg, wie sie die Ehe und die Familie realisiren, so ist gar nicht abzusehen, wie ein sittliches Leben unter den Menschen sollte begonnen und sich weiter entwickelt haben. Denn ganz fremde Wesen haben keine Sympathie für einander und gehen einander nichts an, ausser insofern sie zur eigener Erhaltung und Förderung verwendet werden können. Diess zeigt sich schon in der Thierwelt; bei den Menschen in ihrem natürlichen und primitiven Zustand ist es nicht anders. Das sittliche Verhalten, das Wohlwollen und Wirken für einander erstreckt sich daher auch zunächst nur auf die Familienglieder (die „Nächsten", dann auf die Stammesgenossen, während alle Anderen fremd und gleichgültig erscheinen oder geradezu als Feinde oder als Beute betrachtet und behandelt werden. Erst allmählich erweitert sich auch in dieser Beziehung der Gesichtskreis und das Mitgefühl und Wirken für Andere wird umfassender. Zu dem humanen Gedanken, dass alle Menschen Brüder seien, oder in religiöser Auffassung, dass alle Menschen Kinder desselben göttlichen oder himmlischen Vaters seien, ist die Menschheit, sind die Völker erst spät gekommen. Dass aber diese humane und allgemein religiöse Auffassung eine Erweiterung des ursprünglichen Familienverhältnisses sei, zeigen schon die Ausdrücke, dass die Menschen „Brüder" seien und den Einen gleichen „Vater" haben, — um damit die gleiche Verpflichtung zu sittlichem Verhalten gegen alle anzudeuten d. h. die daraus folgende Verpflichtung auszudrücken, die man gegen Andere nur hat oder zu haben glaubt, weil sie „Kinder" desselben „Vaters" sind. Die Familie erweitert sich eben allmählich zum Stamm und Volke, und das Familienverhältniss wird damit mehr ein sociales und bei weiterer Fortbildung ein staatliches, politisches. Eben damit erweitern sich auch die ethischen Beziehungen und Rücksichten und wird der Kreis der sittlichen Gesinnung und Thätigkeit erweitert. Immerhin aber bleibt dieselbe noch so zu sagen an Fleisch und Blut geknüpft, d. h. auf die Menschen gleicher Abstammung beschränkt, in eine Art Stammesegoismus eingeschlossen, da der abstracte Gedanke der Menschheit und der ideellen Gleichwesentlichkeit Aller dem ungebildeten Geiste noch nicht fassbar ist. Gesellschaft, Volk und Sittlichkeit stehen daher in enger Beziehung, decken sich zum Theil geradezu (ἔθνος, ἔθος, ἦθος). Auch die Religion vermochte diese Schranken nicht zu durchbrechen, bis abstracte Wissenschaft, Philosophie einerseits und erobernde, die Völkerschranken niederreissende und die Nationen und ihre Religionen und Götter vermischende Politik andererseits, den Weg dazu bahnte, wie die Geschichte der griechischen Philosophie, der römischen Weltherrschaft und des beginnenden und sich ausbreitenden Christenthums kund gibt. Die Religionen der Stämme und Völker für sich vermochten die sittliche Idee und Pflicht darum nicht zu erweitern und auf andere Völker und Menschen auszudehnen, weil die Religionen selbst Familien- und Stammes-Religionen waren, mit Familien und Stammes-Göttern, welche andern Göttern, andern Stämmen feindlich gegenüber stunden. Dadurch waren die Religionen und Götter der Völker sogar die verstärkte Veranlassung, dass die Gebote der Nächstenliebe nur auf die Stammesgenossen Anwendung fanden, den Fremden gegenüber aber gerade um so mehr nicht zur Geltung kamen, da man sie einerseits als Feinde der eigenen Götter betrachtete, und andererseits wähnte, durch feindselige oder geradezu grausame Behandlung derselben den eigenen Göttern einen Gefallen zu erweisen. So konnte es geschehen, dass durch die Religionen die sittliche Idee und Pflicht nicht bloss keine Ausbreitung und Verallgemeinerung fand, sondern sogar noch im Namen der Religion und Gottheit Andern gegenüber ausser Geltung gesetzt oder missachtet ward. Nur für sittliches Verhalten den Stammesgenossen gegenüber gab die eigene Religion Impulse, dagegen den Menschenopfern, dem Cannibalismus, der grausamen Behandlung der Feinde hat die eigene Religion, die positive, überkommene, bei den Völkern keinen Einhalt gethan; dazu bedurfte es abstracten Denkens und der selbstständigen Entwicklung der sittlichen Idee, also der Philosophie und höheren Cultur.

Innerhalb des Stammes indess entwickelte sich die Sittlichkeit aus der Familie heraus immer mehr, nahm allmählich bestimmte Formen an und sonderte sich zuletzt, wenn auch verhältnissmässig spät, wie von der Religion, so auch vom Recht und Rechtsleben ab. Wie ursprünglich fast alle Handlungen, auch des gewöhnlichen Lebens einen religiösen Charakter hatten und erst allmählich säcularisirt wurden, so auch war ursprünglich das sittliche Handeln von dem, welches keine bestimmte sittliche Bedeutung hat, noch nicht klar ausgeschieden, sondern die Differenzirung geschah erst nach und nach in dem Maasse, als die Gesellschaft sich complicirter gestaltete und in ihr das Thun und Lassen mannichfaltiger und eigenartiger wurde. — In Folge der Erweiterung der Gesellschaft ging das sittliche oder instinctiv-humane Verhalten in der Familie über in ein social-sittliches Verhalten; die Thätigkeit in der Familie und für sie ward zur Thätigkeit für den Stamm, die Gesellschaft. Die

Familien-Tugenden wurden sociale und politische oder steigerten sich zu solchen. In jener Zeit des Kampfes aller Art waren Stärke, Tapferkeit, Klugheit, Geschicklichkeit, Ausdauer zum Schutze der Familie, wie zur Behauptung und Förderung des Stammes von besonderer Bedeutung und die Besitzer derselben waren Wohlthäter und Förderer der Ihrigen; zeichneten sich also zwar nicht durch allgemein humanes Streben, doch aber durch Wirken für den beschränkten Kreis ihrer Stammesgenossen aus. Auch einen gewissermassen religiösen Charakter hatten diese Tugenden, weil durch sie auch die Ahnen und die Götter resp. deren eigenthümlicher Cultus geschützt und gefördert ward. Und zwar nicht bloss, indem die Feinde (Fremden) abgewehrt, sondern auch ihnen unterworfen oder geradezu als wohlgefälliges Opfer dargebracht wurden. Auch das Ehrgefühl ward schon geweckt und hatte ebenfalls eine ethische Bedeutung, insofern dadurch zwar nicht die Menschheit und die Idee der Sittlichkeit an sich, aber doch dieselben insofern sie sich in ihren Stammgenossen realisirten, Förderung fanden. Nach aussen hin, andern Menschen und Völkern gegenüber, fand dieselbe allerdings dadurch keine Förderung; das Gegentheil fand vielmehr statt, sowie auch die Tugend der Gerechtigkeit nur in diesem beschränkten Kreise galt und geübt ward. In dieser Beschränkung entwickelte sich in Folge des noch engen Gesichtskreises zuerst das sittliche Leben — in Gesellschaft zwar, aber in beschränkter (der „Nächsten"), da diese Entwicklung weder für das isolirte Individuum noch auch gleich in Allgemeinheit für die Menschheit in ihrer Gesammtheit möglich war. Die Vermittlung aber geschah durch die objective Phantasie, durch das Gattungswesen, durch Fleisch und Blut als Begründung und Vermittlung psychischer Verwandtschaft und Gemeinschaft.

Aber auch die subjective Phantasie bethätigte sich bald z. B. im Ehrgefühl, und durch die verdienstliche

Thätigkeit, die daraus hervorging. Auffallender aber geschieht diess noch im Schamgefühle, insoferne dasselbe mit der objectiven Phantasie d. h. dem Geschlechtsverhältniss in Beziehung steht. In ihm hauptsächlich zeigt sich, dass die objective Phantasie schon ideale Momente in sich birgt, die im Individuum zur Erscheinung und Offenbarung kommen. Denn das Schamgefühl ist nicht etwa nur aus Nützlichkeitsgründen künstlich angebildet, sondern deutet wohl an, dass das Individuum in seinem Geschlechtscharakter das eigentliche Naturmysterium, das zum Idealen und Ethischen führt, zu bewahren habe; dass aber das selbstbewusste Individuum, die Persönlichkeit, in der Zeugung wieder in das Gebiet des Unbewussten und Animalischen zurücksinke. Dass es darum der erreichten Höhe der Geistigkeit sich nicht ganz angemessen verhalte, wie es bei eigentlich geistigen, intellectuellen, ethischen und ästhetischen Bethätigungen der Fall ist, — sondern sein individuelles Wesen an die Gattung und unbewusst wirkende Gattungsmacht preisgebe. Das Gattungswesen, insofern es die Macht der Generation in sich birgt, steht mit der moralischen Natur, mit dem Gewissen in naher Beziehung, ist diesem gleichsam in besonderem Maasse anvertraut, und dieses reagirt sehr gegen den Missbrauch derselben und wird selbst durch den rechtmässigen Gebrauch einigermassen afficirt. Diess ist wohl darin begründet, dass durch die Bethätigung derselben ein neues Menschendasein mit all' seinen Schicksalen, Leiden und Thaten gesetzt wird; also eine neue moralische Persönlichkeit in die sittliche Weltordnung eingefügt wird, deren Naturanlage, physische und psychische Begabung vielfach von der Beschaffenheit der Erzeugenden bedingt ist. Aber auch abgesehen davon, ist die Generationspotenz der Menschheit ein gewissermassen göttliches Moment und Gut derselben, das nicht missbraucht werden soll; ist die höchste natürliche Macht des Menschen oder vielmehr des

Menschengeschlechtes, und insofern, vom Standpunkt nicht des Individuums, sondern der Gattung aus betrachtet, ist sie nicht das Geringe, Schmachvolle oder Thierische im Menschen, sondern ist vielmehr im Thiere selbst das Höhere, ist eine göttliche Schaffensmacht, dem individuellen Verhalten anvertraut.

Zu einer **höheren Stufe** gelangt das sittliche Bewusstsein und Streben, das bei seinem Ursprung aus der Familie noch einen gewissermassen naturalistischen Charakter an sich trägt, — durch die **Religion**, die sich freilich selbst auch noch in einem sehr unvollkommenen Zustand dabei befindet, wesentlich noch Glaube an Geister, Gespenster und an Zauberwesen ist. Diese Erhöhung der Sittlichkeit durch die Religion lässt sich im Allgemeinen so denken: In der Familie, bei ihrem Ursprung aus der objectiven Phantasie, die sich in der Generationspotenz bethätigt, befindet sich das sittliche Streben noch in einem gewissermassen unbewussten und fast unfreien Zustand, insofern es aus natürlichem Triebe, aus Sympathie für die verwandten Wesen hervorgeht. Die physischen und psychischen Zustände der Familienglieder werden wie eigene gefühlt und ihnen helfend hilft der Mitleidige gewissermassen sich selbst. Aber weiter erstreckt sich sein Mitgefühl von diesem naturalistischen Standpunkt aus kaum, wie schon erörtert ist, und Leiden und Schicksale Fremder lassen ihn ungerührt. Dagegen durch die religiöse Rücksicht auf höhere Mächte, auf Geister und Zauberwesen, obwohl auch sie grösstentheils aus der Familie hervorgegangen sind und nur auf diese sich beziehen, wird doch in Folge geweckter subjectiver Phantasiethätigkeit der Gesichtskreis einigermassen erweitert, das blosse Naturverhältniss der Familie, wenn nicht überschritten für das ethische Thun, so doch unter einen höheren, geistigeren Gesichtspunkt gestellt. Dadurch wird das Moment des **Wollens** dabei freier, selbstständiger, weil vom Naturgrunde einigermassen losgelöst und durch ein höheres Ziel (causa finalis, nicht blos Sympathie als causa efficiens) bestimmt. Es ist damit wenigstens der Anfang und Uebergang zu höherer, die analoge Erscheinung in der Thierwelt weit hinter sich lassender Entwicklung des sittlichen Lebens in der Menschheit gegeben. Wir haben dieses Stadium näher zu betrachten.

2.

Höhere Entwicklung der Sittlichkeit und deren Verhältniss zur Religion.

Zwei Momente spielen bei der weiteren Entwicklung des sittlichen Bewusstseins und Lebens in complicirter Weise ineinander: Das natürlich-Ethische, unmittelbar von dem Familienverhältniss ausgehend, und das religiös-Ethische, von der damals noch vorherrschenden Form der Religion, dem Ahnenkultus und dem Geister- und Zauberglauben bedingt. Das Erstere ist bedingt, durch die objective Phantasie, welche das Familienverhältniss schafft und dadurch den immanenten sittlichen Gehalt zur Offenbarung bringt, das andere durch die subjective Phantasie, die sich im Geisterglauben und Zauberwesen bethätigt, wie früher erörtert wurde. Dagegen die klaren, abstract gedachten, eigentlich sittlichen Ideen wurden erst spät erkannt, nachdem die subjective Phantasie einer sehr selbstständigen Thätigkeit fähig geworden und hiedurch in Verbindung mit klarer Verstandeserkenntniss auch der Wille eine höhere Selbstständigkeit errungen hatte. Das ethische Ich ist eben auch ein Moment des psychischen Organismus, oder dieser selbst in einer bestimmten Bethätigung gedacht, und ist selbstständiger Thätigkeit erst fähig, wenn manche Vorstellungen errungen sind und sich zu complexen psychischen Gebilde verschmolzen haben, nach denen dann die Ziele sich bilden und die Strebungen und

2. Entwicklung des sittlichen Lebens.

Willensacte sich richten, in der Weise, wie aus dem Grunde der Seele, dem Centrum des psychischen Organismus die Impulse kommen — eben jenen Verschmelzungen der psychischen Acte gemäss, die zu Grundstimmungen, Gewohnheiten, Charakter sich gestalten. Von der Religion selbst und ihrer specifischen Sittlichkeit, sowie vom Zauberwesen derselben wird die wirkliche Sittlichkeit befreit und zur Selbstständigkeit und Allgemeinheit erhoben durch Wissenschaft und Cultur; — wie zuvor die Religion das sittliche Bewusstsein und Leben befreit hatte von der noch vorherrschenden, instinctiven Art· und der Naturgebundenheit in der Familie. Zur selbstständigen Sittlichkeit ist nothwendig das errungene Bewusstsein einer an sich seienden Idee des Guten, oder eines. der Menschen-Natur immanenten, gebietenden Gefühls oder Gesetzes, — worauf sich der ganze Bau des sittlichen Bewusstseins und des praktischen sittlichen Lebens stützen kann. Diess kann aber nur eine späte Errungenschaft einer schon weit fortgeschrittenen Wissenschaft und Cultur sein, die ausserdem von einer in sich zerfallenden, verkümmernden Religion den Trennungsprozess vollziehen muss.

Die Geschichte des ethischen Lebens der Menschheit verläuft in dem Wechselspiel des natürlich-Ethischen und des übernatürlich-Ethischen, das sich stützt auf religiöse Meinungen und Strebungen, übernatürliche Wirkungen und Zaubereien. Das natürlich-ethische Verhältniss in der Familie wird auf ein übernatürlich-ethisches Verhältniss zu göttlichen Mächten und Zauberkräften übertragen; — zum natürlichen Gewissen kommt ein religiöses Gewissen, und davon muss die Sittlichkeit, die sittliche Idee erst wieder befreit werden, ehe es zu allgemeiner und humaner, der Idee gemässer Sittlichkeit kommen kann. Die (ideale) Ethik muss sich da von der Religion befreien und selbstständig werden und damit das blos religiös-Sittliche, das, wie bekannt, ethisch nicht selten sehr unsittlich ist, von sich abweisen. D. h. die blos specifisch religiösen Pflichten und Cultusvorschriften, die oftmals lieblos und grausam sind gegen andere Menschen, insbesondere Andersgläubige, werden abgewiesen und damit das sittliche Bewusstsein und Leben gereinigt und erhöht. Auf dem Standpunkt der positiven Religionen für sich, ist diese Reinigung, Erhöhung und Verallgemeinerung unmöglich. Da nämlich in diesen „positiven" Religionen das Gute und die Sittlichkeit auf göttlichen Willen, auf göttliches Gesetz zurückgeführt oder vielmehr als einzig davon ausgehend behauptet wird, so stehen, wie die Götter der verschiedenen Völker, so auch deren Willensbestimmungen oder Gesetze in Gegensatz, in Feindschaft zu einander. Diess kann um so mehr und entschiedener der Fall sein, da die sog. göttlichen Hauptgebote sich direct auf die Gottheit und den Cultus im Glauben, sowie in Verehrung und Opfergaben beziehen, die eigentlich sittlichen Gebote aber, soweit sie sich auf das Verhalten gegen Mitmenschen beziehen, fast nur für Volks- und Glaubensgenossen gelten, für Andere, Fremde dagegen zu Gunsten der Pflichten gegen die nationalen Gottheiten als nicht geltend betrachtet werden, — wie schon oben bemerkt wurde. Waren die Völker selbst einander feindlich gesinnt, so waren es auch deren Götter, die also gegenseitig als feindselige Mächte betrachtet wurden, die Rolle des Teufels zugetheilt bekamen, — in ähnlicher Weise, wie die Götter der früheren, untergeordneten Stufen der Religionen in den höheren Stufen nur noch als untergeordnete, wenn auch übernatürliche Wesen erscheinen oder geradezu als Teufel betrachtet wurden. Hieraus geht hervor, dass von den positiven Religionen eine einheitliche, allgemeine und reine Sittenlehre und dieser gemässe praktische Sittlichkeit nicht ausgehen konnte und kann, weil immer die specifisch religiös-sittlichen Vorschriften des Glaubens und des Cultus bei allen verschieden sind, ja sich feindlich gegenüberstehen. Die allgemeine, wahre Moral, die allenthalben für alle Menschen aller Glaubensbekenntnisse gelten kann, ist also nur durch die menschliche Vernunft selbst, auf Grundlage der gegebenen psychischen Kräfte des Menschen und der sein Gefühl und Bewusstsein bestimmenden idealen Mächte zu gewinnen, wie sie sich zunächst durch das Geschlechtsverhältniss und die Familie erschlossen haben. Zu diesem Behufe ist also gewissermassen eine Säkularisirung der Moral nothwendig, um sie von den Banden, Vorurtheilen und Unvollkommenheiten der positiven Religionen zu befreien. Diess hat die alte Philosophie schon angestrebt, wenn sie auch bei der Schwierigkeit des Problems noch nicht zu ganz sicheren, entscheidenden Resultaten zu gelangen vermochte. Ja der Stifter des Christenthums selbst deutet sehr bestimmt an, dass die Religion auf Sittlichkeit zu gründen, über Wahrheit und Werth derselben nach dem sittlichen Leben und Erfolg zu urtheilen sei, nicht umgekehrt die Religion, der Glaube über den Werth der sittlichen Grundsätze und des ethischen Lebens entscheide, indem er auffordert, seine Lehre zu befolgen, um die Wahrheit derselben zu prüfen und zu erkennen, da die Beschaffenheit des Baumes sich aus seinen Früchten erkennen lasse. Und selbst die christliche Theologie betrachtet die Moral als Fundament der Religion, des Glaubens, da sie den Glauben als eine sittliche That, als Willens-Bethätigung auffasst und dafür den Menschen verantwortlich macht. Diess setzt guten Willen schon vor dem Glauben voraus, da derselbe Basis oder Quelle des letzteren sein soll. Demnach muss dem Willen und der sittlichen Entscheidung eine gewisse Unabhängigkeit von der Religion, von der religiösen Bethätigung zukommen, wenn auch anzuerkennen ist, dass das sittliche Leben viele Impulse aus der Religion erhält.

Indess durch die kirchliche Gestaltung, welche das

Christenthum erhielt, ward die Moral wieder in vollständige Abhängigkeit gebracht von der Religion resp. von der Kirche, und es wiederholten sich alle Missstände und Uebel, welche diese enge Verbindung und Abhängigkeit in früherer Zeit und in anderen Religionen, insbesondere der noch wenig cultivirten Völker mit sich brachte. Bei ihnen, — um diesen so wichtigen Umstand noch einmal hervorzuheben, liess das religiöse Gewissen das rein sittliche Gewissen kaum aufkommen, denn da Alles unmittelbar auf die Gottheit oder die Götter bezogen wurde, so erschienen die Mitmenschen, insbesondere jene, die nicht dem gleichen Gotte angehörten oder die gleiche Religion hatten, als nichtsbedeutend oder selbst als verlorene, verbrecherische Wesen, die man um der Gottheit willen hassen, verfolgen, tödten oder opfern durfte oder musste. So ward das sittliche Gesetz, das auf die Nächstenliebe sich bezieht, um des religiösen Glaubens willen und dem vermeintlichen Willen Gottes zu lieb missachtet und verletzt, und wirkliche allgemeine Sittlichkeit und Humanität konnte sich nicht entwickeln. Aehnliches geschah auch innerhalb der christlichen Kirche, nachdem sie mehr und mehr die Form einer Hierarchie, eines göttlichen Herrschafts-Gebietes angenommen und die Herrscher direct die Stelle Gottes zu vertreten behaupteten. Da ward dieser Herrschaft, oder wie man behauptete, Gott selbst alle andere Rücksicht geopfert. Menschenrecht wie Menschenliebe verschwanden vor dem vermeintlichen Rechte Gottes oder zu Gunsten der vermeintlichen Gottesliebe, obwohl in den Anfängen des Christenthums auf das Entschiedenste betont worden, dass die wahre Gottesliebe nicht direct in Gefühl und Worten oder im Herrschen und Gehorchen, in Unterwerfung, sondern nur in wahrer Nächstenliebe sich bethätige. Um des Glaubens willen wurden die Gesetze der Menschlichkeit missachtet und wurden die Rechte der Menschen auf das grausamste verletzt in Glaubenshass und Glaubensverfolgungen, durch Ketzergerichte und Religionskriege. Hiedurch haben die sog. positiven Religionen der sittlichen Gesinnung und der allgemeinen sittlichen Entwicklung der Völker und der Menschen in der That mehr geschadet als genützt, wenn sie auch im engeren Kreise der Glaubensgenossen sittliche Motive gewährten und zur Veredlung manches beitrugen. Doch selbst innerhalb dieses Kreises musste die sittliche Gesinnung und Bethätigung der Menschen durch den falschen Gottesbegriff vielfache Beeinträchtigung erfahren. Denn wenn der Gottheit selbst Affecte und Handlungen zugeschrieben werden, die für Menschen als unsittlich erscheinen, wie kann da den Gläubigen eine sittliche Vollkommenheit vorgeschrieben werden, welche die Gottheit selbst nicht besitzt und für sich nicht beachtet! Wenigstens der Meinung der Menschen nach nicht beachtet, obwohl freilich in der heiligen Urkunde von Gott gerühmt wird, dass er seine Sonne in gleicher Weise aufgehen lässt über Gute und Böse und regnen lässt über Gerechte und Ungerechte! Vollends, wo ein Stellvertreter Gottes auf Erden auftritt und im Namen Gottes gebietet, belohnt und straft, grausam verfolgt und tödtet, — da muss die Sittlichkeit durch die Religion die äusserste Gefährdung erfahren; denn alle Gesinnungen und Thaten dieses Statthalters Gottes, wenn sie nicht rein und edel, sondern selbstsüchtig und schlecht sind, verdunkeln das reine Gottesbewusstsein und Gewissen der Menschen, lassen Gott selbst unvollkommen erscheinen und führen zugleich zur Verachtung der Religion, zur Trübung der sittlichen Gesinnung und zur Verwilderung des Lebens, — abgesehen von den sonstigen Hemmungen, die das geistige Leben der Völker durch solche Prätention und deren Geltendmachung erfahren muss.

Im Interesse der sittlichen Entwicklung der Menschheit in Theorie und Praxis liegt es also, dass das sittliche Gebiet (wenigstens vorläufig bis zur Reform des gesammten Religionswesens) von der Religion selbst getrennt und selbstständig weiter gebildet werde — auf Grundlage eines selbstständigen sittlichen Princips, der sittlichen Idee. Denn nur dadurch wird auch die Religion selbst eine Reinigung und Erhöhung erfahren können, nicht aus sich — wie schon bemerkt. Die Religion selbst, insbesondere das Gottesbewusstsein schreitet stets in dem Maasse fort als die Entwicklung der Ideen, insbesondere des Guten, aber auch des Rechtes und selbst des ästhetisch-Schönen fortschreitet, und geräth in Verfall, in Corruption in dem Maasse, als insbesondere das sittliche Leben entartet. Wie Jesus selbst in dieser Beziehung sich ausspricht, haben wir schon oben erwähnt, aber auch der Apostel Paulus betont diess nicht minder entschieden, indem er besonders im Briefe an die Römer den heidnischen Aberglauben, die Corruption der Religion von der sittlichen Verderbniss ableitet. Die Entwicklung der Ideen des Guten, des Rechtes, der Gerechtigkeit, gestattet, wenn sie einmal erreicht ist, den Menschen nicht mehr, der Gottheit Gesinnungen, Willensentscheidungen und Thaten zuzuschreiben oder dergleichen von ihr zu verlangen, die jenen Ideen widersprechen. — Noch ist ein besonderer Grund, das sittliche Gebiet von den positiven Religionen zu trennen und eine selbstständige Belehrung und Bildung für das Volk und die Jugend anzustreben, — der schroffe Gegensatz, in welchen manche sichere Errungenschaften der modernen wissenschaftlichen Forschung mit den dogmatischen Bestimmungen der positiven Religionen, insbesondere auch der christlichen Confessionen gerathen sind. Es geht daraus sicher eine der drohendsten Gefahren sowohl für das religiöse als für das sittliche Leben der modernen Gesellschaft hervor, wenn die höchsten sittlichen Ideen und Gebote unmittelbar und wie untrennbar an Lehren geknüpft werden, die sehr zweifelhaft erscheinen oder geradezu bei nur einiger Kenntnissnahme wissenschaftlicher Forschungsresultate sich als falsch, als Illusionen erweisen. Mit der Verwerfung dieser dogmatischen Irrthümer werden dann zu leicht auch die sicheren ethischen oder religiös-ethischen Grundsätze über Bord geworfen, weil an dem Wahne festgehalten wird, der von Jugend an eingeprägt wurde, dass die sittlichen Lehren mit den Glaubens-Lehren in der engsten in untrennbaren Verbindung stehen, und dass, wenn die Letzteren nicht richtig, sondern unwahr seien, dann auch die ersteren keine Geltung haben und ungescheut missachtet werden können. Die Sittlichkeit wird dadurch mit ihren festen, sicheren Bestimmungen auf den schwankenden Grund des Glaubens gestellt und dem Glaubenswahne zum Opfer gebracht. Man will durch hartnäckiges Festhalten an dieser vermeintlich engen Verbindung die moderne Wissenschaft aufhalten, indem man sie als die Zerstörerin der höchsten, nothwendigsten Pflichten, Gesetze und Güter des sittlichen Lebens hinstellt, während vielmehr die hartnäckigen Verkünder unhaltbarer Lehren als vermeintlicher nothwendiger Stützen des ethischen Lebens, gerade die Zerstörung desselben herbeiführen.

Religion und Moral haben also zwar uranfänglich fast gleichen Ursprung, indem sie beide aus der gleichen Quelle entspringen, oder der gleichen Wurzel entstammen; aber in der geschichtlichen Entwicklung mussten und müssen sie sich trennen, um höhere Stufen der Vollkommenheit zu gewinnen und endlich zu vollkommener Uebereinstimmung und Einheit zu gelangen. Das Bedürfniss der Scheidung tritt immer dann in besonderem Maasse hervor, wenn der Gottesbegriff, auf den sich die religiöse Sittenlehre und religiöse oder kirchliche Sittlichkeit gründet, im Lichte höherer geistiger Entwicklung, im Lichte der Wissenschaft und idealeren Bewusstseins sich als unvollkommen und unhaltbar erweist, und wenn die mit dem Gottesbewusstsein oder einer geglaubten göttlichen Offenbarung in Verbindung stehenden religiösen Lehren und Cultusacte sich als unrichtig oder unwirksam erweisen. Dadurch verliert auch das Mystische in der Religion seine Kraft, auf das Gemüth zu wirken und die Anwendung sog. übernatürlicher oder zauberischer Mittel wird selbst für den Glauben bedeutungslos und kann die Beruhigung und innere Sicherheit des Gemüthes nicht mehr gewähren, die ihnen früher wenigstens durch den guten Glauben verliehen ward. Diess ist nun gerade die gegenwärtige Lage der Dinge, und so fordert Alles dazu auf, die Sittlichkeit wieder selbstständig zu stellen, um das sittliche Leben von dem gefährlichen Bunde mit dem schwankenden Glauben und Aberglauben zu befreien, es weiter zu bilden und zu veredeln, und von ihm aus auch der religiösen Reform Impuls und Kraft zu gewähren.

Die Frage, die sich dringend erhebt, ist nun aber die, auf welche Weise die Moral selbstständig gestellt und weiter gebildet zu werden vermag, auf welchem Grund sie sich aufbauen, aus welcher Quelle sie schöpfen kann und welches also ihr Prinzip und Wesen sei, wenn sie selbstständig sich gestaltet. Diess erfordert eine nähere Untersuchung, die wir hier beifügen, um so mehr, da auch sie uns schliesslich wieder auf die Phantasie und ihre Bedeutung, auch für das Ethische zurückführen wird.

3.
Das Princip und Wesen der selbstständigen Sittlichkeit und Ethik.[1]

Auf dem Standpunkt der Religion ist Princip und Wesen der Sittlichkeit klar und leicht verständlich. Das

---

[1] Lit. Die Werke von J. G. Fichte, Schleiermacher, J. H. Fichte u. A. Aus neuester Zeit: Ad. Steudel Philosophie im Umriss II: Kritik der Sittenlehre. Herbert Spencer: Thatsachen

3. Princip und Wesen der Sittlichkeit.

Princip ist der göttliche Wille oder das gegebene Gesetz, wie roh und unvollkommen die Vorstellung davon auch sein mag, und das Wesen des Ethischen besteht darin, dass der Wille (oder das Begehren) der Gottheit erfüllt, das Gesetz befolgt und dadurch das Gute oder das Sittliche und religiös-Sittliche realisirt werde. Wie diese Auffassung entstund und die entsprechende Praxis sich bildete, sahen wir, indem wir erkannten, wie Sittlichkeit und Religion aus der gleichen Wurzel hervorwuchsen: aus dem Familienverhältniss und insofern aus der objectiven Phantasie unter besonderer Bethätigung der subjectiven. Die Gegenstände der Familienverehrung wurden durch den Tod zu übersinnlichen, geistigen Wesen und die sittliche Bethätigung ihnen gegenüber ging in religiösen Cultus über, so dass, wie alle Eigenschaften des verehrten oder gefürchteten Familienoberhauptes allmählich auf die übersinnlichen, der Wahrnehmung entrückten Wesen übertragen wurden, so auch das Verhalten diesen gegenüber ein dem ethischen Verhalten in der Familie ähnliches wurde. Der religiöse Cultus war daher ursprünglich zugleich eine ethische Bethätigung, wenn auch umgekehrt das ethische Verhalten in der Familie nicht schon an sich als religiöser Cultus gelten konnte. Aber Verehrung und opfervolle Hingebung an die Gottheit war zugleich ein werkthätiges Verhalten für die Familie, für

---

der Ethik. Kirchmann: Grundbegriffe des Rechtes und der Moral 1873. Baumann: Handbuch der Moral. Moritz Carriere: Die sittliche Weltordnung 1877. E. v. Hartmann: Phänomenologie des sittlichen Bewusstseins. (Ein langes Register aller möglichen und unmöglichen Moralprincipien). Eine kurzgefasste Uebersicht über das ganze ethische Gebiet gibt Fried. Kirchner's Ethik. (Mit reicher Literatur-Angabe). Geschichtliche Werke: Dr. Fried. Jodl: Geschichte der Ethik in der neueren Philosophie I. Bd. 1882. Leop. Schmidt: Die Ethik der alten Griechen, 2 Bde. 1882. Tobias Wildauer: Die Psychologie des Willens bei Sokrates, Platon und Aristoteles. Innsb. 1879.

den Stamm, und insofern bethätigte sich darin noch zugleich, wenn man es so nennen kann, die Gottesliebe und die Nächstenliebe — wenn auch innerhalb enger Schranken. Für die Entwicklung der reineren Sittlichkeit war diese Verbindung, wie wir sahen, keineswegs günstig, da die Götter sich innerhalb dieser Stämme nicht vervollkommneten (in der Vorstellung der Menschen), sondern zu Vertretern zwar nicht mehr der persönlichen, aber der Stammesselbstsucht und Stammesinteressen und Leidenschaften wurden. Zum Behufe des Fortschrittes, der Vervollkommnung musste das Ethische selbstständig werden, also vom unvollkommenen religiösen Glauben und Cultus sich trennen. Diess war nur möglich, nachdem die geistige Entwicklung in der Menschheit, oder wenigstens in einem Theile derselben, so weit gediehen war, dass in abstracterer Weise über Wesen und Aufgabe des Menschen, sowie über die Erreichung höherer Ziele nachgedacht werden konnte. Durch Klärung ethischer Begriffe, durch klarere Erkenntniss der höheren sittlichen Aufgabe des Menschen kam dann auch die Unvollkommenheit des religiösen Bewusstseins und Cultus, insbesondere der Vorstellungen von der Gottheit oder den Göttern und ihren Eigenschaften zum Bewusstsein und fand eben an den errungenen ethischen Begriffen ihre Kritik und Verbesserung, oder auch vollständige Leugnung, indem der ganze Götterglaube und Cultus vor den Richterstuhl errungener Erkenntnisse gestellt und verurtheilt ward.

Bei dieser selbstständigen ethischen Forschung konnte man nicht mehr von der Religion und ihren Lehren oder von göttlicher Offenbarung über das, was wahrhaft sittlich sei, ausgehen, oder wenn auch, so musste doch die Religion, der Gottesbegriff und der damit verbundene Begriff des Sittlichen oder der göttliche Wille selbst geprüft werden. Und diess konnte eben hauptsächlich nur durch Untersuchung der höchsten Aufgabe und des höchsten Gutes des Menschen geschehen. Die philosophische Untersuchung in dieser Beziehung musste also der Natur der Sache gemäss, wie es nach geschichtlichem Zeugniss auch thatsächlich geschah, ausgehen von der wahren Aufgabe und darum auch vom erkannten oder vermeintlichen wahren Ziele des menschlichen Daseins. Diess lag dem Menschen zunächst, lag ihm unmittelbar nahe und ging ihn in ernstester Weise selbst an, während das Göttliche ihm unsichtbar und unfassbar war und am wenigsten einer noch ungeübten Forschung ein entsprechender Gegenstand der Untersuchung sein konnte; — abgesehen noch davon, dass die Untersuchung hierüber, wo nicht ganz verpönt, doch gefährlich war der so leicht erregbaren Leidenschaft des gläubigen oder wahnbethörten Volkes gegenüber. Diesem blieb das sittliche Leben, die sittliche Verpflichtung etwas positiv und traditionell durch Willen und Anordnung der Götter Bestimmtes, grösstentheils von den Priestern verkündet und praktisch aufrecht erhalten, wenn es auch von der wahren, vernünftigen und humanen Sittlichkeit noch so sehr verschieden, ja geradezu unsittlich war. Da war es Pflicht und Verdienst den Andersgläubigen zu hassen, zu verfolgen, ihm Gut und Leben zu rauben, da war es göttlicher Wille und göttliches Verlangen, dass Menschenopfer als besonderer Cultus dargebracht wurden, dass Mütter ihre Kinder opferten, dass zu Ehren der Gottheit Unzucht getrieben, dass die Vernunft gehasst und herabgewürdigt und die Wissenschaft und Bildung gehemmt und unterdrückt ward u. s. f.

Als man anfing, selbstständig darüber nachzudenken, was denn der Mensch eigentlich für eine Aufgabe sich zu stellen habe, welches das anzustrebende Ziel für ihn sei, da konnte es nicht fehlen, dass hierüber verschiedene Meinungen entstunden, verschiedene Ziele als die wahren aufgestellt wurden. Die Neigungen der Menschen sind zu sehr verschieden und auch der Ziele seines Strebens

sind mehrere, theils nähere, theils entferntere und die
Glückseligkeit des Daseins wird ebenfalls von verschiedenen
Menschen in Verschiedenem gesucht und mehr oder minder
gefunden. Daher bietet uns z. B. die griechische Philosophie,
für welche bekanntlich von Sokrates und selbst von Demokrit
an die Forschung nach dem, was wahrhaftig das Gute
oder das höchste Gut und das wahre Ziel des menschlichen Strebens sei, — die wichtigste Angelegenheit war, so
verschiedene Lösungen des gestellten Problems. Dass das
Gute, das wahre Beste des Menschen Ziel und die Norm
seines Lebens und Wirkens sein soll, ward allerdings
allenthalben anerkannt, wie diess ja auch ganz selbstverständlich ist. Aber worin dieses bestehe, war die schwer
zu beantwortende Frage, die ein richtiges Erkennen und
Wissen voraussetzt, das daher auch Sokrates als Grundbedingung der wahren Sittlichkeit erklärt, ja geradezu
mit dieser für identisch oder wenigstens zugleich gegeben
erachtet, da jeder selbstverständlich sein wahres Bestes,
sobald er es nur erkannt habe, anstrebe. Bei der sachlichen Bestimmung dieses wahren Besten für den Menschen, oder des Guten, schieden sich die Ansichten der
folgenden Philosophen, und die verschiedenen philosophischen Schulen im griechischen Alterthum gründeten sich
in ihren Eigenthümlichkeiten zumeist gerade auf diese
Verschiedenheit in der Auffassung des Guten oder des
höchsten Zieles für das menschliche Streben. Dass das
wahre Beste für den Menschen die Glückseligkeit sei, oder
dass Glückseligkeit das anzustrebende Ziel und Gut sei,
war gemeinsame Ueberzeugung derselben. Aber die Einen
erblickten diese im Genuss, und zwar im nächsten, augenblicklichen oder wenigstens in einem verständig vorbereiteten und überwachten Sinnengenuss; Andere in Entsagung
und Bedürfnisslosigkeit und der daraus folgenden Erhabenheit und unerschütterlichen Gemüthsruhe, oder auch,
wie Aristoteles, in erfolgreicher, der vernünftigen Menschen-

naturgemässen Thätigkeit. Die Tugend ward dabei entweder als das Mittel betrachtet, diese Glückseligkeit zu erlangen und sich zu sichern, oder wurde mit dieser als identisch gesetzt, insofern nach stoischer Annahme das naturgemässe Leben zugleich als Tugend und Glückseligkeit gilt, demnach auch als das Gute erscheint. Eine idealere Auffassung hatte Platon ausgebildet, insofern er auch den Begriff des Guten als an sich seiende, gewissermassen jenseitig existirende Idee hypostasirte und gerade diese Idee des Guten als die höchste auffasste, ja, wie es scheint, mit der Gottheit selbst identificirte. Daraus konnte sich eine selbstständige philosophische Ethik entwickeln und zugleich eine Verbindung mit dem religiösen Glauben herstellen lassen, wenn nur klar und bestimmt hätte festgestellt werden können, was diese Idee des Guten selbst sei, an sich und in ihrem Verhältniss zur Welt und zu den Menschen.

Das eben ist das schwierige Problem für eine selbstständige philosophische, und dann auch praktisch anwendbare Ethik, worauf sie sich denn gründen, wie ihre Lehren auctoritativ feststellen und begründen solle und könne. Eine Grundlage, die dann klarer und sicherer wäre, als der Gottesbegriff, so dass von ihr aus nicht bloss eine gereinigte, humanere Sittenlehre errungen, sondern selbst auch das Gottesbewusstsein eine Erhöhung und Fortbildung erfahren und auch das religiöse Leben an Reinheit und Tiefe gewinnen könnte.

a) **Das Gute als Princip und Wesen der Sittlichkeit.**

Dass der Genuss oder die Glückseligkeit als Ziel des Strebens noch nicht das Gute sei oder das höchste Gut — wenigstens nicht im Sinne der Sittlichkeit, ist leicht einzusehen, da das Bestimmende dabei doch die Selbstsucht ist in mehr oder minder gröblichem Sinne. Kein

einigermassen ethisch und intellectuell Gebildeter wird
dem Streben nach eigenem Wohlsein bloss um dieses
Wohlseins oder des Genusses willen, einen sittlichen Charakter oder sittliches Verdienst zuschreiben. Eher könnte
man die Selbstvervollkommnung als das höchste Ziel des
sittlichen Strebens der Menschheit und des einzelnen Menschen geltend machen, wenn der Begriff nicht zu allgemein,
zu unbestimmt wäre. Denn worin soll die Selbstvervollkommnung bestehen? Wenn in der möglichst vollständigen
Entwicklung aller leiblichen und geistigen Anlagen und
Kräfte, so wäre diess noch nicht eine specifisch-sittliche,
sondern eine allgemein humane Entwicklung und Vollkommenheit; wenn aber in der möglichst vollständigen
Ausbildung der specifisch-sittlichen Anlage, so müsste
schon klar erkannt sein, was diese Anlage sei und wie
und wodurch sie ihre Vollkommenheit gewinnen könne,
d. h. nach welcher Norm sie sich ausbilden, oder was sie
in sich aufnehmen müsste, um die Vollkommenheit zu
erlangen. Diess wäre aber eben das Gute, wonach die
Frage ist. — Mehr noch als das (egoistische) Wollen und
Wirken für das eigene Beste und Vollkommensein möchte
das (altruistische) Wollen und Wirken für das Wohl und
Glück Anderer, also die Bethätigung der Nächstenliebe
als das wahre, höchste sittliche Princip und Wesen erscheinen in der Menschheit. Nächstenliebe, Humanität
gilt ja allenthalben als Realisirung und Erscheinung des
Sittlichen. Indess ist doch auch ebenso anerkannt, dass
die bloss äusserliche Wirksamkeit für Andere, wenn dieselbe auch noch so umfassend und förderlich sein mag,
doch noch keinen sittlichen Charakter und Werth hat,
wenn nicht auch die rechte Gesinnung dabei der äusseren
Bethätigung entspricht. Und da entsteht wiederum die
Frage, worin diese Gesinnung zu bestehen, worauf sich dieselbe zu beziehen habe. Soll sich dieselbe auf den Nächsten
beziehen oder auf Gott oder bloss auf die Pflicht und

3. Princip und Wesen der Sittlichkeit. a) Das Gute.

das Gute an sich? D. h.: Soll der Nächste geliebt und gefördert werden um seiner selbst willen, weil er ein Mensch, ein gleichartiges Mitgeschöpf ist, oder weil Gott es so gebietet, also aus Gehorsam gegen Gottes Willen und Gesetz, oder, abgesehen von beiden, bloss aus innerem Pflichtgefühl oder um das an sich Gute, die Idee des Guten zu realisiren? Die bloss äusserliche Aehnlichkeit der Menschen begründet als solche noch nicht, wie auch die Geschichte zeigt, — für sie eine Pflicht zu gegenseitiger Liebe, Hülfe und Förderung; es musste noch das Bewusstsein eines innern natürlichen Bandes oder Zusammenhanges dazu kommen, das Familienverhältniss nämlich, um wenigstens ein, wenn auch zunächst nur dunkles Gefühl der Pflicht zu gegenseitiger Liebe und Förderung zu begründen, und zuerst instinctive, natürliche Erfüllung dieser Pflicht einzuleiten und herbeizuführen. Dann wurde bei weiterer Entwicklung der Religion die Gottheit und das Verhältniss zu ihr als Quelle dieser Verpflichtung betrachtet, dafür aber auch das sittliche Verhalten auf die Bekenner der gleichen Gottheit beschränkt. Bei Verallgemeinerung des Gottesbegriffes scheint, da Bezeichnung wie Eigenschaften und Rechte des Familienoberhauptes auf die Gottheit übertragen wurden, diese nun auch das Princip des Ethischen selbst (resp. deren Willen und Gesetz) geworden zu sein im religiös-ethischen Leben. Aber die wissenschaftliche Forschung muss diesem gegenüber die Frage stellen, warum gerade diess und nichts Anderes göttlicher Wille sei? Und angesichts der verschiedenen Religionen und Gottheiten, welches der wirklich göttliche Wille sei? Damit sind wir wiederum zur Untersuchung des Guten an sich, der Idee des Guten gedrängt. Denn göttlich sind die Sittengesetze gegeben, weil sie gut sind; und dass sie wirklich göttlich seien, ist nur daraus zu erkennen, dass sie der Idee des Guten entsprechen. Auf dieses also muss sich die richtige Gesinnung, durch welche das äusserliche Verhalten und Handeln gut wird, beziehen, und dieses an sich Gute wäre also der Hauptgegenstand der Untersuchung und Feststellung, wenn bestimmt werden soll, was Princip und Wesen des Guten sei. Die Gesinnung muss sich auf das Gute beziehen, und doch wird auch wiederum das Gute ein solches erst durch die Gesinnung, also durch einen geistigen Act, der als die versittlichende Seele des inneren Wollens und äusseren Handelns zu betrachten ist. — So haben wir zu untersuchen, was das Gute eigentlich sei im Menschendasein, und wie dasselbe an sich sein möge, wie es sich offenbare und realisire, welches das eigentliche Ziel und Resultat desselben sei und endlich, worin das Gegentheil davon, das Böse bestehe. Die Beziehung zu unserm Grundprincip wird dabei, wenn nicht ausführliche Erörterung finden, doch stets angedeutet werden können.

Was das Gute eigentlich sei, das nämlich, dessen Realisirung das sittliche Handeln bildet, und die sittliche Vollkommenheit erzielt, ist schwer zu bestimmen, wie schon die dialektischen Erörterungen des Sokrates hierüber zeigen, als er den Begriff des Guten zu bestimmen suchte. Platon, diesen Begriff als selbstständige, an sich seiende Wesenheit denkend, nahm eine Idee des Guten an, durch Theilnahme an welcher nach ihm alles irdische, relative Gute entsteht und besteht. Was indess diese Idee als an sich seiendes Gutes, als das Gute an sich, sei, ist kaum zu denken, noch weniger zu sagen. Als irgend ein bestimmtes Ding oder sachliches Wesen kann es nicht wohl gedacht werden, nicht einmal als starre Norm oder Ordnung, denn es soll als ideale Macht das Verhalten der Menschen bestimmen und zugleich in diesem Verhalten realisirt, also real werden. Es ist demnach zwar als Gesetz oder Norm zu denken, aber nicht wie das nothwendig wirkende Naturgesetz blos als wirkende Ursache (causa efficiens), sondern als Ziel oder Zweck (causa finalis), demgemäss das Verhalten des vernünftig denkenden, wollenden und handeln-

3. Princip und Wesen der Sittlichkeit. a) Das Gute.

den Wesens eingerichtet oder bestimmt wird. Diese ideale Norm, oder dieses Ziel kann aber doch nicht, so zu sagen, in der Luft schweben, oder als an sich seiendes Wesen hinter oder über der Erscheinungswelt sein, da sie sonst ohne Wirksamkeit und ohne Realisirung bleiben würde, sondern muss in der realen Welt irgendwie als Norm oder Anlage grundgelegt sein, — von wo es zur Offenbarung und Realisirung kommt. Die wirkende Macht nun, welcher dieser ideale Keim immanent ist und ihr als Norm oder Ziel der Entwicklung gleichsam vorschwebt, ist nach unsern bisherigen Erörterungen kaum noch zweifelhaft: Es ist die Generationsmacht, die objective Phantasie, die sich im Gegensatz und in der Verbindung der Geschlechter und insbesondere in der Schaffung, Begründung der Familie bethätigt. Hier offenbart sich zuerst in naturgemässer, noch halb instinctiver Weise der immanente teleologische und ethische Zug, der später als freiwirkende sittliche Kraft erscheint. Da das sittliche Wesen, die Idee des Guten sich nur in einem inneren und äusseren Verhalten bethätigen oder realisiren kann, also ein Verhältniss fordert, so ist eben das durch Generation begründete und sich entwickelnde Verhältniss der menschlichen Wesen, der Quell und Schauplatz der ethischen Bethätigung der einzelnen Menschen und der Gemeinschaft. Diese wird durch die Verwandtschaft der Abstammung wie durch ein Band vereinigt und zur Harmonie verbunden, sowie auch der Einzelne nur dadurch entsteht und sich entwickelt und bildet, wie intellectuell, so insbesondere auch ethisch. Da die Realisirung der sittlichen Idee oder des Guten wesentlich in einem Verhalten Anderen gegenüber besteht, so kann sie nur in Gemeinschaft stattfinden, nicht in Isolirtheit, denn auch die Selbstvervollkommnung ist dadurch bedingt. Selbst wenn diese durch die sittliche Gesinnung allein ohne das entsprechende äussere Verhalten oder Handeln stattfinden kann, so ist doch

IV. Die Sittlichkeit.

dabei wenigstens in der Gesinnung oder Intention das richtige Verhalten gegen Andere nothwendig, — wobei dann eben die subjective Phantasiebethätigung eine Grundbedingung bildet. Wie also die Idee des Menschen an sich, oder der Menschheit, nicht im einzelnen Individuum vollständig angelegt ist und realisirt werden kann, sondern nur in der Gattung, durch welche ja auch erst die Persönlichkeit als solche sich bilden, aus dem geistigen Leben derselben geboren werden kann, — so auch ruht die Idee des Guten nicht ganz im einzelnen Menschen, sondern in der Gattung, und kann nur in dieser realisirt werden. Daher die fundamentale Bedeutung der Nächstenliebe im sittlichen Gebiete durch deren Bethätigung auch die Selbstliebe in Wirklichkeit sich erst zu realisiren vermag, d. h. die Selbstvervollkommnung; sowie auch — selbst nach christlicher Auffassung, die Gottesliebe sich nur durch sie kund gibt und zur That wird. Denn auch der göttliche Wille kann als nichts Anderes aufgefasst werden, denn als der der Gattung immanente Wille oder Plan der Vollkommenheit der Individuen realisibar; durch deren harmonisches Wirken für die Gattung, wodurch sie ja eben auch selbst in sich harmonisch werden und als einzelne Momente oder Glieder ihre Vollkommenheit und volle Bedeutung erlangen. Insofern bilden Egoismus und Altruismus keinen Gegensatz, sondern ergänzen und fördern sich gegenseitig, da wer für Andere wirkt, in der That auch zugleich für sich selber, wo nicht äusserlich doch innerlich wirkt und sich die höchste Vollkommenheit oder Glückseligkeit gewinnt; also auch dem eudämonistischen Streben dabei Rechnung trägt und naturgemäss, der vernünftigen Ordnung der Welt zufolge, tragen muss. Denn es wird am meisten Beglückung oder Befriedigung gewähren als harmonisches Glied des Ganzen zu erscheinen durch ethisches Wirken für die Gemeinschaft d. h. durch Bethätigung dessen, was als Nächstenliebe bezeichnet wird. — Die

3. Princip und Wesen der Sittlichkeit. a) Das Gute.

abstracte Forschung nach der metaphysischen Grundlage der Sittlichkeit führt uns demnach auf dieselbe Quelle und dasselbe Wesen des ethischen Princips, wie die historische Untersuchung der Entstehung und ersten Erscheinung des sittlichen Lebens. Es ist diess wieder die objective Phantasie in der Form des allgemeinen Gattungswesens der Menschheit, die sich durch geschlechtliche Produktion in den sittlichen Organismus der Menschheit erschliesst, indem sie zuerst in der Familie, dann in der Stammes- und bei weiterer geistiger Bildung in der allgemeinen Menschheits-Gemeinschaft als Trägerin des Humanitätsprincips sich bethätigt. Der metaphysische Grund erscheint allerdings hier in anthropologischer Gestalt, und also nicht als ein an sich seiendes Wesen, als das Gute oder die Idee des Guten oder geradezu als die Gottheit oder als göttlicher Wille, sondern in relativer Form; allein das Gute, Sittliche ist darum nicht zufällig oder beliebig festgestellt, wenn auch das richtige Bewusstsein davon erst allmählich errungen wurde. Es ist vielmehr anzunehmen, dass ihm ein an sich seiendes, ewiges Wesen oder Gesetz zu Grunde liege, das in die Form der Zeitlichkeit eingehend eben auch relativ erscheint, und nur mehr oder weniger vollkommen sich offenbart und realisirt wird. Das „Dass" davon wirkt als treibende Macht von Anfang an und allenthalben, wenn auch das „Was", das Inhaltliche des sittlichen Gesetzes oder der Idee des Guten nur allmählich unter verschiedenen Verhältnissen und auf verschiedenen Culturstufen sich offenbaren und zeitliche Realität gewinnen kann.

Diese Offenbarung ist näher zu betrachten, durch wen und wie sie in der Menschheit und für dieselbe geschieht. Man pflegt wohl die Sittlichkeit als dem Menschen der Anlage nach angeboren zu bezeichnen; eine Anlage, deren Inhalt oder Keimkraft als Idee des Guten oder als Moment dessen aufgefasst wird, was man Vernunft nennt

— insofern darunter das Vermögen der Ideen oder die ideale Anlage überhaupt verstanden wird. Insofern wäre also der Menschengeist selbst mit seiner höheren, idealen Natur als erste fundamentale Offenbarung des Sittlichen oder Guten zu bezeichnen, da in ihm durch seine Anlage oder natürliche Befähigung offenbar wird, dass es ein Sittliches, eine ewige Idee des Guten gebe in diesem Dasein. Und da der Geist des Menschen selbst nicht ein Erstes, Ursprüngliches, Unentstandenes ist, so ist diese Idee nicht erst durch ihn entstanden, sondern ist an sich da, ausser oder vor ihm als individuellem Wesen. Demnach wird diese Idee des Guten nicht in ihm oder durch ihn gebildet, sondern er selbst vielmehr wird in sie hineingebildet oder wird von Anfang an von ihrem Wesen berührt oder durchdrungen und er entwickelt sie dann in seinem Bewusstsein wie sein eigenes besseres Wesen und Gesetz. Autonomie und Heteronomie sind daher im Sittengesetz oder der Idee des Guten gegeben oder vorhanden. Autonomie, insofern im Sittengesetz nur das innerste Wesen der höheren Natur des Geistes sich selbst kund wird und die Norm des ethischen Wollens und Handelns aus sich selber schöpft oder entwickelt, wenn die geistige Bildung oder Reife weit genug gediehen ist; Heteronomie dagegen ist das sittliche Gesetz, insofern dasselbe nicht blos Product oder Offenbarung des subjectiven Geistes ist, sondern schon vor dem subjectiven, individuellen Geiste besteht an sich, als Idee oder ewiges Seinsollen, oder als Norm der Vollkommenheit eines bewussten Willens, sobald dieser entsteht. Ausserdem aber tritt das Sittengesetz auch noch insofern dem Einzelnen heteronom entgegen, als er dasselbe nicht gleich von Anfang an in seinem Bewusstsein trägt, sondern erst allmählich Wissen und Verständniss davon erhält. Aber diese Heteronomie ist nicht etwas Fremdartiges und Unberechtigtes, da in ihm nur das allmählich objectiv hingestellt und für das Bewusstsein

3. Princip und Wesen der Sittlichkeit. a) Das Gute.

enthüllt wird, was in der eigenen Tiefe als eigenes Gesetz ruht. Die Heteronomie ist somit nur das Mittel, die Weise die Autonomie zu entwickeln und schliesslich zur Geltung zu bringen. Es verhält sich demnach hier ähnlich, wie mit Vernunft und Auctorität. So lange die eigene Vernunft nicht entwickelt ist, muss eine andere als Auctorität dem Menschen gegenüber treten und ihm Belehrung und Leitung angedeihen lassen, — nicht um die eigene Vernunft ungebildet zu lassen oder zu unterdrücken, sondern vielmehr um dieselbe zu bilden und dadurch zur Selbstständigkeit zu führen, sich selbst aber als Führerin überflüssig zu machen. Da nun aber die Vernunft auch in der Geschichte der Menschheit nicht gleich von Anfang an vollendet ist, sondern selbst erst der geschichtlichen Entwicklung bedarf, um sich immer höher zu bilden, von Irrthümern zu befreien und mit höherer Erkenntniss zugleich grössere Selbstständigkeit und Sicherheit des Urtheils zu gewinnen, so ist selbstverständlich die Vernunft, die als Auctorität wirkt und leitet, in jeder gegebenen Zeit selbst auch unvollkommen dem Inhalte und der Kraft nach, und kann auf absolute, unbedingt und für immer giltige Auctorität keinen Anspruch machen, da sie selbst fortschreiten muss. Aehnlich verhält es sich auch mit der sittlichen Autonomie oder mit dem Willens-Gesetz, das dem Menschengeiste innewohnt. Auch dieses muss zuerst als objectives, fremdes, also heteronom dem noch ungebildeten Geiste gegenüber treten, — nicht um für immer einen Knechtsdienst des subjectiven Willens gegen das objective Gesetz einzuführen, sondern um das autonome Moment des subjectiven Willens zu wecken und endlich zur Geltung zu bringen. Und auch hier gilt, dass auch das heteronom auftretende Willengesetz nicht gleich von Anfang an in vollkommener Klarheit und Reinheit aufzutreten vermag, da es auch als objectiv bestehendes Gesetz nur allmählich

IV. Die Sittlichkeit.

errungen werden kann. Auch dieses objective, heteronome Gesetz ist daher nicht unbedingt gültig, nicht absolute Auctorität, sondern muss selbst auch fortgebildet werden. Eben desshalb kann ihm gegenüber die Autonomie des Willens sich allmählich selbst gewinnen und geltend machen, — so dass beide in diesem geschichtlichen Entwicklungsprozess sich gegenseitig voraussetzen und fördern. Denn der Fortschritt kann immer nur von der Autonomie des Willens eines Einzelnen ausgehen, und kann sich dagegen immer nur allgemeiner geltend machen, wenn er wieder die Form der Heteronomie oder Objectivität annimmt, um als Auctorität in der Geschichte zu wirken. Wie dieser Prozess geschichtlich begann, haben wir bereits erörtert, dass nämlich in der Familie und durch sie die erste moralische Auctorität entstand und zuerst sittliche Verpflichtung gefühlt und hingebende Liebe und liebevolle Gesinnung und That zur Realisirung kam, sowie Gehorsam gegen Gebote und Unterwerfung unter das Gesetz, ohne dass diess blinde, erzwungene, sklavische, Acte waren. Von der Familie aus entstand dann ein ähnliches Verhältniss zur Gottheit und die Gesetze für das Handeln wie Wollen wurden als Ausdruck des göttlichen Willens betrachtet, sowie der Gehorsam als Gehorsam gegen göttliche Gebote. Das eigentlich ethische Moment dabei: Pietät, Treue und Liebe in der Familie ward ebenso auf die Gottheit übergeleitet, so dass das höchste Gebot die Gottesliebe und Bethätigung derselben wurde, — wovon dann hinwiederum das Verhalten gegen die Mitmenschen, die Nächstenliebe abhängig und eigentlich begeistet ward. Dass damit auch das zauberische, mystische Moment sich in diesem Verhältniss bald geltend machte, ist leicht begreiflich und ebenso, dass dadurch das rein ethische Verhältniss zu den Mitmenschen in den Hintergrund trat und das religiöse Moment, die Bethätigung im Cultus in den Vordergrund kam — wie früher schon gezeigt worden. Das ethische Gewissen ward vom religiösen Gewissen überwunden und grossentheils verdrängt, so dass für die Gottheit, aus vermeintlicher Gottesliebe oder Furcht solches vorgeschrieben ward und vollbracht wurde, was der reinen Sittlichkeit, der Humanität und Vernunft widersprach. Desshalb trat auch, wie gleichfalls schon erörtert wurde, die Nothwendigkeit ein, die Moral von der Religion zu trennen, um sie in ihrem reinen Wesen wieder herzustellen und daraufhin auch der Religion, dem Gottesbewusstsein, wie dem Cultus, Reinigung und Weiterbildung zu bringen.

Subjectiv, d. h. im einzelnen menschlichen Individuum kommt diese in der Gattung grundgelegte, der objectiven Phantasie potentiell oder virtuell immanente Idee des Guten oder dieses Seinsollen in Bezug auf das Wollen und Handeln — zur Offenbarung in verschiedener Weise, bald unbestimmter, bald bestimmter, klarer und richtiger. Den Kräften oder Momenten der Seele gemäss, sowie nach dem Verlaufe der psychischen Entwicklung und der gegebenen Verhältnisse gibt sich das Gute oder das sittliche Gesetz zuerst im Gefühle kund, als Pflichtgefühl zuerst besonders in der Familie. Den gegebenen Verhältnissen gemäss gestaltet sich das Gemüth, die Gemüthsbewegung und correspondirt denselben in Dankbarkeit, Hingebung, Liebe, — welchem Allen aber zugleich das Moment des Schuldigseins, der Pflicht und — objectiv betrachtet — des Seinsollens innewohnt. Wurde diese Gefühlsweise auf grössere Volkskreise oder geradezu auf die Menschheit übertragen und zugleich das Gottesbewusstsein, das Gefühl göttlicher Vollkommenheit und Erhabenheit damit in Verbindung gebracht, so konnte sich darauf die sog. Gefühlsmoral praktisch gestalten, wie theoretisch begründen. So wichtig indess als psychischer Naturgrund des ethischen Lebens das Gefühl des Seinsollenden, des Schicklichen, Rechten und Pflichtgemässen immer sein mag, so ist dasselbe doch eine zu schwankende Basis für die reale Sittlichkeit und ist zu unklar und zu unsicher, als dass es als Norm des Handelns und als Kriterium der Beurtheilung, also als eigentliches Princip der Ethik dienen könnte. Eher scheint diess der Fall zu sein bei jener inneren, urtheilenden, richtenden Stimme, welche als Gewissen bezeichnet wird. Das Gewissen wächst seinem inneren Wesen nach aus dem moralischen Gefühle hervor und stammt also ursprünglich aus derselben Quelle, wie dieses, ist gleichsam nur die intensivere Form, der strenger gestaltete Ausdruck desselben. Seine Thätigkeit geht nicht mehr so unmittelbar aus dem Seelengrunde selbst hervor, sondern ist schon von subjectiver Phantasie getragen, insofern die Verhältnisse dabei in Betracht gezogen sind, und theoretische Momente mit dem praktischen Verhalten nachträglich in Vergleichung gebracht und beurtheilt werden. Aber sicheres Kriterium für sittliche Wahrheit und Richtigkeit, und Princip der Moral kann auch das Gewissen nicht sein, da auch nur der Impuls, das „Dass" des sittlichen Verhaltens, welches von ihm ausgeht, aber nicht das „Was", das Inhaltliche, stets sicher und zuverlässig ist; so dass es also einen zu subjectiven Charakter an sich trägt, nur für einen Menschen von dieser Ueberzeugung und unter diesen Umständen gilt. Das Gewissen ist insofern so zu sagen eine Mühle, die zwar sicher und unentwegt mahlt, aber nur so, wie sie eben gerichtet und das, was in sie hineingelegt wird. Das Gewissen urtheilt sittlich und richtet, aber es ist dabei geleitet von der Ueberzeugung, von theoretischen Vorstellungen, und sogar auch in seiner Sicherheit bestimmt von der psychischen Beschaffenheit der Seele selbst. Daher kann das Gewissen irren, irrig urtheilen, (wenn nicht subjectiv, doch objectiv irrig), kann auch schwankend sein oder ängstlich, kann weit oder enge sein und also dadurch verkehrte, unzuverlässige Urtheile fällen. Es gibt also keine objective Sicherheit in Betreff des Guten, keine sichere Erkenntniss oder Beurtheilung der geschehenen Handlungen und kann daher noch weniger als Maasstab des Sittlichen für die Theorie gelten, kann nicht Princip des sittlichen Lebens und der Theorie des Ethischen sein.

Aber auch jene innere, befehlende Stimme, die Kant als **kategorischen Imperativ** bezeichnet und als Princip der Moral geltend gemacht hat, kann nicht als solches gelten, schon desshalb nicht, weil damit ebenfalls nur eine Form, kein Inhalt angedeutet ist. Denn auch die Kant'sche Formulirung der gebietenden Pflicht, so zu handeln, wie man wünsche, dass Alle handeln, oder dass die Maxime, nach der man handelt, Richtschnur des Handelns für Alle werde, — auch diese Bestimmung hat nur formale Bedeutung, sagt also über das Inhaltliche des sittlichen Handelns nichts Näheres aus. Ist also immerhin die so formulirte Norm Kant's von grosser Bedeutung für das richtige, die menschliche Gesellschaft fördernde Handeln, so gilt sie doch, — ausserdem dass sie sachlich nichts bestimmt und sich kaum Näheres daraus ableiten lässt, — nur für das äusserliche Handeln, und hat insoferne mehr juridische Bedeutung. Ueber die Gesinnung, in welcher das eigentlich ethische Moment ruht, sagt sie nichts aus und hat sogar den Beigeschmack des Egoismus, da der eigene Vortheil einigermassen betont wird. Kant fordert noch, dass das sittliche Gebot, die Pflicht oder der kategorische Imperativ mit dem Gemüthe in Beziehung gebracht werde, weil nur dadurch derselbe den Impuls zum Handeln geben könne. Das Gefühl der Achtung vor dem verpflichtenden Gebot soll der Beweggrund zum pflichtgemässen Handeln werden. Indess ist nicht klar, wie und warum dieses Gefühl entstehen soll gegenüber dem kategorischen Gebot, wenn weiter kein Inhalt angegeben ist. Nur die Idee des Guten, die sich in der Gesinnung, in der geistigen Vollkommenheit realisirt, deren Ausdruck die Liebe zum Nächsten und zur Menschheit ist, — kann diesen Inhalt geben. Er ist innere Vollkommenheit, inneres harmonisches Wesen, das sich gestaltet in der (wenigstens) inneren, liebevollen, wohlwollenden Wechselbeziehung zur menschlichen Gesellschaft und geschichtlich als Humanität sich zur Geltung bringt. Es wird dadurch zugleich die Idee des Guten und die Idee der Menschheit als Gattung realisirt, — durch beides zugleich die eigene, persönliche ethische Vollkommenheit errungen.

Demgemäss kann das wahre **Offenbarungsorgan** der sittlichen Idee doch nur das theoretische Vermögen, die **Vernunft**, als Fähigkeit idealer Erkenntniss sein, — wenn auch Gefühl und inneres, formales Gebot und Gewissen von grosser Bedeutung sind. D. h.: Es muss innerlich nicht bloss empfunden, sondern gleichsam geschaut werden, worin die eigene Vollkommenheit und die Vollkommenheit der menschlichen Gesellschaft und des menschlichen Geschlechtes besteht. Das ist keine vermittelte, sondern eine unmittelbare Vernehmung, die aus dem Gefühle hervorgeht sowie aus der innern Nöthigung, die aus diesem und dem Instincte sich erhebt, — dann aber allerdings durch Vermittlungen hindurch, durch Erfahrung und Verstandesthätigkeit allmählich zu höherer Klarheit kommt. Man kann sagen: Durch Vernunft wird uns das „Dass" und, wenn auch zuerst nur dunkel, das „Was" zur Offenbarung, zum Bewusstsein gebracht; dagegen das „Wie" der sittlichen Gesetze und des sittlichen Verhaltens bestimmt, die Verhältnisse beurtheilend, der Verstand, sowie dieser auch die klaren, ausgeprägten Formen feststellt und näher für den praktischen Gebrauch entwickelt.

Was die Realisirung der Idee des Guten oder der Sittlichkeit betrifft, so geschieht sie, wie schon angedeutet, wesentlich durch die ethische Gesinnung, nicht durch bloss äusserliches Handeln. Diese Gesinnung hat ethischen

Werth, auch wenn die äussere That wegen unüberwindlicher Hindernisse nicht folgen kann oder ein äusserer Erfolg, der beabsichtigt ist, nicht erreicht zu werden vermag, — während umgekehrt die äussere That, wie förderlich sie sonst auch sein mag, für den Handelnden und für Andere, ohne sittliche Gesinnung keinen ethischen Werth hat. Und hierin unterscheidet sich das Ethische wesentlich von dem bloss Juridischen, vom blossen Rechtsleben. Die sittliche Gesinnung selbst aber muss sich, damit sie wirklich eine solche sei, beziehen auf die Idee des Guten, ist die im Geiste lebendig gewordene Idee des Guten selbst. Der Wollende und Handelnde muss von dieser durchdrungen sein, muss sie realisiren wollen. Und zwar realisiren wollen nicht in leerem Denken und für sich in Isolirtheit, sondern thatkräftig in lebendigem Zusammenhang mit den Menschen und der Menschheit, also mit der Gattung. D. h. die Realisirung der Idee des Guten muss zugleich eine Realisirung der Idee der Menschheit sein, oder wenigstens sein wollen; oder religiös ausgedrückt: muss sich beziehen auf Realisirung des göttlichen Willens, wie derselbe im Weltplan und für die Welt ist, nicht wie er an sich oder seinem absoluten Wesen nach sein mag; oder die Gottesliebe kann sich nur in der Nächstenliebe bethätigen, da für Gott an sich der Mensch nichts zu leisten vermag, sondern nur für die Menschheit oder den göttlichen Willen in dieser. Diese Bethätigung für die Menschheit geschieht vor Allem dadurch, dass die in ihr gegebenen Kräfte zur Entwicklung und Geltung kommen und hinwiederum für den Einzelnen, wie für die Gemeinschaft, also für Realisirung der teleologischen Tendenz des Daseins oder des Weltplanes Verwendung finden können. Diess geschieht wiederum zunächst in der Familie durch Erziehung und Bildung der noch unmündigen Jugend, und später in weiteren Kreisen durch Gesetze und durch wissenschaftliche Forschungen. Davon sind wesentlich die ethischen Bethätigungen bedingt, und die Menschennatur ist im Unterschied von den übrigen Erdenwesen, wie schon erwähnt, durch die Unvollkommenheit des neugebornen Individuums am meisten darauf angelegt, am weitesten fortgebildet zu werden, da sie sogleich nach der Geburt in das Reich des Ethischen und des Geistes überhaupt aufgenommen, Gegenstand der Liebe und verständigen Sorgfalt werden muss, wenn sie nicht wieder zu Grunde gehen soll. — Dann aber wird die Idee des Guten realisirt in den gewöhnlich sog. Werken der Gerechtigkeit und der Nächstenliebe. Uebung der Gerechtigkeit und Vermeidung des Unrechts ist zwar zunächst eine Realisirung des Rechtes als solchen, das vorgeschrieben wird von der Rechtsgemeinschaft und durch Gewalt durchgesetzt oder erzwungen werden kann. Aber sie wird sittliche Bethätigung und Tugend dadurch, dass sie in sittlicher Gesinnung geschieht wie dadurch ja überhaupt die sonst indifferenten Acte des Lebens, die ganze Lebensführung einen ethischen Charakter erhält. Als die gewöhnlichste und dem allgemeinen Bewusstsein klarste Uebung der Nächstenliebe und humanen Gesinnung, also der Realisirung der Idee des Guten ist die werkthätige Hilfe zur Hebung oder Linderung der Uebel und Leiden des menschlichen Lebens in leiblicher wie geistiger Beziehung zu bezeichnen. Es steht dadurch die Realisirung der Idee des Guten mit der Beglückung und Glückseligkeit der Einzelnen und der ganzen Menschheit in nächster Beziehung; und schon daraus geht hervor, dass, wenn es die Reinheit der sittlichen Gesinnung und That nicht beeinträchtigt, für Andere und für die Gattung die Leiden zu heben und Genuss und Glück des Daseins zu fördern, beides auch für den sittlich Wollenden und Handelnden selbst nicht unvereinbar sein, nicht in schroffem Gegensatz stehen könne. Zugleich leuchtet dabei auch ein, dass der Einzelne, indem er auf diese Weise sittliche, humane Gesinnung hegt und dieselbe für Andere und überhaupt für die Gattung bethätigt, durch solche negative und positive Realisirung der Idee der Vollkommenheit im Dasein, indem er die Uebel beseitigt und Glück zu fördern sucht, — zugleich sich selbst fördert, vervollkommnet, an sich selbst das Gute und die Glückseligkeit realisirt. Das Glück und das Gute, das er objectiv realisirt, ist in ihm selbst, in seinem Gemüthe und Willen eben dadurch in idealer Weise zur Verwirklichung gebracht. Dadurch die harmonische Weltordnung fördernd, macht er sich selbst zu einem in sich harmonischen Organ derselben. Welche Bedeutung die Leiden und Uebel des Daseins haben, ist hieraus unschwer zu ersehen. Die Natur leitet, erhält und fördert, ja vervollkommnet ihre Geschöpfe durch Lust und Schmerz, die, wie wir sahen[1]), nichts Anderes sind, als die in der Empfindung innerlich gewordene, sich selber findende teleologische Organisation der physisch-psychischen, lebendigen Wesen. Bei dem Menschen verhält es sich in physischer Beziehung ebenso; zugleich aber erhalten bei ihm Lust und Schmerz eine höhere geistige, ethische Bedeutung, — und können diess um so mehr, da auch sie eine Wirkung und ein Ausdruck der Vernunft, d. h. des idealen Wesens sind, das in der Natur objectiv, wie im Menschen subjectiv nach Realisirung strebt und streben soll. Die Fähigkeit für Lust und Schmerz und die Leiden des Daseins tragen hauptsächlich dazu bei, den Menschen aus der Aeusserlichkeit, dem blos äusserlichen Gebahren seiner geistigen Natur gemäss zur Innerlichkeit zu führen, deren geistigen Momenten in ihm zum Uebergewichte zu verhelfen, sein Wesen, seine Gesinnung und sein Wollen geistig intensiver, selbstständiger, reiner zu gestalten. Nicht minder wichtig und förderlich aber ist Lust und Schmerz, und insbesondere das Leiden für das Verhalten des Ein-

---

[1]) Die Phantasie als Grundprincip des Weltprozesses, S. 281 ff.

zelnen den Andern gegenüber und in Bezug auf die Gattung. In Folge der Fähigkeit von Lust und Schmerz ist es möglich, dass Ein Mensch für den andern etwas sei, ihm Theilnahme, Wohlwollen widme, ihm Beglückung bereite und von Unglück und Leid befreie. Durch solch' hülfebereites, liebevolles Verhalten tritt der Einzelne mit den übrigen in eine geistige Gemeinschaft, fügt sich harmonisch als Glied in die Gattung, ein und es entsteht eine allgemeine geistige Verbindung und ethische Einheit unter den Menschen. Die real wirkende Vernunft (allgemein betrachtet: die Weltphantasie), die sich in Lust und Schmerz nach ihrem idealen Wesen kund gibt, wird durch das Leiden und dessen Linderung zur Veranlassung und insofern zur Quelle ethischer Bethätigung und Vollkommenheit in der Menschheit. Die reale Welt ist dadurch der Boden, auf dem der ethische Process (wie auch der intellectuelle) in der Menschheit sich vollzieht, das Mittel, wodurch die Idee des Guten aus ihrem an sich seienden Wesen zur Erscheinung kommt und als reale Macht sich bethätigt. Ohne diess würden die Menschen als sich selbst genügende Monaden bestehen und wirken, kein Bedürfniss der Förderung durch Andere haben, sowie keine Veranlassung, sich gegenseitig liebevolle Gesinnung in diesem Leben zu zeigen, dadurch an sich und für das Ganze die **Idee des Guten** als Idee der Humanität zu realisiren und die Idee der Menschheit auszugestalten als **geistigen Zusammenhang in der Vervollkommnung.** Wie die Menschen als isolirte Monaden die geistige Entwicklung nicht beginnen könnten, d. h. ohne den innigen Zusammenhang in Folge der Abstammung von einander durch Generation, durch den Gegensatz des Geschlechtes und die Erschliessung desselben zur Familie; so ohne die Fähigkeit der Empfindung von Lust und Schmerz, insbesondere ohne das Leiden keine wahrhafte, ethische Beziehung der Menschen unter einander, und keine Entwicklung und

Ausbildung der Menschheit in ethischer, idealer Beziehung. Und ist geistige Vervollkommnung wirklich Ziel der Menschen und des Menschengeschlechtes, so ist klar, dass Arbeit, Noth und Schmerz, wie zur intellectuellen Entwicklung und Vervollkommnung, so auch zur ethischen, idealen Ausbildung erforderlich sind. Die Naturdinge und Naturgesetze erhalten dadurch selbst eine Erhöhung und geistige Verklärung, dass sie zur Realisirung der sittlichen Gesetze und zur sittlichen Vervollkommnung dienstbar sich erweisen müssen. Und wenn auch die Naturgesetze als mechanisch wirkende Kräfte (causae efficientes) noch so verschieden sind von den moralischen Gesetzen, als teleologischen und idealen (causae finales), so werden sie doch in den moralischen Handlungen zu ideal-realer Vereinigung gebracht und mit höherem Vernunftinhalt erfüllt — in ähnlicher Weise, wie schon in den organischen Bildungen der Natur die physikalischen Kräfte den teleologisch wirkenden Principien (objective Phantasiebethätigungen) dienstbar sind und dadurch selbst eine höhere, ideale Verklärung erhalten. Die äussere Handlung wird durch die ethische Gesinnung des Handelnden, wie schon bemerkt, zur ethischen Qualität erhoben und diese Gesinnung offenbart sich der Idee des Guten, dem ethischen Gesetze gegenüber als Ehrfurcht, dem Menschen gegenüber als Wohlwollen, Liebe und Mitleid. Hiedurch besonders spielt im ethischen Leben auch die subjective Phantasie, die ja schon bei jedem Willensakte und jeder Handlung überhaupt sich geltend macht als Ziel- und Richtung gebend, eine besondere Rolle. Im Mitleid insbesondere wirkt die subjective Phantasie vermittelnd mit, insofern durch sie das fremde Leid in die eigene Vorstellung und Gemüthsbewegung übertragen wird und den Willen zu wohlthätiger That, zu Hülfeleistung anregt.

b) **Tugend und Tugenden.**

Die mannichfachen Arten der Realisirung der Idee des Guten oder der sittlichen Bethätigung in Gesinnung und That sind die Tugenden, die allerdings, insofern sie Tugenden sind, alle das gleiche Grundwesen an sich haben müssen, eben das nämlich, wodurch sie Tugenden sind, wie schon im Alterthum es geltend gemacht wurde. Dieses Eine Wesen der Tugend, oder vielmehr dieses Princip der Tugenden und der Tugendhaftigkeit besteht eben in der beharrenden Gesinnung und Strebung zur Realisirung der Idee des Guten und zur Erfüllung der Pflichten oder, wenn man es so ausdrücken will, zur vernunftgemässen Selbstbethätigung. Um dieser Einheit oder Gleichartigkeit des Grundcharakters willen stehen auch alle einzelnen Tugenden in Zusammenhang, nicht blos in psychologischer Beziehung, sondern ihrem Wesen resp. ihrem Verhältniss nach sowohl zur Bethätigung der Einen sittlichen Gesinnung als auch der Einen Idee des Guten. Man hat aus der grossen Reihe von Tugenden schon im Alterthum sog. Grund- oder Cardinaltugenden ausgeschieden, die man auch später beibehielt, obwohl mit manchen Modifikationen. Wenn zu diesen insbesondere die Weisheit gezählt wurde, so ist dagegen zu bemerken, dass der Besitz der Weisheit selbst keine Tugend ist im eigentlichen Sinne, insofern sie eine theoretische Eigenschaft ist; dass dagegen das Streben darnach eine Pflicht und insofern auch eine Tugend ist, insbesondere noch darum, weil sie als die Grundbedingung richtiger Tugendübung erscheint. Als eigentliche Grund-Tugenden können die Gerechtigkeit, die Tapferkeit (im höheren und allgemeineren Sinne) und die Wahrhaftigkeit bezeichnet werden. Auch sie stehen in nahem Zusammenhang und verzweigen sich in ihren verschiedenen Bethätigungs- oder Erscheinungsweisen in einander. Ausserdem realisiren sich alle sowohl im Verhalten des Menschen gegen sich selbst, wie gegen Andere;

alle sind also wie altruistisch, so auch egoistisch. — Gerechtigkeit besteht in der dauernden Gesinnung, Jedem das ihm Gebührende zu gewähren und solches Niemanden zu entziehen, sowie in der entsprechenden That. Aber der persönliche Mensch hat das Recht wie die Pflicht, auch gegen sich selbst gerecht zu sein. So ist er zur Selbstachtung berechtigt und zu all den Strebungen verpflichtet, die daraus hervorgehen. Dennoch führt ihn gerade die Gerechtigkeit auch wiederum zur Demuth, nicht blos insofern sie ihn von Selbstüberschätzung abhält und das rechte Mass an seine Eigenschaften und Leistungen anzulegen bestimmt, sondern auch, indem sie ihn verpflichtet, die anderen Persönlichkeiten als gleichberechtigt anzusehen und ihnen in gleicher Weise wie sich selbst zu gewähren, was ihen gebührt. Und zwar handelt es sich dabei nicht blos um äusserliche Dinge, um Hab und Gut oder Ehren u. dgl., sondern hauptsächlich auch um geistige Güter und Eigenschaften. Insbesondere gilt diess auf religiösem Gebiete, auf dem die Menschen am wenigsten sich gegenseitig Rechte zugestehen und am wenigsten zugeben wollen, dass sie auch Pflichten gegeneinander haben. Die Gerechtigkeit, welche fremde Rechte anzuerkennen gebietet, wird verbieten, den Andersdenkenden um ihrer religiösen Ansichten willen ihre sonstige Rechte zu entziehen, und wird verpflichten, auch fremde, von den eigenen abweichende Meinungen zu dulden, weil auch die Mitmenschen so gut ein Recht haben, eine eigene Ueberzeugung sich zu bilden und für sich geltend zu machen, wie wir selbst.[1]) — Die Tapferkeit wurde als besondere Grundtugend geltend gemacht im Alterthum, wo die Haupttugend des Bürgers in der Tüchtigkeit erblickt wurde, für den Staat, das Gemeinwesen etwas zu leisten. Und sicher

---

[1]) Näheres in meiner Schrift: Das Recht der eigenen Ueberzeugung. Leipz. 1860.

stammte diese Auffassung schon von den Urzeiten der Menschheit her, wo die sittliche Strebung für das Wohl Anderer hauptsächlich in dem Schutz vor Gefahren bestund, der den Angehörigen von den Oberhäuptern und ihren Helfern gewährt ward; sowie in der Sorge für deren Erhaltung und Förderung hauptsächlich in leiblicher Beziehung, da das geistige Leben noch zu wenig bedeutend war. An sich aber kann nunmehr Tapferkeit im gewöhnlichen Sinne, d. h. die Fähigkeit und Energie muthigen Kampfes mit dem Feinde, noch nicht als Tugend im eigentlichen Sinne betrachtet werden, sowie Mangel an Muth nicht ohne weiteres als Unsittlichkeit oder Pflichtverletzung zu betrachten ist, da hier die Naturbegabung oft von entscheidendem Einfluss ist. Dagegen das Wort in weiterem Sinne genommen als die Energie, egoistisch wie altruistisch in der rechten Weise ohne Furcht und feige oder selbstische Rücksicht zu handeln, kann Tapferkeit wohl als Tugend, ja als Grundtugend oder Quelle und Princip von Tugenden bezeichnet werden. Sie wird gegen Andere sich richten, insofern sie Unrecht thun, sowie für Andere wirken, insofern sie Unrecht leiden, und sie ist insofern überhaupt unmittelbar mit der Gerechtigkeit in Verbindung, ja erhält den Charakter einer Tugend wesentlich von dieser. Denn noch so grosse Tapferkeit wird ohne sie keine Tugend sein, da die richtige Gesinnung und das rechte Ziel dabei fehlen, also die eigentlich ethische Seele mangelt. Aber auch in Bezug auf sich selbst hat der Mensch die Tugend der Tapferkeit im genannten Sinne zu üben, und da besteht sie in der Selbstbeherrschung und in all' den besonderen Arten von Tugenden, in welchen dieselbe sich realisirt und kund gibt: in Mässigung, Geduld, Entsagung, Opferwilligkeit für Andere, worin die egoistischen und altruistischen Momente der Tugendübung sich wieder vereinigen. Insofern fordert die Treue gegen sich und Andere ebenfalls die starkmüthige, tapfere Gesinnung und

That. — Nicht minder aber ist sie nöthig zur Tugend der **Wahrhaftigkeit**. Diese Tugend bezieht sich zugleich auf die Wahrheit, auf die eigene Person und auf die Mitmenschen, die Einzelnen und die Gesellschaft. Sie gibt der Wahrheit die Ehre im Streben darnach und in dem Bekenntniss derselben, weil es die Wahrheit ist oder dafür gehalten wird — zunächst ohne alle anderen Rücksichten. Dann aber bethätigt sich die Wahrhaftigkeit Anderen gegenüber durch Kundgebung der Wahrheit, oder wenigstens der eigenen Ueberzeugung von derselben, weil man jenen und der Welt überhaupt Wahrheit schuldig ist, d. h. wenigstens Wahrheit im subjectiven Sinne, insofern sie als lebendige Ueberzeugung besteht. Endlich aber ist der Mensch sich selbst Wahrhaftigkeit schuldig; er soll sich selbst nichts vorlügen, darf sich selbst nicht täuschen wollen, nicht selbst sich um die Wahrheit betrügen. Die Pflicht der Wahrhaftigkeit gegen sich selbst fordert von ihm den Gebrauch der Vernunft, um der Wahrheit die Ehre zu geben und sich selbst die Wahrheit zu erringen und Irrthum und Selbsttäuschung zu vermeiden oder zu überwinden. Eine der bemerkenswerthesten Eigenthümlichkeiten und Schwächen des menschlichen Daseins besteht darin, dass so allgemein und so unablässig die Menschen aufgefordert werden, auf den Gebrauch ihrer Vernunft zu verzichten, und zwar gerade im Interesse der Wahrheit (im vermeintlichen Interesse der vermeintlichen Wahrheit), während doch Vernunftgebrauch und Wahrheit sich gegenseitig correspondiren nach dem allgemeinen Gesetze der Natur und Vernunft, und die Eine ohne die Andern gar nicht ist oder wenigstens keine Bedeutung hat. Ein Verfahren, das eben so sehr dem Rechte der Wahrheit, wie der Tugend der Wahrhaftigkeit gegen sich selber widerstrebt, da die Menschen genöthigt werden, sich irgend etwas ohne Vernunftgebrauch, also ohne Prüfung als Wahrheit einreden und aufdringen zu lassen, und sich selbst einzureden, dass sie ohne Vernunftgebrauch die Wahrheit besitzen. So meinen dann diese Menschen auch so allgemein, dass sie der Wahrheit (und selbst Gott) dadurch am meisten die Ehre geben, dass sie hartnäckig an dem blindlings Angenommenen oder Ueberkommenen festhalten, ohne selbst zu prüfen, — während sie dabei das höchste Unrecht gegen das Organ der Wahrheit, die Vernunft, wie gegen die Wahrheit selbst begehen. Oft wird dabei nur egoistischem Dünkel nachgegeben, dass nur ihre Meinungen richtig seien — weil sie dieselben haben, und abweichende Ansichten nicht wahr sein können, weil Andere ihnen huldigen. Vernünftiger Weise muss doch wohl behauptet werden, dass nur derjenige der Wahrheit die Ehre gibt und die Tugend der Wahrhaftigkeit übt, der stets bereit ist, vernünftig zu prüfen, anstatt blos hartnäckig zu behaupten, und dem besser Begründeten die bisher festgehaltene Meinung zum Opfer zu bringen, wie sehr diese auch liebgewonnen sein und welch' grosse Ueberwindung das Aufgeben derselben auch kosten möge. Es muss sich eben mit dem Glauben und der Ueberzeugungstreue auch die Demuth verbinden, und zwar jene Art von religiössittlicher Demuth, welche den so lieblosen Glaubenshochmuth verhindert, der allein für sich Wahrheit in Anspruch nimmt und alle anderen Ueberzeugungen als verächtliche Irrthümer oder geradezu als verbrecherische, verdammenswerthe Auflehnung gegen Gott selbst brandmarkt, — während sie doch auch nur von menschlichen Auffassungen abweichen, die sich allein für unmittelbar göttlich auszugeben wagen.

Es kann die Frage entstehen, ob denn auch die Frömmigkeit oder Religiösität, d. h. der Glaube an die Gottheit und die Verehrung derselben eine Tugend sei, d. h. eine Pflicht-Erfüllung und Realisirung der Idee des Guten. Die Frage kann mit Ja und Nein beantwortet

3. Princip und Wesen der Sittlichkeit. b) Die Tugend.

werden. Insofern unter Gott das Höchste, Vollkommenste zu verstehen ist, was das Menschengemüth erregen, das Denken erfüllen und den Willen bestimmen soll, — ist sicher die Anerkennung und Verehrung desselben mit allen Kräften der menschlichen Natur eine Pflicht, und die Erfüllnng dieser eine Tugend. Und die Vollkommenheit und Beseligung der menschlichen Natur ist davon hauptsächlich bedingt. Dagegen aber eine bestimmte Auffassungs-Weise oder Vorstellung von Gott, seinen Eigenschaften und Offenbarungen anzunehmen oder für immer festzuhalten, — wie sie in der Geschichte aufgetreten und überliefert sind, kann nicht als absolute Pflicht bezeichnet werden. So lange allerdings Jemand eine gegebene positive Vorstellung von Gott und seiner Offenbarung für wahr halten kann, ist er der Wahrhaftigkeit und Ueberzeugungstreue gemäss verpflichtet, Gott in dieser Vorstellungsweise auch Anerkennung und Verehrung zu zollen. Aber es gibt keine absolute Pflicht, gerade dieser oder jener Vorstellung von Gott beizustimmen, gerade diesen oder jenen Glauben und religiösen Cultus festzuhalten, der einmal eingeführt ist und in der Jugend angenommen wurde, — wenn die Ueberzeugung nicht mehr damit übereinstimmt; und es ist keine Tugend, hartnäckig dabei zu verharren und blindlings daran festzuhalten. Da Forschung und Prüfung Pflicht ist, und nach dem Gange der geistigen Entwicklung der Menschheit es leicht geschehen kann, ja geschehen muss, dass in späterer Zeit, in Folge fortgesetzter Forschung und Prüfung in Natur und Geschichte, Manches sich als unhaltbar oder geradezu als ein Irrthum erweist, was in früherer Zeit in Folge mangelhafter Erkenntniss als Wahrheit festgestellt wurde, — so entsteht vielmehr die Verpflichtung, diese als irrthümlich erkannten Feststellungen und abergläubisch gewordenen Cultus-Acte aufzugeben. Die Wahrhaftigkeit gegen sich und Andere gebietet diess, sowie das Recht, das die erkannte Wahrheit hat auf Anerkennung und die Pflicht diese derselben zu zollen. Das Gegentheil wäre Heuchelei und Verletzung der Pflichten gegen sich selbst und Andere und gegen die Gottheit selbst. Dabei kann wohl der Fall eintreten, dass ein denkender, forschender Mann gar keiner der in der Geschichte gegebenen oder überlieferten Gottesvorstellungen Annahme und Anerkennung weiter zu gewähren vermag, weil keine derselben seinem Ideale von Vollkommenheit und wirklicher Göttlichkeit entspricht. Von den fanatischen Rechtgläubigen, d. h. den blindlings bei dem Ueberkommenen Verharrenden, und von der ungebildeten und missleiteten Menge pflegt ein solcher als Ungläubiger oder geradezu als Atheist bezeichnet und verabscheut zu werden. Gleichwohl ist er der wahre Rechtgläubige (einer gegebenen Zeit), während die Andern, wenn nicht Ungläubige, doch Irr- und Wahn-gläubige, ja die eigentlichen Atheisten sind, weil sie nicht an den wahren, vollkommenen Gott, an das absolute Ideal glauben, sondern an eine unhaltbare, unvollkommene, Gottes unwürdige Wahnvorstellung von Gott. Niemand kann verpflichtet sein, an einen Gott zu glauben, den er als Wahngebilde erkannt hat, und das äusserliche Festhalten und Bekennen desselben ist keine Tugend, sondern Heuchelei und bewusste Herabwürdigung der besseren Ueberzeugung. Hinwiederum gebietet freilich auch die Gerechtigkeit, das in Frage stehende Recht auf eigene Ueberzeugung auch bei Ungebildeten zu schonen und nicht in frivoler Weise das Göttliche dadurch zu verletzen, dass es in der, wenn auch unvollkommenen Vorstellungsform der wahrhaft Glaubenden schonungslos angegriffen oder verhöhnt und dadurch aus dem Glauben oder Bewusstsein vertilgt werde. Nicht gegen Gott an sich freilich ist diess ein Frevel, wohl aber gegen Gott, insofern er, wenn auch in sehr unvollkommener Form, im Glauben der Unmündigen lebendig und wirksam ist.

c) Die Phantasie im ethischen Entwicklungs-Processe der Menschheit.

Was die Bedeutung der Phantasie für die Tugend-Uebung betrifft, d. h. für Realisirung der Idee des Guten, so geht sie schon zunächst daraus hervor, dass bei jedem Handeln, als einem zweckerstrebenden Wollen und Thun ein Ziel vorgesetzt d. h. im Bewusstsein vorgestellt, imaginirt werden muss, nach dem die ganze Thätigkeit sich richtet. Ideale Thätigkeit kann also nur durch Schauen, Imaginiren des Idealen ermöglicht werden. Was dann aber das sittliche Streben überhaupt betrifft, das in vernünftiger Leitung der natürlichen Begehrungen und Kräfte besteht, so ist es eine Erfahrung und längst erkannte Thatsache, dass abstracte Grundsätze, allgemeine Maximen wenig Macht haben, den Willen zu bestimmen. Vielmehr muss das Gemüth dabei in Betheiligung kommen, da es die Gefühle hauptsächlich sind, von denen die Menschen ihr Wollen und Handeln (und den psychischen Gesammtorganismus) bestimmen lassen, wie die Empfindungen (Lust und Schmerz) hauptsächlich das leibliche Leben und Thätigsein bestimmen. Gefühle aber werden verursacht durch Vorstellungen, durch concrete Bilder von Gegenständen, Zuständen, Verhältnissen und Ereignissen. Es ist demnach die Vorstellungs- oder Einbildungskraft, die in besonderem Maasse das sittliche Verhalten bedingt und bestimmt, und demnach kommt der subjectiven Phantasie in diesem Gebiete eine besondere Bedeutung zu. Durch ideale, bessere Gefühle werden die selbstsüchtigen, schlechten Triebe gehemmt und bessere Strebungen und Handlungen veranlasst, — was aber nur dadurch möglich ist bei dem Menschen, im Unterschiede von den Thieren, — dass durch die subjective, freigewordene Phantasie ein geistiges Gebiet geschaffen worden sowie ein psychischer Organismus des individuellen, persönlich gewordenen Menschen, in welchem freie Entscheidungen nach idealen

Zielen möglich sind.¹) — Aber auch der objectiven Phantasie, insofern sie in der menschlichen Gattung und im Individuum sich bethätigt, kommt bei der Realisirung der sittlichen Idee in der Menschheit eine grosse Bedeutung zu. Soll nämlich das Ziel der Menschheit, insofern die Realisirung der Idee des Guten als solches zu gelten hat, wirklich erreicht, das Gute allenthalben zum realen oder ideal-realen Sein gebracht werden, so darf es nicht blos in den einzelnen Individuen oder persönlichen Subjecten zur isolirten Verwirklichung in einzelnen Fällen oder auch in habituellem Verhalten kommen, sondern es muss in die reale Gattung, in die Gesammtheit allmählich übergehen, muss im objectiven, realen Sein der Menscheit gleichsam Fleisch und Blut, werden, und muss also in die Generationspotenz, worin sich die Macht der objectiven Phantasie bethätigt, übergehen. Die Realisirung der sittlichen Idee muss also bis zu einem gewissen Grade, ohne dass die Selbstständigkeit des Wollens und Handelns des Individuums aufgehoben wird, zur Natur der Menschen werden und Versuchung und Neigung zum Bösen in demselben Maasse abnehmen oder schwinden. In Bezug auf das Böse wird ein solches Verhältniss vielfach anerkannt; insbesondere geschieht diess in der christlich-theologischen Lehre von der Erbsünde, der zufolge Sünde und Schuld in die Natur der Menschheit übergegangen und durch die Erzeugung auf die Natur der Nachkommen übertragen wird. Von der Realisirung der Idee des Guten ist Aehnliches und sicher mit mehr Recht anzunehmen, und die Geneigtheit der menschlichen Natur zum Bösen ist eben dadurch allmählich durch eigene Wirksamkeit der Menschheit als Gattung zu überwinden, — während die Religionen solche Ueberwindung nur mittelst magisch wirkender Veranstaltungen, Cultusacte und Zaubereien bewerkstelligen

---

¹) Hierüber: Die Phantasie als Grundprinzip II. und III. Buch.

wollen; natürlich vergebens, und, real betrachtet, illusorisch, wenn auch in subjectiver Weise mittelst der subjectiven Imagination Manches zu erreichen ist. Die wahre Sittlichkeit aber, welche eine reale, habituelle Bedeutung hat, ist für den Einzelnen wie für die Völker und die Menschheit durch eigenes Wollen und Handeln anzustreben und zu erringen, und zwar so anhaltend, dass sie allmählich auch in die objective Phantasie d. h. in die reale Natur und in die Generationspotenz übergeht. Darnach werden dann die Menschen der späteren Geschlechter mit besserer sittlicher Anlage geboren, als die der früheren Generationen und das Hoch- oder Edelgeborensein ist in solchem Falle keine leere Titulatur mehr. — Bei diesem Veredlungsprozess in Bezug auf Sittlichkeit können, wie es scheint, manche Zweige des Organismus der Menschheit nicht fortgebildet werden, sondern verfallen dem Stillstand, welken ab und gehen zu Grunde, so dass nur einige der Stämme oder Racen des Menschengeschlechtes das Ziel erreichen. Bezüglich der Civilisation im Allgemeinen verhält es sich wenigstens so, da manche wilde Stämme sich dieselbe nicht mehr aneignen können oder nicht einmal wollen können, sondern durch Berührung mit derselben vielmehr zu Grunde gehen, — wie schon mehrfach wahrgenommen worden ist. Da also objective und subjective Phantasie in Wechselwirkung mit allen physischen Verhältnissen und geistigen Kräften bei der Realisirung der Idee der Sittlichkeit oder des Guten oder der Humanität zusammenwirken, so handelt es sich dabei nicht blos um sittliche Bildung des Einzelnen, sondern auch des Ganzen, und wie sie von dem Gattungswesen ursprünglich ihren Anfang genommen, so muss das allmählich erzielte Resultat auch diesem Gattungswesen sich mittheilen, eine Eigenschaft, ein Erbe desselben werden.

IV. Die Sittlichkeit.

d) Das sittlich Böse.

Die menschliche Sittlichkeit kann nicht untersucht und erkannt werden in ihrer Eigenthümlichkeit und Bedeutung, ohne dass auch das Gegentheil davon, das sittlich Böse, das moralische Uebel in Betracht gezogen wird. So mögen auch hierüber an dieser Stelle noch einige Bemerkungen Platz finden. — Ueber diess sittlich Böse nun, oder über das moralische Uebel haben sich verschiedene Ansichten gebildet, sobald man einmal darüber selbstständig nachzudenken anfing; und dieselben bestehen noch mehr oder weniger fort. Die Religionen zwar sind hierüber, wie über das sittlich Gute in ziemlich allgemeiner Uebereinstimmung wenigstens insofern, als allen das Böse im Widerstreite gegen den Willen der Gottheit, in Uebertretung göttlicher Gebote besteht. Und zwar besteht ihnen der Wille der Gottheit grösstentheils nicht in bestimmten Vorschriften bezüglich des Verhaltens der Menschen gegen einander, sondern bezüglich des Verhaltens derselben gegen die Gottheit selbst, d. h. der Gewährung oder Versagung bestimmter Leistungen an Opfern, Ehrenbezeugungen u. s. w. Die Sittlichkeit ist hier aber eine religiöse, nicht eine eigentlich ethische oder humane; daher diese Art Sittlichkeit häufig ein Verhalten vorschreibt gegen andere Menschen, das vom Standpunkt selbstständiger Ethik als inhuman oder unsittlich bezeichnet werden muss. Dem entsprechend bestimmt sich also auch das sittlich Böse. Wir haben hier indess darauf nicht näher einzugehen, sondern nur die philosophischen Haupt-Ansichten in Kürze zu erörtern. Diese sind sich nun vielfach geradezu entgegengesetzt. Bald wird das Böse, das moralische Uebel geradezu als besondere Wesenheit, als Substanz bezeichnet, bald wieder als blosser Mangel, als Nichtsein betrachtet; und wiederum wird bald die Sinnlichkeit als Grund und Quelle der Sünde oder des Bösen geltend gemacht, bald wieder der Geist als letzte, eigentliche Ursache desselben angesehen.

Dass nun das Böse, das moralische Uebel keine
Substanz sei, kein an sich selbst seiendes Wesen, dürfte
unschwer einzusehen sein, da, wie das physische Uebel,
die Krankheit nur in einer Verkehrung oder Zerstörung,
oder einem abnormen Verhältniss besteht, so auch jenes
nur in einer solchen Verkehrung oder Störung normaler,
seinsollender Verhältnisse, nicht in einem einfachen, substantiellen Sein oder einer einfach wirkenden Kraft bestehen kann. Nicht in einem einfachen Wesen, denn ein
solches kann an und für sich weder gut noch böse, weder
nützlich noch schädlich sein. Diess kann es erst werden
dadurch, dass es mit einem Anderen in ein Verhältniss
tritt, das harmonisch oder förderlich, oder disharmonisch
oder schädlich sein kann. Ebenso wenig kann eine einfach wirkende Kraft für sich gut oder schlecht sein;
sondern sie kann so nur wirken in complicirten Verhältnissen, die gefördert oder gestört werden durch dieselbe.
Substanz also, Sein oder Kraft an sich, kann das Böse
nicht sein, man müsste nur annehmen, das Sein selbst
sei böse, schlecht oder ein substantielles Uebel, und das
Nichtsein das Gute. Allein diese Ansicht ist selbst nichtig,
denn das Nichtsein, das Nichts kann nicht gut genannt
werden, da dasselbe gar keine Eigenschaften haben kann,
weder gute noch schlechte. Nennt man das Nichtsein gut
oder besser als das Sein, so kann man die Eigenschaft „gut"
doch nur vom Seienden nehmen und auf das Nichtsein
in abstracter Weise übertragen, und es ist darnach doch
das Seiende, durch das man den Begriff von gut und
schlecht gewonnen hat. — Was die Endlichkeit des
Daseins betrifft und die Relativität, d. h. die Beschränktheit des Daseienden und daher die Beziehung des Einzelnen aufeinander, so liegt in ihr allerdings der Grund der
Möglichkeit des moralischen Uebels, des Bösen d. h. der
Verkehrung normaler, seinsollender Verhältnisse; wie hierin
auch der, so zu sagen, metaphysische Grund des physischen

Uebels, der Krankheiten, Verheerungen u. s. w. liegt. Aber der eigentliche Grund oder die wirkende Ursache des Bösen ist auch diese Endlichkeit oder Relativität nicht, denn sie ist ebenso auch der Grund des sittlich Guten, des sittlichen Strebens und der Vervollkommnung. Ausserdem sind ja auch alle andern unlebendigen und lebendigen Wesen der Erde endlich, ohne dass sie desshalb moralisch böse oder des Bösen fähig wären. Das sittlich Böse muss also bei dem Menschen eine andere Quelle oder Ursache haben, die in seiner eigenthümlichen Natur selbst liegen muss. In dieser Beziehung nun wird bald die Sinnlichkeit, bald der Geist selbst als das wirkende Moment des moralischen Uebels betrachtet. Indess die Sinnlichkeit, die sinnliche Natur mit ihren Neigungen und Strebungen, so sehr sie auch zum Bösen zu verleiten scheint, kann für sich gar keinen sittlichen Act vollziehen, also auch nicht Böses wollen und thun, — wie ja die Thiere zeigen. Es kann also nur der menschliche Geist die eigentliche, letzte Quelle sein, aus welcher das moralische Uebel, oder das Böse, die Sünde stammt. Auch diess ist schwer denkbar, wenn man in Erwägung zieht, dass gerade aus dem vernünftigen, bewussten Wesen das Unvollkommene, Schlechte, Vernunft- und Gesetz-widrige kommen, aus dem Quell der Ideen das Ideewidrige abstammen soll! Es ist dabei indess zu beachten, dass in der Wirklichkeit von einem Geist und von Vernunft an sich nicht die Rede sein kann, sondern stets nur von der Einen, leiblich-geistigen Natur, und insbesondere vom psychischen Organismus, in welchem auch leibliche Impulse fortwirken, wenn auch in secundärer Weise; aber vorherrschend doch zugleich das geistige Wesen mit allen seinen Momenten oder Kräften sich bethätigt und insbesondere sich selbst Bestimmung und Richtung gibt. Hieraus geht die Selbstbestimmung auch in Bezug auf sittliche Vollkommenheit oder Unvollkommenheit hervor, jene selbstständige Be-

3. Princip und Wesen der Sittlichkeit. d) Das Böse. 449

thätigung des geistigen Wesens, die nicht aus dem allgemeinen Naturlaufe unmittelbar stammt, sondern aus der eigenen persönlichen Natur des Geistes, die sich auf Grund der freigewordenen, subjectiven Phantasie constituiren kann, sich erhebend über den mechanischen Naturlauf und aus sich selbst eine eigengeartete Causalreihe beginnend.[1])
Die metaphysische Grundbedingung wie des Sittlichen überhaupt, so auch des moralischen Uebels ist also allerdings die Endlichkeit, Beschränktheit und insofern Unvollkommenheit. Zu der Beschränkung im Raume kommt die in der Zeit hinzu, und die Entwicklungs- und Vervollkommnungs-Fähigkeit bringt die Unvollkommenheit, die Entwicklungs- und Vervollkommnungs-Bedürftigkeit mit sich, sowie die Möglichkeit unentwickelt zu bleiben oder verbildet zu werden. Durch diese Unvollkommenheit des Einzelnen erleidet dann auch das Ganze mehr oder minder Schaden. Der Mensch insbesondere kann durch Anwendung seiner Kräfte, der geistigen wie der physischen sich selbst vervollkommnen, und also schon dadurch auch das Ganze fördern, weil er ein Theil davon ist; aber auch noch dadurch, dass er direct für Andere und für das Ganze wirkt zur Förderung und Vervollkommnung. Insofern der Einzelne auch gegentheilig zu wollen und zu handeln vermag, und zwar aus eigenen innern Impuls, oder durch freies Wollen d. h. ohne äusserlich oder innerlich in Bezug auf das Dass und das Wie des Wollens gezwungen zu sein, entsteht das sittliche Uebel, das Böse. Aus eigenem inneren Wesen heraus entsteht dasselbe, durch Selbstbestimmung mit Bewusstsein und allerdings auch im Lichte vernünftiger Ueberlegung und Erkenntniss. Wie die subjective, freigewordene Phantasie mit Willkür verfährt und beliebig das gegebene Welt- d. h. Vorstellungs-Material zu freien Schöpfungen verwendet, so auch kann aus dem

---
[1]) Die Phantasie als Grundprincip des Weltprozesses. S. 602 ff.

psychischen Organismus heraus der Wille sich bestimmen mit einer gewissen, wenn auch nicht absoluten, Willkür in Bezug auf die Gesetze des Wirkens für sich und für das Ganze oder für andere Menschen. Diese Freiheit des Wollens und Handelns ist zwar keine unbedingte, aber doch wenigstens eine relative d. h. von den gegebenen Verhältnissen nur zum Theil abhängig und bestimmt. Das moralische Uebel steht nun in Analogie mit dem physischen Uebel, mit der Krankheit. Diese besteht darin, dass einzelne Theile nicht mehr normal functioniren wegen Verletzung oder innerer Störung der organischen Bildung. Durch diese innere Störung ist auch das richtige Verhältniss zur Aussenwelt, zur Natur gestört und der richtige Wechselverkehr gehemmt. Der leibliche Organismus nimmt und gibt nicht mehr in der rechten Weise, ist selbst eine Störung und verursacht Störung des Naturlebens. Aehnlich verhält es sich mit dem psychischen Organismus durch verkehrte, der Vernunft und der objectiven gesellschaftlichen Ordnung widerstreitende Willens-Acte und Strebungen. Indem der Einzelne durch sinnlich-egoistische oder geistig-egoistische Gesinnung- und Willensstrebung die Natur- oder gesellschaftliche Ordnung stört, und sich gleichsam mit seinen selbstischen Interessen isolirt, macht er zugleich sich selbst disharmonisch im Dasein. Und diese äussere Störung erhält er in sein Inneres zurück und verfällt in diesem Gefühl, in die Wohlordnung des Daseins nicht mehr eingefügt zu sein, der Unglückseligkeit, bis er diese Harmonie in sich und mit der Vernünftigkeit oder dem sittlichen Daseinsgesetz und der Idee der Menschheit wieder gesucht und gefunden hat und wiederum als harmonisches Glied der Gattung sich fühlt.

Aus den bisherigen Erörterungen mag auch schon erkannt werden, welche Bedeutung dem physischen Uebel im Dasein der Natur und insbesondere der Menschheit zukommt. Schon Lust und Schmerz im Allgemeinen sind Offenbarungen eines Idealen, und in ihnen zeigt sich, dass schon die Natur überhaupt nicht bloss ein Gebiet rein äusserlich bleibenden mechanischen Geschehens sei, sondern eine teleologische Bedeutung habe, von einer idealen Macht durchwaltet werde, die sich bildend, zielstrebend offenbart und Lust wie Schmerz ermöglicht.[1]) Eben dadurch ist die Natur mit ihren lebendigen Bildungen ein Gebiet psychischen und gewissermassen dramatischen Geschehens, wo nicht bloss physikalische Kräfte und mechanische Vorgänge herrschen, sondern Lust und Schmerz die eigentlich bewegenden Impulse geben zur Erhaltung und allerdings auch Zerstörung, sowie zu dem ganzen reichen Ineinanderwirken der Lebewesen.[2]) Für den Menschen insbesondere sind Lust und Schmerz Impulse schon zu reicher intellectueller Thätigkeit und Entwicklung geworden, sowie zu reinerer, edler Gemüthsbildung, die sich in Gefühlen und Thaten offenbart. Hauptsächlich aber für **ethische Ausbildung** und Bethätigung ist das physische Uebel von der höchsten Wichtigkeit, und es ist kaum anzunehmen, dass es auch ohne dieselben zu einer eigentlich sittlichen Entwicklung in der Menschheit gekommen wäre. Diess gilt selbst auch von dem Tode. Durch ihn hat, wie wir sahen, das geistige Leben der Menschheit den Anfang genommen in Verbindung mit jenen Verhältnissen, welche durch die Macht der Setzung neuen Lebens, die objective Phantasie oder Generationsmacht gebildet werden. Aber auch zum geistigen Fortschritt weckte und trieb die Menschen besonders der Tod als Uebel, welches das eigene Leben und das der Anderen

---

[1]) **Die Phantasie als Grundprincip.** S. 281 ff. **Monaden und Weltphantasie.** S. 31 ff.

[2]) Vgl. d. Verf. Schrift: **Das Neue Wissen und der neue Glaube.** 1873. S. 126 ff.

fortwährend bedroht. Seiner Macht entgegen zu wirken hat sich die menschliche Intelligenz stets besonders angelegen sein lassen und sich dadurch selbst entwickelt und mannichfache Kenntnisse errungen. Ebenso hat derselbe zur Bildung des Gemüthes, zur Erregung edlerer Stimmungen oder Gefühle mächtig mitgewirkt. Insbesondere aber hat er zur Bändigung menschlicher Begierden und Leidenschaften mächtig beigetragen und edlere Gesinnungen und Strebungen veranlasst — also die sittliche Bildung der Menschheit gefördert, — wie er den Beginn des religiösen Lebens und Cultus und allerdings auch des Aberglaubens veranlasste.

Diese Auffassung scheint uns der wahre, berechtigte Optimismus zu sein, im Gegensatz zu dem oberflächlichen eudämonistischen Optimismus, dem ein ebenso oberflächlicher eudämonistischer Pessimismus sich gegenüber stellt (insbesondere durch Schopenhauer und seine Nachahmer) und sich in der Gegenwart wie eine Modesucht ausgebreitet hat. Dieser wahre Optimismus lässt sich nicht als Rechenexempel von Lust und Schmerz behandeln und sich nicht durch breite Deklamationen beseitigen, mit welchen die Pessimisten leichtes Spiel treiben. Er ist vielmehr selbst eine sittliche Aufgabe und eine Pflicht, und ihm gegenüber ist der seichte Pessimismus nicht bloss theoretisch unbegründet und nutzlos, sondern wie irreligiös, so auch pflichtwidrig. Aber allerdings, dieser Optimismus ist auch schwer, während der Pessimismus leicht ist, da er keine sittliche Verbindlichkeit auferlegt, vielmehr die Schwäche und Schlaffheit fördert, und ausserdem gar keine intellectuelle Anstrengung erfordert, da das Heer der Uebel, über welche zu deklamiren ist, ganz auf der Oberfläche daliegt. Um diesem Pessimismus zu huldigen bedarf es also weder eines besonderen, anstrengenden Nachdenkens und Forschens, noch irgend einer moralischen Kraft und eines sittlichen Charakters. Sollte die

Welt einzig nur eine Belustigungs-Anstalt sein, und sind statt dessen so viele Uebel in derselben, dass man kaum einiges Vergnügen in Ruhe geniessen kann, dann ist sie als missrathen und schlecht zu bezeichnen und die pessimistischen Klagen sind berechtigt![1]) Handelt es sich aber um Realisirung einer sittlichen, idealen Weltordnung und überhaupt um ideale Gesinnung und That, dann ist der Optimismus berechtigt; der wahre wenigstens, dem das sittliche Gefühl und Wesen mehr gilt als äussere Lust und als ein Paradies, wie es die Volksphantasie sich auszumalen pflegt und wie es in den Religionen meistens verheissen ist. Dieser wahre Optimismus ist Heroismus, eben weil er nicht leicht, oberflächlich und schwächlich ist, sondern in sittlicher Gesinnung und That besteht, die den Menschen innerlich gross macht und grösser sein lässt, als sein äusseres Schicksal. Ein Heroismus also, der sich ebenso im Entsagen und Erdulden, wie in vernünftigem Genuss und thatkräftigem Handeln bewährt, und der jedem Menschen, weil und insofern er eine sittliche Aufgabe hat, zugemuthet werden muss. Wenn der moderne Pessimismus sich auf den Buddhismus beruft, als ob dieser ebenfalls atheistisch und pessimistisch sei, wie er selbst, so geschieht diess mit Unrecht. Weder ist derselbe atheistisch, wie wir früher sahen, noch radikal pessimistisch. Sein Pessimismus bezieht sich nicht auf das Dasein überhaupt, sondern nur auf das irdische Sein, und nicht alles Sein und Wirken ist ihm nichtig, denn er anerkennt das Walten einer strengen moralischen Weltordnung für Götter und Menschen, welche zur Seelenwanderung und Reinigung zwingt. Und er fordert sittliches Streben, — nicht um Vernichtung zu erreichen, die

---

[1]) Es ist daher begreiflich, dass im Alterthume der Pessimismus gerade in jener philosophischen Schule sich entwickelte, welche die Lust, den Genuss als Ziel des Lebens betrachtete, in der des Aristipp von Kyrene, in welcher er besonders durch Hegesias mächtig um sich griff.

IV. Die Sittlichkeit.

doch auch billiger zu haben sein musste, sondern um eine höhere, beglückendere Daseinsform zu erringen. Wenn demnach auch alles Andere in diesem Dasein als nichtig, als blosser Schein zu erachten ist, so muss doch der Sittlichkeit Realität und Wahrheit zuerkannt werden. Noch weniger pessimistisch im modernen Sinne ist selbstverständlich das Christenthum.

V.
Ueber Ursprung und Entwicklung der Sprache.

Es erscheint zweckmässig, ehe wir den Versuch wagen, über Ursprung und Entwicklung der Sprache eine bestimmte Ansicht aufzustellen, d. i. beides aus unserm Grundprincip, der Phantasie nämlich nach ihrer doppelten Wirkungsweise als objective und subjective zu erklären, — die Eigenthümlichkeiten der Sprache und zunächst des Sprechers selbst in's Auge zu fassen. Es findet dabei ein beständiges Bilden, Nachbilden und Umbilden statt, ein beständiges Aeusserlichwerden oder Offenbaren, ein in Erscheinung-Treten, Versinnlichen eines Innerlichen, und ein beständiges Innerlichwerden, Wahrnehmen, Verstehen, Vergeistigen eines Aeusserlichen. Das Sprechen besteht darin, dass äussere Dinge oder Geschehnisse, die innerlich d. h. Vorstellungen und Gedanken eines bewussten Geistes geworden, oder auch innere Erregungen und psychische Ereignisse desselben an hörbare Zeichen (abgesehen von der Gebärdensprache) geknüpft und dadurch äusserlich kundgegeben, dem Wahrnehmen Anderer mitgetheilt und ihrem Verständniss zugänglich gemacht werden. Also innere (psychische) Vorgänge, Vorstellungen, Empfindungen, Stimmungen und Strebungen (Wollungen) werden durch Lautzeichen und deren Verbindungen, als ihren Aequivalenten, zur äusseren Offenbarung oder Erscheinung gebracht, um wiederum in Anderen innerlich oder Inhalt des Bewusstseins zu werden und ihnen zum Verständniss zu kommen. Sprechen ist also zwar, wie Max Müller bemerkt, nicht selbst das Denken, d. h. mit diesem nicht identisch im eigentlichen Sinne, aber es ist, wie ein Mittel zur Mittheilung an Andere, so auch das Mittel zum Denken selbst und ist Ausdruck des Denkens und Gedachten; es bedeutet das Denken und Gedachte. Und Sprache ist nicht das todte Resultat des Denkens, sondern das gewissermassen schöpferisch hervorgebrachte und spontan und reproducirend verwendete Organ des Denkens, das in seinen Formen selbst wieder wie Produkt des Denkens, so ein künstlerisches Werk plastischer Gestaltungskraft ist.

Es ist also bei dem Sprechen (und der Sprache) zunächst ein inneres Bilden oder Schaffen von Zeichen (Aequivalenten) nothwendig, die nicht mit dem Bezeichneten (Gegenständen und Verhältnissen) selbst identisch sind, ja mit diesem in der Regel gar keine Aehnlichkeit oder Verwandtschaft haben. Denn sie haben nicht den Gegenstand selbst nachzubilden, den sie bedeuten, sondern entstammen ursprünglich dem Eindruck, der Erregung, dem Interesse, die vom Gegenstande veranlasst wurden, — wie schon daraus hervorgeht, dass für dieselben Dinge, Gegenstände und Verhältnisse in der Menschheit so verschiedene Zeichen, Laute oder Worte entstanden sind. Die Sprachen erscheinen daher auch vielfach als Produkte bildender, schaffender Willkür, des Zufalls oder unbewussten Werdens[1]). Daher ist es nöthig, die Bedeutung der Worte

---

[1]) Daher ist es nicht möglich, durch Etymologie Aufschluss über das Wesen der Dinge zu erhalten, sondern man erfährt durch dieselbe

erst kennen zu lernen, da sie für sich selbst nicht kundgeben, was sie ausdrücken sollen; d. h. man muss erfahren und wissen, welche Dinge und Verhältnisse mit welchen Lautzeichen einer Sprache verbunden seien. Desshalb ist auch im Verstehenden, nicht bloss im Sprechenden, eine innere, gestaltende, gewissermassen schaffende Thätigkeit nothwendig, um für das Bewusstsein diese Lautzeichen in Bilder oder Formen umzusetzen und sie dem erkennenden Geiste zum Verständniss zu vermitteln. Ein Verständniss, das darin besteht, dass zu den Lautzeichen oder Worten die entsprechenden Sachen geistig hinzugefügt werden können in Vorstellungen oder Gedanken. So findet demnach bei dem Sprechen und Verstehen ein beständiges Aeusserlich- oder Sinnlichwerden des Geistigen (Gedachten oder Vorgestellten) statt mittelst der Lautzeichen oder Worte, und diesem correspondirend ein beständiges Innerlich- oder Geistigwerden der Worte dadurch, dass dieselben verstanden und im Bewusstsein in Vorstellungen und Gedanken umgesetzt werden.

Die Sprache ist demgemäss das Mittel oder Organ, wodurch der Geist sich selber die Dinge und Verhältnisse in Gedanken umgestaltet, und geistig macht; zum Behufe der Mittheilung aber dieses Geistige wieder versinnlicht, um mittelst dieser Versinnlichung den Inhalt in Anderen wieder in das Bewusstsein zu bringen und im Verständniss zu vergeistigen. — Um dieser Eigenthümlichkeit willen wird daher die Sprache sowohl die Gesetze des inneren Thuns, Bildens, Schaffens und Denkens in sich aufnehmen, als auch die realen Gesetze des Inhaltlichen (Dinge, Verhältnisse), welches sie nachbildet oder denkt (beurtheilt) — innerlich und dann auch äusserlich offenbaren. Die Worte sind seelische Functionen, sind aber auch so

---

resp. durch die Urbedeutung der Worte nur allenfalls die ursprüngliche Auffassung der Dinge, den Eindruck, den sie gemacht.

zu sagen der Leib der Begriffe, und ihre Verbindungen bilden reale Verhältnisse ihren Gesetzen gemäss nach, wie sie auch nach psychischen Gesetzen sich gestalten. Es bildet sich also die Sprache eines Volkes als Ganzes gleichsam wie ein selbstständiger Organismus, objectiv bestehend, aber doch wieder als Mittel wirkend zur Mittheilung im socialen Verkehr und zur Offenbarung und Objectivirung der gesammten Gedanken- und Geistes-Entwicklung eines Volkes in Kunst und Wissenschaft. Mittelst der objectiv daseienden Sprache ist es möglich, das Inhaltliche des Denkens und Mittheilens (Offenbarens) auch objectiv (historisch) in sprachlicher Darstellung niederzulegen und fortzupflanzen, so dass dadurch gleichsam ein objectiv vorhandenes geistiges Leben der Völker (in Literatur und Wissenschaft, wie in der Kunst) entsteht und ein Strom geistigen Lebens oder Bewusstseins, in welchen die junge Generation des Volkes aufgenommen, aus welchem sie gleichsam (geistig) geboren und genährt wird. Und gar merkwürdige, complicirte Verhältnisse bilden sich in diesem neuen, aus sprachlichen Elementen aufgebauten geistigen Gebiete, das aus Tradition, Glauben und Wissen sich constituirt. Verhältnisse, Dinge, Güter und Mächte für das menschliche Dasein und für das geschichtliche Leben der Menschheit, die nur durch Imagination sich bilden, nur in Vorstellungen bestehen und doch durch ihre grosse Macht, durch Furcht, Hoffnung, Glauben und Verlangen die Menschen und die Völker beherrschen, erheben und erniedrigen. Die Sprache ist das Fundament, gleichsam der Leib dieser geistigen Macht, die das Leben der Völker bestimmt. Sie stellt durch den in ihr objectiv niedergelegten Inhalt die Welt (abgesehen selbst vom sog. Uebernatürlichen) dar, wie sie erhoben ist in das menschliche Bewusstsein und daselbst wirksam ist. Wirksam nicht so fast durch ihr wirkliches Sein, sondern durch ihr vorgestelltes, imaginirtes, eingebildetes Sein und Wesen, das zu Bildern und allgemeinen Begriffen gestaltet wird, und durch diese Bilder und Formeln die Menschheit zwar erhoben hat über die Natur und deren bloss mechanisches Geschehen, aber auch wiederum vielfach fest gebannt und gefangen hält in einmal festgestellten Anschauungen oder Auffassungen. Daraus geht hervor, welche Macht das Wort, die Sprache auch als objective (historische) Macht, als Mittel der Tradition im Menschengeschlechte ausübt.

Obwohl demnach die Sprache zunächst nur Mittel oder Organ der Mittheilung der psychischen Thätigkeit, der Eindrücke durch äussere Dinge und Verhältnisse und des Denkens ist, wohl auch zu gedankenlosen Aeusserungen dient, so erhält sie dennoch auch hinwiederum als Produkt des Geistes, als Werk der produktiven Einbildungskraft eine gewisse selbstständige Gestaltung und Organisation und ist der Entwicklung fähig; und zwar zugleich durch bewusste und unbewusste, sowie durch eine Art künstlerischer und wissenschaftlicher Thätigkeit. Sie enthält in sich zugleich die Gesetze des Denkens und die des freien künstlerischen Schaffens; hat also zugleich einen logischen und ästhetischen, und wiederum einen zum Theil gebundenen und auch wieder freien Charakter, — wenn sich auch allerdings Logik und Grammatik, sowie Denken und psychisch-plastische Thätigkeit dabei nicht vollständig decken. Eine eigenthümlich selbstständige Gestaltung und Entwicklung, welche zu erforschen und darzustellen die Aufgabe der Sprachwissenschaft ist, die sich dabei an die Psychologie und Naturphilosophie anzuschliessen hat. Es handelt sich dabei nicht so sehr um die Worte als Laute, sondern vielmehr hauptsächlich um den inneren Bau, die Organisation, das Logische, Teleologische und Plastische, also um das eigentliche Leben der Sprache. Man setzt wenigstens in logischer Beziehung eine gewisse Gleichheit, weil Gesetzmässigkeit bei den Sprachen voraus, — wenn auch nicht in ganz gleicher Weise in Rücksicht der teleologischen und noch weniger der eigentlich plastischen Gestaltung; d. h. in Bezug auf die Vokale und Consonanten-Umwandlung, Schärfung, Schwächung derselben u. s. w., wo mehr Willkür und so zu sagen Zufall herrscht; wo Beschaffenheit des Landes, Volkscharakter u. s. w. Einfluss übt. Logik aber muss allenthalben in der Sprache sein, nicht bloss weil sie vom rationalen Geiste ausgeht, und ihm bei seinem logischen Denken dient, sondern auch, weil sie die Dinge und Verhältnisse nachbildet, in denen selbst reale Logik ist. Wenn auch Sprache nicht geradezu identisch mit Denken ist, so ist eigentliches (abstractes) Denken nicht möglich, (wenn auch allerdings Anschauen und Vorstellen) ohne Sprache, in welcher die Gedanken sich bilden und verkörpern, so dass dieselbe die Vermittlerin bildet zwischen dem Denken oder dem denkenden Geiste und den Gedanken oder Godachten. Bei der fertigen Sprache benützt das Denken die Worte, um sie in Verhältniss zu einander zu setzen und dadurch Gedanken zu bilden oder zum Ausdruck zu bringen, — so dass diese Worte dabei gleichsam nur als Material zum Aufbau der Gedanken dienen. Ursprünglich aber sind die Worte selbst durch Denken zugleich mit Gedankenbildung entstanden durch die teleologische und plastisch wirkende Kraft des Geistes.

Was nun die Bedeutung oder die Function der (subjectiven) Phantasie bei dem Sprechen, d. h. der Anwendung der Sprache betrifft, so dürfte sie aus dem Bemerkten schon klar sein, und braucht kaum noch besonders hervorgehoben zu werden. Sprechen und Phantasiethätigkeit stehen im engsten Zusammenhang. Durch Sprechen wird das zur Anwendung gebracht, was die Phantasie als eigenthümliche Fähigkeit in sich birgt, indem, wie bemerkt, das Innerliche, Geistige äusserlich, sinnlich gemacht und das Aeusserliche, sinnlich Erscheinende verinnerlicht, vergeistigt wird. Diess zu vollziehen haben wir als die eigentliche Fähigkeit,

Aufgabe und Function der Phantasie erkannt.[1]) Im Sprechen findet ein beständiges Produciren oder Reproduciren von Bildern und Zeichen statt, die eine bestimmte Bedeutung als Geist oder Leben in sich bergen. Es ist also dabei die Einbildungs- oder Produktionskraft des Geistes thätig, welche dem Geistigen, (den Vorstellungen und Gedanken) diese Verkörperung bildet, um es in die Erscheinungswelt einzuführen und durch diese hindurch im Verstehenden wieder in die geistige Welt, in das Bewusstsein und das Verständniss zu vermitteln.

Bei dem Verstehenden hinwiederum ist nothwendig, aus dem Aeusserlichen, Lautlichen die Bedeutung zu finden, das äusserliche, gesprochene oder geschriebene Wort und Wortgefüge seinem geistigen Gehalte nach aufzufassen. Dass hiebei die Vorstellungs- oder Einbildungskraft eine Hauptrolle spielt, ist unschwer zu erkennen; durch sie wurden hauptsächlich die Sprachlaute oder -Zeichen zuerst für den Inhalt geschaffen, gebildet, und durch sie werden sie auch wieder für das Bewusstsein und Verstehen lebendig, indem von ihr für die Zeichen die Dinge und Verhältnisse, die ihnen entsprechen, vorgestellt und beide in Beziehung zu einander gebracht werden. Und eben hiedurch wird ja das Verstehen vermittelt.

Die Sprache enthält aber ausserdem noch Eigenthümliches, das rein Formale in ihr, das nicht den objectiven Inhalt selbst nachbildet oder Aequivalent dafür ist, sondern das vom Geiste selbst, insofern er auffasst, denkt und zum sprachlichen Ausdruck bringt, hinzugefügt wird. Diess verdankt der Bildungspotenz oder Produktionsfähigkeit des Geistes das Dasein, — wenn auch ursprünglich die hiefür verwendeten und umgestalteten Zeichen oder Worte ebenfalls eine sachliche Bedeutung hatten. Dahin

---

[1]) Die Phantasie als Grundprincip S. 25 ff.

V. Die Sprache.

gehören all' die Wortfügungen und Gestaltungen, die zur besonderen Charakterisirung für Beurtheilung und Verständniss dienen; oder die Wendungen, welche Verhältnisse ausdrücken, die in der Wirklichkeit gar nicht existiren, also nur vom imaginirenden oder denkenden Geiste selbst gebildet sind. So z. B. die bedingten Zeiten und Verhältnisse, oder zukünftige, vergangene Zeiten und deren möglicher, imaginirter Inhalt. Dergleichen wird im Bewusstsein erst producirt und in der Sprache dann zum Ausdruck gebracht, ist also nicht Abbild oder Aequivalent der Wirklichkeit, sondern Schaffung des Geistes selbst zum Behufe der Auffassung und Beurtheilung noch über das Gegenwärtige, wirklich Erfassbare hinaus. Und nicht bloss das abstracte Denken, sondern auch die Dichtung und die Imagination der wilden Völker sowie des kindlichen Alters ist dergleichen Leistungen fähig. — Dabei ist besonders auch das Zeitbewusstsein oder der Zeitsinn in besonderem Maasse wichtig als Fähigkeit, den Dingen eine innere Existenz zu geben, und für Alles, das Aeusserliche und Innerliche die Continuität und Identität in Dauer und Verlauf festzuhalten. Diese Fähigkeit, ein Zeitbewusstsein zu haben, kommt zwar nicht dem Menschen allein zu, sondern auch — allerdings in viel geringerem Grade — den Thieren; aber nur dem Menschen ist es vermöge seines Selbstbewusstseins und in Folge der frei gewordenen subjectiven Phantasie möglich, Zeit und Continuität selbstständig in sich zu produciren und auch begrifflich zu erfassen, so dass ein Hinausgehen über das durch die Sinne Wahrgenommene und der Zeit und dem Raume nach Gegenwärtige, möglich ist. Es ist also die durch die Imagination producirte, festgehaltene und in Vorstellung und Denken verwerthete Zeit, welche befähigt zu sprachlichen Verhältnissen für das Bewusstsein und Denken, die über die Wirklichkeit hinausgehen, oder deren Inhalt gewissermassen derselben entrückt ist, — wie diess bei Bildung abstracter Begriffe und deren Verbindung in Urtheilen der Fall ist. Allerdings aber ist das so bedeutungsvolle, einflussreiche höhere Zeitbewusstsein selber bedingt durch das Selbstbewusstsein und die freie, subjective Phantasiethätigkeit, die den Geist aus dem Flusse der Dinge oder des Werdens erheben und eben dadurch ein selbstständiges Bewusstsein von denselben ermöglichen, d. h. die Dauer und Abfolge von den äussern Dingen und innern Vorgängen zu trennen oder zu unterscheiden und für sich zu betrachten gestatten.

Diess gilt nun von der Bedeutung der subjectiven Phantasie für das Sprechen oder den Gebrauch der Sprache überhaupt, und es sind darin auch schon Andeutungen enthalten über die Bethätigung derselben bei dem Ursprung und der Entwicklung der Sprache oder Sprachen, die ja wohl als ausgebildete und für den Gebrauch gegebene, ursprünglich aus dem Sprechen d. h. aus Activität werden hervorgegangen sein. Die nähere Art und Weise dieses Ursprungs der Sprache resp. die Erklärung desselben, sowie der weiteren Entwicklung nach unserm Princip ist der Gegenstand der folgenden Untersuchung.

I.
Der Ursprung der Sprache.[1]

Der Ursprung der Sprache ist schon in der alten Philosophie und mehr noch in der neueren Philosophie und Sprachforschung Gegenstand der Untersuchung gewesen, und auch in den Religionen und Offenbarungen werden vielfach bestimmte Ansichten darüber geltend gemacht. Die verschiedenen Lösungsversuche des Problems mögen eine kurze Erörterung finden, ehe wir den Erklärungsversuch bezüglich desselben nach unserm Princip zur Darstellung bringen.

---
[1] S. Werke von Herder, W. Humboldt, J. Grimm, Steinthal, Lazarus Geiger u. A.

a) Verschiedene Ansichten oder Hypothesen über den Ursprung der Sprache.

Schon im Alterthum hat man die Frage nach dem Ursprung der Sprache dahin formulirt: ob dieselbe durch die Natur (φύσει), oder durch bewusste, absichtliche Feststellung oder Anordnung (θέσει) entstanden sei. Diese letztere Frage wird später näher so gefasst, ob die Sprache göttlichen oder menschlichen Ursprungs, ob sie durch göttliche Offenbarung oder durch bewusste menschliche Geistesthätigkeit eingeführt worden sei; während bei der ersteren es sich weiter darum handelt, ob die Sprache natürlich entstanden sei in Folge einer besonderen Sprachanlage im Menschen, oder durch äussere Einwirkung und wie zufällig durch Anwendung der psychischen Kräfte sich gebildet habe. Im Allgemeinen kann diese Frage auch jetzt noch in dieser Weise sich gliedern, wenn auch freilich bei der Beantwortung die Alternativen nicht so strenge festgehalten werden und vielfache Mischungen sich finden. Wir haben die wichtigeren Ansichten, die daraus hervorgingen, in Kürze kritisch zu würdigen.

Auf religiösem oder vielmehr theologischem Standpunkt ward auch innerhalb des Christenthums durch alle Jahrhunderte hindurch die Ansicht festgehalten und wird es grossentheils noch, dass die Sprache der Menschen ein **Werk und Geschenk Gottes** selber, also durch göttliche Offenbarung eingeführt sei. Es wird dabei auf die Mosaische Schöpfungsgeschichte hingewiesen, wornach Gott dem ersten Menschen sämmtliche Thiere vorgeführt und dieser sie benannt habe je nach ihren Eigenthümlichkeiten. Streng genommen kann indess die theologische Annahme sich hierauf nicht berufen, da nicht Gott als der bezeichnet wird, der die Namen gegeben, sondern Adam sie geben musste, und Gott demnach nur als Veranlasser dazu erscheint. Mehr Begründung scheint dieser theologischen Hypothese durch die Erwägung zu Theil

1. Ursprung der Sprache. a) Verschiedene Ansichten.

zu werden, dass der Mensch selbst unmöglich die Sprache könne erfunden, oder gebildet haben, weil er dazu schon selbst einer Geistesentwicklung bedurft hätte, die er nur durch Vermittlung der Sprache erlangen konnte, so dass die Möglichkeit des Erfindens der Sprache die Sprache schon zur Voraussetzung habe. Sonach kann sie nicht vom Menschen selbst gebildet worden sein, sondern muss von Gott oder einem höheren Wesen stammen. Indess hat diese Bemerkung doch nur Gewicht jener Ansicht oder Hypothese gegenüber, welche die Sprache als Werk bewusster menschlicher Absicht und Thätigkeit betrachtet. Auf dem eigentlich wissenschaftlichen Gebiete ist die theologische Annahme auch vollständig aufgegeben und wird kaum mehr in Betracht gezogen. Wie sollte man sich auch eine Mittheilung der Sprache durch Offenbarung denken? In bestimmten Worten, Benennungen, Sätzen, Satzverbindungen, in lexikalischer Mittheilung und grammatikalischem Unterricht? Oder in blossen Anregungen dazu, wie die Bibel andeutet? Oder endlich geradezu durch Inspiration, wie eingegossen? Da wäre ja immer noch nothwendig gewesen, für gewisse Dinge und Verhältnisse die richtigen Worte und Satzfügungen zu finden aus den aufgespeicherten oder durcheinanderwogenden Massen von Worten, was doch wiederum schon eine gewisse Bildung und ein selbstständiges Urtheil des Geistes voraussetzte und erforderte. Es sei denn, dass etwa auch zur Anwendung der eingegossenen oder gegebenen Worte wiederum übernatürliche, göttliche Hülfe postulirt werden soll, und also Lexikon, Grammatik und Syntax göttlich geoffenbart, und dann noch für die Anwendung von Gott selbst eingeschult gedacht werden müsste — wie von einem Schule haltenden Lehrer! Soll aber der Andeutung der Bibel zufolge nur die Anregung zur Namenschaffung und Sprachbildung von Gott direct ausgehen, so wäre diess überflüssig, da die von allen Seiten andringende Natur mit ihren Gegenständen und Ereignissen hinlänglich Veranlassung bietet zur Anwendung der Fähigkeit der Sprachbildung, wenn dieselbe sonst schon da und hinlänglich entwickelt ist. — Wie die Annahme einer übernatürlichen Mittheilung oder Herstellung der Sprache, so ist nunmehr auch die Hypothese einer bewussten, absichtlichen (also natürlichen) Erfindung und Einführung derselben unter den Völkern vom Standpunkte der Wissenschaft aus aufgegeben, da, wie schon bemerkt, abgesehen von den Schwierigkeiten der Einführung einer künstlich gemachten, erfundenen Sprache, — zu dieser Erfindung eine so hohe geistige Kraft und so entwickelte Denkthätigkeit nothwendig wäre, wie sie ohne Sprache nicht zu erreichen ist. So ist man zu der Annahme gekommen, dass die Sprache nicht künstlich gemacht oder hergestellt und eingeführt wurde, sondern dass sie geworden, sich wie von selbst aus der menschlichen Natur und in der menschlichen Gesellschaft in Wechselwirkung mit den äusseren Naturverhältnissen gebildet habe.

Eines besonderen, lang anhaltenden Beifalls erfreute sich jene Hypothese über die Entstehung der Sprache, welche sie ihren Ursprung nehmen liess aus menschlicher Nachahmung von Schall und Laut, wie sie in der Natur selbst vorkommen und durch das Ohr zur Wahrnehmung, zum Bewusstsein gebracht werden. Die Worte also sollten diesen Naturäusserungen entnommen oder denselben nachgebildet sein. Die Kinder mit ihrem Hange zur Lautnachahmung und zur Benennung der Gegenstände, insbesondere der Thiere, nach ihren Lautäusserungen, erschienen als Andeutung der ursprünglichen Namengebung oder Wortbildung. Indess zunächst ist es nur eine vergleichsweise unbedeutend geringe Zahl von Worten, die auf eine solche Lautnachahmung hindeuten in den verschiedenen Sprachen, während die weitaus grösste Masse der Wörter in denselben keine Spur davon zeigt. Dann aber ist durch diese Annahme gerade die Hauptsache der Sprache und

1. Ursprung der Sprache. a) Verschiedene Ansichten.

der Sprachen, nämlich die grammatikalische Bildung und Zusammenfügung nicht im Mindesten erklärt, — um welche es doch der modernen Sprachwissenschaft hauptsächlich zu thun ist. Daher ist auch diese sonst populäre Hypothese von derselben wenigstens in principieller Beziehung aufgegeben. Eine modifizirte Gestalt hat das Problem des Ursprungs der Sprache erhalten dadurch, dass die moderne Sprachforschung die Sprachen zurückgeführt hat, oder glaubt zurückgeführt zu haben auf eine Anzahl von Sprachwurzeln oder Stammsylben, aus denen durch mannichfache Combinationen die Worte insgesammt sich gebildet haben sollen, oder aus denen dieselben und die gesammte Sprache hervorgewachsen. Das Problem des Ursprungs der Sprache besteht also nunmehr darin, zu erkennen, woher diese Wurzeln der Sprachen stammen, wie sie entstanden seien.

Auch sie können nicht als übernatürliche oder unmittelbar göttliche Setzungen oder Offenbarungen betrachtet werden, sowie auch nicht als natürliche, mit Bewusstsein und Absicht gewonnene Erfindungen oder Feststellungen durch den menschlichen Geist selbst. Ebenso wenig aber als Schallnachahmungen. Wie sie aber eigentlich entstanden sein mögen, ist schwer zu bestimmen, und selbst diess dürfte noch nicht über allen Zweifel erhaben sein, dass oder ob sie überhaupt in dieser Form als Wurzeln entstanden, und nicht etwa doch nur das Product der sprachforschenden Analyse seien, — wenn auch immerhin in den naturwüchsigen und monosyllabischen Sprachen Anhaltspunkte dafür vorhanden sind, die als Andeutungen der sprachlichen Urformen gelten können. Wenn Max Müller die Sprachwurzeln, d. h. bestimmte, als ursprünglich geltende Gruppirungen von Consonanten, aus denen durch Combination und Umstellung unter Hinzufügung von Vokalen die Worte entstanden sein sollen, — als Ausdruck allgemeiner Begriffe betrachtet und doch zugleich als das Ursprüngliche in der Sprache,

30*

so können wir dem nicht beistimmen. Fürs Erste gilt hier wiederum, dass für Bildung solcher allgemeiner Begriffe (die doch abstracte Gedanken sind) und des sprachlichen Ausdrucks dafür schon ein höherer Bildungsgrad des Geistes vorausgesetzt werden müsste, als der sein konnte, bei welchem die Sprache entstand. Ein Bildungsgrad, wie er ohne Sprache nicht erreicht werden konnte; so dass die Fähigkeit, die Sprache in den Grundelementen, oder Wurzeln zu bilden, die Sprache und die Verstandesthätigkeit in der Sprache schon voraussetzte. Ausserdem aber beginnt nichts Organisches oder Geistiges in dieser Weise mit Bildung vom Allgemeinen oder Bestimmten, sondern in unbestimmterer Erscheinungsform. Der Organismus z. B. beginnt nicht mit Bildung des festen Knochen-Gerüstes oder einzelner Theile desselben, obwohl nicht ohne ursprüngliche Anlage und Tendenz zu deren Bildung; sondern beginnt mit unbestimmteren Formen, die erst durch Metamorphosen hindurchgehen, ehe sie die feste Gliederung erhalten, — die etwa der Consonanten-Zusammenfügung der Worte entspricht. Ebenso beginnt die intellectuelle Thätigkeit des Geistes nicht mit Bildung allgemeiner Begriffe, sondern mit unbestimmten Anschauungen und Vorstellungen, die sich erst allmählich zu bestimmten Begriffen vereinen und verfestigen als feste Gedankengebilde im geistigen Leben. So auch begann die Sprache nicht mit bestimmten, festen Ausdrücken oder Formen für allgemeine Begriffe, sondern wohl mit unbestimmten lautlichen Formen, oder mehr vokalischen Ausdrücken für innere Erregungen und Vorstellungen, die sich erst allmählich bestimmter gestalteten, differenzirten und artikulirten. Man braucht hiebei durchaus nicht anzunehmen, dass die Sprache mit Interjectionen, oder mit Nachahmungen der von den Naturdingen ausgehenden Laute begonnen habe; denn es sind nicht die Interjectionen allein, durch welche Empfindungen oder Gefühle,

Stimmungen, Eindrücke, Begehrungen kundgegeben werden, sondern auch bestimmtere Ausdrucksformen dienen dazu, — wie später zu erörtern sein wird. Selbst bei Thieren finden sich ja nicht blos Interjectionen, d. h. einfache Schreie, als Empfindungsausdrücke, sondern noch manche andere Laute, durch welche sie ihr Verhältniss zu einander, ihre Zuneigung, Sorgfalt, Warnung, Furcht, Trauer u. s. w. kund geben, wie diess besonders im Verhältniss der Alten zu den Jungen, überhaupt im thierischen Familienleben, und im geselligen Zusammenleben der Thiere gleicher Art sich zeigt. — Die Auffindung oder Aufstellung von Sprachwurzeln kann also zwar für die Erforschung der Entwicklung der Sprache und für die vergleichende Sprachwissenschaft von grosser Bedeutung sein, aber die Erkenntniss des Ursprungs der Sprache ist durch dieselbe kaum um einen Schritt vorwärts gekommen. Man müsste, sollte mit dergleichen die Sprache begonnen haben, annehmen, dass diese Wurzeln im physisch-psychischen Organismus als allgemeine Normen schon angelegt oder allmählich auf unbewusste Weise angesammelt, und dann unter gegebenen Umständen wie Reflex-Bewegungen durch äussere Eindrücke oder gesellige Verhältnisse ausgelöst worden seien. Demnach so, dass die Aeusserungen in Sprachwurzeln geschehen wären, wie die Instinct-Aeusserungen und ·Fertigkeiten der Thiere, die in denselben gleichsam angelegt sind und unter entsprechenden Umständen sich geltend machen. Die Sprache wäre dann gewissermassen angeboren, läge in ihren Anfängen fertig in der Menschennatur, im physisch-psychischen Organismus und brauchte sich nur zu äussern, zu offenbaren. Aber das Problem wäre damit nur weiter zurückgeschoben; denn es entstünde ja dann die Frage, wie, wodurch entstund diese Anlage, worin besteht sie eigentlich und warum nur in den Menschen und nicht auch in den Thieren? Und darauf könnte man schwerlich antworten, sie bestehe in fix und fertigen, einfachen Worten oder Sprachwurzeln, die nur hervorzutreten brauchten. So wenig könnte diess behauptet werden, als man angeborne allgemeine Wahrheiten oder Ideen in der Weise annehmen kann, dass dieselben gleichsam fix und fertig in der Seele ruhen und nur hervorgerufen zu werden brauchen.

Uebrigens muss aber allerdings auch für diese eigenthümliche Bethätigung der menschlichen Natur eine bestimmte Anlage angenommen werden. Und zwar genügt als solche nicht die blos körperliche Fähigkeit, artikulirte Laute oder Worte hervorzubringen; denn diese Fähigkeit besitzen auch manche Thiere, ohne dass sie dadurch schon der Sprachbildung und des wirklichen, bewussten Gebrauches einer Sprache fähig wären. Es muss dieser organischen oder physischen Fähigkeit zum Sprechen auch ein Trieb oder Drang dazu entsprechen, und diesem wiederum ein bestimmter Inhalt; und zwar nicht blos Empfindungsinhalt und empirischer Vorstellungsinhalt, wie er auch in gewissem Grade vielen Thieren zukommt und sie zu Aeusserungen des Schmerzes, der Freude, Warnung vor Gefahren veranlasst, — sondern auch Gedanken-Inhalt, wofern es zu wirklicher Sprache kommen soll. Es muss gewissermassen ein objectiver Gedankeninhalt da sein, der Anregung zum Sprechen gibt, ehe noch ein bestimmter Gedankenausdruck in der Sprache niedergelegt ist, und ehe noch die Erkenntnisskraft dadurch selbstständig geworden, die Vernunft, (wie man im Allgemeinen sagt) enstanden ist. Denn wenn auch allerdings die Vernunft nicht durch die Sprache entstehen, gleichsam geschaffen werden kann, so kann auch nicht die Sprache aus der subjectiven, individuellen, bewussten Vernunft entstehen. Subjective Vernunft und Sprache gehen in der Entwicklung vielmehr Hand in Hand. So konnte demnach die Sprache nur aus objectiver, im physisch-psychischen Organismus des Menschen individuell gestalteter Vernunft, — deren Aeusserungen zunächst teleologisch-plastischer Art sind — hervorgehen. Also aus der Vernunft-Anlage des Menschen, mit welcher zugleich die Sprachanlage gegeben ist und durch dieselben Anlässe geweckt und gebildet wird, wie die Vernunft selbst — nach ihrer idealen und realen Seite. Wenn also wohl anzunehmen ist, dass die Vernunft im gewöhnlichen Sinne d. h. der bewusste, selbstbewusste und erkennende Menschengeist das eigentliche Ziel und der eigentliche Inhalt des grossen, unendlichen Naturprozesses war und ist, — und man muss diess annehmen, wenn man nicht Vernunft, Geist, Wahrheit und Idealität im sittlichen und ästhetischen Gebiete für ein im Grunde bedeutungsloses Werk blinden Zufalls erklären will, — so ist damit auch Sprachanlage und Sprache selbst, bewusste, vernünftige, gedankenvolle Rede das Ziel dieses Processes. Wir werden in der Folge sehen, welches der eigentliche Träger auch dieser Anlage sei, und wodurch sie in Wirklichkeit gebildet und entwickelt wurde. Hier haben wir nur noch ein paar der bedeutendsten Hypothesen der neuesten Zeit zu betrachten über die Art und Weise, wie diese Anlage zuerst geweckt und gebildet worden, also wie die Sprache der Menschen wirklich begonnen habe.

In neuester Zeit hat besonders Lazarus Geiger den Ursprung der Sprache und damit auch die Vernunft, wie er annimmt, zum Gegenstand eingehender Untersuchung gemacht.[1]) Er lässt die Sprache mit dem „Sprachschrei" beginnen, und dieser wiederum wird nach ihm veranlasst hauptsächlich durch das Auge, durch Gesichtswahrnehmungen, nicht durch das Ohr oder durch Einwirkungen auf das Gehör, wie man gewöhnlich meint. Und zwar durch Gesichtswahrnehmungen von

---

[1]) Ursprung und Entwicklung der Sprache und Vernunft von Lazar. Geiger. 2 Bde. Stuttgart Cotta 1868. Und: Ursprung der Sprache Stuttg. 1869.

Gegenständen der Natur, die in Bewegung sind, wodurch (unwillkürlich) ein Schrei entstehe; also wohl in ähnlicher Weise, wie auch unwillkürlich Mienen, Gebärden u. s. w. durch Wahrnehmung äusserer Gegenstände und Handlungen hervorgerufen werden. „Die Sprache, sagt Geiger, ist in ihrem Anfange ein thierischer Schrei, jedoch ein solcher, der auf einen Eindruck des Gesichtssinnes an sich erfolgt."[1]) Durch letztere Eigenschaft unterscheide sich der Sprachlaut von dem eigentlichen Thierschrei wesentlich: denn Thiere stossen zwar auch in Folge eines Anblicks Laute aus, aber es sei niemals der Gesichtseindruck als solcher, der in diesem Falle den Grund des Lautes abgibt, sondern immer ein durch diesen Eindruck veranlasstes anderes seelisches Gefühl, wie das der Furcht, der Begierde u. s. w. Uebrigens verbinde sich, meint Geiger, mit der Gesichtswahrnehmung grösstentheils auch Gehörswahrnehmung und der Sprachschrei entspreche daher oft so sehr der Vereinigung beider Sinnes-Empfindungen, dass man ihn für den gemeinsamen Ausdruck beider, und wohl auch zuweilen des Gehörten ganz besonders, gelten lassen könne. Niemals indess bezeichne die Sprache etwas blos Gehörtes, niemals das Gehörte als solches, sondern stets als etwas mindestens auch Gesehenes. — Dieser Sprachschrei erfolge ursprünglich nur auf den Eindruck, den der Anblick eines in krampfhafter Zuckung oder gewaltiger, wirbelnder Bewegung befindlichen thierischen oder menschlichen Körpers, eines heftigen Zappelns mit den Füssen oder Händen, der Verzerrung eines menschlichen oder thierischen Gesichtes, insbesondere des Verziehens des Mundes und der Wimperbewegung der Augen macht. Es lasse sich nachweisen, dass der Trieb der Nachahmung des Sichtbaren durch Gebärden die menschliche Natur auf einen gewissen Standpunkt in ungeheurem Maasse

---

[1]) Ursprung und Entwicklung von Sprache und Vernunft I S. 22 ff.

beherrscht. Das aus dem Sprachschrei entstandene Wort müsse zweierlei Fähigkeiten gehabt haben: Erstens die Fähigkeit verstanden zu werden, und zweitens die Fähigkeit sich zu entwickeln. Allerdings sei der erste Laut nicht eine Bezeichnung dessen, was er ausdrückt, und nicht mit der Absicht des Verständnisses verbunden; er erwecke nur Sympathie, wie der ganz ebenso absichtslos ausgestossene Schmerzensschrei, der auf Sympathie nicht etwa rechnet, sondern eine physiologische Wirkung des Schmerzes ist und dennoch das sicherste und bestimmteste Verständniss von Schmerz bewirkt.

Diese Theorie vom Sprachschrei und von der Bedeutung der Gesichtswahrnehmungen ist wohl, insbesondere bezüglich der letzteren nicht ganz ohne Grund, aber zur vollen Erklärung des Ursprungs der Sprache genügt sie bei weitem nicht. Was zunächst die Gesichtswahrnehmungen betrifft, so vermitteln sie allerdings durch das äussere Licht und die Gegenstände in demselben auch dem Bewusstsein inneres Licht und die Vorstellungen in diesem Lichte des Bewusstseins, wodurch der Geist zugleich an innerem Inhalt und Gehalt gewinnt, sowie an Anregung zur Aeusserung und Offenbarung, also zur Sprachbildung. Aber zur wirklichen Sprache, so zu sagen zur Erfindung der Sprache kommt der Mensch durch all' die Gesichtswahrnehmungen nicht, mögen sie noch so auffallend sein. Wenn darauf hingewiesen wird, dass auf einer gewissen Entwicklungsstufe der Mensch von einem mächtigen Nachahmungstrieb beherrscht sei, so kann man diess zugeben, ohne dass daraus die Entstehung der Wort- oder Lautsprache zu erklären wäre. Auch die Affen haben grossen Nachahmungstrieb, ohne darum zu einer Sprache im Entferntesten zu kommen. Höchstens eine Gebärdensprache könnte allenfalls entstehen; aber ohne Gehörsthätigkeit kämen die Menschen nicht dazu, ihre inneren Erregungen, Vorstellungen, Begehrungen u. s. w. durch

Laute und Worte kund zu geben, — wie die Taubstummen beweisen, die wegen mangelnden Gehörs stumm bleiben, auch wenn ihre Sprachorgane normal gebildet sind. — Die menschliche Wortsprache ist durchaus durch das Gehör bedingt, und die Natur selbst deutet diess ja schon dadurch an, dass Laute, Töne und Ohr sich gegenseitig entsprechen, die einen ohne das andere, dieses wieder ohne jene gar keine Bedeutung hätte. — ja die Töne ohne das Ohr gar nicht wären; denn durch das Ohr kommt erst der Ton in die Natur, obwohl allerdings erst, wenn auch objectiv die realen Bedingungen dazu erfüllt werden. Und die lebendigen Wesen von einigermassen vollkommenem Organismus haben alle den Drang, ihre inneren Erregungen in Lauten kund zu geben; und haben die Fähigkeit, diese Laute von Ihresgleichen durch das Ohr aufzunehmen und zu verstehen. Bei dem Menschen ist diess in gesteigertem Maasse der Fall. Das Auge allerdings hat bei ihm ebenfalls grosse Bedeutung dabei, besonders, wie bemerkt, dadurch, dass das Bewusstsein durch Gesichtswahrnehmungen mit Inhalt gefüllt wird, und dass für Töne, Worte auch die entsprechenden Gegenstände wahrgenommen werden, — wodurch erst ein klares Verständniss gewonnen wird, so dass es nicht blos bei leeren, unverstandenen Worten bleibt. — Weit weniger Bedeutung können wir dem sog. „Sprachschrei" Geiger's zugestehen. Selbst wenn wir einen solchen ursprünglichen Schrei als Thatsache gelten lassen könnten, so wäre doch damit zunächst nur ein ganz rohes Sprachmaterial gewonnen, von dem, als solchem, nicht abzusehen ist, wie die wirkliche Sprache daraus sollte hervorgegangen sein, wenn es so gemeint ist, dass dieser Schrei aus der Sprachanlage durch Wahrnehmung äusserer (bewegter) Gegenstände gleichsam nur mechanisch sollte ausgelöst worden sein. Sollte daraus Sprache werden, und es nicht blos bei dem Schrei bleiben, wie bei den Interjectionen, so musste jedenfalls von innen her durch geistige Bethätigung derselbe eine gewisse Bearbeitung und Belebung erhalten. Der unwillkürlich ausgestossene Laut musste selbstständig und bewusst zum Ausdruck inneren Gefühls oder von Vorstellungen und Begehrungen, endlich von Begriffen und Urtheilen werden. Wie diess aber geschah und geschehen konnte, das ist eben das eigentliche Problem der Sprachentstehung, das durch die Annahme eines unwillkürlichen, passiv erfolgenden Sprachschreies nicht gelöst ist. — Indess kann ein solcher Schrei gar nicht als Thatsache angenommen, und durch ihn also auch nicht einmal der äusserliche Anfang der Sprache erklärt werden. Denn dass die primitiven Menschen bei dem Anblick von bewegten, wirbelnden Gegenständen u. dgl. unwillkürlich einen Schrei sollten ausgestossen haben, wie man etwa unwillkürlich die Miene verzieht oder eine Gebährde macht, ist durchaus unwahrscheinlich. Da die Natur nicht plötzlich auf sie eindrang mit ihren Erscheinungen, sondern auf sie schon einwirkte ehe sie noch zu einigem menschlichen Bewusstsein kamen, so war die Gewöhung an dieselben schon so bedeutend, dass sie nicht mehr so sehr davon überrascht werden konnten, oder doch nur in einzelnen Fällen, wo es dann nicht zu sog. Sprachschreien, sondern mehr zu Interjectionen kam, von denen doch die Sprache nicht abgeleitet werden soll. Auch auf die Thiere wirken bewegte und auffallende Naturgegenstände ein, ohne dass sie desshalb zu besonderen Schreien oder Lautgebungen veranlasst werden. Die Schreie und Laute geben die Thiere vielmehr von sich, um innere Stimmungen und Begehrungen und äussere Schmerzen zum Ausdruck zu bringen; insbesondere aber um sich in ihrem Familienkreise und mit Ihresgleichen irgendwie zu verständigen. Die Laute sind schon bei ihnen Verbindungsmittel der Arten oder Gattungen und für den geselligen Verkehr. — Menschen ferner, die isolirt aufwachsen, schreien nicht beim

IV. Die Sprache.

Anblick von dergleichen Naturdingen oder Ereignissen und kommen zu keiner Art von Sprache, sondern ahmen höchstens Schreie oder Töne nach, die sie hören, während sie im Uebrigen stumm bleiben. Die Sprache erhält der Mensch nicht durch die Natur und im Verkehr mit ihr, sondern nur durch und für Seinesgleichen, im Verkehr mit ihnen. Sie geht, wie wir zu zeigen haben, aus der Gattung hervor und ist zunächst für Erhaltung und Förderung der Gattungs-Interessen und des gemeinschaftlichen, geselligen Lebens. Erst bei weiterem Fortschritt dient sie dem Einzelnen zu seiner besonderen Geistesentwicklung und zur Ausbildung des abstracten Denkens, sowie zur Darstellung der Resultate desselben.

Die Ansicht Geiger's hat man in neuester Zeit zu ergänzen und zu verbessern gesucht, indem man an Stelle der passiven Entstehungsweise der Sprache durch einen Schrei in Folge eines erlittenen Eindrucks, eine active, durch Thätigkeit bedingte setzte.[1]) Es entsteht nämlich die Frage: Wie können blosse Schreie zu lautlichen Typen (Wurzeln) werden? Und: Wie können sich Empfindungen in Vernunft-Conceptionen verwandeln? Wie kann der Laut zum Ausdruck des Gedankens werden, wie Wurzeln zu Zeichen allgemeiner Begriffe? Die Schwierigkeiten sollen dadurch überwunden werden, dass die Sprache als Produkt des Willens, der Thätigkeit, nicht des Leidens aufgefasst wird. Sympathie des Willens, nicht des Leidens soll ihre Quelle sein. Die ältesten Bedeutungen der Wurzeln seien menschliche Thätigkeiten gewesen. Benennen heisse, eine bekannte Eigenschaft auf Etwas übertragen, nicht aber in einen sinnlosen Laut ausbrechen. Und Vernunft-Conceptionen entstehen durch Willensthätigkeit; auf diese werden dann blosse Laute oder Aeusserungen instinctiven Dranges übertragen, — dadurch zu

---

[1]) S. Ludwig Noiré: Ursprung der Sprache.

lautlichen Typen (Wurzeln) werdend. Die Sprache hat sich also hiernach der menschlichen Thätigkeit gemäss gebildet; die Dinge wurden nach der menschlichen gestaltenden Thätigkeit bezeichnet und demgemäss bildete sich ihr Name und der allgemeine Begriff. Die ersten Worte seien nach der menschlichen Gestaltungsthätigkeit gebildet worden, also nicht nach der Beschaffenheit der Dinge, und nicht nach dem Eindrucke, den dieselben machten, oder nach Lust und Schmerz, die sie erregten. Die Thätigkeiten, insbesondere auch die gemeinsamen, sollen von unwillkürlichen (oder absichtlichen) Lauten begleitet gewesen sein, die als Bezeichnungen der gestaltenden Thätigkeit und der gestalteten Dinge sich geltend machten und befestigten, so dass demnach die Dinge selbst nach diesen benannt wurden.

Es kann kaum in Abrede gestellt werden, dass diese Gestaltung der Hypothese Vorzüge hat vor der von L. Geiger. Sicher ging der primitive Mensch bei der Lauthervorbringung und Wortbildung von sich und seiner Thätigkeit, der äussern wie der innern aus, da er ursprünglich, bei erst erwachendem Bewusstsein und dem Vorherrschen der Gemüthserregung und im beständig nothwendigen Kampfe um sein Dasein, einer objectiven Betrachtung der Dinge und Verhältnisse noch gar nicht fähig war, sondern allenthalben in subjectivistischer Weise Alles auf sich, seine Empfindungen und Strebungen beziehen musste. Aber das Problem der Laut-Entstehung und Wortbildung ist damit nicht gelöst; es ist nicht das Wie und Wodurch dabei bestimmt, sondern nur das Wonach, oder der Gegenstand oder Zustand, der die Laute hervorgerufen, die Bezeichnung und Benennung veranlasst hat. Durch Thätigkeit, insbesondere durch gemeinsame Thätigkeit konnte wohl ein Laut, allenfalls auch ein gemeinsamer veranlasst werden, aber das konnte auch durch einen Gegenstand geschehen, und die Benenn-

ung musste in beiden Fällen erst durch die Menschen
selbst gefunden oder bestimmt werden; denn die Thätigkeit benennt sich so wenig selbst, als ein Gegenstand sich
selbst seinen Namen gibt. Soll hiemit eine Erklärung
des Laut- und Wortursprungs gegeben sein, so muss angenommen werden, dass entweder die Gegenstände nach
ihren Eigenthümlichkeiten auf den physisch-psychischen
Organismus des Menschen einwirken und in ihm Reflexbewegungen in den Sprachorganen hervorrufen von solcher
Art, dass der Laut und die Benennung jenen charakteristischen Eigenthümlichkeiten entspricht; — da wäre aber die
Verschiedenheit der Benennung gleicher Gegenstände (bei
verschiedenen Völkern) und die Vielheit der Sprachen kaum
zu erklären; oder die Bezeichnung müsste ganz dem Zufalle
überlassen gewesen sein, — da könnte aber dann kaum
eine Spur von Gesetzmässigkeit in der Sprachgestaltung
zu entdecken sein. Das Gleiche gilt auch von der Thätigkeit, wofern sie die Veranlassung und der Gegenstand
ursprünglicher Laut- und Wortbildung gewesen sein soll.
Man müsste annehmen, dass eine bestimmte Thätigkeit
auf die sprachlichen Organe in eigenthümlicher Weise
eingewirkt und dieselben unbewusst zu conformer oder
gleichsam homogener Wortbildung für diese Art Thätigkeit veranlasst habe. Dem steht aber doch wiederum die
Verschiedenheit der Bezeichnungen für die gleiche Sache
bei den verschiedenen Völkern oder sogar bei demselben
Volke entgegen. Denn wenn auch die Verschiedenheit
der Völker, insbesondere der Racen, in körperlicher Beziehung und auch in psychischer, hier Unterschiede begründen möchte, so sind doch die Worte für die gleichen
Thätigkeiten noch weit mehr verschieden, so dass sie
kaum als Resultate gleicher mechanischer Laut-Auslösung
im menschlichen Organismus erscheinen können. Nimmt
man aber an, die Bezeichnungen für die Thätigkeiten seien
durch Zufall, oder durch Willkür Einzelner oder Mehrerer

1. Ursprung der Sprache. a) Verschiedene Ansichten. 479

etwa durch Uebereinkommen entstanden, — so wäre damit keine wissenschaftliche Erklärung des Sprachursprungs gegeben, oder das Problem nur bei Seite geschoben. Ehe überhaupt Gegenstände der Natur sowie Thätigkeiten mit bestimmten Benennungen belegt und diese, wenn auch zunächst nur in Wurzelform, zu allgemeinen Namen und Begriffen werden konnten, die für Alle d. h. eine Gemeinschaft von Menschen Gemeingut sein sollten, — musste schon ein primitiver Process der Sprachbildung und psychischen Entwicklung vorausgegangen sein; und zwar, wie nun näher zu zeigen ist, in der ehelichen Gemeinschaft und in der Familie, woraus ja die Genossenschaften von Menschen und die Stämme und Völker selbst hervorwuchsen.

Es ist bei der Entstehung der Sprache sicher sowohl ein passives, als auch ein actives Moment anzunehmen; eine erlittene Einwirkung von aussen und eine erfolgende Gegenwirkung von innen. Beide aber sind bedingt und ermöglicht durch dieselbe teleologisch-plastische Organisation und die psychisch-rationale Kraft der Menschen-Natur. Ist diese das höchste erreichte Ziel des Natur-Processes, und ist in ihr die allgemeine, objective Vernunft des Daseins individuell, subjectiv geworden, so ist auch die objectiv und individuell grundgelegte Sprachanlage als Resultat dieser Vernunft-Actualisirung des Daseins zu betrachten. Und in der Entwicklung dieser Anlage setzt sich nur der allgemeine Process der Vernunft fort, indem derselbe über das objective Dasein sich erhebt, um als subjectiver und geschichtlicher im geistigen, durch die Sprache vermittelten Leben der Menschheit sich fortzubilden. Das passive Moment nun dieses Sprachvermögens, als Organ der Vernunft-Realisirung (die, wie wir schon sahen, zugleich als Realisirung der Idee der Menschheit sich erweist), ist das Empfindungs- und Vorstellungs-Vermögen, wodurch Eindrücke erlitten, gestaltet, festgehalten und wieder hervorgerufen werden können. Das active Moment dabei ist der aus dem Gattungswesen hervorgehende und für die Gemeinschaft wirkende Mittheilungsdrang, der das gesellige Leben begründet und erhält; dann auch das Streben nach Gedanken-Entwicklung und selbstständigem Denken in abstracten Begriffen und Urtheilen, wodurch sich in der Gemeinschaft zugleich die Selbstständigkeit und volle Persönlichkeit des Individuums mittelst der Sprache begründet. Wenn Max Müller das Problem des Sprach-Entstehens dahin bestimmt, dass es sich dabei darum handle, wie die Perception zur Conception, d. h. die sinnliche Wahrnehmung zum Gedanken, zum begrifflichen Denken werde, so ist darüber zu bemerken, dass der Uebergang von dem einen zum andern kein sehr schwieriger ist, da beiden dieselbe innere Vernunftanlage zu Grunde liegt und die Sprache eben das Vermittlungs- oder Uebergangs-Organ von der niederen Stufe oder concreten Auffassung zur höheren Stufe oder zur begrifflichen Gedankengestaltung bildet[1]). — Die Sprachanlage äussert sich übrigens auch schon in den nachbildenden Gebärden und in den die Eindrücke wiederspiegelnden Mienen, — womit immerhin schon ein Anfang von Vergeistigung gegeben ist, wenn auch freilich zunächst nur ein schwacher. Kinder, Wilde und im Allgemeinen die Ungebildeten bedienen sich derselben am meisten, da sie ohne besondere Erlernung aus der teleologisch-plastischen Gestaltung des leiblichen Organismus und der psychischen Erregung wie von selbst hervorgehen. Das natürliche Organ zur Aeusserung der inneren Eindrücke und Begehrungen, sowie zur innern Verarbeitung des gegebenen Gedanken-Materials und zur Offenbarung der gewonnenen Gedanken — ist aber die Wortsprache. Man kann mit einigem Rechte die Laute und Worte als Ausdruck innerer

---

[1]) S. Phantasie als Grundprincip etc. S. 300 ff. Monaden und Weltphantasie. S. 57 ff. Ferner: Ueber die Bedeutung der Einbildungskraft in der Philosophie Kant's und Spinoza's.

Gebährdung und der Resultate des inneren geistigen Schaffens bezeichnen.

Es handelt sich nun darum, näher zu bestimmen, in welcher Weise, in welchen Verhältnissen wohl ursprünglich bei den primitiven Menschen die Vernunft- und Sprachanlage zur Auslösung oder Entwicklung kam, wie also die Sprache zu allererst und hauptsächlich ihren Anfang genommen haben mag.

b) **Die Entstehung der Sprache durch Phantasiebethätigung.**

Die Sprache dient ursprünglich dazu, den Mittheilungsdrang zu befriedigen, anderen Wesen der gleichen Art die eigenen inneren Erregungen, Gefühle und auch Vorstellungen kund zu geben, und zum Bewusstsein zu bringen; dann aber, auf höherer Stufe oder im Streben nach einer höheren Stufe des geistigen Lebens, dient sie dazu, die inneren Erregungen und Eindrücke in bestimmterer Weise zu gestalten, Begriffe, Gedanken zu bilden. Damit ist schon angedeutet, dass nicht mit Denken oder durch Denken die Sprache begonnen haben kann, so wenig, als andererseits mit bewusst- oder vernunftlosem Geschrei, oder mit blossen Interjectionen und Schallnachahmungen oder mechanischen Reflexbewegungen. Sie wird vielmehr aus dem psychischen Leben, das noch vorherrschend Gefühlsleben war, in Affecten und Trieben sich bewegte, hervorgegangen sein, indem Gefühle, Stimmungen, Erregungen, auf die innere Gestaltungskraft wirkten, und sie zu einem ihnen möglichst entsprechenden Ausdruck in Lauten veranlasste. Solche Veranlassung für den primitiven Menschen, sich in Lauten und Worten zu äussern, gaben zunächst nicht die ihn umgebenden Naturgegenstände, auch nicht die Thiere, die er pflegte, oder mit denen er kämpfte, sondern nur die Menschen; und zwar nicht Menschen, die ihm ganz fremd waren, sondern solche, mit denen er im nächsten, innigsten Verkehr stund, die ihm nahe gingen, die also sein Gemüth bewegten und denen er diese Gemüthserregung, insbesondere Zuneigung, Mitgefühl, Liebe u. s. w. kund zu geben sich gedrungen fühlte. Ein solches Verhältniss unter den Menschen ist aber im eigentlichen Naturzustande zunächst und hauptsächlich begründet durch den Geschlechtsgegensatz, also zwischen Mann und Weib, und dann insbesondere in der Familie, die durch beide begründet wird. Den stärksten Drang, die innere Erregung, das Gefühl von Liebe, Zuneigung, Sympathie u. s. w. in Lauten und Worten kund zu geben, haben sicher schon in primitiver Zeit naturgemäss die Eltern gegenüber den Kindern empfunden. Der Drang dazu musste auf die Phantasie, die innere Gestaltungskraft wirken und diese auf die Sprachorgane, um die dem Gefühle entsprechenden, conformen Töne hervorzubringen, die zu Worten gestaltet werden konnten. In so fern haben sicher die Mütter einen besonderen Antheil an den ersten allerdings noch unbestimmten Anfängen der menschlichen Sprache. Das mütterliche Gefühl äussert sich dem Kinde gegenüber zuerst allerdings nicht in bestimmten Worten, die dasselbe ja auch noch gar nicht verstehen würde, sondern wenn auch Worte von der Mutter gesprochen werden, so ist es doch hauptsächlich der Ausdruck, der eigenthümliche Ton, in welchem das Gefühl sich verkörpert, zur Offenbarung kommt, im Kinde auch einen entsprechenden Eindruck macht und durch Gefühlserregung ein gewisses Verständniss vermittelt. Selbst Thiere verstehen ja den Ton-Ausdruck und Nachdruck der Stimme, auch wenn sie die Worte nicht verstehen, wenigstens jedenfalls weit mehr und leichter als diese, — wie diess sogar auch bei dem Blick, dem Ausdruck des Auges, der Fall ist. Es kommen bei solcher Tonfärbung hauptsächlich die Vokale in Betracht; die festere Gestaltung der Laut-Ausdrücke, gleichsam die Gliederung derselben durch Consonanten kam wohl erst allmählich hinzu, und diese mag hauptsächlich Sache des Mannes gewesen sein, da sie ja nicht mehr so ganz dem Gefühle, als vielmehr dem Vorstellen und dem Denken, demnach der Verstandesthätigkeit zum Ausdruck dient. Es ist also wohl anzunehmen, dass die Sprache im Beginne mehr dem Gesange (als Gefühls-Ausdruck), als der eigentlichen Sprache in Worten oder in Prosa glich, oder die Mitte hielt zwischen Singen und eigentlichem Sprechen, und dieses beide sich erst allmählich durch Differenzirung daraus gestaltete. Es ist also durchaus nicht nothwendig, die Sprache mit blossen Interjectionen beginnend zu denken, wenn man sich weigert, dieselbe mit Consonanten-Gruppen oder sog. Wurzeln den Anfang nehmen zu lassen. Die mütterlichen Töne z. B., die allerlei Gefühle dem Kinde gegenüber durch eigenthümliche Färbung zum Ausdruck bringen, sind nicht Interjectionen, sondern sind als wirklich brauchbares Material für Wortbildung zu betrachten, enthalten sogar zugleich Stoffliches und das Seelische des Ausdruckes in sich, dem bald eine bestimmtere Form gegeben werden konnte. Selbst viele Thiere äussern sich ja nicht bloss in einzelnen, unförmlichen Lauten oder Interjectionen bei Lust und Schmerz, sondern geben in eigenartigen Tönen oder Lautfärbungen Gefühle kund, Regungen von Liebe, Zuneigung, Sorgfalt Trauer, Verlassenheit, u. s. w.; und oft in einer Weise, dass der Ton der innersten Natur des Gefühles entspricht, so dass ein menschlicher Tonkünstler, um dem betreffenden Gefühle den adäquaten Ausdruck zu geben, gerade diese Tonweise zu verwenden hat. Die Natur selbst liefert hiemit ein Beispiel, wie dem Innern ein entsprechender Ausdruck zu geben ist, der im Andern die gleiche Stimmung hervorruft, zugleich aber auch dem Wesen des Auszudrückenden selbst angemessen ist.

Wie also nach der früheren Darstellung die Religion und die Sittlichkeit durch jene Verhältnisse begonnen, die der Geschlechtsgegensatz begründet, in welche die objective Phantasie als realwirkende Generationsmacht sich differenzirte, — so auch begann die Sprache durch die Verhältnisse, die aus diesem Gegensatz, und also aus der Bethätigung der objectiven Phantasie hervorgehen. Die Sprache begann als Kundgebuungsmittel der innigsten Gefühle der Menschen und entwickelte sich zuerst als Mittheilungsmittel innerhalb der Familie. Sie wurde also zuerst Verständigungs- und Einigungs-Organ der Menschen aus gleicher Abstammung in der Familie und in deren Erweiterung zum Stamme. Schon oben wurde darauf hingewiesen, dass auch bei Thieren, insbesondere bei Vögeln nicht bloss einzelne Schreie als Ausdruck von Lust und Schmerz in rein physiologischer oder mechanischer Reaction stattfinden, sondern dass auch bestimmtere, eigenartige Töne als Ausdruck besonderer innerer Stimmungen anderen von Ihresgleichen, besonders im Geschlechtsverhältniss und den Jungen gegenüber, vorkommen. Sogar auch bestimmte Signale haben manche, um das Verhalten der andern zu regeln und dieselben zu warnen und zu schützen. Auch bei ihnen ist es offenbar der Geschlechtsgegensatz hauptsächlich und das Verhältniss der Alten zu den Jungen, wodurch die Lautäusserungen zuerst angeregt werden und wofür sie Verwendung finden. — So wird man sich doch wohl nicht sträuben wollen, anzuerkennen, dass dieses intimere, physisch-psychische Verhältniss, das durch die objective Phantasie, durch das schöpferische, zeugende Gattungswesen begründet wird, auch bei dem Menschen bei weitem am meisten geeignet erscheint, die Sprach- wie die Vernunft-Anlage zu wecken und den Drang der Mittheilung so anzuregen, dass die Fähigkeit dazu in Tönen und Worten ausgelöst wird. Zunächst, um dem innern Gefühle einige Gestaltung zu geben, die sich in einem passenden, das innere Wesen desselben verrathenden Ton Ausdruck gibt; ein Ausdruck, der zuerst von dem noch unentwickelten Wesen, wenn nicht verstanden, doch gefühlt wird, indem eine ähnliche Erregung in ihm wie durch magische Sympathie hervorgerufen wird. Hat doch auch das Auge eine ähnliche Macht, indem die Seelenstimmung, das Gefühl von Liebe wie von Abneigung, Hass u. s. w. in ihm sich ausprägt, von dem Gemüthe des Andern wiederum mittelst des Auges wahrgenommen wird und dadurch eine entsprechende Erregung hervorbringt. — Die übrigen Momente, die man zur Erklärung des Ursprungs der Sprache geltend gemacht, mögen immerhin auch bei weiterer Ausgestaltung und Formgebung mitgewirkt haben, wie Schallnachahmung, Sprachschrei bei dem Anblick auffallender Dinge oder Ereignisse, Einwirkung auf die Sprachanlage durch Thätigkeit und insbesondere durch gemeinsames Wirken; — aber den eigentlichen Ursprung der Sprache erklärt diess Alles, unseres Erachtens, nicht. Dazu ist das genannte intime Verhältniss der Familie weit geeigneter; — wie es denn auch ursprünglicher ist, am meisten das innere Leben anregt, zum Ausdruck drängt und Gemeinschaften bildet, in denen ja doch die Sprache ihre eigentliche Bedeutung hat, und eine Entwicklung erhalten kann. War auch das Verhältniss zwischen Mann, Weib und Kindern bei den primitiven Menschen sicher kein ideales, so war es immerhin das intimste, innigste, das es überhaupt unter denselben gab, und also am meisten geeignet, gesellige oder Gattungs-Anlagen, wie die der Sprache ist, zu wecken und zu entwickeln. Die Anregung von Seite der Natur zur Schallnachahmung, sowie zum Sprachschrei, hält damit doch gar keinen Vergleich aus. Die gemeinsame Thätigkeit aber entsprang selbst erst dem Familienverhältniss und setzt im Grunde die Anfänge der gegenseitigen Verständigung, also den Gebrauch eines Mittheilungsmittels schon voraus, — wenn auch in solch' gemeinschaftlichen Wirken neue Bezeichnungen gebildet werden mochten. — Auch das Denken entwickelte sich schon, wenn auch allerdings zunächst in praktischer Richtung, in der Familie am frühesten und am meisten; denn der innere Drang, die Sympathie für die dem Gemüthe unmittelbar nahe Stehenden treibt zur Sorge und Arbeit für sie, und wird damit auch am meisten Veranlassung zum Nachdenken, zur Zwecksetzung und Erwägung der Mittel zur Ausführung, — was Alles die Denkkraft in Anspruch nimmt, sowie das innere Schauungs- und Verallgemeinerungsvermögen. Auch dieses wird besonders durch das Leben in der Familie, in der Gemeinschaft angeregt, weil bald das Bedürfniss bestimmter, allgemein gültiger Normen sich einstellt, dem durch Denken entsprochen wird, für welches dann allgemeinere, so zu sagen objectivere Bezeichnungen nöthig sind.

Insofern die objective Phantasie, das schöpferische Gattungswesen der Menschheit, Quelle oder vielmehr wirkende Ursache der Sprachanlage ist im Menschen, in physischer wie psychischer Beziehung, geht das Problem des Ursprungs der Sprache weiter zurück als bis zur Hervorbringung der ersten Laute und Bildung der ersten Worte. Dasselbe umfasst auch schon die Bildung, die Organisation der Sprachanlage selbst. Wie die Erkenntnisslehre nicht mehr blos auf die Sinneswahrnehmungen und Sinnesfunctionen zurückgeht als den Anfang und die Quelle des Erkennens, sondern auf die Sinnebildung selbst und die wirkenden Factoren dabei, um Wesen und Bedeutung der sinnlichen Erkenntnissthätigkeit zu bestimmen, — so hat die Untersuchung des Ursprungs der Sprache zurückzugehen auf die wirkende Macht, durch welche die physischpsychische Sprachanlage selbst entstand. Daher ist die Sprache auf das letzte allgemeine Princip und auf den Weltprocess selbst zurückzuführen. Die menschliche Sprache als Organ des geistigen Gattungszusammenhanges und der Vernunftbethätigung oder Realisirung der Ideen in der Menschheit, ist im Daseinsprocesse selbst der Tendenz nach und als Ziel angelegt, und die Menschen sprechen nicht, weil sie zufällig Sprachorgane haben, sondern sie haben Sprachorgane erhalten, weil die geistige Entwicklung der Menschheit solche fordert, durch solche bedingt ist, — wie die Thiere Organe und Instincte haben, wie ihre Art sie erfordert. Wie schon bemerkt, ist die Vernunft, die ideale Wahrheit, Sittlichkeit und die geistige Persönlichkeit nicht blos ein Werk des Zufalls, — wenigstens für den nicht, der das ganze Dasein nicht als zufällig, unvernünftig und bedeutungslos betrachtet, und also auch diesem seinem Urtheil selbst eine Bedeutung beizumessen kein Recht mehr hat. Demgemäss ist auch die Sprachanlage und die Realisirung derselben in der Sprache selbst nicht Werk des Zufalls, sondern im ganzen Dasein, insofern Vernunft in ihm realisirt werden soll, grundgelegt; und die objective Phantasie hat durch ihre teleologisch-plastische Grundpotenz das ursprüngliche Streben darnach in sich, insofern sie das Streben nach Realisirung oder Erreichung der Innerlichkeit und bewussten Vernunft in sich hat. Mit unbestimmten Formen wird allerdings begonnen, und erst durch viele Stufen hindurch wird das Ziel erreicht. Aber wie die Sinnesorgane entstehen, damit die Natur in ihrem immanenten Processe sich selber vernehme, ihr Wesen durch die Sinnesgestaltung und ·Thätigkeit vor sich selber offenbare, und damit zugleich zu immer höherer Innerlichkeit gelange, — so sind allmählich auch vollkommnere Aeusserungsorgane für das Innere, Psychische gebildet worden, die menschlichen Sprachorgane, wodurch die sich selbst gewinnende Innerlichkeit sich wiederum nach aussen kundgeben, eine geistige Gemeinschaft begründen und ein objectiv gestaltetes, geistiges, geschichtliches Leben beginnen und fortführen kann. Die ganze Menschheit erhält dadurch ein geistiges Band, wird ein grosser Organismus und kann nach einem Gesammtziel streben. Zur Sprachanlage gehören demnach nicht blos die leiblichen Sprachorgane, sondern ebenso sehr das Gehirn, das zum Organ des Bewusstseins, Selbstbewusstseins und Denkens bestimmt ist; und gehört insbesondere das Ohr. Denn wenn allerdings auch die andern Sinne, besonders das Auge zur Sprach-Entstehung und Entwicklung nothwendig sind, so ist doch das Ohr das Correlat der Sprachorgane, so dass beide zusammengehören. Denn durch das Auge allein wäre wohl ein Mienenspiel und eine Gebährdensprache allenfalls entstanden, aber nicht eine eigentliche Sprache, eine Wort-Sprache, die der abstractesten Bezeichnungen ebenso fähig ist, wie sie andererseits die innigsten subjectiven Gefühle zu einem ent sprechenden, das Gemüth des Anderen durch die Luft und das Ohr hindurch anregenden Ausdruck bringen kann. — Also aus der objectiven Natur geht durch das gestaltende Grundprincip das Individuelle, in sich bis zu einem gewissen Grade Abgeschlossene, Selbstständige hervor mit einem inneren eigenartigen Wesen; daraus entspringen dann die Sinne, welche hinwiederum die Verbindung, den Verkehr dieses Individuellen mit den übrigen Naturwesen vermitteln, so dass diese Sinne zugleich für das Ganze des immanenten Naturprozesses, und hinwiederum für die Individuen eine hohe Bedeutung haben. Zugleich aber entspricht ihnen, da sie für die Aeusserlichkeit, für die objective Erscheinung, und ebenso zur Wahrnehmung des Wesens der Dinge bestimmt sind, ein Inneres, Seelisches, das sich in ihnen zugleich empfangend und thätig oder bildend erweist. Durch die äusseren Wahrnehmungen ist nicht blos für das körperliche Dasein Orientirung möglich, sondern auch schon mehr oder weniger eine innere Fortbildung. Bei dem Menschen nun kommt noch die Sprache hinzu, durch welche ein socialer Verkehr und ein historisches Leben möglich wird durch geistigen Zusammenhang der Menschen nach Raum und Zeit, den sie vermittelt in der Gattung. Zu den Sinnes-

und Sprachorganen muss aber, damit eine wirkliche, selbstständige Sprache entsteht, — die nicht blos bei einfachen Naturlauten bleibt, — ein innerliches, selbstständiges psychisches Wesen d. h. der psychische Organismus hinzukommen, welcher, wie wir früher sahen, aus der freigewordenen subjectiven Phantasie in Wechselwirkung mit der Bethätigung der objectiven, insbesondere durch Sinneswahrnehmung sich bildet.[1]) Dieser psychische Organismus, der in der organischen Einheit der höheren psychischen Grund-Kräfte besteht, bildet die selbstständige Basis für die Fortbildung der Laute zu Worten und zu einer wirklichen Sprache. Einer Sprache, die eine gewisse Selbstständigkeit für sich gewinnt, obwohl sie eben doch wesentlich Mittheilungs- und Darstellungs-Mittel des menschlichen Bewusstseinsinhalts (der Gefühle, Vorstellungen, Gedanken) ist, und abgesehen davon keine Bedeutung, ja nicht einmal Existenz hat. Nur durch den psychischen Organismus, die geistige Organisation, die sich mit einer gewissen Selbstständigkeit über die körperliche erhebt, ist es möglich, den Laut zu einem selbstständigen Wort zu gestalten und als Wurzel zu behandeln, aus welcher eine Anzahl anderer Worte hervorwachsen, und insbesondere Worte entstehen können, die nicht äussere Dinge und nicht körperliche Zustände ausdrücken, sondern selbstgebildete, abstracte Begriffe und Gedanken. Dazu ist ein geistiger Grund nothwendig, in welchen das Wort versetzt wird, und eine selbstständige geistige Kraft, wie sie die Thiere nicht haben. Eine Kraft, welche dasselbe wie ein formal-geistiges Material verarbeitet und ihm höheren Sinn und Geist verleiht. Zu eigentlicher Wortbildung konnte es daher in der Menschheit erst kommen, nachdem die subjective Phantasie selbstständig, d. h. von der Bindung durch die

---

[1]) S. Phantasie als Grundprincip. S. 401 ff. Monaden und Weltphantasie S. 43 ff.

Naturgesetze im physischen Organismus frei geworden war im Entwicklungsgange des Menschengeschlechtes (wie es jetzt noch im Kindeszustande geschieht); denn von ihr ist die Entstehung oder selbstständige Ausbildung des psychischen Organismus selbst bedingt. Ausserdem aber ist sie die eigentlich schaffende, bildende Macht bei der Wort- und Sprachbildung durch ihre freie, wie durch ihre teleologisch-plastische Thätigkeit. Durch das Moment der Freiheit ist hauptsächlich die Vielheit und Verschiedenheit der Sprachen bedingt, durch das teleologisch-plastische Moment aber besonders der ästhetische Charakter der Sprache, zum Theil auch schon der logische. Das ursprüngliche Sprachmaterial, — aus Lauten und inneren (physisch-psychischen) Gebärden oder Consonanten bestehend, — konnte so in der mannigfaltigsten Weise gebildet, zu Gestaltungen in Worten, nach Vokalen und Consonanten verarbeitet werden. Durch sie auch erhielt die Wort- und Sprachbildung eine Aehnlichkeit mit den mythologischen Bildungen. Wie die Naturgegenstände selbst mehr oder weniger personificirt und vergöttlicht wurden, und auf diese göttlichen Wesen der Geschlechtsgegensatz zur näheren Bestimmung ihrer Eigenschaften und Wirkungen zur Anwendung gebracht ward, so geschah es auch mit den Benennungen der Naturgegenstände, und in der Folge selbst der geistigen Eigenschaften und sogar der abstracten Begriffe. Man betrachtete sie ebenfalls wie lebendige Wesen und gab ihnen insbesondere einen geschlechtlichen Charakter, wendete also den Gegensatz des Geschlechtes, in dem sich die objective Phantasie als Generationsmacht differenzirt, auch auf sie an. Eine Anwendung, die freilich bei der Anschauungs- und Denkweise der späteren Zeit alle Bedeutung verlieren musste, und im Grunde genommen, — abgesehen von Worten, die wirklich auf den Geschlechtsgegensatz lebender Wesen sich beziehen, nur noch als Seltsamkeit betrachtet werden kann, da dem Ge-

schlechtsunterschied der Worte in der Wirklichkeit nichts
entspricht. Aber in der Urzeit fasste man, wie sogar die
Götterwelt, so auch die Dinge der Natur nach dem Bild
und Gleichniss des Menschen, seiner Eigenschaften und
Thätigkeiten auf, und da war es vor Allem eben der Geschlechtsgegensatz mit seinen Merkmalen und Wirkungen,
der zur Bezeichnung oder Charakterisirung der Eigenschaften und zur Erklärung der Wirkungen der Dinge
verwendet ward.

Bei der näheren Gestaltung und Entwicklung der
Laute und Worte war es hauptsächlich die subjective
Phantasie als freie, gestaltende Potenz der Seele, die wirksam war. Und zwar bethätigte sich dieselbe sowohl bei
der Vokal- als auch bei der Consonanten-Gestaltung und
-Aussprache, sowie bei der freieren Umbildung und mannichfachen Modifikation derselben. Vorherrschend indess allerdings bei der Lautbildung und Kundgebung in
den Vokalen, durch deren eigenthümliche Tonfärbung die
Gemüthserregung in ihren starken und feineren Nüancen
als eigentliche Seele der Worte zur Offenbarung kommt
und die Rede hauptsächlich wirksam macht. Immerhin
aber werden dabei vorherrschend nur subjective Seelen-
zustände kundgegeben, die allenfalls wohl wie mit magischer Gewalt auf Andere wirken können, aber keine
klare, objectiv-giltige Kundgebung sind, keine Aufklärung
und Belehrung geben. Soll die Bezeichnung auch für
Objectives, real-Daseiendes und Wirkendes gelten, und soll
sie Andern klare Gedanken und Belehrung vermitteln,
so muss der Ausdruck festere Gestaltung und Differenzirung, so zu sagen, einen eigentlichen, gegliederten Leib gewinnen, und das geschieht durch die Consonantenbildung
und Artikulation der Worte. Eine Gestaltung, die der Verstandesthätigkeit entspricht, ihr zum Ausdruck dient; welche
dafür hinwiederum auch bei der Gliederung der Laute in
solche bestimmte Worte in besonderem Maasse mitwirkt.

Klar bestimmte Worte konnten daher erst dann gebildet werden, als die Verstandesthätigkeit in den Menschen schon zu einem gewissen Grade gediehen war; oder vielmehr, Wort- und Verstandesbildung mögen gleichen Schritt gehalten haben. Aber als ganz willkürliche oder künstliche Verstandesgestaltung sind sicher auch die ursprünglichen Consonantengruppen oder Wurzeln nicht zu betrachten, sondern sie mögen wohl, wie schon bemerkt, zugleich aus einer organisch-psychischen Bewegung hervorgegangen sein, die man als innere und nach aussen drängende Gestikulation bezeichnen kann. Diese mag als Gegenwirkung gegen äussere Einwirkung sich gebildet haben, daher nicht überall gleich gewesen sein, und auf Grundlage derselben konnte dann die verständige Thätigkeit die bestimmtere Gestaltung und Weiterbildung vornehmen. Solchen (subjectiven) Ursprung kann man auch für die complicirtere Wortgestaltung durch Consonanten annehmen, da diese ersten Bezeichnungen, wenn auch Objecte ihren Inhalt bildeten, doch immerhin auf das Subject sich bezogen, insofern die primitiven Menschen, der Natur der Sache nach allenthalben sich selbst zum Mittelpunkt ihres Denkens, Wollens und Handelns machten und Alles auf sich und ihre Zustände bezogen. Die Sprachbildung wird sich also allenthalben auf das eigene physisch-psychische Wesen bezogen haben, wie etwa die ersten Versuche der ästhetischen Bethätigung z. B. der Malerei sich am eigenen Leibe, im Tättowiren nämlich kund gaben.

Dass aber bei der Sprachbildung und Entwicklung der Verstand, als logisches Vermögen, nicht das eigentlich Beherrschende und Bestimmende war und auch nicht dieselben Gehirn-Theile- und Nerven dem Vorstellen und Denken und der Sprachbildung und dem Sprechen dienen (Sprache und logisches Denken sich also nicht decken), geht klar schon daraus hervor, dass das Vorstellen und Denken wohl bei allen Menschen und Völkern, der in-

1. Ursprung der Sprache. b) Durch Phantasiebethätigung. 493

neren Gestaltung und dem nothwendigen Verlaufe nach, dasselbe ist, nicht aber der Ausdruck dafür, das Sprechen, die Worte und Darstellungsweise. Die Sprache hat eben als Gebilde der teleologisch-plastischen Macht der subjectiven (und theilweise der objectiven, körperlich organisirenden) Phantasie ein freies Moment in sich, aus dem die verschiedenen, eigenartigen Gestaltungen in Wechselwirkung mit geschichtlichen und natürlichen Verhältnissen hervorgingen. Vorstellungen sind durch die Sinneswahrnehmungen bei allen Menschen in gleicher Weise bestimmt, ebenso der Denkprozess bei allen Menschen und Völkern in gleicher Weise durch die Gesetze des Denkens und die objective Natur der Sache. Die Sprachbezeichnungen aber sind weder durch das Eine, noch durch das Andere, sondern hauptsächlich auch durch spontane, schaffende oder bildende selbstständige Thätigkeit hervorgebracht. Eine Thätigkeit, die bezüglich der Natur im Allgemeinen wohl nicht so fast durch das Sein der Dinge, als durch das Wirken, Geschehen hervorgerufen oder bestimmt wurde, und daher auch besonders im Zeitworte sich geltend gemacht haben mag. Daraus hauptsächlich mögen die Sprachwurzeln hervorgegangen sein, die zugleich ein gewisses Urtheilen ausdrücken, das durch das äussere Geschehen in der inneren Bewegung (allerdings je nach Stimmung und Gesammtartung modificirt) sich bildet und mehr oder minder entsprechend im psychischen Organismus und in den Sprachorganen zur Nachbildung kommt, oder sich darin reflectirt und durch Sprechen gleichsam ausgelöst wird.

Zum Schlusse sei nur noch auf Einen Umstand aufmerksam gemacht, durch den sich, wie uns scheint, unsere Erklärung des Ursprungs der Sprache aus jenem Verhältniss, das durch die objective Phantasie mittelst des Geschlechtsgegensatzes begründet ist, der Ehe und Familie nämlich, — und somit aus dem Gefühlsleben, (nicht in erster Reihe aus dem körperlichen Empfindungs- und Sinnenleben), besonders empfiehlt. Es bietet sich bei der Annahme, dass die Sprache zufällig oder durch Uebereinkommen oder durch Erfindung entstanden sei, die besondere Schwierigkeit dar, zu erklären, wie dieselbe dann in solchem Falle verbreitet wurde, und wie es zu einer mehr oder minder weiten oder allgemeinen Annahme und zum Festhalten der bestimmten Worte und Bedeutungen derselben kommen konnte. Ging die Sprache ursprünglich von der Familie aus, so verstand sich die Ausbreitung des Verständigungsmittels, die Annahme oder der Gebrauch desselben innerhalb der bestimmten Geschlechts-Genossenschaft von selbst. Mit Gründung neuer Familien und Wanderung derselben in neue Gebiete, oder mit Isolirung mussten sich allerdings Modifikationen der Ursprache ergeben, aber die Grundlage konnte stets dieselbe bleiben. Fundamentale Verschiedenheiten ergaben sich nur dann, wenn die Menschheit in ihren Racen und Völkern nicht aus Einem Urstamme hervorging, sondern dieselbe Idee an verschiedenen Orten unter verschiedenen Verhältnissen durch den Naturprozess oder durch das Grundprinzip desselben, die objective Phantasie zur Realisirung kam, und so die der Idee nach Eine Menschheit aus mehreren Keimen und Stämmen aufgewachsen ist. Ob das Eine oder Andere der Fall war, ist ein Problem, das noch der vollen Lösung harrt, und durch welches die Wissenschaft von der Sprache mit der allgemeinen Ethnologie in Verbindung steht. Der Descendenztheorie zufolge, werde sie als Evolutions- oder Transmutations-Lehre aufgefasst, ist kein Hinderniss vorhanden für die Annahme eines einzigen Urstammes des ganzen Menschengeschlechtes, wenn auch ein Beweis dafür noch nicht in bestimmter, sicherer Weise zu führen ist.

2.
Die Entwicklung der Sprachen.[1]

Die menschliche Sprache, mochte sie nur Einen Ausgangspunkt oder mehrere haben, ist selbstverständlich nicht gleich am Anfang vollendet oder fix und fertig in's Dasein getreten, sondern hat zuverlässig auch in schwachen Versuchen begonnen, hat nur allmählich bestimmtere, constante Worte gebildet, an Wortreichthum nach und nach zugenommen, und allmählich und mühsam zusammenhängende Redewendungen und logische Verbindungen ausgebildet. So mag der Ursprung der Sprache und die Entwicklung derselben für eine gute Weile kaum von einander getrennt werden können, bis eine gewisse Stufe in dieser Ausbildung erreicht war, von welcher an die wirklich vorhandene, gewissermassen fertige Sprache eine eigentliche Fortentwicklung erfuhr, die nicht mehr als Genesis, sondern nur noch als Umbildung oder Modifikation betrachtet werden kann. Vollständig ein Ende finden kann übrigens die eigentliche Entstehung wenigstens bei lebenden Sprachen und aufstrebenden Cultur-Völkern insofern nie, als die zunehmende Erfahrung, und insbesondero die wissenschaftliche Forschung und die praktische Anwendung von deren Resultaten, beständig für neue Erkenntnisse und Gegenstände neue Bezeichnungen brauchen, — die freilich grösstentheils nur durch Umgestaltung oder verschiedene Combination des schon vorhandenen Sprachmaterials gebildet werden. Aehnliche Bedürfnisse in Bezug auf neue Wortformen stellen sich auch ein bei neuen Religions-Gründungen mit eigenthümlichen Anschauungen und Gebräuchen, und selbst auch die Schöpfungen der Dichter bringen öfter die

---
[1] S. die Werke von W. Humboldt, Steinthal, Max Müller, Whitney, Fried. Müller (Grundriss der Sprachwissenschaft). Hermann Paul (Principien der Sprachgeschichte. Halle 1880) u. A.

Nöthigung oder wenigstens den Drang mit sich, neue Wortformen zu schaffen, um ihren Phantasiegebilden den möglichst entsprechenden Ausdruck zu geben. Damit ist auch schon die Hauptquelle der Vielheit und Verschiedenheit der menschlichen Sprachen angedeutet. Da vom Anfang an nicht eine vollendete, fertige Sprache (die auch ein vollendetes Bewusstsein vom Anfang an erfordert hätte) zu überliefern war, sondern beständig eine schöpferische Production sich mit der Tradition des vorhandenen Sprachstoffes verband, und eine immer selbstständigere und klarere Verbindung und Ordnung desselben stattfand, so konnte es nicht anders geschehen, als dass nach Eigenart der Menschen, Familien und Stämme nach Ort und Zeit sich Verschiedenheiten einstellten in der Ausdrucksweise für dieselben oder für ähnliche Dinge und Verhältnisse. — Wäre diess doch nicht einmal zu vermeiden gewesen, selbst wenn uranfänglich eine Sprache fix und fertig hätte mitgetheilt werden können! So auch mussten verschiedene Sprachen entstehen, selbst wenn die Sprache ursprünglich Einem Stamme entsprossen sein sollte, — was allerdings bis jetzt noch nicht wissenschaftlich bestimmt, jedenfalls sprachwissenschaftlich noch nicht begründet werden kann.

Die Sprache also, obwohl wesentlich ein Mittel oder Werkzeug der Mittheilung, der Offenbarung der Menschen unter einander, und dann auch der intellectuellen Thätigkeit oder Gedankenentwicklung der Einzelnen, hat doch auch wiederum eine Entwicklung, und insofern ein gewisses Leben und eine eigenartige Selbstbethätigung; ist also nicht ein starres, rein mechanisches Werkzeug. Die Veränderungen und Entwicklungen beziehen sich auf Wortbildungen und Umgestaltungen, auf Laut-Veränderung und Flexionsbildung, auf Prägung formaler Ausdrücke für syntaktische oder logische Verbindungen, auf Aenderung der Bedeutung der Worte, während die Form

2. Entwicklung der Sprache.

unverändert bleibt, sowie Aenderung der Form, während die Bedeutung der Ausdrücke keine Veränderung erfährt, oder auch auf Wechsel von beiden. Ferner erhalten die Sprachen allmählich auch dadurch mannichfache Aenderungen, dass Worte ausser Gebrauch kommen und dadurch verloren gehen, sowie dadurch, dass neue Worte gebildet, oder aus anderen, todten oder lebenden Sprachen entlehnt werden — wovon ja in modernen Sprachen allenthalben sich Beispiele finden.

All' diese Gestaltungen und Aenderungen der Sprachen, diese Entwicklung in materialer, stofflicher, wie in formaler Beziehung zu erforschen und darzustellen ist Sache der Sprachwissenschaft im weitesten Sinne, wie dieselbe in neuerer Zeit in grossartiger Weise ausgebildet ward, bereits grosse Resultate erzielt hat und noch grössere zu gewinnen verspricht. Es werden nicht bloss die einzelnen Sprachen für sich grammatisch und etymologisch erforscht, um sie in ihrem Wesen und ihrer Entwicklung zu erkennen; sondern sie werden auch mit einander verglichen, um ihre Verschiedenheit wie ihre Verwandtschaft festzustellen, und wo möglich eine genetische Geschichte oder Genealogie der Sprache und der Sprachen zu gewinnen und schliesslich Einsicht in das allgemeine Wesen und die Gesetze der Sprache selbst zu gewinnen. So entstehen die Wissenschaften der einzelnen Sprachen (und Literaturen), die vergleichende Sprachwissenschaft, die Entwicklungsgeschichte der Sprache und Sprachen, und endlich wird sich wohl als Gesammtresultat aus all' diesen Forschungen eine allgemeine Sprachwissenschaft ergeben. Die Philosophie soll und kann in diese speciell sprachlichen Forschungen nicht eingreifen, wie sie in die Naturforschung direct nicht einzugreifen vermag, — obwohl sie mit beiden in Beziehung steht, in materialer Beziehung von beiden vielfach bedingt ist, und in principieller und methodischer sowie erkenntnisstheoretischer Beziehung hinwiederum beiden Unterstützung gewährt. Die Sprachwissenschaft steht noch insbesondere dadurch in nahem Verhältniss zur Philosophie, dass sie — wenigstens bei ihrer jetzigen Forschungsweise — von der Psychologie nicht ganz absehen kann, da doch die menschliche Sprache wesentlich ein Produkt des menschlichen Geistes ist, und die Spuren seiner Eigenart allenthalben trotz aller äusseren Schicksale an sich tragen muss. Die bedeutendsten Sprachforscher erkennen diess auch an, wenn auch manche derselben von untergeordnetem Rang die Vorurtheile gegen die Philosophie theilen und Geringschätzung gegen sie zur Schau tragen. Wir haben uns also hier auf die Entwicklungsweise der Sprachen nicht näher einzulassen, sondern erlauben uns nur einige Bemerkungen über dieselbe, um anzudeuten, in wiefern die Phantasie als Princip objectiver und subjectiver Gestaltung sich auch hiebei bethätigt habe, und wie diese aus deren Eigenart und Bethätigung einigermassen begriffen werden könne.

Es ist anzunehmen, dass ursprünglich nicht zusammenhängende Worte und Sätze gesprochen und in klarer, logisch geordneter Rede Mittheilungen gemacht wurden unter den Menschen. Vielmehr werden es zunächst nur einzelne ausdrucksvolle Laute und Worte gewesen sein, in welchen sie ihr Inneres, ihr Gefühl, ihr Vorstellen und den Beginn des Denkens kund gaben, da ohnehin anzunehmen ist, dass sie ursprünglich nicht so fast den objectiven Thatbestand in Bezug auf Dinge und Ereignisse mittheilen konnten und wollten, als vielmehr nur den Eindruck, den diese auf sie gemacht. Einzelne Laute, und dann neben einander gestellte Worte, die allenfalls die Bedeutung von ganzen Sätzen haben sollten, d. h. Ereignisse, Erfahrungen, Strebungen u. s. w. ausdrückten, werden daher für die primitiven Verhältnisse hingereicht haben. Wir finden Aehnliches noch bei Kindern und schwach-geistigen Menschen, denen zwar die Sprache als

Mittheilungsmittel überliefert wird, deren Denken aber noch nicht mächtig genug ist, in ausgeführten, zusammenhängenden Worten, in Sätzen ihre Wünsche oder Erfahrungen zum Ausdruck zu bringen. Sie sprechen daher nur einzelne Worte, besonders Infinitive aus, um sich verständlich zu machen, d. h. errathen zu lassen, was sie sagen wollen. Und selbst wenn sie mehrere Worte aussprechen, so pflegen sie dieselben nur neben einander zu stellen, ohne sie gerade nach ihrem grammatischen und logischen Zusammenhang zu ordnen. Aehnliches wird daher auch bei den primitiven Menschen stattgefunden haben, bei denen ja das Denken sicher nicht mehr ausgebildet war als die Sprache, und sich beides nur mühsam entwickelte. Die Sprache bestund also ursprünglich im Aussprechen isolirter, neben einander hingestellter Worte, die zwar in sich einen reicheren Inhalt bargen und gleichsam wie noch unentwickelter Samen waren, die aber nur das Stoffliche der Sprache darstellten, während das Formale, das den inneren Zusammenhang zum Ausdruck bringt, noch verschwiegen blieb. Diese „isolirende" Ausdrucksweise oder Sprache hat sich sogar noch bei einem Volke von höherer geistiger Ausbildung und Cultur bis jetzt erhalten, bei dem Chinesischen. Die Sprache der Chinesen ist nämlich constituirt aus einer verhältnissmässig geringen Anzahl von einfachen Stammwörtern oder Wurzeln, die nur durch ihre verschiedene Stellung verschiedene Bedeutungen erhalten und complicirten Bewusstseins-Inhalt zum Ausdruck bringen können. Indess vermögen auch hier schon nicht alle Worte die gleiche Würde und Geltung zu behaupten, da schon leere oder todte Worte und volle oder lebendige unterschieden werden, und sich dadurch ein Uebergang anbahnt von der isolirenden Sprachweise zur nächsten Stufe der Sprachentwicklung, zur sogen. combinirenden (agglutinirenden). Bei dieser werden die Stammworte in verschiedener Weise verbunden, so dass die angefügten Worte schon ihre Selbstständigkeit einbüssen, ohne indess zu blossen Fragmenten zu werden, oder bis auf schwache Spuren zu verschwinden, wie es bei der nächst höheren Stufe der Sprachentwicklung, den „flectirenden" Sprachen der Fall ist. Auch von den combinirenden Sprachen leben noch manche, wie die türkische, magyarische und finische. — Die höchste Entwicklung hat die Sprache indess in den sog. „flectirenden" Sprachen erreicht, wozu die indogermanischen oder arischen und die semitischen Sprachenfamilien gehören. Bei ihnen sind die Stammworte oder Wurzeln mit Präfixen und Suffixen versehen, haben sich mannichfache Flexionsformen in Deklination und Conjugation gebildet, wurden viele Worte ihrer ursprünglichen, stofflichen Bedeutungen entleert und zu rein formalen Elementen umgewandelt, die nur noch den sprachlichen und logischen Zusammenhang zum Ausdruck bringen. Es gilt als Thatsache, dass ursprünglich alle Worte sachliche Bedeutung hatten und eine Anzahl derselben erst allmählich eine rein formale, nur dem sprachlichen und logischen Zusammenhange dienende Bedeutung erhielt. Immerhin freilich mussten auch sie noch dazu dienen, realen Dingen und Verhältnissen (insbesondere nach Raum, Zeit und Causalität) einen angemessenen Ausdruck im Denken und Sprechen zu geben, und können also keineswegs als ganz leere, bedeutungslose Formeln angesehen werden. Ausser den Partikeln, Adverbien, Präpositionen, Conjunctionen gehören hieher besonders Endungen der Worte und die Suffixe der Deklination und Conjugation, welche Ueberreste, Rudimente ursprünglich ganzer Worte zu sein scheinen. So werden insbesondere die Personal-Endungen der Conjugationen als ursprüngliche Pronomina betrachtet, die im Singular einzeln und im Plural verdoppelt dem Stamme der Zeitwörter angefügt und dann zusammengezogen, verstümmelt, vereinfacht wurden.

2. Entwicklung der Sprache.

Von besonderem Interesse ist auch die Untersuchung über die Veränderung der Sprachen durch Aenderung der äussern Form der Worte, während die Bedeutung derselben die gleiche bleibt. Es werden Buchstaben ausgestossen, die anderen zusammengerückt, umgewandelt und einander angepasst nach bestimmten Lautverschiebungsgesetzen. Als ein auffallendes Beispiel kann die Umwandlung betrachtet werden, welche das Wort ἐπίσκοπος in den verschiedenen modernen Sprachen erlitten hat, während die Bedeutung überall dieselbe ist. Bischof (Piscop), évêque, vescovo, obispo (spanisch), bispo (portugiesisch), bisp (dänisch). Aehnlicher Weise wurde πρεσβύτερος in Priester prêtre, prete u. s. w. verwandelt. Da die Wortformen und die Bedeutung oder der Inhalt des Wortes in keinem wesentlichen Zusammenhang stehen, — wie schon die Mannichfaltigkeit der Sprachen und der Worte für denselben Inhalt bezeugt, — so kann auch die Bedeutung der Worte sich ändern, während die Form dieselbe bleibt. Und die wissenschaftliche Forschung geht ja in der That grossen Theils darauf aus, den Worten allmählich eine richtige oder richtigere Bedeutung zu geben, so dass in Folge davon bei manchen Worten nun etwas ganz Anderes zu denken ist, als in früheren Zeiten. Die Bedeutungen werden erweitert oder verengert oder umgewandelt, so dass nun Anderes, ja Entgegengesetztes darunter zu verstehen ist als früher. Diess findet besonders in der Naturwissenschaft statt, wie z. B. selbst in der Astronomie, in welcher die Ausdrücke „Planet", „Sonne", „Fixsterne" nun etwas Anderes bedeuten, als in früheren Zeiten. Ebenso in Psychologie und Religionswissenschaft. „Geist" z. B. sowie πνεῦμα und spiritus erhielten allmählich eine ganz andere, ja entgegengesetzte Bedeutung als sie ursprünglich hatten, da sie zuerst ein sinnliches Wesen oder Wirken bedeuteten, dann aber gerade den Gegensatz von Sinnlichkeit auszudrücken hatten. Neue Bedeutungen also werden alten Worten untergeschoben, oder auch Worte von weiterer Bedeutung werden eingeschränkt und erhalten eine bestimmte, specifische Bedeutung, wie diess z. B. bei dem Worte „Ehe" der Fall ist, mit welchem ursprünglich allgemein ein Bund oder Vertrag bezeichnet war. Wir haben indess auf all' diess hier nicht näher einzugehen, da die Untersuchung hierüber wesentlich der Sprachforschung angehört, die zunächst eine empirische und historische Wissenschaft ist, und mit den Mitteln dieser Wissenschaften ihr Werk zu beginnen und fortzuführen hat. Die also das empirische Material zu Grunde zu legen hat und durch Induction, Vergleichung und allmähliche Verallgemeinerung fortschreitet, — woraus dann wiederum Klassifikationen und allgemeine und spezielle Charakteristiken, sowie genealogische entwicklungs-geschichtliche Versuche hervorgehen können. Für die philosophische Erforschung der Sache ist zunächst diess von Wichtigkeit, zu erfahren, welches die eigentliche Ursache, der wirkende Factor, oder das eigentliche Subject dieser Sprachentwicklung und -Veränderung, und also auch der allmählichen Entstehung verschiedener Sprachen oder der Arten einer allgemeineren Sprach-Gattung sei. Es gab eine Auffassung der Sprachen, die denselben eine so grosse, gewissermassen objective Daseinsweise und Selbstständigkeit zuschrieb, dass sie wie Organismen aufgefasst wurden, die wie aus einem Keime entstanden und sich wie selbstständige organische Bildungen nach eigenen Lebens- oder Entwicklungsgesetzen ausgestalteten und forterhielten. — Dabei wären also die Menschen oder Völker, welche eine bestimmte Sprache sprechen, nur wie executive Organe zu betrachten, und hätten gleichsam nur das Zusehen bei dieser organischen Sprachentwicklung, (wie bei der Hegel'schen Dialektik.) Die Sprache als Ganzes wäre mit all' ihren Theilen eine in sich gegliederte, harmonische Organisation, wobei ein Theil den andern

2. Entwicklung der Sprache.

hervorruft und bildet und alle Glieder sich gegenseitig halten und tragen, indem sie das Ganze constituiren. Diese Auffassung ist nun aber wohl allenthalben als unhaltbar erkannt und aufgegeben; zu klar ist ja, dass die Sprache kein selbstständiges Dasein hat, abgesehen vom Gesprochenwerden oder von einem bestimmten Literatur-Inhalt; wie kein einzelnes Wort eine Bedeutung hat, wenn es nicht zur Mittheilung dient und einen bestimmten Inhalt hat. Sie ist also wesentlich Ausdrucks- und Mittheilungs-Mittel für Anderes als sie selbst ist nach ihrem blos formalen Sein und Tönen, und ist allenthalben vom Sprechenden abhängig. Ist ursprünglich wenigstens abhängig gewesen, wenn auch jetzt jeder Generation die Sprache mitgetheilt wird als Verkehrsmittel und Denkorgan, und also der Einzelne daran gebunden ist, wenn er sich in dieser bestimmten Sprachgemeinschaft verständlich machen will. Die Lehre vom Organismus der Sprache ist daher nicht fähig, die eigenthümliche Ausgestaltung, Gliederung und Veränderung, sowie die eigenthümliche Gesetzmässigkeit der Sprachen zu erklären. Und wenn auch jetzt noch in der Ausdrucksweise die Sprachen gleichsam personificirt werden, wenn z. B. bemerkt wird: die griechische, lateinische, deutsche Sprache liebt diess oder jenes, verträgt diess oder jenes nicht, verwandelt diess u. s. w. so ist diess eben eine der Kürze wegen gewählte figürliche Redeweise, die um so mehr für statthaft erachtet werden mag, als ja der eigentliche Grund oder das wirkliche Subject, von dem die Verwandlung stammt, nicht weiter erforscht werden will, und in der That auch bei der Schwierigkeit der Sache nicht ohne weiteres festgestellt werden kann. Dass die Sprache selbst dabei gleichsam handelndes Subject sei, will mit solchen Ausdrücken nicht behauptet werden.

Wenn nun die Sprache selbst, für sich betrachtet, nicht als wirkende Ursache oder Subject der Veränderung der Worte einer Sprache, sowie einer Art Gesetzmässigkeit in dieser Veränderung von Buchstaben und Worten, die sich dabei kund gibt, angenommen werden kann, so ist die Frage, wodurch denn diese Veränderung hervorgebracht und wodurch die Art derselben bedingt oder veranlasst werde. — Eine sehr verbreitete Meinung geht, — in schroffem Gegensatz zur eben erörterten Ansicht, — dahin, dass die Ursache der Veränderung, der Umgestaltung, Verkürzung und Zusammenziehung der Worte in der Bequemlichkeit, in der Leichtigkeit des Aussprechens zu suchen sei. Diess wäre eine höchst einfache, äusserliche aber freilich auch oberflächliche Erklärung der wichtigsten Thatsachen im Sprachgebiete! Uebrigens, alles Recht kann man sicher dieser Hypothese auch nicht absprechen. Aber als allgemeine Thatsache kann es nicht gelten, dass die Sprachen oder die Worte derselben beständig von grösserer zu geringerer Schwierigkeit des Aussprechens fortschreiten. Es ist vielmehr anzunehmen, dass die primitiven Menschen zunächst mit noch ungeübten Sprachorganen leicht aussprechbare Worte oder Aeusserungen gebildet haben mögen, und erst später dieselben zu grösserer Complicirtheit, Bestimmtheit und Deutlichkeit gebracht haben. Die Kinder wenigstens verfahren so, wenn sie das Sprechen lernen, dass sie sich die Worte für ihre ungeübten Organe zurecht richten und erst allmählich die schwierigere Aussprache sich aneignen. Ueberdiess ist Leichtigkeit oder Bequemlichkeit der Aussprache sehr relativ, ist bedingt von Bildung und Gewöhnung von Jugend an. Die Sprache des Einen Volkes ist oft für die Sprachorgane eines anderen schwer auszusprechen und umgekehrt, — während sie für die von Jugend an in ihr gebildeten leicht und bequem erscheint. Besonders auch für die einzelnen Consonanten gilt diess. Die Bequemlichkeit allein ist also wohl nicht als genügender Erklärungsgrund anzunehmen für die allmähliche Umgestaltung, welche die

2. Entwicklung der Sprache.

Sprachen im Laufe der Geschichte erleiden. — Aber auch in den Elementartheilen der Worte, in den Buchstaben als solchen, kann der Grund nicht gesucht werden für solche Umgestaltung, indem sie etwa eine Neigung hatten in einander überzugehen, sich zu verbinden, zu verdrängen u. s. w. Insofern solches geschieht, sind die Buchstaben nicht als solche Schuld oder Ursache, sondern der Grund ist selbstverständlich in den Sprachorganen und deren Verhältniss zur Buchstaben-Combination zu suchen; — wobei dann allerdings Leichtigkeit, Bequemlichkeit in der Aussprache, und sicher auch der Wohllaut der Worte eine Rolle spielt, — und zwar grösstentheils in unbewusster Weise. Hier, in der Art und dem Gebrauche der Sprachwerkzeuge, in den Modifikationen ihrer ursprünglichen Beschaffenheit und ihrer Anwendung zur Hervorbringung oder Nachbildung der gehörten Worte, ist wohl die Hauptquelle allmählicher Sprachänderung, und des Entstehens von Dialekten und verschiedenen Sprachen zu suchen. Wie die Menschen in Bezug auf äussere Gestalt, Antlitz, Gebärdung im Ganzen und in den Theilen sich nicht vollständig gleichen, so wohl auch nicht in Bezug auf die Sprachorgane und deren Gebrauch. Jeder Mensch hat seine eigenthümliche Stimme und Aussprache, und selbst Kinder derselben Eltern unterscheiden sich auch in dieser Beziehung, wie in anderer, von einander. Eigenthümliche Afficirung des Generationssystems der Eltern schon bei der Erzeugung, und die mannichfachen Einwirkungen bei der Entwicklung des Embryo werden den Grund zu solcher Modifikation der Organe legen, die sich dann bei dem Gebrauche derselben geltend macht und allenfalls noch weiter ausbildet. Die überlieferte Sprache erhält dadurch zunächst wenigstens für die einzelnen Personen eigenthümliche Nüancirungen, die freilich im Wechselverkehr der vielen Individuen für die kommende Generation, welche diese Verschiedenheiten zugleich wahrnimmt, sich grossentheils wieder ausgleicht. Aber der Prozess geht immer fort; das überlieferte Wort, das gehörte Lautbild wird mehr oder weniger gleichförmig oder ungenau nachgeahmt in Folge verschiedengearteter Sprachorgane oder irgend einer Störung des Bewegungsgefühles bei der Hervorbringung der Laute oder Worte. Es summirt sich endlich eine Fülle von Abweichungen derselben Sprache für ein bestimmtes Gebiet, und es entsteht ein Dialekt. Findet eine gewisse Isolirung eines solchen Volkstheiles statt, eine Absonderung oder Wanderung mit neuen Einflüssen von Landbeschaffenheit, Klima und sonstigen Schicksalen, so kann sich der Dialekt immer schärfer ausbilden und zu einer eigengearteten Sprache werden. Dass die Bodenbeschaffenheit auf die Art der Aussprache von Einfluss sei, dürfte kaum mit Recht bestritten werden können. Die Gebirgsbewohner haben, wie wir schon hervorzuheben Gelegenheit hatten, scharfe Laute gleich den Kanten und Schroffen der Berge, die Bewohner weiter Niederungen dagegen haben ihren Worten eine abgeplattete Aussprache gegeben. Es mag allerdings nicht an Ausnahmen hievon fehlen, aber man müsste erst die Schicksale der betreffenden Völker oder Volkstheile näher untersucht haben, um sie als endgültige Instanzen gegen jene gewöhnliche Erfahrung geltend machen zu können. Sicher dürfte doch sein, dass das Leben im gebirgigen Lande, das Auf- und Absteigen auf Bergen den ganzen körperlichen Organismus einigermassen modificirt, wenn diess von Jugend an und Generationen hindurch geschieht, und dass dabei auch die Sprachorgane nicht unberührt bleiben, sondern so geartet werden, dass sie bei dem Gebrauche eine Neigung zur Schärfe bekunden; um so mehr, als noch die Einwirkung der äusseren Natur auf das psychische Wesen, auf die Einbildungskraft hinzukommt, welche wiederum auf die Bewegungsart der Sprachorgane zurückwirkt. Es ist also vor Allem das,

was wir die objective Phantasie nennen, das den Leib
bildende und bewegende Princip, welches in den eigengearteten Sprachorganen und durch sie die kleinen Veränderungen in der Wiedergabe von Buchstaben und Worten
veranlasst und hervorbringt, — selbst wiederum beeinflusst
durch die äussere Natur, die auf sie hauptsächlich einwirkt und durch sie in der physisch-psychischen Natur
des Menschen und deren Bethätigung sich geltend macht.
Aber auch abgesehen davon würden die Menschen und
Völker selbst ganz fertige Sprachen nicht ganz unverändert gebrauchen und überliefern, da bei der Verwendung
der Sprache zur Mittheilung und zum Denken, wie wir
sahen, die subjective Phantasie mit ihrer frei bildenden
Kraft sich beständig geltend macht. Durch sie ist der
Mensch nicht blos eine nachahmende Laut- und Sprachmaschine, sondern eine lebendig bildende, allenthalben
zu freiem Schaffen geneigte und befähigte Gestaltungsmacht. Durch sie erhalten daher die Sprachorgane beständig freiere Impulse, welche die Bewegungsgefühle bei
Hervorbringung der gehörten Worte einigermassen zu
ändern vermögen. Und auch die Anwendung der gelernten Sprache, die gleichsam in der Seele ruht (als innere
Sprachform, wenn man es so nennen will), ist beständig
von der subjectiven Phantasie beeinflusst. Die Lautbilder
oder Worte für Vorstellungen, Vorstellungsgruppen und
abstracte Begriffe, welche für den erkennenden Geist die
Mittel sind, sich des neu Gegebenen zu bemächtigen und
in die Apperception, in das klare, begreifende Selbstbewusstsein einzufügen, werden doch immer wieder bei der
Hervorbringung und Anwendung von der Phantasie beeinflusst, welche ja eben das exekutive Organ für alle
geistige, und also auch insbesondere für die physisch-psychische Thätigkeit des Sprechens ist.[1]) Jene Gebilde in

---

[1]) Phantasie als Grundprincip S. 73 ff.

der Sprache, die nicht mehr sachliche, sondern nur noch formale Bedeutung zur Darstellung des sprachlichen und logischen Zusammenhanges haben, sind ganz insbesondere als Phantasiegestaltungen zu betrachten; denn wenn sie auch ursprünglich sachliche Bedeutung hatten, so ist doch die Umformung dieses Materials durch die bildende Potenz des Geistes geschehen, durch eine Art künstlerische Bethätigung, wenn auch unter Einwirkung des Denkens und von mancherlei äussern Ursachen.

Zu diesen Gründen der allmählichen Gestaltung und Umwandlung der Sprachen kommt endlich noch das ästhetische Gefühl und das Streben nach Fülle und Wohllaut, besonders in der früheren Zeit, als die subjective Phantasie (im engeren Sinne) noch vorherrschte im geistigen Leben. Selbst jetzt noch prüfen die Volksstämme ihre Dialekte gegenseitig hauptsächlich auf ihre wirkliche oder vermeintliche Schönheit, und billigen oder verwerfen nach dieser Rücksicht; — wenn auch dabei freilich weniger wirklich ästhetischer Sinn, als vielmehr Vorliebe und Eigenliebe das Entscheidende ist. Im grossen Entwicklungsprozess der Sprachen war das Vorherrschen dieser Rücksicht allerdings nur ein Durchgangsstadium; denn im Allgemeinen scheint das Ziel der Sprachentwicklung mehr eine immer stärkere Vereinfachung und höhere Vergeistigung zu sein, als eine vollkommene ästhetische Form. Die Verkürzung der Worte und Redewendungen, die vielfach eingetreten ist, die Verringerung des Stofflichen an der Sprache, so dass nur geringes Material derselben genügt zur Mittheilung und zum Verständniss selbst complicirteren geistigen Inhalts, ist Sache höherer Verstandesentwicklung und höherer Bildung überhaupt, welche zum vollen Verständniss grossen stofflichen Apparat überflüssig macht und einen mehr unmittelbaren Verkehr von Geist zu Geist ermöglicht. Auch in der Urzeit des Menschengeschlechtes war die Sprache nur sehr einfach und audeutend, aber in vollen stofflichen Formen mit geringem geistigen Inhalt, der indess genügend war für die einfachen, noch unentwickelten Lebensverhältnisse und für das noch unklare Bewusstsein. Jetzt genügt der einfachere Ausdruck bei den hochentwickelten Culturvölkern, weil mit demselben ein reicher Inhalt zur Offenbarung gebracht werden kann, und dieser in Folge der gewonnenen Geistesbildung mit seinen Andeutungen, gleich früheren Symbolen verstanden wird.

3.
Die Sprache und das logische Denken.

Das Verhältniss von Sprache und Denken ist in der neuern Zeit Gegenstand vielfacher Erörterungen, und selbst auch heftigen Streites geworden, da Behauptungen entgegengesetzter Art darüber aufgestellt wurden. Nicht blos das Causalverhältniss zwischen Beiden wurde in entgegengesetzter Weise aufgefasst, indem die Einen die Sprache als Wirkung des Denkens (Vernunft), die andern das Denken (Vernunft) als Wirkung der Sprache betrachteten; es fehlte auch nicht an solchen, die Beides geradezu als identisch bezeichneten, denen also Denken und Sprechen als Ein und dasselbe galt.[1] — Was nun diese letztere Behauptung betrifft, so mag sie wohl Manchen sogleich als unrichtig, ja als absurd oder lächerlich erscheinen, die sich erinnern, wie oft sie schon in der Lage waren, ein gedankenloses Gerede, sinnlose, leere Phrasen anhören zu müssen, — wo also zwar die Sprache angewendet ward, aber von Denken und Logik nichts zu entdecken war. Indess würde diese Einwendung auf einem Missverständniss beruhen; denn es handelt sich hier nicht um den

---

[1] Schon Platon mag zu diesen gezählt werden, insofern er das Denken als stilles, inneres Sprechen auffasste, das Sprechen dagegen als lautes Denken.

Gebrauch einer als Mittheilungs- oder Aeusserungs-Mittel gelernten Sprache, und deren allenfallsigen Missbrauch zu sinnloser Faselei, sondern um das wahre, ernste Verhältniss von Beiden, um das bewusste Schaffen des sprachlichen Ausdrucks in seinem Verhältniss zum logischen Denken. Oder näher darum: In welchem Verhältniss das ursprüngliche Schaffen oder Bilden der Sprache zum logischen Denken stund; ob die Sprache das Produkt und der Ausdruck des logischen Denkens, also aus diesem als Mittel der Mittheilung eines Bewusstseinsinhalts hervorgegangen sei, oder umgekehrt vielmehr das logische Denken erst der Sprachbildung und -Anwendung Ursprung und Dasein verdanke. Dann: ob der innere Bau, die Ausbildung der Sprache in etymologischer und syntaktischer Beziehung Werk des logischen Denkens sei, ob also die Logik der Sprache immanent sei und Logik und Grammatik sich decken. Und endlich, ob Sprache in ihrer Entwicklung und logisches Denken sich gegenseitig bedingen, so dass, wie logisches (abstractes) Denken ohne Sprache, so auch Bildung der eigentlich menschlichen Sprache ohne Denken als unmöglich erachtet werden müsse. Wir haben zwar alle diese Fragen in den vorhergehenden Untersuchungen schon berührt, und haben wiederholt angedeutet, dass eigentliche Sprache zwar ohne Denkthätigkeit, ohne Verstandesfunction sich nicht begründen und bestimmt artikulirt entwickeln könne, dass aber auch ein Moment der Freiheit, nämlich die freibildende, teleologisch und plastisch wirkende Phantasie sich dabei bethätige. Ebenso, dass Sprechen und Sprachlehre (Grammatik) zwar Logik in sich enthalte (wenn sie auch noch so mechanisch ohne Rücksicht auf Logik gelehrt zu werden pflegt), dass sie aber (abgesehen von der realen Logik der Dinge, die sie als ihren Inhalt ausdrücken will) in Flexionen und Syntax oder in ihrer Organisation keineswegs der ganz adäquate Ausdruck logischen Denkens sei, sondern eben

3. Sprache und logisches Denken.

auch freie, willkürliche Elemente in sich enthalte, die von der Phantasie stammen (der objectiven und subjectiven, wie wir sahen). Diess ist ja schon durch die Verschiedenheit der Sprachen bezeugt, die nicht möglich wäre, wenn einzig nur das logische Denken sich in der Sprachbildung und -Entwicklung bethätigt hätte, da in diesem Falle vielmehr Gleichheit aller Sprachen hätte das Resultat sein müssen, — wie der logische Gedankengang nach denselben logischen Gesetzen, Formen und Functionen der gleiche ist. Die gestaltende Phantasie aber veranlasste oder bewirkte die Verschiedenheit und Vielheit, wie sie in freiem, schöpferischen Walten die Mannichfaltigkeit der organischen und lebendigen Wesen in der Natur unter dem Einfluss der verschiedenen Verhältnisse hervorbringt. Obwohl nun diess Alles schon in Kürze erörtert, oder wenigstens angedeutet wurde, mag es doch um der Wichtigkeit der Sache willen angemessen sein, auf diesen Gegenstand noch im Besonderen einzugehen und näher zu untersuchen, in welcher Weise Sprache und logisches Denken miteinander und gewissermassen auseinander sich entwickelten. Es handelt sich dabei nicht blos darum, das logische Denken in seinem Entstehen und seiner Entwicklung zu erkennen, sondern zugleich darum, die Bildung und Entwicklung der menschlichen Denkkraft selbst, die **Genesis des Verstandes** zum Bewusstsein zu bringen, da auch diese Geisteskraft, wie ja der Geist selbst, nicht gleich fix und fertig in's Dasein treten und thätig sein konnte,[1]) sondern im Thätigsein sich erst selbst gewinnen und neben der abstracten Bearbeitung und Formulirung des Erkenntnissmaterials zugleich sich selbst bilden und kräftigen musste, — wie diess auch bei dem Willen und der Menschennatur überhaupt der Fall ist. Es handelt sich also hie-

---
[1]) Die Phantasie als Grundprincip. S. 484 ff. Monaden und Weltphantasie. S. 57 ff.

bei nicht um eine Geschichte der Logik, sondern um eine
Geschichte des Entstehens und der Entwicklung des logischen Denkens im geistigen Bildungsprocesse der Menschheit; und diese dürfte noch wichtiger, für die Erkenntniss
der menschlichen Natur und Geschichte bedeutsamer sein
als die Geschichte der Logik oder der (abstracten) Lehre
vom Denken. Wenn wir absehen von den Sprachorganen und dem
physisch-psychischen Triebe, sie zu gebrauchen, die auch
schon als ein Gebilde realer Gesetzmässigkeit und idealer
Tendenz (und insofern als reale Logik in sich enthaltend)
betrachtet werden können, so dürfen wir als erste Bethätigung der Sprachfähigkeit wie des logischen Denkens
schon die Benennung, Namengebung der Dinge oder
Thätigkeiten ansehen, wie unvollkommen sie auch noch
sein möge. Durch Benennung nämlich wird zuerst ein
Gegenstand (oder Thätigsein u. s. w.) für das eigene Bewusstsein, wie für das fremde, fixirt und dadurch aus
der Mitte der übrigen hervorgehoben, von denselben geschieden und unterschieden, in seiner Identität festgehalten.
Darin spricht sich aber schon eine logische Thätigkeit, die
Anwendung des Gesetzes der Identität aus, sowie im Unterscheiden und Scheiden von andern sich das des Widerspruches geltend macht. So ist also das Wortbilden und
Namengeben der Dinge oder Thätigkeiten schon als einzelner,
seiender, ohne vorläufige Berücksichtigung eines Weiteren,
ein Act des Denkens, da schon ein Festhalten des Identischen und ein Unterscheiden, und insofern auch Urtheilen in Thesis und Antithesis dabei stattfindet, — worin eben das logische Denken besteht. Wenn dann dieses
bestimmte Wort als Name auf die Dinge oder Thätigkeiten von gleicher Art übertragen wird, auf andere
dagegen nicht, weil sie anders und ungleich sind, so ist
diess wieder eine Bethätigung logischen Denkens, eine
schon erweiterte, freiere Anwendung des Gesetzes der

3. Sprache und logisches Denken.

Identität und des Widerspruches, wenn sie auch noch so unbewusst und in unklarer, unvollkommener Weise geschehen mag. Durch dieses Herausheben eines Gegenstandes oder einer Handlung mittelst des Namens wird ein fester Mittelpunkt gewonnen im Selbstbewusstsein des Geistes, der die Apperception des Gleichartigen und Verschiedenen, sowie die Wieder-Erkennung (Recognition) ermöglicht und die Subsumtion des Gleichen unter denselben Namen, wodurch dieser anfängt aus dem Eigennamen ein allgemeiner, abstractor Begriff zu werden. Zugleich wird dieser ein Eigenthum des Geistes, das als solches eine gewisse Unabhängigkeit von der äusseren Wahrnehmung der sinnlichen Gegenstände erhält und eine Kraft im psychischen Organismus zur Entwicklung bringt, die eben der Verstand ist, in welchem die objectiv allerdings schon vorhandenen allgemeinen Seins- und Wirkens-Gesetze und Formen zu lebendigen, rationalen Gesetzen und Normen des logischen Geistes, des Denkens werden.

Bei dem complicirten Zusammenhang der Dinge, die sich der Sinneswahrnehmung darbieten, sowie bei dem beständigen Wechsel in den Verhältnissen derselben zu einander und den mannichfaltigen Wirkungen und Thätigkeiten, kann es nicht bei der Auffassung und Benennung blos des Einzelnen bleiben, sondern es werden Complexe von Dingen und Verhältnissen in das Bewusstsein aufgenommen und mehr oder minder allmählich auch selbstständig in Beziehung zu einander gesetzt. Und wiederum werden solche aufgefasste Verhältnisse mit anderen neuerscheinenden in Beziehung gebracht und sprachlich auszudrücken gesucht. Das Causalbewusstsein erwacht dunkel im Geiste, und das Bedürfniss ursächlicher Erklärung sucht sich wenigstens durch Phantasiethätigkeit zu befriedigen. Dadurch wurde diese Phantasiebethätigung insofern verhängnissvoll, als sie nur scheinbar den Erkenntnisstrieb befriedigte, in Wirklichkeit aber der wahren natürlichen Causal-Erklärung durch Verstandesforschung manche Hindernisse bereitete sowohl durch die erwähnte Scheinbefriedigung, als auch durch Verbindung ihrer Gebilde mit dem religiösen Cultus — wie wir früher sahen. Für die geistige Erhebung der Menschheit über das blosse Naturdasein war dieselbe gleichwohl zunächst förderlich. Ja den gegebenen Verhältnissen gemäss wohl die einzig mögliche Art dieser Erhebung, da eben der Verstand selbst erst mittelst derselben sich bilden und kräftigen musste, ehe er selbstständig zu forschen und das wahre natürliche Causalverhältniss zu erkennen vermochte. Das „Dass" der Causalität war auch in dieser Weise in der Menschenseele geweckt und lebendig erhalten, wenn auch der Trieb dieser Erkenntniss noch nicht in der richtigen Weise befriedigt werden konnte. Die logische Synthesis wurde in das Denken eingeführt, wenn auch die Bestandtheile des Urtheils für sich unrichtig waren; und dieselbe wurde im sprachlichen Ausdruck durch Formen und Wendungen, oder zuerst vielleicht sogar nur durch Gebährden fixirt.

Indem sich lautliche Bezeichnungen bildeten für Seins- und Geschehens-Weisen, die constant blieben, oder sich beständig oder vielfach wiederholten, entstunden im Bewusstsein allgemeine Gesichtspunkte der Auffassung, und befestigten sich in ihm allgemeine Weisen des Ausdrucks: Kategorien, die sich aus den concreten, sachlichen Wahrnehmungen des objectiven Seins und Geschehens allmählich gleichsam niederschlugen und für das Denken und Aussprechen Mittel der Realisirung von Beiden wurden. Dabei machten sich räumliche und zeitliche Verhältnisse zugleich geltend, da zuerst wohl das Geschehen, Werden und Wirken einen vorherrschenden Eindruck auf die primitiven Menschen gemacht haben wird. — Diese lautlichen Bezeichnungen, indem sie constant festgehalten wurden, dienten zur Subsumtion des Neuen, Besonderen unter eine schon im Bewusstsein vorhandene allgemeine

Formel, und damit auch zur Apperception, zur Einfügung desselben in das Licht des klaren Verstehens und Selbstbewusstseins. Wiederum eine Anwendung des logischen Identitäts-Gesetzes in einer logischen Synthese. Und bei Wahrnehmung von Veränderungen in Raum und Zeit machte sich noch mehr das Causalverhältniss für das Bewusstsein geltend, da dieses in einem Leben voll Gefahr und Kampf, voll Ringen mitten in einem noch unerkannten allgemeinen Geschehen eine grosse Wichtigkeit erlangen musste. Es griff hier, wie schon bemerkt, die subjective Phantasie besonders in die Weltauffassung und in die Praxis ein, insofern durch sie die Dinge nach Bild und Gleichniss des Menschen und seines Thuns und Lassens aufgefasst, und ausserdem übernatürliche Wesen als wirkende Mächte für die Causalverhältnisse geltend gemacht wurden. Dass dabei gleichwohl ein Urtheilen, also Verstandes-Thätigkeit, und sprachlich ein Bilden von Sätzen als Ausdruck derselben stattfand, ist unschwer zu erkennen. Beide mit- und ineinander, obwohl kaum in Abrede zu stellen ist, dass ein gewisser Grad des Urtheilens, also eine Art logischer Thätigkeit, (wie Anschauen und Vorstellen) selbst vor oder ohne Sprache möglich ist, da sogar bei den Thieren schon Ueberlegung und Berücksichtigung von ursächlichen Verhältnissen vorkommt; — allerdings rein empirisch, nur durch die realen, objectiven Verhältnisse selbst geleitet, wie auch Kinder und ganz ungebildete Menschen Sachen und reale Verhältnisse brauchen, um daran den Faden des Denkens mühsam fortspinnen zu können. — Allmählich wurden die allgemeinsten Formen des Denkens und Aussagens immer abstracter und damit unabhängiger von den Aussendingen, also selbstständiger im Bewusstsein und Denken; und so konnte damit auch einigermassen abstract, in rein logischer Operation gedacht werden, — wie es Thieren nicht möglich ist, und worin ein Hauptgrund besteht, warum dieselben die Schranken ihrer psychischen Gebundenheit nicht überschreiten können. Da sie keine Worte haben, wodurch sie einen innern psychischen Besitz fixiren und festhalten könnten, kommen sie auch nie zu einem selbstständigen logischen Denken. Schlüsse zu bilden, die über das unmittelbar Gegebene, Empirische hinausreichen, ist ihnen unmöglich, da es ihnen an allgemeinen Begriffen und Sätzen fehlt, aus denen sie das Besondere ableiten könnten; und an allgemeinen Begriffen fehlt es ihnen, weil sie eben der Sprachbildung unfähig sind; dieser aber sind sie darum unfähig, weil die (subjective) Phantasie nicht so frei in ihnen wird, dass sie durch dieselbe die aus dem Naturcomplex herausgegriffenen Dinge innerlich formal gestalten, zum Eigenthum machen und mit einem Namen belegen können. In dieser Fähigkeit ist ja eben auch eine logische Grundfunction begründet, die Macht der Negation, die für das logische Denken von fundamentaler Bedeutung ist, weil für das Scheiden und Unterscheiden der Dinge und Verhältnisse unentbehrlich. — Manche der Kategorien mögen verhältnissmässig erst spät im menschlichen Denken und Sprechen zur Anwendung gekommen sein, insoferne sie an realen Dingen keinen bestimmten Anhaltspunkt haben, in der Erfahrung nicht als bestimmte Realitäten erscheinen, wie: Möglichkeit, Unmöglichkeit und damit in Verbindung Bedingtheit u. dgl. — obwohl andererseits auch Beachtung verdient, dass doch auch bei manchen Thieren eine Art Ueberlegung nach der Kategorie Möglichkeit und Unmöglichkeit stattfinden mag, wie es geschieht, wenn ein Thier zu überlegen scheint, ob es einen bestimmten Sprung wagen dürfe für das Mass seiner Kräfte, ob es dem Feinde entgegen treten oder die Flucht vor ihm ergreifen müsse u. dgl. Manche Kategorien treten auch mit dem religiösen Bewusstsein in Beziehung resp. mit dem theogonischen Process, wie er im menschlichen Bewusstsein mittelst der

Mythologie sich gestaltete: so die Causalität und insbesondere die Nothwendigkeit oder das Schicksal. Für die sprachliche Entwicklung wurden die im Bewusstsein sich befestigenden, das Wesen des Verstandes bildenden Kategorien hauptsächlich Veranlassung zu jenen allerdings aus ursprünglich sachlichen Beziehungen künstlich gebildeten Redeformeln, durch welche die feineren logischen Denkverhältnisse ihren Ausdruck finden. Wiederum wurde hiedurch auch das complicirte logische Denken ermöglicht, — so dass beides, Denken und Sprechen, mit einander sich entwickelte und die Vollkommenheiten der Sprachen selbst nach ihrer logischen und zum Theil auch ästhetischen Beziehung begründete.

Durch diese Entwicklung des logischen Denkens in Wechselwirkung mit dem sprachlichen Ausdruck bildete sich der Verstand selbst als psychisches Vermögen, in welchem das rationale Wesen der objectiven Natur in allgemeine Denkgesetze und -Normen des subjectiven Geistes sich umsetzt, und nun hinwiederum in eigener Lebendigkeit zur geistigen Reproduktion oder Erkenntniss jenes objectiven Wesens mit seinen Gesetzen und Normen verwendet werden kann, — wie diess besonders in der Wissenschaft geschieht. Die Phantasie hatte bei all' dieser Gestaltung den Hauptantheil, daher man wohl sagen kann: der Verstand entstand gleichsam durch Vermählung derselben mit den allgemein wirkenden, objectiven Gesetzen der Natur, oder der realen, objectiven Rationalität (Vernunft im weiteren Sinn) der Natur; und zwar mit den wirkenden Gesetzen und den teleologischen Normen derselben. Hiedurch erhält der Menschengeist oder der psychische Organismus ebenso seine bestimmte, feste Gestaltung wie seine ideale Befähigung. Demnach in ähnlicher Weise, wie in der Natur die organischen Bildungen entstehen und sich erhalten durch die objective Phantasie als Organisations- und Lebensprincip in Verbindung mit den objectiven physikalischen Gesetzeu oder Kräften. — Die oft behauptete Identität von Sprache und Geist kann wenigstens insofern zugegeben werden, als durch Sprache und das durch sie ermöglichte abstracte, gesetzliche Denken der Geist erst die eigentliche bestimmtere Organisation erhält, sein Wesen rational formirt für das Denken und sich zugleich die Fähigkeit einbildet, dem Denken Form und Ausdruck zu geben. Eine Befähigung, die man als innere Sprachform zum Behufe der Apperception und der Offenbarung des Gedanken-Inhaltes bezeichnen kann. Eben darum ist die Sprache nicht blos Organ der Mittheilung an Andere, sondern auch wesentliches Denkorgan. Sie dient nicht bloss der Tradition und dem Glauben der Menschheit, durch welche gebend und aufnehmend das geistige Leben derselben von Geschlecht zu Geschlecht gleichsam fortfluthet, sondern ist auch nothwendiges Mittel zur Vermehrung des geistigen Besitzes der Menschheit durch fortgesetzte Forschung und zunehmende Erkenntniss. Sie dient also nicht bloss zur Erhaltung und Fortpflanzung des schon Errungenen, sondern auch zum Fortschreiten in der geistigen Entwicklung und Erkenntniss. Zwei Richtungen und Strebungen, von denen die Gesundheit und das Gedeihen des physischen wie geistigen Lebens der Völker bedingt ist. — Uebrigens ist diese Auffassung der subjectiven Erkenntnisskraft im Verhältniss zum objectiven, realen Sein ein Grundgedanke fast jeden philosophischen Systems mit philosophischer Erkenntnisstheorie, — wenn auch allerdings nicht versucht worden ist, zwischen beiden ein genetisches Verhältniss näher nachzuweisen. Der Verstand wurde eben als vorhandene, gegebene Grundkraft des menschlichen Geistes einfach hingenommen, ohne dass man der Genesis desselben eine nähere Untersuchung gewidmet und mit dem Weltprocesse selbst in Beziehung gebracht hat. So ist bei Aristoteles der erkennende Geist (νοῦς) die Fähigkeit, das rationale, erkennbare Wesen des objectiven Seins zu erfassen und zum Bewusstsein zu bringen; so dass νοῦς und εἶδος (das formirende Wesensprincip), sich gegenseitig entsprechen, und also νοῦς subjectiv (geistig) das ist, was als εἶδος objectiv, real erscheint. Nach Aristoteles erkennt der νοῦς, indem er die Wesensbegriffe des realen Seins, der geformten Dinge erfasst, — damit zugleich sein eigenes Wesen, kommt sich selber mit seiner Natur und Wesenheit zur Offenbarung und zum Bewusstsein. Wenn gleichwohl Aristoteles den νοῦς nicht aus dem objectiven, realen Naturprocess, aus der Entwicklung des εἶδος hervorgehen, sondern von aussen in die Menschennatur kommen lässt, so ist diese Annahme unnöthig und inconsequent, da doch εἶδος und νοῦς bei ihm gleichen Wesens sind, wie sich schon darin zeigt, dass sie in der Gottheit als Einheit, als Ein- und dasselbe erscheinen. Demgemäss wäre nichts im Wege gestanden, den νοῦς auch in der Welt als gleichwesentlich mit dem εἶδος zu betrachten und denselben aus diesem hervorgehen zu lassen, als Fortbildung des objectiv Rationalen zur subjectiven Rationalität.[1]) Indess, die genetische Betrachtung, die Auffassung und Erkenntniss der Dinge nach ihrer Genesis, lag damals, wo man das Hauptgewicht auf das begriffliche Wesen legte, noch ziemlich ferne, wie ja überhaupt die Entwicklungslehre im grossen Maasstab erst ein Product der neueren Zeit ist. Die Scholastiker des Mittelalters folgten auch hierin dem Aristoteles, und dem subjectiven Intellect entspricht bei ihnen objectiv das Intelligible (species intelligibiles), wie den Sinnen das Sensible (species sensibiles). Auch in der Inconsequenz folgten sie natürlich dem Aristoteles, indem sie den Intellect doch wieder als wesentlich verschieden vom Intelligiblen (dem doch das lumen naturale intellectus entspricht) annahmen und denselben nicht aus dem ob-

---

[1] S. m. Schrift: Ueber die Principien der Aristotelischen Philosophie etc. München 1881. S. 66 ff.

jectiven Intelligiblen oder Rationalen hervorgehen, sondern ebenfalls von „aussen" hinzukommen, oder vielmehr direct von Gott geschaffen werden liessen. — Fassen wir auch die Lehre Kant's vom Wesen des Verstandes oder der reinen Vernunft in's Auge, so besteht auch bei ihm der ursprüngliche Inhalt, der transscendentale Besitz derselben in nichts Anderem, als in den Formen, die zur Erkenntniss der objectiven Welt dienen oder führen sollen. Denn durch sie, die Kategorien soll das zunächst bloss subjective, empirisch aufgenommene Erkenntnissmaterial die Form, die Geltung der Allgemeinheit gewinnen und objective Erkenntniss werden. Der Inhalt der Erkenntniss und die Erkenntnisskraft entsprechen sich also durchaus auch bei ihm. Woher freilich diese „reine Vernunft" (Verstand) komme, und wie sie ihren apriorischen Inhalt erlange, hat auch Kant nicht weiter untersucht, sondern auch er hat den Verstand als gegebene Erkenntnisskraft hingenommen und denselben analytisch nach Gehalt, Wesen und Gebrauch zu bestimmen gesucht! — Geht in solcher Weise schon die subjective Verstandeskraft selbst aus der objectiven, realen Natur hervor mit ihren Gesetzen und Grundformen des Erkennens, und muss sie also durchaus denselben entsprechen, und insofern selbst eine reale Macht sein, so besteht nun auch ihre Bethätigung in der Anwendung nothwendiger Gesetze und der Realität entnommener Formen (Kategorien). Das logische Verfahren ist nach Form und Inhalt, wenn es Bedeutung haben soll, ein reales, und muss der Realität entsprechen. Indess, da im Geiste (psychischen Organismus) auch ein freies Moment, die subjective Phantasie wirksam ist, so vermag durch Verbindung oder durch Zusammenwirken mit dieser und unter Vermittlung der Sprache das logische Denken das empirische, unmittelbar reale Gebiet zu überschreiten und selbstständig Erkenntnissbestimmungen zu geben, — wenn auch allenthalben dabei von realem Boden ausge-

gangen und die Verbindung damit erhalten bleiben muss.
Zudem sind für das logische Denken bestimmte Schranken
ja schon dadurch gegeben, dass der Verstand das (empirische) Erkenntnissmaterial sich nicht selbst schaffen
kann, und insbesondere erster, primitiver Wahrnehmungen,
äusserer und innerer Erfahrung (durch sinnliche Intuition
und geistige Evidenz) als erster sachlicher Principien bedarf,
aus denen er durch logische Gesetze und Formen Erkenntnisse ableitet. Urtheile, die zu festen Begriffen oder neuen Urtheilen führen und die nur möglich sind durch die Führung logischer Gesetze bei Betrachtung der Dinge unter
jenen Gesichtspunkten und Aussageformen, die als Kategorien oder Stammbegriffe bezeichnet werden.

Ausführlich auf die Bethätigung des logischen Denkens bei der Bildung der Sprache, ihrer Wort-Formirungen
und Verbindungen, also ihrer ganzen Organisation, wie sie
Etymologie und Syntax zeigen hier einzugehen, müssen
wir uns versagen. Nur einige Bemerkungen hierüber
mögen gestattet sein. — Schon die bestimmte festgehaltene
Benennung der Dinge und Geschehnisse, sahen wir, ist ein
logischer Act insofern, als dabei die logischen Grundgesetze Anwendung finden; nicht minder ist diess der Fall
bei der Fortbildung solcher Benennungen zu allgemeinen
Begriffen (die dabei empirisch, nicht künstlich entstehen).
Indess, das Lautliche bei dieser Namengebung oder Wortbildung entstammt nicht dem logischen Denken, sondern
den physisch-psychischen Eindrücken und Regungen überhaupt. Denn als die Sprache begann, konnten die Dinge
und Ereignisse noch nicht nach Grund und Wesen erkannt, und etwa demgemäss ihre Benennungen, ihrer Natur
oder Eigenthümlichkeit, Zweck, Leistung u. s. w. angepasst werden, — wie diess jetzt bei der Benennung, neuer
Natur- oder Kunst-Produkte zu geschehen pflegt. Immerhin
aber mag der Eindruck, welchen Dinge und Verhältnisse
auf die Menschen machten, in irgend einer Weise be-

stimmend bei der Namengebung oder Wortbildung mitgewirkt haben, und diese ist insoferne nicht dem blinden Zufall oder der Willkür zuzuschreiben, — wenigstens grösstentheils nicht. — Anders verhält es sich mit der Fortbildung der Worte in Combinationen und Flexionen derselben, und mit der Ausgestaltung der verschiedenen grammatischen Redetheile. Hiebei hat logisches Denken wohl grösstentheils eine Hauptrolle gespielt, — wenn auch Zufall, Laune, Gewohnheit u. s. w. nicht ganz ausgeschlossen zu denken sind. Diess ist um so mehr anzunehmen, wenn, wie trotz der noch obwaltenden Dunkelheit in der Sache kaum zu bezweifeln sein dürfte, — die Flexionen in Deklination und Conjugation aus selbstständigen Worten hervorgegangen sind, die combinirt, zur Einheit verbunden und mannichfach umgewandelt wurden. Die etymologischen Formen wären hiernach selbst aus einer Art Syntax hervorgegangen, aus Ordnung und Verbindung von Worten, um complicirte Verhältnisse, Thätigkeiten und Ereignisse nach ihren räumlichen und zeitlichen Eigenthümlichkeiten zum Ausdruck zu bringen. Bei den starr gewordenen inflexiblen Redetheilen mag Aehnliches geschehen sein. Dabei nun ist das logische Denken sicher in der mannichfachsten Weise betheiligt gewesen, wenn auch bloss empirische Verhältnisse und irrationale Momente vielfach mitgewirkt haben mochten.

In der eigentlichen Syntax, bei der Satzbildung tritt uns dagegen das logische Denken klar und entschieden entgegen. Die Satzbildung folgt den realen Verhältnissen in sprachlicher Darstellung und entwickelt dabei zugleich das logische Denken. Ja die Bildung der ganzen Weltauffassung begann damit und schritt fort. Will man sich den ursprünglichen Process der Satzbildung vergegenwärtigen, so wird man kaum irren, wenn man annimmt, dass dieselbe durch Entwicklung oder Differenzirungen von Infinitiv-Ausdrücken für Bewegungen oder Thätigkeiten zuerst stattgefunden habe. Die Erfahrung bei Kindern (ja selbst bei Thieren) zeigt wenigstens, dass Bewegungen und Thätigkeiten am meisten Eindruck machen, und daher auch am meisten Anlass geben zur Bildung von Ausdrücken dafür. Und selbst wenn Dinge, Gegenstände benannt werden sollten, so mag diess am frühesten nach irgend einer Thätigkeit oder Aeusserung derselben geschehen sein. Der Ausdruck dafür konnte unserer Erfahrung gemäss ursprünglich nur ein unbestimmter sein, also ein Zeit- oder Thätigkeitswort in unbestimmter Form oder als Infinitiv. Solche Infinitive mögen sich allmählich gegliedert haben und zu Sätzen geworden sein mit mehr oder weniger bestimmten Subjecten und Prädikaten; also in die Form von logischen Urtheilen gebracht worden sein. Nehmen wir zur Verdeutlichung die gewöhnlichen Erscheinungen der Natur z. B. der Atmosphäre wie: Blitzen, Donnern, Regnen — wie immer die Ausdrücke dafür ursprünglich gelautet haben mögen. Wurde ursprünglich nur einfach „Blitzen" gesagt, so drängte das logische Bedürfniss, der Trieb nach Causalerkenntniss dazu, für diese Erscheinung oder Wirkung ein Subject oder eine Ursache anzunehmen. Aber der unmittelbaren Erfahrung zeigte sich eine solche nicht sogleich, und wissenschaftliches Forschen darnach war noch unmöglich. So wurde ein Subject oder eine Ursache dafür gleichsam aus der Unkenntniss selbst geschöpft und wurde das Unbekannte, Unbestimmte, das Etwas als Subject oder Ursache für diese Erscheinung oder Wirkung angenommen: Ein Etwas, oder Es blitzt, donnert u. s. w. Sprachliche Ausdrücke, die ja noch jetzt üblich sind und andeuten, dass die wahren Ursachen für diese Wirkungen auch jetzt noch keineswegs allenthalben zur klaren Erkenntniss gekommen sind. Indess in der Urzeit des Menschengeschlechtes, wo das geistige Leben nach seinen verschiedenen Momenten noch nicht differenzirt war, wurde von der lebhaft thätigen Phantasie dem noch schwachen logischen Denken für jenes „Es" als Subject des Urtheils bald ein bestimmteres, concretes Gebilde verschafft und das Urtheil deutlicher gestaltet. Die Naturerscheinungen wurden personificirt und vergöttlicht, und als Subject oder Ursache des Blitzens, Donnerns u. s. w. wurde eine Gottheit vorgestellt und ausgesagt, und die Phantasie half damit dem logischen Verstande zu bestimmteren Denken, der Sprache zu vollerer Satzbildung. Und so gingen im Ursprunge selbst die Mythologie und das logische Denken zusammen durch Phantasiethätigkeit und unterstützten sich gegenseitig, — freilich zu Ungunsten des logischen Denkens und der natürlichen Forschung, die durch die Personifikation und Vergötterung der Natur im Grossen und Kleinen zuletzt nur Hemmung erfahren konnte. Das Suchen aber nach dem Ursubjecte für die unendliche Fülle von Prädikaten der Erscheinungswelt, oder der Grundursache für die unendliche Kette von Ursachen und Wirkungen im Dasein dauert auch jetzt noch fort und regt Phantasie und Verstand zu unablässigem Streben an. Und auch das Wort ist noch nicht gefunden, welches das Unvorstellbare und begrifflich Unfassbare irgendwie adäquat ausdrücken könnte. Manche wollen sich darum überhaupt mit blosser Verneinung begnügen, und mit lauter Prädikaten ohne Subjekt, mit lauter Wirkungen ohne Ursache, sowie mit lauter Strebungen ohne Ziel. Ein Beginnen, das angesichts unserer so geringen Kenntniss des grossen wie kleinsten Daseins, ebenso, und wohl mehr noch dreist und anmasslich ist, wie das Verhalten jener, die ihre so dürftigen oder geradezu irrationalen Dogmen für absolute Wahrheit und für das allein Berechtigte und Endgültige ausgeben.

Das logische Denken hat sich also zwar allenthalben bei der Bildung der Sprache und insbesondere bei der etymologischen und syntaktischen Ausbildung derselben bethätigt, aber die Sprache ist nicht der adäquate Ausdruck des logischen Denkens. Schon das sprachliche Material, das Lautliche kann nicht als Produkt des Denkens bezeichnet werden, und auch sonst machte sich die Phantasie mit ihrer freien Thätigkeit vielfach geltend, wie auch die äusseren Verhältnisse dabei zufällig mehr oder minder entschieden einwirkten. Ausserdem aber ist, was besonders die Anwendung der Sprache betrifft, zu bedenken, dass dieselbe nicht bloss zum Ausdruck für das logische Denken zu dienen hat, sondern dem ganzen psychischen Wesen und Leben, also auch dem Unverstande und dem menschlichen Herzen mit seinen nicht immer logischen Regungen, Gefühlen und Affecten zur Verfügung steht.

Berichtigungen.

Seite 16 Zeile 12 v. oben statt immenenten zu lesen immanenten.
„ 17 „ 4 u. 5 „ unten „ nothwendig wäre zu lesen forderte
„ 64 „ 9 „ oben „ sie „ „ „ er
„ 84 „ 16 „ „ „ Naturgeschenes „ „ „ Naturgeschehens.
„ 127 „ 11 „ unten ist das Komma nach Himmel zu streichen.
„ 101 „ 4 „ oben „ Verstellungen wäre zu lesen Vorstellungen.
„ 212 „ 5 „ „ „ Einigkeit „ „ „ Ewigkeit.
„ 224 „ 12 „ „ „ Thalos „ „ „ Thales.
„ 232 „ 6 „ unten „ uranisch „ „ „ iranisch.
„ 263 „ 1 „ unten „ Bastain „ „ „ Bastinn.
„ 279 Anmerkung „ Kopf u. Haupt „ „ „ Kopf und Brust.
„ 298 „ 1 von oben „ anthropologisch „ „ „ anthromorphisch.
„ 311 „ 7 „ „ „ είμαομένη „ „ „ είμαρμένη
„ 314 „ 14 „ „ „ dionysisch-orschischen zu lesen dionysisch-orphischen.
„ 379 „ 8 „ unten „ er wäre zu lesen sie.
„ „ „ 9 „ „ „ ihm „ „ „ ihr.
„ 422 „ 16 „ unten ist das; vor realisirbar zu setzen.
„ 456 „ 7 „ oben statt Sprechers wäre zu lesen Sprechens.